教师教育精品教材·教育类专业基础课系列

外国教育史

History of Foreign Education

周采 编著

华东师范大学出版社

图书在版编目(CIP)数据

外国教育史/周采编著. —上海:华东师范大学出版社,2008
教师教育精品教材. 教育类专业基础课系列
ISBN 978-7-5617-5942-4

Ⅰ.外… Ⅱ.周… Ⅲ.教育史-外国-师资培训-教材 Ⅳ.G519

中国版本图书馆CIP数据核字(2008)第035881号

教师教育精品教材·教育类专业基础课系列

外国教育史

编　著	周　采
策划组稿	高等教育分社
责任编辑	赵建军　蒋　将
文字编辑	赵建军
责任校对	王丽平
封面设计	卢晓红
版式设计	蒋　克
出版发行	华东师范大学出版社
社　址	上海市中山北路3663号　邮编200062
网　址	www.ecnupress.com.cn
电　话	021-60821666　行政传真 021-62572105
客服电话	021-62865537　门市(邮购)电话 021-62869887
地　址	上海市中山北路3663号华东师范大学校内先锋路口
网　店	http://hdsdcbs.tmall.com
印刷者	昆山市亭林彩印厂有限公司
开　本	787×1092　16开
印　张	28.25
字　数	627千字
版　次	2008年10月第1版
印　次	2019年6月第11次
印　数	30 001-33 100
书　号	ISBN 978-7-5617-5942-4/G·3439
定　价	49.00元

出版人　王　焰

(如发现本版图书有印订质量问题,请寄回本社客服中心调换或电话021-62865537联系)

前　　言

教育史作为一门课程在大学开设最早是在19世纪初。近代普及教育的发展需要人们总结学校教育发展的经验或规律。但无论在欧美还是在中国，教育史学科主要是近代师范教育发展的产物。各国国民教育体系的建立促进了教育专业化和师范教育的发展，到19世纪后半期，欧美主要国家都开设了教育史课程，教育史教科书及相关读本陆续出版。20世纪20～30年代，我国学者也编写了一些研究外国教育史的著作和教材。那时国人编写的相关书籍一般称"西洋教育史"。"外国教育史"的提法是建国后才出现的，主要受到苏联教育史教科书的影响。1962年，应高等师范院校教学的需要，曹孚先生编写了中国第一本《外国教育史》。同年，南京师范学院罗炳之先生编著的《外国教育史》（上册）由江苏人民出版社出版。20世纪80年代以来，外国教育史研究领域的前辈带领中青年学者编写了一批高质量的外国教育史教科书。近年来，情况的变化使编写新的外国教育史教材成为必要。一方面，外国教育史课程由学年课变为学期课，教材的篇幅有必要相应减少。另一方面，外国教育史领域近年来不断出现新的研究成果，又要求对教材内容进行适当更新。

当今国际历史学界相对主义盛行，教育史研究呈现出多元化趋势。但作者认为，教材的编写与学术著作不同，主要面对的是初学者而非专家。因此，作者在编写过程中注意了以下几点：第一，坚持以历史唯物主义和辩证唯物主义作为编写本教材的指导思想，在一定社会背景下考察各个时代的教育制度和教育思想，并努力揭示其内在联系。第二，在教材的性质方面兼顾职业取向与学术取向，而在历史编纂方面兼顾叙事取向和问题取向。第三，广泛吸收近年来外国教育史研究领域的新成果，也反映了作者多年来从事外国教育史教学和研究的心得。第四，为适应教学的需要，教材尽量编写得简明扼要；在编写体例方面每章开头有提要，结尾有"本章小结"；结合教材内容列出若干思考题；书后附有参考书目，使读者对本学科的基本书籍一目了然。

在本教材的编写过程中，作者曾和国内同行进行了交流，特别是华中师范大学教科院的杨汉麟教授将自己制作的外国教育史课件（PPT）提供给本书作者参考，在此，作者谨向杨教授表示最诚挚的感谢。

本书的出版得到了华东师范大学出版社的大力支持，曹利群女士和赵建军先生给予了热情的帮助。本书的撰写参考了前辈和同行的许多研究成果，在此一并表示真诚的谢意。

由于本人学识水平有限，书中的缺点和谬误在所难免，恳请专家和读者批评指正。

周　采

2008年1月　南京

目录

绪 论 ……………………………………………………………… 1

第一编 古代教育史 …………………………………………… 7

第一章 史前时代的教育 ……………………………………… 9
第一节 人类的史前时代 …………………………………… 9
第二节 教育的起源问题 …………………………………… 12
第三节 史前时代的文化教育概况 ………………………… 14

第二章 古代东方国家的教育 ………………………………… 18
第一节 古埃及的教育 ……………………………………… 18
第二节 两河流域的教育 …………………………………… 21
第三节 古印度的教育 ……………………………………… 26
第四节 古代希伯来的教育 ………………………………… 33

第三章 古代希腊教育 ………………………………………… 39
第一节 古希腊各时期的教育 ……………………………… 39
第二节 古希腊的教育理论 ………………………………… 47

第四章 古代罗马教育 ………………………………………… 68
第一节 罗马共和时期的教育 ……………………………… 69
第二节 罗马帝国时期的教育 ……………………………… 71
第三节 基督教的产生及其早期教育活动 ………………… 73
第四节 古罗马的教育思想 ………………………………… 76

第五章 西欧中世纪教育 ……………………………………… 86
第一节 基督教与教育 ……………………………………… 86
第二节 世俗封建主的教育 ………………………………… 91
第三节 经院哲学与中世纪大学 …………………………… 94
第四节 行会学校和城市学校 ……………………………… 99

第六章 拜占廷和阿拉伯的教育 ……………………………… 103
第一节 拜占廷的教育 ……………………………………… 103
第二节 阿拉伯—伊斯兰文化和教育 ……………………… 107

第二编 近代教育史 …………………………………………… 115

第七章 文艺复兴与宗教改革时期的教育 …………………… 117
第一节 文艺复兴与人文主义教育 ………………………… 117
第二节 宗教改革与教育 …………………………………… 127

第八章 近代各国教育（上） ………………………………… 135
第一节 近代英国教育 ……………………………………… 136

第二节　近代法国教育 …………………………………………… 147
　　第三节　近代德国教育 …………………………………………… 157
第九章　近代各国教育（下） ………………………………………… 172
　　第一节　近代俄国教育 …………………………………………… 172
　　第二节　近代美国教育 …………………………………………… 180
　　第三节　近代日本教育 …………………………………………… 190
第十章　近代教育理论（上） ………………………………………… 203
　　第一节　夸美纽斯 ………………………………………………… 203
　　第二节　洛克 ……………………………………………………… 213
　　第三节　卢梭 ……………………………………………………… 226
第十一章　近代教育理论（下） ……………………………………… 241
　　第一节　裴斯泰洛齐 ……………………………………………… 241
　　第二节　赫尔巴特 ………………………………………………… 249
　　第三节　福禄倍尔 ………………………………………………… 258
　　第四节　马克思和恩格斯 ………………………………………… 268

第三编　现代教育史 …………………………………………………… 279
第十二章　欧美教育革新运动 ………………………………………… 281
　　第一节　欧洲的新教育运动 ……………………………………… 281
　　第二节　美国的进步教育运动 …………………………………… 286
　　第三节　实验教育学 ……………………………………………… 292
　　第四节　凯兴斯泰纳的"公民教育"与"劳作学校"理论 ……… 298
第十三章　现代西方教育理论 ………………………………………… 303
　　第一节　杜威 ……………………………………………………… 303
　　第二节　蒙台梭利 ………………………………………………… 315
第十四章　现代各国教育（上） ……………………………………… 331
　　第一节　英国 ……………………………………………………… 331
　　第二节　法国 ……………………………………………………… 337
　　第三节　德国 ……………………………………………………… 345
第十五章　现代各国教育（下） ……………………………………… 355
　　第一节　美国 ……………………………………………………… 355
　　第二节　日本 ……………………………………………………… 365
　　第三节　苏联与俄罗斯 …………………………………………… 374
第十六章　苏联教育思想 ……………………………………………… 390
　　第一节　马卡连柯 ………………………………………………… 390

第二节	凯洛夫	395
第三节	赞科夫	398
第四节	苏霍姆林斯基	402

第十七章 现代欧美教育思潮（上） 407
 第一节 改造主义教育 407
 第二节 新传统教育 411
 第三节 存在主义教育 419
 第四节 新行为主义教育 422

第十八章 现代欧美教育思潮（下） 426
 第一节 结构主义教育 426
 第二节 分析教育哲学 429
 第三节 终身教育 432
 第四节 现代人文主义教育 434

主要参考书目 439

绪　论

一、外国教育史的研究对象

外国教育史研究对象的确定,涉及有关学科领域界线划分的问题。任何一门学科都有自己特殊的研究对象,这是它所以能成为一门学科的内在根据。首先,界定外国教育史研究对象的科学根据应是教育学科的研究对象。它应包括由被定义为教育学科的对象的研究所产生的知识系统。其次,由于它也属于史学范畴,所以它也从历史的特定角度来研究问题。教育学作为一门学科应研究人类的教育现象和教育问题,外国教育史应从历史的角度来考察这些现象和问题。根据上述观点可以认为,外国教育史是教育科学的一个分支学科和基础学科,它与中国教育史共同构成教育史学科。教育史具有教育学和历史学的跨学科性质。

根据上述考虑,外国教育史的研究对象应是除中国以外的世界上所有国家和地区的教育发生、发展和演变的全部历史过程。20世纪60年代以来,人们主张一种"大教育"理念,认为教育(education)不等于学校教育(schooling),研究教育史应既包括学校教育史,也关注家庭教育史和社会教育史;既研究教育实践和教育制度的历史发展,又探讨教育思想、理论产生和演变的历史。但由于本书的篇幅和研究状况所限,我们只能选择各社会历史时期有代表性的国家和地区的教育实践和制度以及有影响的教育理论作为主要内容。同时,外国教育史的任务不只在于单纯地描述和罗列有关的史实,考证和注释各种教育著作,更要揭示外国教育发生和演变的历史规律,为我国教育事业的发展提供有益的借鉴和启示。

二、学习外国教育史的意义

外国教育史是教师教育课程的重要组成部分,是培养教育专业教师必不可少的内容。开设这门课程的目的是"以史为鉴",运用教育史的实际经验,提高未来教师和在职教师的专业水平,并影响其教育观,拓展其思路。

教育的发展具有继承性,今天的教育制度和教育理论并不是建立在虚无之上的。教育作为培养人的社会活动,与人类社会一同产生,并随着人类社会的发展而不断演变成今天的状况。今天的教育并不是与世界文明的发展相割裂的,而是其不断发展的产物,是人类以往所积累的知识和经验的概括和总结。事实上,今天教育学所涉及的许多问题正是自远古以来人们不断探讨的问题。学习和研究教育发展的历史,将有助于人们制定当前教育的总体方针,并且能预测教育发展的未来趋势。总之,了解外国教育的昨天是为了更好地理解今天的教育和发展明天的教育。

学习外国教育史有助于增长和深化我们的知识,开阔我们的视野。一部内容丰富的外国教育史将向我们展示多彩的历史画面。在学到有关历史知识的同时,我们还能与古人对话,从中学到各种看问题的方法。我们将不会因孤陋寡闻而把早已为前人所提出的观点自以为是地当作新观点,我们能避免前人犯过的错误,训练自己学会理解、欣赏和公正地评价外国的各种教育实践和理论,并更有效地培养和锻炼我们的理论思维能力。

三、学习外国教育史的方法

做任何事情都必须讲究方法。尤其是学习,方法正确才能事半而功倍。首先,应明确的问题是,学习的方法应根据思维的方法来确定。而思维方法按其适用范围和普遍性程度可以分为不同层次。马克思主义认识论,即辩证唯物主义和历史唯物主义揭示了关于自然、社会和人的思想发展的普遍规律,为一切科学研究方法提供了方法论。其次,一般的科学思维方法,如系统方法、结构—功能方法和控制方法等是各种专门方法的概括和总结,是哲学思维方法的具体化。最后,还有各种具体学科的思维方法,如历史法和比较法等。我们学习外国教育史的方法大致上涉及上述几个方面。同时,我们不应游离于外国教育史的内容而孤立地讨论方法问题。只有与内容相一致的方法才是唯一的真正科学的方法。具体说来,在学习外国教育史时,我们应有意识地注意以下几个主要问题:

社会大背景应成为外国教育史分析的中心。教育不是孤立的存在。我们不应就教育论教育,而应把它同广阔的社会背景联系起来,把教育看成社会整体的一个组成部分。一方面,每一个社会中教育的发展水平是社会政治、经济和文化诸方面综合作用的结果。另一方面,教育对于社会政治、经济和文化等也有反作用。在教育与社会诸方面的相互作用的关系中,社会的物质生产和政治是决定和制约教育的重要因素。了解这一点将有助于我们正确分析外国教育发展的根本原因或基本动力。此外,在教育系统内部,各级各类教育之间以及教育制度、教育实践及教育理论之间也存在内在联系。例如,学校教育制度的关键环节——中等教育的改革往往会影响到初等教育和高等教育的发展。教育实践和教育理论之间也相互影响。

历史的态度是学习外国教育史的一个重要方面。具体问题具体分析,这是马克思主义活的灵魂。这个原则要求我们把外国教育史的任何问题放到一定的历史范围内,放在其产生的历史条件下和整个历史进程中去加以考察。其一,看它们是否反映了当时历史发展的要求,是否促进了社会的进步,以正确地评价其作用和意义。其二,不应根据教育家是否提供了我们今天所要求的东西,而应根据他们是否提供了新的东西的原则,来判断教育家的历史功绩,不应苛求古人。其三,以发展的观点和相互联系的观点来看待外国教育史中的各种问题。要注意教育制度与教育思想的联系,以及不同时代与同一时代教育思想之间的批判继承关系。教育具有永恒性与历史性,它们之间的统一正是通过教育自身的批判继承来实现的。其四,依据史料而不盲信史料,重视批判性的历史思维。外国教育史知识的获得不应完全以史料为中心,还应重视提出问题和回答问题。一个人的水平高低并不完全取决于他所掌握的材料的多少,更取决于他的思想水平和理论水平,取决于他驾驭史料的能力。因为我们的任务是要探索外国教育发展变化的规律。

最后,运用比较历史学的方法将有助于克服狭隘性,能帮助我们探索不同社会教育之间、同一社会不同国家之间的教育的共性和个性,还可以进行教育思想的比较,以发现教育发展的普遍规律和特殊本质。运用比较方法有一定的技巧:首先应确定比较的主题,然后需根据一定的标准,进而解释比较的内容,做出比较的结论。比较法的种类很多,有纵向比较和横向比较、同类比较和相异比较、定性比较和定量比较、宏观比较和微观比较以及综合比较等,需根据具体情况灵活运用。重要的问题是不能停留在事物的现象上,而要进一步分析事物的本质,这正是运用比较方法的目的所在。

四、外国教育的历史演变

在教育发展的历史分期问题上,我国教育理论界的学者们仁者见仁、智者见智,各自提出了不同的观点或主张。虽然在划分的根据或标准方面存在着意见分歧,但在具体的历史阶段的划分上,却大同小异,都大致分为古代、近代和现代三个历史时期。这一方面是受到历史学发展的影响;另一方面,教育的发展虽然存在超前或滞后的情况,但大体上也是与整个社会的发展相适应的。因此,我们在外国教育史的历史分期问题上,也采取了一般的划分方法,试图在这样的框架内,大致勾画出外国教育产生、发展和演变的基本轮廓。

(一) 古代教育史

最早的人类可能出现在距今300万年或400万年之前。对于没有文字的史前时代的教育的研究,只能依靠古人类学、考古学、民族学、古生物学和古气候学等多种学科所提供的材料进行推测。无论是考古资料还是文献记载都表明:光明来自东方。在古代东方的大河流域,如埃及的尼罗河、西亚的底格里斯河与幼发拉底河、印度的印度河和中国的黄河是学校教育的几个最早的发源地。在那里出现了世界上最早的文字、最早的学校、最早的书籍和最早的大教育家。

古希腊教育是西方教育的开端。雅典及斯巴达两个城邦的教育以及苏格拉底、柏拉图和亚里士多德的教育理论对后世西方教育产生了重要影响。古罗马教育是古代希腊教育的继续。在学习和继承古代希腊教育的过程中,古罗马人根据本民族的特点对其进行了改造。古罗马帝国时期的教育成为国家的事业,国家加强了对学校和教师的控制与监督,发展出西方最早的教育行政制度。基督教会产生于罗马帝国时期。中世纪早期,基督教教育成为西欧教育的主干。中世纪世俗封建主教育带有封建等级特征,骑士教育充分反映了这种特征。在中世纪后期,随着城市经济的发展,出现了中世纪大学,新兴市民的行会学校和城市学校也为西方后世的职业教育和近代小学教育奠定了基础。由于历史的原因,与西欧中世纪处于同一历史时期的拜占廷与阿拉伯在保存古代希腊和罗马文化以及沟通东西方文化方面做出了重要的历史贡献。

(二) 近代教育史

1500年是世界近代史的开端。此前的世界基本处于闭塞状态,只有到1500年左右完成地理大发现之后,这种状态才被打破。西欧人走向海外,开始殖民征服,欧洲贸易走出地中海的狭小范围而扩大到全世界,为新兴的资产阶级开辟了新的活动场所,促进了欧洲封建主义生产方式迅速向资本主义生产方式过渡。文艺复兴时期是西方教育从中世纪教育向近代教育过渡的重要转折时期。人文主义者积极的人生观相信和重视教育在改造社会和形成完人方面的积极作用,这在一定程度上消除了禁欲主义对教育的消极影响。在宗教改革中,新教派教育家认为,国家应该承担教育的责任,他们还提出了普及义务教育的思想并积极付诸教育实践,使平民小学有了较大发展,本族语开始作为教学用语,班级授课制也得到了发展。

17～19世纪是资本主义制度在先进国家取得胜利并得到巩固的时期,近代教育也得到很大发展。首先是民族国家教育领导体制的建立。随着教育世俗化的发展,教育领导权逐渐从教会手中转移到民族国家的手中,国家逐渐承担起教育的责任。其次是国民教育体系在各国的建立。初等义务教育逐步得到普及,国民教育成为民族国家进行社会控制的重要工具。再次,这个时期各级各类学校有了一定发展,在西方各国形成了带有明显等级特征的双轨学制;中等教育大众化的问题提上议事日程;出现一些新型大学,课程内容更加切近社会生活的需要。

在近代教育发展的各个历史时期,各国都出现了一些著名的教育家。他们批判了当时教育体制和学校教育的弊端,针对当时的社会需要提出新的教育理想,不仅为当时和后来的教育改革提供了理论依据,也由于其思想的生命力而成为人类教育宝库的共同财富。

(三) 现代教育史

19世纪末欧美国家工业和经济迅速发展,人们试图通过教育的改进来解决各种社会矛盾,实现社会重建。实验科学尤其是实验心理学的诞生和发展为教育革新提供了科学依据和方法论基础。19世纪末和20世纪初的欧美教育革新运动对现代欧美教育产生了深远影响,杜威和蒙台梭利是这个运动中最具代表性的著名教育家。

到1900年,中等教育成为发达国家关键的教育领域。战后初期,欧美各国都不同程度地致力于消除学校教育体系中的双轨制,中等教育逐步得到相当程度的普及。1957年苏联人造地球卫星的上天,以及接踵而至的"知识爆炸"时代的到来,曾经极大地刺激了西方各国的课程改革。人们急不可待地要将最新的科研成果充实到各级学校课程中去。

20世纪70年代以后,随着新的经济危机的到来,新自由主义和所谓"第三条道路"深刻影响了西方各国教育改革的取向。在"小政府大市场"理念的主导下,市场机制被广泛地引进教育改革中。在有着地方分权传统的国家,在削弱地方当局教育领导权力的同时,加强了中央一级对教育的控制;为了鼓励竞争,给家长以更多的选择权利和机会;为提高基础教育的质量,大力推行标准化运动,使国家课程和国家考试得到发展,"不让一个学生掉队"成为发达国家新一轮教育改革的口号。同时,高等教育大众化时代的精英教育问题也引发了新一轮论争,公平与效率的矛盾依然存在。

在20世纪世界教育思想史上,苏联教育思想占有重要地位。十月革命胜利以后,苏维埃政府遵照列宁的教育学说进行了教育改革和教育建设,不仅建立了独特和完整的苏维埃教育体系,也发展起不同于西方的教育理论。苏联教育理论以列宁的教育学说和马克思主义的方法论为思想基础,反映了不同时期苏联党和国家的教育方针,总结了苏联各个时期的教育经验。

20世纪欧美国家各种哲学流派异彩纷呈,并先后出现与其相关的各种新的教育思想流派,包括改造主义教育、新传统教育(包括要素主义、永恒主义和新托马斯主义)、存在主义教育、结构主义教育、分析教育哲学、新行为主义教育、终身教育和现代人文主义教育。虽然战后各种教育思潮和教育流派使人眼花缭乱,但由于它们大多以现代西方哲学或心理学的某些流派作为自己的主要理论依据,大致可以区分为三种主要思潮,即科学主义教育思潮、人本主义教育思潮、思辨唯心主义和宗教哲学教育思潮。

第一编 古代教育史

最早的人类可能出现在距今300万年或400万年之前。对于没有文字的史前时代教育的研究,只能依靠古人类学、考古学、民族学、古生物学和古气候学等多种学科所提供的材料进行推测,但关于人类教育起源和史前教育状况的研究,有助于我们理解教育学原理。对于外国教育史研究来说,这个时期的教育具有发生学上的意义。

无论是考古资料还是文献记载都表明:光明来自东方。在古代东方的大河流域,如埃及的尼罗河、西亚的底格里斯河与幼发拉底河、印度的印度河和中国的黄河是学校教育的几个最早的发源地。在那里出现了世界上最早的文字、最早的学校、最早的书籍和最早的大教育家。

古希腊教育是西方教育的开端。雅典及斯巴达两个城邦的教育代表着不同的教育类型,都对后世西方教育产生过重要影响。古希腊智者、苏格拉底、柏拉图和亚里士多德的教育理论是西方教育思想的源头。他们提出了一系列带有普遍性的重要教育理论问题,成为后世西方教育思想界经久不衰的话题。

古罗马教育是古代希腊教育的继续。在学习和继承古代希腊教育的过程中,古罗马人根据本民族的特点对其进行了改造。在与希腊文化的冲突与交融中,罗马各级学校教育在共和时期后期得到迅速发展。帝国时期的教育成为国家的事业,国家加强了对学校和教师的控制与监督,发展起西方最早的教育行政制度。大规模的学校教育实践积累了丰富的教育经验,这些都反映在罗马教育家的作品中。

基督教会产生于罗马帝国时期。在中世纪早期,基督教教育成为西欧教育的主干,对中古欧洲的政治、文化和教育发展作出了一定贡献。中世纪世俗封建主教育带有封建等级制特征,骑士教育充分反映了这种特征。在中世纪后期,随着城市经济的发展,出现了中世纪大学,它们虽然不是近代意义上的大学,但欧洲很多古老的大学从那里发端。新兴市民的行会学校和城市学校也为西方后世的职业教育和近代小学教育奠定了基础。

在世界教育史上,拜占廷与阿拉伯的教育占有重要的历史地位。由于历史的原因,与西欧中世纪处于同一历史时期的拜占廷与阿拉伯的教育发展呈现出不同的历史图景。一方面,拜占廷与阿拉伯在保存古代希腊和罗马文化以及沟通东西方文化方面作出了重要的历史贡献;另一方面,拜占廷与阿拉伯文化因其自身所具有的特色在世界文化史上熠熠生辉。

第一章 史前时代的教育

原始社会是人类发展的第一个阶段,为人类的史前时代。它始于人类的出现,终于国家的产生。根据已发现的古猿和古人类化石材料,最早的人类可能出现在距今 300 万年或 400 万年之前。而国家产生的时间则各地不一,有的地方至今还处在原始社会阶段。

原始社会是没有文字的史前时代,对原始社会的研究,只能依靠古人类学、考古学、民族学、古生物学、古气候学等多种学科所提供的材料。例如,古生物学和古气候学能使人们了解原始人类存在的环境及其对古人类产生的影响;古人类学和考古学提供了原始人类体质形态和物质文化发展的证据,以及当时人类社会关系和精神文化面貌的有益线索;民族学则可以帮助我们了解原始社会某一阶段的社会生活、家庭形态、婚姻制度、宗教信仰以及生产发展的状况。

马克思和恩格斯吸取了前人的成果,运用唯物主义的方法,揭示了原始社会发展的基本规律,为原始社会史的科学理论奠定了基础。近几十年考古学和人类学的新发现和各国学者所进行的研究,丰富了原始社会史的材料,使原始社会史的研究达到了前所未有的水平,但在许多问题上,还存在着较大的分歧和难点。①

第一节 人类的史前时代

一、人类的起源

人类的历史和自然界的历史有着紧密的联系。根据地史学和古生物学的研究,地球发展的初期阶段可能在 60 亿年之前,到距今 46 亿年前形成了地壳。从那时开始,地球的历史可分为五个代,即太古代(约 46 亿年前至 25 亿年前)、元古代(约 25 亿年前至 6 亿年前)、古生代(约 6 亿年前至 2.25 亿年前)、中生代(约 2.25 亿年前至 7 000 万年前)、新生代(7 000 万年前至今)。每个代又分为若干纪,每个纪又分为若干世。

最原始的生物出现在太古代的地层中。到元古代的末期出现了原始的腔肠动物、软体动物和节肢动物等多细胞生物。到古生代,出现了生活在水里的最早的脊椎动物,这些原始的脊椎动物后来发展成鱼类。鱼类分化为许多分支,其中一支演化成为两栖动物。两栖动物中的一个分支又演化为爬行动物,其一部分演化为各种各样的恐龙。最早的哺乳动物及鸟类在中生代也已出现了。

---

① 吴于廑、齐世荣主编:《世界史》之《古代史编》(上卷),高等教育出版社 1994 年版,第 1~2 页。

人类起源于新生代。新生代又分为第三纪和第四纪。第三纪分为古新世、始新世、渐新世、中新世、上新世；第四纪分为更新世和全新世。第三纪是哺乳动物发达的时代，在第三纪的始新世开始出现最早的灵长类。到了渐新世，从原始的灵长类中又先后出现了猴类和猿类，最早的人类就是从古猿演化而来的。从动物的进化中可以看出人类在自然界的位置。人属于动物界。现代人在动物界属于脊索动物门，脊椎动物亚门，哺乳动物纲，灵长目，人科，人属，智人种。现代类人猿并不是人类的祖先，它们也不可能进化成人。人类的祖先是某种早已灭绝的古猿。

英国学者达尔文的《物种起源》(1859)一书根据动植物演变的大量科学资料揭露了生物进化的规律。他在另一本书《人类起源与性的选择》(1871)中指出人类和现代的类人猿出自共同的祖先。恩格斯在《劳动在从猿到人转变过程中的作用》(1876)一文中运用辩证唯物主义的观点，揭示了人类起源和人类社会产生的规律，提出了劳动创造人的理论。

从猿到人的过渡时期，如果从腊玛古猿算起，大约经过了1 000多万年。如果从南方古猿的出现算起，也有二三百万年的时间。从猿到人过渡期间的生物后来终于学会了制造工具。工具的制造意味着经过思考的有意识的活动，这种自觉的能动性是人和动物的最重要的区别，它标志着从猿到人过渡时期的结束，人类的发展进入了完全形成的人的阶段。

二、石器时代与母系氏族社会

人类最初使用的工具主要是石器，考古学者把使用石器的时代称为"石器时代"，又可分为旧石器时代、中石器时代和新石器时代。

（一）旧石器时代

旧石器时代很可能在300万年前或更早就已开始了，生产工具以打制石器为主。人类已能用火，并以采集现成的天然产物为主，后来也猎取大动物。考古学者根据石器类型的分化，推测旧石器时代中期就有了性别的分工，男子从事狩猎，妇女则从事采集。

关于最早的人类社会只能通过间接材料进行推测。一些学者认为杂交的原始群（或原始人群）是人类最早的组织形式，另一些学者则认为人类的第一个社会组织形式应是血缘家族。在血缘家族中，所有的兄弟姊妹都互为夫妻，亲子之间的婚姻则被禁止。但"血缘家族"这种社会组织形式，是19世纪美国学者摩尔根根据夏威夷人的亲属称谓提出的设想，尚无考古材料作为例证。

真正有考古材料作为证据的原始社会组织——母系氏族社会，是在人类生产获得初步发展，能维持较定型群体生活并产生族内近亲通婚禁忌的基础上形成的。其成员必须和另一个氏族的成员通婚。互通婚姻的氏族组成了早期的部落。

（二）新石器时代的农业革命

在约15 000年前的中石器时代，冰河开始融化，冰川后撤，全球气候转暖，不少大型动物灭绝，适于森林草原地区生活的中小动物和鸟类增多，使渔猎经济得到发展。大约从公元前8000年到公元前3500年，人类发明了农业，被称为农业革命或新石器革命，具有十分深远的意义。农业、畜牧业的产生，使人类以采集、狩猎为基础的攫取性经济转变为以农业、畜牧业为基础的生产性经济。人们开始对日月星辰的活动、水土的特点、气候现象进行观察，积累经验，从而产生了初步的天文地理和数学知识，把人类对客观世界的认识推到一个新的高度。农业革命也促使人类从旧石器时代的迁徙生活逐渐转为定居生活，而且第一次有可能生产出超过维持劳动力所需的食物并进行储存。人口得以较大增长，一部分人去从事维持生存以外的活动，从而产生新的社会分工和物品交换，还使积聚财富成为可能。

新石器时代是母系氏族公社的全盛时期，族外婚转变为对偶婚，即由一对较为确定的夫妻组成，但容易离散。对偶也不构成独立的经济单位，所生的孩子留在妻方的氏族内。氏族首领往往由年长的妇女担任。氏族的最高权力机关是氏族议事会，由全体成年男女参加，他们享有平等的权利。

三、文明的产生

在新石器时代末期，人类已知使用金属。公元前3000年代，两河流域和印度河流域已普遍使用青铜。从金石并用时代开始，原始社会进入解体阶段，但各地存在差异。两河流域、埃及、中南美洲在金石并用时代氏族制度已解体并出现国家；中国、印度、希腊爱琴海地区在青铜时代进入阶级社会；而罗马和世界大部分地区则到铁器时代才进入文明社会。

（一）社会大分工

从金石并用时代到铁器时代，出现了农业部落和游牧部落。恩格斯认为，游牧部落从其余的野蛮人群中分离出来，这是第一次社会大分工。氏族部落内部有了剩余产品，农业和畜牧业部落之间出现经常性的交换，在游牧部落中最先出现私有财产。

社会大分工和交换的需要促进了手工业生产的发展，出现制陶、纺织、酿酒、榨油等活动。尤其是金属器的出现，冶炼、加工、制造金属工具需要专门的技巧和设备，多样的活动已不能由同一人来进行，于是发生了第二次社会大分工：手工业和农业分离了。

（二）由母权制向父权制的转变

第一次社会大分工后，男女性别间出现了新的分工。农业生产和放牧都需要较强的劳动力，男子劳动逐渐占主导地位，妇女转为主要从事家务劳动。原来以母系为中心的母权制氏族转变为以父系为中心的父权制氏族。

从母权制向父权制的转变是通过新的婚姻和家族形式而实现的，不稳定的对偶婚逐步过渡为一夫一妻婚。父系氏族公社仍保留着氏族社会的民主性质，由若干个家长制大家族组成。家长制大家族是父系氏族社会的基本社会经济细胞，它往往包括三四代的男系亲属，集体耕种属于氏族的土地，在大家族内共同消费。

（三）私有制和阶级的形成

从农业革命起，社会产品有了剩余，游牧部落中的畜群最早变为私有财产。第二次社会大分工后，出现了商品生产，有了货币，出现了商人，加速了私有制的发展。随着私有制的出现，阶级也产生了。为了生产出更多的剩余产品，人们不再把战争中的俘虏杀死，而是把他们变成奴隶。私有制的产生和发展还使氏族内出现财产分化，形成氏族贵族。这样，在氏族社会中，不仅存在自由人和奴隶的差别，还出现富人和穷人的区别。

劳动生产力的提高,使得个体生产成为可能。以一夫一妻及其子女所组成的个体家庭从大家族中独立出来,瓦解了作为父系氏族基本社会经济细胞的家长制大家族,形成以地域关系结合起来的农村公社。农村公社破坏了氏族的血缘关系,同时又保留着公有制的残余,比如土地、森林、牧场等是公有的,定期分配给家庭使用。它是生产资料公有制向私有制过渡阶段的社会组织。

(四) 国家的产生

在氏族公社制度解体到国家产生的过程中,出现了军事民主制。军事民主制保留了氏族制度的某些因素,同时存在着军事首长的个人权力。私有制和奴隶制的发展,使得为掠取财富、奴隶的战争频繁发生,战争又进一步促进了社会的分化,不同的阶级和社会集团为了自身的阶级利益而斗争。显然,这时氏族制度已经过时。为了调节阶级之间的利益冲突,使社会生存下去,必须建立一个强制机关,这就是国家。

以军事首领、氏族贵族为代表的奴隶主阶级,经过长期斗争夺取了全部权力。军事首领成了一国之王。国家从氏族组织的废墟上产生但与氏族有根本的不同:氏族以血缘关系为纽带,国家则按地域来划分它的国民;国家设有公共权力的暴力机关,如军队、警察、宪兵、法庭和监狱等,氏族则完全没有。

综上所述,原始社会生产力十分低下,劳动产品只能满足最迫切的生活需求。由于不能创造出剩余产品,不可能有人剥削人的现象,人们必需集体劳动、平均分配,才能维持集体的生存,这就决定了生产资料的公有制。到原始社会末期,生产力提高了,产品有了剩余,于是私有财产、阶级剥削和阶级压迫也就随之而来,使得以公有制生产关系为基础的原始社会逐步解体。国家的诞生,标志着原始社会的终结。

第二节 教育的起源问题

教育的起源问题涉及以什么样的方法论来认识的问题,所以它不仅是教育史的问题,也被认为是教育原理的基本理论问题之一。[①] 在近代教育史上,关于教育的起源问题有三种主张:生物起源说、心理模仿起源说和劳动起源说。

一、生物起源说

教育的生物起源说的主要代表人物是法国社会学家、哲学家利托尔诺(Charles Letourneau,1831~1902)。他在《各种人种的教育演化》一书中认为,生存竞争是教育的基础。教育非人类特有的现象,远在人类出现以前,教育已在动物界存在。他把年长动物对年幼动物的爱护、照顾都说成是一种教育,认为人类教育是在动物教育活动的基础上的改善与发展。他还把生物生存竞争的本能说成是教育的起源和存在的基础:动物为了自己的物种的保存与发展,出自一个"自然和自发"的本能,要把自己的"知识"和"技能"传授给小的动物。

---

① 孙喜亭著:《教育原理》,北京师范大学出版社 2003 年版,第 17 页。

后来，英国教育学家沛西·能(Percy Nunn，1870～1944)在他的主要教育著作《教育原理》(1920)一书中，引用大量的关于生物学和心理学的材料，论证了发展个性是教育的最高目的这一中心思想，充分地阐发了他的教育生物学化的理论观点。他主张，教育是一个生物学化过程，认为动物界亦有教育，教育起源于生物冲动，将教育看作是扎根于本能行为和种族生活的天生、自发的表现。他说："教育从它的起源来说，是一个生物学的过程，不仅一切人类社会——不管这个社会如何原始——有教育，甚至高等动物中间，也有低级形式的教育。我所以把教育称之谓生物学的过程，意思就是说，教育是与种族需要相适应的种族生活的天生的，而不是获得的表现形式；教育既无待周密的考虑供它产生，也无需科学予以指导，它是扎根于本能的不可避免的行为。"①

二、心理模仿起源说

美国教育史学家孟禄(Paul Monroe，1869～1947)在他的《教育史课本》中，从心理学观点出发批判了生物起源说。他指出，教育的生物起源说没有揭示人的心理和动物心理的本质区别，应当从心理学观点解释教育起源问题。在孟禄看来，教育起源于原始公社中儿童对成人的本能的无意识的模仿。孟禄认为，原始社会只有最简单形式的教育，普遍采用的方法是简单的、无意识的模仿。原始社会中尚未有独立的教育活动，原始的教育就是一种"无意识的模仿"。②

有学者对"心理起源论"做了如下分析：认为教育起源于心理的原因尤其是起源于无意识的模仿，显然是只见内因不见外因，只见个体不见社会整体的需要，只见人的无意识的模仿，而不懂得人之所以为人是有意识的自我规定；"心理起源论"过分夸大了模仿在教育中的地位和作用，而对教育是一种有目的、有意识的活动认识不足，否定了教育的目的性和意识性。③ 把模仿看作最初的重要的教育手段是成立的，但把它看作教育的起源，就未免把复杂的教育产生问题简单化了，自然得不出正确的答案。④

三、劳动起源说

教育起源于劳动的学说，主要是十月革命后苏联的一些教育史学家和教育学家的观点，尤其以苏联著名教育史家米丁斯基(1885～1957)在其《世界教育史》(1947)一书中的观点为主要代表。该学说以恩格斯的《家庭、私有制和国家的起源》和《劳动在从猿到人转变过程中的作用》等著作为依据，认为从猿转变为人的根本原因是劳动。人类劳动有两个特点：一是制造和使用工具；二是劳动的社会性，即人类在劳动中组成一定的社会关系。劳动起源说认为，教育从人类生产生活资料和生产资料的时候就开始了。人类为了自身的生存和延续，就必须把生产经验和技能在劳动中传递给新生一代，教育就是基于生产的需求、基于人类生存而产生的。同时认为，教育是人类所特有的一种社会活动，它的特点之一就是一种有意识、有目的的活动。

---

① 沛西·能著：《教育原理》，人民教育出版社1964年版，译序。
② Paul Monroe. *A Textbook in the History of Education*. New York：Macmillan，1905.
③ 胡德海著：《教育起源问题刍议》，《华东师范大学学报》(教科版)1985年第2期。
④ 叶澜著：《教育概论》，人民教育出版社1991年版，第39页。

这种意识性表现为,教育者头脑中已经获得了生产知识,教育者已经意识到传递经验的必要性,教育者还意识到了要追求和达到的目标是什么。劳动起源说还认为,教育产生于劳动是以人类的语言为条件的。语言和教育都是同时在劳动中产生和发展起来的。

四、中国教育界关于教育起源的争论

新中国成立以后,我国教育学界、教育史研究者赞同并发展了苏联教育学家关于教育起源于劳动的观点,同时也和苏联教育学界一样,对"生物起源说"、"心理模仿起源说"持批判和否定的态度。

1978~1995年间,教育起源问题受到中国一些研究者的关注。相关研究大致可以分为两个阶段。第一阶段是1978~1983年,这一阶段的研究者大多重新提倡教育起源于劳动的学说。论者们试图通过对教育起源于劳动的分析,探讨教育的生产属性,考察教育与生产劳动的关系,透视教育的经济功能。第二阶段是1984~1995年,这一阶段出现了大量的有关教育起源的专论文章,许多研究者对"劳动起源说"提出了不同见解,理论界就教育起源问题展开了激烈的争论,一些新的教育起源说纷纷问世。有人提出了"教育起源于适应和满足人类社会生活和人类自身发展的需要"说,有人提出了"教育起源于人类在劳动过程中形成的超生物经验的传递和交流"说(简称"劳动起源的深化说"),有人提出了"教育起源于人类教育的前身"说,等等。[①] 其中,"劳动起源的深化说"认为,教育起源于劳动并不错,它具有丰富的内容和含义。就其内容说,在于传递超生物的经验;就其目的说,在于促使个体发展和人类发展的完善;就其特点说,在于自觉地传授;就其方式说,在于借助语言、文字和抽象思维;就其意义说,在于促进人类生理和心理的发展及社会关系的形成和发展。"劳动起源深化说"的意义在于深化和具体化了劳动在从猿到人的转变中所发生的重大的质变中的意义。正是这些作用,才构成了教育起源的必要条件的要素。[②]

第三节 史前时代的文化教育概况

大量的考古材料表明,在原始社会,人类不仅创造了物质文化,也创造了精神文化,主要包括宗教的萌芽、史前艺术、科学知识的萌芽和文字的产生。至于人类在旧石器时代和新石器时代的教育情况,因无文献可考,我们无法知道,但我们可以从近代的仍处于原始社会阶段的部落中的教育概况,来推测人类原始社会教育的一般情况。

一、史前文化

宗教的萌芽、史前艺术、科学知识的萌芽以及文字的产生,这些都是原始社会教育的重要内容。

---

① 瞿葆奎主编、郑金洲副主编:《教育基本理论之研究》,福建教育出版社1998年版,第105~145页。
② 孙喜亭著:《教育原理》,北京师范大学出版社2003年版,第20页。

宗教是最古老而又普遍存在的意识形态之一。氏族集团是宗教活动的基本单位,故原始时代氏族制社会的宗教可概称为氏族宗教。早期母权制时期的氏族宗教的主要形式有图腾崇拜和女始祖崇拜,晚期母权制时期的氏族宗教崇拜有女性祖先崇拜、女阴崇拜、鬼魂崇拜、巫师崇拜、精灵崇拜和魔力崇拜。到父权制时期,氏族宗教的主要形式有:祖先神崇拜和男性祖先崇拜、神灵崇拜和鬼怪崇拜。到部落联盟时期,祖先神和自然神都出现了等级分化,还出现了地域保护神崇拜和天神崇拜。氏族宗教具有自发性、氏族性、制度性、地域性和功利性的特点。氏族宗教对氏族制度、社会经济、伦理、文化习俗和教育等都产生了十分重要的影响。①

艺术的萌芽大约产生于旧石器时代中期。人类在长期集体劳动的过程中发展了思维、语言、感官能力,手达到高度的完善,有了审美意识和按照自己的预想把某一件物体的形象复制出来的能力,同时产生了表达自己思想感情的要求,于是产生了史前艺术。大约5万年前,尼安德特人已用赤鹿的趾骨、狐狸的犬齿和牛肩胛骨串成垂饰,用手在石板上涂抹红色条纹和点纹。这些可能是人类最早的艺术品。大量的艺术作品是在旧石器时代晚期出现的。绘画、雕刻、装饰和音乐舞蹈都是原始艺术的重要形式。

原始人已经具有了初步的地理知识,能够记住所到过的每一个地点,并给每一条小溪、山丘和悬崖以一定的名称。原始语言也产生了,但尚缺乏反映综合概念的词汇,并且每句所包含的词数很少。原始人的数学知识还比较落后,只知道"多"和"少",以后,慢慢学会用具体物件作为计数的工具,最后形成了抽象的数的概念,但都处于萌芽的状态。

文字是保存和传达语言的一种书写符号,它扩大了语言在时间和空间上的交际作用,促进了人类的文明,尤其是学校产生的重要因素。文字的产生经过了漫长的时期。当初,原始人常用刻痕和结绳的办法,但这些方法只能表达数量,而无法反映事物的特点和性质。后来,在新石器时代,原始人发明了图画文字、象形文字,再进一步演进为表意文字。最早的文字产生于公元前4000年末,在西亚的塞姆语区,创造者是苏美尔人。②

二、史前教育

在原始社会发展的早期阶段,生产水平极端低下,人们使用旧石器。在这个时期,老人在儿童和少年的教育中有着特殊的作用,教育仅是由成年人在生产劳动或生活中向年轻一代传授生产和生活经验。在人类社会的发展和人本身的发展中,人的劳动无疑具有重大的意义。即使是最简单的工具的制造及其运用的能力,就已经要求长辈给儿童一定的指教。在前氏族社会制度的条件下,新一代的教育还带有极端的局限性和原始性。如恩格斯所指出的,儿童属于社会全体,所以原始公社的成员集体地实施他们对儿童的教育,体现为儿童公有和儿童公育的传统。他们使儿童养成必要的生活习惯和劳动技能,使儿童认识整个部落的风俗,教儿童履行那些伴随着原始人民生活的各种仪式。

在人类社会发展到一定阶段,出现了畜牧业、农业、手工业,教育因而变得更加复杂了,具

---

① 吕大吉主编:《宗教学通论》,中国社会科学出版社1989年版,第352～391页。
② 吴于廑、齐世荣主编:《世界史》之《古代史编》(上卷),高等教育出版社1994年版,第27～32页。

有更多方面的内容和更有计划的性质。近现代的一些原始部落,儿童们在父母或在其他亲属、公社的其他成员的教育下,在日常生活和生产劳动中,学习各种社会习俗、道德行为以及生产上的知识和技能。他们除了教给儿童劳动的技能和技巧以外,还使儿童熟悉已发生的宗教仪式的规则,熟悉传说和英雄故事。在这个时期,传说和歌曲是培养习俗、品行和一定性格特征的源泉。在原始社会,任何一个氏族成员都不能离开氏族而生存下去。所以,对于氏族成员来讲,氏族制度,氏族的风习、禁忌是神圣不可侵犯的,氏族成员必须服从。氏族中有关婚姻的规定,有关共同分配的原则,氏族、部落的各种决定,血族复仇等等,是每个氏族成员都要遵守的。这些也构成了氏族对儿童进行道德教育的重要内容。这些教育多半由老人来进行,往往通过讲故事,讲氏族部落祖先的英勇行为来启发青少年的道德感。

在母系氏族社会时期,男女两性分工的加强也体现在教育的实施上,逐渐产生了一些区别。男女两性儿童在8岁以前,不分性别地生活在一起,由妇女照管。但八九岁以后,男孩跟成年男子一起,参加制造工具、打猎、捕鱼等活动;女孩跟成年妇女一起做饭、造器皿、制衣服。

苏联教育史家沙巴耶娃依据人类学、考古学资料推断,在母系氏族社会的末期出现了社会教育机构的胚胎形式——"青年之家"①,它存在于男子之家内,由成年男人对他们实施社会的、军事的和宗教的教育。在史前时代的末期,当文字产生之后,"青年之家"也教授文字。随着社会分裂为对立的阶级,"青年之家"分为两种,一种是为普通人设立的,另一种是为特权阶级设立的,后者后来发展为学校。

到了父系氏族时期,教育的内容和形式更加丰富。在教育的内容方面,增加了伦理道德和军事体育的内容。在这一时期,比较普遍地实行"成丁礼"(或称"青年礼")的教育方式,即在到达成人之际举行一种特定的仪式。"成丁礼"是在接受男女青年成为氏族的有充分权利的成员时举行的一种特别的、庄严的考验仪式。其目的是要通过多种仪式对青年人进行考验,使其具备氏族、部落成员所应有的勇气和能力。在这个考验中,要检查男女青年对生活的准备程度,如忍受困难、痛苦以及表现勇气和吃苦耐劳的本领。这种考验通常是由老年人当众主持进行的。在不同的氏族和部落,"成丁礼"的方式和时间都有所不同,有的长达数年,有的数月,有的数十天。

当私有制、奴隶制、一夫一妻制的家庭出现的时候,原始社会就开始瓦解了。家庭开始经营独立的经济,儿童教育也在家庭中实施。此时出现有些知识集中在少数人手中的现象,智力教育跟教儿童学习各种需要体力劳动的工作分开,并成为少数垄断者的特权。为了讲授这些知识,建立了特殊机关——学校,显贵的子弟可免去体力劳动,在特别的房舍里学习。

本章小结

原始社会的教育具有全民的、平等的性质,是原始状态下的机会均等。与原始社会的社会组织和经济结构相对应,教育无阶级性,教育权平等,对儿童实行公有公育。少数人独占教育

---

① 沙巴耶娃著:《论教育起源和学校的产生》,载赵荣昌、单中惠主编:《外国教育史教学参考资料》,华东师范大学出版社1991年版,第28~50页。

而多数人被排斥于教育之外的现象还没有产生,体力劳动和脑力劳动、体力劳动者和脑力劳动者还没有分离。教育为社会全体成员服务而没有沦为少数人奴役多数人的工具。

原始社会的教育尚未成为独立的社会活动,主要是附带在生活和生产的过程中进行。原始状态下的教育的基本特点是教育融合于社会生活之中,或者说是社会生活中包含一些教育的因素或教育的活动。老一辈在氏族公社的生产活动、公共事务、宗教活动以及竞技等活动中,对年轻一代进行教育。因此,原始社会教育的内容具有多方面性,包括社会道德教育、生产劳动教育、宗教教育、文化教育和军事训练等多方面的内容。

原始社会教育的组织和方法还处于萌芽状态。由于没有文字和书籍、学校及专职教师,教育的形式和手段都极为简单,主要由老一辈结合实际生活通过口头语言的传授来进行,儿童也在实践中以耳濡目染的方式进行学习。成人的榜样、讲述、奖惩、儿童自己的活动、观察和模仿等都是重要的教育途径。

随着人类社会进入阶级社会,教育的民主平等性质消失了,体力劳动和脑力劳动分离了,文化知识的少数垄断者出现了。在原始社会末期,教育开始分化,改变了当初的性质,并产生了文字和学校的萌芽。

思考题

1. 研究史前时代的主要依据有哪些?
2. 了解史前时代历史发展概貌。
3. 述评关于教育起源的几种主要观点。
4. 论述史前教育的主要特征。

第二章 古代东方国家的教育

无论是考古资料还是文献记载都表明,在人类教育的发展史上,古代东方的大河流域,如埃及的尼罗河、西亚的底格里斯河与幼发拉底河、印度的印度河和中国的黄河是学校教育的几个最早的发源地。在亚述、巴比伦、埃及、印度、希伯来和中国出现了世界上最早的文字,如苏美尔文字、古代埃及文字、古代汉字、古代印度文字和古代腓尼基文字;出现了最早的学校,如古代两河流域的学校、古代埃及的学校和最早的中国学校;出现了最早的书籍,如古代两河流域的泥版文书、古代埃及的纸草书和中国的竹帛书;出现了最早的大教育家,如印度的乔达摩·悉达多和中国的孔子。不仅如此,东方文化还逐渐传入希腊,促进了希腊的文明化。① 正如捷克古文字学家赫罗兹尼所说:"光明来自东方。"②

学校的产生需要一定的历史条件:(1)生产力的发展与社会分工的产生,使物质产品丰富了,除提供人类消费之外,有了多余的剩余,从而使一部分人专门从事教育活动而不参加生产劳动成为可能。(2)人类积累了较为丰富的知识经验,需要集中地、专门地进行传授。与此同时,伴随社会的发展,出现了文字。古代文字的书写和辨识都十分困难,需要长年累月的学习才能掌握。繁难的文字和繁多的知识,绝不是可以在实际生活中附带进行学习所能获得的,**必须组织专门的机构专司其事,任用专职人员负责,并使受教育者脱离其他事务而专心致志地钻研学习**。(3)统治阶级需要垄断知识成果并传之于自己的后代,国家制度的建立以及统治者出于维护自身统治的需要,对人才培养规格也提出一定的要求。以上这些都为学校教育的产生提供了重要的条件和基础。③

第一节 古埃及的教育

古代埃及是世界文明的发源地之一。它位于非洲东北部,北临地中海,东濒红海,南邻努比亚,西接利比亚。从南到北纵贯埃及全境的尼罗河,全长6 700多公里,每年7月至11月定期泛滥,浸灌了两岸干涸的土地,在河谷及三角洲留下了肥沃的腐殖质,成为肥沃的黑色土壤。公元前6000~前5000年代,其农业文化已相当发达,并使用铜器,这为其文明的较早出现奠定了基础。正如古代希腊历史学家希罗多德所说:"埃及是尼罗河的赠礼。"

---

① 孙培青、任钟印主编:《中外教育比较史纲》(古代卷),山东教育出版社1997年版,第1~37页。
② [捷克]赫罗兹尼著:《西亚细亚、印度和克里特上古史》,三联书店1958年版。
③ 曹孚、滕大春、吴式颖、姜文闵编:《外国古代史》,人民教育出版社1981年版,第13~15页。

一、古代埃及历史概况

约公元前4000～前3500年,埃及出现了私有制和阶级关系的萌芽。约公元前3500～前3100年,埃及私有制逐步确立,阶级逐渐形成。约公元前3100年,古代埃及国王美尼斯创建第一王朝。古代埃及的历史大致分为古王国时期(公元前2686～前2181)、中王国时期(公元前2133～前1786)、新王国时期(公元前1567～前1085)。直到希腊人征服以前,埃及经历了31个王朝。

古王国时期,埃及的君主专制开始确立。资料表明,国家、国王、神庙和官僚贵族占有大量的土地。各类奴隶主除了剥削奴隶以外,还剥削丧失了生产资料的其他劳动者。[①] 古埃及王权、神权和地方贵族之间也展开激烈较量,彼此征战不已。政局的混乱、阶级矛盾的激化常导致奴隶大起义。至新王国时期,古埃及走完了从小国寡民的诺姆国家到地域王国,直至扩张为一个地跨西亚北非的奴隶制帝国。公元前1085年以后,古埃及进入了衰亡时期。

早在公元前4000年代末,古代埃及人创造了自己独特的文字——象形文字。这种文字有24个字母,但未发展成字母文字。象形文字的体系十分复杂,不易为一般人所掌握。埃及的主要书写工具是纸草和芦管笔。纸草是一种生长于沼泽地带的植物,将其茎干剖为长条,彼此连成片,然后压平晒干成纸。埃及人称这种纸草为paoerus,后世英文中的paper和法文及德文中的papier,便是由此而来。为便于存放,把长的纸草卷成卷,这便是后来书籍分"卷"(volume)的由来。[②]

古代埃及人在应用科学(如天文、历法、医学和数学等)方面作出了自己的贡献。埃及人从预测尼罗河水的涨落中创立了天文学。他们把一年定为365天,12个月,每月30天,所剩5天放在年尾作为节日。古埃及人还把一昼夜分为24等分。埃及人有较发达的几何学,已能计算矩形、三角形、梯形和圆形的面积。古埃及医学也较为发达。埃及发明了木乃伊的制作法,为人体解剖积累了知识。金字塔更是古埃及文明的象征,是古埃及人民的智慧结晶。

二、古埃及的学校

古埃及是教育最早发达的国家。在学校建立以前,古埃及教育主要在家庭中进行。那些需要精巧技术的职业如僧侣、建筑师和木乃伊师等是在家中以父子相承的方式来传授的。根据古埃及文献的记载,在古王国时期就出现了宫廷学校。由于政治、经济和军事等多方面的需要,到中王国时期,埃及已有了类型多样、水平各异和组织良好的学校,如宫廷学校、职官学校、寺庙学校和文士学校等,其完备程度超过了同一时期的其他国家。

(一) 古埃及学校的主要类型

1. 宫廷学校

在古王国末期的文献中就曾偶然提到宫廷学校,而比较可靠的资料证明宫廷学校存在于中王国时期。新王国时期的宫廷学校,则不仅有记载,更有考古学家已经发掘到学校遗址。根

---

① 吴于廑、齐世荣主编:《世界史》之《古代史编》(上卷),高等教育出版社1994年版,第1~2页。
② 孙培青、任钟印主编:《中外教育比较史纲》(古代卷),山东教育出版社1997年版,第19页。

据苏联教育史学家米定斯基的看法,建于公元前2500年的埃及宫廷学校是人类历史上有文字记载的最古老的学校。①

宫廷学校是由古埃及法老设在王宫内的一种学校,主要以皇子皇孙以及贵胄大臣子弟为教育的对象,也从一般奴隶主子弟中选择优秀者入学。法老邀集文士进行教学。年轻者所学的多为一些普通课,包括读、写、数学、天文等基础知识,对成年学生则进行程度较高的知识传授。学习结束以后,就被派往国家各机关经受锻炼以取得实际经验,然后正式委任为官吏。

2. 职官学校

职官学校也称书吏学校,大约出现于中王国时期,是一种由政府各部门创建的培养政府各机关合格职官的学校。由于政务繁忙,仅有宫廷学校已经不能满足需要,政府部门不得不设立学校以培养所需要的职官,如管理国王马匹的机构担负起训练司马官员的功能,管理档案的机构就负责培训司档官员,国王银库附设学校以培养管理银库的官员。

职官学校的学生大约从5岁开始学习,延续12年。学校除教授普通课程外,还进行专门的职业教育。这种学校往往是以学校所从属的政府机关的官吏为教师。学生毕业以后,一般就在这种政府部门做一名下级官吏。

3. 寺庙学校

古埃及的寺庙在社会上也享有较高的地位。有些寺庙的僧侣有很深的学术造诣,精通数学、天文学。因此,寺庙既是宗教活动的场所,也是替法老办理天文、建筑等专业事务的机构。大的寺庙办有寺庙学校,研究并传授神学、文学、地理学、地志学、历史学、数学、天文学、医学、建筑学、测量、水利学以及雕刻、绘画、舞蹈、音乐、法律、伦理学等。

寺庙学校所进行的是较高深的科学研究和教育,重在学术知识的传授和探讨,俨然是埃及的最高学府。古埃及寺庙内藏书丰富,以供研究之用。据说位列希腊七贤的梭伦、泰勒斯以及哲学家柏拉图等人都曾到此游学。

4. 文士学校

文士在埃及社会中占据很重要的位置。古代埃及公私事务都注重书写,同时,一般子弟可以通过学为文士和充当书吏获得升迁。为了满足社会上的需要,文士学校应运而生。这类学校是私立的,多由担任各级官员的文士招生授课。一般说来,学校除教学生学习读、写、算以外,有时也教数学、天文和医学等,还教授外邦文字,如巴比伦文字。但各文士学校的培养水平参差不齐,修业年限不一。家境较穷的人可以入一些水平低的学校,富家子弟则进入水平高一些的文士学校学习。

(二) 古埃及学校的特征及其对西方的影响

1. 古埃及学校的一般特征

上述古埃及的各种学校虽然目标不同、水平各异,但也有着一些相同点:(1)各类学校一般都以僧侣和官吏为师,并产生了大批被教育史家视为古埃及最早的专业教师的人——"文士"。

---

① [苏]米定斯基著,叶文雄译:《世界教育史》,三联书店1950年版,第11页。

（2）学习识字和学会阅读是基本的内容。古埃及象形文字比较复杂，学生要掌握600多个构造复杂的符号是颇为困难的。书写更是困难，需要花费比学习阅读更多的时间。学生要学会用各种书写体抄写，抄写的内容一般是信件、道德训条或知识性的内容。学校一般都较重视辞令，重视教学生学会说话。（3）由于建筑、水利、天文、税收和军事远征都离不开数学，因此文士如果不懂数学会被视为耻辱。古埃及学校利用许多时间教授数学，如算术和几何等。（4）在教育和教学方法上注重灌输和惩罚。古埃及的学校每天学习的时间很长，从清晨起学一整天，有时还要到夜晚。学校盛行体罚。文献记载，有一位教师这样教训他的学生："不要把时间玩掉了，否则你就要挨揍，因为男孩子的耳朵是长在背上的。""我要捆起你的腿，如果你再去街上游荡，你还会遭到河马皮鞭的抽打。"①

2. 古埃及文化教育对西方的影响

古埃及文化教育通过希腊化对西方文化教育的产生有着深刻的影响。

古埃及的象形文字对西亚腓尼基字母的产生发生过重大影响。② 而直接影响希腊文字产生的是腓尼基文字。此后，从古代希腊文字又衍生出拉丁文，从希腊文和拉丁文衍生出欧洲各国文字，如英文、德文、法文、意大利、西班牙文、葡萄牙文，等等。

希腊的数学、科学、宗教和神话很多是从古埃及传入的。希腊人从古埃及人那里学到了测地法。埃及人最初使用了12位神的名字，如宙斯、阿波罗、雅典娜、狄奥尼索斯等后来被希腊人借用了去。这些神的名字、形象、职责、祭祀仪式等，都是从埃及传入希腊的。埃及的风俗习惯也传入希腊。神托所、预言都是从埃及传入希腊的。希腊人关于灵魂不朽、灵魂可以和肉体分离的哲学、宗教思想，最初也是从埃及传入的。③

第二节 两河流域的教育

亚洲西南部的底格里斯河和幼发拉底河都发源于今土耳其亚美尼亚群山之中。"两河流域"是指底格里斯河和幼发拉底河的中下游地区，其地理范围大致相当于今日的伊拉克。两河流域又常称美索不达米亚（来自希腊文，意指两河之间的地方）。在古代，两河流域分为南北两部分，北部称作亚述，南部称巴比伦尼亚。巴比伦尼亚又分为南、北两部，尼普尔（今名努法尔）以北称阿卡德，以南称苏美尔。

两河流域是人类文明的发源地之一。历史上两大文明古国——亚述和巴比伦，就建在这里。从19世纪40年代开始，人们经过百年的发掘，逐渐认识了两河流域的文明。考古学者在这里发掘出大量的文物和文献，并且在史学领域创立了"亚述学"这个专门学科，为我们研究两河流域的政治、经济和文化教育的历史提供了丰富的史料。

同时，我们也应注意到，两河流域的历史实际上包含着多种民族互相影响和互相承袭的历史，情况远比我们想象的要复杂。除了巴比伦和亚述，还存在过很多其他国家、地区和王朝，

---

① 司徒卢威著：《古代的东方》，人民教育出版社1955年版，第89～90页。
② 吴于廑、齐世荣主编：《世界史》之《古代史编》（上卷），高等教育出版社1994年版，第136页。
③ 孙培青、任钟印主编：《中外教育比较史纲》（古代卷），山东教育出版社1997年版，第9～10页，第35～37页。

如赫梯和腓尼基等。限于篇幅,本节主要介绍巴比伦和亚述的教育史。

一、两河流域的古代文明

(一) 两河流域的历史概况

约公元前5000年代后半叶,两河流域南部已有人居住,先后有欧贝德人、苏美尔人、阿卡德人、阿摩利人、亚述人和迦勒底人来到两河流域。两河流域的历史包含着多种民族互相影响和互相承袭的历史。

大约公元前4300年,两河流域南部的苏美尔人进入铜石并用时代,开始了氏族社会解体和向文明过渡的过程。公元前4300～前3500年,苏美尔人掌握了初步的人工灌溉技术,从事农业生产。迄今所知的最早的文字——苏美尔文字就产生于这个时期,表明苏美尔人已经迈入了文明的门槛。约公元前3100～前2800年,文字进一步发展,产生了苏美尔语的楔形文字。这一时期,在两河流域已经出现了数以十记的奴隶制城邦。两河流域南部进入苏美尔早王朝时期(约公元前2800～前2371)。后来,北方的阿卡德兴起,统一了南部两河流域,建立了阿卡德王国(约公元前2371～前2191)。约公元前2191年,来自东北面山区的游牧的库提人入侵南部两河流域,灭亡了阿卡德王国。约公元前2113年,乌尔第三王朝(约公元前2113～前2006)统一了南部两河流域,增强了中央集权统治。乌尔第三王朝灭亡后,南部两河流域又进入诸邦分立的局面。最后统一两河流域的是古巴比伦王国(又称巴比伦第一王朝)。到第六代国王汉谟拉比(约公元前1792～前1750)时,巴比伦逐渐强大起来。他基本统一了两河流域,并在统一的过程中建立了中央集权专制制度。汉谟拉比制定了法典,这是世界上第一部法典。约公元前1595年,古巴比伦王国被北方入侵的赫梯人所灭。

亚述地处两河流域北部(今伊拉克的摩苏尔地区),是一个多山的地区,富有木材和矿产品。亚述历史分为早期亚述、中期亚述和亚述帝国(或称新亚述)三个时期。亚述帝国是其历史上最强盛的时期。公元前3000年代末,阿卡德王国灭亡以后,在亚述形成了以亚述城为中心的国家,开始了早期亚述时期(约公元前3000年代末到公元前2000年代中叶)。在中亚述时期,王权加强了,国王实际上成了专制君主。从公元前10世纪末叶起,亚述经过两个多世纪的征服战争,建立起一个地跨西亚和北非的奴隶制帝国,将两河流域南部和埃及这两大文明中心置于自己的统治之下,成为铁器时代的一个帝国。

公元前626年,迦勒底人发动了反对亚述帝国统治的起义,建立了新巴比伦王国。公元前612年,亚述帝国灭亡,其遗产被新巴比伦王国和米底王国所瓜分。其中,新巴比伦王国分取了亚述帝国的西半壁江山,即两河流域南部、叙利亚、巴勒斯坦和腓尼基。公元前604年,尼布甲尼撒二世即位为新巴比伦王国国王。他在位时期,为了巩固自己的后方和扩张地盘,与米底人、埃及人和犹太人之间不断发生战争。公元前586年,在攻破耶路撒冷城以后,该城大部分居民被俘往巴比伦尼亚,史称"巴比伦之囚"。尼布甲尼撒二世对巴比伦城进行了大规模的建设,使巴比伦城成为当时世界上最繁华的城市。公元前539年,新巴比伦王国被新崛起的波斯人所灭。

(二) 两河流域的文化

南部两河流域的早期文化被称为苏美尔·巴比伦文化。苏美尔人最伟大的文化成就之一是发明了文字。公元前3500年,苏美尔人已经有了图画文字,大约有2 000个文字符号,后来减少到500~600个。后来,图画文字发展为表意文字,再发展为表音文字。经过这些变化,苏美尔文字体系基本完备。据考古学家、文化史家们认为,苏美尔文字是由祭司们发明,并首先由祭司们使用的。

苏美尔文字是用削成三角形尖头的芦苇秆(或骨棒和木棒)当笔,刻在泥板上,落笔后自然形成楔形,因此称为"楔形文字"。苏美尔语楔形文字对西亚许多民族语言文字的形成和发展有着重要影响。腓尼基文字也含有楔形文字的因素。苏美尔人在科学上作出了重大贡献。他们的计数是用10进位法和60进位法。现在的计时法,1小时分为60分,1分分为60秒,就是源于苏美尔的计数法。

新巴比伦王国存在不到百年,但它的科学和建筑业却得到了巨大的发展。在天文学上,他们改进了阴历置闰月的方法。以前由国王命令规定闰月是临时措施,无规律。新巴比伦王国规定八年中有三个闰月,以后又规定二十七年十闰。他们把一月分成四周,每周七天,分别用日、月、火、水、金、土、木等七个星神的名称命名。"星期"意为星的日期。现在通行的七天一星期,就始于此时。

腓尼基是一个古老的文明地区。在历史上,"腓尼基"是指叙利亚、巴勒斯坦的沿海地区,大约相当于今天的黎巴嫩。古代的腓尼基不是一个国家的名称,而只是一个地区、一个民族的名称。公元前3000年代末开始,在那里相继出现过若干个彼此独立的小的城市国家。腓尼基人在古代世界文化史上的一大贡献就是它的字母。腓尼基字母共22个,是线形符号,只有辅音而无元音。腓尼基人把字母传入希腊,希腊人在此基础上加入了元音,形成了希腊字母;罗马人又在希腊字母基础上形成拉丁字母,从而为后来西方各国字母奠定了基础。

二、亚述和巴比伦的教育

(一)两河流域学校的产生

许多资料表明,两河流域早期的学校主要是一种培养文士的教育。宗教、政治和经济等方面需要大量能读会写的人,使得文士在两河流域文化发展中具有重要地位,于是出现了训练文士的学校。不过,文士在两河流域的地位不像在埃及那般显赫,绝大多数是较为卑微的工作人员。

历史学家估计古代两河流域的学校诞生于寺庙。与古代埃及一样,古代两河流域的人类生活受到寺庙的支配和深刻影响:寺庙不仅是宗教生活的地方,也是经济生活体制的中心,肩负着社会和政治等多方面的职责。由于僧侣特别是高级僧侣大都有较高文化,寺庙又有较为充实的图书资料和观象台等设备,在急迫需要培训文士的形势下,寺庙自然成为文士教育的场所。

亚述和巴比伦的学校起于何时,说法不一。有的学者认为至迟在公元前3000年代中叶已有学校出现,到公元前2000年,许多学校纷纷成立;有的学者则认为公元前2000年以前才有学校存在,而许多苏美尔文献也提到大约公元前2000年代初期的学校。但可以肯定的是,在汉谟拉比统治时期,培养文士的学校已盛行于全境。

法国考古学家帕拉(Andre Parrot)于20世纪30年代在两河流域上游的马里城发掘出一所被人估计为公元前约2100年左右的学校。它包括一条通道和两间房屋,小间面积为大间的三分之一。大房排列着4条石凳,分别可坐1人、2人或4人,共可容45人;小房排着3条石凳,可容23人,很像学校的课室。房中放着许多学生的作业泥板。墙壁四周的底部安放着装有泥土的浅浅水槽,好像是准备制作书写用的泥版。在地板上装点着很多贝壳,好像是教授计算的教具。有人推断这就是那个时期的学校。也有人推断马里学校是公元前3500年的建筑,是人类最先出现的学校,较埃及于公元前2500年最先产生的宫廷学校早1000年。

(二) 两河流域学校的类型和组织

根据考古发掘出的远古学校遗址,可以将它们的情况大致分为三类:第一类学校邻近皇宫,如上述马里城的学校,这类学校似乎是宫廷或政府机关设立的;第二类学校似乎是寺庙设立的;第三类学校是文士私自设立的,一般紧邻文士居住的地区。三类学校很可能是并存的,特别是在巴比伦古王国时期。究竟三种学校以哪类学校最为兴旺?有些考古学家认为是由僧侣主持的寺庙学校。图书馆和观象台一般都附设于寺庙之中。

文献还提到,僧侣、文士担任教师职务,他们是垄断文化的有学识、有地位的人,天文、数学、医学、建筑的知识主要为僧侣所掌握。僧侣们以各种符号创制音阶表和单词表;绘制苏美尔文和阿克德文的语法解说;利用赞美诗、咒语、卜辞以及法律的和历史的知识,指导学生从事语句练习;在课本中编写注释,以减少学生学习的疑难;绘画山川鸟兽的图形,作为教学辅助;还进行道德教育,讲授有趣的神话和寓言。这些也足以说明寺庙在两河流域教育史上的贡献。

当时学校是培养文士的场所。文士可为僧侣,可任官职,还可充当私人雇用的文字工作者。这些人必须由地方培植。最初,文士有面向大众的倾向;后来阶级和等级日趋森严,只有社会地位高者的子弟才有入学的机会。

关于学校的规模和组织,文献中也屡有叙述。校长、教师、学生都互称为"同事",都自称是"学校的成员"。校长被尊为"学校之父",是受师生敬仰的领袖。教师被直译为"泥版书舍的书写者"。文献中曾记载有"教授计算的教师"、"教授测量的教师"、"教授测丈的教师"、"教授苏美尔文的教师"和"教授图画的教师"等名称,说明可能在某些大规模的学校中,教师已经分科任教了。亚述和巴比伦是双语并存的国家,古老的苏美尔文比日常使用的阿克德文受到人们更大的重视,因而苏美尔文的教师的地位高于阿克德文教师。

那时学生作业繁重,因此在教师之下设有辅助教师,或称导生,由年龄较长而准备充当教师者担任,在教师指导之下,从事实习性质的工作,如给学生指定作业、书写范字、改正错误、听学生背诵等。这反映艺徒训练方式已在教师培训工作中存在了。除校长、教师之外,学校还设监督,直译为"泥版书舍的管理人",是行政人员而非教学人员,司职维持校规校纪。此外,还设图书馆员、学生出席检查人员、鞭责学生人员、校门看守人员等等。由此,似可推测有些学校的规模已经不小了。

在寺庙学校之外,还有希望充任政府官吏而学习书写的人。这些人一般就学于精通书写的书写家中。这些书写家常常在家中收徒教学,就学的生徒通常是教师的子辈。书写家私设的学校和寺庙学校比较起来,寺庙学校水平高深,以培植政府的高级僚属为任务;书写家学校教学的水平较低，仅仅培植一般文书工作者，传授学生关于行政和司法工作的惯用知识、来往函札的格式，书写各种字体的技术，以及数字计算及订立契约的通常业务技术而已。所以，寺庙学校享受较高的社会声望。

（三）学校的教学内容和教学方法

近年发掘出土和翻译成文的文献中，有许多论述教育课题的作品，如《恩奇曼西和吉尔尼沙的争执》、《学生》、《文士和他的不肖之子》等，多方面提供了学校的概貌。

文士教育分两阶段进行。第一阶段传授基础知识，是针对一般学生的。现在出土的文物大都属于这一阶段教育的。第二阶段是将志趣不同的学生，分派到相应的寺庙或政府机关，按其准备承担的职责，接受较高水平的定向培养，方法是通过师生传承的艺徒制或导师制。

初级阶段以苏美尔文和阿克德文的教学为主。古代东方国家如中国、阿拉伯、波斯、土耳其等都是古典文和通用文共存，两河流域也不例外。文献提到，教师教导学生书写和阅读古典的苏美尔文和通用的阿克德文写成的书，练习苏文和阿文互译，而且书写重于阅读，古文重于今文。教师严格规定了学习书写的程序，幼小的儿童先学习、记忆和抄写基本音阶，然后练习拼音，再进一步掌握词汇。抄写时把泥加水，摊成略带凸状的圆形平板，称为泥版。教师或导生先在上面写出范字，再令学生立即仿照书写。教师订正后，泥版随而揉搓成团，以便下次再用。随着学力增长，泥版面积逐步扩大。在练习音阶、拼音、词汇和词组的抄写之后，即练习由上而下、由左而右地按行书写，难度也增强了。练习抄写的内容包括文学作品、皇家函件摘录、法律纲目之类。教师留给学生的作业量往往超过成年人负担的能力。由于生硬的教材和令人生厌的教法，学生的学习质量不佳。

数学也是文士应学的知识。乘法、倒数、系数、账目核算、分配物资和计算体积之类，都是学习项目。在《恩奇曼西和吉尔尼沙的争执》中，就有这样互相揭短的话："你去划分田地，却没有能力完成任务，因为你不会运用测量工具，不会钉立田地的界桩，也讲不清如何划分的道理。"另外还说："即使他有了乐器，他也不会学唱，他是同辈同学中最蠢笨的，他不能发出优美的声音，不能歌唱，不能开口。"这反映学不好音乐也是会受到讥笑的。

文士不同于律师，不任法庭上的辩护士。但为能执行各项职务，文士必须学习司法知识，熟悉法典和司法用语。在考古发掘出的学校中，有法令汇编和法庭判例之类的泥版文书，是由苏美尔文撰写而由阿卡德文所译的。过去的法令和后来的汉谟拉比法典，学校似乎都教授。学校还举行关于审判杀人犯案例的讨论。擅长法学知识的文士被派任法庭官员，称为司法文士。

在完成了初级阶段的教育之后，青年人取得初级文士的资格。

在第二阶段的教育过程中，学生到政府部门实习和学习，这是发掘出的考古资料所证实的。但其详情尚不清楚。公元前2000年代的"智慧之家"也被推测是修完文士教育的青年修习高深学科之地。但两河流域的学校不同于希腊的学校，其所谓高深知识也只是侧重应用价值，不是面向理论探索的。

文士学校的教育方法，在发掘的资料中有些记述。由于学习的难度高，作业数量多，教学重机械的抄写，不行启发诱导，教法上就不得不用强制高压手段，学校中采用体罚，如有一块泥版写道:我不能迟到,否则老师就会鞭笞我。① 有时教师甚至用锁链把学生的双腿系起来,并且令他们至少两个月不得离开学校。

(四) 两河流域文化教育的影响

在很长一段时期内,教育史家未曾给予两河流域的学校教育以应有的注意。但后来考古发掘出的大量文物充分揭示了这里的学校不但产生最早,其制度、课程和方法也达到较高的水平。亚述和巴比伦的文化教育历史是悠久的,甚至可能早于埃及,或至少是与埃及同时有了学校的,是人类最初的学校教育的摇篮。

亚述、巴比伦在和各国通商、战争和疆土扩充的过程中,对腓尼基的艺术和商业,对希腊的史诗和文学都有重要的影响。特别是"巴比伦之囚",使当时的犹太人看到了巴比伦城的学校和图书馆,深受启发。有学者推断犹太人曾把巴比伦的贵族教育体制推行于自己的国家。此外,希伯来人把犹太会堂发展成为学校,也是受到亚述和巴比伦寺庙学校的启示。更为重要的是,他们把巴比伦的一神教观念带回去,将对耶和华的崇拜发展成为犹太教,而犹太教是基督教的重要渊源之一。

第三节 古印度的教育

古印度是一个历史上的地理概念,指喜马拉雅山以南的整个南亚次大陆。它包括了现在的印度、巴基斯坦、孟加拉、尼泊尔和不丹等国的领土。在古代印度,并不曾有任何一个国家以印度作为自己的国名。印度作为地域的名称是从印度河的名称引申而来的。

根据考古发现,推定印度河最早的文明是存在于公元前2300～前1750年的哈拉巴文化。印度河流域文明衰亡以后,古印度的历史进入吠陀时代(约公元前1500～前600)。到后期吠陀时代,军事民主制的机构逐渐转变成了国家,种姓制度②也正式形成,与此相适应的是婆罗门教教育成为古印度教育的主流。公元前6世纪,古印度进入列国时代(公元前6世纪～前2世纪),由于早期佛教的文献对于说明这一时期历史的重要性,有人称这时为"早期佛教时代"。在佛教创始人乔达摩·悉达多(公元前566～前486)生活的时期,佛教教育在古印度发展起来。在佛陀去世以后,佛教继续传播,逐渐至于南亚以外。后来佛教虽在印度不再流传,却成了三大世界宗教之一,对世界教育产生了深远的影响。

一、古印度文明

(一) 历史变迁

1921年以前,人们一直以为古印度的文明时代是从公元前1000年代的后期吠陀时代开始的。但1921年在印度旁遮普地区的哈拉巴发掘出的丰富的远古遗址,把古印度的历史大大提前了。这一新发现的远古文明被称为"印度河流域文明",按考古学界以首次发现的地点命

---

① James Bowen. *A History of Western Education*. Volume One, New York, P. 14.
② 种姓制度是中国古代文献对印度的一种复杂的等级制度的泛称,西方人则称之为喀斯特制度。

名的习惯,它又被称为"哈拉巴文化"(公元前 2300～前 1750)。哈拉巴文化已经进入文明时期。考古发现的 2 000 多枚印章上刻有文字,文字符号的总数在 400～500 个,有学者试图释读,但迄今尚未能得出公认的结论。哈拉巴文化的几百个遗址中已经有了城市国家,由中心城市和周围一片农村地区组合而成。

印度河流域文明衰亡以后,古印度的历史进入了吠陀时代(约公元前 1500～前 600)。关于这一时期的历史,有丰富的传说材料收集在称为"吠陀"的文献中,因此这一时期就被称作"吠陀时代"。早期吠陀时代(约公元前 1500～前 900)是雅利安人部落进入古印度的最初阶段,也是他们的氏族部落组织开始解体的阶段。在后期吠陀时代(约公元前 900～前 600),雅利安人逐渐向东向南扩展,分布于整个恒河流域以至纳巴达河流域。这一时期,种姓制度正式形成,国家也在这一时期发生。后期吠陀时代的小国王们还远远不是专制君主。在理论上,王权还是由选举产生的。

在列国时代(公元前 6 世纪～前 2 世纪),出现了许多大小不等且发展程度不同的国家,佛教文献中说有"十六大国",其中大多数是君主国,少数是共和国。四个种姓的人都有贫富分化的现象。例如,在四种姓中居于第一位的婆罗门原来是神权贵族,可在这个时期却有一些婆罗门从事农业,有的是奴隶主,有的却变成了贫困的小农。

从列国分裂到统一帝国的形成过程中,摩揭陀逐渐强大起来。在难陀王朝时期(约公元前 364～前 324),摩揭陀统一了恒河流域地区,已初具帝国规模。公元前 327 年,马其顿亚历山大在灭亡波斯以后,侵入了印度西北部。公元前 325 年亚历山大退出印度以后,孔雀王朝(约公元前 324～前 187)建立。阿育王(约公元前 276～前 236 年在位)时期,基本完成了帝国的统一,孔雀帝国成为一个君主专制的帝国。约公元前 187 年,孔雀帝国正式结束。

(二) 古代印度文化

古代印度民族众多,语言十分复杂。在雅利安人进入印度以后,其语言处于支配地位。这种语言在词根和语法上都与古代波斯语、希腊语和拉丁语有许多相似之处,同属于印度欧罗巴语系。印度雅利安人最古的语言是"吠陀梵语",后来语言逐渐变化,至公元前 4 世纪已经有一套梵语语法规范。梵语是一种典雅而复杂的语言,主要用于官方和宗教方面。民间则使用比较简单的方言,如早期佛教使用的巴利语和孔雀王朝使用的摩揭陀方言。佛陀也曾以这种方言传教。印度河流域文明的文字失传以后,雅利安人的吠陀等作品长期都靠口耳相传。再次出现文字约在列国时代初期。流传至今的最古的文字是阿育王所刻的铭文,其中所用的婆罗谜文在公元 7 世纪发展成天城体的梵文字母。这种字母共 47 个,其中元音 14 个,辅音 33 个。这是近代印度字母的原型。

吠陀是雅利安人最古老的文献,既是宗教经典,又包括多方面的知识,其中还有许多是不愧为古老的文学作品。"吠陀"一词的意思是知识,是神圣的或宗教的知识。吠陀是包含大量的各种知识的宗教文献,是在很长时期中由多人口头编撰并且世代口传下来的。吠陀文献分为四部。《梨俱吠陀》产生最早,约编撰于公元前 12 世纪～前 9 世纪,其中某些部分可能产生于公元前 1500 年左右。因此,《梨俱吠陀》所反映的时代被称为"早期吠陀时代"。其余三部即《沙摩吠陀》、《耶柔吠陀》和《阿阇婆吠陀》产生较晚,被称为"后期吠陀"。在后期吠陀产生的时期,又逐渐出现了解释吠陀的文献,即"梵书"、"森林书"和"奥义书"。因此,这些文献所反映的时代被称为"后期吠陀时代"。

古代印度最著名的文学作品是《摩诃婆罗多》和《罗摩衍那》两部史诗。相传《摩诃婆罗多》的作者是毗耶娑,实际上是很多代民间诗人逐渐累积并编集起来的,其基本内容在公元前5世纪已大体形成,最后写定在公元4世纪。相传《罗摩衍那》的作者是蚁垤,实际上此诗也是在公元前4世纪至公元2世纪之间逐渐编成的。两部史诗的基本内容都是神话性的,但也反映了当时印度社会生活的多方面内容,还反映了雅利安人向东、向南扩展中的一些斗争情况。比较著名的文学作品还有《佛本生经》和《五卷书》。

由于农业生产和生活方面的需要,古代印度人民很早就注意观察天象。在吠陀时代,他们就已经知道金、木、水、火、土五星,将五星与日、月并称为七曜。他们还知道月亮经过的星座,共27宿,以后又增加一宿,成为28宿。古印度人将一年定为12月,每月定为30日。每年共360日,所余差额用增置闰月的方法来弥补。

古代印度人民在数学上也有不少发现,他们创造了从1到9的数字,又加一个0,并提出了数字按位计值的方法,这对数学运算起了重大的作用。现在我们都把这种数字称为阿拉伯数字,实则是阿拉伯人从印度人那里学过去的。此外,古代印度在几何与医学方面也很发达。

二、古印度的教育

古印度教育的发展与三种因素密切相关,即种姓制度、婆罗门教和佛教。在吠陀时代,古印度的四个种姓中的婆罗门垄断了教育的特权,教育的主要内容是婆罗门教的吠陀以及解释吠陀的各种文献,如"奥义书"等。在列国时代初期产生了佛教。佛教的教义和佛陀的传教活动,对婆罗门的教育特权以及婆罗门教教育都有很大冲击。在后期吠陀时代出现的高等教育萌芽,到列国时代发达起来。

(一) 种姓制度、婆罗门教与教育

1. 种姓制度与教育

雅利安人进入印度后,由原始游牧的军事民主制向奴隶制转变,征服者内部也产生了分化,出现了三个阶层,连同被征服的"达萨",成为当时社会的四个种姓(也称瓦尔那)。种姓制度显然是保护新产生的贵族剥削阶级的工具。第一个种姓是婆罗门,主要掌管宗教祭祀,充任不同层级的祭司。其中一些人也参与政治,享有很大的政治权力。第二个种姓是刹帝利,基本充当武士。国王一般属于刹帝利种姓,但刹帝利种姓并不限于王和王族。刹帝利是掌握军事和政治大权的等级。第三个种姓是吠舍,是平民,主要从事农业、牧业和商业,没有政治上的特权,必须以布施(捐赠)和纳税的形式供养完全不从事生产劳动的婆罗门和刹帝利。吠舍还是雅利安人氏族部落公社的成员,可以参加公社的宗教仪式,因而和婆罗门、刹帝利同样属于"再生族"。第四个种姓是首陀罗,其前身是达萨种姓,主要是非雅利安人,但其中也有由于各种原因而失去公社成员身份的雅利安人。由于没有公社成员的身份,首陀罗不能参加宗教仪式,不能得到第二次生命(宗教生命),因此是非再生族,从此失去了在政治、法律、宗教等方面的受保护的权利,主要从事农、牧、渔、猎以及当时被认为低贱的各种职业。种姓制度形成以后,每一

个人的社会地位都由其家庭出身来决定,各个种姓的人都世代地从事规定的职业,不能任意改变。各个种姓之间原则上禁止通婚。

种姓制度以及婆罗门权力高于一切是印度文明发展的突出特征之一,印度历史上的一切思想形态、教育组织等无不打上这个烙印。古代印度的教育就是以维系种姓压迫和培养宗教意识为核心任务的。在古代印度,所有雅利安人都必须受教育。古印度《法经》规定,一切再生的人都应学习,为自己祭祀并分发布施。在四个种姓中,婆罗门垄断了文化和教育的特权。《法经》中记载,婆罗门本分的职业是:研究、教育、自己和他人的祭祀、分发和接受布施、获得遗产和征收田地的收成;其他种姓不得从事教育活动;首陀罗被剥夺了受教育的权利。这些规定后来又正式载入《摩奴法典》。佛祖释迦牟尼宣传"一切众生,皆有佛性",在自己的教育活动中,从理论上和实践上打破了种姓制度,将教育权和受教育权普及于四个种姓,对婆罗门垄断教育的状况有所冲击。在印度历史上,首陀罗第一次取得了受教育权。

2. 婆罗门教与教育

在早期吠陀时代,雅利安人的宗教基本上还是一种简单的自然崇拜。到后期吠陀时代,逐渐发展成有完整体系的婆罗门教。这时的神已不再简单地是自然力的化身,而是更多地被赋予了社会的功能和抽象的性质。

与早期吠陀时代的宗教相比,婆罗门教在教义上也有了变化和发展。在"奥义书"中,出现了对整个宇宙和人生所做的宗教哲学解释,认为整个物质世界(包括个人的肉体)不过是一种幻象,唯一真实的存在是称为梵或梵天的世界精神或灵魂。个人的"神我"来源于"梵"(即个人的灵魂来源于世界的灵魂),它本应在人死以后归于"梵"。可是由于人在世上造了"业"(Karma),死后灵魂不能重归于"梵",而转世投生为不同的生物。至于所投生的生物高低或转世的种姓高低,那就要由人所造的"业"的善恶程度来定。人只有悟透了这个道理,使"神我"达到与"梵"一致,才能摆脱轮回之苦。婆罗门教的造业轮回说起了为种姓制度辩护的作用,对后来兴起的佛教教义也有深刻影响。

婆罗门教有重祭祀的传统,是从早期吠陀时代的雅利安人继承而来的。另外,婆罗门教的"梵我一致"说和"造业轮回"说,则不把献祭神灵作为解脱痛苦的关键,而是强调人对自身和世界的反省以及个人的修行。这种对人世的认识具有悲观特色,被认为是受了本地原先居民的文化影响的结果。

在后期吠陀时代,正在兴起的王权已经不再满足过去那种简单的祭祀,而是经常举行大祭来显示自己的权威及其神圣的性质。婆罗门祭司们则从中获得大笔财富作为报酬,形成了一个掌握神权的特殊等级。一般人要献祭求神,也必须由他们来办理。他们也垄断了对婆罗门教义和教法的解释权,而这种特权正是通过教育来获得和维持的。

(二) 婆罗门的教育

在种姓制度中,婆罗门的地位最高,其所受教育体系的完备程度和学术发展的较高水平,以及其对教育的垄断,反映了古印度早期学校教育发展的主要特色。在早期吠陀时代,婆罗门的教育在家庭中进行。到后期吠陀时代,随着各门知识的积累和发展,尤其是解释吠陀的各种文献如"梵书"、"森林书"和"奥义书"出现以后,家庭已经不能承担复杂的教育工作,学校教育应运而生。古代印度最早的学校是古儒学校,以传授吠陀为教育的主要内容。

1. 早期的家庭教育传统

雅利安人进入印度河流域初期及以后相当长一段时期,家族是社会和政治结构的基础。父亲是一家之主,他对子女的生活有着绝对的管理权,教育子女是父亲义不容辞的职责。家庭教育在这个时期占有极其重要地位,教育的目的除了传授生活的基本知识、基本技能、约定俗成的基本道德和风俗习惯之外,最主要的还是传授吠陀。雅利安人的吠陀等作品长期都靠口耳相传,内容晦涩,艰深难懂。教学形式或以族长为师,或以父教子,教育的目的在于保持种姓的世袭和善尽僧侣职责的作用,以便在祭祀时熟练诵读冗长的诗句,能尽敬神的任务。教学主要是以朗读、背诵为主。

最初在印度各地出现的学校是吠陀学校,亦称僧侣训练学校。吠陀学校初期,仅招收婆罗门子弟,旨在保持种姓,训练未来的婆罗门教士。到公元前500年左右,贵族武士阶层的"刹帝利"及商人、手工业阶层的"吠舍"子弟也可入学,但教师只能由婆罗门教士担任。

2. "古儒"与学校的兴起

随着知识的不断积累,到公元前8世纪左右,古印度逐渐出现了解释吠陀的文献,即"梵书"、"森林书"和"奥义书",进入了所谓"奥义书"时期(约始于公元前800年左右)。如果说在"吠陀"时代,家庭教育还是以教授儿童掌握一般的科学知识及基本生活知识为主,那么到"奥义书"时代,解释经义、传授各门学科知识就绝非一般家庭教育所能胜任了。

在"奥义书"时期,古印度出现了"古儒"学校。"古儒"是指那些对"奥义书"等有研究而又专门从事青少年教育工作的人。"古儒"在家设教,许多不愿或不能亲授子女的人送子入学。一般来说,婆罗门子弟7岁入学,贵族子弟8岁入学,第三种姓的商人、农民及手工业者子弟11岁入学。在成为正式学生以前,须向"古儒"提出申请,举行隆重的仪式,并经考验方可入学。学生在"古儒"家中学习时间的长短视所学吠陀经卷数的多少而定,学习一卷约需12年,完成4卷须48年。因而一般学生仅学习一卷,即学习期为12年。在完成学业时也要举行一定的仪式才能离开学校。学生一年学习时间只有4个半月或5个半月,学期开始在七、八月间,学生每年假期很多,倘有重大祭祀、典礼或有不祥征兆也不讲学,因此,学生一年中学习时间较少。

"古儒"还特别重视学生的道德训练,通过师生接触,进行言传身教。学习期间,"古儒"对学生卫生、宗教、举止、言行等方面严格要求。"古儒"在教学的过程中,常利用年长的儿童作为助手,这是近代"导生制"的渊源。"古儒"传授吠陀经及其他各门知识,是婆罗门教的义务,是禁止收费的。但当学生学业完成时,学生家长往往赠送丰厚的礼品。

课程设置除了四卷吠陀经外,还有历史、文法、祭礼规则、数学、预兆学、时间学、因明学、伦理学、字源学、发音学、礼仪学、诗学、灵魂学、武器学、天文学、美术等等。其中主要学习科目有六科,即语音学、韵律学、文法学、字源学、天文学和祭礼,亦称"六艺"。"六科"是基础学科,在此基础上再钻研吠陀经。

教学采用口授法。吠陀经需要背诵。学生先在沙地上练习写字,一旦掌握技术之后就可用铁笔在棕榈树叶上写字。当时的教育法典规定:良好的教学必须不给儿童带来任何不愉快的感觉,尊重品德的教师必须使用甜美而仁慈的语言。但假如儿童犯了过失,教师也可以用严峻的语言申斥和威胁:下次再犯,便将拳打;拳打无效,就可把犯过者投入水中①。

除"古儒"学校外,婆罗门教还在各处设置"图洛司"(Tols),是一种简陋的学舍,每个学舍约有学生 25 名,不收费,并供应食宿。"图洛司"受婆罗门势力控制较松,但学习吠陀仍是主要的课程。"图洛司"散布在各乡镇,有时数个"图洛司"设于几个中心地点,因而形成较大的学术教育中心。

3. 高等教育的雏形

从"奥义书"时代,印度渐渐形成几个较大的学术教育中心,后来这些学术中心发展成为高等学校,如托克席拉(Takshasila)、班拿耳斯(Benares)、那的亚(Nedia)和萨罗蒂(salogti)等,不仅在当时而且在以后几个世纪中都是印度较大的学术中心。在上述这些学术中心,学者们设坛讲学,招收门徒,著书立说,阐明经义。意见分歧的学者们相互诘难,共同讨论。虽都在浓厚的宗教神学气氛中进行,但它们为古印度高等学校的建立和高等教育的发展提供了条件。②

当时形形色色的学校,种姓等级森严,"婆罗门"和"刹帝利"垄断教育大权,其教育目的主要是培养未来高级的婆罗门祭司,以便将来能够熟谙祭祀典礼及有关宗教方面的繁文缛节,并掌握一定世俗知识,保证"婆罗门"在社会中的垄断地位。至于较晚些时候出现的各种分科学校也无不笼罩在浓厚的宗教气氛下,其目的也是为阐明、解释和论证吠陀经服务的。

(三) 佛教教育

公元前 6 世纪前后,古印度进入"列国时代"。在战争中,刹帝利获得了很大的权力。列国时期社会关系的变化和阶级矛盾的尖锐化反映到意识形态中,种姓制度已经不能符合列国时期社会发展的新动态,社会上兴起了反婆罗门教的思潮,各种思潮流派纷纷兴起,堕落的婆罗门教成为种种新思潮的众矢之的。其中影响最大的是佛教和耆那教。

早期佛教的创始人是乔达摩·悉达多(公元前 566~前 486)。他是伽毗罗卫城(在今尼泊尔境内)释迦族首领净饭王的儿子。悉达多出生不久即丧母,自幼习惯离群索居并思考人生的种种问题。29 岁时生了一个儿子,不久即抛弃家庭,外出修道。经过 7 年苦行,历尽艰辛,终于成"佛"("大彻大悟的人"之意),并建立了以他为首,由比丘(Bhiksu,和尚)、比丘尼(Bhiksuni,尼姑)、优婆塞(Upasaka,善男)、优婆夷(Upasika,信女)等四部分人组成的佛教教团,四处传教。乔达摩·悉达多被后人尊称为"佛陀"(简称为佛,意为觉者)和释迦牟尼(意为释迦族的寂寞贤者)。

佛陀传教,不是从世界起源之类的哲学问题开始,而是从分析人生问题入手。他认为,世人正处于苦海之中,当务之急是拯救世人,而不是从抽象的大道理谈起。佛教主张"缘起论",认为"诸法(事物)因缘生,缘尽法还灭",即世界上一切事物都依赖一定的条件而存在。从这点看,佛教看到了事物间相互依赖、相互作用的关系,有其合理的一面;但佛教又认为,世上万事变幻无常,任何条件不可能长久存在,因而任何事物不可能永久保留,因而尘世不必留恋,也不

---

① 曹孚、滕大春、吴式颖、姜文闵编:《外国古代史》,人民教育出版社 1981 年版,第 27 页。
② 戴本博主编、张法琨副主编:《外国教育史》(上),人民教育出版社 1989 年版,第 24~25 页。

值得留恋,人应抛弃万物,追求永恒的存在——"涅槃"。

佛教继承了婆罗门教的造业轮回思想。佛陀所传的最根本的教义是"四谛",即四条神圣的真理,包括苦谛、集谛、灭谛和道谛。苦谛是佛教讲道的起点,也就是从人生的各种苦恼的现象说起。集谛说明形成苦的原因,专从人的主观方面求原因。灭谛说明佛教的目的,就是要消灭苦,其关键是消除欲望。道谛说明佛教修道的主张和途径,包括"八正道",大体包括两个方面:一是从理论上领悟佛陀所宣扬的教义,以提高信徒的宗教智慧;二是从静坐中体验佛陀所宣扬的境界,以提高信徒的宗教修养。

佛教的教义与婆罗门教的最大区别是其主张"众生平等",认为社会上的不同种姓只是由于不同职业分工而形成的。佛教认为,一切众生,只要信奉佛教,都有可能超脱生死轮回,进入极乐世界。佛教所传的教义适应了当时各种姓反对婆罗门种姓特权的要求。佛教反对苦行,并用比较易懂的通俗语言传教。因此,佛教得到了摩揭陀等国君主的支持,受到富人的大量布施,也从各种姓中获得了大批的信徒,很快发展成一个大的宗教。

佛教寺院是佛教教育的主要机构。佛教认为,只有"出家",进入寺院修行学习,才能得到完全的解脱。凡欲"出家"进入寺院者,不能有疾病,也不能是奴隶、债务人以及为国王服役的人。不足年龄者由家长申请入院。学习分为两期:第一期称帕伯伽(Pabbajja),入学年龄为8岁。第二期称乌帕沙姆帕大(Upasampada),入学年龄为20岁。入学仪式极其简单:剪去头发,穿黄色宽袍,披其一肩,向大和尚行礼,口中并念"我受佛祖之保佑,我受大嘛(Dhamma)之保佑,我受善之保佑。"①

佛教学习的主要内容是佛教经典。此外,佛教徒还要学习其他科目,如字典编辑法、医药、因明、哲学、经书注释等等。在最初阶段,教师口授,学生记诵;学到高深阶段,采用争辩和议论方法。第一期儿童8岁入寺院学习12年,经考试合格者,称作"比丘",意为僧人。多数比丘离寺回家,少数人继续留寺,一般再学习10年,学习内容分为教义传授与生活监督两个方面。经过5年后,如能熟读唯纳耶(Uinoya),则可与其师分住,但如往他处,仍要受到其师照顾,直到10年期满为止。

佛教教育极为重视道德品格教育及言行举止训练。寺院对衣、食、住、行、学习、修行等方面订有种种清规戒律。僧人不得从事任何世俗性职业,平时生活全凭乞化及在家信徒供养。洒扫寺院等杂务均由初学者担任,高级学生则致力默祷。僧徒对教师要毕恭毕敬,教师起身行走、睡觉以及日常小事,都由学生侍奉;教师则要全心教育学生,不仅要传授经义,而且要照顾学生的衣食住行。和婆罗门学校一样,师生关系非常融洽。佛教教育还提倡修建尼庵,使之成为女僧修行和学习之地,尼庵在接受僧徒和监督教育方面和寺院大致相同。

古印度学术水平最高的佛教寺院约有六七所,其中最为著名的是纳兰陀寺,在公元5世纪以后逐渐发展为规模最大的、学术成就最多的寺院,并成为各国学生留学的胜地,通过他们把佛教的大乘教义和古印度文化传播到亚洲各地。

公元10世纪以后,佛教在印度不再流传,但在东南亚其他国家得到了广泛传播。佛教教

---

① 蒋建自著:《印度教育概览》,商务印书馆1947年版,第8页。

育对东方各国及西欧的教育都产生了巨大影响,尤其是对中国宋代书院产生了较大的影响。它迎合了当时刹帝利、吠舍两个种姓的要求,主张众生平等,不分种姓高低,皆可受教育、追求来世幸福的权利。这在一定程度上照顾了广大下层劳动人民,扩大了教育对象,有其进步的一面。但作为宗教教育,它宣扬"生死轮回"和"缘起论"等观点,也有消极、悲观、厌世的一面。

第四节 古代希伯来的教育

古代希伯来人自古就多灾多难。在颠沛流离的坎坷历程中,教育被视为古代希伯来人的"救生圈"。与古代东方其他各国的教育不同,古代希伯来人的教育具有浓厚的宗教神学气氛。服从、信奉和敬畏上帝是儿童教育的主要内容。然后是律法教育。古代希伯来人律法以繁多和苛刻而出名,《圣经·旧约》中就有许多相关记载。古代希伯来人各种形式的教育,其目的都是为了向学生灌输神学知识和律法理论。无论是其前期的家庭教育还是后期的学校教育,都极不重视自然科学知识的学习和对人文知识的传授。

一、以色列犹太国家

希伯来人原系阿拉伯游牧民族。据《圣经》的记载,希伯来人的祖先亚伯拉罕在公元前2000年代初就率领他们从两河流域来到了巴勒斯坦地区。由于气候干旱等原因,约从公元前1400年代开始,希伯来人向外迁移,最初进入迦南地区,后因气候原因进入埃及,在那里居住了几百年,但遭受了埃及统治者的压迫。后在其首领摩西率领下,逃出埃及,重又回到巴勒斯坦地区。在巴勒斯坦,以色列犹太人经过长期战斗,占领了巴勒斯坦原有居民迦南人的很多地盘。这时的以色列犹太人处在部落联盟的时代,这在以色列犹太史上叫做"士师时代"(士师实际是军事民主制时代的"王"或"军事首领")。它包括了从以色列犹太人占领迦南(约公元前1230年)到扫罗称王(公元前1020年)之间的两个世纪左右的时间,这是以色列犹太人的氏族部落制度解体的时期。

公元前13世纪末,"海上民族"横扫东部地中海地区,其中一支腓力丁人进入巴勒斯坦地区,以色列犹太人同他们进行了激烈的斗争。在这个过程中,私有制出现,阶级分化的过程开始。到公元前11世纪,以色列犹太国家形成了。一般认为,从扫罗开始(公元前1020~前1000),以色列犹太人进入王国时代。扫罗死后,以色列人陷入混乱。南方犹太人的首领大卫乘机即位为王(公元前1000~前960),统一了以色列人和犹太人。他将腓力丁人赶出了以色列犹太国家,又从迦南人手中夺取了耶路撒冷(当时叫做耶布斯),将以色列犹太国家的首都定于此城。从此,耶路撒冷就成了以色列犹太人的圣城。

大卫死后,其子所罗门即位(公元前960~前930),他将以色列犹太国家划为12个行省,建立起税收和劳役制度,以巩固君主政体。所罗门死后,国家分裂为北方的以色列王国(都撒马利亚)和南方的犹太王国(都耶路撒冷)。其中,北方的以色列王国存在了约200年,便从历史上消失了。南方的犹太王国则断断续续地存在到罗马人统治之初,不过也是多灾多难,亚述人、埃及人、新巴比伦王国、波斯帝国、亚历山大帝国、罗马人都曾征服过它。尤其是新巴比伦王国时期的尼布甲尼撒二世在公元前586年第二次征服它,攻陷耶路撒冷时,曾将该城居民掳至巴比伦尼亚,史称"巴比伦之囚",直到波斯帝国的居鲁士灭了新巴比伦王国之后,才将他们放回了耶路撒冷。但他们又落入波斯帝国的统治之下。

以色列犹太人在自己漫长苦难的历史中,形成了自己民族的宗教——犹太教。同其他民族一样,希伯来人各部落原来也是信奉多神的,其中耶和华神是他们崇奉的主神。在被俘于巴比伦时期,犹太人的先知们秘密地传播一种救世主的思想。犹太教就是一个以救世主耶和华为唯一的神来信仰的宗教。他们相信耶和华(上帝)一定会惩治恶人,拯救犹太人。犹太教在其发展过程中,经历了几个阶段,它从以色列犹太人的氏族部落的宗教发展为民族宗教,其上帝观也从家族的、氏族部落的保护神演变为护国神、民族神。犹太教的经典是《圣经》。后来,从犹太教中演化出基督教时,其上帝又从民族的保护神演变成了世界的神,即它不仅"保护"、"拯救"以色列犹太人,而且"保护"、"拯救"所有的人。犹太教的经典《圣经》也成了基督教经典的一部分,即旧约。同时,在救赎理论和礼拜仪式方面也发生了很大的变化。不过绝大多数以色列犹太人拒绝信奉基督教。当基督教发展成世界宗教的时候,他们仍坚信本民族的犹太教。散在世界各地的以色列犹太人都把坚信犹太教作为民族认同的根据。

罗马人统治巴勒斯坦地区时,犹太人的多次起义均遭镇压。以后,他们散居世界各地,但仍保持了自己的宗教信仰和习俗,而未遭同化,直至今日。公元7世纪以后,阿拉伯人占领了中东地区,巴勒斯坦也主要成为阿拉伯人居住的地方。[①]

二、古代希伯来的教育

古代希伯来的教育发展大致可分为两个时期。第一时期约从摩西带领希伯来各部落逃离埃及到公元前586年犹太人亡于巴比伦,这一时期以家庭教育为主。第二时期从公元前586年至公元70年罗马吞并希伯来,这一时期以学校教育为主。[②]

(一)早期的教育

摩西带领希伯来各部落出埃及定居巴勒斯坦以后,逐渐由游牧文化进入农业文化。这一时期家庭组织开始形成,系父权制。当时学校还未出现,家庭是教育年轻一代的主要场所,父亲承担教育儿童的职责。道德和某些职业方面的训练以及宗教神学的灌输是家庭教育的主要内容,培养对上帝的信仰和敬畏是教育的最重要目标。犹太教被称为犹太民族的"救生圈"。犹太教教育使得犹太人尽管此后散居各地、被掳往异乡,仍能继续生存、发展,保持其传统习惯和宗教信仰。在早期家庭教育时期,儿童在家庭中享有较高的地位。教育上较注重引导、启发儿童提问和观察事物,注重父子之间的亲密感情和说服感化。

除了把家庭作为教育青年一代的主要场所以外,古代希伯来人还采取了其他的教育形式。例如,把他们生活中发生的某些重大事件,刻在石碑上,置于各处,以教育下一代;利用宗教节日进行教育;祭司们还常常在公众场合解释律法,以普及律法知识,提高神在人们心目中

[①] 吴于廑、齐世荣主编:《世界史》之《古代史编》(上卷),本卷主编:刘家和、王敦书,高等教育出版社1994年版,第111~115页。
[②] 戴本博主编、张法琨副主编:《外国教育史》(上),人民教育出版社1989年版,第31页。

的地位。

古代希伯来人的早期教育内容极其狭窄,各门学科的学习都与宗教系联在一起。音乐和律法是学习的主要内容。音乐自古以来就在以色列人的生活中占有极其重要的地位。当时音乐主要是为举行各种宗教仪式服务,作为赞美上帝、感化人的心灵,甚至记载希伯来人某些历史传说的手段。据说,摩西曾作歌,并要求希伯来人世代相传。大卫王也极重视音乐的作用,据说他是希伯来第一个诗人,不仅他本人写过不少优雅动听的歌曲,而且在其执政期间,还雇佣了大批音乐教师,大规模地开展音乐活动,并以此进行宗教教育。希伯来教育中所说的律法比现在意义上的法律要广泛得多,还包括道德伦理、卫生、民法和宗教。

古代希伯来人对书写艺术不如古代埃及人那么重视,原因在于其简单的农牧经济和特有的宗教生活无需书写;政府和王宫不甚重视与外界的外交往来、历史档案记载和商业贸易活动。古代希伯来人更注重口耳相传,注重记忆。大至国家大事,小到历史掌故,多以歌谣、故事形式流传下来。至于古代希伯来人何时才出现书写,较肯定的看法是,在士师时期(约从约书亚死后至撒母耳这段时期内),在巴勒斯坦地区开始出现书写。从撒母耳以后,官方记录,私人秘书、军队中的文士和其他一些文士才相继出现。在《圣经历代志上》中曾提到过"众文士家"字句,表明似乎当时书写已开始成为世袭的职业。而且这一时期,先知们(prophets)①也开始运用书写,这表明当时书写已得到广泛使用。但是,阅读和书写真正成为犹太人生活中不可缺少的一部分还是在犹太人从巴比伦返回家园后才开始的。

(二) 学校教育

1. 文士的兴起

公元前538年左右,希伯来人重返家园后,重建城市,建立宗教公社,恢复了古代宗教生活,祭司成为最高统治者,《圣经》成了唯一法典。多年被囚的流放生活对希伯来人影响巨大,堪称希伯来人宗教和文化上的转折点。首先,希伯来人接触到比自己先进的文明。当时的巴比伦有规模宏大的学校和图书馆,极其发达的文学艺术,是当时学术和文化的中心。通过接触,希伯来人认识到了学校和文学、艺术的重要性。其次,返回家园后,希伯来人不再从事农牧业,他们大多居住在城镇,从事捕鱼、商业和手工业制作。这时,先知阶层不复存在,祭司和文士兴起。

这一时期出现了专门从事教育工作的新阶层——"文士"(scribes)。"scribes"的原意是对律法有专门研究的人。他们集抄写员(copist)、律师(lawyers)和翻译(interpreter)为一身。他们是第一批职业教师。从这一时期起,文士逐渐占据希伯来人宗教生活的主要地位。只有家庭富裕又有许多闲暇时间的人方可成为"文士"。他们不同于古埃及的"文士"。成为研究《圣经》的专家,成为文士,是当时每个青年梦寐以求的理想。虔诚与精通法律成为同义词,宗教不再是以往意义上的同上帝进行心灵交流,而是对律法进行深入的钻研和精心的考证。

2. 犹太会堂的兴起与初等教育

犹太会堂出现于"巴比伦之囚"时期。在被囚于巴比伦之后,每逢安息日,希伯来人各户在

---

① 犹太教、基督教《圣经》中指受上帝启示而传达上帝的话或预言未来之人。

家中祈祷,遇到三大节日则按古老习俗举行宗教仪式。后来,由分散祈祷转向集体祈祷,由此在各居民区建筑会堂。起初,会堂是进行教育、供人思考和祈祷的场所,后来,逐渐成为讲述律法知识以及在安息日和周末举行礼拜祷神的地方。由异邦返归故土后,这种宗教会堂也迁移而来。随着人们对律法的重视,传授律法变得愈发重要。祭司和文士在会堂中实行免费教育。开始只限于对青年或成人,后来逐渐扩大到儿童。随着城市生活的发展和人们闲暇时间的增多,犹太会堂也在各地普遍建立起来。会堂除了举行宗教仪式,为来自乡下的人做礼拜提供食宿外,还在会堂中讲经学法。祭司或文士先朗读律法,然后进行解释。后来,由于前来会堂听讲经学律法的儿童越来越多,使教学事务变得繁忙,会堂不得不设专人在会堂中或在附属的房舍中负责教学。最早的初级学校由此产生。

希伯来人的学校究竟产生于何时尚无定论,但它的产生与犹太会堂密切相关。犹太人返回家园后,当时的家庭教育已无力承担起教育儿童敬神和传授律法知识的重任。接触了巴比伦先进的文明后,希伯来人认识到了建立学校的重要性。普遍文化知识的增长、希伯来文学的传播以及从事商业贸易活动,也要求青年人要掌握有关宗教和律法的知识,还要通晓一般的读、写、算等技艺。对律法、《圣经》等进行深入研究,更需掌握读、写知识。而以上这些,家庭教育都难以满足。据史料记载,早在公元前3世纪初期,就有某些文士在神庙里从事教学活动,但这还不是完全意义上的学校。至公元前2世纪左右,学校才真正从犹太会堂中分离出来,形成较完备的教学制度。到公元前1世纪,学校已极为发达。当时曾有规定:每一村落设学校1所,儿童在25名以内者,由教师1人教学;儿童满40名,另增助教1人;儿童满50名,设教师2人。①

希伯来人极为重视早期教育。先知以赛亚(Isaiah)主张婴儿断奶时就应开始受教育,认为婴儿在襁褓中就应知道上帝是宇宙间的唯一神和创造者。儿童应背诵祈祷文、箴言,学唱赞美诗。儿童在6岁正式进入学校前要大致了解《圣经》。在学前教育阶段,儿童还要参加各种宗教仪式,学会如何祈祷、如何敬神等等。

初等学校或设在会堂里,或设在附属于会堂的房舍里。学习的课程以律法为主。每个希伯来儿童包括女孩从小便要学习律法。教育儿童熟悉和遵守律法是生活的主要内容之一。男孩6~10岁在文士和助手指导下学习。课本是《摩西五书》,开篇便是创世纪的故事。这时期主要是背诵《利未记》和《申命记》,也传授有关阅读、书写和算术方面的知识。10~15岁,儿童主要学习"口头法律"(oral law)。15岁以后,富有家庭的青年或部分有志成为文士的人继续学习,主要学习宗教理论和律法理论,并训练主持宗教活动的能力;此外,还学习有关数学、天文学、外国语和地理等科学知识。

青年人到18岁如不从事神职工作便要学习经商。每个希伯来男孩,无论其家境如何、地位高低,皆要学习某些经商的技巧。但后期学校教育阶段,教育旨在传授律法知识和宗教理论,注重死记硬背律法条文和《圣经》章句,只重字义,不求甚解。其教学方法可归纳为以下几点:(1)视律法和《圣经》为圣典,严禁对其作任何增加、删减或发挥。(2)强调背诵、记忆。教学

---

① 曹孚、滕大春、吴式颖、姜文闵编:《外国古代史》,人民教育出版社1981年版,第36页。

的最高目的在于使学生丝毫不漏地掌握《圣经》。能够一句不差地背诵《圣经》是学者最值得夸耀的事。(3)理论与实践相结合。学生在道德训练中,不仅要求对律法知识有精深的造诣,而且还要求他们躬行实践,将学到的东西运用在自己的一举一动、一言一行之中。此外,为使儿童专心研读《圣经》并养成良好的习惯,希伯来人主张体罚,认为对儿童和青年必须严加管教和约束,因为儿童生来愚蠢无知,而年轻人本性向往堕落。有关体罚的字句在《圣经》中比比皆是,如"杖打和责备,能加增智慧。放纵的儿子,使父母羞愧"。① 《圣经·申命记》中说,当体罚无效时甚至可以将儿童置于死地。

远古时代,妇女在希伯来各部落就享有较高的地位。《圣经》有许多章节记载着有关女子的智慧和美好品德的故事。妇女可以和男人一样参加公共活动,听讲律法,参加各种祭神仪式。犹太人返回故土后,希伯来各部落已进入父权制,妇女不像从前那样与男子享有平等的权利。除了在会堂做礼拜以外,女子教育只限于家庭内进行,不得进入学校学习,也不能成为文士。

犹太人对教师向来怀有崇高的敬意,尤其是对小学教师。在犹太人心目中,教师是一种神圣的职业,因为是第一位教师——上帝把律法教给了以色列人,教师又把律法传授给了以色列人的儿童。"要像尊重上帝那样尊重教师"是希伯来人常对青年人提出的忠告。假如父母和教师都需帮助或都在监狱中,那么首先应当得到帮助的是教师,教师应首先得到释放。教师是儿童精神上的父亲,地位远比亲生父亲高得多。因此,在古代希伯来,教师享有很高的地位。

古代希伯来的教育不同于古代东方其他各国教育的地方是其浓厚的宗教神学气氛。以教育儿童接受"上帝"为开端,要求儿童一开始就要服从、信奉、敬畏上帝;注重品德培养胜于传授知识,尤为注意培养儿童谦逊、节制、仁慈和诚实等品质,各种形式的教育的目的都是为了向学生灌输神学知识和律法理论。在希伯来人看来,掌握世俗知识的目的在于为宗教神学服务。无论是其前期的家庭教育还是后期的学校教育,都极不重视自然科学知识的学习和对人文知识的传授。

本章小结

在学校出现以前,古代东方各国都有着家庭教育的传统。尤其是父亲在男孩的教育中担负着主要的职责。学校的产生标志着教育的发展进入了一个新的历史阶段。学校的产生是社会生产力发展的产物。剩余产品的出现,人类在社会生活中的间接经验的积累,文字的产生,是学校产生的三个条件。

最早的文字及学校出现在古代东方的一些大河流域。青铜器和铁器的使用推动了灌溉农业的发展,为知识的积累和教育的专门化提供了条件。最早的文字和学校都产生于古代东方国家,古代东方是世界文明的摇篮。

古代东方学校教育的基本特征,首先是具有鲜明的阶级性和等级性。学校教育为奴隶主所占有,教育权为统治阶级所垄断,在教育的对象、培养的目标和教育的内容等方面,都表现出

---

① 《圣经·箴言》。

这种特征。其次,学校教育与生产劳动完全脱离,不再在生产和生活的过程中附带进行。这是文明时代与原始时代教育的本质区别之一。

古代东方国家最早的学校类型主要有宫廷学校、寺庙学校和文士学校等,学校也开始有了专职教师、固定的学生和专门的教材。但教师职业还不稳定,尤其在初期的学校中,教师专业化程度较低,主要以祭司、官吏和文士(书吏)为师;大多数学校设施简陋,进行个别施教,尚未形成正规的教学组织形式;教育内容包括智育、德育及宗教教育等,但宗教色彩浓厚;教学方法注重书写和背诵,体罚盛行。

思考题

1. 论述学校产生的原因、条件及世界上最早的学校。
2. 述评东方文明古国的教育概况及其在世界教育史上的地位。
3. 古埃及学校有哪些主要类型?古埃及教育对西方教育有什么影响?
4. 简述古代两河流域的文化教育在世界教育史上的地位。
5. 种姓制度对古印度教育有什么影响?
6. 简述古印度的"古儒"学校。
7. 佛教教育与婆罗门教教育有什么不同?
8. 古代希伯来人的教育与古代东方其他各国的教育有什么不同?

第三章 古代希腊教育

人类最初的文明在西亚的两河流域和埃及的尼罗河流域形成以后,地中海东部地区便在这两大文明的照耀下熠熠生辉,新的文明中心此起彼伏,其中以爱琴文明尤为杰出。爱琴文明是指爱琴海地区的青铜文明,以克里特岛和希腊迈锡尼两地为主,又称克里特—迈锡尼文化。在历史传统上,爱琴海与希腊有密不可分的联系。爱琴文明形成以后,爱琴海遂与希腊组成统一的文化区,此即世界历史上著名的古希腊文化区,它是西方文明的源泉。

希腊是希腊人对他们所生活居住地区的通称,在古代不是一个国家的名称,最初指传说中的希腊人始祖居住的希腊半岛中部偏北地区,后来范围逐步扩大而包括希腊半岛、爱琴海诸岛,乃至泛指所有希腊人聚居之地。和古代东方文明的大河流域、沃野千里的特色相比,希腊则是以地少山多、海岸曲折、岛屿密布为其地理环境的特色。进入铜器时代以后,爱琴海已变成希腊与东方先进文明建立联系的主要通道。巴比伦和埃及这两大文明古国和其他东方文明民族都使爱琴文明和日后的希腊文明得以丰富和发展。通过对东方先进文明遗产的吸收,希腊这个后起的文明得以在巨人的肩上创造出更加卓越的成就。

第一节 古希腊各时期的教育

公元前3000年代初,希腊爱琴地区进入早期青铜时代。公元前2000年代则为中、晚期青铜时代,这一时期先在克里特后在希腊半岛出现了最早的文明和国家,统称爱琴文明。古代希腊的历史大致分为五个阶段:(1)爱琴文明或克里特、迈锡尼文明时代(公元前20~前12世纪);(2)荷马时代(公元前11~前9世纪);(3)古风时代(公元前8~前6世纪);(4)古典时代(公元前5~前4世纪中期);(5)马其顿统治时代(公元前4世纪晚期~公元前2世纪中期)。与上述历史分期相一致,古代希腊文化教育的发展通常大致被划分为荷马时代、古风时代、古典时代和希腊化时代四个历史阶段。

公元前11~前9世纪是古希腊历史上的荷马时代,因这个时期的资料主要来自《荷马史诗》而得名。《荷马史诗》相传为生活在公元前8世纪的盲诗人荷马所作,包括《伊里亚特》和《奥德赛》两个部分。荷马时代的希腊处于从氏族制度向奴隶制度的过渡时期,尚未出现学校,主要在实际生活中对儿童和青少年进行教育。《荷马史诗》始终是希腊人乃至后世西方年轻一代的重要教材。荷马时代注重智慧、勇敢、节制和正义"四主德"教育,这一教育传统为后来希腊教育的发展奠定了重要基础。

在古希腊众多城邦中,斯巴达和雅典的教育最具有代表性。以雅典为代表的希腊文化在后世欧洲的文化发展史上打下了深刻的烙印。雅典为我们提供了西方奴隶制国家教育的完整而典型的范例。斯巴达则代表着另一种独特的文化教育类型。在教育史上,斯巴达教育通常是作为雅典教育的对比对象而受到重视。①

在希腊化时期,希腊特别是雅典的学校教育制度广泛传播到埃及、小亚细亚、波斯和美索不达米亚,文化教育的中心也从雅典转移到亚历山大里亚城。希腊小学的教育内容主要局限于读、写、算教育。高等教育也得到了发展,出现了许多学园。

一、希腊古典时期的教育

公元前750～前700年之间,众多的城邦涌现于希腊世界。一般而言,世界各民族从原始社会进入文明社会,最早建立的国家都是城邦类型的小国,再由小国演变为大国以至帝国。希腊文明的特点却是,它保留城邦小国纷立的局面远较其他文明为长,而且是在城邦体制下达到其文明的繁荣昌盛的高峰。在希腊诸城邦中,有两个最主要的城邦,即斯巴达和雅典。斯巴达位于伯罗奔尼撒南部的拉哥尼亚平原,是一个典型的多利安人的寡头贵族专政的国家。雅典位于阿提卡,是爱奥尼亚人的城邦,从公元前8世纪建国起逐渐发展成一个实行民主政治的国家。

(一) 斯巴达教育

斯巴达是领土面积最大的希腊城邦之一,它的国家制度也很有特色。早在荷马时代之初,南侵的多利亚人便把伯罗奔尼撒东南部的斯巴达作为他们盘踞的重要地区,经过了很长时间才完全征服了原有居民。到公元前9世纪开始建立国家。传说有一个名叫来库古的伟人大约在公元前825～800年推行了他的改革,才逐渐形成了其特有的国家制度。公元前8世纪中期到7世纪中期,斯巴达对其邻邦美塞尼亚进行了两次大规模的战争,使美塞尼亚人沦为希洛人,作为国有奴隶备受奴役。由于需要重兵劲旅以巩固对美塞尼亚的占领和对希洛人的镇压,斯巴达原有的那套制度得到进一步强化。土地国有和奴隶国有制度成为斯巴达经济生活的基础,也决定了斯巴达特殊的阶级结构。斯巴达公民是奴隶主,他们约有9 000户,每户从国家领得一份土地以及若干耕种此地的希洛人,但土地和希洛人的所有权属于国家,各户只能世代相传,不得买卖。耕种土地的希洛人则是主要的被剥削阶级。斯巴达人本身仅是一个小团体,而被其征服后沦为奴隶的希洛人则有25万。斯巴达的国家制度和生活习俗便始终以镇压希洛人为首务。

为使全体斯巴达人团结一致对内镇压奴隶,对外远征作战,斯巴达国家的理论是不让一个公民匮乏,也不让一个公民富有。每个公民都属于一个食堂,与其他成员一起吃饭,他必须从自己的份地的生产中交纳一部分实物。每个人只能靠自己份地的出产过活,份地除了自由馈赠以外,不能转让。没有人可以私有金银,货币用铁制成。斯巴达人的简朴是脍炙人口的,鄙弃财富和爱好淳朴生活正是斯巴达教育中所谆谆教诲的主要内容。

斯巴达教育的全部特征都是由追求军事效率的愿望决定的。为了维持对希洛人的军事

---

① 曹孚、滕大春、吴式颖、姜文闵编:《外国古代史》,人民教育出版社1981年版,第41～42页。

统治,斯巴达人很早就意识到教育与城邦军事目的相一致的极端重要性,并使军事训练成为每个公民应尽的义务。尚武成为斯巴达国家的灵魂,决定了其教育的特质。斯巴达人7岁以后就开始过军营生活,20岁成为正式军人服兵役,直至60岁为止。

孩子一生下来,父亲就把他抱到部落长老的面前去检查。如果孩子健康,就交还给父亲养育,否则就将其抛弃。孩子们从一开始就受严格的锻炼,例如不用襁褓束缚婴儿,并注重使儿童养成各种好的生活习惯。在希腊各城邦中,斯巴达的妇女作为出色的保姆,和斯巴达的男人作为骁勇的战士一样出名。

到了7岁,男孩子就要离开家庭到公育机构(军营)里生活。同龄人分成小队,挑选勇敢机警者任小队长;由20~30岁的青年担任小队教导员。国家设有总监,由当地最高尚、最优秀的人担任。他们的助手叫做"鞭打者",负责监督辖区各小队的教导工作。此外,每一个斯巴达公民都有权随时教育、责罚任何一个斯巴达儿童,这被视为每个公民应尽的义务。斯巴达儿童还要高高兴兴地接受鞭打,当作使自己坚强的训练。

斯巴达人的年轻一代在公育机构中过着艰苦的生活。他们集体睡在自己从河岸边采来的芦苇上,无被褥;到12岁以后,他们就不穿外衣;他们既肮脏又龌龊,除了一年之中的某几天以外,从来都不洗澡。

斯巴达教育强调集体性的养成,不允许有任何个人意志。"尽管斯巴达教育的结果,总的说来,损毁了个性,但它仍然注意培养少年们在实际事务中的机智和聪明。"[①]为培养青少年的机灵和聪明,还鼓励他们去偷窃公共食堂的饭菜和果园的果实充饥。如被抓获,将面临遭毒打或饿饭的惩罚,其目的在于使他们学会勇敢和狡诈。

公育机构对儿童进行一种特殊形式的政治教育。教官或来访者会和儿童进行政治谈话,常提出一些政治性的问题,如谁是城里最优秀的人,或问其对某一特别行为有何想法。儿童的回答必须简洁、有道理,如果回答错了,教导员将处以咬大拇指的惩罚。

斯巴达妇女的地位很特殊,并不像希腊其他各地如雅典的有地位的妇女那样与世隔绝。女孩子也受着与男孩一样的体育锻炼,甚至和男孩子一起赤身裸体地进行锻炼。她们还练习赛跑、角力、掷铁饼和投标枪。不同的是她们不离家过军营生活。国家鼓励多生育。为了培养一个身强力壮的军人,斯巴达立法者决定从根本上做起,认为母亲身体的强弱对胎儿影响颇大。此外,由于男子常年出外远征,妇女在家成为一家之长,受到尊敬。

斯巴达教育在造就全心全意为国家的无敌战士的主要目标方面无疑是成功的。他们训练年轻一代具备坚强、不怕苦和服从纪律的品性。但另一方面,文化教育或科学教育都被认为是无意义的事情。国家没有把阅读作为教育的组成部分,文学和艺术在斯巴达的教育体系中没有地位。当其他希腊人发展了广泛的美学和艺术的兴趣时,斯巴达人仍固执地迷恋他们狭隘的生活方式。在斯巴达人中从来没有出过著名的诗人、艺术家或哲学家,甚至在伴随宗教仪式的音乐中也体现着这个民族的严肃精神。

其他的希腊人对斯巴达敬仰的原因之一,是斯巴达的稳固。所有其他的希腊城邦都有过

---

① [英]博伊德、金合著,任宝祥、吴元训主译:《西方教育史》,人民教育出版社1985年版,第13页。

革命,但是斯巴达的宪法几百年来却毅然不变。斯巴达人不许外出旅行,外国人除因事以外也不许进入斯巴达,因为害怕外国的风尚会败坏他们的德行。亚里士多德对斯巴达有很多尖锐的批评,但对后世有重大影响的是普鲁塔克笔下的神话般的斯巴达和柏拉图《理想国》中的被理想化的斯巴达。"斯巴达对希腊思想起过双重的作用:一方面通过现实,一方面通过神话。而两者都是重要的。现实曾使斯巴达人在战争中打败了雅典,神话则影响了柏拉图的政治学说以及后来无数作家的政治学说。"①

(二)雅典教育

雅典位于阿提卡半岛,是唯一可以和斯巴达相比的领土面积较大的一个希腊城邦。公元前8世纪,雅典从原始社会过渡到奴隶制社会,相传由提秀斯统一了阿提卡,建立了统一的国家。公元前594年的梭伦(Solon,约公元前640～前559)改革剥夺了氏族贵族的许多特权,为雅典奠定了民主政治的基础。公元前508年,克里斯提尼的改革摧毁了氏族贵族的势力,使工商奴隶主成了国家的首要政治力量。到伯里克利时期(公元前495～前429),雅典民主政治在古代历史上发展到空前绝后的地步。伯罗奔尼撒战争(公元前431～前404)后,雅典战败,国力日衰。公元前338年,马其顿征服雅典,借着征服者的权势,雅典教育广为流传。

西方教育史家把雅典教育作为进步的希腊教育的最典型的形式。雅典教育是除斯巴达等少数城邦之外的希腊诸城邦教育的典型代表。早在公元前7世纪,雅典就有了学校,它们是私人的事业,并非国家所创办。雅典人把它们的教育分为新、旧两个阶段。旧教育时间可以定为公元前6世纪到公元前5世纪中叶。新教育到公元前338年马其顿征服希腊为止。

1. 雅典的旧教育

雅典教育早期阶段的情况不是很清楚,通常把最早的有关教育的立法归于梭伦。据说他颁发了一项法令,要教每个男孩游泳和读书。他还制定了一系列规章制度,由专门的长官按当时存在的学校和体育学校必须实施的方法来强制执行。和斯巴达立法者的做法不同,梭伦从不用任何方式干预正在学校中流行的学科或方法。他的法令只规定了学生的年龄和出身,学生随从(教仆)的品格、学校上学和放学的时间,以及成人不得进入学区等。②

雅典和斯巴达教育目的都是为了培养奴隶制城邦所需要的公民,他们能把公共利益置于个人之上,并能效忠于国家。但两个城邦对"公民"的理解却有所不同。在斯巴达人看来,一个优秀的公民就是一个忠贞爱国、勇敢杀敌的战士,因此只重视军事体育。而雅典的"公民"不仅要英勇善战,还要能过好和平的生活。因此,一个理想的雅典公民除了军事素质以外,还须是一个具有良好文化素养的、身心和谐发展的人,一个集正义、勇敢、智慧和节制诸品质于一身的人。与斯巴达相比,雅典的教育有更多的智育成分。

雅典的上述教育理想反映在其教育制度中。在旧教育时期,体育训练是雅典教育较为重要的部分,也是由国家直接监督的唯一部分。孩子们到某所私立的体操学校或角力学校就学,刚脱离童年生活的青年则到叫做阿卡德米(Academy)或叫做斯诺沙吉斯(Cynosarges)的公立

---

① [英]罗素著,何兆武、李约瑟译:《西方哲学史》(上卷),商务印书馆1963年版,第131页。
② [英]博伊德、金合著,任宝祥、吴元训主译:《西方教育史》,人民教育出版社1985年版,第15～16页。

体育馆学习。体育是循序渐进的。7岁的男孩,只教他们良好的行为和轻微的体操,并鼓励他们玩球,做各地孩子喜欢的其他游戏。希腊教育家对游戏的教育价值有相当正确的认识。大约十二三岁才开始真正的体育训练,要学习五项运动,包括跳、跑、角力、投标枪、掷铁饼等,不仅出于使他们适应战争的需要,也注重发展其良好的健美体格。

在旧教育时期,男孩约7岁上音乐学校,开始学习识字,然后学习荷马史诗。稍大一点,就学习音乐、唱歌、演奏七弦琴。竖琴教师引导学生学习抒情诗人的作品,给诗歌谱曲,使孩子们可以学会温文尔雅。这样的教育一直持续到14岁,但尚不清楚许多具体的细节,例如学体育和音乐的时间比例是多少,学校一天怎样度过,以及角力学校和音乐学校是否完全分开等。富家子弟大约十四五岁时从体操学校转入体育馆,在体育教师的专门指导下接受两年更为高级的体操训练。同时,他们被允许进入剧院和出席法庭,获得许多非正式教育。到18岁,自由出身的雅典青年就正式载入市公民册,成为埃弗比(即刚成公民的古希腊男青年),并在雅典神庙宣读誓词,表明自己将尽的义务。普通教育结束后,埃弗比成员还要用一年的时间从事艰苦劳动,学习使用各种武器和熟悉各种军事行动,并在教师和政府官员的监督下练习体操。一年训练结束后,国家发给每个人矛和盾,然后委派他们去边境戍边一年。

雅典的妇女没有斯巴达妇女那样幸运,她们在家中深居简出,女孩子也只是在家庭中受教育。这种情况在裔昭印所著的《古希腊的妇女》中有生动的介绍。①

2. 雅典的新教育

公元前5世纪上半叶,雅典城邦的政治经济发生了深刻变化,新教育就是这种变化的反映。雅典由农业国变成全希腊最强大的海上强国。雅典贸易大为扩展的结果是形成了一个与先前的统治者——农业贵族争夺所有权的新的富有的商人阶级,对抗的最后结果是民主制度的建立。接踵而至的是波斯战争,雅典赢得了胜利并增强了力量。雅典乘机将同盟国家合并,使其按雅典的意志行事。当时这种强力的扩张为有抱负的青年提供了新机运,从而产生了教育他们以适应新形势的需要。不久,叫做"智者"的教师阶层的出现满足了这种需要。他们声称能提供青年需要的这种教育。财富和政治影响的迅速增长也引起人们气质和习惯方面的变化,数世纪以来的质朴生活很快消失,奢侈风气代之而起。

上述变化带来雅典教育体系的变化,尤其反映在对青年的教育中。大约在这时,在文学学习和音乐学习之间出现了显著区别。除了乐师之外,还出现了专门的文学教师,他们的专门职责是教授读、写、算和记住荷马、赫西奥德和其他伟大诗人的作品。这样乐谱和歌词就分家了。当初学生学习乐器仅为唱歌时用于自我伴奏,因而乐器只限于七弦琴之类。后来,自由民的子弟学长笛一类的乐器就不能自奏自唱了,演奏这类乐器时乐谱与歌词必然脱离。

新教育时期最重要的变化是职业教师——"智者"(sophist)的出现。当时雅典的民主政体把权利交给了雄辩家,一个有力的公众演说家是青年人走上政坛的主要途径。为此,他们需要接受一种特殊的教育,而智者们实行的正是这种教育。"智者"一词本义是一个有智慧的人或哲人,后来主要指外邦(即非雅典的)教师。智者对年轻人进行文学和修辞学的教育,声称这种

---

① 裔昭印著:《古希腊的妇女》,商务印书馆2001年版。

教育能为青年的公众生活做准备。普罗塔哥拉（Protagoras，鼎盛年约在公元前444～前441）是智者的先驱，大约公元前450年来到雅典。接着又来了更多的智者，他们没有共同的学说或方法，具有混杂的特点。他们中有些人是伟大的杰出人物，有些则是骗子。除了来自比雅典有更多自由思想的希腊世界的边沿地区外，他们的一个共同特征是都具有教青年人以生活智慧的专门能力。正是这种共同的职业性特征导致了他们观点的某种一致。他们中大多数人都涉及人文科学，尤其是那些与辩论术有关的学科，如文法、修辞和逻辑。半个世纪里，智者派几乎完全胜利了，由他们引入并发展的新兴学科成为雅典教育的公认部分。

这一时期的另一类青年则更严格遵循早期希腊思想的旧科学传统，他们还要走出雅典以外寻求学习的指导。其中，绝大部分人似乎在那些受毕达哥拉斯学派（Pythagoreans）影响的智者中间找到了指导。毕达哥拉斯学派是一个培育数学科学、笃信宗教的团体。因此，青年人从他们那里学到了几何学、天文学和声学（即音乐的数学理论），以及被看作几何学一个分支的算术。

文法、修辞和逻辑这些学科后来被称作"三艺"，这是智者对西方教育的主要贡献。智者创立的"三艺"和后来柏拉图的"四艺"，即天文、算术、几何、音乐一起，构成了"七艺"，成为后世西方中等和高等教育的主要内容。

雅典人在掌握了智者所教的一切以后，就不再依赖外来教师了，甚至还在公元前5世纪结束前，第一个雅典智者苏格拉底（Socrates，公元前469～前399）就出现了。从那时起，不但具备智者的学识，而且更熟悉自己民族的雅典教师的人数稳定地增加。最初，这些雅典教师也像过去的智者那样以不定期、无系统的方式奔波讲学。直到公元前4世纪的头十年，产生了永久性的高级学校。第一批为青年建立的学校中，最有影响、最著名的是爱苏格拉底（Isocrates，公元前436～前338）于公元前390年在靠近吕克昂（Lyceum）的自己家里建立的学校，以及稍后一两年柏拉图（Plato，公元前427～前347）在阿卡德米（Acadmy）和邻近的花园里建立的学校。在这两所学校里，智者派的传统就分道扬镳了。以撰写法律演说辞开始其职业生涯的爱苏格拉底教授修辞学，并为青年们的实际生活做准备；而苏格拉底的得意门生柏拉图则以教授哲学为主业。

虽然爱苏格拉底想同智者派割断关系，但他本人仍是个智者。他声称要把具有不同能力的学生都训练成演说家；他像智者们那样收取学费；其教学方法在本质上也与智者派相同。爱苏格拉底和智者之间的主要差别是，他在较长的学习期内能给学生更多的练习修辞术的机会。学生在他的学校里不仅仅学习辩论的理论，而且要进行辩论。他要学生们用当代的和历史上的各种各样的题目写作和讲演，并要求他们根据教师教授的详加论述和阐明的原理来批评自己和同学的写作和讲演。这样，学生既获得了表达的才能，又获得了进步的人生观。

柏拉图的学校在很多方面与爱苏格拉底的学校不同，学校关心得更多的是对数学、思辨的兴趣而不是实践。因此教学方法也不同，苏格拉底的辩证法更适合那种思辨性的学习和研究。这从柏拉图的对话集中可以清楚地看到：教师提出某个论题，并在学生们的评论下详加阐发。

（三）斯巴达和雅典教育的比较

综上所述，以下对斯巴达和雅典教育的异同及其成因做一个简要的比较。

第一,就相同点而言,无论是斯巴达教育,还是雅典教育,都是为奴隶主统治服务的,教育具有鲜明的阶级和政治色彩;教育的对象都是奴隶主阶级;学校教育已脱离生产和生活过程,成为一项专门的活动;在战争频繁的奴隶制时代,都重视军事和体育。第二,从不同点来看,在斯巴达,教育被视为国家的事业,因而对其进行严格的监督和管理;注重军事教育而忽视文化教育;品格教育强调集体性而压抑个性;重视女子教育。相对地,雅典教育的特点主要包括:倡导并践行身心和谐发展的教育理想;教育机构有私立(文法、弦琴、体操学校)和国立(体育馆)两种,制度化程度较高;教育和生活紧密结合;不重视女子教育。第三,斯巴达和雅典教育异同的成因主要是由二者的地理环境、政治和经济制度以及民族传统的差异所决定的。总之,作为古代西方两种不同类型的教育模式,斯巴达和雅典的教育,尤其是斯巴达注重"苦练"的性格教育和雅典的和谐发展的教育体系,对后世西方教育都产生了深远影响。

二、希腊化时期的教育

公元前334年至公元前30年的300多年,在历史上被称为希腊化时期(the Helenistic Era)。公元前334年,马其顿国王亚历山大(Alexander the Gteat,公元前356~前323)开始向东扩张,先后征服了希腊、小亚细亚、叙利亚、埃及和印度等地区,建立了一个横跨欧、亚、非三大洲的庞大军事帝国。亚历山大死后,他所建立的帝国分裂为若干王国。这些王国以后相继被罗马灭亡。亚历山大的军事扩张,一方面在客观上起到了促进不同民族文化之间的交流与融合,以及推动希腊文化广泛传播的重要作用,从而为希腊化时期的教育发展创造了有利条件。另一方面,在希腊世界内部,由于城邦的覆灭,曾经创造出灿烂辉煌的希腊文化的社会基础不复存在,因而在希腊化时期,文化和教育方面的变化呈现出明显不同于古典时期的特点。

(一)希腊本土教育的变化

希腊化时期,希腊本土的教育开始起了一些变化。

第一,雅典的初等教育在学制上虽无变化,但教学内容不同了。过去教学中贯穿着爱国主义精神,以培养忠于祖国、心智身体和谐发展的英勇善战的公民为教育宗旨,但这时已经不明显。智育的地位突出,体育、美育的地位降低。音乐学校、体操学校虽存在,但其重要性下降了,它们日益为文学学校所代替。教学内容主要是读、写、算,也保留了一些音乐和体操教学。

第二,中等教育也发生了变化。自从公元前338年希腊失去政治独立以后,埃弗比团的训练随之改变其原来的宗旨,由单纯的军事体育训练而改为一种军事与学园教学相结合的教育。由于独立的城邦已不复存在,不再需要培养忠贞爱国精神的公民教育;过去每一个成年的公民都必须受埃弗比的训练,现在已把强制改为自愿;教学内容主要是文法、修辞。文法包括文学,修辞包括作文、演讲。此外,还教授算术、几何等学科。在埃弗比受训的时间也从3年或2年改为1年;过去埃弗比的训练只限于本国公民,现在外国青年也可以到雅典来受埃弗比的训练了;除军事体育以及参加公共集会、担任值勤等活动,埃弗比还同时进入学园或修辞学校学习。

第三,高等教育有了较大发展。公元前335年亚里士多德所创办的吕克昂学园,继承了柏拉图学园的传统,在希腊作为一所以教学与科研为中心的高等学府而著称于世,而希腊化时期又出现了两所影响较大的学园,即伊壁鸠鲁学园和斯多葛派的芝诺所办的学园。

伊壁鸠鲁(Epicurus,公元前341~前270)是希腊化时期著名的教育家。公元前306年,他在雅典买了一座花园,建立了一所哲学学校,即伊壁鸠鲁学园。伊壁鸠鲁是德谟克里特的原子论的继承者,但他讨论最多的是伦理学问题,快乐和幸福等概念在伊壁鸠鲁伦理学中占着重要地位。他认为快乐、幸福是人生的目的,是衡量善恶、正义的标准。所谓快乐不是指肉体上的享乐,而是指"身体上无痛苦和灵魂无纷扰"。知识与积德是快乐的源泉,所以教育对人生来讲是极为重要的,通过教育可以使人成为明智的人。伊壁鸠鲁的伦理学追求内心宁静的宗旨,反映出马其顿入侵以后人们不再积极关心社会事务,哲学家试图以个人内心的修养把自己从纷繁动乱的社会中解脱出来的状况。

在教育和哲学领域中,与伊壁鸠鲁派同时兴起的有斯多葛派(Stoic)。他们兴办学校,广收门徒,以教育青年为己任。斯多葛派的创始人芝诺(Zeno,约公元前336~前264)在雅典某一画廊讲学,因此人们称该学派为画廊派。斯多葛派的宇宙论接受了赫拉克里特的学说,认为世界一切物质都是由"火"转化而来的,由火产生空气、水和土。支配世界的力量是逻各斯,即理性、自然力。斯多葛派哲学的中心是伦理问题。该派认为:宇宙是一个活的生命,是一个完整的整体,它和谐而完美;人是宇宙的一部分,人的一切都要服从宇宙的安排;个人是国家的一部分,要服从国家所给予的任务,把国家的利益放在个人利益之上;提倡爱一切人,了解人与人之间的联系,以适应所遇到的人和环境;德与知有关,道德意味着人应具有善的、完全的知识,并且能够行善,德性不是生而有之的,是教育和实践的结果。人研究宇宙,具备宇宙的知识,就能按自然规律行事。有德就是能按自然的决定生活。斯多葛派有较长的历史,一直延续到罗马帝国时期,而且是罗马帝国的主要哲学派别。

(二) 亚历山大里亚的学术成就和高等教育

除了希腊本土的初等、中等和高等教育都发生了上述变化以外,以雅典为代表的希腊教育在马其顿辖区内的传播,以及文化和教育中心向亚历山大里亚城的转移,在希腊化时期的教育发展史上也是令人瞩目的事情。

马其顿在埃及、叙利亚等地建立了许多希腊式的城市,其中居住着马其顿人、希腊人和本土人等,但只有希腊人和马其顿人才有公民权。这些城市有限制的自治权,它们不像希腊城邦那样拥有主权,而是在王朝的控制之下,且城市的自治程度不一。这些城市完全希腊化了,希腊语在美索不达米亚成为文化和学术语言,这一现象一直持续到伊斯兰教征服这个地区为止。希腊人在东方统治的3个世纪中,希腊文化对东方的一些国家产生了巨大的影响;同时,希腊人也吸收了东方文化。

由亚历山大部将在埃及建立的托勒密王朝,全盘保留了埃及的神权政治传统,实行神权君主制。在埃及,由亚历山大所建立的亚历山大里亚城是希腊化世界的文化中心。它位于埃及的尼罗河口,其有利的地理位置使它成为商业繁荣的城市。托勒密一世在位期间(公元前323~前285),该城成为希腊世界学者的汇集之地。公元前3世纪中叶,亚历山大里亚城建成著名的博物馆,它具有大学性质,共分为4部:文学部、数学部、天文部和医学部。它建有藏书多达70万册的图书馆,是希腊化世界最伟大的图书馆。博物馆建有先进而完备的科学研究的设备,其中有植物园、动物园、化学实验室、解剖室以及天文仪器等。博物馆从各国各地延聘人才,使这里成了希腊化世界人才荟萃之地。许多渴望受到良好高等教育的青年从各国来到这里,据说博物馆的学生有时竟达 14 000 名之多。博物馆开设语言学、修辞学、哲学、文学、数学、天文学、医学等讲座。博物馆在发展科学文化、培养人才、沟通东西方文化诸方面起了重大的作用。

希腊化时期的自然科学成就远远超过了希腊古典时期。公元前 3 世纪时,欧几里德在亚历山大里亚创立了他的几何学体系。阿基米德是希腊人中第一个把数学与实验研究结合起来的科学家。阿利斯塔克证明了太阳直径与地球直径之比为 7∶1。希帕克关于地球是宇宙中心的系统理论以后又被托勒密加以阐发,地球中心论成为天文学的唯一的权威理论,一直到 16 世纪哥白尼学说出现。赫罗赫拉斯是最早的人体解剖学家,他认为智慧之府是大脑,而不是如亚里士多德所说的心脏。

亚历山大的学者们在文学、社会科学和哲学等方面没有什么独创,比古典时代的希腊要逊色得多,但保存了希腊的文学、哲学和艺术,并做了收集、整理工作。阿里斯塔库斯建立了文法体系,把词分为 8 大类,即名词(包括形容词)、动词、分词、代词、冠词、副词、介词和连词。至此,文法的科学体系才大致建立起来。

第二节 古希腊的教育理论

古代西方教育思想孕育于古希腊哲学母体之中。早期希腊哲学大体上可以区分为两大支,一支从东方伊奥尼亚的米利都学派开始一直到德谟克利特的原子论,逐渐完成了古代希腊的唯物论哲学;另一支出现在西方意大利,以毕达哥拉斯学派和爱利亚学派为主,寻求抽象的原则,为古希腊唯心论哲学开辟了道路。

一般将希腊教育思想的发展分为三个发展阶段:(1)萌芽阶段。《荷马史诗》中就有关于英雄人物阿喀琉斯(Achelles)教育情况的记载,但希腊教育思想的真正开端是在公元前 6 世纪,最早提出较为明确和丰富的教育主张的是毕达哥拉斯及其学派。他们的思想涉及希腊教育思想的许多基本问题,蕴涵了希腊教育思想发展的一般倾向。继毕达哥拉斯之后,克塞诺芬尼(Xenophanes,一译塞诺芬尼,鼎盛年约在公元前 540~前 537)批判了以荷马和赫西俄德为代表的传统宗教观念、价值标准和风俗习惯,强调智慧的作用,进一步发展了理性主义的观念。(2)确立阶段。智者派和苏格拉底的教育思想标志着希腊教育思想的真正确立。与早期的自然哲学家不同,智者派开拓了以人和社会为中心的新领域,提出了一系列关于教育问题的思想见解。苏格拉底反对智者派的感觉主义、相对主义和怀疑论,主张将教育建立在理性主义基础之上。(3)体系化阶段。柏拉图和亚里士多德提出了相对独立的教育思想体系。柏拉图主张把个人的发展与城邦的发展联系起来,提出了培养哲学王的教育理想。亚里士多德在批判地继承柏拉图教育思想的基础上,提出了和谐发展教育、教育适应自然以及自由教育的思想。[1] 他

---

[1] 吴式颖、任钟印主编:《外国教育思想通史》(第二卷:古代希腊、罗马的教育思想),湖南教育出版社 2002 年版,第 40~48 页。

们的主张成为后世西方主流教育思想的渊源。

一、毕达哥拉斯学派

毕达哥拉斯(Puthagoras,又译毕达戈拉斯、毕泰戈拉,盛年约在公元前532)是古希腊毕达哥拉斯学派的创始人。毕达哥拉斯到过埃及、巴比伦,其自然科学、哲学和宗教方面的思想受到这些旅行的深刻影响。毕达哥拉斯学派是前苏格拉底哲学中的一个重要学派,存在的时间很长,是集政治活动、宗教信仰和学术研究为一体的团体。"他们的学说的创立、内容及其演变,可以说是古希腊哲学史上最复杂的现象之一。"[①]

(一) 毕达哥拉斯的哲学思想

在哲学上,毕达哥拉斯最重要的思想有三点,即数本原说、和谐观念和灵魂理论。

1. 数是万物的本原

毕达哥拉斯是最早把数学引入希腊的人,并在数学上作出了杰出的贡献,所谓"毕达哥拉斯定理"至今都很著名。毕达哥拉斯学派对当时著名哲学家提出的哲学问题用数学的精神做出了新的回答,成为与伊奥尼亚学派对峙的南意大利学派的首领。

毕达哥拉斯及其学派擅长数学研究,当其从哲学上探讨万物本原时,便发现了数量关系乃是事物的共同属性,因而将这种不具形体的、普遍的、抽象的"数"看作万物的本原。毕达哥拉学派以数为本原说明了宇宙万物的生成过程:从数目产生出点;从点产生出线;从线产生出平面;从平面产生出立体;从立体产生出水、火、土、气四大元素,产生出一切物体。"数"显然比"水"、"气"和"火"具有更高的普遍性、概括性和抽象性,更能体现自然万物的统一性。但"数"毕竟只是量的规定,当它被用来解释诸如意见、正义、婚姻、友爱、理性、音乐和天体等一切现象时,既是质料又是形式的"数"的性质就有些模糊不清了。

2. 宇宙是天体的和谐

毕达哥拉斯学派建立了一个以数为本原的自然体系,特别强调和谐的观念,认为整个有定形的宇宙的组织就是数以及数的关系的和谐系统。在希腊语中,"和谐"(harmonia)最初的意思是将不同的事物连接或调和在一起。在毕达哥拉斯学派那里,"和谐"则主要指一定的数的比率关系。"宇宙"(cosmos)的本来含义是"秩序",后来逐渐转变为"有秩序的世界",即"宇宙"。在毕达哥拉斯学派看来,一切美好的东西都是和谐,或产生于和谐。美、友爱、音乐、天体和灵魂皆是和谐。在强调和谐的同时,他们也研究了对立的问题,但还没有意识到和谐是对立面的统一。

3. 灵魂学说

灵魂理论是毕达哥拉斯哲学的另一项重要内容,他们的"灵魂"具有宗教和哲学的双重意义。"灵魂"(psukhe)是希腊哲学中的一个重要概念。据说毕达哥拉斯从埃及僧侣那里把灵魂不死和轮回说引进希腊。毕达哥拉斯把灵魂分为三个部分:表象、心灵和生气。动物有表象和生气,只有人有心灵。灵魂的位置是从心到脑。它在心里的部分是生气,心灵和表象在脑子里

[①] 汪子嵩、范明生、陈春富、姚介厚著:《希腊哲学史》(1),人民出版社1997年版,第243页。

面。各种感觉就是这两个部分的点滴。灵魂的理性部分是不死的,其余的部分则会死亡。关于灵魂分为三个部分的理论开创了人们对于人的主体的最初步的探讨。毕达哥拉斯学派不仅把灵魂不朽和灵魂轮回等观念引入哲学,还从学派内部严格规定了若干禁忌,并从哲学上对灵魂是什么以及如何净化灵魂等问题提出了探讨,认为音乐和哲学是净化灵魂的手段,通过音乐熏陶和哲学思考,可以使灵魂处于和谐状态。

(二) 毕达哥拉斯的教育思想

毕达哥拉斯学派有两条最能概括他们思想特色的格言:"什么最智慧?——数目","什么最美好?——和谐"。该学派对于苏格拉底和柏拉图的影响是无可否认的,[①]尤其是毕达哥拉斯非功利教育价值观与对和谐发展的重视对后来希腊教育思想的发展有着深刻影响。

黑格尔说毕达哥拉斯是希腊的"第一个民众教师"。他不是一个政治上的立法者,而是一个以教师为业的公众教师。首先,他的学说不仅以说服人为满足,而且要安排人的整个道德生活。其次,他从埃及、美索不达米亚引进了数学,把数学教给希腊人。他与他的学生所从事的数学的教学和研究促进了人的思维能力的提高。[②]

1. 净化灵魂是教育的目的

与灵魂轮回说相联系,毕达哥拉斯把灵魂的净化视为个人接受教育的唯一目的。人的灵魂是与神和宇宙本质相通的,因而是神圣和永恒的。灵魂降临人寰、投入人体是一种惩罚。根据赏善罚恶的报应原则,灵魂在世间经历轮回转世,因此肉体实际上是对灵魂的禁锢。若想摆脱轮回的痛苦,重归于神的怀抱,只有通过神秘的入教仪式,从事科学研究和哲学思考,才能净化灵魂并最终摆脱肉体的困扰。这是人生的唯一目的,也是教育的最终目的。而只有在治理良好和秩序完美的社会里,个人才有可能受到良好的教育。这种不带功利的教育价值观到亚里士多德那里就发展为自由教育学说。

2. 论教育的内容和方法

毕达哥拉斯及其学派的教育方法实际上是一种清洗灵魂的特殊的生活方式,如沉默和自我反省等。毕达哥拉斯及其学派从其数目哲学和灵魂轮回说出发,重视算术、几何、天文、音乐的教学。在学习科目中,算术处于最高的地位。宇宙是天体的和谐的信念,则使其关注天文。由于和谐的宇宙是与人的灵魂相通的,人也应当研究天文以净化自己的灵魂。

根据肉体进入灵魂是接受惩罚的观点,毕达哥拉斯及其学派敌视肉体,视之为精神力量发展的障碍,因而在生活中努力限制肉体的需要。但后期的毕达哥拉斯学派逐步修改了早期的观点,注意到肉体和灵魂应该达到一种和谐。[③] 毕达哥拉斯及其学派的数本原说、和谐观念和灵魂理论对后世希腊的哲学和教育思想产生了重要影响。

---

① 叶秀山著:《前苏格拉底哲学研究》,人民出版社1982年版,第60页。
② [德]黑格尔著:《哲学史讲演录》(第一卷),商务印书馆1959年版,第208页。
③ 杜亮著:《古希腊教育思想的萌芽》,吴式颖、任钟印主编:《外国教育思想通史》(第二卷),湖南教育出版社2002年版,第72~78页。

二、智者

从公元前5~前4世纪开始,希腊哲学从主要研究自然转变为对人和社会的研究。这种转变是从智者开始的。希波战争以后,雅典经济繁荣,奴隶主民主制发展到高峰,文化上也出现了百花争艳的景象。这一切都为智者的兴起提供了必要的条件。公元前5世纪中叶,希腊出现了第一批职业教师。他们云游于各个城邦,传授知识,教授论辩术,活动的中心是雅典。

1. 智者的特点

智者(Sophists)这个词大约出现于希腊的七贤时代,人们把有智慧、有能力、有理解力、技术超群的人都称为智者。但西方哲学史家认为,伯利克里时代的智者不是上述传统意义上的智慧活动者。智者运动是一种广泛的社会思潮,并不是一个哲学学派。古典时期的智者虽然代表同一社会思潮,有相似的活动,但他们的思想并不一致甚至相反,他们彼此的关系也并不清楚。① 但可以肯定的是,智者是一批实践活动家,他们不沿袭以前哲学家或哲学学派的活动方式,即以著书立说为目标,而是继承和发展了荷马以来游吟诗人的活动,即当教师或教育家。② 以普罗塔哥拉等人为代表的早期智者,以教授辩论术、修辞学、文法(三艺)为职业。从此,人们便把那些专门教人以辩论术和其他科学知识并收取学费的人称为智者。智者们有一些共同的特点:一是哲学上的感觉主义、相对主义和怀疑论;二是在论辩术、文法和修辞等方面都有所建树;三是以教书(主要教论辩术)为职业并收取学费;四是重视实际利益及其个人主义取向。

2. "人是万物的尺度"和"感觉即知识"

米利都学派、毕达哥拉斯学派和赫拉克利特都把矛盾、对立看作客观事物本身所具有的现象和规律,普罗塔哥拉则从人的主观感受来进行概括,指出人的感觉因人而异。这是认识论上的一个进步,是普罗塔哥拉对哲学的主要贡献。他提出的"人是万物的尺度"被黑格尔认为是一个伟大的命题。但普罗塔哥拉仅仅停留在承认感觉的矛盾上,并把这种因人而异的矛盾当作真理、当作衡量万物的尺度,就必然走上否定客观真理的道路。风的冷暖、酒的甜苦、颜色的黑白等都因人而不同,在普罗塔哥拉那里只有相对真理而没有绝对真理。普罗塔哥拉怀疑人的理智力量,认为问题是晦涩的,人生是短促的,有许多问题是人所认识不了的。他认为真理不在于客观事物而在于人的感觉。从"人是万物的尺度"的命题出发,必然得出"感觉即知识"的结论。

3. 智者的教育活动

随着智者的兴起,希腊教育发生了巨大的变化。以往公众的教师是诗人和体育教师,而到了伯利克里时期,音乐教育和体育已不能满足希腊社会的需要。经济的繁荣和沸腾的政治生活都要求一种新的能适应社会需求的教育,正是智者们的教育活动满足了这种需求,这是他们受到青年人热烈追捧的主要原因。

---

① 智者(Sophists)的含义详见汪子嵩、范明生、陈春富、姚介厚著:《希腊哲学史》,人民出版社1993年版,第59~65页。该著作称"智者运动"而不是智者学派。

② 汪子嵩、范明生、陈春富、姚介厚著:《希腊哲学史》,人民出版社1993年版,第115页。

(1) 提供政治家的预备教育

智者的教育目的就是教人学会从事政治活动的本领。普罗塔哥拉在谈到他的教育目的时说,到他那里求学的人可以学到私人事务以及公共事务中的智慧,在处理家庭和公共事务方面表现出智慧和能力。智者们所从事的哲学教育和演说教育为政治家提供了一种预备教育。智者认为,政治智慧应以文化和多方面的教养为基础。一个政治活动家需要理论原则作为他的主张的依据。因此,从事政治活动仅有思想原则是不够的,还必须具有知识,这也是衡量一个人是否有教养的重要标志之一。

(2) 奠定"三艺"始基

根据上述目的,智者们便把辩论术、修辞学、文法作为主要的教学科目,为后世西方中高等教育的主要内容——"三艺"奠定了最初的基础。加上后来柏拉图提出的"四艺"(算术、几何、天文、音乐),就构成了"七艺"。

智者们所教的辩论术就是对某些具体观点加以论证,提出正面和反面的理由。这是一种从某种根据出发的抽象推理。有无道理在于雄辩的力量。在雄辩中离不开概念的运用,因而要有文法和修辞的素养。普罗塔哥拉和他的学生在文法和修辞学上颇有贡献。他首次区分出演说的类别,研讨并制定了各种文法规则,讨论了各种词类以及它们的性质、功能。智者的教学内容还包括自然科学。音乐教学也为某些智者所重视。学习这些科目的目的也都是为了使人能够发表打动人心的演说。

(3) 关注公民品德教育

智者不仅传授知识,教辩论术,也注意道德教育。普罗塔哥拉的有关思想被柏拉图收集到他的对话集《普罗塔哥拉》中。普罗塔哥拉认为,一个从事政治活动的人要有政治品德,其中最主要的因素是廉耻和公正。国家领导人和一般公民都应具有,否则国家就不能存在。政治品德是可以通过教育而获得的。儿童从很早的时候起就应从父母和师长那里受到关于道德和善的教导、教育,并习惯做正当的事情。音乐和体育的全部教育都有助于克服任性和放肆,有助于养成按一种规则行事的习惯。国家应帮助每一个人,使其行为正当,遵守秩序。所以,政治品德乃是从青年时代起实施教育的结果。

4. 智者对西方文化教育的贡献

"伟大的智者学派发展了一种个人主义的社会哲学。"①智者是古希腊历史上的一批启蒙者。第一,智者关心社会政治和人的道德问题,希腊哲学从研究自然转向研究人和社会的变化是从智者开端的。教育对于一个国家、对于一个公民是不可或缺的,公民的善恶全系于教育。这些正确的见解为柏拉图所接受,构成了其教育思想的一部分。第二,智者的活动适应了当时希腊社会的需要。早期的智者以普罗塔哥拉为代表,是一批真正的学者和教师。他们深信教育在国家中的重要地位,深刻理解教育对人的重大意义,并热情投身于教育实践。智者的教学活动推动了希腊文化的发展,开发了人们的思想。第三,智者们致力于文法、修辞、逻辑的研究和教学,使这三门学科(三艺)得以建立和发展,并成为此后 2 000 多年西方中高等教育的重要

---

① [英]博伊德、金合著,任宝祥、吴元训主译:《西方教育史》,人民教育出版社 1985 年版,第 26 页。

内容。

5. 智者的历史命运

公元前5世纪末到公元前4世纪时,在希腊和雅典社会盛极一时的智者运动明显地衰落了。一方面,伯罗奔尼撒战争以后,希腊城邦制度出现危机,民主政制本身蜕变,智者的理论和实践活动的最恶劣的后果是助长了公元前5世纪末至公元前4世纪时希腊社会中蛊惑家的恶性发展。另一方面,智者的衰落也是它自身逻辑的必然结果。智者学说的致命弱点是以个人的感知和体验作为权衡利弊、决定取舍的标准,即感觉主义、相对主义和怀疑论。这些学说在现实中曾经起过积极的进步作用,但从哲学理论上讲,其错误也是很明显的,因而这种理论很快就成为别人(甚至他们的弟子)打倒他们自己的武器。[①] 这样我们就不难理解,为什么后起的苏格拉底和柏拉图等都将消除智者的危害、纠正智者的错误同改革雅典的政制、重建希腊社会秩序这两个目的紧密地联系起来,他们的思想正是对智者思潮反思的结果。

三、苏格拉底

苏格拉底(Socrates,公元前469～前399)生活在和智者差不多的时代。他是西方思想史上的"斯芬克司之谜",研究他有相当难度,主要因为他也像孔子一样"述而不作",也因为公元19世纪以后西方学者对他的研究和评价存在争议。一般认为柏拉图早期著作阐述了苏格拉底的观点。

(一)苏格拉底的生平

苏格拉底的一生颇具传奇色彩。他生于伯里克利的黄金盛世,当时的雅典是"全希腊的学校"。他在浓厚的文化氛围中接受了良好的教育。青壮年时代,他与当时雅典的学者名流已有较多交往,声誉渐起。到伯罗奔尼撒战争爆发前后,在他的周围已聚起一批雅典和来自外邦的追随者。苏格拉底的后半生几乎都是在长达27年的伯罗奔尼撒战争(公元前431～前404)中度过的,这也是雅典帝国从强盛走向衰落的关键时期。他曾三次参军,在征战中英勇果敢、吃苦耐劳,尽了雅典公民的义务。

伯罗奔尼撒战争使全希腊的政治秩序陷入极度混乱,也使希腊的精神世界发生极大的混乱和危机。苏格拉底讨论"正义",主张扬善去恶的道德哲学,是为拯救奴隶制社会精神支柱所做出的努力。但雅典民主派却在公元前399年处死了苏格拉底,造成西方思想史上令人费解的重大冤案。苏格拉底之死构成了希腊文化的"原罪",甚至整个西方文化的"原罪"。悲剧的实质在于,苏格拉底的思想和活动与雅典传统的政治、宗教和道德观念是冲突的,一般人难以理解这位远见卓识的思想家。

(二)苏格拉底的哲学和教育思想

1. "认识你自己"——从"自然"到"自我"的转变

苏格拉底的哲学转变突出了对作为认知主体的人的研究,他建立了一种融贯认识论和道德哲学为一体的人的哲学。他将这种思想归结为德尔斐神庙墙上铭刻的"认识你自己"这句箴

---

① 汪子嵩、范明生、陈春富、姚介厚著:《希腊哲学史》(2),人民出版社1993年版,第284页。

言,其含义是:人必须先考察自己作为人的用处如何,能力如何,才能算是认识了自己。所谓"认识你自己"也就是苏格拉底最重视的、作为人的本性的一种美德——"自制",即要有自知之明,能实现自己的智慧本性。苏格拉底就是在讨论"自制"这种美德中,探索建立"认识你自己"的人的哲学。

苏格拉底明确提出要以人自身作为知识的对象,也就是要建立有关人的哲学;而这种有关人的哲学首先要考察的是人是不是能够认识他自己,即要考察人的认识活动和能力等问题。苏格拉底开始将认识自己的问题视为哲学中的重要问题。这实质上涉及理智活动能否成为自身的对象,能否考察人的认知本身。

苏格拉底进一步说明"认识你自己"是要认识自己的灵魂。而灵魂之所以是神圣的,就是因为它是理性和智慧的所在地。他将人分为三个东西:灵魂、肉体以及由这两者结合而成的整体。灵魂的本质是理性,它是起统治作用的。只有真正"认识你自己",才能知道如何正确处理城邦事务,必须给公民以智慧和公正;无论个人还是城邦都不能以强权而只能以美德作为自己的目的。只有这样才能作自由人而不沦落为奴隶。

2."是什么"的问题——理念论的雏形

苏格拉底的哲学活动似乎主要是为一些道德以及相关的概念正名,探求它们的合乎逻辑的定义。这种正名活动不仅有逻辑意义,更具有深刻的哲学本体论、认识论和方法论的意义。

苏格拉底的对话往往是为一些概念正名,如什么是勇敢、自制、虔诚、友爱、正义、美德和美等,可以概括为一个公式:"X是什么?"这就是概念的定义。苏格拉底首次通过考察定义,来规范人的理性知识,探讨存在的本质,蕴涵着深刻的哲学意义。亚里士多德在《形而上学》中称赞探讨普遍性定义是苏格拉底的一大贡献,也是柏拉图理念论的直接思想来源。

所谓普遍定义,就是指概念的定义有普遍性、确定性和规范性。要寻求普遍性定义是直接针对智者的相对主义而发的。在智者看来,人是万物的尺度,所谓概念不过是约定成俗的,并无确定的意义。苏格拉底用逻辑方法对事物作出从现象到本质的分析,揭示一类事物共同的本质属性,要求概念有确定的内涵和外延,从而阐明这类事物存在的因果本性,这也就是苏格拉底所说的理性的知识。此外,他建立这种普遍性定义也是针对早期希腊哲学中的直观思维和独断倾向,要求从人的理性思维出发来探究事物的本质。苏格拉底的普遍定义对古希腊逻辑思想的发展卓有贡献,因而他是西方理性主义的开创人。

3."美德即知识"——道德与知识的同一性问题

对主体作知识和理性的把握是苏格拉底哲学的基本任务。"美德即知识"是他的道德哲学的一个基本命题,即道德与知识的同一性问题。这个命题表明,美德的本性是知识,人的理智本性和道德本性是同一的。在他看来,无人自愿为恶,人们由于无知才做错事。

美德或德性(arete)在希腊文中原指事物的特性、品格、特长和功能,亦即使一事物成为该事物的本性。而人的arete就是人之为人的本性,所以后来便有了伦理上的意义。"善"是自然万物的内在原因和目的,具体到人身上就是"德性"。因此,一般人将arete译为"美德"(virtue)。

苏格拉底所谓的"美德即知识"中的"知识",是指能认识人自己的本性(physis)。它不同于感受和意见,而是一种理性的、必然的真理。以前的自然哲学家探讨整个宇宙万物即自然界的 physis，而苏格拉底所指的"知识"不是自然的知识而是"善"的知识、"自我"的知识。换句话说，"知识"是对"美德"的理性把握。这样，他在哲学的基本思想上突破了古代早期自然哲学的形而上学形态而进入了实践哲学的领域。①

苏格拉底认为，"美德即知识"并不是说知道了善是什么就足以使人为善，而是说，如果没有达到目的的知识，愚昧无知的人的行为算不得善。既然美德的共同本性就是知识，人的理智本性贯通在道德本性之中，美德就有了整体性和可教性。德性的可教性在于"美德即知识"。知识的可教性蕴涵着美德的可教性。人可以通过学习获得美德，也可以通过教育改造社会状况。通过理智的道德教育匡正祛邪，使城邦生活确立在有严整规范的理性道德价值的基础上，正是这种信念才使苏格拉底成为教师。

苏格拉底的历史功绩之一就是使伦理学科学化。"美德即知识"明确肯定了理性知识在人的道德行为中的决定性作用。这就在古代希腊以至整个西方哲学中首次建立起一种理性主义道德哲学，赋予道德价值以客观性、确定性和普遍规范性，对后来西方伦理学的发展有很大的影响，也使他成为著名教育思想家的先驱。

但亚里士多德从两个方面批评了苏格拉底：第一，等同了"知"与"行"，否认了两者之间的区别，将美德只归结为理论性知识，而不研究美德在人的生活行为中是怎样产生和实现的，这就抹杀了伦理学的经验性内容。第二，遗弃了灵魂的非理性部分，否定和忽视了情感和意志的作用，因而也就遗弃了情感和性格。后来柏拉图将灵魂分为理性和非理性两个部分，勇敢归于意志，节制（自制）归于情感。

4. 苏格拉底方法

苏格拉底对教育思想的贡献还包括他的方法，因为他试图说明怎样思考才是正确的思维方法。苏格拉底方法又叫"产婆术"（助产术）、概念辩证法、诘问法或问答法，一般主要包括四个步骤：讽刺、助产术、归纳和定义，实际上是一种从个别到一般的归纳论证方法。

苏格拉底在定义活动中使用了种种推理和证明的逻辑方法，主要是一种归纳论证。他要求对话者提供某种美德的定义，对话人往往将特殊事例当作定义，或者提出一些过于褊狭或宽泛的表面说法。苏格拉底则会在比较分析中使对方陷入自相矛盾，放弃错误定义，然后引导对方从部分到全体，从特殊到普遍，归纳出一类事物的共同本质，使定义能揭示一类事物的"共同的质"，而不是一类事物的表面的共同相似性。这就是后来亚里士多德所说的从个别到一般的归纳论证。

在苏格拉底看来，教师的作用在于帮助和推动学生自己思考，因而是启发式的，不是填鸭式的，用苏格拉底的话来说是"提醒"，即"点到为止"和"举一反三"的意思。在这个意义上，哲学家作为人类的导师，不在于把什么神秘的东西塞进人的头脑中，而是启发人用自己的头脑去思考，即教人学会逻辑地思考，使人得到具有普遍意义的知识，从个别、表象和经验中得到某种普遍的东西，得到确定性的概念。

（三）苏格拉底的历史地位

苏格拉底生活在古希腊城邦奴隶制面临变革的历史转折时期。他将哲学的主题从自然

---

① 叶秀山著：《苏格拉底及其哲学思想》，人民出版社1986年版，第127页。

哲学转向人自身,并促使古希腊的哲学、科学和文明进入一个新的历史时代。他一方面和智者一样顺应历史潮流,主要研究社会和人的问题,特别致力于伦理道德问题;另一方面他坚决反对智者的感觉论和怀疑论,反对他们的相对主义,大力提倡理性。他提出的"美德即知识"的命题揭示了道德与知识的同一性,他的方法被视为后世西方启发式教学方法的渊源。

"苏格拉底是将希腊哲学推向全盛高峰的开路人,由他倡导的理性主义传统成为西方哲学和科学的主流,一直影响着西方全部文明。"[①]正是在苏格拉底的影响下,他的弟子柏拉图和再传弟子亚里士多德构筑了博大精深的哲学体系和教育体系,开创了古典希腊文化和教育的最光辉灿烂的全盛时期。

四、柏拉图

柏拉图(Plato,公元前427～前347)不仅是古希腊也是整个西方文化最伟大的哲学家、思想家和教育家。他是苏格拉底的学生。由于家庭和雅典的传统,柏拉图在青少年时期受到良好的教育。他在青年时期热衷文艺创作,富有文学才能,才思敏捷,著述颇丰,这都反映在以他的名义流传下来的40多篇对话和13封书信中(其中有24篇对话和4封书信被确定为真品)。他在约20岁时成为苏格拉底的学生,跟随老师学习了七八年。在此期间,雅典发生了几件重大的事件:伯罗奔尼撒战争终以雅典失败而告终;"三十僭主"推翻了民主制;8个月后又恢复了民主制,但以莫须有罪名处死了苏格拉底。其中,苏格拉底的处死给柏拉图以终身难忘的印象。苏格拉底在狱中饮鸩去世时,柏拉图因病没有在场。据说苏格拉底当时曾规劝在场的沮丧的弟子们外出游历以寻求智慧。公元前399年,柏拉图离开雅典,前后游历12年,大概到过小亚细亚沿岸伊奥尼亚地区,可能还到过埃及,在那里学习天文和数学;到过北非的居勒尼,学习几何;重要的是南意大利之行使他受到毕达哥拉斯学派的影响。接着他又从意大利渡海到西西里岛的叙拉古,试图实现自己的政治理想。在那里历尽艰难险阻,于公元前387年才重返雅典,在一个叫做阿加德米的地方创建学园。[②]

(一)柏拉图教育思想的哲学和政治基础

1. 柏拉图的理念论

柏拉图建构了西方哲学史上第一个庞大的思想体系,其影响广泛而深远。根据亚里士多德在《形而上学》中的看法,柏拉图熟悉各家各派的哲学理论,但主要继承和发展了爱利亚学派巴门尼德(Parmenides,盛年约在公元前504～前501)到苏格拉底的思路,尤其是将苏格拉底的思想从伦理学领域推广至整个宇宙自然。[③]

柏拉图哲学的核心概念是"理念",他的哲学因此被称作"理念论"(Theory of Ideas)。柏拉图认为,我们感觉到的具体事物都是变化无常的,因而不是真正的存在,它们不能构成真正的知识;知识的对象必然是一种真实的存在,他称其为"理念",其基本规定之一是"由一种特殊性质所表明的类"。但"理念"并非单纯的抽象概念,而是超越于个别之外并且作为其存在之根据

---

① 汪子嵩、范明生、陈春富、姚介厚著:《希腊哲学史》(2),人民出版社1993年版,第297页。
② [法]让·布兰著:《柏拉图及其学园》,商务印书馆1999年版。
③ 张志伟主编:《西方哲学史》,中国人民大学出版社2002年版,第87页。

的实在。

柏拉图的"理念"与巴门尼德的"存在"是一脉相承的,也是对苏格拉底"是什么"的定义的发展。苏格拉底追问每一类伦理的东西究竟是什么,寻求它们的定义,却都以无果而告终。柏拉图将问题从伦理范围扩展到所有的存在,从而做出了本体论的回答。他认为,任何一类同名的东西的定义和本质就是它们的"理念"。"理念"和具体事物之间有价值高低的不同,"理念"在尊荣和能力上高于事物,所以它能够制约事物。在《理想国》(《国家篇》)中,他将"善的理念"置于最高的位置,所以一切"理念"都因为分沾"善的理念"的光才成为"理念"。他以"日喻"(太阳喻)来说明这种关系。① 他还认为"理念"只能由神制造,从而开创了思辨神学。

从本体论上说,柏拉图实际上主张有两个世界:具体世界和理念世界。柏拉图和巴门尼德一样将人的知识也分为知识和意见两截,只有知识才能认识真理,因为它是以"理念"为对象的,对具体事物的认识是变动不定的,所以只是意见而不是真理。他在《理想国》中以"线喻"和"洞喻"来论证两个领域及其各自等级层次的区分。②

2. 柏拉图的政治思想——从人治到法治

柏拉图一生都对政治抱有很高的热情。他的三次西西里之行表明他已经深深卷入政治旋涡之中。在希望成为泡影之后,他不得不退而著述,探讨如何才能治理好国家的学问,提出了自己的政治蓝图,其设想主要反映在《理想国》、《政治家篇》和《法律篇》中。《理想国》和《法律篇》是柏拉图写得最长的两篇对话,几乎占他全部著作的1/4以上,可见政治思想在其整个思想中占有的地位。他是西方政治思想史上第一个提出系统学说的人。

柏拉图政治学说的出发点是寻求正义。他认为,人的灵魂由理性、激情和欲望三个部分组成,正义的人必须让理性统治激情,由激情抑制欲望。个人是缩小的国家,所以国家的正义和个人的正义是一样的。国家的三个阶层,即统治者、武士和生产者各自的德性应该是智慧、勇敢和节制。如果这三个阶层能够各司其职,不相僭越,国家就能达到正义。受斯巴达的影响,他主张在统治者和武士中间实行平均主义这一原则,没有私有财产,没有家庭,优生优育,按照不同的年龄进行严格的教育,直到最后培养出国家的最高统治者——哲学王。哲学王应该根据"国家的理念"来治理国家。

但当理想遭遇现实,柏拉图不得不在晚期作品《法律篇》中对自己的政治理想做较大的修改。在他最长的这篇对话中,其思想更贴近现实生活。他认为,在社会或个人灵魂的各成分之间的和平而非战争是最佳状态。正是着眼于和平,立法是非常重要的。柏拉图看到了斯巴达训练体系的缺陷,认为在智慧、节制、正义和勇敢这四种美德中,斯巴达人只不过旨在培养最低的德性,即勇敢的较简易和较少价值的那一半。因为斯巴达只教年轻人勇敢地面对危险和痛苦,而没有教他们面对快乐的诱惑而不屈服。柏拉图还承认了私有财产和家庭的地位。他认为,没有"私人"利益的社会虽是最美好和最幸福的社会,但"这种理想也许对高于人类的生物才可能存在"。③

---

① [古希腊]柏拉图著,郭斌和、张竹明译:《理想国》,商务印书馆1986年版,第267~268页。
② 同上书,第268~274页。
③ [英]A·E·泰勒著,谢随知等译:《柏拉图——生平及其著作》,山东人民出版社1990年版,第677页。

(二) 柏拉图的教育学说

柏拉图主要在《理想国》和《法律篇》中系统阐述了他的教育思想。实际上,柏拉图的哲学、伦理学和政治学都与他的教育学说密切相关。从哲学观方面说,教育的任务是要帮助人实现"灵魂转向";从政治学方面看,教育的最高目的是为了培养哲学王。

1. 灵魂说与教育

柏拉图的教育学说与他的灵魂学说密切相关。他的灵魂说包括四个方面的主要内容:灵魂的本性及其与物体的关系;灵魂的构成和等级;灵魂的回忆和灵魂不朽。灵魂不朽和灵魂轮回的思想接近于较早人类共同的幼稚想法,西方和东方都有。在柏拉图之前的许多哲学家如毕达哥拉斯等人都相信这些说法,所以柏拉图采用这种学说是很自然的。和教育关联较大的是"学习就是回忆"说和"灵魂转向"说。

(1) 灵魂不朽与"学习就是回忆"

柏拉图从毕达哥拉斯学派那里接受了灵魂不灭的学说而创立回忆说。他认为,灵魂本来有某种知识,现在忘记了,成为不觉察的状态,要将它想起来,提升到意识上来觉察它,就是要重新发现它,这就是回忆。由于灵魂本来就具有一切知识,所以知识并不是从外部世界得来的,人们对外部世界的感觉经验只能起推动灵魂回忆的作用,并不是真正的知识的来源。换句话说,知识不是从外部世界得来的,而是灵魂所固有的。可是,灵魂又是如何得到这种知识的呢?柏拉图只能利用灵魂不朽和轮回的思想提出知识是灵魂在降生以前已经学习到的。

柏拉图想要坚持的是:真正的知识不是从外部世界的经验中得来的,而是灵魂先前就已经具有的。"回忆说"不过是一个比喻的说法,是西方哲学史上最早的一种最天真朴素的先验论。这样,在认识论上,柏拉图的回忆说发展了苏格拉底的产婆术。苏格拉底说他自己并没有知识,他只能运用问答的方法帮助别人,将他们心上已经孕育的知识接生出来。但是人们心上的这种知识是如何孕育起来的呢?苏格拉底并没有提出和回答过。柏拉图提出了这个问题,并用回忆说解答了这个问题,也就为苏格拉底的产婆术奠定了理论基础,是在认识论上发展了苏格拉底的思想。①

(2) 灵魂的构成与教育目的

柏拉图在《理想国》中将灵魂分为理智、激情和欲望三个不同部分,这对以前哲学家的灵魂学说以及他自己以前所写的对话中关于灵魂的论述都是一个重要的发展。在《斐多篇》中,柏拉图所说的灵魂只是理智部分,它是不朽的;而激情和欲望都来自肉体,它们是变化的、要毁灭的,必须接受灵魂的控制。在《理想国》中柏拉图认为,理智、激情和欲望是灵魂的三个组成部分,激情和欲望应该服从理智。虽然这三个方面的相互作用没有变化,但它将激情和欲望认为是灵魂的组成部分,就修正了《斐多篇》的灵魂学说,在心理学的发展史上具有重大的意义。

柏拉图认为,在灵魂的这三个部分中,理智应该占据统治地位,正是根据这种观点,他在国家学说中提出应该由享有最高智慧的哲学家为王,而在教育学说中提出教育的最高目标应该是培养哲学王。柏拉图发展了苏格拉底的思想,认为智者们的教育只能将人引向歧途,教人去

---

① 汪子嵩、范明生、陈春富、姚介厚著:《希腊哲学史》(2),人民出版社1993年版,第680~681页。

争权夺利。他提出,教育的目的在于引导人们灵魂的转向,认识"善的理念"。他提出,在体育和音乐这两门初等教育课程之上,还必须学习5门课程,即算术、平面几何、立体几何、天文学、谐音学。按照这个次序可将灵魂从可见世界逐步上升,最后达到辩证法——哲学。

(3) 灵魂的转向与教育的含义

让哲学家做王实际上就是要使政治权力和哲学智慧结合在一起。如何才能培养哲学王?柏拉图通过"灵魂的转向"来加以阐述。他批评了智者的教育观,说他们认为教育就是将灵魂中原来没有的知识灌输进去,这就好像将视力放进瞎子的眼睛中去一样。柏拉图认为,灵魂本身具有一种认识能力,教育只是使这种固有的能力能够掌握正确的方向。他把这叫做"灵魂的转向"。

柏拉图的灵魂转向说和回忆说是一致的,都反对"知识外来说"。但回忆说讲的是灵魂有先验的知识,灵魂转向说讲的是灵魂固有的认识能力的提高。换句话说,柏拉图所说的灵魂转向就是要使人从专注于现实可见世界的种种变动事物转变到去认识真正的存在,一直达到具有最高价值的"善的理念"。这种灵魂转向不是城邦中每一个人都能实现的,但作为理想国的最高统治者哲学王必须能认识"善的理念",才能按照这种价值观将国家安排得最好。由于这种心灵转向只有通过教育才能实现,教育遂成为《理想国》的一个重要主题。

2. 柏拉图在《理想国》中的教育观

按照柏拉图的观点,实现理想的国家除了政治上和生活制度上的安排以外,另一个重要保证就是要建立一种良好的教育制度,通过层层挑选,方能造就出合格的执政者和军人。

(1) 柏拉图教育观的实践来源

大体说来,当时希腊各城邦的教育可以分为两类:一类是某些多立斯人城邦,如斯巴达和克里特等,它们为了战争的需要,对青少年只进行军事训练和禁欲主义教育。柏拉图在《国家篇》第四卷中设想要消灭家庭、实行共妻共子的思想就来源于斯巴达的实践。由于在伯罗奔尼撒战争中斯巴达战胜了雅典,柏拉图认为斯巴达的这部分教育制度还是值得学习的。另一类是爱奥尼亚人的教育制度,他们除了体育训练外,比较注意文化智力方面的教育。雅典的教育就是从小亚细亚伊奥尼亚的殖民城邦流传过来的。他们对青少年进行的就是柏拉图在《理想国》第二、三卷中讲到的初等教育,主要是体育和音乐教育。

(2) 论学前教育和初等教育

柏拉图研究了遗传对人的发展的影响,认为人之优劣决定于他的遗传,决定于他是否有优秀的父母,所以主张优生和优育。除了遗传因素,人的发展还决定于良好的教育和环境,这应由好的国家制度来解决。

柏拉图主张教育从幼年开始。幼年正是性格形成的重要时期,任何事情都会留下深刻的影响。幼儿教育的一个重要内容是讲故事。讲故事的目的是要使儿童形成符合将来作为保卫者应该具有的品质,使他们长大成人时知道敬神和敬父母,并且互相友爱。要达此目的,就要谨慎地选择故事材料。

柏拉图接受了希腊各城邦尤其是雅典教育的经验,把初等教育分为音乐教育和体育。他认为,只注重体育会使人变得粗野,而只进行音乐教育则会使人变得柔弱,所以体育和音乐教育二者不可偏废,应该用体育锻炼身体,用音乐陶冶心灵。所谓音乐教育,除了现在所理解的音乐外,还包括诗歌和文学等。为了培养理想的卫国者,他主张要严格选择诗歌和音乐的内容。为此,他对希腊的史诗、悲喜剧逐一作了严厉而仔细的审查。

柏拉图也注意到游戏在儿童教育中的地位,但他认为,游戏不仅仅是玩耍和娱乐,也应与道德教育相结合。游戏要有一定的规范,要防止在游戏中出现违反纪律和秩序的现象,否则儿童将受其同化,也就不可能培养严肃而守法的公民。

(3) 论中等和高等教育

按照柏拉图的观点,到了14岁左右可进体操学校接受3年的体育。柏拉图要求守卫者不能酗酒,过简朴的生活有益健康;要通过锻炼使未来的军人能吃苦耐劳;要培养其忠于国家、忠于职守的勇敢爱国精神。在3年的体育训练中,不可使他们再接受其他的学习,因为高度疲劳以及因疲劳而睡眠加多都不利于学习。

17～20岁的青年人除了继续接受音乐教育外,还应学习初步的科学知识,包括算术、几何、天文,这是一个军人所必需的。算术是各种学问都用得上的,因为各种学问都离不开计数。它在军事上也不可少;几何学在军事上很有用,如安营扎寨、测量作战阵地、编队布阵等都要有初步的几何学的知识。通晓几何学,处理其他事务时也能心灵手巧;天文学也应列为普通知识的范围,不仅航海、农业需要天文学,行军作战更加需要它。

一般青年到了20岁时,学业就算基本结束了。他们中的大多数将要投入军营,当一名军人,少数优秀的、对智力有兴趣的、各方面发展良好的青年则要继续学习。20～30岁期间,这些继续学习的青年要研究高深的科学理论,学习的主要科目是算术、几何、天文、谐音学(音乐)。他们学习这些科目绝非为了实用,而是为了唤起人的思维能力,使它从感性世界转向精神世界。

到30岁以后,要进一步挑选为数极少的最优秀的人继续深造,这就进入了学习哲学的阶段,一直学到35岁为止。之前的算术、几何、天文、谐音学(音乐)的研究是为学哲学做准备的,但这时要把这些学科的研究提高到彼此互相结合、互相联系的程度,能够从它们的相互关系中得到一个总的看法。只有这样才能对事物做出合理的说明,得到真理性的认识。对理念的认识只能通过思维而不能通过感觉,这是研究哲学、认识真理的唯一方法,这个方法就是辩证法。

(4) 论实际工作经验的获得和品质的考验

学完5年哲学以后,最优秀的人还必须取得实际工作的经验。为此,必须去担当军事指挥以及其他各级行政职务,这样做才不至于在经验上落在一般公民之后。精心挑选出来的极少一部分人还要经过许多考验,包括看他们能否经受住私利的诱惑;要使他们备尝各种艰难困苦,看他们在困苦面前能否坚守他们的目标而不动摇;把他们放在极为恐怖和极端繁华的环境中,看这两种环境对他们有何影响。经过许多考验之后,如果有人能经得起考验,从幼年一直到壮年,都能不为各种力量所屈服,就可以把他推选为统治者,成为哲学王。到了50岁时,他的知识、经验都丰富了,他就可以成为最高统治者——哲学王。

经过35年的培养和实际工作的锻炼,这种优秀的人物就会具有各种优秀的品质:热爱知识和酷爱真理,专心致力于学问的研究;目光锐利,聪明智慧;所有的快乐不是肉体的而是精神的,因而必然是能节制的;胸襟包罗万物,勇敢坚毅;待人接物能够持之以公道,处理公务能合乎正义;能够认识"善的理念",能以善作为治国安邦和修身的依据。当教育出下一代接班人以后,就可以不问世事,逍遥欢度晚年。国家将为他们建碑设祭以纪念他们。

(5) 论女子教育

柏拉图主张女子应受到与男子平等的教育。在担负国家职务方面应不分男女,不论是执政者还是军人,女人和男人一样都应成为候选人。看守羊群的狗不分雌雄,卫国者也应不分男女。既然男子所任的职务女子也可担任,那么女子也应受到与男子同等的教育。女子应受到同样的音乐教育与体育。女子与男子唯一的区分是女子的体质较弱,所以在作战上她们可以作为男子的辅助,可以担任较轻的工作。

关于柏拉图对女子教育的开明主张的思想渊源有以下说法:(1)苏联学者沃尔金认为,柏拉图男女平等的思想"显然受了他所交往的那个独特的知识分子阶层的影响,当时在这个阶层中妇女已经起着相当显著的作用"①;(2)在理想国中取消了家庭和私有财产,男女平等是理想国必然的逻辑发展;(3)斯巴达实践的影响,斯巴达妇女显然比雅典妇女以及其他希腊城邦的妇女有着特殊的地位,她们比较受尊重,不像雅典妇女那样过着与世隔绝的生活,男女孩子一起赤身裸体地在运动场上做五项竞技活动。②

3. 柏拉图在《法律篇》中教育观的变化

柏拉图晚年的作品《法律篇》被称作"第二个理想国"。他认为,自己在《理想国》中设想的蓝图太过理想,无法实现,于是在《法律篇》中进行了调整。在他设想的新的政治制度中,实行君主制和民主制结合的混合政体,法治代替了哲学王的人治,哲学家也被继承王位的王子所取代。

他在《法律篇》这部作品中所反映的教育观发生了下述变化:第一,由选举产生专门负责教育的官员,任期5年,其在新制度中占有特殊重要的地位;第二,对学校的兴建和专职教师都有了明确的规定;第三,更具体地规定了早期教育的步骤和内容;第四,首次提到强迫教育,规定所有公民的孩子到一定年龄必须接受学校教育;第五,详细介绍了埃及人"寓学习于游戏"的经验,同时也对儿童实行更为严格的管理;第六,在课程设置上,取消了哲学课程,最高级的课程有3门,即算术、几何与天文。

(三) 柏拉图的历史地位

柏拉图是最早运用苏格拉底问答法来阐述自己学说的思想家。他继承了苏格拉底关于概念的学说,也吸取了毕达哥拉斯派和爱利亚派等学说中的某些成分,构建起西方哲学史上第一个庞大的唯心主义体系。这个体系以理念论为中心,包括他的宇宙论、知识论、政治伦理说、国家说和教育学说。

柏拉图的教育学说吸收了当时希腊城邦尤其是斯巴达和雅典的教育经验,并以自己的理

---

① [苏]沃尔金著:《论空想社会主义者》,人民大学出版社1959年版,第45页。
② 戴本博主编、张法琨副主编:《外国教育史》(上),人民教育出版社1989年版,第121~122页。

念论哲学为理论依据，建立起恢宏博大的教育思想体系，几乎涉及教育领域中的所有重要问题；重视教育与政治的关系，主张由国家负责办理教育；重视教育与环境对人的巨大影响；论述了从学前教育、初等教育到中高等教育各阶段的教育内容和方法；首次提出了优生、胎教、计划生育及公共学前教育的思想，并论述了学前教育的内容及方法；提出了谨慎选择教材的问题，强调教育内容（游戏和故事材料等）应具有教育性，开创了西方后世"教育性教学"思想的先河；第一次确定了心理的基本范畴（理性、情感和欲望）及相应的伦理学范畴（智慧、勇敢、节制）；论述了通过体育和音乐教育使人身心和谐发展的问题；论述了"四艺"（算术、几何、天文、音乐）的教育意义，尤其重视培养人的思维能力；主张通过实际工作和各种考验选拔政治精英；提出了重视女子教育及男女平等的思想。柏拉图的教育学说对后世西方教育思想的发展产生了巨大的影响，成为西方教育学说的重要思想渊源。

五、亚里士多德

亚里士多德（Aristotle，公元前384～前322）是古希腊哲学的集大成者，举世公认的历史上第一位百科全书式的思想家。他的一生被史学家分为5个时期：家庭和少年时期（16岁以前）；柏拉图学园时期（17～37岁）；漫游时期（38～50岁）；吕克昂学园时期（50～61岁）；晚年时期（61～62岁）。亚里士多德出生于医生世家，这种家庭环境使他特别重视经验事实。在追随柏拉图的20年里，他是最有才的学生，尊重真理而不盲从权威。柏拉图去世后，他漫游于各地，到过小亚细亚，担任马其顿王腓力之子、后来的亚历山大大帝的教师达8年之久。公元前335年，他回到雅典，在郊区的吕克昂（Lyceum）体育馆开办了一所学园，从事与柏拉图的学园相似的教育和研究活动。他每天上午率领一些有学问的朋友和学生在漫步中讨论一些深刻的学术问题（"漫步学派"或"逍遥学派"由此而得名），下午则在回廊里对初学者和旁听者做公开演讲。公元前323年亚历山大大帝去世，亚里士多德被迫离开雅典，第二年因病去世。

在古希腊哲学家中，亚里士多德的著作可能是最多的，其中许多已经佚失，现在能看到的还有46种，外加19世纪80年代新发现的《雅典政制》。在亚里士多德现存的作品中，与教育关系较为密切的是《尼各马科伦理学》和《政治学》。

（一）亚里士多德的教育观

亚里士多德认为，人的道德最初接受了自然赋予的能力，这种能力有变好和变坏的可能，因此必须在实践中培养训练，以养成良好的习惯，这样道德才能完善；个人只能在群体——城邦社会中生活，个人的道德只有在城邦中才能自我完善；伦理学是政治学的起点，政治学是伦理学的完成，二者是紧密相连的。因此，他在《政治学》中讨论教育问题，重视城邦对公民的教育作用，他的政治学被称为"教化伦理学"。

1. 伦理学与教育

希腊文"arete"（品德）兼有才和德两方面的含义，因此亚里士多德将品德区分为"理智的品德"和"伦理的品德"：前者以真和假作为判断是非的标准，后者以善（好）和恶（坏）作为判断是非的标准。加上《诗学》中讲的美和丑，他就将真、善、美区分开来。他认为，最好的善不是柏拉图所说的"善的理念"而是人的幸福；最高的幸福是进行理论的思辨活动。他追从柏拉图理性、情感和欲望的区分,认为只有使情感和欲望服从理性才是好的;他看到了意志的作用,因而重视实践行为、道德行为中的选择作用;他主张"中道",认为任何行为的过度和不足都是有害的;他已经看到后来伦理学中常讲的知、情、意三者的不同和联系,认为只有在正确的理性、高尚的快乐和合理的意志三者统一的情况下才能做出道德的行为。

与苏格拉底和柏拉图不同的是,亚里士多德认识到,实践智慧不是思辨知识,也不是技艺,只是指导人的实践行为。实践智慧低于哲学智慧,它只考虑人的事务,而哲学却要考虑高于人的永恒的、神圣的东西。政治智慧实际上是大范围应用的实践智慧。

品德(arete)是否可教?由谁来教?亚里士多德认为品德尤其是政治事务不仅依赖理论知识,更重要的是依赖实践经验,政治家的子弟没有从政经验,所以学不好政治学。他认为,有些人之所以成为有道德的、善良的人,是由于自然本性,这是神赋予幸运的人们的,非人力所能及;理论和教育能不能对所有的人都起作用是可疑的;主要应该通过习惯训练培育人们高尚的品质。因此,他十分重视实践经验以及具有强制力量的法律手段。① 他对伦理学及其与教育的关系问题提出了比较完整的看法,为西方传统伦理学及西方德育理论奠定了基础,以后西方伦理学提出的各种重要问题都没有超出他所提出的范围。

2. 政治学与教育

亚里士多德的《政治学》是西方第一部专门的政治学著作,他提出的许多观点和问题对后来西方政治学说的发展起了很大作用。和柏拉图一样,他深刻认识到教育与政治的密切联系。他首先从人类组织家庭、群居为村落又发展为城邦来说明国家的起源,说明人不能离开城邦的共同体生活,从而提出"人是政治动物"的著名命题。他论述了个人与国家的关系:一方面,整体高于部分,寻求和维护城邦共同体的安全应该是所有公民的品德;另一方面,整体是由部分组成的,只有公民品德良好,城邦才是良好的。

柏拉图的共产共妻说遭到亚里士多德的明确反对。他认为城邦的本性是"多"而不是"一",城邦是由不同品质和能力的人组成的,所以并不是越划一越好;他认为富者越富和穷者越穷是社会动乱、变革和战争的根本原因;他虽然接受柏拉图对六种政制的划分,但认为在现实中实际只有民主制和寡头制两种政体,而两者各有利弊。寡头制实行专制,而民主制容易为蛊惑者控制,使法律丧失权威,使平民领袖凌驾于法律之上。所以,最好由中产者执政。他理想的城邦是小国寡民,在人口和疆域上都要求以能观察到为度。

亚里士多德认为,在理想的城邦中人们能够过和平和安宁的生活,享有闲暇。闲暇不是无所事事,而是让人有充分的时间去进行精神活动,从事思辨工作,研究和探索各种理论问题。这就是哲学家的生活,是高于政治家的生活的。良好的城邦必须建立在每个公民都具有良好品德的基础上,整体的善是从每个个人的善来的,因此他十分重视教育问题。

3. "白板说"与教育在人的发展中的作用

柏拉图在《泰阿泰德篇》中曾提出过"蜡板说",打破了当时人们常说的当下直接的感知或

---

① 汪子嵩、范明生、陈春富、姚介厚著:《希腊哲学史》(3)(下),人民出版社1993年版,第1040~1043页。

认识,而提出了"记忆"这种认识因素。① 亚里士多德在认识论上继承了柏拉图的有关"蜡板"的思想,并发展为对后世西方认识论思想产生很大影响的具有唯物主义认识论倾向的"白板说"。

亚里士多德认为,理智没有什么东西不是先已在感觉中的。"正如蜡块只把带印的金戒指的印记接纳到自己身上,而不取黄金本身,而只纯粹取其形式。"② 又认为,人的灵魂正如一本什么也没有写上的书,或什么也没写上的白纸,一块白板,它能接受对象知识。后世的哲学家和教育家(如洛克等)往往引用亚里士多德关于"蜡块"和"白板"的比喻论证教育在人的形成中的巨大作用,甚至被发展为"教育万能论"(如18世纪法国唯物主义者爱尔维修)。

4. 形式—质料说、潜能—实现说与人的发展观

亚里士多德概括总结了以往哲学家们关于原因的思想,认为任何事物的生成和存在都有四种缺一不可的根本原因,即质料因、形式因、动力因和所为因。③ "质料"指事物由之生成并继续存留其中的东西,如雕像的青铜、酒杯的白银等,它是事物的载体。"形式"有两种含义,一是指内在形式,也就是事物之所以为该事物的本质,与柏拉图的"理念"是同一词源,也是亚里士多德哲学中"形式"一词的主要含义和基本用法。二是指外在形式,即形状。质料和形式是事物的两个根本原因。

亚里士多德又用"潜能"与"实现"这对范畴来阐释质料和形式的关系。"潜能"指事物具有能够实现其本质和目的的潜在力量,但还没有实现出来,需要靠外在力量帮助其实现出来。"实现"是与潜能相对而言的另一种事物存在的状况,即存在着的事物自身或获得了自己本质的事物。质料与形式的关系亦即潜能与实现的关系,质料以潜能状态存在着,形式则是实现。质料一旦获得了自己的形式,它就实现出来,成了现实的存在。

亚里士多德从质料与形式、潜能与实现的观点来看待人的发展,认为人的肉体和灵魂的关系犹如质料和形式的关系。人的发展与事物的发展同理,就是一个由可能性转变为现实性的过程。犹如一颗棕树的种子,虽然蕴藏着发展为一棵树的全部可能性,但是具备适当的条件,即适当的土壤、阳光和雨露,棕树的种子才能成为棕树。对于人的发展来说,由潜能变为实现的条件就是教育。这些思想成为后世西方教育史上"内发论"思想的渊源。

(二) 亚里士多德的教育思想

1. 论形成人的三要素

亚里士多德在《尼各马科伦理学》和《政治学》中提出和论证了关于形成人的三要素,即天性、习惯和教育及其相互关系的思想。

亚里士多德在《尼各马科伦理学》中提出,人们善良,或由于自然本性,或由于习惯,或由于教导。自然本性的事情非人力所能及,理论和教育是否对所有人起作用是可疑的,但通过习惯培养学生高尚的爱憎却像在土地上撒种子一样是可能的。生活在情感中的人是不会听从和接受理论劝告的,只能使用强制。而这种强制手段就是法律、教育和训练。亚里士多德认为,

---

① 汪子嵩、范明生、陈春富、姚介厚著:《希腊哲学史》(2),人民出版社1993年版,第941～942页。
② [德]黑格尔著,贺麟、王太庆译:《哲学史讲演录》(第二卷),商务印书馆1960年版,第344页。
③ 张志伟主编:《西方哲学史》,中国人民大学出版社2002年版,第117～119页。

年轻一代多不喜节制和过艰苦的生活,只有在法律的约束下进行教育,养成习惯以后,他们才不会对这些感到痛苦。从这个角度考虑,亚里士多德称赞斯巴达由法律来规定教导和训练的做法,认为对品德的共同关心要通过法律才能实现。

在《政治学》中,亚里士多德重申了上述观点,认为人的品德来自三个方面:自然本性即天赋、习惯和理性。人生来具有不同于动物本性的人的天性;习惯可以改变人的天性,使他向善或是从恶;理性生活是人所独有的。因此,本性、习惯和理性应该和谐相处。但在实际情形中它们并不总是一致的。"人们既知理性的重要,所以三者之间要是不相和谐,宁可违背天赋和习惯,而依从理性,把理性作为行为的准则。"①人们应以理性抗拒不良的本性和习惯,这有赖于教育。

亚里士多德提出和论证了关于形成人的三要素,即天性、习惯和教育的思想,是后世关于遗传、环境和教育的理论的雏形。而对儿童习惯培养的重视,使他成为西方教育史上最早提出"习惯成自然"思想的教育家,他的相关思想还被视为西方教育史上"外烁论"的发端。

2. 论教育制度

亚里士多德不同意柏拉图只将四种品德分别划归城邦中的不同的人的说法,如统治者要有智慧,武士要有勇敢,统治者和被统治者都要有节制,各自做分内应做的事便是正义,而认为城邦中的每一个公民都需要具备正义、智慧、勇敢和节制这四种品德。亚里士多德探讨了以下几个问题:一是要不要为儿童教育订立一个制度?二是儿童教育应由城邦负责还是由私人负责?三是这种教育制度应有什么性质?亚里士多德关于教育制度的论述主要包括:

第一,必须通过立法使每个公民都成为善良的人。在《政治学》第七卷第十四章,亚里士多德专门讨论了统治者和被统治者的教育。他认为,在现实中很难碰到在灵魂和肉体上都像诸神和英雄一样出类拔萃的人,因此只能选择统治者和被统治者轮流更替的政体(即民主政体)。在统治者和被统治者之间既有相同点又有不同点,对他们的教育也应这样,既有相同的方面,又有不同的方面。相同的是要做好的统治者必须先学会服从。既然好的统治者和被统治者都应有好的品德,所以一个人必须先成为被统治者然后才能成为统治者,立法必须使每个公民都成为善良的人。"教育制度必须符合上述问题的抉择而制定不同的措施。"②

第二,教育制度的安排还必须考虑到人生的目的。亚里士多德认为,人的灵魂包含两个不同的部分:理性和非理性,人具有服从理性并为之役使的本能。我们称某人"善"时,就认为他的灵魂的两个部分都存在善德。但人生的目的究竟应将重点放在哪一部分呢? 当然是理性。但理性又分为"实践理性"和"思辨理性",必须置重点于较高的一部分,即"思辨理性"。全部的人生也有不同的区分:勤劳与闲暇,战争与和平。战争只是导致和平的手段;勤劳只是获得闲暇的手段。政治家在拟订一邦的法制时必须注意所有这些要点,但必须更善于规划闲暇与和平的生活。"这些就是在教育制度上所应树立的宗旨,这些宗旨普遍适用于儿童期,以及成年前仍然需要教导的其他各期。"③总之,要把教育方针引向一切善德。

---

① [古希腊]亚里士多德著,吴寿彭译:《政治学》,商务印书馆1965年版,第385页。
② 同上书,第386~387页。
③ 同上书,第390页。

第三,全体公民应遵循同一教育体系,而规划这一体系是公众的职责。"按照当今的情况,教育作为各家的私事,父亲各自照顾其子女,各授以自己认为有益的教诲,这样在实际上是不合时宜的。教育(训练)所要达到的目的既然为全邦所共同,则大家就该采取一致的教育(训练)方案。"①任何公民应该为城邦所有,应像斯巴达那样,把教育作为要务,安排集体的措施。

3. 论教育年龄分期及各阶段的任务和方法

(1) 教育适应自然的思想

在亚里士多德之前,希腊哲学家德谟克里特曾提出过教育与自然相似的思想。"比起柏拉图来,亚里士多德更多地注意儿童身心发展的阶段性,并根据这种心理学的考察来安排教育工作。"②他按照古代传统把人的发展和教育分为三个阶段,每7年为一段。第一阶段从出生到7岁,这一阶段又分为两个时期,出生到5岁应注意身体的发展,5~7岁可以让儿童观察他以后要从事的学习。第二阶段是初等教育阶段,主要学习读、写、算以及体操和音乐。第三阶段是中高等教育,学习一些高级课程。

亚里士多德认为,教育儿童的基本原则是:第一,人生的经历犹如一切生物的创生程序,其诞生始于父母的婚配,所以首先应凭借理性和思想调节公民们的生育(婚配)和习惯的训练。第二,人都有灵魂和躯体,其灵魂又分为非理性和理性两个部分。就发生而言,躯体先于灵魂,灵魂的非理性部分先于理性部分,"于是,我们的结论就应该是:首先要注意儿童的身体,挨次而留心他们的情欲世界,然后才及于他们的灵魂"③。亚里士多德认为,既然在教育中是实践先于理论,对身体的训练先于对精神的训练,所以应该让孩子先接受体育训练,培养他们体格上的正常习惯,使身体得到正常的发展,然后使灵魂自身变得高尚。后一种教育是亚里士多德所重视的。

(2) 优生优育和胎教

根据上述考虑,亚里士多德设想了教育的步骤和方法。他首先谈到婚姻和生育的问题,因为这关乎儿童的身体健康。他提出的意见包括:父母年龄差异不应太大;早婚对生育儿女不利,认为女子18岁,男子37岁是最佳婚配年龄;激烈运动无益于健康;孕妇应注意保养自己的身体,适当运动,保持轻松和安静,因为母亲的性情可以影响胎儿。亚里士多德在考虑上述问题时充分运用了他的医学知识。

(3) 婴幼儿的养护和教育

亚里士多德研究了婴幼儿的养护与教育问题:孩子出生后的营养很重要,乳类是最适宜的;从婴幼儿阶段开始训练他们抵御寒冷的能力,对健康和提高他们日后应付战争的能力都是有益的;5岁前的孩童不能有任何学习任务和强制劳动,但以游戏或其他娱乐的方式为儿童安排一些活动是可行的;负责教育儿童的"教育监导"要注意为儿童选择适当的故事和传奇材料;7岁前的孩子的训导应在家庭中进行,避免他们和奴隶在一起,以免养成不良的恶习;5~7

---

① [古希腊]亚里士多德著,吴寿彭译:《政治学》,商务印书馆1965年版,第406页。
② 曹孚、滕大春、吴式颖、姜文闵编《外国古代教育史》,人民教育出版社1981年版,第61页。
③ [古希腊]亚里士多德著,吴寿彭译:《政治学》,商务印书馆1965年版,第390页。

岁的儿童可以旁观人们正在从事的他们将来要从事的工作。

（4）少年和青年时期的集体教育

按照亚里士多德的意见，7岁以后的儿童就进入集体教育这个阶段。按照以往的每7岁为一段的古代传统，他主张将7～21岁的青少年教育大致分为两个阶段实行，即7岁至青春期，以及青春期至21岁。亚里士多德探讨了当时教育规程的各门科目。当时的基础课有四门，即读和写、体操、音乐和绘画。除音乐教育和体育外，大家对于读写和绘画都没有什么争议，所以亚里士多德在《政治学》中花了较多篇幅讨论音乐教育和体育。

关于体育，亚里士多德反对采用训练运动员的方式训练儿童，认为这样会损害他们的体质，阻碍他们的发育。亚里士多德以前的思想家包括柏拉图在内都称赞斯巴达的体育，因为他们处在伯罗奔尼撒战争期间，看到的是斯巴达的所向披靡，而亚里士多德却看到了斯巴达在战后的衰败，所以能对其做出客观的评价。

关于音乐教育，亚里士多德认为，人们现在学习音乐是为了娱乐，而将音乐列为一门教育课程有高尚意义，能使人们在闲暇中得到理性的享受。所以，将音乐列为课目的原因就在于使自由人能享受闲暇。同时，音乐教育对于儿童的品德训练具有重大作用。音乐包含娱乐、陶冶性情、涵养理智三种功能。

亚里士多德在《政治学》中实际上只讨论了初等教育的内容。许多西方学者认为，这是一部未完成的著作，他没有讨论自己最为关注的理性知识教育课程，如逻辑学、自然哲学、形而上学、修辞学、伦理学和政治学等。因为在他看来，这些课程都是作为一个好公民应该学习的，并且他在自己的吕克昂学园也是以这些课程教育学生的。

（四）亚里士多德在西方教育史上的地位

亚里士多德在西方教育史上占有重要地位：第一，他首次提出了教育必须适应自然（儿童天性）的思想，并据此作了划分儿童教育年龄阶段的尝试，开创了后世"遵循自然"教育思想的先河；第二，他是后世"外铄论"和"内发论"两大思潮的渊源，他的"白板说"后为洛克等人继承发展成为"外铄论"，而他的"潜能发展说"则是西方后世"内发论"的萌芽；第三，他首先指出了教育学和心理学的密切联系，要求教育与人的心理活动特点相适应，论证了以美育为重点的德、智、美和谐发展的原则；第四，他所倡导的文雅教育（自由教育）对西方后世的精英教育亦有重要影响。

亚里士多德的思想在西方文化发展史上经历了复杂的历史命运。在他去世以后，它的主要遗稿被长期埋没，他的思想在晚期希腊化和罗马时期不被重视，却引起阿拉伯世界的重视，直到公元10世纪，他的著作和思想又从阿拉伯世界传回欧洲。亚里士多德既继承和发展了苏格拉底和柏拉图的理性主义传统，又十分重视经验事实的研究考察和分析证明。"可以毫不夸张地说，对西方哲学和文化传统发生如此重大影响的，在古代希腊哲学家中再没有人可以和亚里士多德相比。"[①]

---

① 汪子嵩、范明生、陈春富、姚介厚著：《希腊哲学史》(3)(上)，人民出版社1993年版，第2页。

本章小结

古希腊教育是西方教育的源头和开端。古希腊的教育实践以雅典及斯巴达两个城邦为主要代表,二者均重视教育的社会功能及军体训练。此外,斯巴达还重视性格教育、女子教育、优生、国家办教育、道德教育。雅典则重视和谐发展,建立了初步的、不十分严格的学校制度。古希腊的教育理论是西方教育思想发展的渊源。以智者及苏格拉底、柏拉图及亚里士多德为代表,他们以自己的哲学为理论基础,在借鉴和总结雅典及斯巴达教育实践经验的基础上,提出了一系列带有普遍性的重要教育理论问题,如教育与政治的关系、教育与人的天性的关系、知识与道德的关系以及训练与陶冶的关系等,这些都成为后世西方教育思想不断讨论的话题。

思考题

1. 简述古代希腊教育发展的主要阶段。
2. 试比较斯巴达和雅典教育的异同并分析其成因。
3. 雅典的旧教育和新教育有什么区别?
4. 简述希腊化时期希腊本土和亚历山大里亚教育的变化。
5. 简述毕达哥拉斯的非功利教育价值观与和谐发展思想对后世希腊教育思想的影响。
6. 简述智者对西方文化教育的主要贡献。
7. 普罗塔哥拉的"人是万物的尺度"思想述评。
8. 苏格拉底"美德即知识"思想述评。
9. 苏格拉底方法(产婆术)述评。
10. 简述苏格拉底在西方教育史上的地位。
11. 简述柏拉图在《理想国》中的教育思想。
12. 柏拉图在晚年的《法律篇》中教育观有什么变化?
13. 简述柏拉图在西方教育史上的地位。
14. 简述亚里士多德教育观点的基本内容及其对后世的影响。
15. 简述亚里士多德的自由教育观。
16. 论亚里士多德在西方教育史上的地位。
17. 论古代希腊教育在西方教育史上的地位。
18. 试论苏格拉底、柏拉图和亚里士多德的师承关系。

第四章 古代罗马教育

古代罗马在教育史上的地位是学者们争论的一个问题。很多人认为,罗马文明充其量起了一个希腊文化传播者的作用。但事实上,一方面,罗马文化的确是希腊文化的继续,另一方面,罗马在西方教育史上也有自己的重要地位。"她用自己的创造精神丰富了希腊的宝库。世界上没有一个国家曾像罗马那样,有效地统治着广阔的区域和众多的人民,有着大规模的政治机构。同时,罗马人清晰的思想和发达的法律结构,是与罗马的基础哲学联系在一起的。""她的有价值的东西是实践性的,而不是理论性的;她是一个物质奇迹的建设者,而不长于哲学系统;她是现实主义和实用主义者,而不是理想主义者。"①

意大利是古罗马的发祥地。早在旧石器时代,意大利半岛就有居民。在新石器时代末期,罗马地方就有居民生活。古代罗马的历史分为三个时期:王政时代(公元前8~前6世纪)、共和时期(公元前6~前1世纪)和帝国时期(公元前1世纪~公元5世纪末)。

公元前753~前510年,先后有7个王统治罗马,这个时期称为王政时代,是罗马从氏族社会到阶级社会的转变时期。② 公元前510年,贵族联合平民的力量建立了共和国。平民反对贵族的斗争是共和早期罗马社会斗争的主要内容,延续了两个世纪之久。公元前287年,平民反对贵族的斗争取得了胜利。债务奴役制的废除划清了自由民和奴隶的界限,促进了罗马公民集团的稳固,从此罗马走上了奴役外籍奴隶的道路。共和初期的罗马通过多次战争,于公元前272年完成了对意大利的征服,然后继续向外扩张,通过与迦太基人的三次"布匿战争"(公元前264~前146),打败了海上强国迦太基,控制了西地中海地区。后通过对马其顿的多次战争,征服了包括希腊在内的广大地区,使其成为罗马的行省,建立起横跨欧、亚、非三洲的罗马帝国。

在共和早期,罗马教育的主要形式是家庭教育,已出现了学校,但在儿童教育中不占重要地位。在共和后期,在希腊文化的影响下,学校教育发展起来,希腊式的文法学校应运而生。罗马最早的文法学校和修辞学校几乎都是外国语学校。在有了自己的文学巨匠及其作品以后,罗马人立即组织起拉丁文法学校和拉丁修辞学校。帝国时期学校教育的发展深受官僚制度的影响,逐步建立起一套为帝国政治统治服务的国家教育制度。罗马皇帝以奖励与控制齐头并进的措施使学校教育成为国家的事业。大规模的学校教育实践使罗马人积累了丰富而成熟的教育经验,使培养雄辩家的教育理想和教学论思想得到发展。

---

① [美]S·E·佛罗斯特著,吴元训等译:《西方教育的历史和哲学基础》,华夏出版社1987年版,第87页。
② 吴于廑、齐世荣主编《世界史》(古代史编,上卷,本卷主编刘家和、王敦书),高等教育出版社1994年版,第314~315页。

第一节 罗马共和时期的教育

一、罗马共和早期的教育

在罗马共和早期（公元前510年～前3世纪初），主要的生产形式是小农经济，家庭是经济和生产单位，手工业和商业并不发达，奴隶制还处于低级阶段。在这一时期，教育的主要形式是家庭教育。在公元前6世纪，罗马已经有了文字。在公元前3世纪之前，罗马已出现了学校，但学校在儿童教育中不占重要地位。

"在早期罗马，教育子女是父母的责任。来自原始公社的习俗、惯例、传统形成了这样一种教育方式，即教育由父母进行，不需要任何行政管理。成年人把这种教育子女的任务看成是对于集体、部落和未来所负责任的一部分。"① 从氏族社会承袭下来的家长制使父亲在家庭中居于绝对统治地位，他对子女有任意惩处甚至处死的权力。母亲在家庭中也有一定的影响并受到尊重。1～7岁的儿童不分性别由母亲抚养和教育。7岁以后，男孩子主要是由父亲进行教育，女孩子则在母亲的照看下受到教育。

罗马共和早期的教育按照集体的要求来塑造年轻人的生活。教育的目的是培养合格的罗马公民，要求他们具有各种美德，如坚定、果断、勇敢、强健和忠诚等，使其能够履行作为公民所应尽的职责。这种公民教育的主要方法是实践和观察。父亲带领儿子参加家庭及社会活动，如学会务农，跟随父亲到各种公共场合，学习必须遵循的礼仪和习惯。贵族子弟见习其父亲处理其农庄上的事务以及处理受其保护者的司法问题。

在共和国早期的教育内容中，宗教和道德教育占重要地位，读、写、算教育微乎其微。罗马人以尊重传统美德著称，包括孝道、爱国、守法、勇敢、庄严、诚实和谨慎等。祖先们的英勇故事是教育儿童的重要素材。从公元前451年公布十二铜表法起，十二铜表法就成为每个公民必读的教科书。儿童们必须熟记其中的法律条文，这被认为是训练守法的公民所必需的。罗马儿童的体育是在家庭里进行的，由父亲教儿子学习角力、骑马、投枪以及游泳等。男孩子到16岁就可以到军中服了。

二、罗马共和后期的教育

公元前3世纪中叶，罗马在征服了意大利中部和意大利南部的希腊殖民地以后继续向外扩张。到公元前2世纪后期，罗马成为地中海上的霸主。在长期的对外征服和扩张中，罗马掠夺了大量财富和土地，被征服地区的军民俘虏也源源不断地流入罗马。公元前3～前2世纪，从家内奴隶制发展到发达的奴隶制，罗马奴隶制经济得到迅速发展。在希腊文化的影响下，罗马的学校教育发展起来。

（一）文化冲突与交融对罗马教育的影响

罗马共和国在向外扩张的同时也发生了文化的变迁。一方面，罗马征服意大利后，经过长

---

① ［美］S·E·佛罗斯特著：《西方教育的历史和哲学基础》，华夏出版社1987年版，第96页。

期的政治统治和经济文化的交流,意大利逐步罗马化,另一方面,罗马也吸收了外来文化,尤其被希腊文化所吸引。早期罗马深受伊达拉里亚和希腊文化的影响,随着罗马的对外扩张,它和地中海区域的许多民族发生接触。在征服希腊半岛之后,优秀的希腊艺术作品和各种科学著作大量传播到意大利,许多受过良好教育的希腊人自愿或被迫来到罗马,对罗马文化的发展产生了巨大影响。罗马人在吸收许多民族文化的基础上创造出独特的拉丁文化。

罗马人在军事上征服希腊的过程,也是其早已开始的希腊化不断加深的过程。罗马教育希腊化有多方面的原因。首先,是为了有效统治各行省。罗马人向海外扩张的过程中,行省制度是其奴役海外被征服地区人民的一种政治形式。希腊语已经是当时大半个"文明世界"的通用语,为有效统治被征服地区,罗马便要求派往各地的官吏会说希腊语,希腊式的文法学校应运而生。其次,罗马共和时期的政体与希腊尤其是雅典的奴隶制民主制有类似之处,雄辩术大有用武之地,希腊修辞学校遂被引进罗马。再次,希腊文化的发展水准大大高于罗马,使罗马人不得不向希腊学习。

在以希腊文化为主体的外来文化与罗马固有的传统文化冲突的过程中,罗马的学校教育逐渐发展起来。罗马最早的文法学校和修辞学校几乎都是外国语学校:教师是希腊人,教学用语是希腊语,教材也是希腊人的作品。但罗马人也需要保持本民族的文化传统,拉丁语仍是官方语言。在有了西塞罗(Marcus Tullius Cicero,公元前106~前43)、维吉尔(Publius Vergilius Maro,公元前70~前19)和贺拉斯(Quintus Horatius Flaccus,公元前65~前8)这些文学巨匠及其作品以后,罗马人立即组织起拉丁文法学校和拉丁修辞学校。因此,罗马教育不是希腊教育的简单继承。在文化冲突与交融的过程中,罗马逐渐创造性地发展起具有本民族特点的学校教育。

(二)共和后期的各级学校

1. 小学

共和后期的小学有了很大发展。7~12岁儿童进入小学,学习读、写、算以及道德格言和十二铜表法。教识字的方法是先学字母,再学音节和拼音,然后学习识字和诵读。罗马小学和当时希腊本土的初等教育相类似,注重文字教育,而不重视音乐教育和体育。罗马小学十分简陋,许多学校没有正式校舍,只是在简陋的棚子下或露天里上课。教室里也没有课桌,学生坐在长凳上,把蜡板放在膝盖上用象牙笔尖进行书写。

罗马的小学教师收入菲薄,社会地位低微,很多希腊人不愿意在这种学校任教。有个别希腊人开办的小学收费高于一般小学数倍,只有富人才承担得起这种高昂的费用,并用教仆伴送儿童上学,可谓是西方后世"双轨制"的渊源:平民子女成为小学的主要教育对象;贵族和富家子弟先是在家里请家庭教师接受初等教育,然后上文法学校,再接受高等教育。

2. 文法学校

罗马历史上的第一位诗人李维·安德罗尼库斯(Livius Andronicus,公元前284~前204)是被释放的希腊籍奴隶,他首次将荷马史诗《奥德赛》译成拉丁文。他的译本曾长期作为罗马儿童的课本。公元前272年,安德罗尼库斯在罗马开办了第一所中学性质的学校。公元前146年,罗马人征服希腊本土。此后,大批希腊教师来到罗马开办学校谋生。

文法学校起初完全由希腊人主持,是教授希腊语和希腊文学的希腊文法学校。公元前100年,罗马出现第一所拉丁文法学校。从西塞罗起,拉丁文学开始了它的蓬勃发展时期,拉丁文法学校也随着拉丁文学的繁荣而迅速发展。此后的时期,罗马儿童或在一所文法学校同时学习希腊文和拉丁文,或者兼上希腊语和拉丁语两种文法学校。

罗马富家子弟 12~16 岁进入文法学校学习。教师被称为文法学家或文学家,收入和社会地位都比小学高。文法学校以学习文法为主,包括文学和语言。希腊文法学校学习荷马史诗和其他希腊作家的作品;拉丁文法学校则学习西塞罗等人的拉丁文学作品。学习科目还包括地理、历史、数学和自然科学,但较为肤浅。教学方法是讲解、听写和背诵,教学目的是为学生进入修辞学校做准备。罗马所有的学校纪律严格,实行野蛮的体罚。学校的上课时间也很长,从清晨一直到黄昏。小学和中学都有暑假,还有神农节、智慧女神节等节假日。

3. 修辞学校

罗马年轻人完成文法学校的学习后已到 16 岁,准备担当公职的贵族和骑士的子弟就进入修辞学校。这是一种培养演说家的学校。如同民主制发达时期的希腊尤其是雅典一样,雄辩术在古罗马的共和后期及帝国早期是从事政治活动的重要工具。一个从事公务活动的人不仅需要具备修辞和雄辩的修养,还要精通文学和具有广博的知识。因此,修辞学校所学科目十分广泛,包括修辞、雄辩术、法律、数学、天文、几何、历史、伦理和音乐等。

修辞学校的建立比文法学校要晚许多年。开始时只有希腊修辞学校,公元前 1 世纪中叶,拉丁修辞学校建立起来。教师是希腊和罗马的修辞学家和哲学家。

罗马在接受希腊教育影响的过程中曾发生过尖锐的斗争。公元前 170 年,斯多葛派哲学家和文法学家格来特(Grates)在罗马的讲学引起了贵族保守派的反对。公元前 161 年,元老院通过法令,不允许希腊哲学家在罗马居留。后来又陆续将两名伊壁鸠鲁派哲学家驱逐出罗马。但希腊化的潮流并没有因此而被阻挡。格来特于公元前 157 年重返罗马后,被允许在罗马继续执教,使元老院的相关禁令形同虚设。

第二节 罗马帝国时期的教育

罗马共和国后期,随着罗马版图的扩展,罗马原有的城邦制度已无法适应新统治的需要。奴隶不断起义,改革时有发生,但都无法从根本上改变罗马共和制面临的危机。为了有效地进行统治,权力逐渐集中到少数军事统帅手中,导致军人专制的出现。在"前三头"和"后三头"时期,中央集权统治逐步加强,奴隶主阶级的统治基础得到扩大。经过长期的内战和分裂,公元前 30 年,屋大维终于重新统一了罗马。公元前 27 年,罗马元老院赠给屋大维"奥古斯都"称号,正式建立元首制,标志着罗马从共和时代进入帝国时代。

帝国建立后的头二百年是帝国的"黄金时代",史称罗马的"和平时期",这是罗马经济繁荣、政局相对稳定的时期。但到安东尼王朝的马可·奥里略在位时(161~180),北方的蛮族开始越过多瑙河定居,帝国出现衰落迹象。公元 3 世纪,罗马帝国危机全面爆发:经济衰退,阶级矛盾激化,统治阶级内部相互残杀,宫廷政变层出不穷。395 年,帝国正式分裂为西罗马帝国和东罗马帝国。西罗马帝国于476年在人民大起义和蛮族入侵中灭亡。

罗马帝国的建立促进了地中海周围广大地区经济和文化的交流。在帝国前期社会经济和政治相对稳定的条件下，罗马文化吸收了许多民族的文化成果，进入兴盛时代。自然科学、哲学、文学、史学、法学和建筑艺术都有长足发展。屋大维统治时期被称为罗马文学的"黄金时代"，著名诗人有维吉尔、贺拉斯和奥维德（Publius Ovidius Naso，公元前43～前18）。帝国前期出现了不少著名历史学家和卷帙浩瀚的历史巨著，如塔西佗（Pulius Cornelius Tacitus，约55～120）的《编年史》和《历史》，普鲁塔克（Plutarchos，约46～120）的《希腊罗马名人传》等。帝国前期是罗马法发展的鼎盛时期，出现了许多著名的法学家和法典，如《格里哥里安法典》、《赫尔摩格尼法典》和《提奥多西法典》。但罗马文化的学术成就偏重于应用科学，在哲学和基础理论研究方面远远落后于古希腊。

（一）国家教育制度的建立

在帝国前期，为了统治地跨欧、亚、非的庞大帝国，元老院的政治、外交、军事和财政等方面的权力被逐渐削弱，皇帝的权力不断扩大，直接控制和调节全国财政收支，中央集权的官僚制度逐渐创设起来。屋大维建立了元首金库等办事机构，为管理财政的督察使及其手下的文职官员发薪金，迈出了建立帝国官僚制度的第一步。哈德良（Hadrian，117～138年在位）致力于整顿内政，使皇权继续得到加强和扩大，官僚机构进一步完善，明显开始了元首制向君主制的过渡。哈德良还设置新的官职。随着官僚制度的发展，形成了一套官阶和官俸制度。由于对希腊的一切事物进行热情的赞美，他还赢得了"希腊迷"的称号。

上述官僚制度的发展深刻影响了教育制度，罗马教育开始了国有化进程。国家重视发展教育，逐步建立了一套为帝国政治统治服务的国家教育制度：第一，学校承担起培养各级官吏的任务。为控制各行省人民的精神，罗马皇帝在派出罗马军团驻防各行省的同时，也派出学校教师加强精神上的控制。第二，罗马皇帝在罗马本土和各行省鼓励兴办学校。在马可·奥里略（Marcus Aurelius，161～180年在位）时，各地设立了一些公立学校，几乎每个城镇都有自己的文法学校，每个行省的省会都有自己的修辞学校。图拉真（Trajan，98～117年在位）在罗马提供了贫苦儿童教育的基金。哈德良在罗马建立了一所文法学校。第三，从韦帕芗（Vespasian，69～79年在位）开始，由国库支付一部分文法教师和修辞教师的薪金。安东尼厄斯（Antonninus，138～161年在位）把给教师支付薪金的做法推广到各行省。从150年起，皇帝还将元老院元老的许多特权授予文法和修辞教师，如免税、免服兵役、授予某些外来教师以公民权、教师住宅不受侵犯等。第四，在奖励教育的同时，皇帝也采取了一些控制教育的措施，包括对建立学校的控制和对教师的监督。425年，规定学校的建立权一律归帝国所有。在教师控制方面，规定了教师的任免办法，要求地方遵行；皇帝在向教师提供薪金时，这些教师必须经过他的挑选。362年，朱利安（Julian）要求将所有被提名领取国家薪金的教师的名字报送给他，由他做出最后决定；规定了监督教师及教学内容的办法，并责成地方当局对私立学校或私人教师进行监督。

（二）帝国时期的各级学校

帝国时期的学校制度大体仍沿袭共和时期的旧制。"罗马教育最显著的特点就是它经过漫长岁月和处于变化多端的条件下所保持的一致性。从公元1世纪到4或5世纪,从罗马世界的东端到西端,罗马教育保持了它的一致性而没有实质上的变化。"①

小学仍以平民子女为主要对象,没有什么发展变化。教学内容还是读、写、算,但重点放在了文法分析上,出现了供小学用的文法书,教师要求学生抄写文法的定义和规则。

文法学校发生一些显著变化。一方面,拉丁语作为思想交流的工具,其价值日益增长。罗马文学与拉丁文法学校的地位逐渐压倒了希腊文学和希腊文法学校;拉丁文的学习逐渐代替了希腊文的学习。另一方面,3世纪,文法学校日趋形式主义,教学与生活脱离,实用学科减少,学习文学已不是为了文学欣赏,形式主义倾向日益明显。

修辞学校在帝国时期成为培养官吏、文士的学校。各行省上层阶级的子弟到这里接受修辞训练是一种普遍现象,通过学校,罗马化进程在帝国各地稳步进行。文法、修辞的传统保留下来,但其精神实质发生了变化。3世纪起,辩才和政治智慧在帝国已成为不需要的品质,所需要的是唯命是听。雄辩术内容流于空泛,一味追求丰富的词汇和华丽的形式。帝国早期,希腊修辞学校曾大批出现。帝国后期,拉丁修辞学校完全取代了希腊修辞学校。

帝国时期还存在着一些专业性质的学校。私人所建立的法律学校在法学教育上曾起过重要作用,并影响了法学的建立和发展。法律学校的学习期限是4~5年,属于高等教育。此外还有医学校、建筑学校和机械学校等。这些学校的教学多半采取学徒方式,学生向著名的实际工作者学习,教学方法注重实践。

第三节 基督教的产生及其早期教育活动

1世纪中叶,罗马帝国发生了一件对西方文化教育影响深远的事件,即基督教的产生。"基督教是世界上拥有信徒最多的第一宗教,它是古代哲学和希伯来宗教的混合产物,并在产生后的两千年间广泛而又深刻地影响了作为'两希'(希腊和希伯来)文化后继者的西方文明,又随着西方文明的扩张而参与了整个世界历史进程。"②

一、基督教的产生和演变

从2世纪末到3世纪末,罗马帝国爆发了严重的危机,史称3世纪危机。危机表现为农业萎缩,商业萧条,财政枯竭,政治混乱,贫民和奴隶的不断起义,以及大批蛮族的乘机入境。这种全面而深刻的危机是由于奴隶制的衰落和奴隶制社会矛盾激化造成的。

(一)基督教的产生和早期基督教

按照《圣经》和基督教的说法,上帝为救赎人类而于公元初年派遣其子或逻各斯"道成肉身",通过童贞女玛利亚降世为人,取名耶稣。耶稣在巴勒斯坦地区传播"悔罪得救"的福音,教人"爱上帝","爱人如爱己",并且扶危救困,行了很多奇迹,后被犹太教上层集团勾结罗马总督

---

① [英]博伊德、金合著,任宝祥、吴元训主译:《西方教育史》,人民教育出版社1985年版,第75页。
② 吕大吉主编:《宗教学通论》,中国社会科学出版社1989年版,第508页。

彼拉钉死在十字架上。3天以后复活升天。他所拣选的使徒们信其为基督（救世主），形成了最初的基督教会。

基督教的文化渊源有三个方面：首先，从政治上说，基督教的产生与罗马帝国密切相关。基督教最早出现在罗马统治下的犹太下层群众中间，不久传遍整个罗马帝国。它是受罗马统治的人民尤其是犹太人民反抗罗马的群众运动的产物。在遭到镇压找不到出路时，人们转而把希望寄托于宗教。其次，从宗教上说，基督教最初是从犹太教中发展起来的。所不同的是，犹太教的核心是法律和祭祀，基督教的核心则是信仰和道德。再次，从思想渊源来说，古希腊哲学为基督教的产生奠定了神学基础。"基督教虽然产生于公元之初，但是作为它的核心和灵魂的彼岸意识与唯灵主义，却早在数百年前即已发萌于希腊民间流行的奥尔弗神秘祭，并在希腊唯心主义哲学的土壤中滋生壮大。"①

恩格斯认为，由于基督教没有加深民族隔阂的繁琐仪式，"毫无差别地对待一切民族"，"打破了犹太教基督徒的优越地位的观念"，更主要的是，由于"基督教又通过他的创始人的牺牲，为大家渴求地摆脱堕落世界获取内心得救，获取思想安慰，提供了人人易理解的形式"②，因此它很快超越了民族界限，传播到地中海沿岸各国，在各种民族宗教归于湮灭的同时，迅速发展为世界宗教。

（二）基督教的转变与历史演变

1～4世纪，对基督教的迫害从零星分散的迫害逐步发展成为全国性的、官方操纵的大规模迫害。但适应当时社会需要的基督教不但未被消灭，反而势不可挡地给自己开辟了前进的道路。在此期间，基督教在组织制度上趋于定型，形成了古代公教会和主教、长老、执事三级教职制，崇拜仪式和圣礼也逐步程式化，最后编定了《圣经·新约》正典，产生了一批"教父著作"和"护教著作"，有钱人、知识分子以及统治阶层人士入教者增多。392年，狄奥多西一世正式宣布基督教为国教，基督教终于成为占统治地位的意识形态。

罗马帝国东西两部分在政治、社会、语言和文化传统等方面的差异反映到意识形态领域内，使基督教逐渐形成东西两大派。东部的希腊教会以君士坦丁教会为中心，在很大程度上依附于国家政权；西方的拉丁教会以罗马教会为中心，独立于世俗政权，甚至干预世俗事务。1054年，东西教会正式分裂。东部教会即正教，我国一般称东正教。西部教会即公教，我国一般称天主教。

476年西罗马帝国灭亡后，蛮族国家中最强大的法兰克国王克罗维于496年皈依基督教。随着法兰克王国的武力扩张，基督教传播到西欧的广大地区。东正教在东罗马帝国支持下也逐步传入东欧。16世纪的西欧发生了宗教改革，其结果是产生了路德宗、加尔文宗和安立甘宗（英国）等脱离天主教的新教。16世纪中叶在英国兴起"清教徒运动"，17世纪初期清教徒开始向北美移居。17～18世纪兴起的德国虔敬主义运动、英国福音奋兴运动和美国大觉醒运动，进一步冲击了旧的教会结构，产生了一批新宗派。19世纪在英国发生的牛津运动，使安立

---

① 赵林著：《西方宗教文化》，长江文艺出版社1997年版，第180页。
② 恩格斯：《布·鲍威尔和早期基督教》，《马克思恩格斯全集》第19卷，转引自吕大吉主编：《宗教学通论》，中国社会科学出版社1989年版，第514～515页。

甘宗更加确定了介乎新教和罗马公教之间的立场。同一时期,随着欧洲列强相继向海外扩张,基督教也向更广大地区传播。

二、早期基督教会的教育活动

(一)家庭的基督教教育

"家庭是基督教的第一个教育机构。"①最初,改信基督教者都是成年人,那时教堂里没有孩子们的位置。当一个成年人走进教堂并庄严宣誓忠于基督教教义以后,他就尽力教育子女,使其具有符合教会要求的道德和智力观念。另一方面,早期的基督教徒们是在罗马帝国的学校中受教育,而当时无论文法学校还是修辞学校都渗透了异教思想和对异教神的崇拜。至于那些皈依基督教的犹太人的大部分教育是从犹太会堂或犹太教士那里得到的。早期基督教没有开设初等学校,使父母们认识到自己的责任。于是,家长就成为孩子们的第一个教师。早期作品尤其强调母亲的教育作用。

(二)基督教堂是基督教的早期学校之一

基督教的早期学校之一是基督教堂。为了解决早期基督教没有开设初等学校的问题,早期的教堂承担了为教友的子女们提供教育的义务。早期,教堂致力于终日盼望耶稣复活,无暇过问教育。在耶稣遇难后,教堂才致力于宣传和讲道,并逐渐形成一种传授经典、道德和传统课程。它兴起于 2 世纪,到 5 世纪时几乎已经普及。在 9 世纪之后又继续发展了为婴儿洗礼的形式。教堂的课程包括教堂史、教义和仪式练习。新教徒更被教以基督徒团体中成员的意义、圣礼的重要性、对所有成员的行为要求、教义以及祈祷文。有些教堂由主教来承担这种义务。

(三)初级教义学校和高级教义学校

早期基督教开始仅局限于在成人中进行教义讲解,后来逐渐注意到对儿童的教育,并开办了专门训练僧职人员的学校。基督教最早出现的学校是教义问答学校。教义问答学校有两种,一种是初级教义问答学校,一种是高级教义问答学校。

初级教义问答学校招收的学生包括信仰基督教家庭的儿童,犹太教改宗基督教者,以及居民中某些热心基督教的成年人。教学科目除教义初步知识外,道德行为训练占有重要地位。音乐也受到重视,特别是在东罗马帝国。音乐被认为有助于培养德行和增强对基督教的信仰。音乐歌词主要是教会的赞美诗。这类学校一般设在教堂的柱廊下或教堂中的其他场所。

高级教义问答学校以培养教会僧职人员为教育宗旨。这类学校虽仍注重教义的学习,但所涉及的课程比初级教义学校要广泛得多。公元 2~4 世纪,基督教为了扩大其影响,与世俗文化教育作斗争,其锋芒所指向是希腊罗马的学术。为了战胜并取代希腊罗马文化的影响,基督教会便将希腊罗马文化教育乃至学术思想加以改造,使其符合教会的需要。

179 年,一位改宗基督教的斯多葛派的哲学家潘太纳(Pantaenus)在亚历山大里亚主持了一所教义问答学校。继承他的事业的是克力门(Clement,160~215)和奥力根(Origen,

---

① [美]S·E·佛罗斯特著,吴元训等译:《西方教育的历史和哲学基础》,华夏出版社 1987 年版,第 113 页。

185~254)等人,他们在亚历山大里亚主持高级教义问答学校。231年,奥力根在小亚细亚建立了一所高级教义问答学校,教学的科目有哲学、修辞学、逻辑学、天文学、文学、历史和自然科学等。他们主张希腊罗马文化与基督教教义合流,把学习希腊罗马文化作为手段。学希腊罗马文化是为了更好地学习教义,使所培养的人能胜任牧师的工作,能忠于教会,为基督教服务。

第四节 古罗马的教育思想

古罗马的著名教育家主要是西塞罗和昆体良(Marcus Fabius Quintilianus,35~100)。西塞罗在《论雄辩术》这篇对话录中提出并阐述了培养雄辩家的教育理想。昆体良则在《雄辩术原理》中论述了实现这个教育理想所需要的各级教育,尤其论述了教学论思想,成为后世西方教学论思想的渊源。此外,奥古斯丁(Aurelius Augustinus,354~430)是基督教教父哲学的集大成者。他的教育思想是中世纪基督教教育的理论基础。

一、西塞罗

西塞罗是古罗马杰出的演说家,罗马文学黄金时代的天才作者,共和时期的教育家。他的家庭比较富有,从小受到良好教育。在青年时代,他曾抵制过罗马的拉丁文教育,后来自己却成为杰出的拉丁文教师。在希腊化和拉丁化的争论中,西塞罗站在折中调和的立场。在罗马由城邦制向帝国制转变的过程中,他死守共和制,因而成为它的殉葬品。公元前43年,罗马三头专政清洗反对专政的元老院时,西塞罗逃亡未遂而被害。

(一)西塞罗的教育思想

雄辩术起源于古希腊,并在罗马共和时期的政治生活中起过巨大作用,是争取民众、击败政敌的重要工具。随着帝制的建立,雄辩术逐步失去了其在民主共和制下的含义,然后以两种方式继续存在,一是以发表赞美辞的方式继续为帝国效劳;二是在法庭辩论中发挥作用。西塞罗在《论雄辩术》中阐述了雄辩家教育理想。

1. 雄辩家的定义

西塞罗说:"在我看来,有资格享有这种神圣称号的雄辩家是这样的人,不论在讲话中突然出现什么论题,他都能就这个论题以渊博的知识、巧妙的方法、诱人的魅力和很强的记忆力以及落落大方的文雅举止发表演说。"[①]能够就眼前的任何问题运用语言艺术进行阐述和演说,这是西塞罗所认为的雄辩家的本质特点。西塞罗不同意苏格拉底关于"人人都可以成为他所掌握的学科领域内的雄辩家"的观点,而认为一个人不可能是他所不懂的学科的雄辩家;如果他熟悉一门学科但却不懂如何组织并完善自己的发言,同样不可能雄辩地发表演说。各种专业人才要想就他的专业发表有威力的演说,必须具有雄辩的知识和技能。

---

① [古罗马]昆体良著,任钟印选译:《昆体良教育论著选》(附录二:西塞罗《论雄辩家》选译),人民教育出版社1989年版,第207页。

2. 雄辩家应具备的条件

西塞罗认为,不论过去还是现在,优秀的雄辩家一个也没有找到。主要原因是这门学问确实是不可思议地包罗万象和各种困难。谁如果没有获得一切重要学科和艺术的知识并成为一个好人,谁就不能成为完备地具有一切优点的雄辩家。

从辩才方面说,第一,雄辩家必须掌握广博的学识。没有这些知识,雄辩术就是空洞、夸夸其谈的胡言乱语。这些知识包括哲学、数学及其分支、物理、历史、音乐、文法、逻辑和伦理。雄辩家还需洞悉人性及其情感,以便使自己的演说扣人心弦。第二,要掌握雄辩的技巧。如需要深入了解自然所赋予人类的心理上的情绪,还要加上一点诙谐、妙语、君子风度、迅速敏捷和简明扼要。将这一切结合起来,才能达到令人陶醉而又温文尔雅的境界。总之,"对于雄辩家,我们必须要求他具有逻辑学家的精密,哲学家的思维,近乎诗人的辞藻,法学家的记忆力,悲剧演员的嗓子,以及近乎十全十美的演员的姿态"①。

从品德方面说,雄辩家必须是一个好人。西塞罗认为,领导者对社会负有责任,这就要求他必须是一个好人,一个充满良好道德的人。他应该忠诚地、公正地为公民服务,没有私心杂念,他主要不是为了提高个人尊严,而是为了提高全国无数个人的安全。他举出许多事例说明,正是那些具有一流雄辩才能但品德败坏的人使国家遭了难。

3. 雄辩家的教育

首先,西塞罗论述了天赋与教育的关系。他认为,天赋才是对雄辩术的效能作出主要贡献。许多条件来自天性(nature),教诲的帮助不大。人们经常缺少的不是雄辩术的原理和方法,而是与生俱来的能力。艺术无疑不能灌输和给予这些能力,如敏捷的口才、清脆的声调、健全的肺、活力、匀称的体态、面形乃至整个身体,这些都是天性的赠品。

西塞罗也重视后天的学习和实践。一方面,良好的天赋能力通过教育可以变得更好。另一方面,即使一个人的智力低于中人,只要他像别人一样对于教给的甚至硬灌进去的东西真正理解并牢牢记住,就足以学好其他技艺。因此,未来的雄辩家应该敏于学习。"在每个人通过自己的努力所获得的学识之上,又加上了大量的实践经验,这些经验比一切大师们的箴言都更有用。"②因此,西塞罗强调练习在雄辩家教育中的重要性。就像竞技的训练那样,法庭上要做的事要在事前进行学习和练习。练习是使有关雄辩的各种知识化为演说效果的最重要方法。最常用的练习是模拟演说,即以尽可能接近真实的方式进行辩论。如先确定一个与在讲坛上讲演类似的论题,然后尽可能逼真地发表演说。练习写作也非常重要,能磨练演说。

(二) 西塞罗在教育史上的地位

西塞罗对于教育的重要贡献在于:他以自己典雅的拉丁文体帮助了拉丁文学的发展,对古罗马以及后世西方教育的发展有着重要的影响;积极倡导雄辩家教育,并使雄辩家成为有教养的人的标志或代名词。西塞罗的教育思想对后世影响深远。昆体良继承并发展了他的雄辩家教育理想以及关于天性与教育的思想。12~14世纪,一直有人研究并传播他的教育思

---

① [古罗马]昆体良著:《昆体良教育论著选》,人民教育出版社1989年版,第224页。
② 同上书,第192页。

想,在中世纪以及文艺复兴时期起了积极的作用。但在当时的教育界乃至文学界出现的所谓"西塞罗主义"把他的文体神圣化,阻滞了教育以及文学的发展。

二、昆体良

昆体良是古罗马帝国时期著名的雄辩术教师和教育家。西塞罗的《论雄辩家》的绝大部分内容都用来说明优秀的雄辩家应该是什么样的人。他主要向人们描述了雄辩家教育的目标或这种教育的结果,而没有阐述雄辩家培养的过程。这个任务是由昆体良在《雄辩术原理》中完成的。

(一)昆体良的教育思想

1. 论教育作用及各级教育

(1) 系统论述了年轻一代的教育问题

在古罗马,雄辩家教育属于高等教育性质的教育,因此很多人轻视儿童早期的培养,认为只要在雄辩技巧上下工夫就行了。昆体良批评了这种功利的观点。他指出,如果一个未来雄辩家的全部教育都由他负责,他就要从婴儿时期起奠定基础,引导儿童"从呀呀学语开始,经过初露头角的雄辩家所必需的各个阶段的教育,一直达到雄辩术的顶峰"。[①] 在上述思想的指导下,昆体良突破高等教育的狭隘界限,讨论了学前教育、初等教育、中等教育乃至高等教育的全部问题。

(2) 重视教育的作用和儿童早期教育

昆体良对教育在人的形成中的巨大作用充满信心,认为除了那些极为稀少的天生畸形和生来有缺陷的人以外,人都是可以经由教育培养成人的。继西塞罗之后,昆体良进一步讨论了天性与教育的关系。他认为,"天性是教育的原材料",教育是铸范这个原材料的艺术。没有原材料,艺术无所作为。艺术的完善胜于材料的优质。中等的雄辩家多得之于天性,而优秀的雄辩家则更多得之于教育。

按照昆体良的计划,未来雄辩家的培养始于襁褓之中。他专门讨论了儿童早期教育的重要意义以及学前教育的内容和方法等问题。他十分重视家庭和环境在早期教育中的意义;明确肯定儿童在7岁以前学习的意义;主张教儿童认识字母、书写和阅读,在历史上第一次提出了双语教育(bilingual education)问题;详细讨论了语言学习的具体方法。昆体良提醒教师或父母,最重要的是不要让儿童在还不能热爱学习的时候就厌恶学习,要使最初的教育成为一种娱乐。

(3) 论学校教育的重要性

昆体良极力论证学校的重要性,认为无论在家庭还是在学校,都可以保持纯洁的道德;如果我们总是一次只对一个人说话,世界上就不会有什么雄辩术;一个未来的雄辩家应当从童年起就习惯于见了人不至于羞涩腼腆;同窗共学能形成友谊。在学校还能学到更多的东西:如怠惰的同学受到责备,自己可以引以为戒;对勤奋学生的赞扬,对自己也是一种刺激。同时,赞许能激起竞争、激发心智。

---

① [古罗马]昆体良著:《昆体良教育论著选》,第6页。

（4）论专业教育应建立在广博的普通知识基础之上

昆体良也和西塞罗一样，认为一个合格的雄辩家必须有宽广深厚的基础知识。当时一些浅薄的雄辩术教师迎合学生及其家长的速成要求，只着眼于雄辩术的技术训练，认为只要能在法庭上胜诉就行了。有些教师压缩文法课中阅读的分量，甚至不愿意介绍算术、几何、音乐理论和天文学这些课程，以为雄辩术不必以广博的知识为基础。昆体良力主专业教育应建立在尽可能广博的普通知识的基础之上。他为未来雄辩家拟定的学科计划包括文法、修辞学、音乐、几何、天文学、哲学（物理、伦理、辩证法）。

2. 教学法思想

昆体良在西方教育史上的重大贡献是他在教学法上的成就。其教学法思想主要有：

（1）教师应德才兼备

昆体良对教师提出了很高的要求。教师应当是德才兼备的人，既教学生怎样演讲，又教学生怎样做人。教师要以慈父的态度对待学生。他应当严峻而不冷酷，和蔼而不纵容。冷酷会引起厌恶，纵容会招致轻视。他要经常讲解什么是荣誉和善良，因为愈是经常告诫，就愈少需用惩罚。教师不应当发脾气，但又不应当对应该纠正的错误视而不见。他的教学应当简明扼要。他应当忍劳耐苦，对学生的要求应坚持，但又不要过分苛求。

（2）教学是一种双边活动

昆体良认为，教学是一种双边活动。"教师的职责是教，学生的职责是证明他们是可教的。否则，这种职责如果缺少一个方面，另一方面就是无用的。……如果没有传递者和接受者之间协调一致的合作，雄辩术是不能达到完满成熟的境界的。"①

（3）因材施教的思想

昆体良认为，对受教育者的统一的要求必须和照顾他们的个别差异相结合。要想做到因材施教，首先必须了解学生的能力和天赋素质，善于精细观察学生的能力和差异，弄清每个学生的天性的特殊倾向，这是优秀教师的标志之一。在了解了学生之后，应当从两个方面入手因材施教。第一，把握学生不同的性格特点采取不同的教育方法，长善救失。比如，对于懒惰的学生须加紧督促；对于在失败时容易哭鼻子的学生必须多加鼓励。第二，教师要善于使每个人在其最有才能的方面得到进步，扬长避短。同是善良的雄辩家，各人仍应有其各自的特色。雄辩术教师"应敏锐地观察哪些学生的天性乐于运用单刀直入的、庄重的、和颜悦色的、猛烈的、华丽的或机智的演说风格，然后在教学中适合各人的特殊情况和需要，使每个学生能发挥各自的长处"。② 教学要能培植各人的天赋特长，要沿着学生的自然倾向最有效地发展他的能力。对于智力较弱的学生，应该做一些迁就，对他们的教育应仅仅限于天性对他们的要求。最应注意的是，不能让学生扬短而避长，放弃能胜任的事去做不能胜任的事。

（4）反对体罚学生

在古代各民族的儿童教育中，体罚是普遍现象。但昆体良在1世纪就明确反对体罚，认为

---

① ［古罗马］昆体良著：《昆体良教育论著选》，第92页。
② 同上书，第89～90页。

体罚是一种残忍的行为,是一种凌辱;如果孩子的倾向卑劣不能以申斥纠正,他对体罚也会习以为常;如果经常正面告诫,在课业上严加督促,体罚就没有必要;幼年时使用体罚,一旦到了青年期就更难驾驭;体罚造成儿童心情压抑、沮丧和消沉。

(5) 教师要俯就学生的能力

昆体良指出,教师要节制自己的力量,俯就学生的能力。如同一个走路很快的人,如果他恰好和一个小孩子走在一起,他就会用手牵着小孩,放慢自己的步伐,不能走得太快,免得他的小同伴跟不上。他反复告诫要防止学生负担过重,因为越出学生的智力之上的东西是不能进入他的头脑的。昆体良举例说:"如果我们取一个紧口瓶子(我们可以将它比做孩子的智力),企图猛烈地将大量的水灌进去,而不允许一滴一滴地慢慢流进去,结果将如何呢?无疑,大量的水将倒在瓶子外面,最后,瓶中的水将比慢慢地灌进去的水更少。有些人教学生时,不是学生能吸收多少就教多少,而是他们自己愿意教多少就教多少,这种行为是十足的愚蠢,因为才能需要支持而不能负担过重。教师也如同医生,他是自然的仆役而不是自然的主人。"①这个紧口瓶子的比喻后来被夸美纽斯在《大教学论》中引用。

(6) 启发诱导和提问解答

昆体良十分注意运用启发诱导和提问解答的教学方法。昆体良指出,教师应当善于回答学生提出的问题,并向不发问的学生提问。经常提问学生的益处是:可以借此测验学生的鉴别能力;课堂提问可以防止学生漫不经心,防止他们对教师的讲课充耳不闻;最重要的是可以引导学生自己发现问题,运用他们的智力,而这正是这种教学方法的最终目的。

(7) 防止学生疲劳过度

昆体良主张学习与休息相间。"对于一切儿童都应当允许他们有些休息,这不仅仅是因为没有什么东西能经受持久的劳累,而且因为专心致志的学习有赖于学生的意愿,而意愿是不能通过强制得到的。"②"我不会因学生爱好游戏而感到不高兴,那是天性活泼的标志,那种总是迟钝麻木、没精打采的,甚至对那个年龄所应有的激动也漠然无动于衷的学生,我是不能指望他能热心学习。"③学生的道德品质在游戏中会照本来面目表现出来,教师可以及时给予教育。有些娱乐还有助于发展敏锐的智力。要紧的问题是应当给休息规定一个限度。否则,不让学生休息就会使他厌恶学习,而过度放纵的休息容易养成懒惰的习惯。

在西方古代和中世纪的教育家中,就教学法而言,几乎没有任何一个人像昆体良那样给后代以深远的影响。人文主义者和夸美纽斯因为有了昆体良而启发了思想、增长了智慧;昆体良因为有了人文主义者和夸美纽斯而得以重新被人类所赏识。

3. 论道德教育

昆体良提出教育的目的就是要培养善良而精于雄辩的人。一个雄辩家首先必须是一个善良的人,如果一个雄辩家不是为正义而是为罪恶辩护,雄辩术本身就成为有害的东西,而教授雄辩术的人将受到世人谴责。所谓善良的人,是有识别能力的和明智的人。识别能力是指

---

① [古罗马]昆体良著:《昆体良教育论著选》,第24页。
② 同上书,第26~27页。
③ 同上书,第27页。

识别善与恶的能力;明智是指按法律与正义而行动。一个恶人不论他如何勤奋、有能力,是不可能成为一个完善的雄辩家的。有德行的生活甚至较之最卓越的雄辩才能更为可取。

(二)昆体良在西方教育思想史上的地位和影响

在整个古罗马时代的所有著作中,只有昆体良的《雄辩术原理》系统论述了年轻一代的教育问题,其他著作中的教育言论都是零星的。昆体良论述了雄辩家教育的全过程,其思想涉及学前教育、初等教育和中高等教育各个阶段。其次,昆体良继承和发展了西塞罗的雄辩家教育理想,更加深刻地论述了人的天性与教育的关系,他对教育作用的高度评价给予文艺复兴时期的人文主义教育家以及夸美纽斯以深刻的影响;再次,昆体良是夸美纽斯以前西方最杰出的教学法学者。他总结了古希腊和古罗马的教育经验,提出了系统的教学法思想,这是他对西方教育思想发展的最重要的贡献。最后,文艺复兴时期,久已失传的昆体良的《雄辩术原理》在积尘中被重新发现,立即异彩夺目,使厌倦了经院主义的人文主义者为之倾倒。昆体良的许多教育见解至今仍然富有教益。

三、奥古斯丁

奥古斯丁是基督教教父哲学的集大成者。他生活在古代社会向中世纪过渡的转折时期。在罗马教育的培育下,他通晓古代各科知识。383年到罗马教授雄辩术。387年正式加入基督教,此后致力于为教会服务,宣讲教义,著书立说,其影响与日俱增。他的著作是神学的百科全书,包括自传、哲学著作、神学著作、反异端著作、教育著作、圣文注释和布道著作等。在卷帙浩繁的著作里,《忏悔录》、《论三位一体》和《上帝之城》被认为是奥古斯丁的代表作。[①] 虽然他没有建立完整的哲学体系,但他的著作所包含的丰富哲学思想使他在哲学史上占据重要位置,尤其是他的宗教哲学对中世纪产生了极大影响。特别是,他的教育思想是中世纪基督教教育的理论基础。

(一)奥古斯丁的哲学思想

在奥古斯丁生活的时代,基督教已经取得了国教的地位,但基督教尚未取得精神上的绝对统治权。他一生的精神生活可以看作是各种不同传统、信仰和学说的缩影。他在自己亲身经历中感受到改造和利用古代哲学的必要性。他的神学是融合基督教义与古代哲学的结果。

1."基督教学说"

在奥古斯丁生活的时代,哲学和宗教之间的区别并不像现代人所想象的那样明显。"哲学"这一概念在罗马后期已成为"幸福生活指南"的代名词。根据当时流行的理解,奥古斯丁把基督教看作"真正的哲学"。他提出了"基督教学说"的概念,对以往教父关于理性与信仰的关系的思想进行总结,其目的在于吸收和采纳古代文化遗产(特别是哲学),建立基督教神学理论。"基督教学说"包含着神学与哲学、信仰与理想的关系的论述,这些论述对中世纪思想产生了重大影响,一方面成为基督教的理性主义基础,集神学与哲学于一体,构成了中世纪意识形态的基本模式,信仰与理性的关系问题在这一模式中具有重大的意义;另一方面,他为后世的

[①] 赵敦华著:《基督教哲学1500年》,人民出版社1994年版,第139～140页。

神学家提供了如何利用和改造古代哲学的榜样。

2. 光照论

奥古斯丁深受柏拉图哲学的影响。他的"光照"的概念来自柏拉图在《国家篇》中所用的"日喻"。柏拉图所说的"理念"的原意是"看见的对象",引申为"心灵的眼睛"看见的对象,最高的理念"善"是"看"所需要的光源,被比喻为太阳。同样,奥古斯丁把上帝比作真理之光,人的心灵好比是眼睛,理性好像视觉。正如只有在光照下眼睛才能有所见,心灵只有在上帝之光的照耀下才能有所认识。"光照"概念的意义在于首次明确地在认识者和认识对象之外设定了认识的先决条件。

奥古斯丁的光照论还包含了对人的认识过程的较为细致的心理分析。他把人的认识能力分为感觉和理性。记忆是联系这两种能力的中介,在人的认识过程中起着重要的作用。记忆好像一个库房,概念是从记忆中抽象出来的,记忆对感觉材料加工处理是概念的基础,通过记忆的中介作用,感觉材料被集中在概念之中。

3. "主人与奴隶"

奥古斯丁的哲学思想内容广泛,但关注的主题始终是上帝和人。他对人的自然本性的研究虽仍在灵魂与肉体的框架中进行,但提出了自己的解释:灵魂和肉体是有主从关系的两个实体,两者的结合是"不相混合的联合"。他的这个说法是"双重人格论",即每个人都是一个"外在的人"和"内在的人",前者是人的外表、表象,即被灵魂统辖的人体,后者是理性灵魂的深幽之处。"外在的人"是奴隶,"内在的人"才是主人。

4. 恶与爱

按照奥古斯丁的学说,记忆和理解能力与光照的结合构成了人的认识活动,意志的能力与恩典的结合构成了人的道德实践。他所说的意志主要指爱,他的恩典学说则与恶的解释有关。他的伦理观的主题因此可以归结为爱与恶。

恶的性质和起源问题在奥古斯丁的思想发展过程中占据重要地位。他从本体论的高度对恶的性质做出了解释,认为所谓"恶"就是背离本体、趋向非存在的东西。奥古斯丁提出有三类恶:物理的恶、认识的恶和伦理的恶,只有后者才称得上罪恶。伦理的恶起源于人的自由意志。灵魂的本性是追求比自身更高的完善性,如果反其道而行之,趋向比较低的身体的完善性,沉溺于官能享受和肉体快乐,那就是恶。由于人的意志已被罪恶所污染,已经失去了自由选择的能力,只有依靠上帝的恩典,人才能恢复意志自由。

5. 上帝之城

奥古斯丁的不朽名著《上帝之城》表达了他对人类历史和社会的神学说明。他的神学历史观蕴涵着"圣史"和"俗史"的区分。他写作该书的直接动机是重新评价罗马的历史地位,在此基础上解释了基督教与国家的关系,用乐观主义的神学社会观清除基督徒对世俗政权的依赖心理以及由于世俗政权被挫败而产生的悲观情绪。"上帝之城"与"世俗之城"的区分的意义不止是解释一个历史事件,它包含着一个完整的国家和社会学说,包含着对政府、法律、财产制度与奴隶制度的讨论。

(二)奥古斯丁的教育思想

奥古斯丁的教育思想主要反映在他的《忏悔录》、《关于基督教教义》和《论导师》等作品中。

《忏悔录》是他的自传,通过自己的亲身经历谈了对人性和当时教育的批评意见;《关于基督教教义》着重阐述有关牧师的教育;《论导师》强调的是人们应把上帝作为自己内心的导师。

1. 论教育的目的

奥古斯丁认为,教育的目的是要过精神生活,修炼道行,培养对上帝充满信仰、虔诚的基督教徒以及能为教会忠心耿耿服务的教士。根据抑制人性、高扬神性的基本宗旨和教育是一切内心修炼的教育本质观,奥古斯丁提出了教育为教会和神学服务的主张。他在《忏悔录》中说:"主,你是我的君王,我的天主,请容许我将幼时所获得的有用知识为你服务,说话、书写、阅读、计算都为你服务。"①在奥古斯丁看来,上帝是世界的造物主,是至善、至美、至真的真理,是人们认识的主要对象和唯一来源;只有依靠上帝和《圣经》的启迪,人们才能获得知识;"理解为了信仰,信仰为了理解"。

2. 教育的内容

奥古斯丁著有《关于基督教教义》,为基督教传教士制定教育计划。基于教育的目的和任务,奥古斯丁强调文法和修辞学对于训练辩才的重要性,主张把《圣经》列为教育的主要教材。但他不排斥古典学科,认为文法、雄辩术、算术、几何、天文和音乐等可作为学生理解《圣经》的工具。奥古斯丁批评自然科学家心中没有上帝,一个人面向大自然就是背叛上帝;而一个不能面向上帝的人,学问对他是无用的。在文学诗歌方面,他完全接受了柏拉图对史诗、悲剧、喜剧的偏颇观点,把文学作品视为荒诞不经的东西,认为最重要的书是《圣经》,它是上帝的语言,是一切知识的源泉。

3. 论儿童教育

奥古斯丁通过对自己童年生活的回忆认为儿童生来是邪恶的。在他看来,"婴儿的纯洁不过是肢体的稚弱,而不是本心的无辜"②。他见过也体验过孩子的妒忌,还不会说话,就面若死灰,眼光狠狠盯着一同吃奶的孩子。他重视家庭教育对儿童的影响,在《忏悔录》中,记载了母亲的教育对他的深刻影响,并主张"以人道教人"。

他通过自己幼年学识字的经历,认为"识字出于自由的好奇心,比之因被迫而勉强遵行的更有效果"③。在语言的学习方面,他主张教学应能引起学生的兴趣,教学应是愉快、自由的。但他反对儿童阅读无助于信仰的闲书,强调学习《圣经》应从儿童教育开始。尽管孩子初次阅读时会感到文体平易,但随着年龄的增长,他们对《圣经》的理解会日益高深。

4. 论青年教育

奥古斯丁曾教授雄辩术。他批评成年人误导儿童,即受教育是为了日后能出人头地,认为"当时所推崇的学问,不过是通向聚讼的市场","在这个场所越会信口雌黄,越能获得称誉。人们的盲目达到这样程度,竟会夸耀自己的谬见"。④ 他也主张对已具有语言文字基础的青年加强雄辩才能的教育和训练,但目的是为了更好地赞美和歌颂上帝,以及批判异教或世俗文化。

---

① [古罗马]奥古斯丁著,周士良译:《忏悔录》,商务印书馆1963年版,第18~19页。
② 同上书,第10页。
③ 同上书,第18页。
④ 同上书,第39页。

奥古斯丁年轻时放纵过自己，根据自己的教训，他重视对青年的伦理道德教育，要求青年不可贪恋酒色，不可竞争嫉妒，应当爱戴主耶稣基督，并告诫青年不要与品行不端的人混在一起。

（三）奥古斯丁教育思想的影响

奥古斯丁是古罗马帝国后期在思想文化和教育方面有很大影响的人物。他顺应了当时基督教日益壮大和发展的要求，用新柏拉图主义的哲学来论证基督教教义。他的神学和哲学思想不仅在当时产生了积极的作用，而且对中世纪欧洲的经院哲学和教育有着深刻的影响。

奥古斯丁在为基督教创立神学和教父哲学的同时，提出了教育应为神学和教会服务的宗旨，提出了一系列的宗教伦理道德教育的主张。在教学内容和课程设置方面，他主张将古代欧洲传统的文化与信仰至上的教会教育融为一体，使古典文化为神学和教会服务。他的教育观点和方法，体现了当时欧洲社会新旧交替时期的特点，带有承前启后的某些色彩。

奥古斯丁的神学和教育思想为中世纪欧洲教会教育奠定了理论基础。他所主张的以皈依上帝为教育目的，以禁欲主义为道德核心，以《圣经》为中心教材，以神学化了的"七艺"为课程，以服从、体罚为主要教育教学方法的思想，成了后来教会学校的指导思想。

奥古斯丁是一位虔诚的基督徒，他的教育思想不可避免带有浓厚的宗教色彩和神秘主义的特征。但他具有严于解剖自己思想、去恶从善的精神，为忠实于自己的信仰而兢兢业业工作。他在儿童和青少年教育方面的某些论述，至今仍有借鉴意义。

本章小结

古罗马共和早期的教育以家庭教育形式为主，主要是军人与农夫的教育。随着对外的军事扩张和奴隶制的发展，古罗马的传统教育受到外界文化尤其是希腊文化的影响。在文化的冲突与交融中，罗马的各级学校教育在共和时期后期得到迅速发展，在继承希腊文化教育的基础上，形成了自己的特色。帝国时期的教育与共和时期相比发生了显著的变化，教育成为国家的事业。学校成为培养各级官吏、文士和顺民的机关；帝国皇帝一方面提高文法学校和修辞学校教师的地位与待遇，另一方面加强国家对学校和教师的控制与监督。罗马帝国后期，随着基督教被定为国教和基督教会地位的变化，基督教逐渐控制了学校教育，并成为后来中世纪基督教会控制学校的根源。西方的文化教育从此留下了基督教文化的深刻烙印。

古罗马教育家总结了当时的教育经验，为后代西方留下了丰富的教育智慧。西塞罗论述了雄辩家的教育理想以及天性和教育的关系。昆体良继承了他的思想，不仅进一步深化了西塞罗的教育理想，在此基础上更提出了年轻一代的系统教育计划，尤其精辟论述了教学法思想，对后世西方教育思想的发展产生了深远的影响。奥古斯丁顺应当时基督教发展的需要，以新柏拉图主义哲学来论证基督教教义，对中世纪欧洲的经院哲学和教育有着深刻的影响。

思考题

1. 简述古罗马教育在西方教育史上的地位。

2. 简述共和后期的文化冲突与交融及其对罗马教育的影响。
3. 罗马帝国时期教育制度的发展有什么新的特征?
4. 简述西塞罗《论雄辩家》的主要内容及意义。
5. 简述昆体良《雄辩术原理》的主要内容及意义。
6. 昆体良教学法思想述评。
7. 奥古斯丁教育思想述评。

第五章　西欧中世纪教育

西欧中世纪是指5世纪末至14世纪文艺复兴以前的历史时期。476年,日耳曼人废黜了西罗马帝国的最后一个皇帝,标志着西罗马帝国的灭亡。西欧和北非奴隶制社会历史宣告结束,开始进入封建社会。而东罗马帝国由于历史情况不同,未与西罗马帝国一起覆亡,后来逐渐转入封建社会。5~11世纪是中世纪前期。在西罗马帝国的废墟上先后建立起的一些国家至10世纪基本完成封建化。11世纪以后的西欧随着经济的发展进入了繁荣时期。

西欧中世纪教育受到封臣制、基督教会与基督教文化、新兴城市发展以及阿拉伯文化在西欧的传播等多方面因素的重要影响。

首先,基督教对西欧中世纪教育有着深刻的影响。一方面,基督教会(罗马公教或天主教)在西欧中世纪早期承担起对蛮族的启蒙教育,基督教逐渐成为主流意识形态,其世界观和教育观对中世纪教育有着深刻的影响。另一方面,基督教会作为一个国际性组织,在西欧中世纪是举足轻重的政治力量之一。教会经济实力的增长和世俗政权的软弱涣散,都促使教会人士加强教会在组织上的独立性。教权和皇权的斗争是中古西欧的重大事件,对教育尤其是中世纪大学的发展有重要影响。

其次,封臣制是西欧封建社会国家行政管理系统不完善、政治分裂和国家权力分散的产物,因此各级封臣拥有大小不等的政治统治权也是顺理成章的事。封君封臣所奉行的一整套道德规范和培养后代的制度构成了所谓"骑士制度"的主要内容,也是西欧中世纪世俗封建主教育赖以存在和发展的政治基础。

再次,11世纪以后西欧商品经济发展起来。在商业发展的基础上出现了一些新的城市,这些城市在12~14世纪逐步发展壮大。城市的兴起,市民阶层作为封建社会新的阶级而与封建主展开了反对封建压迫和争取自治的斗争。与新兴市民阶层的兴起相呼应,11~12世纪西欧的城市学校发展起来。

最后,12世纪以后,西欧文化发展受到阿拉伯文化的影响。东西罗马分裂以后,西欧人学习希腊文化变得不方便。西欧的犹太人因为通商活动以及家族和宗教的联系,与阿拉伯世界接触较多。从12世纪开始,犹太人不仅向西欧介绍阿拉伯文化,而且把不少希腊古典著作的阿拉伯译本转译成拉丁文,其中亚里士多德的作品给西欧思想界带来了巨大的影响。为学习迅速增加的新知识,西欧的学校教育制度有了新的变化,主要表现为课程内容的深化和中世纪大学的兴起。

第一节　基督教与教育

5世纪,北方蛮族的入侵和西罗马帝国的灭亡使地中海地区的国家已经繁荣了1 000年的文化濒于毁灭的危险。罗马帝国时期的市立文法学校和修辞学校仅在一两代人的时期内消失殆尽,西方学者因此常将西欧中世纪早期称为"黑暗时代"。基督教在蛮族王国中的传播和蛮族的皈依在西方文化史上是一个值得注意的问题。基督教会在当时实际上扮演了文化延续者的角色,主要途径是整理古典文献、传教活动以及学校教育等。当时的学校大多由修道院举办或者在教堂附近举办,牧师和主教们扮演着教师的角色,承担起教化的任务。

一、基督教会与教育

西罗马帝国灭亡后,蛮族国家中最强大的法兰克王国国王克罗维于496年皈依基督教。随着法兰克王国的武力扩张,基督教传播到西欧广大地区,这一过程同欧洲封建化过程是一致的。罗马公教(天主教)是基督教的一大宗派,中古西欧是罗马公教的天下,它不仅在文化方面占据特殊地位,而且在政治上、经济上也有很大势力。中古西欧居民的绝大多数是基督教徒,教会的影响及于全民,人们无时不受基督教的熏陶。正如恩格斯所指出的:"中世纪只知道一种意识形态,即宗教和神学。"①基督教教育遂成为西欧中世纪教育的主干。

西欧中世纪沿用古代罗马基督教会的教阶制为组织原则,大主教和主教为教会高级主管教士,分别管辖大主教区和主教区,前者在地域上相当于罗马帝国的行省,主教区相当于罗马行省下面的行政单位"城市"。中古时期的主教区和大主教区历经变迁,但仍都包括较广大的地区。教会的基层组织是乡镇的教区,由教区神父管理。西欧中世纪的主教学校和教区学校与这种体制密切相关。

在各级教区以外,教会组织还有另一种组织形态,即由集体隐居修行的修士所组成的修道院。在基督教会传播和重建中世纪文化的过程中,修道院制度发挥了重要的、不可替代的作用,因为基督教教会拯救和重建文化的神圣事业主要是通过修道院这一文化实体来实现的。修道院的修士往往是一些坚定、狂热的教徒,为捍卫教会利益和正统教义积极干预教区事务和国家政治,出任主教、教皇和国王的官吏,修道院因而成为中古西欧社会中的重要势力,同时也是西欧中世纪的教育和学术中心。

(一) 修道院学校

修道院学校(Monastic Schools)来源于基督教的修行主义。基督教的虔诚一开始就带有禁欲倾向。"起先,对基督即将到来进行审判的期望,是它的主要推动力。到这种期望幻灭之后,感官与理智、肉体与灵魂的冲突问题,便取代了它的地位。"②节欲被提到了首要的德行高度。禁欲主义者成了自我折磨的"竞技者",乐于在苦行方面"创造新记录"。谁听到别人每天吃一磅面包,他立刻把自己的定量降低到四五英两和少量清水。埃及隐修士帕科米乌(292~346)创始了另一种集体式隐修生活,他于320年在埃及建立了隐修院这种集体隐居修行的宗教团体。

1.《本尼狄克教规》

西方隐修制度的改革者和组织者是圣·本尼狄克(Saint Benedictus,一译比纳特,约480~

---

① 《马克思恩格斯选集》第4卷,人民出版社1972年版,第231页。
② [美]G·F·穆尔著,郭舜平、郑德超、项星耀、林纪焘译:《基督教简史》,商务印书馆2000年版,第113页。

547),他于公元 530 年创建了著名的德蒙特·卡西诺修道院。本尼狄克将这所修道院称作"为主效力的学校",并为该院起草了著名的《本尼狄克教规》,在一定程度上遏制了修道士愈演愈烈的苦行竞争,改变了西方修道生活的进程,奠定了西方修道院制度的基础,并随后得到教皇格列高利一世的大力扶持和推动。

《本尼狄克教规》共 73 条,规定修道士必须遵守严格的教规,宣誓保持清贫、贞洁和顺从,甘心过清苦而勤勉的生活;主张修士不敛私财、辛勤劳作和读书学习。修士每天要做 7 次祈祷,向上帝忏悔自己的邪念和罪过,不许贪图享乐并保持谦卑。

《本尼狄克教规》在随后的几个世纪里差不多为所有的西欧修道院所采用,学习生活后来成为本尼狄克式修道院的共同特征。随着时间的推移,先是抄写手稿成为修道院工作的一项共同组成部分,并对修士进行教育,后来又担负起把被父母送交修道院的儿童培养成神职人员的任务。

2. 修道院教育概况

按修道院一般的教规,附属于修道院的有两种学校,一种是为修道院新信徒在修道院内设立的"内学",一种是在修道院外设立的"外学"。"内学"只接受准备担任神职者入学,"外学"是为其他学生设立的。修道院学校的学生一般 10 岁入学,学习年限约 8 年。早期修道院强调宗教信仰的培养,知识的学习仅限于简单的读、写、算,以后课程内容得到扩展,将古希腊和古罗马的"七艺"纳为学习的主要科目。

修道院的教师由教士担任。但在中国的纸和印刷术传入欧洲以前,书籍奇缺,学生不可能人手一册,教学方法主要是教士口授,学生记录,然后背诵和抄写。教师有时采用问答法进行教学。这种方法对于学习文法有帮助,有助于培养学生的分析、抽象和概括的能力。这些能力对于哲学思考是必需的。学校实行个别教学,学习进度因人而异。学校实行严格的纪律,盛行体罚。

3. 七艺教育

"七艺"是西方教育史上对七种教学科目的总称。如第三章第二节所述,"七艺"作为教学科目发端于古希腊,智者派创立了"三艺"(trivium)——文法、修辞、辩证法(逻辑),柏拉图将"四艺"(quadrivium)——算术、几何、天文和音乐作为教学科目详加论述,并认为三艺是高级课程,四艺是初级课程。"三艺"和"四艺"合称为"七艺"。经古罗马的发展,至 4 世纪,"七艺"已确定为学校的课程。5～6 世纪,"七艺"为基督教所接受并加以改造,渗透了宗教神学色彩,以为神学教育服务。修士卡西奥多罗斯(Cassiodorus,约 490～575)在一部知识总汇著作《神圣与人类学识概览》中规划了神学教育和七艺教育的草图,这种划分成为中世纪学校教育的一般安排。

在不同的时代,七艺各科在修道院学校被重视的程度是不同的。早期一般注重文法和修辞。经院哲学发展起来以后则开始重视辩证法,目的是打击异端和唯名论。12 世纪阿拉伯文化传入后,算术、几何、天文受到重视。虽然被基督教会改造过的七艺处于宗教奴仆的地位,但七艺教育延续了古代文化,并为大学的产生和发展作了必要的准备。

4. 西方修道院制度的历史地位

在中世纪初期,教育制度随着城市文明的衰落而消亡,整个社会的文化知识状态处于全面的贫困之中,修道院成了教育的实际承担者和主要的文化中心。如果没有修道院在抄写文本、施行教育和积极传教方面的努力,古典文化的成分也就难以延续和保存下来,基督教文化也难以传播和确立。"对中世纪文化起源的任何研究,都不可避免地要给西方修道院制度的历史以重要地位,因为,在从古典文明的衰落到12世纪欧洲各大学的兴起这长达700年的整个时期内,修道院是贯穿于其中的最大典型的文化组织……只是通过修道院制度,宗教才得以对这些世纪的整个文化发展产生了直接的和决定性的影响。"①但是到了中世纪中期以后,随着修道院数量的增多和所辖田产的扩大,修道士们道德堕落,修道院和教会成为藏污纳垢的渊薮,最终导致宗教改革的发生和基督教会的再次大分裂。

(二)主教学校和教区学校

除修道院学校以外,还有主教学校(Cathedral Schools)和教区学校。

主教学校创始于英格兰,到8世纪末至9世纪初,西欧各地均兴办了这种类型的学校。主教学校设在主教所在地,学校的性质和水平与修道院学校相近。主教学校创始之初,其目的在于培养教士,但由于主教区缺乏足够的资源去培养成千上万在农村和偏远地区传教的教士,于是在办学形式上采用学徒制,由他们向当地的主教学习最基本的拉丁文阅读及礼拜仪式等。所以,主教亲自授课便成为主教学校的一大特点。到8世纪时,由于主教往往迫于职责而四处奔走,就开始把自己的教学任务委托给常驻在大教堂的宗教会议中具有相当学识的成员来管理学校。

一般来讲,每所主教学校只有一位教师,在组织教学时,教师只负责教授和指导那些水平较高的学生,然后由他们转教其他学生。主教学校所开设的课程基本上是七艺,也包含一些宗教经典的学习,但还没有构成儿童专门化学习的科目。从主教学校出来的学生往往成为教会的各级管理人员。

教区学校设在牧师所在的村落,学校规模很小,设备简陋,只教授基督教教义和一般读、写、算的初步知识。这是由教会举办的、向一般世俗群众开办的普通性质的教育。

二、基督教教育思想

在教育史上,中世纪被称为"神性时代",神对人的思想、精神甚至肉体的控制被认为是这一时代教育的基本特征。在罗马帝国末期直到13世纪,新柏拉图主义是基督教神学的主要哲学基础。后来从阿拉伯传入的亚里士多德著作被改造成为中世纪后期基督教神学的主要理论依据。

基督教教育思想与基督教教义有密切关系。基督教的基本教义包括:(1)"三位一体"论。即信仰"圣父"上帝,并相信圣父、圣子(耶稣基督)和圣灵是三位一体的。(2)福音论。相信教会是由基督建立的,在世界上负有宣传福音的使命。(3)原罪论与救赎论。相信人乃是上帝按照自己的形象所造,由灵魂和身体所组成,在万物中居于最高地位,但因背离上帝而陷于罪恶之中,不能自救,唯有依靠基督才能蒙救称义,获得永生。(4)天启论。认为上帝的启示是知识

---

① 克里斯托弗·道森著:《宗教与西方文化的兴起》,四川人民出版社1989年版,第18页。

的唯一来源。当然,这只是较一般的概括,实际情形是,在每一个问题上,不同时期、不同教派都存在着严重的意见分歧。①

(一)人性与教育

人性的善恶问题是基督教思想家讨论教育本质的前提和中心问题之一。西欧中世纪早期,"原罪"的思想影响着人们对人性和儿童的看法。"原罪"是一个与中世纪教育密切相关的基督教概念。《圣经》的旧约记载了人类祖先亚当和夏娃偷食禁果而犯罪的故事。基督教的儿童观与其对人的本质的看法相一致。但早期基督教学者和中世纪后期的基督教学者在这个问题上的看法是不同的。

早期的基督教学者主要建立在新柏拉图主义基础之上。奥里根(Origenes,约185~254)认为人类是灵魂堕落的表现,就这一点来说,人始终是有罪的。拉丁教父德尔图良(Quintus Septimius Florens Tertullian,约160~230)和奥古斯丁的个人生活道路颇多相似,最初都是异教徒,青年时代邪恶放纵,壮年后才皈依基督教,所以对人类的原罪问题格外关注。德尔图良认为,人类之罪不是出于个人行为的结果,而是人类由其始祖亚当和夏娃那里遗传下来的"原罪",并且任何人都不可能摆脱这种原罪,因此,人类唯一能够依靠的是神的恩典。后来奥古斯丁发展了这种说法,认为"上帝造人原是善良的",②但亚当滥用了自由意志,由善走向恶,并给后代带来了世代遗传的"原罪"。所以现实中的人的本性都是恶的。这种罪孽意识成为基督教神学的出发点,成为教会对人们进行教化的理论依据,进而引起人们对自我乃至人性的否定和反思。奥古斯丁的"原罪论"在418年被罗马教会正式确定为正统学说。从此,人类成为罪孽深重的等待上帝去解救的羔羊。

但在奥古斯丁之后对于原罪的意识有所淡化。例如,出生于9世纪初的伊里杰纳(Erigina)就曾提出了人性善的观点,并认为善与恶是可以相互转换的,即可以由恶向善转变。③到12世纪亚里士多德著作传入西欧以后,基督教教育思想家对于人性和儿童的看法更有了改观,突出体现在托马斯·阿奎那(Thomas Aquinas,1224~1274)的思想中。他重视人的身体和精神的存在,重视理智的作用,重视个体差异和人的自由选择,重视人的平等,使得他的儿童观已经与中世纪传统的儿童观有了明显的区别。④

(二)信仰、理性与教育

信仰和理性的内涵及其相互关系是中世纪教育思想所涉及的重要内容之一。信仰和理性在中世纪多数基督教思想家眼中是相互排斥和对立的。中世纪作为宗教信仰的时代,因而也被看成非理性的、信仰至上的时代。在古希腊时期的思辨理性主义和近代科学理性主义之间存在着中世纪的断层。

德尔图良在历史上被认为是典型的蒙昧主义和信仰主义的代表。他不但宣扬信仰和贬

---

① [美]G.F.穆尔著,郭舜平等译:《基督教简史》,第62~99页。
② 姚运标:《奥古斯丁的教育思想》,吴式颖、任钟印主编:《外国教育思想通史》(第三卷:中古时期的教育思想),湖南教育出版社2002年版,第81~82页。
③ 王晓华:《西欧中世纪中期的教育思想》,吴式颖、任钟印主编:《外国教育思想通史》(第三卷:中古时期的教育思想),湖南教育出版社2002年版,第402~403页。
④ 同上书,第588~591页。

低知识,还认为宗教与哲学、信仰与知识的对立。在他的眼中,教育主要是为了培养真正的基督徒,使更多的人信仰上帝,并将《圣经》奉为唯一的经典。在他那里,宗教教育与道德教育是一致的,智育不是教育应该考虑的问题。至于体育和美育,更是与上帝的旨意相违背的,与禁欲主义生活方式不相融的。①

对于信仰与理性的争论对中世纪教育实践及思想有很大的影响。中世纪早期,基督教会只允许教育中使用拉丁教父使用的基督教拉丁文,由古典作家写作时使用的世俗拉丁文被排斥在教育的语言之外。信仰与理性的争论到经院哲学兴起之后达到了顶峰。

第二节 世俗封建主的教育

西罗马帝国灭亡以后,蛮族法兰克人于481年建立了法兰克王国。经过几百年的征战,800年法兰克国王查理曼(Charles Martel,768~814)在昔日罗马帝国的废墟上实现了相对的统一。法兰克王国的版图大致与西罗马帝国的欧洲部分相合,史称"查理曼帝国"。在西欧中世纪早期,较为关心教育的世俗统治者除法兰克王查理曼以外,还有西萨克森王阿尔弗烈德(King Alfred Great,约848~900)。

西欧中世纪世俗封建主的教育主要包括宫廷教育和骑士教育。宫廷教育是在宫廷中为贵族开办的教育。一般做法是国王邀请著名学者管理宫廷学校,对王室成员、青年贵族和宫廷官员等进行教育。骑士教育是以西欧的封臣制为基础的。封君封臣所奉行的一整套道德规范和培养后代的制度出自封建主所处的生活环境和他们的生活方式,构成了所谓"骑士制度"的主要内容。

一、宫廷教育

(一) 查理曼大帝的教育改革

法兰克王国的加洛林王朝到8世纪的查理曼大帝统治时期达到鼎盛。查理曼的父亲丕平(Pepin)曾支持基督教会的改革,为文化学术的复兴铺垫了道路。他还鼓励英格兰和爱尔兰的传教士和学者到自己的王国来,赞助了为贵族办的宫廷学校。具有雄才大略的查理曼以及他的几位继承人深刻意识到文化建设对于封建统治的重要性,继续以较大热情在全帝国境内鼓励教育、兴办学校、招聘学者、教授七艺,西欧的文化从此开始缓慢复兴。后人把这段历史称为"加洛林王朝文化复兴"。

首先,查理曼发起了基督教化运动,这是一个试图以武力征服为前提的基督教的一体化运动,是基督教与异教之间的抗争,而其所深藏的内涵则是查理曼试图以统一的意识形态和宗教观建立一统秩序的尝试。为实现通过传播知识使人民摆脱愚昧的抱负,他邀请了许多国家的学者到宫廷里去,并在他们的帮助下,开始了教会的改革工作。782年,他命令将学者编

---

① 吴式颖、任钟印主编:《外国教育思想通史》(第三卷),湖南教育出版社2003年版,第49~53页。

辑的讲道集颁发给各教堂使用。① 公元787年,他颁布法令,致书各修道院院长,指责他们以及其他修士们的无知和语言粗鄙,要求所有神职人员都要认真学习语言文字,以便能读懂《圣经》。他命令教会必须改正他们所用的《圣经》和祈祷书中500年来存在的抄写错误。789年,查理曼又颁布通令,作为上述通告的补充。在这个通令中,他要求在每个修道院中以及各主教管区都要设立学校,让儿童学习识字、阅读。这个文告被后人当作中世纪教育的第一个总纲。

其次,查理曼还力图振兴宫廷学校。查理曼在继承早期宫廷学校传统的基础上,加大了宫廷学校中教育所占的比重,使宫廷学校成为当时法兰克王国的学术和教育中心。这种宫廷学校不是严格意义上的教学组织形式,而是一系列课程和研究小组的集合体。由于查理曼的首府不断迁移,宫廷学校也经常移动,最后在亚琛(Achen)成为法兰克王国的一个常设机构。为了提高宫廷学校的质量,查理曼邀请了爱尔兰的著名学者阿尔琴管理宫廷学校,聚集了当时欧洲文化的精英。宫廷学校的成员包括王室成员、青年贵族和宫廷官员。

(二)阿尔弗烈德的宫廷学校

中世纪早期,西欧君主中另一位注重教育事业的人是西萨克森王阿尔弗烈德。9世纪,他一方面顽强地与入侵不列颠的丹麦人斗争,终于在878年获得胜利,为萨克森人的统治地位奠定了基础。另一方面,他仿照查理曼大帝,在自己的宫廷创立学校。在宫廷学校学习的有他自己的儿子和贵族子弟,还有非贵族的子弟。学校教授拉丁文、萨克森文的读和写以及七艺中的某些科目。学校里除了重视《圣经》诗篇的学习外,特别重视萨克森的诗篇。除教学外,也注意德行的培养。

阿尔弗烈德在延揽人才方面也是较为积极的。他从不列颠的其他地方,如麦西亚、沃西斯特、威尔士等地聘请学者,也从欧洲大陆邀请学者,协助其创办学校,改良教育。阿尔弗烈德在发展本民族语言和文化教育方面表现了远见卓识。他组织人员并且亲自参加编译工作。他还要求主教注意青年的教育问题。

二、骑士教育

在中世纪的西方,世俗贵族主要是指军事贵族(military aristocracy),而广义的贵族(nobility)则包括数目众多的骑士。"骑士"(knights)也是一个涵义不甚确定的术语。广义的"骑士"常常将伯爵、男爵等高级贵族笼统地包容在内,使之成了nobility或aristocracy的同义词和近义词,这和中世纪西方的封臣制有关。

(一)封臣制与骑士精神

骑士制度(chivalry)是以西欧的封臣制为基础的。西欧封建制带有等级制的特征。11世纪时,西欧封建主之间普遍结成封君和封臣的关系。为缔结这种关系有了确定和规范的仪式,即行臣服礼和宣誓效忠,封臣的主要义务是效忠、帮助和劝告。封君对封臣也有义务,主要是保护和维持封臣,不得伤害后者的荣誉、财产和生命。封臣制是西欧封建社会国家行政管理系统不完善、政治分裂和国家权力分散的产物,因此各级封臣拥有大小不等的政治统治权也是

---

① [美]S·E·佛罗斯特著,吴元训等译:《西方教育的历史和哲学基础》,华夏出版社1987年版,第117页。

顺理成章的事。西欧封建主往往同时拥有土地所有权和政治统治权,二者浑然一体,难以区分,统称为领主权。封建主作为领主对其领地(即封地)以内和附近的居民有许多行政司法权力,封建主利用这些权力控制和剥削农民。①

封君封臣所奉行的一整套道德规范和培养后代的制度出自封建主所处的生活环境和他们的生活方式,构成了所谓"骑士制度"的主要内容。骑士的品格应是忠诚和勇敢。骑士作为封臣必须严守自己的效忠誓言,不背叛封君,竭尽全力为他服务,甚至不惜为他付出生命。这种理想化的封臣品格虽然未见得在现实的骑士身上得到完美体现,但却是维系封君封臣制度所需要的,所以很受封建主重视,成为骑士精神的核心。在骑士的品质中,军人的品质占第一位,宗教的品质占第二位,社会交际的品质占第三位。军人的品德有:勇敢,忠心,慷慨;宗教的品德也有三种:忠于教会,服从,贞洁;社会交际的品德有:礼貌,谦逊,仁慈。这也就是所谓的骑士精神。

(二)骑士教育的阶段与内容

出身良好的贵族如果想成为一名骑士,需要接受必要的教育和训练。骑士教育一般分为三个阶段,主要内容是"骑士七技"。

骑士教育一般分为三个阶段。第一个阶段为家庭教育,主要由母亲负责对幼童加以养护,进行初步的宗教和道德教育。第二阶段为侍童(Page)教育阶段,即将七八岁的儿童送到比自己家庭高一级的封建贵族家里充当侍童,偶尔观摩骑士比武和训练,在此过程中学习各种礼仪和弈棋、弹琴、唱歌、识字、吟诗等,此外还有宗教教育以养成对宗教的虔诚。第三阶段为侍从(squire)教育阶段,年龄为12~14岁,内容为侍候领主,与领主形影不离,继续学习贵族礼仪,并主要照料主人的日常生活。年龄再大些,便在比武场和疆场观摩、锻炼,学习使用各种武器和战斗技能。

到21岁"见习骑士"学习生涯结束时,经过仪式便可以正式成为骑士(Knight)。到时他要斋戒,祈祷忏悔,参加弥撒,领受圣餐,聆听关于道德、宗教以及骑士的军事责任的训示,并郑重保证将来必要认真去参加实践。授衔的仪式明显地程序化,按一定规定着衣,并有神甫和领主参加。此后,骑士有权参加比武大会。骑士比武得胜后,要发誓忠于君主和领主,保护教会、穷人、弱者和妇女,维护地方和平,打击异教徒,待其他骑士如兄弟,即便对待被俘的骑士也要礼仪得体;为人处世须勇敢无畏、宽宏大度,具有高风亮节和坚忍的品格。所有这些构成了所谓的骑士精神即武士道。

"骑士七技"是西欧中世纪骑士教育的主要内容,包括骑马、游泳、投枪、击剑、打猎、弈棋和吟诗。前5项为训练一个强壮、能征善战的武夫所必需;下棋是为了发展机智、沉着、判断情况和布置攻防的能力;而吟诗则是为了培养歌颂武功、效忠领主和献媚贵妇的才能。

(三)对骑士教育的评价

"所谓骑士精神实为贵族精神。骑士的美德也就是贵族的美德。它蕴涵着超越地理和王

---

① 吴于廑、齐世荣主编:《世界史》之《古代史编》(下卷),本卷主编:马克垚、朱寰,高等教育出版社1994年版,第211~212页。

朝界限的宗教因素,滋生于英雄传奇乃至'支离破碎的幻想'之中。然而这种不乏抽象的精神和跃马比武一样,成了上流社会的时尚。"①骑士是封建主中的最下层,在他们中间形成了一种尊崇侠义的精神,尤其在12世纪以前,他们身体力行,锄强扶弱,忠君爱国,向往忠贞的爱情,有助于在社会中形成一种积极乐观的人生观和现实主义的精神面貌。骑士教育注意礼仪、文雅的举止,对于以后在欧洲所出现的绅士教育有一定影响。

但骑士教育是以基督教信仰和封臣制为基础的,骑士精神的核心是勇敢杀敌,建功立业,他们所崇奉的勇敢、忠心、服从、贞洁、慷慨等等品德包含了浓厚的封建等级制的特征,并且在当时的现实生活中,很少有人能达到其"誓言中的境界"。相反,许多骑士表现出露骨的凶狠好斗、欺凌弱小、自私狡诈、贪生怕死、忘恩负义等,有的还在行为上表现出多面性。

第三节 经院哲学与中世纪大学

经院哲学作为基督教哲学在本质上是为信仰服务的。包括经院哲学在内的中世纪基督教文化是西方文化发展的有机组成部分。经院哲学作为一种理性活动,把欧洲各野蛮民族相继纳入西方文明的轨道,为近代西方的兴盛打下了基础。经院哲学对中世纪教育影响巨大,它与中世纪大学的关系密切,是当时大学的灵魂。

一、经院哲学

经院哲学(scholasticism)产生于9世纪,是最初在查理曼帝国的宫廷学校以及基督教的大修道院和主教管区的附属学校发展起来的基督教哲学。这些学校是研究神学和哲学的中心,学校的教师和学者被称为经院学者,故他们的哲学就被称为经院哲学。教父哲学"在很大程度上属于旧文明,经院哲学才是真正属于新世界的日耳曼民族的哲学形态"。②

(一) 经院哲学的历史发展

一般将经院哲学的发展分为早期、中期和晚期。早期经院哲学仍然是奥古斯丁和新柏拉图主义占统治地位的时期;中期是经院哲学的繁荣时期,亚里士多德成为哲学的最大权威;晚期是被视为异端的唯名论盛行的时期,唯名论的盛行意味着调和理性与信仰的工作终于失败,经院哲学式的理性主义从此一蹶不振。

1. 早期经院哲学

从时间上说,经院哲学的第一位重要哲学家是"中世纪哲学之父"爱留根纳(Johannes Scotus Eriugena,约800~877)。他在新柏拉图主义的影响下,建立了欧洲中世纪第一个完整的哲学体系。11世纪,一些学者开始把辩证法引入神学研究,引发了围绕辩证法问题的大争论。安瑟尔谟(Anselmus,一译安瑟伦,1033~1109)在信仰支配理性的前提下,肯定了理性对神学的作用,从而确立了经院哲学的基本立场。而围绕共相问题的争论也在经院哲学内部形

---

① 阎照祥著:《英国贵族史》,人民出版社2000年版,第61页。
② 张志伟主编:《西方哲学史》,中国人民大学出版社2002年版,第221页。

成了唯名论和唯实论这两大派别。争论促进了理性的发展。在基督教信仰的框架内,欧洲的理性主义重新抬头。

2. 经院哲学的繁荣

12～13世纪,西欧社会发生了一系列重大变化。教权在与皇权的斗争中取得明显胜利;一批大学先后兴起,成为经院哲学家进行研究、讲学和争论的场所;在修道制度改革中新产生的弗兰西斯修会和多米尼修会热心于学术活动,强调布道和教学,注重在有大学的城镇中活动,也对经院哲学的发展起了重要的推动作用,造就了很多著名学者。这些都为经院哲学的繁荣提供了重要的外部条件。而就哲学本身而言,亚里士多德主义的重新兴起是一个重要的契机。在基督教哲学取得国教地位以后,古希腊哲学的传统被迫东移,辗转经由波斯、叙利亚,最后在阿拉伯人那里达到一定程度的繁荣,形成了具有阿拉伯色彩的亚里士多德主义,主要代表人物是阿威森纳(Avicenna)和阿威洛依(Averroes)。12世纪,由于种种原因,东西方之间开始进行日益频繁的接触,古希腊文明又回到拉丁世界,形成了所谓阿拉伯亚里士多德主义。注重理性的亚里士多德哲学的传入在基督教神学的封闭阵地打开了一个缺口。

在12世纪的西欧大学,特别是在当时的理论中心巴黎大学,掀起了学习和研究亚里士多德哲学的热潮。起初,罗马教会对亚里士多德思想的传播进行了压制和禁止,但亚里士多德哲学依然是欧洲各大学最受欢迎的哲学学说。许多教师和学生甚至以能够援引亚里士多德哲学为理论依据为荣。在压制被证明无效以后,教会转而加以利用。从1366年起,罗马教会以命令的形式规定必须研究亚里士多德的逻辑学,后来又规定必须研究他的形而上学和物理学,否则就不能得到优等学位。

13世纪中叶,力主全面接受亚里士多德哲学的阿威洛依主义、主张守旧的弗兰西斯教派和走中间道路的以阿尔伯特(Albertus Magnus,1193～1280)和托马斯·阿奎那为代表的多米尼克派展开激烈论证,史称"巴黎大论战"。托马斯·阿奎那的《反异教大全》和《神学大全》等著作无论是在哲学、神学还是教育上都是中世纪欧洲最重要的著作。他开辟了一条新的途径,把新柏拉图主义和亚里士多德哲学结合起来,利用亚里士多德哲学为基督教神学服务。

3. 经院哲学的衰落和解体

"托马斯所代表的理性主义的胜利使经院哲学达到了空前的繁荣,但是这种胜利对于经院哲学来说无异于饮鸩止渴。"[1]人们把亚里士多德哲学比做希腊人留给基督教的"特洛伊木马",正是托马斯把这匹木马拖进了经院哲学。随着欧洲文明的进一步发展,经院哲学的衰落成为不可阻挡的趋势。罗吉尔·培根(Roger Bacon,1214～1294)以其卓越的实验科学思想和哲学思想预示了新时代的曙光。以邓斯·司各脱(Johannes Duns Scotus,1270～1368)为代表的司各脱主义和以威廉·奥卡姆(William of Occam,约1300～1349)为代表的奥卡姆主义发扬了唯名论思想,还企图恢复奥古斯丁时代宗教的纯洁,把理性从神学中排斥出去,从而在客观上导致了理性的独立。在德国,以艾克哈特(Meister Eckhart,1260～1327)为代表的神秘主义思潮以另一种形式宣告了经院哲学以理性论证上帝这种企图的失败。所有这些因素的共同

---

[1] 张志伟主编:《西方哲学史》,中国人民大学出版社2002年版,第268页。

作用,再加上14世纪由意大利发端的文艺复兴人文主义运动,导致了经院哲学的衰落和解体。

(二) 经院哲学研究的主要问题、本质特征和历史意义

1. 经院哲学研究的主要问题

经院哲学研究的主要问题是共相和殊相、一般与个别之间的关系问题。围绕这个问题的争论,哲学家们分为两大派别,一派被称为"唯实论",主张普遍的共相是真正的实在,殊相或个别的东西只是现象而已;另一派被称作"唯名论",认为个别的东西才是真实的存在,共相不过是概念、语词而已,并无实际存在的意义。为什么共相与殊相的关系这个似乎与宗教不相干的逻辑或哲学问题成了经院哲学的主要问题?这个问题非常复杂,而且很难做出完满的解释,主要与希腊哲学传统、中世纪早期日耳曼民族的文化水准以及基督教调和理性与信仰的关系等相关联。①

从思想渊源来说,中世纪经院哲学是柏拉图主义与亚里士多德思想的奇特混合物。在托马斯·阿奎那之前,从教父哲学到早期经院哲学一直是柏拉图主义的天下。经过阿奎那的努力,亚里士多德成为中世纪经院哲学的最高权威,他的形而上学为哲学家们提供了一个深邃的思想领域,他的逻辑三段论则为哲学家们提供了推理论证的方法。与此同时,柏拉图主义和奥古斯丁的思想始终发挥着重要作用。

2. 经院哲学的本质特征

从本质上说,经院哲学是"神学的奴婢":上帝是最高的超验的实体,而整个体系是高度抽象的和形式化的,从而造就了从概念到概念的抽象繁琐的方法论特征。经院哲学所研究的问题在今天看来也许十分荒唐,例如基督教教义说人死了以后可以复活,经院哲学家们便研究死了的人将在什么年月复活;他们复活时是作为儿童还是青年,是作为成年还是老年;复活时的面貌如何,体格如何;是否胖子复活后仍是胖子,瘦子复活后仍是瘦子;在复活的生活中男性女性的区别是否继续存在;他们争论不休的问题还有:一个针尖上站几个天使,是人牵羊还是羊牵人,等等。

3. 经院哲学的历史意义

11世纪的经院哲学中出现的唯实论和唯名论的争论促进了哲学的发展,也锻炼了人们的思维能力。教会认为唯实论符合教义,将其作为他们神学的理论基础,而视唯名论为异端,对唯名论者进行谴责和迫害。经院哲学作为基督教哲学在本质上是为信仰服务的,但它毕竟是理性活动。包括经院哲学在内的中世纪基督教文化是西方文化发展的有机组成部分,它把欧洲各野蛮民族相继纳入西方文明的轨道,招展了文明世界的领域,为近代西方的兴盛打下了基础。

二、中世纪大学

中世纪大学的产生与城市经济的发达、阿拉伯文化的传入、经院哲学的发展和学者游历讲学的传统等都有密切的关系。早期著名的大学有萨莱诺大学、波隆那大学和巴黎大学。中

---

① 限于篇幅,关于这个问题的复杂原因请参见张志伟主编:《西方哲学史》,第222页。

世纪大学的行政制度有两种类型,即由学生和由教师掌管行政。在大学产生之际,教会就试图加以控制。中世纪大学在传播文化和提高人的知识方面起到了积极作用。但由于大学与经院哲学的密切联系,就造成了后世西方思想家所不断抨击的"经院习气"。

(一) 中世纪大学兴起的历史背景

经过500多年的缓慢发展,到11世纪时西欧经济开始复苏。商品生产和贸易的发展,促进了城市的兴起。阿拉伯文化随着贸易的发达,由西班牙传入西欧。十字军东征为东西方人民带来了深重的苦难,但东征的另一个结果是沟通了东西方交通,把东方较发达的文化尤其是阿拉伯文化传播到了西方。11世纪,阿拉伯人的数学、天文学都达到了较高的水平,并且他们保存了古代希腊文化。西欧人经过阿拉伯人认识了古希腊的自然科学、医学、哲学,从而扩大了自己的视野。

(二) 著名的中世纪大学

1. 萨莱诺大学

最早的中世纪大学产生于意大利南部那不勒斯附近的萨莱诺(Salerno),那里环境幽美,气候宜人,有矿泉水可供治病。这里原有一所著名的医学校。修士君士坦丁·阿弗利坎那斯(Constantius Africanus)在这个学校里做了许多有益的工作。他是一个犹太人,游历过东方各国,并把希腊及阿拉伯人的医学名著译成拉丁文。他的活动吸引了各国青年前来学习。师生们一起在原有医学校的基础上建成了西欧中世纪的第一所大学。1131年,德国皇帝巴巴罗撒发布敕令,承认它是一所专门从事医学教育和研究的大学。

2. 波隆那大学

12世纪上半叶,被人们遗忘数百年之久的罗马法被重新发现,意大利北部诸城市由于政治经济的需要掀起了研习罗马法的热潮,这些城市以罗马法作为向教皇、皇帝、国王和贵族争取自治权的法学根据。波隆那大学(Bologna)是由各地来这里学习法律的学生自行组织起来的。他们自聘教师,自出办学经费,和教师一起组建了波隆那大学。皇帝巴巴罗撒于1158年下手谕正式承认它为正式大学。

3. 巴黎大学

12世纪的巴黎是当时法兰西王国的首府,文化气氛活跃。巴黎大学是在巴黎圣母院的附属神学院基础上建立起来的。在它的创建中起重要作用的是经院哲学家阿伯拉尔(Petrus Abaelardus, 1079~1142)。他是一个唯名论者,认为理性应在信仰之先。他在教科书《是与否》中提出的问题诸如人类的信仰是否应根据理智,上帝是不是唯一的,上帝是否为实体,上帝是否为灾祸的制造者,上帝是否全能,基督的血肉是否真在祭坛的圣餐中,等等。这些问题在基督教教会看来是渎神的行为,他的著作多次受到教会的谴责。巴黎大学是在1180年为法国国王路易七世所承认的。

4. 其他中世纪大学

据教育史学家说,英国牛津大学是1168年从巴黎大学分出,剑桥大学是1209年从牛津大学分出,成为独立的大学。13世纪以后,各国学者和世俗封建主竞相建立大学。13世纪和14世纪,意大利有大学18所,法国16所,西班牙和葡萄牙共15所。布拉格大学创办于1348年,维也纳大学创办于 1365 年,海德堡大学创办于 1386 年。

(三) 中世纪大学的主要类型及其管理

中世纪大学一般分为文学、法学、医学、神学四个学院。开办之初仅是一些独科性的大学,如波伦耶大学开始时只有法科,1316 年始增设医科,1360 年增设神学院。巴黎大学原来只有文学及神学院,后来增设教会法及医学。早期大学具有相对独立性。从法律上讲,大学是由皇帝、教皇和国王批准的,它不受当地教会和封建领主的管辖。

1. 学生组织与教师组织

来自不同国家和地区的学生,为了保护自己不受当地教会和世俗封建主的迫害,按原籍组成"同乡会"(nation),以保护自己的利益。同时,他们模仿手工业行会,将他们自己的组织称为"师徒会社"。大学(universitas)这个词的原义是"会社",是由一伙人所组成的、具有法权的合法团体。"同乡会"的领导人由选举产生,叫做顾问,任期一年。大学的学生来源于不同的国家和地区。学生成分也很复杂,大多数学生是贵族出身或是商人子弟,有一些是高级僧侣如主教、大僧正等,也有少数出身贫穷的子弟。穷学生可以得到大学的补助,供给其膳宿等。

教师的组织称作"教师会"(facultas)。这个词的原义是一种学科,后引申为专教某一学科的教师团体。教师会也与行会组织相似。以往教学只是师生之间的私事:学生按照事先商订的契约交纳学费,教师则按照契约上课,否则要受罚。后来教师相约组成教师会,一般要有学历并经过考试,合格者再通过隆重的仪式才能接纳入教师会,被授予教师执照。当时,共有医学、文学、法学和神学四种教师会,每个教师会每年选一名主任。同乡会的顾问和教师会的主任共同组成大学委员会,校长由委员会选举产生,任期一年。

2. 大学行政与学制

西欧中世纪大学的行政制度有两种类型:一种以波隆那大学为代表,由学生掌管学校行政,由学生充任校长;一种以巴黎大学为代表,学校行政由教师掌握,校长由教师担任。南方诸国如意大利、西班牙和葡萄牙以波隆那为范例;北方诸国如英国、德国、丹麦和瑞典则以巴黎大学为模式。大学能从教会和国王、皇帝那里争得一些特权,教皇、国王、皇帝也要利用大学为其争夺权力服务。大学生后来得到了免税、免服兵役、自立法庭、讲演、罢教以及由一地迁往他地等的特权。

学生入学一般无年龄限制,14 岁即可入大学文科。先是学习"七艺",修学年限是 4～7 年,具备读、写、说拉丁文能力并使教师满意后便可取得"学士"学位。"学士"开始时并非正式学位,只是标明他开始取得学位候选人的资格。14 世纪以后才成为正式学位。获得学士学位后仍要继续学习 4～7 年,经过考试和论文答辩才算完成学业。通过论文答辩者获得硕士和博士学位,可以在任何大学任教。

(四) 教会对大学的控制

在大学产生之际,教会就试图加以控制。波隆那大学是在讲授罗马法的基础上建立的。教会仇视罗马法,要求讲授教会法。在教会的挑动下,主张讲罗马法与主张讲教会法的两派学生长期斗争,甚至引起暴乱。教会注意的重点是巴黎大学。在巴黎大学任职的教师要得到巴黎教会负责巴黎大学事务的教务长发给的教师执照。巴黎大学的师生与教会的教务长进行了长期斗争。直到 13 世纪，巴黎大学教务长才不能任意拘捕师生，并须按规定给合格教师发放执照。教会对巴黎大学的控制还表现在，派遣多明我教团和圣方济教团的托钵僧打入大学，以控制学生的思想言行。

教会控制大学的关键是限制大学的教学内容。在亚里士多德的问题上，大学师生与教会展开了激烈斗争。12 世纪末亚里士多德的著作开始逐步被译成拉丁文，并在巴黎、牛津等大学成为最高权威。教会在 1209 年和 1215 年编制了禁书目录。1209 年，教会开始谴责亚里士多德的《物理学》。1210 年，巴黎宗教会议决定把追随亚里士多德著作的大学师生一律革除教籍。1215 年，教会开始谴责亚里士多德的《形而上学》。后教会迫于形势不得不改变策略，变禁止为利用。经过托马斯·阿奎的改造以后，1254 年，亚里士多德的《物理学》和《形而上学》被正式列为巴黎大学的课程。

（五）中世纪大学的历史地位

中世纪大学的产生，如在浩瀚的荒漠上现出了点点绿洲，给人以生机，给人以希望。多少世纪以来，人们饱受愚昧的折磨，人们渴望知识，到处寻觅知识，大学满足了人们的需求。它在传播文化、提高人的知识方面起到了积极的作用，培养了像罗吉尔·培根、约翰·司各脱等这样的科学家和思想家。唯实论者托马斯·阿奎那按照神学改造亚里士多德思想的同时，在客观上传播了古希腊的世俗文化。另一方面，大学又受制于教会，由于它们与经院哲学的密切联系而成为禁锢人们思想的场所。在教会的控制下，总的说来中世纪的大学轻蔑自然、经验和社会现实，崇拜权威，信仰教义，这使其教学内容贫乏，与现实隔绝，教学方法繁琐、死板，充满形式主义。这些就是后世西方思想家所不断抨击的"经院习气"。

第四节　行会学校和城市学校

中古西欧的城市是西欧封建社会的工商业中心和政治文化中心。西欧封建政权分散，城市都坐落在封建领地上，国王和封建主可以根据领主权对城市居民进行剥削。如果居民的身份是农民，还要求他们履行农奴义务。城市居民的这种低下的地位不利于城市工商业的发展，所以许多城市用金钱向封建主赎买自由，建立自由城市。城市的自由和自治一般以封建主或国王颁发的特许证为凭据。即使是自治城市，在政治上也不能完全摆脱封建主和国王的统治。王权强大以后，政治趋向统一，城市的自治权都被收回。在英、法王权强化的过程中，城市曾起了一定的积极作用。国王给封建主领地上的城市颁发特许证书，既削弱了割据势力，又博得了城市的拥护，把持市政的城市贵族一般都支持国王。① 在上述背景下，城市文化教育逐渐发达，到 12 世纪末，城市学校培养的法学家很多都成为国王统治机构的重要成员，教士已不再是国家文官的唯一来源了。

（一）行会学校

12～13 世纪，欧洲社会较为稳定，手工业产品的需要量迅速发展，出现了不同的行业和具

---

① 吴于廑、齐世荣主编：《世界史》之《古代史编》（下卷），第 209 页。

有不同能力的技工。为了保护自己的利益和避免不良竞争,出现了中世纪欧洲的行会。随着手工业的发展壮大,行会势力往往成为一个城市具有决定意义的经济力量。行会在创办学校和发展职业技术教育方面曾起了组织、领导和管理者的作用。"这对教育有两个促进作用:一方面,他们关心行会成员的子女的普通教育。行会经常提供经费来加强和扩大学校,以便更好地关怀成员们的子女。另外,行会自己办学校,雇教师,付工资,并且试图去控制儿童所需要的教育。"①

1. 行会的艺徒制

由行会监督的艺徒制度是由师徒之间的契约来约束的。契约由师傅和儿童的父亲共同签订。契约对学徒的规定是:在学徒期内(一般是7年)绝对服从师傅的命令;不得泄密;不得擅离职守;要保护师傅等。如有违背,要给师傅以赔偿。契约对师傅的要求是:不加保留并以最好方法将技艺传授给徒弟;向学徒提供食宿和衣着等。学徒期满,合乎出师条件者便可出师,成为帮工(熟练工人),并可以从师傅那里取得工钱。帮工可以到各地为不同的师傅工作,以便增长阅历,使技术更加娴熟,达到作为一个师傅所应具备的技艺水平。帮工的技艺达到专精程度以后,再提供一件精心制作的作品给师傅及行会鉴定。如获通过,就可以得到师傅称号。然后,才可以独立开业,有自己的店铺,收学徒,雇熟练工人。

欧洲行会的艺徒教育开了西方教育史上职业教育的先河。艺徒教育在传授技艺的同时注重道德培养。但行会的艺徒制度带有浓厚的封建等级制色彩,常被师傅所滥用。师傅对待徒弟像仆人,倾向于让学徒打杂而不是学习技术。14世纪以后,行会制度已失去其进步意义。

2. 行会对教育的促进

行会在办学事业上也起过积极作用。行会为了本行会会员子弟能受到必要的文化教育,对于创办学校颇为热心。英国在33种行会中有28种设立了学校。至今存在的有绸缎学校和文具商学校等。伦敦的泰勒学校后来成为英国的九大公学之一。日耳曼地区的慕尼黑设有技艺学校,柏林的"裁缝行会"也设立了学校。现代德国著名的"双元制"职业教育就是从手工业行会教育发端的。

(二)城市学校

罗马时代的很多学校是由城镇或都市资助和控制的。当基督教学校发展起来以后,很多城市学校失去了支持,被废弃或衰弱了。12~13世纪,随着时局的稳定和商业的发达,很多城市繁荣起来,新兴市民的势力也逐渐壮大。他们不满足于基督教学校提供的教育,而基督教学校也不愿提供市民所需要的世俗教育。在这种情况下,新兴市民只有自己设置学校,城市学校开始了它的重新恢复和发展时期。城市建立学校,选择教师并付给报酬,并决定什么样的儿童可以入学。在国王和统治者的帮助下,德意志和苏格兰从教士手中夺取并掌握了教育权,兴建了一批由市政府创办的学校,这些学校由市政府供给经费,由市政府任命校长和教师。

---

① [美]S·E·佛罗斯特著,吴元训等译:《西方教育的历史和哲学基础》,华夏出版社1987年版,第170页。

拉丁文法学校是这个时期最大的教育机构，它吸引了市政当局的很大兴趣。它们被作为进入上层社会、准备就业和在政府工作的途径。和教会控制的拉丁文法学校不同的是，城市控制的拉丁文法学校服务于城市自由民的兴趣和需要。

由于贫苦阶层要求用本族语而不是拉丁语教学，这一时期还出现了用本族语教学的由城市管理的小学，教授在商业生活中所需要的读和写。1320年，布鲁塞尔就出现过很多这样的学校。城市中的所有小学都允许用本国语进行教学。这是近代小学的前身。

基尔特学校（行会学校）、城市学校的出现，挑战了教会对教育的垄断。以往地方教士都是本地区的文书和读经师，他们给人写合同、立遗嘱、写信和负责保护人们的档案，现在城市学校用本族语教授读和写，实际上就抢了教士的饭碗，两方面势力为此而明争暗斗。在不同的城市，两种势力消长的情况存在差异，有时两者往往达成一定的妥协。

本章小结

15世纪文艺复兴时期的人文主义者把西欧中世纪早期说成"黑暗时代"，16世纪的新教接受了这个观点，甚至将中世纪早期称为"千年黑暗"。后来西方学术界一直沿用这种观点。这种全面否定中世纪的状况一直到20世纪20年代才有了根本的改观。美国哈佛大学历史学教授哈斯金斯（Haskins）在自己的作品中重新评价了西欧中世纪的地位，由于一批学者的共同努力，使"12世纪文化复兴"成为西方历史学中的显学。

诸多史料表明，在那个特定的时代，基督教会及其教育对中古欧洲的政治、文化和教育的发展确实作出一定贡献。西欧中世纪的基督教学校是近代公立小学的基础；骑士制度对西方后世绅士教育的发展有深刻影响；中世纪大学虽然不是近代意义上的大学，但欧洲很多古老的大学是从那里发端的；新兴市民的行会学校和城市学校也为后世西方的职业教育和近代小学教育的发展奠定了重要基础。

但我们也应看到，基督教教育作为一种宗教文化存在着很大的局限性。在教育史上，中世纪被称为"神性时代"，神对人的思想、精神甚至肉体的控制被认为是这一时代教育的基本特征。首先是教会一统的强制文化对教育的负面影响。中世纪早期的社会动荡与权力真空使基督教会成为西欧社会与精神生活的领袖，也使当时的西欧成为基督教的天下，基督教会成为西欧最大的封建主，基督教神学理论成为主流意识形态。教会一统文化将人视为有罪的羔羊，将教育看成使人皈依上帝的工具。其次，中世纪基督教的知识观也具有明显的局限性。信仰高于理性，知识的价值与教学内容的选择，都受到基督教神学的深刻影响。科学知识或被拒斥，或遭剪裁和改造甚至迫害。"古代社会过渡到近代社会时期，教会对教育的垄断持续了一千多年，这对欧洲理智生活的影响极大。最明显的结果，是教会把普通知识限制在它的兴趣和教义固定范围之内。""结果，理智方面的探索被迫花了几个世纪的精力去重新发现古典文化。"[1]

---

[1] ［英］博伊德、金合著，任宝祥、吴元训主译：《西方教育史》，人民教育出版社1985年版，第99～100页。

思考题

1. 西欧中世纪教育的发展受到哪些重要历史因素的影响?
2. 简述基督教会和基督教文化对西欧中世纪教育的影响。
3. 简述《本尼狄克教规》及其教育意义。
4. 简述"七艺"的内容和意义。
5. 简述西方修道院制度在教育史上的地位。
6. 简述查理曼大帝的教育改革。
7. 西欧中世纪骑士教育制度述评。
8. 简述"骑士七技"。
9. 简述经院哲学及其与中世纪大学的关系。
10. 西欧中世纪大学述评。
11. 简述西欧中世纪后期城市学校的兴起及其发展特征。
12. 简述中世纪的艺徒制及其在西方职业教育史上的地位。
13. 简述中世纪行会在发展城市教育方面的贡献。

第六章 拜占廷和阿拉伯的教育

在世界教育史上,拜占廷与阿拉伯的教育占有重要的地位。由于历史的原因,与西欧中世纪处于同一历史时期的拜占廷与阿拉伯的教育发展呈现出不同的历史图景,一方面,拜占廷与阿拉伯在保存古代希腊和罗马文化方面,以及在沟通东西方文化方面,都作出了重要的历史贡献;另一方面,拜占廷与阿拉伯的文化因其自身所具有的特色而在世界文化教育史上熠熠生辉。

第一节 拜占廷的教育

西罗马帝国于476年灭亡后,西欧的历史和文化由于蛮族的征服而发生变异。东欧的拜占廷虽因蛮族冲击而发生动荡,但帝国政权保存下来,并一直存在到1453年被奥斯曼帝国灭亡为止。这种情况使得拜占廷帝国成为古希腊、罗马文化的直接继承者。"在世界文明史上,拜占廷文明并非一个孤立的历史和文化现象。一方面,它是西方文明的一部分,确切地说,是古希腊、罗马文明的延续;另一方面,它又影响了近代西方文明,尤其是斯拉夫文明的形成。作为中世纪史的构成要素,拜占廷文明在古代文明和近代文明之间起了不可替代的桥梁作用。拜占廷不仅与西方文明的关系源远流长,而且与东方文明联系密切。"①

一、拜占廷文明的历史特征

民族迁徙引起的战争导致罗马帝国出现军事、政治和经济危机。在此情形下,罗马帝国的中心开始转移到巴尔干和小亚细亚方向。最后,君士坦丁大帝选定了拜占廷(Byzatine)这座始建于公元前657年的古希腊商业殖民时代的港口城市,下令重建。为强调拜占廷与罗马的传统关系,谓之"新罗马",即君士坦丁堡(Comstantinople)。君士坦丁大帝虽未能重振罗马帝国昔日的雄风,但在罗马帝国行将就木的肌体内却培育出了一个新的生命,其领土包括小亚细亚、叙利亚、巴勒斯坦、埃及、美索不达米亚以及南高加索的一部分。

(一)拜占廷帝国避免灭亡的历史原因

拜占廷帝国从奴隶制向封建制的过渡是从7纪开始的。9世纪中叶,封建制度加速发展,11世纪末,基本完成封建化,确立了封建制度。拜占廷的政治和经济有许多不同于西罗马帝国的特征,从而使其避免了西罗马的灭亡命运。首先,拜占廷保留着较多的自由农民阶层,奴

---

① 张广翔、刘玉宝著:《拜占廷文明的特征及对世界文化的影响——卡尔波夫教授吉林大学讲学综述》,《史学理论研究》2007年第3期,第155页。

隶制大田庄在这里的农业生产中不占主要地位,因而农业中的奴隶制危机不像西罗马帝国那样严重。其次,拜占廷的城市没有出现衰落现象,工商业和对外贸易持续发展,政府从工商业税收中得到大批金钱,可以有足够的力量抵御异国的入侵和维持国内统治。再次,拜占廷的基督教会从未像西欧基督教会那样成为独立于世俗政权之上的政治势力,而是始终在世俗政权的控制之下。最后,拜占廷发达的经济和各级世俗政府都需要有文化的、受过教育的官吏,使古代文化和学术受到保护。

(二) 构成拜占廷文明基础的基本特征

学者认为,构成拜占廷文明基础的几大特征是:(1)宽容的民族政策。由于其领土包括埃及、叙利亚和美索不达米亚,使其文化具有东西方文化的混合特征。拜占廷官方标准语是公元前5世纪的希腊语。6世纪前,拜占廷帝国的民族构成是巴尔干人、小亚细亚人及克里米亚人等,他们使用不同语言,官方语言为拉丁语。但在拜占廷帝国境内操拉丁语的人只占少数,绝大多数人操希腊语。从6世纪起,希腊语逐渐成为拜占廷帝国的通用语言。很难想象,15世纪拜占廷帝国的官方标准语仍是公元前5世纪的希腊语。古希腊语是拜占廷人进入上流社会的敲门砖,是当时社会精英的一种标志。但只要承认并效忠帝国君主、信奉东正教、生活在帝国领土上并向君主纳税以表示对君主的归属的人皆可以成为公民,民族属性并不重要。(2)拜占廷的法律是罗马传统的延续和发展。罗马法真正形成的时间不是在罗马帝国时期,而是在拜占廷帝国时期。编纂于6世纪的《查士丁尼法典》经《拿破仑法典》的发扬光大,成为现代西方社会法律的基础和范本,它代表着以私有制为基础的法律的最完备形式。(3)拜占廷具有东方专制特征。为达到让血亲继承皇位的目的,拜占廷帝国特设了联合执政官之位,以此动摇了选举制基础,走向东方式的君主专制。(4)拜占廷文明的另一最主要特征是人与上帝的关系。拜占廷人抱有这样的信念——人可以同上帝直接对话。无论是谁,只要保持缄默、潜心祈祷,他便能在肉体上与上帝接近。此时,人的灵魂就会得到净化。这便是所谓的神灵论。① 因此,在人们的宗教信仰方面,拜占廷教会不像西欧中世纪罗马教会那样拥有重大的权力。

二、拜占廷各时期的文化教育概貌

4世纪末,罗马帝国的东西两部分开始分道扬镳。东罗马帝国的诸种文化因素经过长期的冲突和融合,最终形成独具特色的拜占廷文化。4~5世纪,东罗马帝国处于由古典文化向中世纪拜占廷文化发展的过渡时期。这是一个多种文化冲突与交融的过程。在狄奥多西二世以后,拉丁文地位不断下降,逐步被希腊文所取代。历史学家认为,在东罗马起重要作用的文化因素主要有三个:一是古希腊、罗马的文化传统,包括希腊化时代的文化传统;二是新兴的基督教文化因素;三是近东文明古国的文化影响。这三种文化因素交互作用的结果是最终形成了中世纪的拜占廷文化。②

---

① 张广翔、刘玉宝著:《拜占廷文明的特征及对世界文化的影响——卡尔波夫教授吉林大学讲学综述》,《史学理论研究》2007年第3期,第156页。
② 吴于廑、齐世荣主编:《世界史》之《古代史编》(下卷),本卷主编:马克垚、朱寰,高等教育出版社1994年版,第167页。

(一)《查士丁尼法典》与法学教育

历史学家认为,罗马法的全盛时期不是在罗马帝国时期,而是在拜占廷帝国时期。查士丁尼皇帝统治时期(527~565)被认为是拜占廷历史上的第一个"黄金时代"。随着政治、经济和军事的发展,文化学术也有显著进步。为总结古罗马的统治经验,帝国成立了罗马法编纂委员会,审订自哈德良皇帝(117~138 年在位)以来 400 多年间罗马历代元老院的决议和皇帝诏令,删除其中已失效和相互矛盾部分,于 529 年编成《查士丁尼法典》,共 10 卷。后来又把历代法学家解释的论文汇总整理,于 533 年编成《学说汇纂》50 卷,同年又颁布《法理概要》,又称《法学家指南》。它简明扼要,是学习罗马法的教材。最后又将 534 年以后颁布的法令于 565 年汇编为《新法典》(又译作《新律》),作为《查士丁尼法典》的续编。上述所有法律文献统称《罗马民法大全》。这部法律文献肯定了皇帝的专职权力,把皇权视为至高无上。它是欧洲历史上第一部系统完备的法律文献,对后世立法影响深远,也是法学教育的主要文献。

(二)圣像破坏运动与教会教育

历时 117 年之久的圣像破坏运动(726~843)对拜占廷文化教育的发展有重大影响。这场社会运动在拜占廷确定了皇权高于教权的原则,使教会及其教育没有像西欧那样达到影响政治和垄断教育的地位。

查士丁尼曾对西方进行征服,目的是恢复昔日的罗马帝国。但在他死后,拜占廷在西方的领土逐渐丧失。7 世纪以后,拜占廷开始全面衰落,政治、经济、社会和民族危机交织在一起,使拜占廷面临生死存亡的关头。6~7 世纪的拜占廷几乎是在战争中度过的。拜占廷征服西方的战争打了 20 多年(533~554),在东方与波斯争夺两河流域平原的战争断断续续打了一个世纪(527~628)。6 世纪末和 7 世纪初,又不断反击阿瓦尔人和斯拉夫人的入侵,这些游牧民族多次进攻君士坦丁堡,直接威胁到帝国的生存。7 世纪 30 年代,阿拉伯人从南方崛起,在短短 20 年内征服了半个拜占廷帝国。在 7 世纪 70 年代,阿拉伯舰队几乎每年夏季都要出征君士坦丁堡,对拜占廷国家的存在构成最严重的威胁。希拉克略王朝时期(610~711)被称为拜占廷历史的"黑暗时代"。

在长期对外侵略扩张和遭受外族入侵威胁的拜占廷,战争已成为国家和政府的经常性职能,军事在拜占廷的各行各业中占据特殊地位。立奥三世(717~741)为了保障新兴军事贵族的利益,从 726 年起宣布反对圣像崇拜,掀起了一个全社会的圣像破坏运动。教会和修道院的圣像、圣迹和圣物被捣毁,土地和财产被没收,修士被迫还俗,参加生产,承担国家赋税和徭役。尽管 843 年狄奥多拉重新宣布恢复圣像崇拜,但拜占廷教会元气大伤,皇权高于教权的原则继续存在,教会被没收的土地和财产也无法收回。取得土地的军事贵族成为不同等级的大封建主,拜占廷封建化过程前进了一大步。

在反圣像破坏斗争中,圣像崇拜者的代表人物狄奥多尔一向致力于使东正教摆脱皇权的控制。在担任君士坦丁堡的斯图狄乌斯修道院院长期间,他使遭受打击一度衰落的该修道院得到恢复。他为修道院制定了新规则,通过修道院学校提高修士的文化知识。所有修士都要学习《圣经》和教父的著作,训练阅读和写作,练习写圣诗等。他的布道讲演汇成《大小教义问答》,在民众中广为流传。

(三) 阿摩里亚王朝和马其顿王朝时期高等教育的发展

阿摩里亚王朝(820～867)时期的教育得到很大发展。恺撒·巴尔达斯在君士坦丁堡宫廷创建了一所高等学校,引进异教时代的"七艺"进行教学,后为拜占廷和西方学校广泛采用。这所学校免费招收贵族子弟入学,聘请著名学者担任教授,教授的高薪由政府支付。

在马其顿王朝(867～1056)时期,恺撒·巴尔达斯兴办的高等学校更加兴盛。它不仅是培养高级人才的学府,也是学者荟萃的学术中心。9世纪后半期的学术领袖正是两次出任大教长并在巴尔达斯学校里任教的佛提乌斯(?～891)。他受过良好教育,才华过人,知识渊博,热衷教育。他既精通神学、哲学、史学、法学、语法和修辞学,还通晓医学和自然科学。除教书外,他还致力于写作,留下了一批丰富的文化遗产,其中最著名的是《群书摘要》。

马其顿王朝时期的学术和艺术也得到发展。这个时期拜占廷学术发展的重要特点是世俗因素和神学因素的逐渐融合,形成了拜占廷文化教育发展的"第二个黄金时代"。佛提乌斯的学生、皇帝立奥六世(886～912)创造了一种尊师重道、勤奋好学的气氛。他奖掖学术,保护学者,皇宫时常成为学者聚会的中心。立奥六世的文化学术政策为其以后的发展奠定了坚实的基础。

10世纪拜占廷的著名学者是君士坦丁七世(913～959),人称"皇太子"。他儒雅好学,潜心学术,保护教育,热衷著述。他身为帝王,却把国务委托他人处理,自己亲自参加文化学术活动,并成为这一时期文化学术的带头人。罗马人一直重视历史的垂训作用,以鉴往知来。在他的倡议下,开始编撰一部卷帙浩瀚的历史丛书,题名为《狄奥方内斯著作续编》,实质上是9～10世纪拜占廷的历史著作汇编。它对于研究阿摩里亚王朝和马其顿王朝前期的历史有重要意义。

三、拜占廷的学校教育

拜占廷教育继续了古典教育传统,大大高于同时期的西欧。希腊语仍是教学用语。当西欧的高等教育完全绝迹的时候,拜占廷的高等教育却继续存在。7世纪前,拜占廷的高等学校遍及各行省的首府。7～8世纪,各地高等学校相继减少。

(一) 世俗学校教育

5世纪时,西罗马帝国的高等学校已经绝迹,而君士坦丁堡大学却仍具有蓬勃的生机,它是拜占廷最具影响的大学,有30位教授分别主持希腊文、拉丁文、罗马演说术、智者派学说、法学、哲学等的31个讲座。修学年限为5年。教学内容以"七艺"为基础课,"七艺"之上有哲学和法律学。该大学在7～8世纪时曾二度衰落,9世纪时,在著名自然科学家、哲学家利奥的主持下再度兴隆。这时,设有哲学、几何学、天文学、语言学等讲座,并教授数学、音乐、语法、法律、医药等学科。

拜占廷的专科学校也较为发达。较为著名的有贝鲁特和君士坦丁堡的法律学校、雅典的哲学学校、亚历山大里亚的医学校和哲学学校。为了培养司法工作者以及律师,并使政府官吏懂法、知法和依法办事,查士丁尼推行法律教育,因而成立贝鲁特法律学校、君士坦丁堡法律学校等等。法律学校修学年限是5年。在拜占廷的教育体系中,私人讲学也占着一个重要的地位。它在传播古典文化方面起了一定的作用。

(二) 教会学校教育

拜占廷教会比西罗马教会更早关心学校教育问题,也比西罗马教会更早提出了教士应承担教师职责的问题。680年,君士坦丁堡教会曾发出两个关于学校教育的通谕。第一个通谕是关于主教学校和修道院学校的,第二个通谕则要求农村和城镇教士开设的学校主要应该教文法。

教会所办的学校主要是修道院学校和主教学校,都是培养神职人员的高级学校。修道院学校最初是在拜占廷的土地上办起来的,以后才逐渐传入西欧各地。它们的教育内容完全是宗教性的。6~11世纪,主教学校在拜占廷得到了较大发展。君士坦丁堡大主教学校是拜占廷最高级的主教学校,对任教者考核严格,是当时最高的神学研究中心。学生不仅学习七艺和科学,还研究古代哲学家的著作。在圣像破坏运动中,这里是圣像崇拜派的堡垒。

四、拜占廷文明对世界文化教育的影响

当西欧各国正忙于建邦立业之际,君士坦丁堡早已是人口逾百万的繁华都市。拜占廷高度发达的封建政治、经济、军事、文化、宗教和艺术等,对东欧其他国家和民族都产生了或直接或间接、或大或小的影响。整个中世纪,拜占廷都是东方与西方、欧洲与亚洲经济和文化教育交流的桥梁,在保存和传播古代西方文化和沟通东西方文化方面,拜占廷作出了自己的贡献。拜占廷的文化和学校发展水平也远远高于同一时期的西欧。

拜占廷文明对世界文化教育的影响主要表现在以下几个方面。第一,借十字军东征和威尼斯共和国的海上贸易,西方人在拜占廷帝国发现了古希腊、罗马文化经典作品的手稿。只是在将上述作品翻译之后,西方人才真正了解了古希腊、罗马文化。第二,在拜占廷文明早期形成的《罗马民法大全》,不仅是《拿破仑法典》的范本,也是现代资本主义国家制定法律的依据,它较为全面和系统地保护了私有制。第三,西方乃至东方的建筑、书籍装帧及镶嵌画艺术等深受拜占廷文明的影响。拜占廷文明对斯拉夫文化的影响则更为深远而广泛,它不仅为俄罗斯提供了国家形式和官僚体制,更为俄罗斯文化奠定了从语言文字到宗教信仰的精神基础。第四,拜占廷的文化教育在13世纪以前,尤其是在11世纪以前,高于西欧和东欧。它对东欧的一些国家如保加利亚、塞尔维亚、俄罗斯等,有着较大的影响。第五,拜占廷的文化教育对于文艺复兴也起着积极的作用。当土耳其人在1453年占领君士坦丁堡以后,拜占廷的学术便大量传入欧洲,从而对西欧的文化教育造成了重大的影响。

第二节 阿拉伯—伊斯兰文化和教育

中古时代与基督教世界并立的是伊斯兰教世界。阿拉伯—伊斯兰文明形成于中世纪这一特定历史环境,伊斯兰教的诞生和阿拉伯人从野蛮向文明的演进,是深刻影响伊斯兰传统文明的重要因素。在伊斯兰教产生以前,阿拉伯半岛已有基督教徒和犹太教徒举办的昆它布这种简陋的初级教育。伊斯兰教产生以后,《古兰经》不仅是伊斯兰教经典,也是阿拉伯国家关于宗教、政治、经济、军事、法律和教育制度的经典,对阿拉伯教育产生了深远影响。《古兰经》

和《圣训》是阿拉伯教育的指导思想。在其影响下，重视教育、尊重人才和广开学校遂成为阿拉伯教育的优良传统。清真寺是阿拉伯教育的主要场所，承担着向民众普及教育的任务；宫廷学校是上层统治者培养统治人才的重要场所；学术研究和高等教育齐头并进，促进了学术和文化的繁荣，其发展水平远远高于同一时期的西欧。

阿拉伯文化和教育是阿拉伯帝国及以后各阿拉伯国家境内各族人民共同努力的结果，它是融合了东西方文化的一种混合文化，其发展水平不仅高于同一时期的西欧，而且是欧洲继承古代希腊、罗马文化的主要渠道。阿拉伯国家实行政教合一的制度，为巩固自己的统治，历代哈里发都重视和鼓励发展学术和兴办教育，尤其是使高等教育得到长足发展。阿拉伯的一些著名大学是当时西方学术和文化交流的中心，发达的自然科学及其研究成果对西欧中世纪大学的发展产生了深远影响。

一、阿拉伯社会历史概况

伊斯兰教产生以前，阿拉伯半岛社会发展不平衡。居住在半岛中部和北部从事游牧的阿拉伯人的社会组织还处在原始社会末期，而南方的社会经济基础是农业，早在公元前数世纪就建立了文明昌盛的塞白国家。但在4~6世纪，北方的两个大帝国拜占廷和波斯以及东非的埃塞俄比亚王国为争夺也门国际商路的控制权，进行了旷日持久的抗争。夹在大国斗争之间的南阿拉伯文明衰落了，又回到了半野蛮的时代。

（一）伊斯兰教与阿拉伯帝国

6、7世纪之交，阿拉伯半岛处在社会剧烈动荡和重大变革的时期。阿拉伯商人和贵族阶级为扩张土地和发展商业贸易，亟待建立一个统一的强有力的统治机构。一般民众也渴望实现社会安定。穆罕默德（Muhammad，约570~632）适时而卓越地顺应了阿拉伯人的这些要求，约在6世纪初创立了伊斯兰教。

"伊斯兰"一词原意为顺从，意指顺从安拉的意志。信仰伊斯兰教者称为"穆斯林"，意为独尊安拉和服从先知的人。穆斯林以《古兰经》为经典，认为它是安拉的启示，是神圣无误的永恒真理。《古兰经》规定了伊斯兰教的基本信仰、教法、宗教义务和作为穆斯林必须恪守的道德规范。因此，《古兰经》不仅是伊斯兰教经典，也是阿拉伯国家关于宗教、政治、经济、军事、法律和教育的经典。伊斯兰教以一神教崇拜取代了氏族部落的多神崇拜，它主张在伊斯兰教徒中间不分部落和氏族都以兄弟相称，这就为打破狭隘的氏族界线，为建立统一国家奠定了思想基础。随着伊斯兰教的产生和发展，阿拉伯统一国家逐渐形成。至穆罕默德病逝的632年，阿拉伯半岛大体上归于统一。

穆罕默德逝世以后，各派穆斯林为争夺继承人地位展开激烈斗争。为了满足阿拉伯人夺取商路和肥沃土地以及缓和内部矛盾的要求，初期四任哈里发以及后来的倭马亚王朝（661~750）的两次大规模征服运动，为阿拉伯帝国奠定了疆域基础。到8世纪前半叶，横跨亚、欧、非三大洲的阿拉伯帝国基本形成。① 公元750年以后，阿拉伯帝国陷于不断的分裂中，1258年为

---

① 吴于廑、齐世荣主编：《世界史》之《古代史编》（下卷），第113~125页。

蒙古人所灭。

（二）阿拉伯—伊斯兰文明的基本特征

阿拉伯—伊斯兰文明的基本特征可以概括为以下几个方面：

首先，表现为经济领域的国有倾向。国家土地所有制的长期存在构成了中东历史的突出现象。伊斯兰传统文明脱胎于阿拉伯半岛的野蛮状态，原始公有制的财产关系在前伊斯兰时代的阿拉伯半岛广泛存在。《古兰经》规定一切土地皆属安拉及其使者所有，进而阐述了国家土地所有制的经济原则，其实质在于宗教形式下租税的合一。"国家既作为土地所有者，同时又作为主权者而同直接生产者相对立。"①

其次，阿拉伯—伊斯兰文明的特征还表现为非穆斯林臣民吉玛人的自治地位和孤立状态。《古兰经》严格区分多神崇拜的阿拉伯人与一神信仰的犹太人和基督徒，将前者称为"以物配主的人"，而将后者称为"有经典的人"；"以物配主的人"只能在皈依与死亡之间做出选择，"有经典的人"则可以通过缴纳贡税作为条件换取穆斯林的保护。《古兰经》规定："你们只可信任你们的教友"，至于所谓"有经典的人"，"无论在哪里出现，都要陷于卑微之中，除非借安拉的和约与众人的和约不能安居"。② 哈里发国家援引《古兰经》的相关启示，承认吉玛人原有宗教的合法地位，进而赋予吉玛人广泛的自治权，同时禁止吉玛人出任官职，使其处于受歧视的地位。基督徒和犹太人在缴纳人丁税的条件下，享有一定程度的自治权利，处于二等臣民的地位。穆斯林与基督徒、犹太人的居住空间错综交织，分别遵从各自的宗教法律，操各自的传统语言，恪守各自的生活习惯，隶属于各自的宗教首领，相安无事。

再次，阿拉伯国家素有专制主义的政治传统。小农经济与灌溉农业的结合以及普遍的封闭状态，是阿拉伯—伊斯兰文明中专制主义长期存在的物质基础。专制主义构成了阿拉伯政治生活的核心内容。阿拔斯时代，哈里发俨然是国家权力的化身和伊斯兰世界的最高统治者，宫廷则是政治生活的核心所在。伊斯兰世界的传统理论强调"君权神授"和"君权至上"的政治原则，强调君主的统治权力和臣民的从属地位；统治者是其臣民的牧人，他将为自己的行为和臣民的行为对安拉负责，而选择统治者和惩罚统治者的权力只属于安拉。在中世纪欧洲的基督教诸国，宗教权力与世俗权力长期并立，教会与国家自成体系，分庭抗礼。相比之下，自伊斯兰教诞生之日起，宗教与政治浑然一体。政治群体往往体现为宗教派别，政治对抗大都采取宗教运动的形式，政治斗争的首要方式便是信仰的指责。③

二、阿拉伯—伊斯兰文化及其传播

阿拉伯帝国幅员辽阔，古代文化遗产丰富。帝国境内的各族人民在吸收古代东西方文化遗产的基础上，经过长期的辛勤劳动，创造了光辉的阿拉伯—伊斯兰文化，为世界文化宝库作出了伟大的贡献。阿拉伯—伊斯兰文化以巴格达为中心，往西经开罗和科尔多瓦传播到北非

---

① 《马克思恩格斯全集》第46卷，人民出版社1979年版，第891页。
② 马坚译：《古兰经》，中国社会科学出版社1981年版。
③ 哈全安：《伊斯兰传统文明的基本特征与中东现代化进程的历史轨迹》，《史学理论研究》2007年第1期，第22~25页。

和整个欧洲，往东传到中亚、印度和东南亚，对世界文化产生了极为深远的影响。

（一）阿拉伯—伊斯兰文化的形成

阿拉伯帝国善于吸收外域文化和伊斯兰教对异教学术的宽容态度，与同一时期西欧基督教会对学术的态度形成鲜明的对比。阿拉伯帝国领域内的美索不达米亚、波斯、印度、叙利亚和埃及等地都是古代东方文化荟萃的地区。帝国政治的稳定，交通的发达，经济的繁荣，为阿拉伯—伊斯兰文化的形成与发展提供了良好的环境。而通行全国的阿拉伯语和占统治地位的伊斯兰教意识形态则提供了文化发展的必要前提。8世纪中叶，中国的造纸术和指南针传入阿拉伯帝国，对阿拉伯—伊斯兰文化的发展和繁荣起了积极的促进作用。

重视教育和尊重知识是伊斯兰人的优良传统。伊斯兰人的信条是：人的真才实学比他只有特定的宗教信仰更具有普遍的重要性。这种优良传统来源于《古兰经》和穆罕默德的言论《圣训》。《圣训》关于教育的基本观点是：第一，求学是信奉国教的每一个男子和每一个女子的天职；第二，你们应当自摇篮起而学习到墓穴；第三，学问虽远在中国，也当求之；第四，学者是历代先知的继承者；第五，学者的墨汁，其贵重不亚于殉教者的热血；第六，尊敬一位学者，等于尊敬七十位圣先知；第七，学者的品级居于第三，学者以上，唯有上帝与天使。①

帝国统治者日益意识到科学文化的重要性，都比较关心科学文化事业的发展。尤其在阿拔斯王朝时期，大规模军事征服基本结束，哈里发更加热心提倡教育，发展科学文化。他们不分宗教畛域，不拘泥意识形态的差异，不惜重金延聘人才，尊重和奖掖各界学者。

马门（Al-Mamun，786～833，813～833年在位）十分热心扶植科学文化事业。他派遣使者分赴各地搜集典籍，访贤求学；他兴办学校，创建科学研究机构，亲自向学者求教，并经常亲自主持学术讨论会，把阿拉伯—伊斯兰文化水准推向新的高度。马门曾派著名学者萨拉姆访问君士坦丁堡，索取到欧几里德的《几何学原理》，请学者将其译为阿拉伯文并以重金酬劳。马门在巴格达创立了一所规模宏伟的学术研究中心——智慧馆，把从各地搜集到的文化典籍集中收藏在馆里。智慧馆由图书馆、科学院和翻译馆三部分构成，它既是科学研究机构，也是培养科学人才的高等学府。各民族的和具有不同宗教信仰的学者都在这里从事科学研究和教学工作。

各地方的独立王朝也相继建立了一些类似巴格达智慧馆的学术研究机构和大学。散布在各地的清真寺都兼有学校的作用，是穆斯林的重要文化教育机构。在帝国统治者的大力提倡和各族人民的积极参与下，全国注重学习的空气蔚然成风。②

（二）阿拉伯—伊斯兰文化的主要成就及其对教育的影响

阿拉伯国家注重吸收各文明古国的文化，致力于希腊著作的翻译、注释和研究工作，把希腊的哲学、数学和物理学由叙利亚文或希腊文译成阿拉伯文。他们还学习印度和中国的文化。在此基础上，阿拉伯学者创造出新的阿拉伯文化。

1. 天文学和数学

阿拉伯帝国在巴格达、大马士革、设拉子、开罗和科尔多瓦等地都设有专门的天文学研究

---

① 托太哈著：《回教教育史》，商务印书馆1949年版，第125页。
② 吴于廑、齐世荣主编：《世界史》之《古代史编》（下卷），第142～144页。

机构,其中巴格达天文台是当时世界上规模最大、设备最先进的天文台。阿拉伯学者所研制的天文仪直到16世纪还为欧洲所使用。花剌子密(约780~约850)、白塔尼(？~929)和马吉里提(？~1007)都是阿拉伯天文学者的著名代表,都对世界天文学的发展作出过很大贡献。

阿拉伯的数学也发展到很高的水平。阿拉伯人在数学方面的重大贡献之一是把阿拉伯数字介绍到欧洲。"代数"这个词也是由阿拉伯人确定的。花剌子密也是杰出的数学家。他的《积分和方程计算》直到16世纪都是欧洲各大学的教科书。代数学和阿拉伯数字的计数方法都是通过这本书传入欧洲的。他还发现二次方程的解法,是世界上第一个写代数学著作的人。直到16世纪,他的代数著作都是大学的权威教本。

阿拉伯人还把数学用在天文学研究上。天文学家阿尔梅农精确地算出黄赤交角,以测量地球的大小,而这时的欧洲人还处在把地球当作扁平的东西的落后阶段。阿拉伯人制造出较精密的测量天体和地球的测天仪,并于9世纪在巴格达建立天文台,又于1196年在西班牙建立吉拉尔达(Giralda)天文台,这是欧洲的第一座天文台。

2. 化学和医学

阿拉伯人在化学上的成绩也很显著,他们重视化学实验,改进了蒸馏和过滤等方法。阿拉伯人在医学上的贡献尤为突出。阿维森纳(即伊本·西那,980~1037)是阿拉伯杰出的医学家、哲学家,有"医中之王"的美誉,他的《医典》是阿拉伯医学的结晶,直到17世纪,欧洲各大学都以它为教科书。阿拉伯人在药学方面的成就也十分令人惊叹,他们所创造的药学词汇如糖浆、药用饮料和配剂等一直沿用至今。

3. 文学和艺术

《天方夜谭》(又名《一千零一夜》)是阿拉伯人在文学方面的杰出著作。它是世界文学宝库中的瑰宝,它的内容和写作风格对欧洲文学产生了广泛的影响。但丁的《神曲》、薄伽丘的《十日谈》和塞万提斯的《堂·吉诃德》等名著都受到《天方夜谭》创作方法的影响。

三、阿拉伯的各级学校教育

(一) 昆它布

昆它布在早期是基督教徒和犹太教徒举办的一种学校,由粗通文字的人在自己家里教儿童学习读、写、算的初步知识。这种在家招生教学的简陋初级教育场所被称为"昆它布"(Kuttab)。伊斯兰教兴起后,伊斯兰教徒便在各地的清真寺中设立"昆它布",作为宣教的场所。8世纪初,哈克·伊本·穆扎西木创立了阿拉伯的昆它布。过去的"昆它布"以教授文字、算术为主,而这时则是以传播伊斯兰教的教义为主,以《古兰经》为主要课程,为此要学习读写、文法、诗歌、算术和地理等。

学生一般7岁入"昆它布"学习,学到12岁毕业。在学习期间,达到熟读并能背诵《古兰经》的程度就算完成了学习任务。此后,贫穷儿童去从事各种职业,富家儿童则继续学习以《古兰经》为中心的其他课程,如文法、诗和算术等。富人家往往采取家庭教育的方式,请教师到家里教育其子女。课程除学习《古兰经》以外,各位家长还可以选其他科目作为学习的内容,如游泳、射箭、骑马等;有的人家则选定诗词、名人演说、大战记录和会话规则;有的还把历史列为必读科目。

(二) 清真寺学校

在阿拉伯国家,几乎所有的学校都与清真寺有关,或者说几乎所有的学校都为清真寺所设立,这里很少有独立于清真寺之外的学校。清真寺不但附设初级学校,也附设中级和高级学校。教师坐在清真寺的廊下或院中讲课,听者环绕教师坐成圆形,叫做"教学环"。教师讲授《古兰经》、《圣训》和法律,有时也讲授数学和天文。

规模宏大的清真寺还设有学院,如开罗的阿资哈尔以及西班牙的一些地方的大清真寺均设有学院。家境富有者可以进入这种学院。每个学院常设有25～30间学生公寓,每间住4人,学院由清真寺长老掌管。

(三) 宫廷学校和高等教育

倭曼亚王朝(661～750)时期已在宫廷设有学校,以教育王子及皇族的子孙。据史料记载,哈里发阿卜杜拉·买立克曾将惩罚的全权授予他儿子的教师。阿拔斯王朝时宫廷学校的学术活动更加兴盛。宫廷学校不仅教授《古兰经》、诗歌、文法和历史等,还经常邀请学者举办学术讨论会,讨论治学之道以及宗教和历史等问题。哈里发和亲王等常出席这种讨论会。

中世纪的阿拉伯高等教育十分发达。9世纪初,哈里发马门在巴格达建立赫克迈大学,这是阿拉伯的第一所大学。马门请数学家撒拉姆(Salam)任校长,请数学家、天文学家花剌子密任图书馆长,请东西方著名学者任教师,讲授数学、天文学、医学和哲学。史料记载,该校毕业生中有人精通天文学、算学、欧几里得的著作、托勒密的著作以及辩论术等。学校还有一座观象台供研究天文学之用。这所大学大概一直存在到11世纪初的塞尔柱帝国时期。此外,尚有开罗的仪勒姆大学,这是开罗的法特迈王朝(Fatimite)的哈克慕(Hakim)在11世纪初建立的。该大学的课程有天文学、医学、文法和语言学等。学校设有图书馆,校外的人也可到图书馆借书和学习。图书馆备有纸笔供使用。教授们常被召到哈克慕宫廷中参加辩论会。法特迈王朝灭亡后,萨拉丁的代表爱弗达尔在12世纪把这所大学封闭了。

11世纪塞尔柱突厥人崛起并建立塞尔柱帝国,在首都巴格达建立另一种类型的名叫"迈德赖赛"的高等学校,以伊斯兰教的正统教派(即逊尼派)教义为宗旨,并成为逊尼派攻击什叶派的武器。该大学以培养政府的官吏和军事人才为其任务,所设置的课程与赫克迈等大学有很大的不同,它已不再是传授科学知识的场所,而是以《古兰经》和《圣训》为主要课程,兼授文学、文法、法律、算术和伦理学。高校已成为培养官员的所在,成为国家的教育机关,由国家供给经费并派人员管理。为了培养政府的各级官吏,塞尔柱帝国很快地在其所辖地区增设迈德赖赛。到12、13世纪,这种类型的高等学校已普及于各主要城市,总数达200多所,其中巴格达40所,开罗74所,大马士革73所,耶路撒冷41所。

在阿拉伯国家的教育史中,特别引人注目的是阿拉伯人统治西班牙时期在教育上的贡献。塞尔柱帝国改变了原来教育的性质,在学校里尤其是高等学校加强宗教教育和扼杀科学课程教学,只有西班牙仍能教授自然科学课程。西方的哈里发继续奉行穆罕默德第四位继承者阿里(Ali,约600～661)的保护学术政策,在所有主要城市里建立了不下70座图书馆。西方的阿拉伯人在科多瓦、克拉拿大、陶勒多和塞维尔等大城市设立高等学校,讲授算术、几何、三角、天文、解剖学、化学、逻辑学、文学、哲学和法律等。还有一些专科学院如医科学院和科多瓦音乐学院等。

教育兴旺和学术繁荣与统治者哈里发的提倡有关。有的哈里发本人就是学者。在阿拉伯人统治西班牙的全盛时期,对异教徒和异教学术实行宽容政策,曾把学校交给基督徒管理。但西班牙的阿拉伯人对异教思想的宽容政策到12世纪末期有了较大变化,整个阿拉伯世界的文化教育都为神学所垄断,一度繁荣的学术也逐渐走向衰落。

四、阿拉伯教育的特点及影响

在中古时代与基督教世界并立的伊斯兰教世界创造了辉煌的文明。阿拉伯人不仅发展了在当时来说非常先进的自然科学,也在吸收世界各国文化教育先进经验的基础上形成独具一格的阿拉伯—伊斯兰教育。首先,阿拉伯教育虽以《古兰经》和《圣训》为其指导思想,但由于伊斯兰教义本身就混合了犹太教和基督教等宗教思想,其排外性并不十分明显,再加上阿拉伯人统治广大被征服地区以后,需要学习和运用各被征服民族的先进文化,因而对异族文化和异教文化采取了开明态度。在12世纪以前,阿拉伯教育的宗教气息并不严重,除了把《古兰经》列为各级各类学校的必修课外,还允许教授自然科学以及希腊哲学。其次,阿拉伯人有尊师重道的优良传统。他们遵循《古兰经》和《圣训》的教导,尊重有知识的人。阿拉伯人认为书籍是神圣的,教师是尊严的,学者是"历代先知的继承者"。阿拉伯的一些大学之所以具有吸引力,主要是由于它们有一些有名望的教师。再次,与同时期的西欧的学校相比,阿拉伯大学的学术空气较浓。在教学方法上,一些专科学校如医学校的教学比较重视观察和实践,由有经验的教师或医生带领学生们在医院实习。巴格达、大马士革、开罗和塞维尔等地的天文台是学习天文学的重要场所。

阿拉伯的文化和教育在世界教育史上产生过积极的影响。第一,阿拉伯的学校尤其是高等教育对形成崇尚学习的社会风气有良好影响。一般人为求学而游历欧亚非三洲的不在少数。各大学为了奖掖出身贫寒而学业优秀的学生,广设奖学金,如亚历山大的穷学生可以领到食宿、衣服和医学等费用。大马士革和开罗等地的穷学生亦可得到学校的衣食等供给。第二,由于阿拉伯国家善于吸收其他国家的先进文化,对异教文化及异教徒采取宽容政策,因而他们的学校能培养出许多杰出的学者和科学家,如数学家花剌子密,医学家和哲学家阿维森纳,哲学家阿维罗伊、法拉比和安萨里等。他们的著作被译成拉丁文以及欧洲其他文字,他们的学说成为世界文化宝库中的一部分。第三,阿拉伯学校、学者和图书馆在保存及传播古代希腊文化方面的功绩不可磨灭。欧洲人是通过阿拉伯人而认识希腊学术的。可以说,没有阿拉伯文化就没有近代欧洲文化。12~13世纪的欧洲各大学实际上完全依赖由阿拉伯文译来的教科书。第四,阿拉伯的各种学校制度、课程、教师地位和学生游学等对于欧洲大学也有很大影响,并进而影响了欧洲的文艺复兴运动。

本章小结

在中世纪初期,西欧的文化教育处于"黑暗时期",城市和学校普遍衰落,基督教和基督教会对思想和学术的发展有很大的消极影响。与这种情况形成鲜明对照的是这一时期的拜占廷和阿拉伯的文化教育却放射出异彩,不仅承传了古代希腊、罗马的文化,在沟通和融合东西方文化方面,拜占廷和阿拉伯的文化教育也作出了积极贡献,它们还创造出具有自身特色的文化和教育。

拜占廷帝国实行较为宽容的民族政策,法学比较发达,世俗政权的力量比教会要强大很多,并带有东方专制的特点。在这种社会和文化的背景之下,拜占廷教育的基本特点是:教会教育和世俗教育并行不悖;在世俗教育中,高等教育比较发达;私人讲学之风盛行,并成为传播古典文化的重要渠道。

阿拉伯人对世界教育的贡献在于:首先,阿拉伯人把东西方文化融合为一体,创造出丰富多彩的阿拉伯—伊斯兰文化,为世界文化史的发展作出了卓越贡献。其次,阿拉伯—伊斯兰文化在中世纪欧洲文化史上居于承先启后、继往开来的重要地位,尤其对西欧中世纪大学产生了重要影响。再次,阿拉伯人促进了欧洲文化的复兴和发展,并在东西方交流方面作出了巨大贡献。中国的造纸术、指南针和火药等重大发明和印度数学等都是由阿拉伯人传入欧洲的。阿拉伯人是东西方文化交流的伟大使者。

阿拉伯教育的特点是:第一,受到伊斯兰教的深刻影响,主要表现在以伊斯兰教的经典《古兰经》和《圣训》为其教育的指导思想,有着尊重知识、重视教育和尊重教师的传统。第二,阿拉伯国家统治者注意广开学路,不仅宫廷中设有学校,清真寺也附设学校,担负起了民众教育的任务。第三,具有明显的世俗性及宗教宽容性,对外来文化兼收并蓄。第四,课程具有两重性,兼顾神学与实用,注重科学教育。第五,重视游历、访学和文化交流。第六,教育实践较为发达,但教育理论相对薄弱。

思考题

1. 简述拜占廷文明的基本特征及其对教育的影响。
2. 简述拜占廷文明在世界文化史上的地位。
3. 试比较拜占廷教育与同一时期西欧教育的异同。
4. 试论阿拉伯—伊斯兰文化的一般特征及其对教育的影响。
5. 简述《古兰经》和《圣训》对阿拉伯教育的影响。
6. 简述阿拉伯的教育机构"昆它布"。
7. 简述拜占廷和阿拉伯文化教育在世界教育史上的地位。

第二编　近代教育史

　　1500年是世界近代史的开端。此前的世界基本处于闭塞状态,只有到1500年左右完成地理大发现之后,这种状态才被打破,西欧人走向海外,开始殖民征服,欧洲贸易才走出地中海的狭小范围而扩大到全世界,为新兴的资产阶级开辟了新的活动场所,促进了欧洲封建主义生产方式迅速向资本主义生产方式过渡,对世界其他地区的社会经济发展产生了极大的影响。因此,1500年是人类史的关键性年代。[①]

　　文艺复兴时期是西方教育从中世纪教育向近代教育过渡的重要转折时期。人文主义者积极的人生观相信和重视教育在改造社会和形成完人方面的积极作用,一定程度上消除了禁欲主义对教育的消极影响。在宗教改革中,新教派教育家提出了国家应该承担教育的责任和普及义务教育的思想并积极付诸教育实践,平民小学有了较大发展,本族语开始作为教学用语,班级授课制得到发展。

　　17～19世纪是资本主义制度在先进国家中取得胜利并得到巩固的时期,近代教育也得到很大发展。首先是民族国家教育领导体制的建立。随着教育世俗化的发展,教育领导权逐渐从教会手中转移到民族国家的手中,国家逐渐承担起教育的责任。其次是国民教育体系在各国的建立。初等义务教育逐步得到普及,国民教育成为民族国家进行社会控制的重要工具。再次,这个时期各级各类学校有了一定发展,在西方各国形成了带有明显等级特征的双轨学制;中等教育大众化的问题提上议事日程;出现一些新型大学,课程内容更加贴近社会生活需要。

　　在近代教育发展的各个历史时期,各国都出现了一些著名的教育家。他们批判了当时教育体制和学校教育的弊端,针对当时的社会需要提出了新的教育理想,不仅为当时和后来的教育改革提供了理论依据,也由于其思想的生命力而成为人类教育宝库的共同财富。

---

①　吴于廑、齐世荣主编:《世界史》之《近代史编》(上卷),高等教育出版社1992年版,第1页。

第七章　文艺复兴与宗教改革时期的教育

地理大发现并不是一个孤立的事件,与它同时发生的,在西方还有两大运动,即文艺复兴运动(14～17世纪初)和宗教改革运动(1520～1570)。这三者之间是有联系的:地理大发现及宗教改革的发生都受到文艺复兴的影响。文艺复兴所表现出来的人文主义精神是一种为创造现世的幸福而奋斗的进取精神,而地理大发现就是在这种精神的鼓舞下完成的。文艺复兴也推动了宗教改革。16世纪也是西欧民族国家形成和君主专制制度产生的历史时期。1500～1600年间,西欧人在向海外扩张的同时,也在文化、思想、宗教和政治等领域完成了重大的变革,这些变革对近代教育产生了深刻的影响。

第一节　文艺复兴与人文主义教育

文艺复兴是14世纪中叶到17世纪初在欧洲发生的思想文化运动。这个运动的重大意义不仅在于这个时期人才辈出、硕果累累,也因为它改变了人们对生活的态度以适应新的时代的到来。尽管文艺复兴只限于社会上的少数英才,但它所宣扬的思想唤醒了长期笼罩在基督教神学之下的西欧社会。从表面上看,文艺复兴是欧洲思想文化界人士复兴希腊、罗马古典文化的运动,而实质上是新兴资产阶级反封建斗争在意识形态上的反映。

一、人文主义教育的一般特征

英国学者阿伦·布洛克(Alan Bullock)认为,对于"人文主义"一词,没有人能够做出使别人也满意的定义。即使在人文主义发源地的西方,这个词的含义也不一样,在不同的时代和不同的地方,不同的人对它做出不同的理解,甚至在权威的大百科全书里,它的定义也不完全一致。①

（一）文艺复兴时期人文主义的主要类型

学者们对文艺复兴至少有两种看法:一种观点认为这是一段与过去彻底决裂的时期;另一种观点则认为前一种解释严重歪曲了事实。实际上,文艺复兴根植于11、12世纪。文艺复兴不过是一段关心人超过关心神的时期。"当过去的闸门一旦打开,人们又陷入了对古代的过分虔诚和崇拜的危险之中,以至于在以后的几个世纪中,人们还得重新来平衡人与神、理智与

---

① [英]阿伦·布洛克著,董乐山译:《西方人文主义传统》,上海三联出版社1997年版,第2页。

感情、物质与精神的关系。"①

文艺复兴时期的文学、艺术作品和政治、哲学著作都鲜明地表达了一种新的时代精神即人文主义精神:重视现实生活,反对宗教禁欲主义;发挥人的聪明才智,反对无所作为的消极人生观;在文学艺术上表达人的真实情感;重视科学实验,反对先验论;强调发展个性,提倡公民道德,鼓励发财致富;表现了乐观主义精神,反对悲观主义;有求知欲和追根到底的探求精神。总之,人文主义精神就是为创造现世的幸福而奋斗的乐观进取的精神。②

文艺复兴时期的人文主义可以分为前后两个时期,前期人文主义精神比较狭窄,后期人文主义精神相对宽泛。文艺复兴有两个非常相似而又不同的发展形式,即意大利的文艺复兴和北方的(指阿尔卑斯山以北)文艺复兴。意大利文艺复兴是文学、艺术和古罗马的复兴,而北方的文艺复兴则是宗教的复兴。一个创造了前所未有的美,另一个则创造了国教;一个有彼特拉克(Petrarch,1304～1374),另一个则有路德(Luther)和加尔文(Calvin)。③ 意大利的人文主义主要表现为"公民人文主义"(或市民人文主义),而北方的人文主义更倾向于"基督教人文主义"(或圣经人文主义)。还有与上述两者不同的第三种人文主义,即以拉伯雷和蒙田所代表的人文主义。④

(二) 文艺复兴时期人文主义教育的一般特征

文艺复兴运动与人文主义精神也影响到这一时期的欧洲教育。人文主义思想家和教育家们提出了新的教育理论,教会垄断教育的局面被打破,新学校在各地出现,虽然其数量不多,但产生了很大的社会影响。人文主义教育思想和教育实践反映出人文主义教育的一般特征:(1)教育的目的已不再是仅仅为了培养神职人员。一些学校和人文主义者们以培养懂得世俗学问(尤其是古代文化)、有人道主义精神、有德行和能为社会进步而献身的人作为他们的教育宗旨。有些人文主义教育家十分重视人的身心的和谐发展,以此作为其教育目的。有些学校甚至把培养具有资产阶级事业家的品质、有礼貌、仪态端庄大方、身心健康、具有开拓精神的资产阶级绅士作为自己的培养目标。(2)人文主义者一般都相信知识、学问和文化在促进道德的提高、社会的改良与人类的进步方面的作用。(3)在课程设置上,有些学校把拉丁文、希腊文作为学校的主要课程,古典文学在学校中占有重要地位。历史、地理被列入学校的课程表。有的学校把数学和自然科学作为重要学科。(4)学校教育冲破了那种视肉体为灵魂的监狱的天主教教义的束缚,把游戏、体育看作是教育的必要组成部分,提倡人的身心健全发展。(5)以原罪论为基础的宗教道德教育开始解体,在人文主义的学校中开始提倡人道主义、乐观主义、积极向上、热爱自由、追求平等以及合理享乐等新的道德观。尊重儿童和反对体罚成为一些教育家的强烈要求。(6)古代亚里士多德提出的根据儿童的生理和心理特点进行教育的主张被重新提出,并付诸实践。(7)理论联系实际,向大自然学习,利用实物、直观教具进行教学等理论的

---

① [美]S·E·佛罗斯特著,吴元训等译:《西方教育的历史和哲学基础》,华夏出版社1987年版,第179页。
② 吴于廑、齐世荣主编:《世界史》之《近代史编》(上卷),高等教育出版社1992年版,第22页。
③ 同上书,第180页。
④ [英]阿伦·布洛克著,董乐山译:《西方人文主义传统》,三联书店1997年版,第31～42页。

提出及其运用,给教育增加了巨大的力量。(8)产生了一些空想社会主义教育思想,首次提出教育与生产劳动相结合的思想以及成人教育的思想。

二、意大利的人文主义教育

(一) 意大利早期的人文主义教育

意大利是文艺复兴的策源地。从12、13世纪起,意大利北部的一些城市就逐渐兴旺发达起来。航海和贸易给这些城市带来了活力,经济的发达使它们逐渐成为独立的政治实体,形成城市国家,如威尼斯、佛罗伦萨、米兰和热那亚等,成为文学、艺术和科学技术发展的摇篮。从14世纪的彼特拉克开始,意大利的人文主义者就把古典著作看成一切知识的来源。他们充满热情、不惜重金地搜集、整理和翻译古代文献,使失散的书籍得以收回,埋藏在修道院暗室灰尘中的书籍得以重见天日。古籍的大量出现也为新教育创造了必要条件。

1. 弗吉里奥

第一个表达文艺复兴教育思想的人是弗吉里奥(Pietro Paolo Vergerio,1349~1420)。他对教育的贡献是双重的:他出版了一本注释昆体良《雄辩术原理》的书;写了一篇题为《论绅士风度与自由学科》(On the Manners of Gentleman and on Liberal Studies)的专题论文。前者引起人们对昆体良这位伟大罗马教师成熟教育经验的注意,后者则全面概括了人文主义教育的目的和方法。

弗吉里奥写作《论绅士风度与自由学科》的目的是为了指导巴多瓦贵族子弟,并重复了昆体良在1 200年前的箴言。他俩都坚持通才教育(all-round education)对培养事业家的重要作用;都认为必须使所学科目适合学生的个人爱好和年龄;在把学问和品行结合起来作为学习的共同目的的同时,也认为学问从属于道德。两人的不同点主要在于:弗吉里奥试图把罗马教育与基督教人生观结合起来,反映出中世纪教育留下的痕迹。

弗吉里奥讨论了绅士教育的课程:(1)重视体育锻炼,这一方面可为军事生活做准备,另一方面可使身体受理性支配。(2)推荐"七艺",强调文学的风格,尤其是重视在中世纪多少有些马虎对待的"四艺"。弗吉里奥在《论绅士风度与自由学科》中提出的完美观点在以后的两个世纪里享有盛誉,影响极大。①

2. 维多利诺

由人文主义者创建的几所宫廷学校的教学组织达到较为完善的程度,成为其他学校的楷模。其中最负盛名的是维多利诺(Vittorino,1378~1446)为孟都亚(Mantua,一译曼图亚)贵族冈查加(Gonzago,1328~1707)的家族所办的学校。维多利诺将弗吉里奥的思想付诸实践,被称为第一个新式教师。他接受了人文主义精神的熏陶,将冈查加宫廷学校命名为"快乐之家",在那里教了20多年(1423~1446),使学校获得巨大声誉,远近富豪贵绅子弟慕名前来求学者络绎不绝。

---

① [英]博伊德、金合著,任宝祥、吴元训主译:《西方教育史》,人民教育出版社1985年版,第162~163页。

维多利诺学校继承了古希腊"通才教育"的传统,教育的目的是使学生的身体、智力和道德得到和谐发展,造就为社会服务的、有高度责任感的公民。学校注重学生的个性发展,要求教师的教导应跟随自然。学校课程包括古罗马和古希腊的著作。除文学外,还有历史、哲学、算术、几何、天文、音乐和体育。体育科目中包括骑术、剑术、角力、跳舞、赛跑、跳高、踢球等。宗教教育课程是必修的,被视为道德教育的重要手段,主要内容是读奥古斯汀的著作、每天做祈祷和去教堂做忏悔等。体罚废除了,但学生做了错事仍会受到惩罚。

3. 格里诺

与维多利诺主持的学校相类似的是格里诺(Guarino of Verona,1374~1460)为费拉拉(Ferrara)的君主尼可·埃斯特办的学校。与维多利诺明显不同的是,格里诺学校招收的对象有所扩大,教育的形式转向以学校教育为中心;他不再泛谈博雅教育,更强调为谋生做准备;关心文学的形式胜于文学的内容,更强调把教育的基础放在文法上;更注重教学方法问题,强调教学的阶段性。格里诺对文法的注重在他的后继者那里传播开来而成为一种风气,这是西塞罗文体崇拜在学校教育上的反映。

(二) 意大利晚期的人文主义教育

进入 16 世纪,意大利的社会经济、政治和文化等方面发生很多变化:君主时代来临,城市人文主义衰落;文艺复兴运动由复兴古罗马文化向复兴古希腊文化发展。由于语言的障碍,古希腊文化的复兴的难度较古罗马文化的复兴要大得多。这一时期古希腊文化尤其是古希腊哲学得以进一步复兴。随着印刷术的出现,人文主义者的社会地位下降了,古代经典著作的印刷本及编纂质量较好的参考书和字典的流传,大大减少了人们对人文主义者的依赖和交往。社会的持续动荡使政治、战争和外交成为社会关注的主要问题,美德在强权政治面前似乎难以经受考验。

在上述背景下,意大利晚期的人文主义教育思想发生了明显的转向,并集中反映在卡斯底格朗(Baldassare Castiglioe,1478~1529)、马基雅维里(Niccolo Machiavelli,1469~1527)和萨多莱托(Jacopo Sadoleto,1477~1547)等人的教育思想中。① 卡斯底格朗和马基雅维里的教育思想反映了意大利君主论时代的到来;萨多莱托的教育思想是整个西欧进入纷乱之秋的先声,教育如何面对乱世、如何有助于建立社会秩序是其关注的主题;康帕内拉(Tommaso Campanella,1568~1639)的《太阳城》则表述了空想社会主义教育理想。

1. 卡斯底格朗

卡斯底格朗是意大利的政治活动家,其教育名著《宫廷人物》(*The Book of the Courtier*,写于约 1516 年,1528 年发行)是 16 世纪欧洲最有影响的书籍之一,被译为西班牙文、法文和英文等多种文字。西方学者常将它和英国文艺复兴时期的教育家托马斯·埃利奥特(Thomas Elyot,1490~1546)的《行政官之书》(*The Book Named the Governour*)相提并论。埃利奥特的

---

① 吴式颖、任钟印主编:《外国教育思想通史》(第四卷:文艺复兴时期的教育思想),湖南教育出版社 2002 年版,第 177~190 页。

《行政官之书》被认为是卡斯底格朗的《宫廷人物》的英国版，这两本书都关注掌权官员的教育问题，因而在西方教育思想史上占有一席位置。

在文艺复兴时期的意大利乃至整个欧洲，宫廷不仅是国家的政治中心，也是文化艺术中心与上层社会的社交中心。卡斯底格朗因其出身和政治生涯而熟悉意大利的宫廷生活。所谓"宫廷人物"是指统治集团以及依附于这个集团的文人和学士的总称，《宫廷人物》把这类人物定型化。卡斯底格朗笔下的完美朝臣具有以下的才能和品质：(1)他是一个实干家，擅长战争艺术，沉着、勇敢，随时准备承担一切战争风险；(2)他精通一切勇敢的运动，包括打猎、游泳、网球和各种武器的使用，还会舞蹈，这一切使他威武而优雅；(3)他是一位通晓语言的大师，但也使用本国语言，言辞朴素大方，令人印象深刻；(4)他还具有学者的才智和聪明，善于把文学的装饰与军事的勇猛结合起来；(5)他还必须掌握音乐和绘画技巧，既为了实用，也为了审美的需要；(6)他还能够用理智来控制激情，正直、勇敢、宽宏大量；(7)为了使自己完美无缺，他还需要宗教信仰。

西方学者认为，卡斯底格朗提出了一种新的教育理想，这一理想后来成为欧洲教育共同遗产中的一部分。《宫廷人物》的意义在于，"他完全抛弃了那种使一切教育成为训练特殊公职的中世纪传统，复活了仅仅作为完人生活一个组成部分的古希腊的神圣理想。凑巧，在他所处的时代，那些被看作是最好的男子必不可少的品质，在朝臣的职业中，能够最充分地体现出来。……这种完美的人，比他可能担任的任何公职更为重要。"①

2. 马基雅维里

文艺复兴时期是西欧民族国家形成的时期，然而此时的意大利却在罗马教廷和列强的干预下四分五裂。建立一个强大的、统一的中央集权国家就成为意大利有识之士的共同呼声。继但丁之后，马基雅维里更加系统地论述了这一要求。他"以其冷峻的现实主义精神对14、15世纪以来的意大利人文主义教育理想进行了深刻的反思，对教育与政治、道德与政治的关系进行了令人耳目一新的探索。在他面前，意大利人文主义教育家们关于通过教育培养具有美德的完人以变革社会的理想显得苍白无力"。②

马基雅维里继承了意大利的公民人文主义精神，认为君主应当是具有优秀品质的人，并认为适当的教育对于君主优秀品质的形成至关重要。但他对人文主义教育理想进行了反思与批判，认为靠慷慨、仁慈和守信这些美德，君主是不可能获得名誉、光荣和声望的。政治必须服从另外一套伦理准则，否则必然失败。马基雅维里主张教育须面对现实，否则会流于肤浅；对人性持悲观态度，认为人性本恶；为了达到一个好的目的可以不择手段，因此，需要两套教育伦理观或价值观。"在人类思想史上，恐怕再没有一位思想家像马基雅维里那样受到如此尖锐对立的毁与誉了。"③马基雅维里主义成为阴险狡诈、口是心非、背信弃义、残暴无情的代名词而臭名昭著，但也有人认为他对人性的深入观察使人受益匪浅。

---

① [英]博伊德、金合著，任宝祥等译：《西方教育史》，人民教育出版社1985年版，第213页。
② 吴式颖、任钟印：《外国教育思想通史》（第四卷），湖南教育出版社2002年版，第205页。
③ 张志伟主编：《西方哲学史》，中国人民大学出版社2002年版，第298页。

3. 康帕内拉

康帕内拉(Tommaso Campanella，1568～1639)是文艺复兴晚期意大利著名的思想家和空想社会主义者。年轻时任教士，后因策划人民起义而被捕，在牢狱中生活了27年，写成早期空想社会主义著作《太阳城》，其中包含着丰富的教育思想。

康帕内拉在《太阳城》里设计了一个空想共产主义国家：一切财产公有；每个公民都从事公共劳动；由社会组织生产和分配。太阳城把组织教育和领导生产看成是国家的两件大事。如在教育方面，国家应负责对全民实行义务教育；设想了一个从婴儿期开始的良好教育制度；教育应与劳动相结合，以使人的身心得到健全发展；直观教学是教学的主要方法之一等。在太阳城的内外城墙上都挂满了各种美丽的科学图表。太阳城是一所充满学术气氛的大学校。

三、北方的人文主义教育

相对于意大利来说，阿尔卑斯山以北的欧洲诸国的文艺复兴运动开始较晚，直到16世纪才受到人文主义教育的影响。随着海上航线的改变，意大利北部城市作为贸易中心的地位逐渐为大西洋沿岸的国家如尼德兰、法国和英国的城市所取代，这些国家政治、经济和文化的发展也需要与之相适应的教育。16世纪以后意大利人文主义教育趋于衰落之时，北方的人文主义教育却方兴未艾。一方面，北方人文主义者大都去过意大利，他们部分继承了意大利早期的人文主义教育传统，但更着重于道德和宗教教育。另一方面，随着教育经验的积累，北方人文主义教育家在学校组织管理以及学校制度方面有所创新，先进的教学形式如分班级授课等在学校中开始出现并逐步得到推广。

（一）北方的人文主义学校教育

1. 尼德兰

北方的文艺复兴运动首先在尼德兰开始。当时的尼德兰相当于现今的荷兰、比利时、卢森堡和法国东北的一部分。16世纪之初，尼德兰经济迅速发展，人文主义教育也得到发展。德文特(Deventer)文法学校最负盛名。该校是由创立于1376年的新教团体——平民生活兄弟会所创办的。在开始阶段，学校十分重视宗教及道德教育，随着文艺复兴运动的兴起，人文学科就成为这所学校的主要科目。平民生活兄弟会的贡献是在学校组织方面有所创新，班级授课制由那里发端。

2. 法国

直至15世纪末文艺复兴运动才真正在法国开始。1494年，法国对意大利的远征在客观上促进了法国人与意大利人在思想文化上的交流，加速了人文主义在法国的传播。法兰西斯一世(1515～1547)奖掖工商业，支持人文主义学者的文化教育活动。人文主义教育家吉郎·布德(Guillaume Bude，1468～1540)在国王的支持下，在法兰西高等学校(College of France)开设希腊文、拉丁文和希伯来文讲座。16世纪，法国十分有影响的学校是圭阳高等学校(College de Guyenne)。该校分10个班级，主要学习人文学科，教学方法注重辩论，这种教学方法后来为法国各著名学校所接受。

3. 英国

15世纪中叶,牛津大学的一些学生到意大利游学,回国后便宣传人文主义精神。15世纪末,牛津大学成为英国文艺复兴运动的中心。热心人文主义学术的著名学者如威廉·格罗辛(William Crocyn,1442～1515)、托马斯·林纳克(Thomas Linacre,1460～1524)和约翰·科莱特(John Colet,1466～1519)把希腊文当作打开古希腊、罗马文化宝库的钥匙,用人文主义观点讲授柏拉图和亚里士多德哲学。在他们的推动下,英国人文主义运动蓬勃发展。

英国女王伊丽莎白一世被认为是人文主义教育的最典型的范例。此外,文法学校的设立确保了人文主义传统一直维系到20世纪中叶。约翰·科莱特于1512年在伦敦设立的圣保罗学校是英国文艺复兴运动的一枚硕果,不仅造就了许多著名学者和政治活动家,还影响了其他北方国家的教育。

(二) 北方的人文主义教育理论

宗教改革以前,北方著名的人文主义教育代表人物有尼德兰的伊拉斯谟(Desiderius Erasmus,1469～1536)、西班牙的维夫斯(Juan Luis Vives,1492～1540)、英国的莫尔(Thomas More,1478～1535)、德国的温斐林(Jacob Wimpheling,1450～1528)和法国的比代(Guillaume Bude,1467～1540)等。其共同点是强调人文之学要以维护社会道德为标准,人文主义精神和学术知识应与宗教信仰相结合。

1. 伊拉斯谟

伊拉斯谟和莫尔是北方文艺复兴的领袖。他和法国人文主义者蒙田(Michel de Montaigne,又译蒙旦、蒙台涅,1533～1592)的教育思想是文艺复兴时期在教育理论方面的硕果。伊拉斯谟的著名作品有:《愚神颂》(1609)、《关于正确教学的方法》(1511)、《论基督教王子的教育》(1516)和《男孩的礼貌教育》(1530)等。①

伊拉斯谟在《愚神颂》中嘲笑和讽刺了中世纪基督教会、经院哲学和神学,主张宗教改革以恢复早期基督教义的平等、仁爱和互济精神。在政治思想上,他是个王权拥护者,认为国家能否安定、繁荣全在于君王的好坏,因此寄希望于王子的良好教育。"一个幸福的国家,将是王子都是哲学家或者哲学家掌握政权的国家。"②国家的希望全系于年轻一代的品格如何,所以父母尤其是国家应承担教育责任。君主应对学校教育予以最大注意,以使儿童可以受到最优秀、最可靠的教师的指导。

伊拉斯谟认为影响儿童发展的因素有自然、训练和练习。"自然"部分是先天接受教育的能力,是对美德的天生爱好;"训练"即教育和指导的熟练应用;"练习"即放手运用自然赋予的能动性并借练习给以促进。三者之中,"训练"最为重要。"自然"虽是强有力的,而训练辅之以练习就更加有力。

---

① [德]诺贝斯特·埃利亚特著,王佩莉译:《文明的进程》第1卷,《西方国家世俗上层行为的变化》,上海三联书店1998年版,第327页。

② 浙江大学教育系、华东师范大学教育系选编:《西方古代教育论著选》,人民教育出版社2001年版,第212页。

基于相信人和尊重人的乐观主义精神，伊拉斯谟对于教育作用充满信心，认为任何一个人都可以接受教育，坏性格可以用教育来改造，好性格更要通过教育使其趋于完善。他确定了教育的四项任务：(1)教育要在青年的头脑里播下虔诚的种子；(2)教育要使青年人能够热爱并透彻地学习自由学科；(3)教育要使青年人能为生活的义务做好准备；(4)教育要使青年人很早就习惯于基本的礼仪。① 在《基督教王子的教育》中，伊拉斯谟主张中庸之道，即严厉与慈爱相结合，重视早期教育和因材施教。德育在他的体系中占极重要的地位，如他主张应教育学生树立正确的人生观，正确对待生命和荣誉，并认为《圣经》中的箴言应成为道德教育的范本。

在教学内容上，伊拉斯谟希望在理性与启示、教义与古典著作之间有一个平衡。教材内容应包括基督教的作品与古典作家的作品。前者包括《箴言》、《传道书》、《智慧篇》和福音书；后者包括一些著名人物如柏拉图、亚里士多德、普鲁塔克和西塞罗等人的古典作品。在《愚神颂》中，他讽刺了自然科学家的实验。在《基督教王子的教育》中，他未提到王子应学习自然科学。伊拉斯谟在《关于正确教学的方法》中研究了古典作品教学的正确方法和写作技巧等，并坚持认为，正确方法可使智力一般的学生在希腊文和拉丁文方面达到相当不错的成就。

伊拉斯谟的教育观是北欧人文主义的典型表现，对后世教育有深刻的影响：他对于教育力量的估价对夸美纽斯产生了积极影响，并成为以后民主主义教育家的有益的精神养料；他对于古典作品的推崇使古代语言直到19世纪初期还一直支配着人文科学；他对国家承担教育责任的强调可以视为近代国民教育理论的先导。但伊拉斯谟所主张的古典教育并不适合新兴中产阶级的教育。

2. 维夫斯

维夫斯的主要教育作品有《论女孩教育的正确方法》、《论基督教妇女教育》、《论教学科目》以及有关心理学的一些作品。他对教育的看法与伊拉斯谟相似，但在运用哲学和心理学以解决教育问题方面走在伊拉斯谟的前面。他最先提出了一个具有革命性的教育概念，即认为教育主要是一个由学习者的本性所决定的学习过程。他提出了"各种感觉是我们最初的教师，理解则源于感觉"的著名论断。他说："学习的过程是从各种感觉到想象，再由想象到理解，它是学习过程的生命和本质。所以学习过程要由个别事实到大批事实，由个别事实到一般事实，这是在儿童学习中必须注意的。"②

3. 莫尔

莫尔是16世纪英国最著名的人文主义者之一，他的《乌托邦》(1516)在空想社会主义史上占有重要地位。他首先对君主专制国家进行了抨击，认为社会根本就不存在正义，造成社会种种罪恶的根源是私有制度。与柏拉图的《理想国》不同，乌托邦不再是一个消费性理想国，而是

---

① [英]博伊德、金合著，任宝祥、吴元训主译：《西方教育史》，人民教育出版社1985年版，第175页。
② 同上书，第180页。

一个人人劳动、按需分配的共产主义社会。乌托邦彻底废除了私有制,以家庭为生产单位。手工业生产是主要劳动形式。每个公民还必须轮流从事农业生产。乌托邦保留了奴隶,以此作为对罪犯的惩罚形式。乌托邦实行民主制度,所有官员都由人民选举产生。

乌托邦人的生活包括两件大事:生产劳动与文化教育及科学研究工作。乌托邦的所有儿童都要受教育。他坚决反对天主教把人生看作罪恶的渊薮,反对禁欲主义;要求人要尽一切努力创造现实的幸福生活;德行将引导人的本性朝向以健康为基础的正直高尚的快乐,这有赖于国家制度和良好教育。莫尔厌恶经院哲学,酷爱古希腊、罗马著作。莫尔超越一般人文主义的地方在于揭示了社会不平等的根源,提出了空想社会主义理想;重视科学知识在知识、学问和文化中的作用。

4. 拉伯雷

拉伯雷(Francois Rabelais,1494~1553)是文艺复兴时期法国的人文主义者、作家和教育家。他花了20年时间完成了讽刺性小说《巨人传》,其出版使法国朝野震惊。拉伯雷抨击了封建统治、教会权威、经院哲学及其腐朽教育,提出了人文主义政治、道德和教育思想。其核心思想是尊重人的价值,追求个性解放。

《巨人传》的主要教育观点是:(1)教育的目的是培养"巨人",即适合时代需要的、个性解放的新人:他具有广博的、适应时代需要的知识,是美德的化身,具有仁爱、勤劳、勇敢和正义等美德,甚至还英勇善战。(2)视儿童为发展中的人,强调教育对个性发展的决定意义,反对摧残儿童身心发展的强制教育,推崇重视儿童人格和兴趣的自由教育。(3)教育内容包括各种语言如拉丁文、希腊文、希伯来语和阿拉伯语等;算术、几何、天文、音乐;广泛的自然科学知识;了解各种生产技艺。(4)教育方法注重理解,提倡实物教学和谈话法,反对呆读死记,提倡启发、诱导,强调理解消化所学知识,并通过观察、参观和远足等活动学习有关科目,要求教学富有吸引力。(5)以宗教为道德教育的基础。

5. 蒙田

蒙田是文艺复兴晚期法国的人文主义思想家、散文作家和教育家,精通拉丁语和希腊语,主要著作是《随笔集》,其中许多内容与教育有关。他生活在一个转折、动荡不安的时代,当时宗教改革已经爆发,新教和天主教之间的多次流血冲突使身为天主教徒的蒙田希望宗教宽容。他先后两次从法官和市长职务隐退,希望过一种超然于政治和公职之上的生活。在哲学上,蒙田是一个怀疑论者。他把自己的座右铭"我知道什么?"刻在一枚自制的勋章上,勋章的另一面是摇摆的天平,隐喻人的认识的不可靠性。他崇尚自然,重视现实生活,重视个人经验,高度评价科学事业的价值。

在《随笔集》的《论儿童教育》和《论学究气》等文章中,蒙田论述了儿童教育:(1)教育的目的是培养绅士。"为生活而不是为学校而受教育"是其教育思想的核心。"绅士"不是学究,两者之间的重要区别在于:绅士注重行动而不是所谓知识,知与行应该是二合一的;学究的知识重装饰,绅士的知识重实用;学究重知识的记忆,绅士教育注重培养判断力;绅士重个人经验,学究重印证权威。(2)在教学内容的选择上注重实用性、必要性和生活性原则,并把哲学作为主要基础课程,目的是培养学生的判断力。此后才可以学习逻辑学、物理学、几何学和修辞学。(3)教育方法应依顺自然。如教育要适应儿童的能力;强调学习主动性与对知识的深刻理解,反对灌输式教育方法,提倡启发性和探索性的学习;重视向大自然学习,向社会生活学习,要把世界当作一本"大书"来读,反对盲从权威;强烈反对体罚,主张教室应该铺满鲜花和绿叶,寓教学于游戏和练习之中,通过行动而不是通过听课来学习。

蒙田是一位对后世有较大影响的思想家。他的怀疑论哲学对笛卡尔哲学有一定影响;他的绅士教育思想是洛克绅士教育理论的先声;他主张教育应遵循自然的思想对夸美纽斯和卢梭的自然教育理论有直接的影响;他对学习哲学的强调深刻影响了后世法国学校的课程。

6. 培根

培根(Francis Bacon,1561~1626)是英国唯物主义哲学家,马克思称之为"英国唯物主义和整个现代实验科学的真正始祖"。其主要著作有《新工具》(1620)、《学术的进展》(旧译《崇学论》,1605)、《新大西岛》(1623)和《培根论说文集》(1597)等。

培根对于西方教育思想的贡献在于:第一,提出了现实主义的科学观,论证了知识的功用,提出了科学复兴的思想。他在《新工具》中指出:"人类知识和人类权力归于一。"①"通向人类权力和通向人类知识的两条路途是紧相邻接,并且几乎合而为一的。"②这两句话被后人简要概括为"知识就是力量",成为脍炙人口的名言。培根对知识的分类是近代科学分类的先导。他的《新大西岛》展示了科学治国的美好图景。第二,批评经院哲学无助于发现科学真理,他关于"四种假象"的学说明确反对权威崇拜,反对空谈和诡辩,在当时有解放思想的重大作用,有助于推动科学的发展。第三,他依据经验论认识原则,对传统逻辑进行了批判,论证了科学归纳法,对近代科学教学方法有很大影响。培根没有留下论述教育的专著,但他在《培根论说文集》和《论学术的进展》等作品中论及天性、习惯与教育的关系,道德教育,知识的传授,体育和养生以及对大学教育的看法等问题。③

相对培根对教育的任何具体建议来说,他的哲学思想对教育的影响要广泛得多。首先,他是现代主义科学观的最早提出者,而这种科学观在后来的西方一直占据统治地位。而在他之前是理性主义科学观占据统治地位,忽视乃至否定科学的实用和社会功能。培根的现代主义科学观则强调科学的实用性,强调科学的社会功用是改善人类生活。其次,培根批判了旧的教育观念和体制,要求进行教育改革,他的经验主义学说则成为17世纪新教育理论的哲学依据。再次,培根对旧教育的批判,对知识的功用及其研究方法的探究,成为17世纪教育改革运动的前奏。"他本人虽然不是教师,对教育实践也不感兴趣,但他对教育思想产生的影响比任何或全部教育家的影响更大。培根是新科学运动的伟大阐述者和哲学家,这场运动就是意大利文

---

① [英]培根著,许宝骙译:《新工具》,商务印书馆1984年版,第8页。
② 同上书,第108页。
③ 吴式颖、任钟印主编:《外国教育思想通史》(第五卷:17世纪教育思想),湖南教育出版社2002年版,第56~74页。

艺复兴贡献给世界的最后礼物。"①

第二节 宗教改革与教育

在西欧封建制度的鼎盛时期,天主教是封建统治的堡垒。当统一的民族国家形成时,世俗君主与教会的冲突不可避免;教会的腐败也使民众的不满情绪日益增长。16世纪的宗教改革主要在德国、瑞士和英国进行,改革的结果是产生了脱离天主教的各种新教教派,主要包括路德宗、加尔文宗和安立甘宗等,随后从这些教派中分化出更多教派。此后,新教成为与1054年基督教东西分裂所产生的东正教(正教)和天主教(公教)并列的三大教派之一。这场首先在德国爆发随后席卷欧洲的宗教改革运动,实质上是早期资产阶级反封建的斗争,为西欧资本主义因素的进一步发展开辟了道路。

16世纪的宗教改革运动与文艺复兴有密切联系。一方面,人文主义者对天主教会腐败现象的揭露为宗教改革家提供了炮弹。另一方面,阿尔卑斯山以北的人文主义者研究了《圣经》的希腊文本,发掘出基督教的原始教义,为宗教改革派提供了根据。

席卷中欧和西欧的宗教改革运动是近代资产阶级革命的序幕。新教各派在教义上都蕴涵一种资本主义精神,有些新教教派在组织上还有共和主义色彩。新教的共同点是:不承认罗马教皇的地位,强调《圣经》的权威高于教会的权威,是信仰的唯一泉源;主张因信称义,即只遵守《圣经》教义,反对旧教教会的以各种名义进行的勒索及繁文缛节;新教各教派均以兴办学校作为重要的传教手段,致力于学校教育的发展和教育思想的阐述,推动了宗教改革时期教育的发展。

一、新教教派与教育

新教教派都致力于教育,包括民众教化和学校教育。为宣传新教教义,早期的新教徒急于普及《圣经》,大众扫盲的重要性凸现出来,因而新教比天主教更重视出版印刷。天主教维持的是一种关于意象、绘画、圣徒和神饰的文化,新教则重视书本文化。德国的路德派和瑞士的加尔文教派是大众教育的开路先锋。② 新教各派都关心民众教育的普及,将《圣经》由拉丁语译为本族语,用本族语言作为教学用语,改进学校教学组织形式,推进班级授课制度,从而大力推动了宗教改革时期学校教育和民众教育的发展。

(一)路德派新教与教育

马丁·路德(Martin Luther,1483~1546)是德国宗教改革运动的领导人和教育家。在西方,他首次提出在全民中普及义务教育的思想,对德国的学校教育改革和西方教育思想的发展有过重要影响。

---

① [英]博伊德、金合著,任宝祥、吴元训主译:《西方教育史》,人民教育出版社1985年版,第233~234页。
② [英]安迪·格林著,王春华等译,朱旭东校:《教育与国家形成:英、法、美教育体系起源之比较》,教育科学出版社2004年版,第38页。

1. 德国宗教改革

1517年11月1日,路德按大学辩论传统用拉丁文写出《关于赎罪卷效能的辩论》九十五条纲领,并贴在教堂门前,痛斥出卖"赎罪券"的做法,并实际上否认了教皇的神权。纲领贴出后很快被译为德文迅速传遍全国。教皇立奥十世1520年6月2日发布了开除路德的天主教教籍的敕令,路德当众把教皇敕令付之一炬。路德写了许多文章提出新教的基本精神,即"因信称义",并提出改革教会的纲领。路德新教容许个人在教义解释上有更大的自由,蕴藏着自由主义及个人主义因素,代表了新兴资产阶级的宗教思想。

路德进行宗教改革后,一部分诸侯国成为路德派新教国家,另一些诸侯鉴于宗教改革会引起农民起义,仍坚持旧信仰。1516年,终于爆发了路德派诸侯与以皇帝为首的天主教诸侯国之间的战争。1555年,双方缔结奥格斯堡和约,规定诸侯有权决定其臣民信仰,即所谓"教随国定"原则,路德派新教得到正式承认,但主要限于德国北部,南部仍为天主教国家。

2. 路德的教育思想

路德在《致全德市长及地方议会参议员的信》和《遣送子女求学的责任》中批判了当时的教育,并把教育看作改造教会和改革社会的工具,认为教育应包括以下职责:培养僧俗两界所需要的专门人才和对人民实施普通教育;强调教育是教会、国家和父母的责任,提出普及义务教育的主张,呼吁市长和议员承担起教育青年的责任;国家应实行强迫教育;提出改革学制的设想,为使强迫教育能够实行,要缩短学日,男孩每天在校学习2小时,女孩每天在校学习1小时,其余时间在家从事其他劳动或行业;中等教育和大学培养教师、传教士、牧师、法学家和医生等。路德主张提高大众识字率有助于人们更好地理解教义,同时也是一种维持政治稳定的措施。在教育变成国家政治需求的同时,路德思想进一步削弱了传统教会对教育的控制。

3. 梅兰克顿的教育活动

梅兰克顿(Philipp Melanchton,1497～1560)是一位人文主义者和路德在教育工作上的重要助手。他按照路德新教的要求在德意志各城市建立新的学校教育体系,对德国教育产生了很大影响。梅兰克顿的教育改革计划兼顾国家与教会利益,体现了宗教与人文主义相结合的思想。他改组了海得堡大学,并在哥尼斯堡和耶拿组建了新的大学。他在改组大学时更重视神学和道德,强化了北方人文主义对于宗教及道德的偏好。

1527年,梅兰克顿应萨克森选帝侯之请带领一个3人小组在萨克森进行教育调查,并在1529年发表的《调查报告书》中提出组织萨克森学校的计划。该计划十分重视文法学校以及拉丁文法的学习;要求把儿童划分成不同班级,学习不同教材。梅兰克顿还与德国中部及南部的56个城市建立了通信联系,以指导这些地方的教育工作,并被誉为"德意志师表"。但他的中学教学计划主要偏重拉丁文和希腊文,忽视自然科学的学习。

4. 布肯哈根的教育活动

布肯哈根(Johannes Bugenhagen,1485～1558)也是这一时期路德新教中一位对教育表现出同样兴趣和有组织才能的学者。他帮助路德改革德意志北部各地的教会和学校。在他的推动下,根据路德的理想在每个教区建立起教区小学,课程有阅读、习字、宗教,用德语教学,男女均可入学。在城市则设立拉丁学校,课程主要包括拉丁文、希腊文、希伯来文、辩论术、修辞学、数学、教义问答和音乐等。布肯哈根在德国北部主要致力于小学的改组与建立,人们将他誉为"平民学校之父"。

5. 斯图谟的教育活动

斯图谟(John Sturm,1507～1589)是德国的路德派教育家。1537年,他把原有的3所拉丁学校改组为具有大学预科性质的斯图谟文科中学。他把全校学生分成10个年级,每个年级由一位教师管理并有特定课程表,规定应读书籍和应采取的教学方法等。课程主要是:拉丁文及其名著,以西塞罗著作为主;希腊文和古希腊的著名作品;逻辑学。数学与自然科学课程很少。斯图谟在此工作28年,使斯图谟文科中学成为后世西方文科中学的范型。

(二) 加尔文派新教与教育

继德国之后,瑞士也发生了宗教改革,先后出现了两位领袖:慈温利(Ulrich Zwingli,1484～1531)和加尔文(Jean Calvin,1509～1564)。他们都注重教育,对当时西方的学校教育发展产生了很大影响。

1. 慈温利

慈温利在苏黎世教堂传教,明确否定教皇是上帝的代表,宣布《圣经》是信仰的唯一根据。他的教义比路德更加激进,如用方言读《祈祷书》,取消圣像,解散修道院,摈弃路德对诸侯的依赖,主张教会实行共和制等。教皇下令苏黎世地方当局制裁慈温利,但遭到拒绝,并宣布脱离天主教会统治。此后,苏黎世及另外几个州变成新教州,另外一些州则坚持天主教信仰。双方不断发生冲突,终于导致1531年战争的爆发。在这场战争中,慈温利阵亡。1523年,慈温利曾用拉丁文撰写了《少年的基督教教育》,拟推行宗教改革计划。他还创办了许多人文主义学校,并建立了瑞士的第一批小学。其改革计划初步获得成效以后,经议会批准得到推广。

2. 加尔文

16世纪30年代,瑞士宗教改革的中心从苏黎世转移到日内瓦,加尔文成为瑞士宗教改革的新领袖。他生于法国的一个律师家庭。1531年开始参加宗教改革活动,受到法国政府迫害,1534年流亡瑞士。他的《基督教原理》(1535)吸收了慈温利和路德的观点,提出了系统的新教神学理论,是宗教改革时期影响最大的著作。他倡导的教义包括:《圣经》的权威至高无上,教会和国家的权威只能来源于《圣经》;提出了"预定论",比路德的"信仰耶稣即可免罪"更为激进;主张教会应当监督国家、社会和家庭。他编定的《教会法案》和《教理问答》被确定为指导市民思想行为的规范,违反者要受法律制裁。加尔文派主张发财致富,支持商业和高利贷,崇尚节俭,鼓励积累资金,适应了新兴资产阶级的需要。

加尔文派主张普及义务的、免费的初等教育。1538年由他制定的《日内瓦小学计划》规定用国语教学,学习加尔文教义。加尔文教派的小学教育重视宗教和道德教育,也重视理智培养及公民教育。加尔文控制日内瓦以后,创办了一所学院。该学院分成7个年级,学习内容包括法语、拉丁语和希腊语及相关作品。从该学院出来的青年大都在文学和其他人文科学方面受到良好训练,也具备一定的自然科学知识,其中一些人从事政府和新教教会的各级领导工作。

加尔文派教育家对欧洲各国影响较大。在加尔文当权时期,日内瓦成为各国受压迫的新教徒的避难所。这些人在日内瓦吸收了加尔文派教义和教育思想后带回本国,使加尔文派教育风靡法国、德国、荷兰、苏格兰和美国。

3. 尼德兰教育

宗教改革时期学校教育最为发达的国家是尼德兰。16世纪初,尼德兰具有资本主义性质的大规模手工工场得到发展,但仍处在西班牙统治之下。后来爆发了尼德兰革命,经过40余年的战争,尼德兰建立起欧洲第一个资产阶级共和国。

加尔文教在尼德兰革命中发挥了精神鼓舞和政治动员的巨大作用。教会非常关心教育。尼德兰历次宗教会议的决议中都有关于学校教育的条款,如1586年海牙宗教会议规定,每个城市必须设立学校。1618年,荷兰多特宗教会议要求家庭、学校和教会共同负责对儿童及青年的基督教教育;要挑选忠于加尔文教派的信仰、精通教义的宗教改革者负责学校教育;教会应同长老甚至地方行政官员一起视察公私立学校;要告诫失职的教师;教会执事要关心穷人和创立学校;教会要仔细选择合适的校址;世俗当局要为教师提供足够的薪俸;每个城市、集镇和乡村都应设立学校,并对穷人孩子实施免费教育。

尼德兰的世俗政权也关心教育。乌特勒支省和乌特勒支市从15世纪初到17世纪中期通过了许多发展学校教育的决定。到17世纪中叶,尼德兰各地都建立起由市政当局管理并拨款资助的各级学校,基本上普及了小学义务教育。尼德兰小学一律采用荷兰语作为教学用语;较为重视算术的教学。近代欧美资本主义国家的小学校制度在很大程度上是以尼德兰的城市小学为范型的。

16～17世纪,尼德兰中等教育和高等教育也得到迅速发展。教会和国家为中学配备有能力的校长和教师,为校长提供优厚薪金,为一些中学拨款。中学基本上是文科中学,学习科目以希腊文、拉丁文为主,有的中学也教授数学、哲学和文法等。尼德兰还陆续开办了雷顿大学、格罗宁根大学、阿姆斯特丹大学和乌德勒支大学等14所大学。这些大学都具有较高的学术水平,吸引了欧洲各国信奉新教的学者和学生。

(三) 英国国教与教育

1. 英国宗教改革

在德国宗教改革运动发生后不久,路德教义渗透到英国。1521年,剑桥大学成立的一个秘密团体把《圣经》译成英文,并使路德教在低级教士及城市商人中流传。英国天主教会内部也出现改革要求,但对英国天主教会构成最大威胁的是王权。亨利八世(1509～1547年在位)即位初期对罗马教皇奉命唯谨,毫不留情地镇压路德派。后来,当他想离婚再娶以求子嗣时被教皇拖延不办,引起他的强烈不满。1534年,英国议会通过《至尊法案》,宣布国王是"英国国教会"(The Anglican Church)的唯一的、至高无上的首脑。此后的英国经过了一段纷乱时期。亨利八世的公主玛丽·都铎(1553～1558年在位)恢复了英国教会与罗马教廷的上下级关系,并以极其残酷的手段惩罚新教徒,有"血腥的玛丽"之称。到伊丽莎白在位期间(1558～1603),英国国教会的教义和实践最后固定下来。1563年,议会制定的《三十九条信纲》规定了英国国教会的教义,把《圣经》定为信仰的唯一准则,坚持"信仰耶稣即可免罪"原则。

2. 英国宗教改革时期的学校教育

宗教改革时期,英国的骤变使小学受到毁坏。在深重的危机中,都铎王朝对民众教育表现了极大兴趣,在伊丽莎白时期达到高潮。亨利八世在与罗马教会决裂并解散修道院以后,立即把注意力转向学校教育。牛津和剑桥地区的学院接受了从教会那里转让的捐款,在大修道院中心区重建了9所更大规模的学校。爱德华六世时期继续执行上述政策。但1548年的"弥撒奉献法案"要求把教育捐款转移到国王手中。此后,小学和若干文法学校全部消失。伊丽莎白即位以后,许多俗人努力重建学校和创办新学校,恢复了教育。

尽管英国政治形势不断变化,但宗教改革对学校几乎没有产生影响。学校主要学科是文法和修辞。新教会仍行使着旧教会的职责,只负责给予教师执教资格;教会还定期到学校检查是否按教会规定教学;君主作为教会首脑插手学校事务;教会除强求教师宣誓效忠以外,偶尔对教材有所规定。1540年,亨利八世训令规定《利利文法》(Lily's Grammar)为学校唯一的文法课本。爱德华六世和伊丽莎白也发布过类似的训令。直到18世纪,这本书仍是钦定教科书。这一时期,英语日益被看作各种学科的表达手段。

二、罗马天主教与教育

(一) 天主教会的反宗教改革运动

宗教改革的胜利使中欧和西欧出现了一些新教国家。罗马天主教会不甘心失败,力图纠集西欧旧教国家的君主打击新教势力,这就是16世纪40年代罗马教会发动的反宗教改革运动。1545～1565年,罗马教会依靠西班牙及其他旧教国家的支持,召集天主教会代表在特兰托(Trent)多次召开宗教会议,着手革除天主教内部弊端,但在信仰问题上对新教各派寸步不让。它宣布所有新教为异端,罗马天主教会的教条和仪式全部正确无误,教皇是最高权威,唯有教会有权解释《圣经》,教徒只有靠教会神甫施行"圣礼"才能得救。异端裁判对异教徒实行恐怖活动,也执行书刊检查任务。[①]

在天主教会反宗教改革的运动中,1534年成立的耶稣会起了重大作用。耶稣会的创始人是西班牙贵族军官伊格纳修·罗耀拉(Ignatius of Loyola,1491～1556)。耶稣会仿照军队形式组成,强调绝对服从。其宗旨是重振罗马教会,重树教皇权威,并扩大天主教影响。耶稣会会员到东亚、非洲和美洲传教;修建教堂,创建学校;深入社会各阶层特别是上层社会,用潜移默化的手段施加思想影响;为了达到目的有时不惜采取暗杀手段。

(二) 耶稣会派的学校教育

1. 耶稣会的学院制度

罗耀拉认识到对付宗教改革的关键是高等教育,因为那里聚集了社会上层阶级的子弟。耶稣会在一些国家中逐渐建立学院体系并获成功。这些学院分为低级学院和高级学院两级。

[①] 吴于廑、齐世荣主编:《世界史》之《近代史编》(上卷),高等教育出版社1992年版,第65～66页。

低级学院设6个年级,相当于文科中学。高级学院又称哲学部,修业3~4年,相当于大学文科。有些学院还在哲学部之上设有神学部,学制5~6年。在罗耀拉逝世之前,耶稣会已拥有100所学院和宗教团体。到16世纪末,天主教国家中高等教育的很大一部分已经掌握在耶稣会成员手中。

2. 耶稣会学校的课程和教法

耶稣会的成功部分在于把学术和信仰结合起来。这种特点反映在耶稣会派的教育计划中。他们认真研究许多教育著作,仔细考察当时最优秀的天主教及新教学校所采用的教育方法,然后提出一个报告,在此基础上制定出《耶稣会的教学之方法与组织》(简称《课程计划》),于1591年印出,试行8年后经过反复讨论又于1599年发布了精心拟订的学科计划,对耶稣会派学校与大学的学科和方法的一切细节做了明确规定。该计划一直使用到1832年才做了一些趋向于现代化的修改。

耶稣会学院的课程分三个层次:(1)低年级学院主要是神学再加上一些人文学科,禁止使用本族语。最初3年以学习拉丁文为主,也学习希腊文。为了钳制学生思想,第4年开始读经过精心挑选的希腊文和拉丁文名著的选段。第5、6年研究经典作家作品的修辞。(2)高级学院课程包括哲学、逻辑学、伦理学、代数、几何和三角等,后来增加了解析几何、微积分和机械学等课程。3~4年的哲学部课程修完后,考试及格者便可获得硕士学位。其中大多数将在低级学院低年级担任教学工作,然后逐步上升到从事高年级的教学。(3)高级学院的哲学部之上设神学部,前4年研究《圣经》,此外还要学习教会史、戒律等,后2年复习前面学习过的哲学和神学各科,最后完成毕业论文。经答辩合格者授予神学博士的学位。后来,耶稣会的大学还有以医学和法学代替神学的做法。

为了提高教学质量,耶稣会学校重视教学方法的改进。低级学院所用的讲课方法是讲授各章节之大意,详细说明课文的结构和语法;介绍课文中有关的史地、风俗人情之类的内容;讲解有关的修辞、文字的组合;最后从中选出与道德教育有关的内容教育学生。高级学院则用大学传统的讲演法。耶稣会学校的教学方法推崇记忆,轻视推理,注重各阶段课业的及时复习,教学法格言是"重复为学问之母"。"竞争"也是耶稣会学校通常用来刺激学生学习兴趣的主要手段。竞争的方法有两人一组的相互约束和鼓励,对辩论优胜者实行奖励等。

耶稣会学校的道德教育以基督教的传统戒律如贞洁、服从、贫穷为其宗旨,对教会和教皇的绝对服从是其核心;要求所有学生住校,校舍环境幽美,设备完善;学校也很重视体育及文娱活动。

3. 对耶稣会教育的评价

耶稣会学校非常注意教育实验,注意改善教学工作;重视师资质量,没有修完高级学院哲学部课程并取得硕士学位者不能在低级学院任教;大学教授必须修完哲学部和神学部的课程并取得博士学位;鼓励高级学院毕业生为教育事业献出一切;强调教学工作的计划性,《课程计划》规定了每年每月每周的工作进程。

人们对耶稣会学校的评价不一。一方面,它与时代潮流背道而驰,教育带有很多中世纪特征。另一方面,耶稣会学校的人文知识、数学和道德教育比当时一些大学还要好,且耶稣会教育吸收了人文主义和新教的教育理念和做法,积极改善学校环境,注重提高教学质量和师资质量,采用先进的学校管理方法,反映出近代教育的一些积极特征。

本章小结

　　文艺复兴时期是西方教育从中世纪教育向近代教育过渡的重要转折时期,无论在教育思想方面还是教育实践和学校教育制度方面都有很大发展。首先,人文主义者积极的人生观在一定程度上改变了中世纪基督教的消极人生观,尤其改变了以原罪说为依据的性恶论和儿童观,相信和重视教育在改造社会和形成完人方面的积极作用;无论是通才教育或博雅教育理想的重新提出,还是培养绅士的新教育理想,都对后世西方产生很大影响;一定程度消除了禁欲主义对教育的消极影响,恢复了体育,注重年轻一代身心的和谐发展。其次,宗教改革中新教派教育家提出了国家应该承担教育的责任和普及义务教育的思想,并积极付诸教育实践,出现了公立学制和实施普及小学义务教育的法令,平民小学有了较大发展。再次,在学校课程方面,注重通过实验制定学校的课程计划,增加了人文学科和自然科学的内容;在教学方面,本族语开始作为教学用语;出现了教育心理学的萌芽,注意按照儿童身心发展的特征施教,并重视利用一些积极的方法提高学生的学习兴趣。最后,在学校管理和教学组织方面,产生了班级授课制,采取了分年级上课的制度,形式方面也有新的发展。后世的进步教育家们均从人文主义教育家的思想中获得诸多启示。但是,这个时期的教育仍然带有旧时代的许多痕迹,如基督教教会和神学思想对人们的思想和行为的束缚,以及对学校课程和道德教育的影响;人文主义教育的贵族倾向和文艺复兴后期崇尚古典的新的繁琐主义学风的出现等。

思考题

1. 简述文艺复兴时期人文主义教育的一般特征。
2. 简述文艺复兴时期人文主义的主要类型及其与教育的关联。
3. 文艺复兴和宗教改革时期欧洲教育有什么重要发展?
4. 简述弗吉里奥的《论绅士风度与自由学科》。
5. 以维多利诺"快乐之家"说明文艺复兴时期人文主义教育的一般特征。
6. 意大利早期人文主义教育和晚期人文主义教育有什么不同?
7. 简述卡斯底格朗的《宫廷人物》。
8. 马基雅维里《君主论》中的教育观与意大利早期人文主义教育观有什么不同?
9. 简述康帕内拉《太阳城》的空想社会主义教育理想。
10. 北方的人文主义教育与意大利的人文主义教育有什么区别?
11. 以伊拉斯谟为例说明北欧人文主义教育思想的特点。
12. 莫尔的《乌托邦》在哪些方面超越了一般人文主义教育?

13. 简述拉伯雷的《巨人传》。
14. 简述蒙田《随笔集》中的绅士教育思想。
15. 简述培根对西方教育的主要贡献。
16. 简述路德普及教育的思想。
17. 简述斯图谟文科中学。
18. 耶稣会派学校教育述评。

第八章 近代各国教育(上)

1600~1760年是欧洲资本主义大工业的准备时期,西方的先进正是在这160多年间确定下来的。17~19世纪是资本主义制度在先进国家中取得胜利并得到巩固的时期。以1640年英国资产阶级革命为开端,欧美和亚洲一些国家相继进行了资产阶级革命。从18世纪60年代开始的工业革命,增强了各国的经济实力。和资本主义政治经济的发展相适应,近代教育制度在各国逐步确立。

首先,近代是民族国家教育领导体制建立的时期。虽然宗教在早期学校发展中起了重要作用,但大多数国家要想建立公共教育体系必须与教会对学校的统治决裂。教育国家化和世俗化成为近代各国教育发展的一般趋势。一方面,随着教育世俗化的发展,教育领导权逐渐从教会手中转移到民族国家手中,国家逐渐承担起教育的责任。另一方面,由于历史条件和文化背景的不同,近代各国形成了具有本国特点的教育领导体制,如法国的中央集权教育领导体制和美国的地方分权教育领导体制等。

其次,近代教育发展的重要内容是国民教育体系在各国的建立。国民教育作为一种体系有一个相当长的孕育期。自宗教改革以来,教育革新成为所有西方国家的普遍特征。17世纪的人们勾画过无数有关国民教育体系的蓝图,18世纪的人们为实现这些理想做了最初的不成熟的尝试。最早是一些专制君主颁布法令,实行强制义务教育,并为公立小学提供国家资助。在法国大革命时期及之后的数十年间,刚萌芽的国民教育体系作为一种体制得到巩固和永久承认。与国民教育改革有关的一些因素包括教育普及方式的发展、教育管理和体制结构的合理化以及公共资金及其支配方式的发展。与此同时,国民教育也成为民族国家进行社会控制的重要工具。

再次,这个时期各级各类学校有了一定发展。与国民教育体系的建立相联系,在一些国家出现了公立小学,小学的课程在传统的"4R"(读、写、算和宗教)的基础上有所扩展;中等教育和高等教育仍属于精英教育,主要以上层统治者和富家的子弟为对象。这一时期在西方各国形成了带有明显等级特征的双轨学制。但为适应新形式的需要,中等和高等教育也进行了一些改革,中等教育学校的课程朝着文实并重方向发展;中等教育大众化问题提上议事日程,而这个目标的实现则是20世纪的任务;出现了一些新型大学,课程内容也更加贴近社会生活的需要。

最后,在近代教育发展的各个历史时期,各国都出现了一些著名的教育家。他们批判了当时教育体制和学校教育的弊端,针对社会需要提出了新的教育构想。他们的教育思想不仅为当时和后来的教育改革提供了理论依据,也由于其思想的生命力而成为人类教育宝库的共同财富。

第一节　近代英国教育

　　1870年以前,英国(主要指英格兰和威尔士)教育主要由教会和民间机构开办,教育机构明显分为贵族学校和大众慈善学校两大体系。英国一直有"教育是家庭职责"的传统看法,把送子女上学和为孩子择校视为家长的权利。一般说来,富人或聘请家庭教师在家对子弟进行教育,或送子弟入公学和大学受教育。穷人家庭才送孩子入教会初等学校或者慈善学校读书。直到二战结束以前,英国教育中的双轨制都非常明显,公立学校和私立学校并存,各成体系,互不相通。英国在建立国家公立教育体系方面要落后于欧洲大陆其他各国大半个世纪。1870年以前,英国还没有一个完善的公立教育体系,主要依靠各种捐助体系发展学校教育。直到《1870年初等教育法》颁布以后,政府开始举办面对社会大众的公立初等学校,但大多数地方的义务教育没有落实,小学直到1891年才完全免费。1902年《巴尔福教育法案》颁布以后才出现公立中等学校,高度统一的教育管理体系才得到巩固。

一、17～18世纪的英国教育

　　英国在1640年发生了早期资产阶级革命,并于1688年以资产阶级和贵族妥协的方式建立君主立宪制,确立了资本主义制度。文艺复兴运动和宗教改革的影响,资本主义经济的发展,以及18世纪60年代前后开展的工业革命,都对英国教育的发展有影响。17～18世纪,英国的初等教育、中等教育和职业技术教育有一定发展,牛津大学和剑桥大学也进行了改革。英国学者约翰·弥尔顿和亚当·斯密论述了国民教育的重要性和对策。

(一) 17～18世纪英国的教育概况

1. 初等教育

　　西欧中世纪教会掌管初等教育的做法在17～18世纪的英国仍然延续。在英国宗教改革以后,原来的天主教教区学校改由英国国教会管辖。但在教育实践中,非国教派对近代英国的初等教育发展有重大影响。1699年,英国国教会成立"基督教知识促进协会",1814年非国教派成立"不列颠及海外学校协会"。这两个团体在促进英国贫苦儿童的初等教育方面作出了重要贡献。在国民教育体系产生之前,慈善学校和主日学校是英国初等学校的主要类型。除了教区学校、慈善学校和主日学校外,还有一些私立学校,如主妇学校(Dame School)、普通私立学校(Common Private School)、围篱学校(Hedge School)和乞儿学校(Regged School)等。初等学校的教学内容除了宗教(religion)教育以外,也教一些初步的读、写、算知识。因4科的英文名称第一重音均为R,所以称"4R"教育。在很长一段历史时期内,4R是欧洲各国初等学校的基本课程。

　　慈善学校(Charity School)由教区学校模式发展而来。16世纪以后,农民流离失所,城市工人也常因失业而陷于贫困。英国政府于1601年颁布了《济贫法》,试图稳定社会秩序。在基督教知识促进协会和不列颠及海外学校协会的劝告下,各地富人纷纷捐款设校。英国最早的慈善学校于1680年在伦敦设立。这类慈善学校有各种名称,如贫民免费学校(Ragged School)、劳动学校(Industrial School)、贫儿学校(Charity Day School)以及感化学校(Reformatory School)等。学校免收学费,提供书籍和衣物。课程除4R以外,有的学校还教男生学习园艺、木工、制鞋和印刷等技术,教女生学习缝纫等。

主日学校(Sunday Shool,又译星期日学校)由热心贫民儿童教育的传教士罗伯特·瑞克斯(Robert Raikes,1735~1811)于1781年创办。主日学校是在教堂和小教堂的基础上建立起来的,由牧师负责组织,利用星期日对儿童及一些没有机会受正规教育的成人进行宗教和道德教育,学习粗浅的读写知识。到1795年,整个英国已设有1 012所这类学校。1790年以后,主日学校运动进入衰落时期,被1803年兴起的导生制学校所取代。

2. 中等教育

17~18世纪的英国中等学校基本上仍是从中世纪流传下来的文法学校(Grammar School)和公学(Public School),一般以富家子弟为主要教育对象,教育内容主要是"七艺",包括"三艺"(文法、逻辑、修辞)和"四艺"(算术、几何、天文、音乐)。一般认为"三艺"才是中等教育的课程,"四艺"为高等教育的基本课程,但实际上有很多交叉。

(1) 文法学校

"文法学校"这一名称是1387年正式确定的,学校主要的教育目的是让学生掌握拉丁语。文法学校一般每周学习6天,每天10小时,按照宗教和地方习惯制定放假制度。从文法学校毕业出来的学生或进入牛津与剑桥大学,或成为一般官吏、医师、法官和教师等。此外,市镇还建立了一些简易文法学校。1558~1685年,英国至少建立了358所新文法学校。中世纪文法学校的许多特征保留到近代初期,如一间教室、一个教师(或由一个助理教员协助)、学日长和盛行体罚等。文法学校重视古典知识,轻视实科知识。英国工业革命以后,文法学校的培养对象从原来的贵族、僧侣子弟扩展到大工业家、大商人、乡绅等阶层的子弟,自费入学,也有少数比较贫穷的工人子弟进入文法学校学习。

(2) 公学

公学是英国教育中的特有现象。14~15世纪,英国出现一些专为特权阶级和富人子弟设立的设备较好、教育水准较高的文法学校,即"公学",以区别于仅招收本地学生的地方学校。公学是一种私立、寄宿、以升学为宗旨的中等学校,以向牛津、剑桥大学输送合格新生为主要任务,因而具有大学预科性质。公学的经费全靠私人捐助,拥有大量校产,不受政府资助和干涉,收费昂贵。公学注重绅士风度培养,主要课程是古典学科。15~17世纪,英国陆续创办了最著名的9所公学:温彻斯特公学(1382)、伊顿公学(1440)、圣保罗公学(1509)、威斯敏斯特公学(1540)、舒兹伯利公学(1552)、麦钦泰勒公学(1560)、拉格比公学(1567)、哈罗公学(1571)和查特豪斯公学(1611)。自出现之日起,公学一直在英国中等教育中占有重要地位。公学作为英国社会特权的组成部分,使英国社会阶层较高的人占有从事地位较高、安全而有声望的职业的优势。直到1964~1979年的"公学革命"之后,英国公学才体面地埋葬了"公学"名称,将自己和所有私立学校统称"独立学校"。①

除文法学校和公学以外,这一时期还有一些由团体集资兴办的私立中学,课程主要是数学、语文、历史、地理和现代语等,注重教授工业、商业知识。这是一种新兴的、较为接近生活的中等学校,为以后地方中学的发展准备了条件。但总的来说,还不如上述两种学校重要。

3. 高等教育

中世纪的英国贵族青年竞相争取到爵士府邸受教育,进大学者寥寥无几。16世纪末叶起,进入大学的人数才逐渐增长。17世纪英国资产阶级革命前,英国共有7所大学。17~18世纪,英国的高等教育仍以牛津大学(Oxford University,创建于1168年)和剑桥大学(Cambridge University,创立于1209年)为主干。两所大学各有众多学院,实行学院自治,注重古典学科,在进行学术陶冶的同时,重视绅士风度培养。由于造就了众多政治领袖和学术精英,其地位日益重要。王室及贵族纷纷捐款或捐产,经费日见充足。学生有一半以上为显贵和富家子弟。一半以上的剑桥毕业生和近2/3的牛津毕业生都从事教会工作。到17世纪30年代,牛津和剑桥大学的学生超过4 000人。

17~18世纪,英国的大学课程注重古典学科,即建立在"七艺"基础之上的人文学科,尤其是逻辑学、形而上学、伦理学和自然哲学,附带有神学、民法、教会法规和医学等高级学科的研究。17世纪末至18世纪初,培根的唯物主义哲学和他倡导的实验科学,以及牛顿的自然科学方面的辉煌成就促进了大学课程的改变,增加了一些实科内容,如设立了自然科学讲座。牛顿就曾亲自担任过数学讲座的教授。

(二) 17~18世纪英国的教育思想

1. 约翰·弥尔顿与《论教育》

约翰·弥尔顿(John Milton,1608~1674)是英国文学界具有重要地位的杰出诗人。他于1644年发表《论教育》,首先严厉批评当时英国的学校教育强迫学生学习希腊语和拉丁语,充满经院习气,呼吁改革学校教育;其次,建议在全国各城市兴办学院(academy),学院分为初级和高级两个部分,兼施中学和大学教育,主张把学生培养成聪明、有教养、肯负责的公民与领袖人物;再次,其教育思想的特色是课程计划既包括古典学科也增添了大量自然科学和应用科学的课程,如农业、地理、自然哲学、生理学、天文学、建筑、航海、气象、采矿、动植物学、解剖学等,还提出将有实践经验的人,如猎人、园丁、药剂师、工程师、解剖师和水手等引进学园;最后,重视培养军事、政治人才,建议学生进行军事训练,或结队骑马到校外参观学习,包括出海学习航海和海战的知识等。弥尔顿包罗万象的课程计划的特点是文实并重,试图调和古典主义与现实主义,成为古典教育向实科教育过渡的典型。弥尔顿的《论教育》问世大约20年之后,英国清教徒教师把他的办学理想变成了现实。后来这种文实并重的学校还流传到北美,如美国

---

① 王承绪、徐辉主编:《战后英国教育研究》,江西教育出版社1992年版,第124页;原青林著:《英才教育的秘诀——英国公学研究》,黑龙江人民出版社2006年版,第306页。

富兰克林创办的文实中学就是一个典型的事例。

2. 亚当·斯密与《国富论》

亚当·斯密(Adam Smith,1723~1790)是英国古典经济学家,1776年出版《国民财富的性质和原因的研究》(又译《国富论》),总结了近代初期各国资本主义发展的经验,批判地吸收了当时的经济理论,对整个国民经济运动过程作了较系统的描述,并讨论了青年教育设施的费用、普及初等义务教育以及成人教育三个方面的问题。

首先,亚当·斯密研究了学校费用来源的问题。在考察、研究了当时欧洲大多数国家青年教育设施的费用后,他认为学校教育完全由社会开支有许多弊端,如由于每月有一定薪俸,教师会追求安逸。因此,即使是国家设立的小学的教师,其报酬也不可全由国家负担,以免教师由此变得贪图安逸。其次,他力陈实行普及义务初等教育的必要性,呼吁国家注意普及教育问题。"在文明的商业社会,普通人民的教育,恐怕比有身份、有财产者的教育,更需要国家的注意。"①普通人民由于很早必须谋生几乎没有时间受教育,所以须在早年就学习读、写、算的知识;注重普通人民的教育对国家的政治、社会治安也大有益处,因为无知的国民狂热和迷信,往往容易惹起最可怕的扰乱。再次,他就国家应如何发展普及义务初等教育提出了许多可行性建议。

亚当·斯密是一位富有远见的教育思想家。他最早提出了人力资本理论,很早就意识到普通人民教育水平的提高有着极其重要的经济、政治和社会的价值,并呼吁国家革除不过问教育的陋习。他的主张已向人们昭示了工业革命后近代教育发展的方向,即普及初等义务教育和实科教育日益受重视,以及教育领导上的国家化。他还主张以科学和正当的文娱活动代替宗教迷信和狂妄,促进了英国19世纪上半期以成人为对象的教育运动的展开。

二、19世纪英国教育的发展

英格兰和威尔士在建立国家公立教育体系方面要落后于欧洲大陆其他各国大半个世纪,1870年之前还没有一个充分的公立教育体系。1870年的《初等教育法》常被认为是奠定英国公立教育体系基础的重要法案,到1891年小学完全免费。1902年《巴尔福教育法案》规定,创建地方教育署,由地方教育当局负责统一管理各级教育,使一体化国民教育体系真正得到巩固。

(一)英国教育管理的革命

"国家不愿意对教育发展进行干预是19世纪英国与欧洲大陆国家教育上最显著的区别。"②整个19世纪,英国大众教育的主力还是捐助学校。国家干预的缺失是英国的独特之处,它代表了"文明世界的一个伟大的例外"。在1839年教育委员会建立之前,英国根本不存在国家教育管理机构。19世纪前40年,以中产阶级激进派为先导曾提出过一些国民教育计

---

① [英]亚当·斯密著,郭大力、王亚南译:《国民财富的性质和原因的研究》,商务印书馆1972年版,第340页。
② [英]安迪·格林著,王春华等译,朱旭东校:《教育与国家形成:英、法、美教育体系起源之比较》,教育科学出版社2004年版,第257页。

划,但均以失败而告终。研究者把失败归结于贵族保守主义和宗教的分裂。而在所有这些原因的背后则是传统的自由主义对国家的敌视。在一种反对国家的自由主义气候中,国民教育的倡导者很难获得成功。但在19世纪30年代以后,英国政府先是通过拨款,然后通过立法,悄然开始了对学校教育的干预,史称"英国教育管理的革命"。

1. 英国教育领导体制的国家化

1802年,英国政府首次颁发教育的法令,要求工厂学徒和手工业学徒学习读、写、算的基本知识,由工厂主和业主负担学习费用。1806年,议员怀特布雷(Samuel Whitbread)建议国家在每个教区设立并管理学校,这是国会首次以国家名义讨论国民教育问题。1833年,国会通过财政部长阿尔索普(Lord A1thorp)提出的教育补助金法案,决定每年拨款20 000英镑作为对初等学校的建筑补助金。"尽管这笔钱的数目少得可笑,然而这毕竟开创了国家财政支持教育的先例。"[①]此后该项拨款稳步增长,1860年增加到800 000英镑。

国家为教育提供了财政支持,就必须监督拨款如何消费,这也正是英国设立教育委员会的初衷。1839年,英国政府首次设置"枢密院教育委员会"(Committee of Priory Council on Education),直接掌握和监督初等学校补助金的分配。1856年,枢密院教育委员会改组为"教育局"(Education Department),成为政府领导全国初等教育的机关。1899年,为彻底解决中等教育领导权问题,英国废除了教育局,建立由议会直接管辖的"教育署"(Board of Education),把对初等教育和中等教育的领导权集中起来,从此初步完成英国教育领导体制的国家化。

2. 《工厂法》中关于教育的规定

工业革命带来了诸多社会问题。为稳定社会秩序和缓和阶级矛盾,英国政府于1834年颁布《工厂法》,规定9~13岁的童工每天劳动8~9小时,每天应在工作时间内接受2小时义务教育。1844年的《工厂法》要求童工必须交上学证明。1846年的《工厂法》明确规定工厂教育是强制性的,14岁以下儿童没有接受初等教育不得入工厂做工。《工厂法》的实施为英国政府正式颁布《初等教育法》奠定了基础。

3. 《初等教育法》

1870年,英国国会正式颁布《初等教育法》(*The Elementary Education Act*),也称《1870年教育法》。该法案由当时的下议院议员福斯特主持制定,所以又称《福斯特教育法》(*Forster Education Act*)。该法案是英国国民教育制度正式形成的标志,它规定:(1)国家继续拨款补助教育,并在缺少学校的地区设置公立学校;(2)在全国划分学区,由选举产生的学务委员会负责监督本学区教育;(3)各学区有权实施5~12岁儿童的强迫义务教育;(4)承认以前各派教会所兴办或管理的学校为国家教育的组成部分,但不能从地方财政得到补助;(5)学校的普通教学与宗教分离,凡接受公款补助的公立学校一律不得强迫学生上特定的宗教教义课程。

《初等教育法》在英国教育史上具有重要意义,它的颁布宣告了英国初等义务教育的实施。

---

① [英]安迪·格林著,王春华等译,朱旭东校:《教育与国家形成:英、法、美教育体系起源之比较》,教育科学出版社2004年版,第302页。

此后,实施初等教育和强迫教育成为国家的责任,并形成了私立学校和公立学校并存的双重制度,为英国初等教育的发展奠定了基础。

4. 教育委员会的建立

根据《1899年教育法》,英国成立了新的中央教育行政管理机构——教育委员会(Board of Education,又译教育署),以替代原来的教育局、科学与艺术局等,还设立一个咨询委员会协助教育委员会的工作。在英国教育史上,教育委员会的建立具有重要的意义,它第一次统一了对初等教育和中等教育的管理。

(二) 各级学校的发展

1. 初等教育

19世纪初,受卢梭和法国巴西多(Johan Bernharl Basedow,1724~1790)"泛爱主义教育运动"的影响,英国也开展了把泛爱主义与原有的慈善教育相结合的教育运动,使慈善教育得到进一步发展。一些人士积极出资开设初等学校,吸收更多的贫民子弟入学,史称"慈善事业时期"。具有代表性的慈善学校是导生制学校(Monitorial System of School)和幼儿学校(Infant School)。

(1) 导生制学校

导生制学校又称贝尔—兰喀斯特制学校。1789年,英国非国教派的新教徒传教士兰喀斯特(Joseph Lancaster,1778~1838)在伦敦创办学校招收贫苦儿童入学。由于经费缺乏,学校不能多聘教师,就采用新的教学方式,教师先从学生中选择一些年龄大、学习成绩好的学生充任导生(Monitor),由教师对其训练后再转教其他学生。同一时期,国教派教士贝尔(Andrew Bell,1753~1832)在当时英殖民地印度办了类似学校。1796年回国后,他大力宣传自己的办学经验。

贝尔和兰喀斯特的导生制主要在教派问题上存在一些差异:贝尔的学校只招收英国国教儿童,兰喀斯特的学校则招收各种基督教派的儿童;两种学校都不能给学生以系统、充分的知识,教育质量非常差;在兰喀斯特的学校里曾施行劳动教育以节省开支。

导生制大大增加了学生名额,适应了当时对贫民及童工施行初等教育的要求,因而在英国各地学校得到广泛采用,在英国盛行30年之久,后来又流传到法、美、意、瑞士等国。

(2) 幼儿学校

幼儿学校基本由工业资本家中的慈善人士开办。第一所幼儿学校是英国空想社会主义者欧文(Robert Owen,1771~1858)于1809年在苏格兰新拉纳克棉纺厂创办的,包括为3岁以下儿童设立的托儿所和为4~6岁儿童设立的幼儿园。该校利用游戏、军事体操、无拘束的谈话和直观教学方法,对儿童进行全面的教育。欧文的幼儿学校获得了很高的声誉,许多慈善家、工厂主纷纷效仿。后来在怀尔德斯平(Samuel Wilderspin,1792~1866)的努力下,1824年成立了英国全国性的"幼儿教育协会",形成了幼儿学校运动,并对欧美其他国家产生了影响。

1840年,英国枢密院教育委员会视学官首次发出关于幼儿学校检查项目的训令,幼儿学校开始成为国家补助的对象。检查项目包括学校设备与教育内容和方法,反映了怀尔德斯平主知主义幼儿学校教育方法的影响。①

(3) 初等教育内容的扩展与高级小学的出现

17～18世纪英国初等教育的内容主要是4R,即读、写、算和宗教。1862年,英国政府规定依据传授读、写、算的成就确定财政拨款,对小学课程产生了深远影响。19世纪70年代,英国政府进一步拨款鼓励教授读、写、算以外的科目,包括语法、历史、地理、缝纫,还有英国文学、数学、法语、德语、拉丁语、力学、植物学等。19世纪末,一些地方教育委员会在校舍、设备和课程等方面对以往的初等教育(elementary schooling)做了重大变革,为较优秀学生开设高级班,甚至单独成立了高级小学。

(4) 师范教育的产生

英国初等教育发展较为迟缓,对师资需求并不紧迫。随着初等学校的发展,教师匮乏问题日益严重,出现了如导生制、师范学院、见习生制度和训练学院等。(1)导生制是英国师范教育的最初表现形式,被选中的导生接受3个月培训和2个月实习,再由他们转教更多学生。(2)巴特西师范学院是枢密院教育委员会主席凯-舒特尔渥兹(Kay-Shutleworth,1804～1877)于1839年创办的,从贫民学校选拔13岁少年,努力通过严格训练以培养他们作为"教育者"应具有的品格。除食宿外,学校还免费发给统一制服。(3)见习生制度(Pupil Teacher System)是指在初等学校中选出优秀的13岁少年,用校长带徒弟方法加以培养的制度。一般订立5年契约,见习生充任校长助手,跟随校长见习学校事务与教学,每周有5天在学校。放学后由校长为其讲授各科讲义1个半小时。5年期满即可作为助理教员,也可再考入师范学校继续受教育。(4)训练学院(Training College)是继巴特西师范学院之后开办的专门培训师资的学校,学习2年,实习1年。《1870年教育法》颁布后,英国急需大量小学教师,遂开办一些走读制训练学校培养教师。英国现代师范教育则是在20世纪以后才逐步发展起来的。

2. 《汤顿报告》与中等教育的发展

1868年,以汤顿(Henry Taunton,1793～1869)为首的"中学调查委员会"发表了长达21卷的调查研究报告,把文法学校分为三种类型,即古典型、现代型和职业技术学校。古典型学校以上层贵族和资产阶级子弟为对象,以升学为目的;现代型学校以培养军队、医务、法律、政府文官、工程和商业方面的人才为目的;职业技术学校是为下层子弟设立的,修业年限较短,传授技术和职业科目,以培养普通职员和文书为主要目标。

《汤顿报告》在英国中等教育发展史上具有重要意义。首先,它奠定了此后英国三类中学的基础,之后得到1924年的《哈多报告》和1938年的《史宾斯报告》的肯定。到第二次世界大战爆发前夕,三类学校制度已作为"人人受中等教育"的理想模式被广为接受。其次,《汤顿报告》关于应大力注重自然科学的学校以及为小有产者子弟设立技术学校的建议,促使国会于1869年通过了《捐资兴办学校法案》(Endowed School Act),以支持新型学校的开办和提高新型学校的地位。

3. "新大学运动"

进入19世纪以后,文化科学知识的勃兴要求大学研究和教授实用的新课程。这种思潮促

---

① 周采、杨汉麟主编:《外国学前教育史》,北京师范大学出版社1999年版,第91～94页。

进了英国原有高等教育的发展，并促使一些人士建立一种注重世俗科学知识传授的新型大学，在这种背景下英国兴起了"新大学运动"。

1825年，著名诗人托马斯·坎贝尔（Thomes Campbell，1771～1844）提出了建立"大伦敦大学"（Great London University）的设想，要求为富裕的中层阶级子弟设立非寄宿制的、有专业分科的、费用低廉的大学，以与贵族和教会控制的古典大学相抗衡，并用募来的15万英镑建立了"伦敦大学学院"（University College of London）。学院成立了由25人组成的校务会，来确定基本教育目的和课程等。1828年，学生有300人，教学内容有语文、数学、植物学、伦理道德科学、英国法、历史、经济等科目，尤其重视医学。1834年还开设了附属医院。1829年，在伦敦设立一所进行通才教育的"国王学院"（King's College）。课程中除古典语文、宗教与道德外，也开设自然科学、哲学、伦理、商业、现代语等，还聘请著名法律家、医生来校教授法律和医学等。1836年，经王室批准，将"伦敦大学学院"与"国王学院"合并为伦敦大学（University of London）。1878年开始招收女生。伦敦大学拥有50多个院、所。

新大学运动推动了地方大学的诞生与发展。19世纪下半叶，在工业繁荣、文化集中的城市成立了很多新大学，如曼彻斯特（1851）、南安普敦（1862）、纽卡斯尔（1871）、里兹（1874）、布里斯托尔（1876）、谢菲尔德（1879）、伯明翰（1880）、诺丁汉（1881）、利物浦（1881）、雷丁（1892）和埃克塞特（1895）等。这些新大学的特点是：私立；不问所属教派；男女学生均可入学；采取寄宿和走读两种制度；重视科学、数学和商业；进入新大学的学生多为工商业资产阶级子弟。

（三）19世纪英国的教育思想

1. 欧文的空想社会主义教育活动和教育思想

欧文是19世纪空想社会主义的著名代表之一。19世纪空想社会主义的一般特征是：抨击资本主义制度（尤其是私有制）的罪恶，预测未来社会的某些特征，讨论未来社会的教育理想，如人的全面发展、培养集体主义精神、教育与生产劳动相结合等。不过，由于唯心史观的局限和不成熟的资本主义生产关系的局限，他们的思想只能是空想。

欧文早年在新拉纳克从事社会改革及教育实验。他在历史上首次为工人阶级及其子女创办了从学前教育（幼儿学校）到成人业余教育的独特、完整的工厂教育体系——性格形成学院。其中包括1～5岁的幼儿学校，6～10岁的小学，10～13岁的少年工人夜校以及成人教育机构。此外，他还首次实行了教育与大工业生产劳动相结合的措施。后来，欧文到美国创办共产主义公社新和谐村，并在《新道德世界书》中提出未来理想社会的教育设想，如实行公共教育及全面发展的教育，实行教育同工农业生产劳动相结合等。

欧文接受了18世纪法国唯物主义者的学说，提出关于人的性格形成的学说，认为人的性格是外力（即环境和教育）的产物，改造旧社会要从改造人的性格做起，为此必须改造环境并施加正确的教育影响。上述观点反映在他早期的作品《新社会观》中。性格形成学说是欧文从事社会改革活动的依据，改良性格或培养良好性格是他从事社会改良和教育实验的宗旨。

虽然当时的情况决定了欧文的社会主义理想只能是空想，其充满激情的实验也以失败而告终，但他提出的许多教育思想成为马克思主义教育学说的先驱。马克思曾评价欧文的教劳结合实验是"未来教育的萌芽"。

2. 斯宾塞论科学教育

19世纪中叶,英国已成为世界最先进的工业强国,但英国的中等和高等教育长期为贵族和资产阶级上层所垄断,其主要任务是培养具备高贵风度的绅士和文职官吏。中等学校重装饰轻实用,古典人文学科在课程中占主导地位,自然科学被排斥。大学重文轻理的现象也十分严重。英国古典主义教育与科学进步、工业发展不相适应的状况,引起了教育界关于维护古典主义教育传统还是提倡科学教育的激烈论争。在这种背景下,赫伯特·斯宾塞(Herbert Spencer,1820~1903)和托马斯·亨利·赫胥黎(Thomas Henry Huxley,1825~1895)发表了自己的观点,呼吁进行学校改革。

斯宾塞是英国实证主义哲学家、社会学家和教育家,1861年出版《教育论》,主张以科学教育取代古典主义教育。这本书很快被译成12种文字流传于世界各国。他的课程论思想对19世纪的科学教育运动具有重要意义。

(1) 课程论思想

斯宾塞是英国实证主义的代表和社会进化论者,他把进化论原理运用于个人发展和教育,认为教育的目的是"为完满生活做准备"。知识的价值应当有两个内涵,即指导意义和训练意义。科学知识能指导人类的各项主要活动,对发展儿童智力也具有重要作用。"什么知识最有价值?一致的答案就是科学。这是从所有各方面得来的结论。"[①]斯宾塞关于科学的定义显然很宽广,事实上他认为科学是一切知识的基础。他的科学定义包括社会科学,如心理学、经济学、社会学和政治学等。

根据上述观点,斯宾塞提出以科学为主的课程体系:第一部分是生理学,这种知识能指导人们保持良好健康、饱满情绪和充沛精力;第二部分主要是数学、力学、热学、光学、电磁学、化学、天文学、地质学、生物学、社会学等,这些同生产活动有直接关系的知识,是使人易于谋生而有助于间接保全自己的知识,是使国家兴旺发达和维系整个社会生存的基础知识;第三部分是心理学,也包括生理学、教育学等,它们提供给父母在教养自己的子女时所应有的指导知识;第四部分主要是历史,历史教学能为学生提供了解一个国家成长和组织的知识,有助于学生履行社会义务;第五部分是审美文化,如雕塑、绘画、音乐、诗歌等,这些是满足人们闲暇时休息和娱乐所需要的知识。

(2) 论教学原则和教学方法

斯宾塞把重演说作为他的教育方法的前提假设。"儿童所受的教育必须在方式和安排上同历史上的人类的教育相一致。换句话说,个人知识的起源应该按照种族中知识的起源的同一途径。"[②]这种文化时代的假设是生物学上重演理论的一个分支。斯宾塞引用这种假设不加证明地进行推论。而事实上已有人对这种假设表示怀疑。随着科学的进步,重演规律本身已

---

① [英]赫伯特·斯宾塞著,胡毅、王承绪译:《斯宾塞教育论著选》,人民教育出版社1997年版,第91页。
② 同上书,第137~138页。

不为人们信服。斯宾塞的解释过分夸大了遗传的影响。

斯宾塞关于教学原则和教学方法的思想包括:(1)反对死记硬背,主张儿童的学习必须是愉快的,要听从"自然的指示",儿童应从自己的错误行为所带来的痛苦中学习。(2)强调儿童自我发展和自我教育的重要性,主张儿童通过"发现"学习,强调学习兴趣是教学必须遵循的最重要原则。(3)重视儿童的心智发展规律,提倡教学要适应儿童的认识能力,赞同裴斯泰洛齐关于教学必须在次序和方法上适合心智演化的自然过程的思想。从简单到复杂、从不准确到准确、从具体到抽象是掌握每门学科必须通过的道路,应当成为教育必须遵循的原则。

(3) 斯宾塞在教育史上的地位

斯宾塞从资产阶级个人生活的需要出发批评了旧教育的不切实用,提出教育的目的在于为完满的生活做准备,科学知识最有价值,并提出了一个以科学知识为主的课程体系,突破了英国传统的古典人文主义的教学内容,使其与现实的社会生活密切联系;斯宾塞强调自然教育和自我教育,反对注入式、压制儿童智慧活动的旧教学;在道德教育和体育方面也提出了一些有价值的意见。斯宾塞向保守的古典主义教育的挑战和对科学教育的论证,为各国中高等教育改革提供了依据,推动了近代实科教育的发展。但是,其忽视人文学科的功利主义倾向受到人们的批评。

3. 赫胥黎的教育思想

赫胥黎是19世纪英国著名的自然科学家和教育家,对当时英国教育的改革和教育观念的转变有较大影响。他的教育思想比较集中地反映在《科学与教育》论文集中。

(1) 批判传统的古典教育

赫胥黎对当时英国初等教育、文法学校、公学和大学中存在的弊端进行了批判,认为初等学校没有使儿童学到有关国家历史或政治体制的知识,更没有学到科学知识;中学的学生必须死记硬背在他的一生中十之八九用不上的拉丁文和希腊文。他们"可能从来没有听说过地球围绕着太阳转"。[①] 500个学生中未必有一个听到过有关算术规则的解释,或者懂得欧几里德定理。近代历史、地理、语言以及整个科学领域更受到忽视。至于大学,学生在这里只是受到古典语言的基础教育,而不去关心科学研究或致力于专业学习。

(2) 科学教育

赫胥黎从工业发展和现代生活的需要出发论述科学教育的重要性,并对古典主义进行了犀利的反驳。他指出,我们时代的显著特点是自然科学知识已经发挥了巨大的作用,而且这种作用会越来越大。能够最好地利用自然科学的人,才能在工业竞争和生存斗争中获胜。"我认为,主张把自然科学知识作为教育的一个重要组成部分,这决不仅仅涉及那些中学。相反地,我觉得,在那些初等学校里,甚至更加迫切需要这样做。"[②]

科学教育应该包括哪些学科呢?赫胥黎认为首先是自然科学。自然科学教育提供了具有

---

① [英]托马斯·赫胥黎著,单中惠、平波译:《科学与教育》,人民教育出版社1990年版,第91页。
② 同上书,第66~67页。

特殊价值的知识,还能提供科学方法上的训练。他主张在中小学开设的自然学科主要有地理学、植物学、物理学、化学和人体生理学等。如何进行科学教育?赫胥黎认为,要恰当地选择论题,注重实际教学,训练一些有实际经验的教师,安排充裕的时间。

(3) 论自由教育

在竭力倡导科学教育的同时,赫胥黎也重视道德理论、政治和社会生活理论以及历史(特别是英国史)的学习,并对忽视人文学科的倾向提出了批评,认为为了科学而扼杀或削弱文学与美学的倾向将是极大的遗憾。他把知识分成科学和艺术两类,认为忽视任何一方都会造成心智扭曲,只有受过两方面教育才能算是受过自由教育,受过自由教育的人才能从事多方面的职业。

与斯宾塞相比,赫胥黎更重视两类学科的平衡。赫胥黎对传统教育的批判、提倡科学教育和自由教育等思想,对当时的教育改革产生了积极的影响。

三、英国近代教育的特征

(一) 英国教育的落后

很多证据表明,直到 19 世纪英国教育都很落后,其教育水平是欧洲最差的。当代研究中有很多把英国教育与欧洲其他国家进行比较,无一例外地都指出英国教育的不足。[①]

为什么工业革命开始最早的英国在国民教育方面却如此落后?这与英国的文化传统有关,即对自由的向往和浓厚的等级观念。第一,与英国的建国过程有关。英国资产阶级革命后地主贵族在政治方面占有重要地位,他们追求土地,宣扬"反工业化"和"反城市化",阻碍了英国的积极发展。第二,与自由主义理念有关。英国所崇尚的自由主义主张最小政府的信条,反对国家控制教育。第三,与英国的贵族精神有关。英国是一个典型的贵族社会,贵族精神就是英国上流社会的精神,成为英国的国粹,并在教育方面表现出来。教育的目的首先是为了使学生成为一个上等人。"事实上,'向上流社会看齐'不仅是学校教育的基本原则,而且也是社会各阶级的价值取向。"[②]贵族对公学和高等教育在事实上的垄断,以及它反科学的精英主义的一面,一直阻碍着 19 世纪英国教育的发展。第四,早期工业革命的成功几乎不需要大规模的正规教育和更先进的科学技术,构成了维多利亚时代精英阶层轻视科技教育的一个原因。[③]

(二) 英国教育的积极特征

英国教育也有自己的积极特征。首先,贵族传统对英国教育的影响并非一无是处。学术界一般认为,贵族精神的第一个特点是骑士精神,勇敢尚武是骑士精神的首要内容,它内化为一种精神气质,使整个民族都具有一种勇敢和不畏强暴的特性。其他积极的方面还包括强烈的自立精神、主人意识和社会责任感,以及对知识和文化的推崇。贵族精神具有保守、怀疑创

---

① [英]安迪·格林著,王春华等译,朱旭东校:《教育与国家形成:英、法、美教育体系起源之比较》,教育科学出版社 2004 年版,第 18~19 页。
② 钱乘旦、陈晓律著:《在传统与变革之间——英国文化模式溯源》,浙江人民出版社 1991 年版,第 393 页。
③ [英]安迪·格林著,王春华等译,朱旭东校:《教育与国家形成:英、法、美教育体系起源之比较》,教育科学出版社 2004 年版,第 230~231 页。

造和固步自封的短处,但在另一方面看也可能是长处,那就是英国人信奉的"渐进式"社会变革。正如恩格斯在 100 多年以前就说过的,在英国,一个进步一经取得,照例以后永不会失去。英国社会重视立法,在立法特点上,英国重视通过某一具体方面的立法来解决某些具体问题,这种"渐进式"观念在教育变革方面也得到充分体现。其次,英国对自由放任主义的信仰使英国的官僚体制最小,没有欧洲大陆国家的严厉和对国内意识形态的限制。它以最小的代价和最少的国家干预,在商业、社会活动以及教育方面有效地进行管理和维持社会秩序。

第二节 近代法国教育

17~18 世纪法国的初等和中等教育基本上由天主教会控制。天主教会同胡格诺教派进行了长期的残酷斗争。各教派为了扩大教会势力争相开办学校,几乎所有的学校都掌握在教会团体手中。各教会团体都把宗教教育放在首位。而 18 世纪的启蒙思想家最早对法国的国民教育体系进行了勾画,伏尔泰、孔狄亚克、爱尔维修、狄德罗和拉·夏洛泰等人都提出了自己的教育主张。到拿破仑时代,他们的教育计划就被付诸实施。

法国大革命给教育带来了深刻变化。在革命过程中,先后执政的资产阶级各个党派从发展资本主义政治、经济的需要出发,积极改革封建旧教育,使教育成为资产阶级革命的有力工具。为此提出了许多具有资产阶级特色的教育方案,其中塔列兰、康多塞和雷佩尔提的教育方案最有代表性。

19 世纪初,拿破仑建立了帝国大学,确立了中央集权的教育领导体制。虽然在他之后法国政局动荡,政体多变,但仍保留甚至加强了中央集权的教育领导体制,使其一直延续到当代。

一、17~18 世纪的法国教育

(一) 17~18 世纪法国教育概况

在法国,信奉加尔文教的新教徒称为胡格诺教徒。16 世纪下半叶,法国爆发了前后持续 30 余年的胡格诺战争(1562~1594),它不仅是法国国内的一次宗教战争,也是法国新教贵族同天主教贵族争夺王位的战争。战争后期,亨利四世背叛新教,改奉天主教。1598 年,他宣布天主教为国教。天主教的各个团体大都积极举办学校教育。

1. 耶稣会

天主教的耶稣会在法国教会团体中势力很大,在全国各地开办了许多中学和大学。耶稣会的办学宗旨极端保守,但为迎合新的时代潮流也扩大了学科范围,教学方式方法多样,尤以学校工作组织严密、设备完善和训练严格著称,因此吸引了大批贵族和中产阶级子弟入学。从 17 世纪下半期到 18 世纪中叶,法国封建王朝为了强化君主专制,尊崇耶稣会,排斥其他教派,使耶稣会完全控制了法国的学校教育。

2. 圣乐会

圣乐会是法国皮鲁尔(Cardinal Pierre de Brulle)于 1611 年创立的天主教团体。其成员都是牧师,许多人学识渊博,受到笛卡尔思想的影响。圣乐会主要致力于中等教育,1626年在法国开办的中等学校达50余所。圣乐会中学的课程除拉丁语、古典文学和神学外,还开设法语、近代外国语和哲学等;注意采用新的教学法,重视启发思考,发展个性,提倡鼓励和表扬,与耶稣会学校形成鲜明对照。圣乐会促进了法国中等学校教育的近代化,还培育出许多著名的教育家。耶稣会于1773年解散之后,圣乐会代替耶稣会主持法国中等学校。法国大革命时期,圣乐会被解散,1852年又恢复活动。

3. 冉森派教师团体

在有声望的修道院院长圣·西兰(Abbot St Cyran)周围聚集了一批仍信奉天主教的著名人士和学者,他们受荷兰神学家冉森(Jansen)的宗教观点和笛卡尔的理性主义哲学的影响,试图运用新教育观寻求新的原则和方法来教育儿童。1646年,他们在巴黎建立了坡特·诺亚尔学校,招收9~10岁儿童,不久在巴黎地区陆续办起了许多这样的学校。圣·西兰的宗教和教育观点对学校和教师都有重要影响。他认为,人的本性永远趋向邪恶,洗礼只能暂时恢复在亚当堕落之前原有的美德,教育的目的在于防止这种美德受到不良影响,学校必须把学生置于严格的管理和监督之下,并注重培养基督徒品格,知识教学被放在次要地位。但他的后继者在课程中强调知识学习的重要性,强调研究儿童和尊重儿童个性,要求教育工作必须建立在了解儿童的基础上。坡特·诺亚尔学校仅存在20多年,但它所代表的教育新思想和改革精神给法国教育注入了活力。用法语教学、学习法语和法国文学的做法逐渐为一般学校所接受,他们提出的研究儿童、根据儿童心理差异进行教育的主张引起了人们的极大注意。

4. 基督教学校兄弟会

天主教神甫拉萨尔(Jeall Baptiste de la salle,1651~1719)于1682年创立基督教学校兄弟会,主要从事初等学校事业。基督教学校兄弟会创办初等学校的目的是使贫民子女笃信天主教,并促使新教徒子女改信天主教;主要课程有宗教、礼仪、读、写、算;教学分班组进行;要求课堂绝对肃静,学生发言必须先举手示意;对儿童采用压制个性的严酷的纪律和惩罚。18世纪末,基督教学校兄弟会创办的学校已有122所,学生36 000多人,促进了平民初等教育的普及。

(二) 18世纪法国启蒙时代的教育思想

18世纪上半叶的法国启蒙运动是新兴资产阶级为行将到来的反封建革命所进行的舆论准备。18世纪的法国社会按照人们的身份地位分成三个等级,第一等级是天主教僧侣,第二等级是世俗贵族,第三等级则是农民、手工业工人、城市平民和资产阶级。前两个等级是统治阶级,与第三等级尖锐对立。以资产阶级为领导的第三等级首先在思想领域开展了一场深刻的革命,兴起了轰轰烈烈的启蒙运动。

18世纪法国的资产阶级思想家继承和发展了英国资产阶级革命时期天赋人权、社会契约的政治学说和唯物主义经验论,当时自然科学的发展也给法国思想家以深刻影响。他们高举"理性"的旗帜向封建专制制度及其精神支柱天主教会和宗教神学发起猛烈进攻,认为现存的一切包括宗教、自然观、社会形式、国家制度都必须在"理性"的法庭面前受到最无情的审判。

这场以反对宗教蒙昧主义和封建等级制度为核心的启蒙运动,对人们思想的解放和革命形势的发展起了巨大的促进作用,是继文艺复兴运动之后欧洲历史上的第二次思想解放运动。

法国启蒙思想家在反对专制思想和宗教迷信的斗争中都极为重视教育,把教育作为启迪愚昧、发展理性和培养一代新人的重要武器,教育思想是其启蒙思想的重要组成部分,对西方教育历史的发展有着深远影响。

1. 爱尔维修的教育万能论

爱尔维修(Claude Adrien Helvetius,1715～1771)是18世纪法国唯物主义思想家的重要代表,洛克的信徒。爱尔维修断定天赋智力平等,高度评价教育在人的发展和社会改革中的巨大作用;反对宗教迷信,攻击教会对教育事业的干预,主张世俗势力管理学校。这些思想对当时的法国和后世都发生了巨大影响。人的智力平等和教育万能论是爱尔维修教育理论的核心。

爱尔维修断定人的智力天然平等,认为教育是万能的。他反对笛卡尔的"天赋观念"论,认为新生婴儿没有任何观念和感情,人的认识来源于感觉;每一个具有良好器官的人都具有同样的认识能力,在智力上是天然平等的。他断言精神的优越程度与感官的完善程度无关。现实生活中人们的精神面貌之所以千差万别,是由于不同环境和不同教育所致,人是教育的产物,教育是万能的。爱尔维修从感觉主义出发,完全否定自然素质在人的发展中的任何意义,过高估价了教育作用,得出教育万能的片面结论。但他以唯物主义认识论为基础,断言人的智力天然平等,为人人享有平等教育权利提供了理论依据,在当时具有很大的进步意义。

爱尔维修所说的"教育"涵义很广,包括周围环境,如父母、亲戚、朋友、所接受的教育和所读的书籍以及政治制度和法律制度等。爱尔维修夸大了政治和法律的作用,使之成为社会发展的决定因素,倒向历史唯心主义。但爱尔维修由此得出的结论具有启蒙意义:既然法律决定一切,要改变法国社会现状就必须改变现存的政治与法律制度;法律能否完善以人的理智进步程度为转移,只有通过教育使人的理智日益进步,国家才能改善政治和法律,才能引导人们日益走上幸福的道路。于是,爱尔维修又把教育夸大为改革社会的决定力量。

爱尔维修也陷入了一种自相矛盾的循环论:教育和环境决定人的理智能力;人的理智又决定于政治制度特别是法律制度为核心的环境。为摆脱这个矛盾,爱尔维修不得不求助于少数天才人物,寄希望于开明君主,认为只有他们能用好法律代替坏法律,从而引导人们成为有德行的人,进而建立起合理的社会制度。马克思曾经指出,有一种唯物主义学说,认为人是环境和教育的产物,因而认为改变了的人是另一种环境和改变了的教育的产物。这种学说忘记了:环境正是由人来改变的,而教育者本人一定是受教育的。因此,这种学说必然会把社会分成两部分,其中一部分高出于社会之上。

爱尔维修呼吁排除教会势力对教育事业的干预和控制,把教育人的事业交给世俗势力掌握和管理。为此,必须以公共福利为原则制定一个良好的教育计划,包括道德教育、知识教育和体育。爱尔维修反对天主教会控制教育,要求教育世俗化,这一进步思想在法国大革命中的各种教育方案中得到了体现。

2. 狄德罗的教育思想

德尼·狄德罗(Denis Diderot,1713~1784)是18世纪法国杰出的唯物主义者,"百科全书"派的领袖。1750年,他开始着手编纂《百科全书》(即《科学·艺术和工艺详解辞典》),并通过该书的编辑形成了"百科全书派"。经过20多年的努力,他完成了这部卷帙浩繁的启蒙思想巨著,在当时反封建、传播资产阶级自由平等思想方面发挥了很大作用。狄德罗很重视教育问题,论述了教育的作用,提出了国民教育制度的设想。

(1) 论教育的作用

狄德罗同意关于人的自然状态学说,认为人类最初在自然状态中受着永恒的理性即自然法的支配,一切人都是自由平等的,后来由于少数人采用暴力手段剥夺和践踏了人类的天赋权利,才出现了封建专制这种不合理的统治形式。人们又由于愚昧无知产生了宗教迷信。宗教教会的禁欲主义说教的根本目的是要人们放弃不能转让的天赋人权——自由平等,只有通过教育启发人们的理性才能改革不合理的社会制度,实现平等、自由的"理性的王国"。

狄德罗对教育在人的个性形成中的作用同样给予高度评价,但他不同意爱尔维修关于人的精神不同与感官精致程度毫无关系的论断,断定人的天生素质对人的发展具有不可忽视的影响,指出了人的发展受到遗传素质的制约,从而对教育作用产生必要的限制。

(2) 论国民教育与科学教育

首先,狄德罗依据天赋人权的思想强烈反对等级森严的封建教育制度,认为人人都有优良的天然禀赋,可以接受教育;要求实行由国家管理的国民教育制度,设立初等学校,实行免费的普及义务教育,为保障贫苦儿童入学,还应给其以物质上的援助。国民教育课程应有阅读、习字、算术、道德和公民。其次,狄德罗要求改革中学教学计划,加强实用科学如数学、物理、化学、天文学等,削弱古典科目,还要学习文学、历史、图画、音乐以及现代政治等学科。再次,在高等教育方面,狄德罗主张清除经院哲学,减少古典文,传授科学知识。最后,探讨了学习和研究科学知识的正确方法,认为一切知识都来源于感觉,但感觉是有局限的,还必须依靠大脑对感觉得来的材料进行组合、整理,以使个别事实上升到一般,把感性认识与理性认识结合起来。在培根的实验科学方法的影响下,他提出了三种获取科学知识的方法,即对自然的观察、思考和实验。

3. 拉·夏洛泰论国民教育

拉·夏洛泰(La Chalotais,1701~1785)是18世纪中期法国驱逐耶稣会运动的主要倡导人和著名法官。他在《国民教育论》中系统论述了国家办学思想,对法国乃至西欧各国的世俗公共教育制度的建立产生过很大影响。

拉·夏洛泰首先批判了耶稣会学校教育,要求按照世俗化原则从根本上重建整个教育制度。其次,他论述了国民教育的意义。每个民族都有教育自己人民的不可剥夺的权利,国家办学乃是天经地义的事;法国的国民教育应以培养良好公民为目的,最终要达到使人民心智完善、道德高尚、身体健康的目标。再次,他设想了按年龄划分的三级教育制度,即5、6~10岁、10~16岁和16岁以上三个阶段。在最后一个阶段,青年在工作中学习。各阶段的学习都应注重本国语和科学,以使青少年获得作为良好公民所应具备的实际知识,还要促使青年将美德付诸实践。最后,国民教育需要良好的教师,他们必须是严谨的、有道德的并且懂得如何读书的人。从抽象概念开始的教学方法是不适合儿童的,应让他们多观察各种各样的事物,通过自然本身来教育儿童。拉·夏洛泰还强调了优秀课本的重要性。

拉·夏洛泰关于国民教育的思想走在时代的前列,启发了人们的思想,并为后来法国中央集权教育领导体制的形成提供了思想依据。① 拉·夏洛泰的教育计划从某种意义上说,反映了两个历史时期的交接,即专制统治时期的集权制被打破,转而以服务于未来的资产阶级革命为目标。

(三) 法国大革命时期的教育改革

1789年7月14日,一场轰轰烈烈的资产阶级大革命终于在法国爆发。1789年,法国发表了《人权和公民权利宣言》(简称《人权宣言》),宣布人生而自由、平等,应取消等级差别和封建特权;确认言论、出版、集会、人身自由和反抗压迫是"天赋不可剥夺的权利";强调主权在民,法律是人民共同的意志,还认定私有财产是神圣不可侵犯的。《人权宣言》第一次把18世纪启蒙学者的思想用法律的形式固定下来。法国大革命从根本上推翻了法国封建专制制度,建立了资产阶级政权,为资本主义的发展扫清了道路,并对欧美革命产生了很大影响。在革命过程中先后执政的资产阶级各个党派都积极改革封建旧教育,提出了许多具有资产阶级特色的教育方案。

1. 塔列兰方案

塔列兰方案(Le Plan de Talleyrand)是法国大革命时期塔列兰于1791年在制宪议会上提出的国民教育方案,内容包括:(1)地方政府可根据具体情况设立小学,入学者免费就学;(2)各郡可设立7年制郡立中学,为从事职业做准备;(3)由省设立高等教育,以培养宗教、医学、法律和军事等方面的专门人才;(4)设立国立大学统帅整个国民教育系统;(5)中央设立全国社会教育委员会,主持国民教育事宜。塔列兰教育方案具有明显的资产阶级性质,但保留了教育的阶级差别,教学科目没有排除宗教。它是第一个较为系统的国民教育方案。

2. 康多塞方案

康多塞方案(Rapport Condorcet)是法国大革命时期康多塞提出的国民教育计划:(1)国民教育是国家对其全体公民应尽的职责,应由国家建立统一的、前后衔接的、世俗的学校系统;(2)学校系统包括初等小学(4年)、高级小学(3年)、中学校(5年)、专门大学、大学校;(3)大学校是行政和研究中心,领导各级学校;(4)各级学校均应实施强迫、免费教育,摈弃教会教育;(5)教学内容上废除宗教科目,增加农业、手工业和国内生产等内容,减少古典学科,扩大自然科学和数学,增设政治教育课等。康多塞方案比塔列兰方案更富有民主精神,虽未提交立法会

---

① 朱旭东著:《欧美国民教育理论探源——教育制度意识形态论》,北京师范大学出版社1997年版,第94~95页。

议表决,但其基本精神对19世纪法国教育的发展产生了影响。如拿破仑时代的帝国大学实际上是康多塞方案中的"大学校"。

3. 雷佩尔提方案

雷佩尔提方案(Le Plan d'education Lepeletier)是国民公会时期(1792年9月~1795年10月)雅各宾派提出的。雷佩尔提(1758~1793)思想接近雅各宾派,曾投票赞成处死国王,因而被王室近卫军杀害。他生前拟定的教育方案由雅各宾派领袖罗伯斯庇尔于1793年向国民公会提出。雷佩尔提方案提出:由国家向富人征收累进所得税来开办寄宿学校——"国民教育之家",免费向儿童提供衣食,以保证初等教育的实施;重视儿童的体育、智育和劳动教育;设立由家长组成的国民教育协会。这个方案的民主性与革命性超过了其他教育方案。

4. 多诺教育法案

多诺教育法案(Loi Daunou)是于1795年提出的新的国民教育法案,它对法国大革命时期各种教育方案或法案及其实施经验进行了概括和总结:(1)否定传统课程和教学方法,反对教会控制教育,由国家承担教育的义务和责任,强调向儿童灌输共和国的原则。(2)规定学校系统包括:每县在城镇设立一所小学,男女儿童同校但分开教育,贫穷儿童免费;中心学校的教学单位不再是班级而是按课程分类;设立高等职业技术学校,培养各类专门人才。

上述各种教育方案或法案都受到法国大革命前启蒙思想的影响,对19世纪法国教育的发展产生了深远影响,是具有法国特色的国民教育体系和中央集权教育领导体制的主要思想来源。这些方案或法案具有以下共同的特点:第一,提出了国民教育的设想,包括由国家承担普及国民教育责任,以及教育管理和体制结构等方面的设想;第二,提出了教育普及的方式和国民教育的经费来源等;第三,提出了各级各类学校系统的设想;第四,主张教育内容世俗化和科学化,包括减少古典课程和取消宗教课程,增设与社会生产和实践密切联系的课程,开设政治课等。

二、19世纪法国教育的发展

19世纪的法国政局动荡,政权频繁更替:先后出现了拿破仑的法兰西第一帝国(1799~1815)、复辟王朝(1815~1830)、七月王朝(1830~1852)、第二帝国(1852~1870)、巴黎公社(1871年3月18日~5月28日)和第三共和国初期(1871~1889)。这一时期的法国教育也比较复杂,国民教育体系形成时间漫长,不具有普鲁士那样的一致性。拿破仑在1806年和1808年通过立法建立了帝国大学,在复辟时期,这种中央管理机构被保存下来并更为牢固。1816年的立法规定小学接受市镇委员会的控制。1833年,把国家控制权延伸到给教师颁发证书和对学校进行检查。到第二帝国时期,从中央到地方建立起了一体化教育管理体制,如公立学校占支配地位,给学校颁发许可证并对学校进行检查,培训教师并给教师颁发证书,组织公众资金和管理全国性考试。这一时期的大学和专科学院有了很大发展,但小学教育没有跟上中学教育和职业教育的先进水平,也与早熟的国家管理机器无法匹配。直到1882年,费里法案才规定小学教育的免费性、义务性和普遍性。

(一) 19 世纪法国教育概况

1. 拿破仑统治时期的教育

1799 年拿破仑发动政变建立政府。1804 年,拿破仑建立法兰西第一帝国。他要求教育为军事和政治服务,为帝国培养干练的、忠于职守的官吏和"忠君爱国"的臣民。为了提高教育行政管理效率,拿破仑建立起中央集权的教育领导体制。

(1) 帝国大学与中央集权教育领导体制的建立

拿破仑于 1806 年和 1808 年制定法律,建立了帝国大学。它不是高等教育机构,而是全国最高的教育领导机构。大学的最高官员称"大学总监",由拿破仑直接委派,负责设立审议会和总督学署;将全国划分为 29 个"大学区",各个大学区设立学区总长、学区审议会和学区督学署职务;大学区总长、帝国大学和学区的督学以及学区的大、中学校校长和教师均由帝国大学总监任免;公、私立学校开办或停办必须报请帝国大学总监批准;各级各类学校的规章制度、课程设置、课时安排均由国家统一制定和监督实施。拿破仑统治时期制定的高度统一的中央集权教育管理体制经过 100 多年的完善,成为法国现代教育的最显著特征。

(2) 各类学校教育的发展

《帝国大学令》规定,在各大学区建立数理、文学、医学、法律和神学学院,授予学士、博士学位。拿破仑不重视平民的初等教育。初等学校一律由教会开办,必须受国家监督,全部教育内容服务于培养"忠君爱国"精神。

在中等教育方面,拿破仑停办了大革命时期的中央学校,设立由帝国中央直属的国立中学(Lycee)和地方开办的市立中学(College)。国立中学是寄宿学校,经费由国库开支,培养目标是为升大学做准备,也为拿破仑军队输送军官。国立中学的课程有:法语、文学、古典语(拉丁语和希腊语)、修辞学、数学、物理、化学、天文、地理和历史等,重视自然科学知识的教学,古典语文仍占相当比重,强调政治、道德教育。市立中学的师资、设备条件和课程低于国立中学水平,其培养目标主要是为各级政府部门输送文职官吏。上述两种类型的公立中学后来成为法国中学的主要类型。

在师范教育方面,1795 年,拿破仑恢复了巴黎师范学校。1808 年 3 月颁布敕令将其改组为培养国立中学教师的学校,招收 300 名男青年,实行寄宿制,学习文学和科学及其教学艺术,注意严格师范训练。这所学校除 1822～1830 年停办外,一直延续到现在,长期保持其优良传统,为法国培养出许多杰出人才。

此外,拿破仑重视军事工程技术教育和科学事业,并取得卓越成就,对法国科学技术的发展产生了深远影响。他亲自参与旧大学理科学院的改组工作,最有影响的是整顿和进一步建设于 1793 年创办的巴黎综合技术学校,1794 年 9 月将其改名为巴黎理工学校,同年 12 月 22 日通过法律明确规定学校的办学目的在于为炮兵、军工、公路、桥梁、民用建筑、矿业、船舶、测量等部门,也为其他需要数学和物理学知识的职业培养人才。学生集体住校,由一名将军担任学校领导,学生一律穿军装、佩剑并定时参加军事演习。学校经费充足,设备优良。教师都是著名学者和科学家,强调学生独立钻研、刻苦学习,重视实验和实习,考试严格。这所学校为拿破仑输送了大批训练有素的军事工程人员和出色的军队指挥官。这所学校和它的优良传统一直保持到现在。200年来,巴黎理工学校为法国培养出了大批杰出的科学家和著名的文学家、政治家、军事家、哲学家、历史学家、实业家和无数的高级工程师和教师,成为举世闻名的学校。拿破仑时期还改建和创办了几种高级军事学校和特种工程技术学校,如圣·西尔特种军事学校、梅茨工兵学校和圣·日耳曼骑兵学校等。拿破仑虽是出于军事目的才创办工程、机械、弹药等学校,但却为工业社会开办技术学院和发展科学技术开辟了蹊径。

在拿破仑统治时期,法国资本主义工商业的发展有了稳固的基础。拿破仑在教育方面的建树为法国近代教育制度的形成作出了积极贡献。但拿破仑建立帝制助长了封建复辟势力,成为以后半个世纪法国政局动乱的不稳定因素。

2. 波旁王朝复辟至巴黎公社前的教育

从1814年拿破仑帝国崩溃到1871年的半个多世纪里,法国进行着复辟和反复辟的斗争,政局极不稳定。教育方面虽出现过暂时倒退,但仍然取得明显进步。

(1)《基佐教育法》

1831年,法国政府派索邦大学教授库森(Victor Cousin,1792～1867)考察普鲁士教育。他撰写的《普鲁士教育报告》描述了普鲁士的教育政策、教育制度、地区和家长的教育责任、课程及教学方法等。1833年,法国历史学家、教育部长基佐(Guizot,1782～1879)参照库森的教育报告,制定和颁布了教育基本法,即《基佐教育法》:(1)规定每个乡镇设初等小学1所,每6 000人以上的城镇设高等小学1所;(2)每省设立1所师范学校来培养小学师资,教师经过国家考试合格取得能力证书后方能在学校任教,废除1830年以前教会颁发教师资格证书和教士担任教师的特权;(3)国家保证教师获得最低限度的薪俸。

(2)《卡诺教育法》

1848年法国爆发了第三次资产阶级革命,在产业工人参加下推翻了二月王朝,建立了法兰西第二共和国(1848～1851)。卡诺(Hippolyte Carnot)任临时政府教育部长,于1848年6月向国会提出了一份学校改革方案,7月审议通过。主要内容有:(1)实行普及义务初等教育,凡居民达300人以上的区、村至少须设小学1所,强迫男女儿童入学,免费供给学生书籍和膳食;(2)提高小学教师待遇,增拨教育经费350万法郎,主要用于提高小学低年级教师的薪俸;(3)学校脱离教会的影响,取消神学课程;(4)扩充小学课程,增设工农业知识、法国历史和地理、道德和公民知识。《卡诺教育法》实施半年后,于同年12月被新政府取消。

(3)《法卢教育法案》

1848年12月,路易·波拿巴任第二共和国总统职位,任命耶稣会教徒法卢(Loi Falloux)为教育部长。1850年,立法会议通过了由法卢制定的教育法,即《法卢教育法案》,主要内容有:(1)实行全国单一的教育行政制度,加强政府对学校的监督;(2)允许天主教会参与监督和指导教育,维护教会对私立学校的控制权;(3)关闭师范学校;(4)委任教育总长1人,统辖全国教育,下设由28人组成的高等教育参事会为咨询机构,并且每省设一大学区,委任区大学校长1人为省教育行政首长,区设教育参事会,由教会、政府和教育团体选举代表组成;(5)为教会牧师开办中、小学提供方便等。《法卢教育法案》实施后几经修改,最后于1905年废除。

3. 巴黎公社的教育改革

1871年3月18日,巴黎的无产阶级和广大人民群众通过武装起义推翻了以梯也尔为首的法国资产阶级政府,成立了巴黎公社。公社刚一成立就在教育领域内进行了一系列改革,包括成立无产阶级教育领导机构——教育委员会,改革国民教育制度;学校与教会分离,实现教育世俗化;实行普及的初等教育,积极兴办职业教育;重视女子教育和学龄前教育等。

4. 费里法案

费里法案(Loi Ferry)是法国政治家费里提出的两项教育法案。第一项法案于1881年6月通过。其要旨是宣布实施普及、义务、免费和世俗的初等教育,规定:母亲学校(幼儿园)和公立小学一律免收学费;公立学校不允许装饰宗教标帜,不开设宗教课程。

第二项费里法案于1882年3月通过,其要旨是将初等教育的义务性和世俗性具体化,规定:(1)对6～13岁的所有儿童实施强迫的、义务的初等教育;在家庭读书的儿童自第3学年起,每年须接受一次公立学校考试;对不送孩子入学的父母处以罚款、监禁等处分。(2)在小学开设法语、历史、地理、生物、自然、算术、法政常识、农业常识、卫生、图画、音乐、体育、军训(男生)、缝纫(女生)等课程;废除宗教课,增设公民和道德课;增设手工课和各种主要手工业工具的用法课。(3)允许学校除星期日外,每周停课半天,由学生家长在校外按各自的宗教信仰安排宗教活动。取消教会、教士监督学校的权力,由职业教育家领导学校理事会;宗教团体成员不得在公立学校任教。

费里法案为以后近百年间法国国民教育的发展打下了基础。

(二) 涂尔干的教育思想

爱弥尔·涂尔干(Emile Turkheim,1858～1917)是近代法国著名的社会学家和教育家,西方教育社会学的奠基者。他比其他经典的社会学奠基人多一些对教育的探讨。他的教育思想曾对当时的法国以及当代教育社会学理论产生重要影响。

1. 涂尔干研究教育理论的视角

涂尔干对教育的论述主要集中在根据其讲义整理而成的《教育与社会学》(1922)、《道德教育》(1925)及《法国教育的演进》(1938)[①]等著作中。在涂尔干生活的时代,社会学并未大肆声张地进入巴黎大学,而是转经教育理论这扇小门悄悄进去的。1906年,涂尔干正式接任讲授教育科学的工作。他成功地贯彻了构筑经典教育理论的三种视角:道德教育、儿童心理学和教育学说史,对这三个领域都进行过深入的研究。

《教育与社会学》和《道德教育》是涂尔干探讨普通教育学的一个尝试。而《法国教育的演进》涉及的问题要复杂得多,不仅包括主题意义上的教育及其观念,更有社会学与历史学、形态学与比较史学、文化史与制度史、变量分析法与个案分析法等社会史研究中的核心问题。这部史学界所公认的社会史开山之作考察了长达十几个世纪的教育制度和观念史,几乎涵盖了从

---

① 中译本为《教育思想的演进》。

早期教会到19世纪的演进过程,把教育观念的演进与思想体系史通融起来。

2. 论教育的功能和目的

涂尔干认为,教育主要有两大功能,第一,是为工业经济输送技术工人,第二,是通过文化传递的方式,成为社会整合的工具,这也是最基本的功能。就像不列颠的政治经济学家一样,涂尔干最为关心的是社会秩序问题。但他显然不接受英国的个人主义,不支持个体在自由市场中追求个人利益就能够保证社会稳定的观点。在他看来,社会大集体必须优先于个体而存在,而且必须存在于个体之外。

在涂尔干看来,现代社会的一大问题是在新的社会情景下形成集体道德。随着集体社会的解体,社会的稳定只能依靠社区以及个体对传统和集体的遵循,这样就必然要找到一种新的社会整合形式,这主要靠市民社会。不可避免的且正在逐渐加剧的劳动分工突出了个体,减弱了集体观念,机器时代赖以维持其社会稳定的基础已经不复存在。涂尔干认为,靠道德建立的联系并不总是如人意,因此需要靠国家来加以保证。如果没有国家来建设一种思想和情绪的共同体,社会将不成其为社会。政府必须得到推崇和维持,让社会成员意识到这种共同体。

教育是实现上述目的的主要途径。教育的主要功能是通过集体文化的传递来促进社会的稳定。只有当其成员达到足够的同质时,社会才得以存在。教育在儿童涉世之初就向他们灌输集体生活的基本准则,以使这种同质性得到加强并永久化。和以前的政治经济学家一样,涂尔干也指出,劳动分工要求教育根据儿童以后要从事的职业来传递不同的技能。不过,除了这些专门的功能之外,教育还必须培养儿童的一种共同文化——集体意识。既然教育是一种社会功能,而国家正是"社会思潮的器官",那么,国家就不能对此无动于衷。国家必须进行教育。

涂尔干认为,教育同社会的所有主要功能是一样的,教育就是有系统、有目标地促使个人社会化。他分析批判了理性主义者和功利主义者的教育观,认为教育是年长者对社会生活方面尚未成熟的晚辈所施加的影响,其目的在于使儿童的身体、智力和道德状况都得到某些激励与发展,以适应整个社会在总体上对儿童的要求,并适应儿童将来所处的特定环境的要求。教育的任务在于使年轻一代系统地社会化,使每个人实现由"个体我"向"社会我"的转变;促使个体所潜藏并竭力想要表现出来的能力得到显示,在此基础上培养个体遵守社会秩序、服从政治权威等品质;将个体适应社会生活所必需的各种能力进行代际间的传递。

在涂尔干看来,无论什么时代,教育都密切联系着社会中的其他制度、习俗和信仰以及重大的思想运动。在这个过程中,教育组织似乎比教会本身更为拒斥变迁,更为保守和传统。这是因为教育组织的功能就在于将某种源远流长的文化传递给新的一代。与此同时,教育组织也会经受激烈的变迁和过度的革命。例如,对中世纪教育的态度就是一个事例。[①]

涂尔干论述了教育学与社会学的关系,认为教育作为一项社会事务受社会及社会内其他子系统的制约,从而决定了教育学对社会学具有明显的依赖性。只有社会学才能把教育与教

---

① [法]爱弥尔·涂尔干著,李康译,渠东校:《教育思想的演进》,上海人民出版社2003年版,第39~40页。

育赖以存在并为其实现的社会条件联系起来,从而帮助人们更深刻地理解教育;只有社会学才能在社会共同意识受到干扰和不确定因而不知道教育目的应是什么时,帮助人们重新去认识和发现它。

3. 论道德教育

从某种意义上说,涂尔干的教育学不单是以教育学为核心的学科活动,更是一种现代意义上的理性实践的尝试。"教育理论家可能全然没有实践技能。把一个班交给蒙田或卢梭,就不是明智之举。"①进一步说,以职业伦理和公民道德为基础的实践理性,恰恰体现了现代社会学论题的基本内涵。从这种意义上说,教师的职责是为学生提供"对待生活的各种可能的终极态度"。而教师本人的角色既不是"立法者",也不是"解释者",他必须同他的学生一样坚守纪律精神和知性精神,在学校的环境中将可能的生活诉诸实践。

涂尔干认为,教育学是科学,而教育是实践,两者相辅相成,却截然有别。教育始终摆脱不了日常情景的权宜性和紧迫性。然而,正是因为有了这些限制,课堂才能成为一个既不能被推演也不能被还原的社会,成为儿童未来社会生活的试验场。基于这些限度和这些限度提供的无限可能,教育的根本目的就不再是单纯向学生传授知识和技能,而是培养他们对待生活的各种可能的终极态度,学校不再是一种自闭的堡垒或浪漫的园地,而是一种能够将个人生活和社会生活连结起来的具有真正社会意义的中介组织。

因此,在涂尔干看来,初等教育的议题是围绕着三个方面展开的:第一是纪律精神。学校纪律是儿童能够感受到自身有限性的第一种限制,同时也可以培养儿童处于具体社会生活条件中的规范感,所以,纪律精神是对未来的职业伦理和公民道德的准备。第二是自制精神。自制精神的基础是儿童对群体生活的依恋,只有当儿童超出自身的狭隘范围,感受和意识到群体生活所提供的可能性和团结感,才能为未来生活构建一种公共精神。第三是知性精神。知性的运用是儿童获得自主和自决精神的过程,具有启蒙的意涵。这种启蒙绝没有要求教师为儿童灌输一种总体知识和普遍规范,而是使儿童在特定的界限内自由地运用理性,逐步形成一种内化的社会态度。对涂尔干来说,这才是所谓"社会化"观念的基本要义。

教育理论是涂尔干社会学理论的一个基本组成部分。他开创了教育社会学这一新的学科领域。涂尔干教育思想的价值在于它有意识地反对理想主义和个体主义,强调教育的本质就是一种社会过程。他有意识地避免了卢梭等人的浪漫主义思想中的理想国,认为教育科学应该认识到历史上教育在不同社会所发挥的作用,以及教育将如何反映当代社会的需要。他的理论的不足之处在于没能对市民社会存在的矛盾做出理论解释,他涉及阶级对抗这一话题,却为其开脱。

第三节 近代德国教育

在西方教育史上,德国无论是在教育思想还是教育制度方面都作出过突出贡献。赫尔巴

---

① [法]爱弥尔·涂尔干著,陈光金、沈杰、朱谐汉译,渠东校:《道德教育》,上海人民出版社2001年版,第6页。

特的《普通教育学》被视为第一部具有科学体系的教育学著作,福禄倍尔创办的幼儿园影响了世界学前教育的发展。近代西方的教育视导、公立教育、义务教育制度、实科教育、师范教育、双轨学制和双元制职业教育等大多起源于德国,并对其他国家产生了重要影响。

在18世纪西方国民教育体系的发展中,普鲁士处于领先地位。腓特烈二世在1763年颁布了强制上学的法律,标志着普鲁士在确立国民教育体系的道路上迈出了重要的一步。1787年,普鲁士中等教育委员会的建立标志着国家控制教育的开始。1794年,普鲁士以法律形式赋予国家监督全国所有学校的权力,并要求国家对所有教师进行管理,国家控制教育的趋势得到加强。普鲁士国民教育体系是从1806年普鲁士被拿破仑打败到当时的教育部长阿尔滕斯泰因(Altenstein)于1840年逝世的这段时间得到巩固的。虽然普鲁士在1868年才立法规定小学教育免费,但到阿尔滕斯泰因任期结束为止,一个全国性的公立教育体系已经基本形成。

17～19世纪是德国资本主义缓慢发展的时期。德国经历了30年战争(1618～1648)、狂飙突击运动、拿破仑入侵和资产阶级革命,这些历史事件都在不同意义上影响了德国教育的发展。这一时期德国教育发展的总趋势是:国家政权对教育的控制加强,学制、课程的变革反映了教育与生活的联系更加密切,师范教育和学前教育兴起,教学方法在夸美纽斯和裴斯泰洛齐的影响下实行了重要改革,大学的学术研究得到加强,学校网扩大以及产生了系统的教育理论。此时的德国在经济、政治上的发展落后于英、法两国,但在教育上德国并不比它的邻国逊色,这是一种值得研究的历史现象。

一、17～18世纪的德国教育

德国宗教改革在教育方面的重要成果之一是德语学校的发展。德语不仅逐渐成了宗教教育的用语,也成为德国新教初等学校发展的基础。德国也是近代西方最早颁布法令实施强迫初等义务教育的国家。早在16世纪下半期,强迫就学的原则就在萨克森和威丁堡出现。17～18世纪,世俗政权和教会为争夺对学校的控制权进行了长期的斗争。到18世纪末,初等学校的管理权逐渐从教会转移到政府手中,强迫儿童入学变成了公民义务。

(一) 17～18世纪德国的教育概况

1. 初等教育

这一时期德国初等学校发展的主要特征是德语学校的发展,世俗政权加强对学校的管理,强迫义务教育的提出和教学内容、教学方法的改进。

德国新教地区的初等学校起源于宗教改革运动。马丁·路德用德文翻译了《圣经》并写了两种《教义问答》(简本和详本),使德语逐渐成了宗教教育的用语。最早把德语列为专门一章的是1559年符腾堡的侯爵克利斯朵夫(Christopher)所颁布的学校规章,其中所有的主要项目都被纳入1580年萨克森的管理规章之中。但直到17世纪的教育改革运动中,政府才承认了这些德语学校或国语学校。

强迫入学原则首见于16世纪下半期(萨克森1557年和1580年的法令,威丁堡1559年的法令)。1619年,威玛公国颁布的学校规章要求境内的教士和校长列出6~12岁男女儿童的名单,以便劝告家长履行送子女入学的职责。1642年,哥达(Gotha)的埃纳斯特公爵颁布的《学校规程》更把儿童入学年龄提早至5岁。这个规程还明确规定了儿童缺课时对其家长的罚款办法。它被认为是第一份得到不折不扣落实的规程。18世纪,普鲁士各地区纷纷仿照埃纳斯特公爵的先例颁布了类似的学校规章。1763年,腓特烈二世颁布了《普通学校规章》,详细规定了学校各项经费的来源及其使用。

初等学校的教学内容仍同16世纪一样,包括读、写、宗教教育和唱歌。算术、自然和历史等知识是逐渐增加的。此外还增加了农村及城市生活常识。17~18世纪德国所有的学校规章都建议实行直观教学原则(搜集标本,教室中悬挂黑板),规定全体学生共同上课即班级授课制度,反映了拉特克(Wolfgang Ratke,1571~1635)教学法原则的影响。

这一时期德国的初等学校存在许多严重问题。30年战争后的德国处于贫困和落后状态,强迫教育的规章难以执行;学校校舍拥挤不堪、人满为患;最突出的问题是教师普遍没有受过师范训练。尤其是大量的乡村教师通常都是教士、手工业者、裁缝师和鞋匠。这些人把教育儿童作为副业,以增加收入。直到1738年以前,普鲁士还把乡村教师享有包揽本村缝制衣服的专利权作为改善教师经济状况的办法。1779年,腓特烈二世还下了一道命令,要把国民学校教师的位置大部留给那些能领取养老金的退伍的残废军人。这样,士兵和学校就都可以不由他支付任何薪资了。

17世纪和18世纪初,在开办德国初等学校方面起过重要作用的是虔信派(pietists)。虔信派在17世纪后半期从德国西部发起一种反对正统新教的运动,认为宗教生活的重心不在教义而在虔信;从性恶论出发主张与先天罪恶做斗争,主要由感觉教育和意志教育达成;把手工科列入学校课程;教学方法受到拉特克和夸美纽斯的极大影响,强调明白性、直观性和学生自动性原则。虔信派的教学内容和教学方法是当时的进步现象。虔信派在国民教育方面的重要代表人物是弗兰克(August Hermann Francke,1663~1727)。他在哈勒(Halle)开办了一所贫民免费学校、一所孤儿院及流浪儿童教养院、几所德语初等学校、一所拉丁学校和一所师范学校。到18世纪中叶,虔信派在普鲁士开办的初等学校达到2 000所。

2. 中等教育

17~18世纪德国中等学校的主要类型是文科中学,主要训练德意志各封建公国的官吏,并训练预备担任学术职业如法官和医生的人升入大学,训练未来的牧师的任务降到次要地位。文科中学的教学内容主要是拉丁文和希腊文。17世纪后半期的哈勒学园成为教育革新的旗帜,除教授古典语文以外,增加了德文和法文以及数学和科学课程。

(1) 拉丁学校和文科中学

17~18世纪,德国中等学校的主要类型是文科中学,由梅兰希顿创办的拉丁学校发展而成。拉丁学校原定3班,但往往扩充为5~6班,在最大的城市里更扩充为8~9班。班级扩充后,它们的名称就改为文科中学(gymnasium)。仿照斯图谟的文科中学,16世纪下半期在德国许多城市里开办了大批中学。行政需要和国家影响的加强改变了文科中学的教育目的。但在

17世纪后半期,中等教育方面也进行过一些改革。

弗兰克采取拉特克的新教学法,使1702年建成的哈勒学园成为教育革新的旗帜。这所学园是招收高年级学生的寄宿学校,代表了中等学校从古典主义到现代教育过渡的一个实例。学园中除古典语以外,增加了德文和法文课;设有数学和自然科学以及历史和地理等学科,将重点放在实物教学和实际应用上;废除以往死板的班级制度,按照学生所学习的各科进度来分班。哈勒学园的主旨是把旧的古典学科同现代语和现代科学综合在一起,它成为18世纪前半期德国文科中学的典范。

(2) 实科学校

作为新型中等学校的实科中学和实科高等小学也起源于哈勒学园。1708年,哈勒学园的席姆勒(Zemmler)试图为成年人学习数学、机械学、自然知识和手工工艺设立学校,也可以说是学习班,还讲授物理学、力学、天文学、地理、法律学、绘画和制图。在教学法上广泛应用图表、标本和模型等直观教材。开办时仅有学生12名。尽管有市政府的支持,但它存在的时间很短。以后,一个曾经肄业于哈勒学园的学生赫克(J. J. Hecker)在考赫斯特拉斯(Kochstrasse)建立了第一所这样的学校,名叫"经济数学实科学校"。据1747年该校规划书上提供的资料,它开设德文、法文和拉丁文等学科,后来又增设历史、地理、几何、机械、建筑和绘图等学科。这所学校办得很成功,并存在了很长时间。它还附设各种工艺学习班,并具有师资培训学院的性质。德国的许多城镇也设立了类似学校(1756年在威丁堡、1764年在赫尔伯斯特、1765年在布律斯劳等)。这类学校的宗旨是为学生提供现代生活实际需要的知识和技能。

3. 骑士学院

骑士学院是16世纪末叶起到18世纪德国的一种特殊学校,以训练包括王子在内的贵族青年担任宫廷文武官职为任务。这些学校陆续产生于杜平根(1589)、卡息尔(1599)、哈勒(1680)、埃尔兰根(1699)、勃兰登堡(1704)、柏林(1706)等地,到19世纪才消失。

骑士学院的产生、发展和消失有其特定的历史背景。16世纪,贵族子弟和市民子弟平等地出入于高等学校。但到16世纪末,都市和市民阶级在长期战争中濒于崩溃,在宫廷和军队中居于高位的君主和贵族却声威大震。贵族子弟纷纷从文法学校退出,或在家里聘请导师受教,或进入专为他们开办的"等级隔离"学校。这种专为朝臣、王子和各级贵族所设的学校之多乃是德国的特殊情况。到19世纪,贵族政治特权不复存在,中产阶级又恢复了以前的地位,贵族子弟重新回到高等学校,而文科中学和大学的学历便成了充任高级官吏至少是充任文职高级官吏的必要条件。

骑士学院为新贵族提供文雅的现代教育。现代语言和自然科学在课程中占首要地位。在宫廷和公共场所,拉丁文对于绅士来说已不再需要,他们须精通的是法语;经院哲学的时代已成为过去;数学和自然科学的重要性提高了,不仅因为它们是新哲学和新世界观的基础,而且对于军事工艺和手工艺(如筑城学、建筑学和机械学)有应用价值。其他学科的作用则在于为未来的官宦做准备,扩大知识面,帮助精通世故和提高军事能力及宫廷交际的水平。学校所在的城市如果有宫廷官员的府邸,有时还要同他们联系,以便向最优秀的典型人物学习风度和仪表,同时也是结识权贵的好机会。

由上可见,德国的骑士学院已不同于中世纪的骑士教育。它们具有近代教育的性质和功利主义的目的。骑士学院还为德国中等学校课程的发展作出了新贡献。19世纪中等学校所设置的一些学科乃是由骑士学院首先创设的,如体育运动课和现代语文以及自然科学等学科。此外,骑士学院还是青年的道德培训机构。

4. 高等教育

17～18世纪,在德国原有各大学中教会的影响日渐削弱,国家的影响日渐加强。教授过去由大学选举产生,这时期则改由政府委任。大学学习期限过去是5～7年,现在则缩短为3～4年。随着工场手工业的成长、自然科学和数学的发展以及哲学上的新思潮(培根、笛卡尔、莱布尼兹)的出现,导致了一场新的大学运动。到18世纪末,大学在德国又恢复了在学术和科学方面的地位。新的大学运动起源于1694年创立的哈勒大学并以它为中心,其次是1737年创立的哥廷根大学。继它们之后还有1743年创立的埃尔兰根大学。

哈勒大学是普鲁士振兴的基石,在德国及欧洲都享有盛誉。以往新教设立的大学和天主教大学一样都以教会肯定的教条为教育原则,但哈勒大学从创立之日起就奉行两条新的原则:(1)采纳近代哲学和近代科学;(2)以思想自由和教学自由为基本原则。这种做法使大学的性质从根本上得到改观。

哥廷根大学脱胎于哈勒大学。它的优点是大力鼓励与支持真正的科学研究。它有藏书丰富的图书馆,还有专门从事自然科学和医学研究的研究所。享有盛名的学科是法学、政治学和历史学。在哈勒大学不受重视的古典文学研究在哥廷根大学却获得新的生机。格斯纳(J. M. Gesner)和海涅(Chr. G. Hevne, 1729～1812)等人采用新人文主义研究方法,从美学、文学和历史的角度分析批判古典文学和古典作家,从而抛弃了旧人文主义者强令学生模仿西塞罗文体而练习拉丁文写作的做法并取得成功。

到18世纪末,包括新教大学和天主教大学在内的德国所有大学,都按照哈勒和哥廷根两所大学的模式进行了改革。改革的结果是:近代哲学和近代科学的精神影响到所有学院的教学领域;研究自由和教学自由已成为政府认可为大学的基本法权;以往根据标准教材照本宣科的方法已被学术报告所代替,传统的辩论方法则由各种课堂讨论所代替;除哲学和天主教大学的神学院仍用拉丁语外,在大学中一般用德语作报告;各地的古典文学习,已不再以文学创作为目标,而是以新人文主义思想去研究古典文学,以便促进人类文化的发展。改革后的德国大学充满了活力,在德国的学术研究和民族兴亡中发挥了重要作用,并成为当时世界各国大学效法的典范。

(二)泛爱派和康德

18世纪下半期,当英国的工业革命、法国和美国的政治革命震撼着旧世界的时候,德国仍然是政治上四分五裂、经济上落后的国家。但法国的启蒙思想却给了德国人以强大的冲击,哲学革命成了政治革命的先导,教育改革的要求也被提了出来。其中最著名的是泛爱派和康德的教育观,他们都受到卢梭的强烈影响。

1. 泛爱派

泛爱派(PhiIanthropists)的领袖人物是巴泽多(J. B. Basedow, 1724～1790)。他的教育观是在卢梭、夸美纽斯和拉·夏洛泰的影响下形成的。1774年,巴泽多按自己的教育理想在德骚(Dessau)创办了一所学校,被称为泛爱学校。学校开设了广泛的课程,扩大了实用知识的范围,重视体育和劳动教育,所有的学生都要学习木工、镟工、制图和农事劳动;学校生活顺乎儿童天性,废除宫廷生活的服饰和一切陋习,把儿童看作儿童,鼓励儿童的主动积极性,以奖善代替体罚;语言的学习采用谈话、图片、游戏、演剧、诵读等方式进行;改进各科教学方法,算术注重心算,地理的教学采用由近及远的方法;本族语的学习在学校中居于重要地位。

泛爱学校分三种班级:学术班是为贵族子弟开设的,旨在培养未来的官吏。贵族子弟自费入学;师范班是为有才能的穷人子弟设立的,旨在培养未来教师;侍从班是为才能较次的穷人子弟开设的,旨在为贵族和富人培养服务人员。这种班级划分表现了泛爱学校的等级性。泛爱学校开始只有学生14人,后来发展到53人。学校的新气象受到了社会的赞赏,远近来校参观者甚众,康德也曾对泛爱学校给予很高评价。1793年德骚的泛爱学校停办,它的教师散布到欧洲各地,使泛爱学校的影响扩及法国、瑞士各国。但巴泽多的变学习为游戏的观点受到了黑格尔的批评。

2. 康德的教育思想

康德(Immanuel Kant,1724～1804)是德国古典唯心主义哲学的奠基人。他的教育观是在巴泽多的泛爱学校、虔信派的伦理观,尤其是卢梭的《爱弥儿》的影响下形成的,但康德根据德国的现实条件对他们的自然教育理论和实验做了许多修正。康德曾在哥尼斯堡大学做过教育学讲演,他的讲演稿经他的学生林克(Theodo Rink)整理,于1803年出版,书名为《教育论》(*On Pedagogy*)。

(1) 教育观

首先,康德论述了教育与天性的关系。他指出"人是惟一必须受教育的被造物。我们所理解的教育,指的是保育(养育、维系)、规训(训诫)以及连同塑造在内的教导"。① 人固然有各种自然禀赋,但只是作为一种潜在的东西存在着,要使其从潜在变成现实就要靠教育。人们的任务就是要创造一种良好的教育,使人的各种自然禀赋得到发展的机会。其次,康德怀抱的教育理想是教育儿童适合于人类理想与人生全部目的的境界。康德指责当时的一般父母只顾子女眼前有事可做,当权者只知道把人民作为达到其目的的工具,都不以普通的善和人生的完成为目的。再次,康德力主公共教育,认为聘请家庭教师的家庭教育会助长家庭中的缺点,而孩子在学校中与人的接触有利于培养未来的公民。办学校要依靠有远见卓识的专家,只有依靠这些专家才能了解进步理想,人性才能渐渐向它的目的前进。新的教育理想应经过实验。康德认为巴泽多在德骚办的学校是实验学校的先驱,值得赞扬。最后,康德指出:"由于自然禀

---

① [德]伊曼努尔·康德著,赵鹏,何兆武译:《论教育学》,上海世纪出版集团2005年版,第3页。

赋的发展在人这里不是自行发生的,所以教育完全是一种艺术"①,它的运用必须经由许多世代才能逐步完善。它不能仅靠偶然的经验而必须依靠判断,必须有可靠的原则作为实行的标准,只有使教育方法成为科学才能达到发展人类本性的目的。

(2) 教育的组成部分

康德将全部教育分为体育(婴儿的保育)、管束、训导、陶冶道德四个组成部分。体育着眼于婴儿的饮食和抚育;管束着眼于抑制儿童的野性,防止兽性超越人性;训导包括身体的训导和心理的训导。身体的训导着眼于各种身体的能力包括感觉能力的发展;心理的训导着眼于各种智能如注意力、记忆力、想象力、判断力的发展。有时,康德又将管束与训导合称为教化。道德的陶冶则是教育的最高目的。康德认为,心理与身体的训育都是为了发展人的能力,可以归入广义的体育。所以可将全部教育划分为两大部分:广义的体育(包括保育、管束、身体的和心理的训导)和实际教育,后者指道德陶冶。

"管束"是为了使动物的本性变化为人类的本性,防止人类为动物的冲动所支配而不能达到"做人"的目的。管束能使人服从人类的规则,使其感受到一种制裁,只有习惯于管束的人才不致于任性,才能成为守法的公民。管束必须及早开始,人必须早受理性的指导,人在幼年时如任其胡作非为,无所抑制,就会养成终身不服从规则的性情。同时,要使抑制的服从与儿童的自由意志协调起来。他认为幼年初期须学习服从的美德,以后则任其自己思考反省,使其得到相当的自由。

康德之所以将道德陶冶叫做"实际的教育",是因为它是要实行的。广义的教育在于给自由以规律,而实际的教育在于陶冶本性,培养德行。康德认为人性是善的,教育的任务是要将潜藏于其中的善性发展起来,使儿童知道善恶之分,自觉以道德律作为行为的准则,以养成品格。道德与管束不同,更与责罚不相容。修身问答是学校培养道德的有益方式,但决不能把道德陶冶的任务交给教会。康德主张应有宗教教育,但宗教教育必须与道德教育相结合。唱诗、祈祷、做礼拜本身并不是善行,它们只能激发人的道德感、义务心,促使人们向善,成为善行的预备。康德的观点反映了启蒙思想的影响。

康德和卢梭一样,认为在道德的善恶上知识是无能为力的,道德的关键在于"善良的意志",在于"良心"。"善良意志"以理性为指导;人有自己的独立的意志,在道德面前人是自由的,人的行为是由他自己选择的,但应是以理性作统帅的强制性的选择。依据理性所做出的选择就是实现人的自由。人正是通过自身的道德实践而意识到自由,意识到自己应以崇高的理想为行为的指南,意识到真正的自我。

康德的教育学说对于后世的裴斯泰洛齐、赫尔巴特等人有很大影响。裴斯泰洛齐主要在认识论上以及官能训练上接受了康德的影响,而赫尔巴特的教育目的、道德教育以及有关心理学的统觉论直接源于康德。

二、19 世纪的德国教育

19 世纪 20 年代的德国开始向工业化社会过渡,从英国引进先进生产技术,改造手工业工

---

① [德]伊曼努尔·康德著,赵鹏、何兆武译:《论教育学》,上海世纪出版集团 2005 年版,第 9 页。

场,并将新的技术应用于生产。1818年废除了各邦之间的60个关税区,实行统一税制,大大促进了德国经济状况的好转。在此期间发生了法国和普鲁士之间的战争。1807年,普鲁士战败,蒙受了割地赔款的耻辱,普鲁士国王腓德烈·威廉三世及忠于他的臣民们为报仇雪恨首先想到利用教育来激发人们的爱国热情,民族主义因此成为这个时期德国教育发展的动力。

19世纪开展的德国教育运动在欧洲各国之中处于领先的地位。德国大学成为全世界公认的科学研究中心。19世纪德国教育的历史发展分为三个时期:第一是从大学到小学,各种教育制度进行改组和完善的时期。第二,40年代初到60年代末是教育发展的停滞时期,这是当时革命与反革命的政治风暴的反映。最后,从德国政治出现欣欣向荣的气象开始,教育又跨入生气勃勃突飞猛进的时期。①

在思想战线方面,这个时期的德国也表现得极为活跃。18世纪最后的年代,在法国革命的影响下,在德国的文化生活中掀起了"新人文主义运动",这个运动在文学、历史、哲学等科学领域中都有明显的反映,大大地推动了德国古典哲学、古典文学的发展。在这一运动的影响下,当时的德国出现了不少杰出的学者,如诗人歌德、席勒,历史学家尼布尔、洪堡德,哲学家康德、费希特及黑格尔等。

(一)国家教育体制的建立

德国政府与教会之间一直在争夺教育的领导权。1794年腓特烈·威廉二世制定的普鲁士基本民法规定,普通学校与大学均为国立机关,负有教导少年以有用的科学知识的责任,只能由国家视其必要及许可而设立。凡公立学校与教育机关都应受国家的监督,任何时候均应接受国家的监督与视察。该法还明确对教师的委任权属于国家。所有中学教师均为国家官吏。儿童不能因其宗教信仰之不同而被摈于校外,也不可强迫他们留校接受与其信仰不同的宗教教育。上述条款实际上成为普鲁士的教育宪法。

从中央到地方建立起一套教育行政管理机构是18世纪末德国教育发展的重要特色。1787年,普鲁士国王威廉二世命令设立最高学务委员会作为中央教育机关,管理全国的教育事业。但因最高学务委员会成员是从牧师中产生的,工作人员又多数为神职人员,教育事业不免经常受到教会直接或间接的干涉。为了克服这种现象,1810年,腓特烈·威廉二世又下令取消最高学务委员会而在内政部中设专管教育和宗教事务的司。1817年将该司改为一个部,专管教育和宗教事务。部长属内阁成员,由国王直接任命。其下分为三个司。第一司管理大、中学校及专门的艺术教育;第二司管理小学、师范及残疾人的教育;第三司管理宗教事务。中央以下的省、县都设立教育局。省教育局在省长领导之下负责办理市民学校及初等学校教师的考试、任用、待遇、抚恤、升降和奖惩等事务。县设县教育局,隶属于县长之下,局的负责人称为查学员,每年都必须去所辖学校进行巡视并向上级提出报告。在县查学员之下又有若干地方查学员。同时每所独立学校都设董事会,负责管理学校的各项事务。这样,就从上到下形成了一个相当健全的教育管理系统,有利于教育事业的发展。

---

① [德]弗·鲍尔生著,滕大春、滕大生译:《德国教育史》,人民教育出版社1986年版,第121页。

国家管理机构对整个小学教育网络的监督始于1808年洪堡(Freiherr von Karl Wilhelm Humboldt, 1767~1835)担任公共教学部部长之时, 著名的初等学校体系也创立于这个时期。普鲁士各省都设立了专门的中等教育署, 每一个区还有专门机构来监督小学和初中的教育。1810年的立法规定教育世俗化, 义务教育期限是3年。1812年的法规对预备中学进行了改革, 使其成为9年制公立中学, 并允许其颁发能力证书作为进入高校的条件。1826年的法规进一步规定义务教育年限为7~14岁, 在每一个教区设立一所小学, 对全部教师进行培训。到1837年为止, 已经有详细的国家级法规对预备中学做出规定, 内容涉及学生的入学、课程、修学年限、教师分配和工作时间等, 并规定了宗教和体育教育的性质。

在阿尔滕斯泰因担任教育部长期间(1817~1838), 普鲁士小学教育得到了发展并逐渐规范化。到19世纪30年代为止, 普鲁士已经形成了一个完整的公立中小学教育体系, 为14岁以下的所有儿童提供免费的义务教育, 14岁之后, 则提供精英式的教育。学校是公立的, 完全接受国家教育局的管理, 主要的经费来源是税收。公立小学的数目早已大大超过了私立学校, 1861年二者比例是34∶1。国家不仅给学校颁发许可证, 对学校进行检查, 而且还给教师颁发证书并进行培训, 详细规定课程, 对全国性的考试进行管理, 至此各级学校教育制度的雏形已经形成。在建立一个一体化的公立学校教育体系方面, 普鲁士比其他任何国家都要先行数十年, 这也意味着当时普鲁士对教学内容施加了最为严格的控制。

(二) 各级各类学校教育的发展

德国教育管理机构建立之后, 对德国教育起重要推动作用的是当时著名的哲学家、政治家和教育家洪堡。1809年洪堡出任普鲁士教育部长, 他上任之后, 根据人文主义精神和爱国主义思想对德国的教育进行了一系列改革, 对德国教育的发展产生了积极的推动作用。

1. 初等教育

进入19世纪以后德国初等教育的发展大大加快了。1802年巴伐利亚、1805年萨克森先后公布了初等义务教育法。这是德国最早的普及义务教育法, 也是世界上最早施行义务教育的地区。促使德国初等教育迅速发展的原因有二: 一是经济方面的。德国自从引进机器发展资本主义生产以来亟需数量众多的、有文化知识的人才, 以适应生产发展的需要; 二是政治方面的。1806年普法战争中德国战败, 人们希望通过学校进行爱国主义教育, 洗雪国耻。当时著名的哲学家费希特也呼吁全国人民都来关心教育, 以挽救国家的危亡。

由于德国政府对初等教育的重视和提倡, 到19世纪中叶, 初等教育的发展已达到相当可观的成就。1846年, 普及义务教育的学校已有24 044所, 学生243.4万人。这个时期的德国学校重视德语、德国历史和地理课程, 通过这些课程进行爱国思想教育。

为了使小学教育得到改进, 德国政府很重视初等学校教师的培训工作, 对此采取了两条措施。其一, 派遣留学生赴瑞士, 向裴斯泰洛齐学习。其二, 发展师范教育。德国最高学务委员会成立之后决定派遣17名教师赴瑞士学习裴斯泰洛齐的教育思想和教育方法, 特别是要学习他的高尚精神。当时的普鲁士政府热切地希望每一个教师都能效法裴斯泰洛齐, 以他为榜样。这些教师从瑞士学成回国之后, 德国政府或让他们任教育行政官员, 或主持教师训练学校。哥尼斯堡教师学校校长卡尔·泽勒(Karl A. Zeller,1774~1840)就是其中的一个。他培养了数以百计的小学教师,在推广裴斯泰洛齐的教育思想方面做了许多工作,而成绩最为卓著的当推第斯多惠。

2. 中等教育

(1) 洪堡的中等教育改革

教育部长洪堡根据新人文主义理想改革了这个时期德国的中等教育。

第一项措施是提高师资质量。1810年洪堡颁布了考核中等学校教师的规程,规定高级文科学校的教师必须通过由大学规定的中学古文科目的考试,及格者才能获得教师的资格和称号。1826年又进一步规定,教师在未被正式任用之前应有一年的实习期。1831年规定,凡有志于当教师者无论是否大学毕业都应接受哲学、教育学、神学以及古文科目的考试。同时必须在下列三组科目中有一组见长:①希腊文、拉丁文及德文;②数学及自然科学;③历史、地理。而其他两组也应有相当的修养。洪堡的这项改革不仅有利于提高教育质量,而且最终使学校教育与教会分离,不再依附于教会和僧侣阶级。

洪堡改革中等教育的第二个措施是整顿各种不同名称的古典中学。此前的德国古典中学名称繁多,有文科中学、高级女子中学、学院、拉丁学校和阿卡德米学校。1812年颁布的中等学校毕业考试规程,统一了各种古典中学的名称。规定九年制的称为文科中学,六年制的称前期文科中学;专为中等阶级设立的市民学校称为中学。18世纪中期开始出现的实科中学发展缓慢,仅有数所,所以这个时期的中等学校实际以文科为主,而且规定只有文科中学毕业生才能升入大学或充任国家官吏。

洪堡改革中等教育的第三项措施是整顿学校课程。1816年公布了中等学校的教学计划,将学科分为:第一类为语言学科,包括拉丁语、希腊语、希伯来语及德语,并规定法语及其他外语为选修科;第二类为科学学科,包括数学、自然科学、历史、地理及宗教;第三类为体操、音乐,由学生自由选修。同时还规定语文和数学为基础学科。

(2) 德国双轨学制的形成

经过改革之后的德国学校出现了"双轨制"。一方面,德国的初等教育和中学的课程不相衔接,课程各自独立、自成体系。另一方面,在学制方面,初等学校修业时间是6~14岁,而中学的修业时间则是9~18岁。根据规定,初等学校学生经过最初3年的学习之后不允许转入中学,而大学是专为文科(实科)中学学生提供的,是文科(实科)中学的继续教育。修满规定年限的初等学校毕业生,根据规定只能升入工业或商业学校,或夜间的、星期日的学校。这样就形成了一个鲜明的双轨系统,即平民子弟只能进免费的初等学校,而工商业中等专业学校则是他们最后的也是最高的学习阶段,这就人为地限制了他们受高等教育的权利。贵族及有产者的子弟则从文(实)科中学这一轨道上升,最后进入高等学校,跻身上层社会。"双轨制"人为制造了教育上的不平等现象,剥夺了广大工农的子弟受高等教育的权利。

3. 技术教育

1812年,德国开始重视技术教育。1820年,技术教育和工业学校改由商工局领导。当时的局长博依德于1817年向普鲁士政府提出7项发展技术教育的建议,建议在普鲁士的25个行政区各建一所地方工业学校,并在这些学校之上设立一所中央工业学校。这一年在各地区的城市里设立了一年制的手工业学校。1821年即以这些学校为基础形成了地方工业学校网,学制改为2年,毕业生可以升入中央工业学校。各校开设课程不一,一般包括德语、物理、化学、数学、应用数学、模型制作、自由画和工具画等。至1825年,普鲁士境内已有地方工业学校20所。

4. 师范教育

为了提高初等教育的质量,德国政府重视发展师范教育。至1831年,普鲁士各州已普遍建立了师范学校,1840年已达38所。德国对师资的训练极其严格,首先要经过严格考试,一般分为口试和笔试。师范学校招收小学毕业生,修业3年,开设的课程如下:第一学年为宗教史导言、德语、读法、书法、算术、几何、数学、图画、唱歌和声学、风琴、钢琴。第二学年为耶稣信仰与道德的研究、德语、自然、数理、地理、自然哲学、博物等等。第三学年为动物、植物、矿物、物理、历史、心理学、作文、习字、图画、音乐、教学法、实习。可见德国师范学校课程全面,有助于提高师资水准。

5. 高等教育

19世纪初,德国在普法战争中丧失了大片国土,在这些土地上的著名大学如哈勒大学和哥廷根大学也随之丢失。洪堡在哲学家费希特的建议下,于1810年建立柏林大学。该大学受到新人文主义的影响,改变了原来大学为政府训练高级官吏的传统任务。洪堡规定,柏林大学的任务是:向学生传授科学知识的同时还担负发展科学研究的任务。在费希特的建议下,洪堡对大学教授进行精心选择,他们不仅要有教学技能,还要在学术方面确有造诣。许多著名的学者如黑格尔等群集柏林大学,使大学学风发生很大变化。大学生们在教授指导下进行科研活动。正是这些做法,使德国在哲学、史学、神学、生物学、物理学、化学、法学和医学等方面都取得了重大进展。德国其他的大学也都以柏林大学为榜样,至1850年,德国几乎所有大学都提出到实验室去、到图书馆去、研究科学、发现真理等口号。柏林大学的学风也深深影响了美国和其他国家,美国约翰·霍普金斯大学就是以柏林大学为模式设立的。

在高等教育方面,除了原有大学外,这时还出现了一种新型的高等工业学校,注重工艺科技教育,适应了19世纪初德国工业技术的发展。到19世纪下半叶时,这种学校已有10多所,学生20 000多人。继高等工业学校之后,又陆续出现了许多专业性学院,如采矿、农林兽医、军事和军工等学院。

(三) 19世纪德国的教育思想

1. 费希特论国民教育

1806年,在耶拿战役中德国被拿破仑彻底打败,包括柏林在内的大片德国领土被拿破仑的军队占领,国家处于危急存亡之秋。振奋民族精神,奋发图强,把德国重建为一个独立的国家,是摆在德国人面前的一个严肃而紧迫的任务。从何着手?教育领先——这就是费希特(J. G. Fichte, 1762~1814)的回答。费希特担任新建的柏林大学校长。1807~1808年冬天,当法国军队还占领着柏林的时候,他在柏林多次发表告德国民众的讲演,以激励人民自强图存。而自救之道首先就是改革并振兴教育。

费希特提出要给所有儿童以受教育机会,而不分其家庭的社会地位和男女性别。道德教育应居于首位,以道德更新作为重建德国的重要手段,道德教育应培养年轻一代坚定的性格,使其明辨是非、热爱正义,使自己的行为有明确的动机。在智育方面应注重发展学生的独立思考,发展其能动性,废除呆读死记和机械灌输的旧方法。费希特还主张把儿童组织成团体,让他们自幼习惯于团体生活,学会为共同的利益而工作,以便他们长大成人以后能更好地适应社会生活的需要,成为社会有益的公民。费希特高度评价裴斯泰洛齐的教育经验,他认为自己在教育上的设想不过是裴斯泰洛齐已经付诸实行的东西。

2. 第斯多惠的教育思想

第斯多惠(F. A. W. Diesterweg,1790～1866)是19世纪德国著名的资产阶级民主主义教育家,一生为反抗德国的封建教育和教会对教育权的控制而斗争,力图改革与发展德国的民主教育体系,尤其在发展德国的国民学校和改革师范教育上贡献了自己的全部精力。

第斯多惠大学毕业后开始从事教育工作,并受到裴斯泰洛齐思想的影响。1820～1832年,第斯多惠担任梅尔斯师范学校校长,1832～1847年调任柏林师范学校校长。在这两所师范学校工作期间,他进行了一系列的教学改革实验:把教育学列为师范学校最重要的必修课,把心理学和人类学规定为教育学的基础;重视师范生的教学实习,专门在师范学校中设立了一所附属小学作为实习基地,力图培养有崇高的社会责任感、好研究和具有独立精神的教师。在从事师范教育实践的同时,第斯多惠进行了大量的著述与宣传工作。他一生中在杂志上发表文章400多篇,批评德国政府与教会对学校的束缚和不关心培养教师。

1835年,第斯多惠主编出版了他一生中最重要的代表作《德国教师教育指南》。该书详尽阐述了教学与教师培养等问题,并介绍了一些为教师提供各种文化与专业知识的教育名著。该书对德国教师的思想与专业指导产生过巨大作用,在欧洲教育理论尤其是教学理论的发展史上占有重要地位。

(1)"全人"教育理想

针对德国教育狭隘的民族利己主义和大国沙文主义倾向,第斯多惠提出了"全人教育"理想。"全人"是一种能自由思考,以追求真、善、美为崇高使命的人;"全人"是充满人道和博爱、为人类而忘我牺牲的人。第斯多惠指出:民族不能把自己的幸福建立在人类的废墟之上,爱人类的精神与爱祖国的精神应当密切结合起来培养,德国学校培养出来的不应是"真正的普鲁士人",而应是人,是公民。他向教育家及教师们强调说:"你要说,要想,人是我的名字,德国人是我的绰号。"[1]"全人"是全面的、和谐发展的人。正确的教育应该加强人的所有器官,锻炼人的感觉灵敏性,发展人的思维能力,培养人的语言能力,激励人们敦品励行,养成尊重真理的习惯,遏止利己倾向。

在第斯多惠关于教育目的的思想中,自动性的培养占着最重要的地位。在他看来,只有充

---

[1] [苏]米定斯基:《世界教育史》,三联书店1950年版,第333页。

分发展学生的自动性,才能培养出能自由思考的、各方面素质和谐发展的人。第斯多惠的教育目的思想是对普鲁士政府和教会所确定的教育方针的反叛,在当时启发了德国教师以追求人的发展和崇高的思想内容来理解教育目的。

(2) 论教育的自然适应性和文化适应性原则

第斯多惠论述了两个基本的教育原则,即自然适应性原则和文化适应性原则。

第斯多惠继承了卢梭与裴斯泰洛齐关于儿童的自然本性和天赋力量的观点,把自然适应性确定为教育的最高原则。他说:"自然适应性原则在教育学的天地中是永恒的,它是辉煌的、永不熄灭的、永不改变自己状态的指路明灯,它是极、是轴心,一切其他的教育和教学法的规则都围绕着它旋转,而且都趋向它。"①他把人的自然本性理解为智慧与能力的素质,这种素质是与生俱来的,既不能在后天获得与增强,也不能受之于别人或赠送给别人,它潜藏在人的本性之中,如果没有它,任何教育对人的本性发展都无能为力。因此,教育必须适应儿童的自然本性发展规律。他强调认识和研究儿童自然本性的发展过程,要求对儿童的自然本性给以符合自然规律的发展。他把儿童的智力发展过程分为感觉阶段、记忆阶段和理性阶段,并进行了系统论述。第斯多惠提出的自然适应性原则,与当时欧洲资产阶级以自然主义教育理论反抗封建教育的总特征是一致的。他强调研究儿童的自然本性及其发展规律,顺应了由裴斯泰洛齐、赫尔巴特等倡导的教育心理学化趋势。

与自然适应性相对应,第斯多惠提出了文化适应性原则。他指出,自然适应性原则是每一个教育者都必须力求达到的永恒的理想目标,它只是评价教育者教育活动的一般标准,教育中还必须注意文化适应性。他认为,人的自然本性的发展必然受到时间、空间、社会风俗习惯、时代精神、历史的和现代的文化的影响,因此,教育必须适应社会文化的状况与要求。首先,教育中必须注意到民族性。他要求教师们通过教授本国历史、地理和民族文学,使学生彻底了解祖国文化,以培养学生的爱国主义感情。其次,教育必须适应变化着的现代社会生活的要求。他提出教学内容要符合现代科学发展水平,要让学生认识现代科学发展的状况,不要把时间和精力浪费在一些错误的、已经被否定的知识上,应当使学生通晓现代的物理学、自然科学、数学、地理学、心理学和哲学观点,通过教学把儿童提高到现代文化成就的高度。他还强调要注意时代精神,培养学生具备一切符合时代要求的优良社会品质,如真诚、爱好自由、刚毅、勇敢、深谋远虑、精确、稳定、有深厚的感情等。

在教育的文化适应性原则中,第斯多惠第一次明确提出了教育必然受到诸种客观的社会条件的制约,这是对西方近代教育理论的一个贡献。他提出教学内容要"适应现代科学水平"和"适应文化"的口号,表明他试图引起教育者们对正在发展的近代工业资本主义文明的关注。

(3) 教学论思想

第斯多惠把国民学校看作实现他的教育理想的重要基地,非常重视教学问题,提出了努力研究科学教学论的历史任务。他一方面从裴斯泰洛齐的教学思想、德国古典哲学的辩证法

---

① 耶·恩·米定斯基著,何国华、吴文侃译:《教育史中的自然适应性原则》,《教育译报》1957年第4期。

思想和自然科学的发展理论中吸收营养,另一方面总结了自己丰富的教学实践经验,形成了较完整的教学论体系。他的教学论主要反映在《德国教师教育指南》一书中。

首先,第斯多惠辩证地论述了教学的实质目的与形式目的关系。他认为教学可以具有两种倾向:或者是想使学生知道一定的教材,给他以知识和技巧,使其成为不可剥夺的财产;或者是希望通过教学发展他的能力。在第一种情况下追求的是实质目的;在第二种情况下,追求的是形式目的。在教学过程中两种目的不是彼此排斥的,而是相互依存的。在采用正确方法的前提下,学生在学习教材、掌握知识的同时,他的能力也必然得到发展,实质目的和形式目的的关系是辩证统一的。一方面,形式目的不能离开知识教学而独立存在,另一方面,学生的能力发展也有助于其主动地学习教材、掌握知识。

其次,第斯多惠强烈反对用当时盛行的"学术式的方法"即讲述法进行教学,主张用启发式的对话法进行教学。这种方法是指通过一些影响学生认识能力的问题来引起他的主动性,并不断地激发它,引导他获得新的知识和产生新的思想。它能发展学生的分析、归纳、推理、判断等各种能力,养成其积极思考的习惯。它不是把知识直接传授给学生,而是引导他去发现并且独立掌握知识。

再次,第斯多惠认为良好的教学方法还应该符合学生的年龄特征和学科的性质。他认为,对话式、问题式教学是初等学校最基本的教学方法,讲述法则适宜于中等和高等学校。不同学科应采用不同的教学方法,如地理、历史等科目应该采用讲述法,数学和自然科学应采用对话法。但启发式的对话法适宜于各级学校,在学校中应笼罩着问题和回答、探索和发现。

最后,第斯多惠论述了教学的一般原则,如循序渐进原则、巩固性原则、直观性原则、考虑学生个性差异、教学应力求引人入胜、要精力充沛地进行教学和教育性教学的原则。他接受了裴斯泰洛齐关于教学必须具有人格形成和道德思想培养作用的思想,认为教育适应文化的根本问题在于贯彻道德教育的要求。他批评了当时德国的教学实际,即在世俗性教学内容方面偏重知识传授,仅在宗教教育中才灌输道德说教的做法,认为这种教学是保守主义的、宗教忏悔主义的,正确的教学应该是在教给儿童知识的过程中,同时给儿童以先进的文化思想认识,使掌握知识与品行陶冶统一起来。

第斯多惠在德国乃至欧洲近代教育发展史上最重要的贡献就是他的教学理论。第斯多惠对教育史上历来有争议的若干问题如实质教学与形式教学或传授知识与发展能力的关系、教学与发展的关系、教师和学生在教学中的地位等进行了考察,提出了很多具有启迪意义的见解。他的教学理论的最大特点是它的实践性和系统性,十分重视将教学理论与实际教学经验结合起来探讨。他集前人研究之大成,同时审慎地研究了近代德国教育学与心理学的研究成果,将教学原理系统化和规则化,从而大大提高了教学原理与原则的研究水平。第斯多惠因其卓越贡献而被称为"德国教师的教师"。

思考题

1. 简述近代各国教育制度的发展的一般特征及其成因。

2. 简述"4R"教育。
3. 简述英国的公学。
4. 简述弥尔顿《论教育》课程计划的特点及其意义。
5. 简述亚当·斯密《国富论》的普及义务教育思想。
6. 贝尔—兰喀斯特制度述评。
7. 简述英国1868年《汤顿报告》的内容和意义。
8. 简述19世纪英国的"新大学运动"。
9. 欧文性格形成学说述评。
10. 简述斯宾塞在教育史上的地位。
11. 斯宾塞和赫胥黎的科学教育思想述评。
12. 简述爱尔维修的教育万能论。
13. 简述拉·夏洛泰的国民教育观。
14. 法国大革命时期出现过哪些教育方案？
15. 法国近代有哪些重要的教育法案？
16. 简述《基佐教育法》的主要内容。
17. 涂尔干教育思想述评。
18. 简述康德的教育观。
19. 洪堡教育改革述评。
20. 简述费希特的国民教育观。
21. 简述第斯多惠的《德国教师教育指南》。
22. 简述第斯多惠论教育的自然适应性和文化适应性原则。
23. 第斯多惠教学理论述评。

第九章 近代各国教育(下)

第一节 近代俄国教育

俄罗斯人、乌克兰人和白俄罗斯人有共同的起源,他们的祖先是斯拉夫人的东部分支,被称为东斯拉夫人,但俄罗斯族无论是在沙皇俄国、苏联或现在的俄罗斯联邦都是俄国居民的主体。拜占廷文化曾对东斯拉夫人有深刻影响,他们自古信仰东正教。18世纪彼得一世的教育改革曾推动了俄国教育的发展。叶卡捷琳娜时代颁布的《1786年俄罗斯国民学校章程》是俄国国民教育制度建立的标志。亚历山大一世于1804年颁布的《大学所属各级学校规程》则建立了一整套上下衔接的学校体系,促进了全国性学校网的形成。但总体上说,十月革命前俄国的国民教育还十分落后。到1897年,在9~49岁居民中,文盲占72%,学龄儿童入学率只达到20%。到1914学年度,俄国只有91所高等学校,大学生11万余人。全国具有中等和高等教育程度的专业人才极为稀少。许多民族没有自己的文字。①

一、17~18世纪的俄国教育

(一) 17世纪以前的俄国教育

公元8世纪以后,拜占廷文化尤其是东正教逐渐渗透到东斯拉夫人中间。公元988年,基辅罗斯出现了最早的学校。14世纪,从西欧传入的纸和笔给教学、书写带来方便。印刷术在这个时期也传入罗斯。14世纪后期,莫斯科逐渐成了俄罗斯政治、宗教和文化中心。15世纪末,莫斯科公国统一了东北俄罗斯大部,奠定了俄罗斯中央集权国家的基础。

16世纪的初等"读写学校"大多设在教堂和修道院中,神父也在自己家中教学。在较大城市及修道院设有少数"文法学校"。16世纪以后,天主教和新教派纷纷开办学校争取信徒。第一所兄弟会学校于1586年开设。基辅的兄弟会于1632年开设俄国第一所高等学校"基辅莫吉拉学院",基辅遂成为17、18世纪西南和南部俄罗斯的文化教育中心。在它的带动下,哈尔科夫和捷尔尼戈夫等地也建立起类似学院,并为后来彼得一世的改革及莫斯科大学的创建提供了人才,对于引进西方的思想和学术,推动俄国近代化的进程起了重要作用。

(二) 18世纪的教育改革

1. 彼得一世的教育改革

18世纪初,俄国在与欧洲及土耳其人作战的过程中暴露出军队及其他方面的落后性。从

---

① 吴式颖著:《俄国教育史——从教育现代化视角所作的考察》,人民教育出版社2006年版,第1页。

彼得一世(1672~1725)开始,为增强国力,从以往学习波兰转向学习德国,①进行军事、国家行政制度、财政、工商业、农业、文化、科学和教育等多方面改革,开辟了俄国由国家管理教育的先例。彼得一世认为学院和学校是非常重要的国民教育事业,必须进行有效的改革以促进其发展。其教育改革措施包括:

第一,建立各种实科专门学校。1701年,彼得一世发布了开办炮兵学校、数学及航海学校和外国语学校3所实科专门学校的命令,要求炮兵学校教给炮手及官员的子弟以读、写、算及其他技术的科学知识;要求数学及航海学校教授数学和航海学;要求外国语学校向俄国所有官员的孩子用拉丁语、德语、瑞典语教授斯拉夫语的句子和书信文章。此外,彼得一世还允许设立了"技术学校"和"医疗学校"等。

第二,改善初等教育。1714年,彼得一世敕令各地设"计算学校"。10~15岁的贵族和官吏子弟都必须学习一些计算和几何知识。数学和航海学校的数学班学生不少被派往各地充当教师。彼得一世的1714年命令实际上是俄国的第一个义务教育法令。1721年颁布了新的《宗教条例》后,主教学校普遍设立。1717年,彼得一世敕令要求木工、船员、冶炼工人及其他注册的所有职工必须学习读写。1719年,彼得堡海军工厂中首先设立了俄语学校。

第三,设立科学院。1724年,彼得一世正式发布了设置科学院的法令。设立科学院的目的是为了促进语言、科学和艺术的研究及翻译书籍等,以便为国家利益服务。科学院分3个部分:数学研究、物理(含天文、化学、植物等)研究和人文科学(含历史、法律等)研究。科学院还附设大学和预备中学。彼得一世要求将科研与教学相结合,第一批院士由聘请来的欧洲著名学者担任,除研究外还必须在附设的大学和中学任教,目的是逐步以俄国院士取代外国人。

彼得一世的改革扩大了俄国与欧洲各国的联系,加强了西方思想对俄国上层社会的影响。但在1725年彼得一世去世以后,从皇位的继承问题开始,发生了贵族各派势力之间的长期斗争,在37年间政权更迭达6次之多。由于国家无暇顾及教育,彼得一世颇具资产阶级色彩的教育改革便被扼杀在封建贵族手中。俄国教育从此走向低潮时期。

2. 罗蒙诺索夫与莫斯科大学

在彼得一世的女儿伊丽莎白·彼得罗夫娜在位时期(1741~1761年在位),恢复了一些她父亲发展工商业的政策,更为重要的是她不再允许德意志人干预朝政,客观上有利于俄国的自主发展。罗蒙诺索夫(1711~1765)是俄国科学家和强烈希望俄国摆脱外国干预的知识分子的代表。1754年,由他主持制定的设立"莫斯科大学"的意见草案对俄国文化教育的发展产生了重要影响。根据该提案,1755年1月,卡特琳娜一世签署了建立莫斯科大学的法令。4月,大学及其附属中学正式开学。大学还附设师范学校。

莫斯科大学及其附属学校的世俗性极为突出。在哲学、法学和医学3个系的10个讲座中以及附属学校的课程里都没有神学课。大学由政府直辖,由教授会管理,有一定的自治权;附

---

① 吴式颖著:《俄国教育史——从教育现代化视角所作的考察》,人民教育出版社2006年版,第143页。

属中学的校长及监督员从大学的教授中任命。大学教授会有权决定附属中学的经费使用及教师的聘退。

由于罗蒙诺索夫等人的努力,莫斯科大学及附属学校也显示出前所未有的民主色彩。例如在大学的章程中,规定学校可以招收农奴以外的所有人的子弟入学。又如,附属中学里既有贵族子弟入学的分部,也有非贵族分部。各分部都是9岁入学,学习8年后毕业,都学习同样的课程。只是贵族子弟仍占多数,他们有更多的课程选择和继续深造的权利和机会。

大学及附属学校的教师在开始时大多由外国人充当,其讲义大多不用俄语。但学校的民族性格逐渐发展起来。到1768年,大学讲义已基本上用俄语;到18世纪末,附属中学除少数语言和艺术课以外,已全部由俄国人担任教师。

(三) 叶卡捷琳娜的开明统治

1762年叶卡捷琳娜二世(1729～1796)上台之时,许多地方出现由私人或自治团体筹办的各种学校。出于统治需要,俄国效法欧洲其他国家的做法重新开始建立和改善国家教育制度。叶卡捷琳娜不喜欢法国的激进思想,选奥地利为榜样,于1782年聘请费·伊·扬科维奇(1741～1814)到俄国主持教育改革。当年成立了"国民学校委员会",负责制定国民学校方案、教学计划、教科书和考虑师资培养,并于1783年以国库经费建立了"彼得堡中心国民学校",以培养师资。

1786年,叶卡捷琳娜颁布了《1786年俄罗斯国民学校章程》。章程规定:(1)在城市设初级国民学校和中心国民学校,初级国民学校修业2年,中心国民学校修业5年,给予全体国民以教育的机会,不论其阶级、出身、性别如何,甚至农奴也可入学。(2)中心国民学校主要以培养初级国民学校教师为目标,开设阅读、书写、计算、简明教义问答、圣史、书法、图画、算术、历史、地理、文法、几何、机械学、物理、自然史和建筑等课程;初级国民学校开设中心国民学校前2年的课程。(3)要求教师严格按照教科书和教学指导书规定的内容和方法进行教学,不得插入任何其他内容。(4)各地国民学校由当地政府负责领导,由他们委托视学官和校长进行管理。在中央则有总管理处。学校经费由国家和地方贵族、商人共同承担。

《1786年俄罗斯国民学校章程》标志着俄国国民教育制度基础的建立。尽管在章程实施过程中困难重重,但该章程是历史上俄国政府最早发布的系统的初等教育学制令,在一定程度上推动了教育的发展。

二、19世纪社会大变革年代的俄国教育

(一) 近代俄国教育制度的建立

在1802年以前,俄国无论是中央还是地方都没有设立专门的教育管理机构。办什么样的教育都由沙皇一个人说了算。由于国家教育受到沙皇个人素质的影响,很难保证教育政策的连续性。彼得一世就是一个明显的例证。18世纪后期的法国革命震动了欧洲,俄国商品经济及资产阶级民主思想也发展起来。这些因素推动刚刚上台的亚历山大一世(1777～1825,1801～1825在位)进行了一些包括教育在内的社会改革,主要借鉴德、法等国经验建立了集权

制的教育管理制度。

（1）1803年的《国民教育暂行章程》与四级学制

1802年，亚历山大首次建立了全国教育行政机关——"国民教育部"，此后除教会学校以外的世俗学校皆归该部管辖。1803年颁布的《国民教育暂行章程》则建立了中央集权的教育管理体制以及一整套上下衔接的学校体系，促进了全国性学校网的形成。

《国民教育暂行章程》设立了四级学制。第一，规定全国分为6个大学区，各学区内建立一所大学。每所大学有一定的自治权和管理本学区内各级普通学校的行政权。大学下设哲学系、医学系和法律系，主要目标是培养官员和教师，招生方面没有社会地位的限制。第二，各大学区内的最低程度的学校是"教区学校"，学制1年，由地方出资兴办，教给所有儿童以基本生活知识和自然知识，并开设公民和宗教课程。第三，每县至少有一所县立学校，除教师工资由国家提供外，其他费用仍由地方负担，学制2年，其课程与教区学校课程相连续并有所扩展。第四，在省会城市设立中学，主要向大学输送新生，开设20门百科全书式的课程。该章程颁布后新办了3所大学、几十所中学和一些教区学校。

该章程中许多民主性要求并未很好地落实。结果，大学中的自治自由被扼杀；中学都变成了古典式文科中学；初等教育则掌握到俄国圣公会手中；教育部改称"宗教事务与国民教育部"。

（2）《大学所属文科中学和初等学校章程》、《大学章程》与中央集权制的加强

拿破仑的失败和欧洲"神圣同盟"的建立使俄国保守力量得以复兴。在十二月党人起义被镇压以后，沙皇政府于1828年颁布的《大学所属文科中学和初等学校章程》和1835年颁布的《大学章程》是保守势力进一步强化的产物：1803年建立的四级学制虽然被保留下来，但恢复了办学的等级原则；废除了各级学校课程的衔接性原则，加强了文科中学的宗教教育和古典主义方向；扩大了学校中监视学生和教师行动的官吏的编制，建立了对学校的警察监视制度。①

《大学章程》颁布后对大学的控制也日益加强。1834年的训令要求设置专门的监督员监视学生的活动，1835年的《大学章程》则正式废除了大学的自治权，后来则进一步砍削课程、要求审查讲授提纲、禁止学生出国留学、增加学费等。俄国中央集权教育领导体制进一步加强了。

（3）职业教育的进展

出于发展经济、保障国家实力的需要，统治者重视专业技术教育。在1828年的章程中，允许各地根据当地工业和贸易的需要，在教区学校和县立学校中开设特别班级，让学生学习农业、工艺、力学、会计、商业贸易等课程，当年在彼得堡还开设了工艺学院。1835年的《大学章程》中也规定大学可组织应用科学的讲演和开设实用课程；1839年又规定中学可设立实业科或补习班。同时，各地还开设有不少中等或初等的矿山、林业、农业、商业学校。这些学校都是官办，与当时欧洲此类学校多为私立的情况迥然不同。

---

① 吴式颖著：《俄国教育史》，人民教育出版社2006年版，第169页。

(二) 19世纪中叶俄国的公共教育运动

1. 农奴制的废除与教育运动的兴起

1861年,沙皇政府迫于国内外形势颁布了《关于农民脱离农奴依附地位的法令》,成为俄国历史从封建主义生产方式向资本主义生产方式过渡的重要标志。在此前后,民主进步的社会运动波及社会各个领域,教育运动就是这场社会改革运动的重要组成部分之一。在民主、进步的教育运动中虽存在不同派别,但都反对以农奴制为基础的等级教育制度,要求广泛开展男女平等的普及教育和更多的实科教育;主张尊重师生人格,给予大学自治权利,反对对师生的监视措施等等。在运动中,许多知名人士组织团体,出版书籍刊物进行宣传。经过广泛的宣传讨论和介绍西欧大批教育家的思想及著作,引发了社会各主要阶层对教育的关心,推动了19世纪60年代沙皇政府一系列教育政策的制定和颁布。

自由主义教育是19世纪教育运动中的重要思想派别之一。其代表人物有尼·伊·皮洛果夫(1810～1881)和列夫·托尔斯泰(1828～1910)等人。一般说来,他们较多接受了西欧自由资产阶级的教育主张,要求废除教育的身份制度和给予平民以更多的实科教育;要求在教学中尊重儿童个性。他们希望通过教育手段使俄罗斯民族与国家兴旺发达。

革命民主主义者的教育思想是60年代教育运动中最激进的部分,其主要代表人物是车尔尼雪夫斯基(1828～1889)和杜勃罗留波夫(1836～1861)等。而别林斯基(1811～1848)和赫尔岑(1812～1870)是其先驱。他们认为真正的教育必须建立在推翻沙皇专制制度这一基础之上,强调教育的俄罗斯人民性原则,并提出了造就社会新人和优秀公民的教育理想。

2. 教育运动中的各种国家教育章程和教育状况

(1)《俄罗斯帝国大学普通章程》(1863)的突出特点是恢复了大学一定的自治权。如校长和副校长、系主任等重要人选均由校内和系内学术机构选举产生,任期延长为4年。教授也按竞选方式推举。教师名额增加了一倍多,允许提供开展学术研究活动的条件等。《章程》还规定大学设历史文学系、数理学系、法学系和医学系,增加新学科讲座。

到1864年,俄国大学生数比1855年增长了25%,普通大学已达7所。此外还创办了俄国最早的综合性高等专门学校里加工业学院(1862)和莫斯科农业学院(1865)。许多原有的技术教育学校也改组成学制为4～5年的高等学校。整个高等教育尤其是高等技术教育获得了较大的发展。

(2)《文科中学和中学预备学校章程》(1864)是调和实科教育与古典教育之争的产物,规定中学是给予学生以普通教育并帮助其进入大学及其他高等专门学校的预备学校;招收各阶层的儿童入学,修业7年;中学分为以教授古典语为主的古典中学和不教授古典语的实科中学;实科中学毕业后只能进入高等专门学校。此外,在小城市可开设4年制不完全中学或半古典中学。

自上述这些规程颁布后,到1871年时中学增加了27所,总数达123所(其中68所古典中学、43所半古典中学、12所实科中学)学生数达39 650人。但实科中学数量少、地位低,劳动者家庭子女难以入学的状况仍相当严重。

(3)《国民教育部部属女校规程》(1860)规定女子中学的目的是对未来家庭中的妻子和母亲给予宗教的、道德的和知识的教养。女子中学分6年制和3年制两种,有选修课和必修课之分,但程度比男子中学低很多。1864年,6年制女子中学有29所,3年制女子中学有91所,学生总数约9 000人。

(4)《初等国民学校规程》(1864)与同年颁布的《地方自治制度规程》相呼应,将"初等国民学校"的设立与经营权交给地方行政、群众团体乃至私人;规定教会学校另成体系而不在国民学校体系之内,但教会对非教会学校却有监督权;要求各地初等国民学校应招收各阶层男女儿童入学,宗旨是使全体国民确立宗教及道德观念,普及初等有用知识;要求开设神学、读、写、算等基本学科,并用俄文教学等。1864年的《规程》颁布以后,各地初等学校有了较快发展,尤其在实行自治的欧洲部分的34个省。到1874年,至少有10 000所左右的乡村初等学校建立起来,并开办了师范学校或师资训练班等机构。初等学校网开始切实建立起来,促进了普通教育的发展。

三、乌申斯基的教育思想

乌申斯基(1823~1870)是俄国著名教育家。受19世纪俄国社会变革时期教育运动的影响,他发表了《论公共教育的民族性》(1857)、《论教育学书籍的好处》(1857)和《学校的三要素》(1858)等教育论文,出版著作《人是教育的对象》(1867、1869)。乌申斯基的教育思想达到了俄国古典教育学的顶峰,他被称为"俄国教育科学的创始人"、"真正的人民教育家"和"俄国教师的教师",他在俄国教育界的地位如同普希金在文学界、罗蒙诺索夫在科学界的地位。

(一)论教育的民族性原则

教育的民族性原则是贯穿乌申斯基教育思想与实践的一根红线。18世纪初彼得一世的改革显著扩大了与西欧各国的联系,但也因此出现了上层社会对西欧(尤其是法国和德国)的崇拜。贵族纷纷延聘法国人担任家庭教师,大学和大学预备学校极为重视西欧语言和文学的学习,请外国人来校任教,将本国语言学习置之不顾。同时,为了对外抵制法国革命的影响,对内压制人民革命思想的传播,沙皇政府也接过"民族性"口号,推行"民族性、东正教、专制制度"三位一体的教育政策。当时在具有资产阶级思想的知识分子中间形成了对待外国文化的不同态度:"西欧派"主张全盘西化;"斯拉夫派"则希望保持古老的传统;他们的观点遭到19世纪俄国社会进步人士如激进的十二月党人、皮洛果夫和托尔斯泰等人的批评。在上述背景下,乌申斯基在《论公共教育的民族性》(1857)一文中论述了教育的民族性原则。

1. 民族性及其与教育的关系

乌申斯基认为,民族性是随欧洲近代国家的出现而逐渐形成的。民族性包含爱国主义和人民性两方面内容,它是一个民族保全民族之自我的性向,是民族历史发展的结果,并促进民族本身在社会经济生活各领域中继续不断向前发展;民族性不应当是僵死的东西,而应不断发展完善,其推动力是劳动人民;民族性是教育的唯一源泉,它能激发人的情感,这是抽象的和崇拜外国的教育所没有的;民族性还需要进一步完善。乌申斯基指出了欧洲各国教育的局限性,要求根据本民族需要批判地吸收其他民族的优秀遗产,并且在民族性的基础上广泛地、创造性地丰富和发展全人类的成就。

2. 民族性教育的特征

民族性教育的本质特征突出表现在以下几个方面:第一,人民是民族性教育不断完善、不断发展的最根本推动力量,也是民族教育成功的基本保证。第二,教育应该是人民的,应该由人民自己来管理和领导。第三,民族性教育应当以人民利益为最高标准。为此须广设学校,实行义务教育制度,这是推动国家和人民进步的强有力因素;地方学校比官方教育制度有更大优越性,最终将给俄国国民教育奠定巩固的基础。在经费方面,他认为主要应由政府和人民共同筹集。第四,民族性教育应当是男女平等的教育,男女儿童应有统一的教育制度。第五,民族性教育应当充分吸收本民族人民所创造的优秀文化成果作为教育的重要内容,尤其应当把本民族语言的学习放在中心地位。第六,深刻指出了本族语在民族的生存、巩固、发展中的重要地位,认为本族语是俄国人赖以掌握和传递思想和知识的唯一工具。第七,从教育的民族性原则出发,把爱国主义教育放在极为重要的位置。培养儿童热爱祖国的崇高情感的任务贯穿于他的整个教育学体系之中。①

乌申斯基要求建立具有俄国自身特色的教育制度和教育思想体系,反对当时的沙皇政府和保守派人士把德国的教育机械地搬到俄国的教育中来的做法,在当时具有民族和民主的进步意义,但他把民族性建立在东正教的基础上则反映了其历史局限性。

(二) 论教育学的科学基础

乌申斯基将教育学称为艺术而不是科学,认为科学只研究正存在的和已存在的东西,而艺术则力图创造还没有的东西。他力图说明教师不应当是官方教育政策的机械执行者,也不应当照搬别国的理论,而应当是自己事业的创造者和艺术家。换句话说,他认为应当把教育学看成是一种创新的理论。② 正是基于这种精神,乌申斯基创建了俄国人自己的教育科学体系,并被后人称为"俄国教育科学之父"。

乌申斯基认为,教育科学研究的中心就是作为教育对象的"人",是活生生的、有组织性的人,是处在不断发展中的人。要把一个人教育成为一个理想的人,除了耐心、天赋才能和技巧之外,还需要有专门知识。教育学应当受教育者生理心理发展规律、教育目的和内容、教育和教学的途径方法以及校内外各方面的教育者的影响。

关于教育科学的理论基础,乌申斯基提出:"如果教育学希望全面地去教育人,那么它就必须首先全面地了解人。"③ 在了解人、教育人的手段方面,科学能给予教育重大帮助。这些科学包括解剖学、人体生理学和病理学、心理学、逻辑学、语言学、地理学、统计学、政治经济学和各种历史学科等。乌申斯基认为这些"人类科学"能揭示和比较关于人的特性的知识及其相互关系。他将生理学、心理学和逻辑学并列为"教育学的三个主要基础",其中心理学尤为重要,

---

① 滕大春主编:《外国教育通史》(第三卷),山东教育出版社 1990 年版,第 462~466 页。
② [俄]康·德·乌申斯基著,郑文樾译:《人是教育的对象》(上卷),人民教育出版社 1989 年版,第 1~5 页。
③ 同上书,第 10 页。

应在各门科学中占首位。乌申斯基要求在心理发展的过程中去研究儿童的心理。同时，生理过程是人的心理活动的基础，研究教育学就要求预先初步熟悉人体生活和发展的结构与规律。而哲学思想应当成为指导教育的基础。但教育学应当有自己的独立性。

在乌申斯基看来，单纯研究教育规则的教育学是"狭义的教育学"，没有理论的教育实践如同医学中的巫术。学校中最重要的成员乃是教师。任何教学大纲和教育方法，无论其多么完善，如果没有转化为教育者的信念，就只是没有任何意义的死条文。因此，在教师中普及正确的教育思想是改进公共教育的最可靠方法。乌申斯基建议在大学设立教育系，还主张广设地方师范学校以培养各级各类学校教师。教师教育既要注意培养未来教师的优秀品质和坚定信念，又要学好基础课程，还要开设教育专业课程和注重实习。

（三）教学论思想

乌申斯基认为教学论是教育学课程的"一半"。他把科学的教育学思想和民族性原则贯彻到教学论之中，建立起俄国古典教学论的完整体系。

1. 教学目的

乌申斯基认为教学有两个目的。第一个目的是"形式的目的"，即发展学生的智力；第二个目的是"实质的目的"，即以必要的基本知识和技能去丰富学生的头脑。教学的第二个目的甚至比第一个目的更加重要，但教学的两个目的是相互结合的，缺一不可的。在课程设置上，乌申斯基强调实科教育应优先于古典课程，并认为现代的自然科学知识不仅适应现代社会，而且在发展儿童的智力方面比古典学科更有作用。

2. 教育性教学

乌申斯基把教学看成是教育的主要工具，将教学是否具有教育性看成教学好坏的重要标准之一，要求教学不仅影响知识的增长，还应影响人的信念。但教学的教育性不可能自发地展现出来，在教学过程中必须通过教师的启发指导，由学生自觉地掌握教学内容来实现。

3. 教学阶段

乌申斯基认为教学过程既有自己的特殊规律，又与人类认识事物的过程有共同的规律。人类认识过程是不断发现新真理的过程，而教学过程是学生由不知到知的过程。直接感知、教师和书本的生动语言都可以使学生获得具体形象，成为学生知识的源泉。他根据上述认识提出了教学阶段的思想：第一个阶段与认识发展的阶段类似，即获得感知——通过思维加工获得初步概念——将众多概念系统化；第二个阶段是师生共同进一步概括教材，并通过作业去运用知识、巩固知识、发展熟练技巧。好的教学过程是教师积极指导与学生积极学习两方面相结合的过程。

4. 学习是艰苦的劳动

乌申斯基认为教学过程作为学生获取知识的过程，应当是沿着既定方向克服困难的过程。学习是劳动，而且应该永远是劳动。他反对流行的自由、自发式的教学，反对将学习变成娱乐和混时间，认为那样做会使头脑、心灵和德性堕落下去。任何教师最主要的职责在于培养学生脑力劳动的习惯，这个职责比传授学科本身更加重要。

5. 教学的心理学基础

乌申斯基的心理学以唯物主义认识论为基础,同时批判地吸收了各心理学流派的思想,建立起自己独创的心理学理论。他认为人的心理就是人特有的机能,大脑及整个中枢神经系统作为心理活动的器官是生活的产物,并且是由生活经验形成的。因此,心理学问题一定要通过实验来解决。他把心理活动分为意识、情感、意志三个方面,并分析了教学过程中的心理因素,如注意、记忆、思维、意志和情感等。

6. 教学原则和分科教学法

乌申斯基提出的教学原则包括自觉性和积极性原则、连贯性原则和巩固性原则等。他还研究了分科教学法,尤其对初等教育中本族语和外国语的教学方法有很多具体建议。

7. 教学组织制度

乌申斯基认为班级授课是教学的基本方式,要求每个班级的成员稳定,按课程表的安排上课。教师应当在上课中起主导作用,尤其是教师的讲解甚至有着决定性作用。但也应注意每个学生的特点。教师的艺术,在于他明显地突出作为课的主要事实的主要思想。教师要做到这些,就必须认真地备好课。

第二节　近代美国教育

美国是联邦制国家,没有全国统一的国民教育体系,教育归各州自行管理。在殖民地时期,美国还是一个殖民地联合体,不可能有国民教育体系,但人们对公立教育有很多设想,并实施了一个涉及当时殖民地管理机构的教育计划。这个时期的进步推动了一系列教育形式的转变,其中包括从社区教育、教会教育到正规学校教育的发展。直到美国独立革命时期,人们才把教育当成国家的甚至直接关系到政权的问题来看待。建国以后,虽然联邦的一些法令规定了加入联邦的地区所需要具备的教育条件,但每个州都各有一套独立的教育体系。到内战时期,美国北部各州已经存在公立教育体系。大多数州早在1830~1860年之间的"改革时代"就形成了公立教育体系,而美国南方各州直到内战之后才形成普遍的公立教育体系。

一、17~18世纪的美国教育

(一) 殖民地时期的美国教育

15世纪末欧洲人登上美洲大陆之时,绝大多数美洲印第安人都没有超过联合为部落的阶段。哥伦布发现美洲以后,1512年,西班牙国王把对印第安人的传教活动列为殖民者的首要任务。1607年,伦敦公司依据英国国王的特许状在大西洋沿岸的詹姆斯河口建立了詹姆斯城,拉开了英国在北美建立殖民地的序幕。至1733年为止,英国在北美大西洋沿岸共建立了13个殖民地。北部殖民地包括罗得岛、康涅狄格和新罕布什尔等殖民地,与马萨诸塞一起统称为"新英格兰",居民多为英国清教徒;中部殖民地居民来自欧洲各国,有荷兰人、瑞典人、法国人与德国人等,教派也比较复杂;南部殖民地居民主要是英国的国教徒。

"对于第一代定居者来说,教育基本上是家庭和社区事务,所采用的教育方式也是从中世纪直接继承下来的。"①教会也是整合社会的一股向心力和重要的教育力量。对于年龄稍大的儿童来说,最后阶段是学徒式教育。随着居住地域的分化,重新定居给社会造成很大冲击,付薪劳动的兴起破坏了传统的家庭劳动模式,传统教育赖以存在的团体之间的纽带与责任松懈了,教育逐渐转向外部机构,学校发展起来。

在新英格兰,1635年在波士顿设立了最早的拉丁文法学校。1636年,马萨诸塞殖民地的清教徒开办了美洲的第一所高等学府——哈佛学院。1642年和1647年,马萨诸塞殖民地当局制定了强迫教育法令。《马萨诸塞1642年法》是北美殖民地最早的教育法规,要求每个镇委派一些人员管理教育儿童的工作,对不执行规定的家长和师傅将处以罚款,但未提及建立学校的问题。《马萨诸塞1647年法》则是北美殖民地关于建立学校的最早法规,规定辖区内凡住户增加至50户,应该由镇任命一名教师教儿童读书识字,教师的薪金由家长或师傅或全体居民负担;凡住户达100户的镇必须设立一所文法学校。对拒不实行上述规定达1年以上者,将处以罚款。1702年,在康涅狄格建立了耶鲁学院。

南部殖民地教育的等级性特征较为明显。那里的殖民者主要利用黑人奴隶劳动建立庄园,他们大多在家里请教师教育自己的孩子,然后送回欧洲深造。这种状况决定了他们对国民教育的冷漠态度。1693年,建立了以英国国王和皇后的名字命名的"威廉-玛丽学院"。

中部殖民地位于新英格兰与南方殖民地之间,包括纽约、新泽西、特拉华和宾夕法尼亚。1674以前,纽约殖民地处于荷兰的控制之下,学校主要由荷兰改良教会提供经费来源,形成一个个教区学校。宾夕法尼亚、新泽西和特拉华殖民地的社会成分更为复杂。种族与宗教的差异使得教区学校成为学校教育的主要形式。

18世纪前期,北美殖民地教育有了新的进步。以古典教学内容为主的传统英式文法学校因不能适应需要而受到抵制。中部和新英格兰殖民地城市中兴起各种设于家中的私立学校。1751年,本杰明·富兰克林创办费城文实中学(Academy),其课程兼顾古典和实用。三所早期大学哈佛学院、威廉-玛丽学院和耶鲁学院开设了更多的数学和自然科学课程,添置了实验用的仪器设备。18世纪40~60年代,有6所新的大学先后建立。

(二)建国初期的美国教育

1775~1781年的独立战争后,诞生了美利坚合众国。尽管联邦政府的政治家对教育有很高的热情,但在建国初期的一段时间里,教育仍由各地方负责。在战争期间,许多地区的学校宣告停闭,哈佛学院和王家学院也不能幸免。战后十余年间学校减少,文盲及失学人数增加。② 宪法本身没有提到教育问题,只在宪法的第10个修正案中规定教育由各州负责。虽然政治领袖的大力倡导为学校发展创造了良好的舆论氛围,但主要由私人团体办学的状况仍在建国后持续了一段时间。在农村地区,社区仍是办学的主力军,在市镇合一的城市,越来越多

---

① [英]安迪·格林著,王春华等译,朱旭东校:《教育与国家形成:英、法、美教育体系起源之比较》,教育科学出版社2004年版,第188页。

② 滕大春著:《美国教育史》,人民教育出版社1994年版,第140页。

的慈善组织加入了办学队伍。

1. 建国初期与教育相关的法律

美国是否由政府过问教育事业须由各州宪法规定。1776年,马萨诸塞州议会制定的宪法是政府正式以法律形式介入教育领域的肇端。后来北卡罗来纳州(1776)、佛蒙特州(1777)和密苏里州(1820)等各州纷纷仿效。这些宪法并未提出普及公立学校。《1785年土地法令》和《1787年土地法令》对建立公立学校有重要意义。1789年的法令对具有美国特色的学区制的形成有重要作用。

《1785年土地法令》是美国联邦政府处理西部土地的法令,内容涉及土地测量和出售,其中提出用一段公地所获得的土地税办理公共教育,要求阿巴拉契亚山脉以西的每个地区为该区的公立学校提供相当的土地。《1787年土地法令》具体规定将西北地区按英国制度以每6平方英里为一个镇区,再划分为36区,并将第16区的土地留给公立学校办学之用,并且每两个镇区应当以土地收入建立一所高等学校。

2. 富兰克林的教育思想

本杰明·富兰克林(Benjamin Franklin,1706~1790)是美国著名的资产阶级思想家、政治家、科学家和教育家。他利用多种方式对新兴资产阶级进行启蒙教育:1728年在费城成立讲读社,帮助手工业者和商人进行自我教育;1730年他在费城创建美国第一个图书馆;1732年开始刊印《穷苦的理查德历书》,宣传勤奋节俭方面的教诲,被认为是美国成人教育和社会教育的先驱;1749年写了著名的小册子《宾夕法尼亚青年教育的建议》,主张改革拉丁文法学校,设立文实并重的新型中学,并于1751年创建费城文实中学,被誉为美国"文实学校运动之父"。

富兰克林信仰自然神论,奉行资产阶级人道主义精神。在认识论方面受到英国唯物主义经验论的影响,同时又强调"行动",讲求实效。富兰克林重视道德教育,尤其是良好道德规范的实践。他列出13条有关道德规范的名目——节制、缄默、秩序、决心、节俭、勤奋、真诚、正义、中庸、清洁、宁静、贞洁和谦逊,反映了北美新兴资产阶级积极进取的精神面貌。在英国的洛克和弥尔顿的影响下,他提出一个旨在同时为升学和就业做准备的课程计划,包括图画、算术、几何、天文、地理、英语、演说、逻辑、历史、年代学、拉丁语、希腊语、现代外国语、农艺、园艺和机械等20多个科目,尤其重视科学在人类物质进步和道德进步方面的作用,并以此作为衡量当时学校的标准。但在课程设置上也表现出一些功利主义倾向。他的计划对以后美国中等学校课程的设置有广泛而深刻的影响。在晚年,富兰克林更加尖锐地批判古典主义教育,把它比作男人夹在胳膊下供装饰用的"帽子",认为没有必要把大量的时间花在古典语言的学习上,力图打击古典语言教育在中等教育课程中的垄断地位。这些思想反映在他于1789年写的《关于费城文实学校创建者的意图》之中。①

3. 杰斐逊的教育思想

杰斐逊(Thomas Jefferson,1743~1826)是美国第三任总统(1801~1809),毕业于威廉-玛

---

① 周采:《富兰克林》,赵祥麟主编:《外国教育家评传》(第2卷),上海教育出版社1992年版,第331~363页。

丽学院。他认为人性不是固定不变的,有待进一步改善,教育即是这个过程中的主要工具。教育能在天生基础上塑造新人,能改造人性中的邪恶和堕落,使之具有道德和社会的价值。教育亦是民主政治的保证,一个民族不可能长期保持在无知而又自由的状态。他提出教育的两大任务:一是训练公民懂得自己的社会责任,使其既能与专制独裁领袖作斗争,又能审理重大的有争议的问题;二是造就倾向于按民主方式进行统治的有知识的领袖。为完成这些任务,建议建立由州领导的公立学校教育系统,并以此作为自己终生奋斗的目标。

1779年,杰斐逊以弗吉尼亚州议员名义提出《知识普及法案》,建议为本州所有自由儿童在读、写、算和历史方面提供3年免费教育;在本州不同地区建立文法中学,以接收部分选自小学的最优秀的男生进一步学习;对这些中学生中最有希望的毕业生赠予奖学金,以便进入威廉-玛丽学院深造。但此法案未能实现。

在就任副总统和总统期间,杰斐逊继续与普里斯特利等人一起关心公立学校教育制度的建立问题,尤其对建立国立大学产生兴趣。他曾鼓励其他人于1806年向国会提出有关议案,但未获成功。在退任总统回到弗吉尼亚后,杰斐逊致力于弗吉尼亚教育问题的研究。经过几年努力,终于使州议会于1818年底通过他提出的《弗吉尼亚大学校址、课程和政策的报告》。该报告详细讨论了弗吉尼亚大学的校址、资金来源、教育目的和课程设置等问题。根据杰斐逊的提议,弗吉尼亚大学于1819年建立,杰斐逊亲任首任校长,被誉为弗吉尼亚大学之父。19世纪20年代在学校实行改革,提供机会使学生在8所学院中选择学习自己感兴趣的专业。

总之,杰斐逊的教育设想在高等教育方面获得成果。在初等教育方面,其免费的公立学校的思想深刻影响了贺拉斯·曼等人。但在黑人教育问题上,杰斐逊仍持有种族偏见。

二、19世纪的美国教育

19世纪的美国已自下而上地发展起地方分权的教育领导体制。学区是地方教育行政机构,是美国教育管理的基层单位;美国的地方分权是以州集权为标志的,各州具有独立的直接领导和管理教育的教育立法权和教育行政权;联邦一级设立中央教育机构,但主要是对各州教育系统提供咨询和帮助。

到1830年为止,美国已经有很多各种类型的学校,但公立教育制度仍然没有建立起来。美国公立教育系统的整合开始于19世纪30年代的东北部,这时正是工业化的最初阶段,工业化在南北战争以后扩展到北部的所有州,然后开始扩展到中西部和大西洋沿岸的中部地区。这个过程在南部几个州经历了更长的时间。尽管不同的地区和种族存在着不平衡,但美国民众教育的普及仍然是一个显著的进步,不仅在推广程度上可以和多数欧洲国家相媲美,而且几乎可以说在形式上也比任何一个欧洲国家更民主。

(一)美国地方分权教育领导体制的建立

1. 学区制的建立和整顿

美国的教育行政是自下而上发展起来的。学区制是美国教育的一个特色。在建国初期,美国东北部农村地区和中西部地区较典型的学校是由小社区组织和管理的社区学校,办学经费来自当地的管理机构所征收的财产税、燃料税和学费,后来也接受州的资助。从 18 世纪晚期开始,由于市镇人口外移,他们希望能自己管理当地学校,社区办学体制就被采用了。

马萨诸塞州最先确立了学区制度的法律地位。1789 年的法令规定了 50 户、100 户、150 户、200 户四种规模的学区,并赋予它们与市镇一样的学校设置、义务、管理权、教师任命权和学校教育监督权等。缅因州、佛蒙特州、新汉普顿、罗得岛和康涅狄格州是较早采用学区制的几个地区,其他州也随后仿效,如纽约州在 1812 年,俄亥俄州在 1821 年,伊利诺斯州在 1825 年都分别建立学区制。

社区办的学校一般由社区委员会管理学校、挑选教师并决定开设的科目和学期的长短。农村地区的学校情况则截然不同,这些不同体现在它们所服务的不同社区的宗教和语言特点上,但在当地范围内,它们也趋于相同。小型的、分散性的社区只能负担一个学校。在 19 世纪 30~60 年代的改革时期,社区体制备受攻击,被认为腐败无用。19 世纪中期以后,各州对学区制实行改革,主要措施一是削弱学区的职权,这主要是针对农村学区的。二是合并学区。① 在当时标准化和集权化的压力之下,小型社区慢慢归并为较大的地区,同时学校也越来越依赖于政府的资助了。

作为地方教育行政机构的学区是美国教育管理的基层单位。学区承担管理学校日常工作的职责,有很大权力。其主要职能是制定教育计划,确定入学年龄,划分入学片,设置课程,编制教育预算,依法征收教育税,管理教职员人事,维修管理校舍,购置教材教具,为学生提供交通工具等。

2. 县市教育管理机构

县制在英国历史悠久,移民迁到新大陆不久,各殖民区也曾设县。建国后疆域扩大,县先设于新州,后来各州普遍设县。全国共有 3 000 余县。全国多数地区最初是地区办学(学区制);后来由州办理教育,县教育乃为州所管辖。最初虽划分学区,但常没有专职教育行政人员,县即对各学区的校务负起行政管理职责,县教育局长遂负责检定、任免各校教师。有的州乃在县以下不分学区,有的学区徒有其名。但美国并无划一的教育领导制度。大致说来,全国约有 10 余州认真实行县管教育。但大城市另设城市管学机构,县是面向农村学校的。另外一些州的县组织和领导机构的作用是微弱的和顾问性的。

市镇管学是新英格兰各州最早实行的,建国后又在新兴城市设置办学和管学的机构。康涅狄格、印第安纳、缅因、麻萨诸塞、新罕布什尔、新泽西、宾夕法尼亚、罗得岛、佛蒙特等 9 州都行市镇管理学校的制度。全国市镇和镇区共约 2 000 个,一般比县的辖境小;但所征教育税款和儿童就学人数则比县为多。一般市镇和镇区通常也分学区,有人还曾称市镇和镇区为学区。粗略说来,市镇和镇区两者是管理城市教育的,县区是面向农村的。

县市管学机构通常也包括主持教育方针拟订的教育委员会和负责贯彻实施的教育局。当然,职权大小和组织简繁等,在各市镇和各县是有差距的。县市教育的兴衰常以教育局长为

---

① 滕大春著:《美国教育史》,人民教育出版社 1994 年版,第 462~464 页。

转移，美国既注重组织机构，更重视局长选派。

美国各州划分区域的方法彼此不一，管学体制极不相同，很难简述。南北战争之后，学区大量合并，学区教育领导管理人数渐次减少；但在另一方面，城市纷纷出现，因而县市级教育领导管理人员大大增加。这时期恰是各级教育迅速发达时期，教育领导管理的方式方法也须提高和加强，民主管理和科学管理遂成令人瞩目的课题。由于市县的含义较广，而且人员的产生或由民选，或由地方长官委派，办法不一；人员的资历学历各县市的要求标准也有出入；如何既符合民主原则又达到科学效益，曾引起广泛的注意和争论。①

3. 州教育管理机构

由于建国初期有许多比教育更为紧迫的问题需要首先解决，以及人们的观念难以统一等原因，在1787年制定的联邦宪法中对教育只字不提。1791年批准的《人权法案》即宪法的修正案第10条规定："凡是宪法未曾给予联邦而又未曾限制给予各州的权利，都是保留给各州或人民的"，从而将教育权利比较明显地归属于地方（主要是州）。本着宪法及其修正案的精神，各州政府在各自的法律中先后对教育问题做出程度不同、方式各异的规定，这为后来美国地方分权教育体制奠定了基础。

美国的地方分权是以州集权为标志的。一般由州设立教育委员会，负责决策和规划，另设州教育厅，负责贯彻教育政策和督导各级学校工作。1812～1821年，纽约州设立教育督察长，管理全州的初等学校，这是美国最早在州一级设教育官员。1837年，马萨诸塞州设立教育委员会，贺拉斯·曼被称为州教育领导体制的首创者。到19世纪下半期，美国各州大多设立了州教育委员会。

美国的各州具有直接领导和管理教育的权力，各州都有独立的教育立法和教育行政权。各州教育管理的权限因州而异，但一般包括以下职能：制定州教育发展规划；规定最低程度的学校标准，包括规定课程标准，选定教科书和其他教材，设计学校建筑标准并监督实施，规定教师资格，确定学生上学交通计划标准，帮助规划教育用品的生产；管理联邦资助的项目；促进教育机会均等，有效利用地方、州和联邦提供的财源，制定财政支出计划，给地方分配教育经费；收集和交流教育信息，提供咨询服务。②

4. 联邦政府教育机构的诞生

根据美国宪法，教育权力保留给各州，联邦无权直接领导教育。联邦政府对教育的影响主要是通过国会的教育立法与教育部的行政指导和行政协商来实现的。1867年，联邦政府设立中央教育机构教育署，由总统任命署长，每年向国会提交教育报告。由于反对派担心教育走向集权，每每削弱教育署的权限。但总的说来，联邦教育署和教育局的整体规模呈扩大趋势。1867年成立教育署时只有工作人员5人，到第二次世界大战前发展到500人，经管的项目逐步增多，逐渐成为具有多种职能的中央教育领导机构了。其主要权限主要是负责收集、印发、

---

① 滕大春著：《美国教育史》，人民教育出版社1994年版，第467～470页。
② 同上书，第471～478页。

统计材料和情报,管理联邦教育经费,对各州教育系统提供咨询和帮助。①

(二) 19世纪美国教育的发展

1. 公立学校运动

公立学校运动(common school movement,一译公共学校运动)是19世纪初期以建立公立初等学校、实施普遍的国民初等教育为主旨的教育运动。20年代主要在美国北部新英格兰地区开始,后在各州迅速发展。19世纪上半期出现的公立学校运动的最初推动力主要来自公立学校被视为形成民族意识的最强有力的工具。从美国革命初期起,教育就被认为对形成民族特点、培养社会凝聚力和推进共和观念具有独一无二的重要性,尤其对一个松散的、种族多元化、因建立不久还很不稳定的共和制的国家。像欧洲一样,公立教育制度的建立是美国近代国家形成中非常重要的一个方面。

在公立学校运动中,各州采取了以下主要政策措施:(1)废止原来范围狭小的学区,设立州教育委员会等地方教育行政机构,加强对学校教育的领导管理,推动教育的改革和发展;(2)废止计时学费制,实行免费教育,包括免费供应课本和提供免费取暖等;(3)多方筹集资金,或从地方财政中划拨专款,支付办学经费;(4)制定并颁布有关义务上学的法令,强制施行;(5)有的州还提出公立学校应是非教派的学校,不得设置和讲授某一宗教派别教义的课程;(6)统一教材,扩大教学内容,改善学校设施,延长上课时间,培训师资等。至19世纪50年代,北部各州已确立由地方行政当局出资兴办和领导管理的、面向全体国民的、免费的和世俗性的公立学校体系,由此推动师范教育、公立中等教育以至高等教育的发展,为19世纪末20世纪初美国建立和形成完整的近代学校教育制度,实现普及义务初等教育奠定了基础。②

19世纪上半期出现的公立学校运动主要限于美国北部及西部的初等教育范围,但这个运动加速了美国教育公共化、世俗化和普及初等教育的进程。1859年,仅在马萨诸塞就有4 000多所公立学校,成为当地初等教育的主体。通过这场运动,美国式公立免费教育的思想深入人心,随之而来的是19世纪后期公立中学和州立大学的大发展。公立学校运动为建立美国统一的公共教育制度奠定了牢固的基础。

美国的公立教育体制的形成有自己的特点。一般说来,欧洲大陆国家的教育体制在很大程度上出现了极端集中化,这种情况源于国家社会主义以及来自君主或类似政府的经常性的干预。而在美国,公立教育体制出现了分化,这更多地源于国内社会的自发力量,而不是因为任何中央政府的引导。"概括美国的最经典的说法是相对的无政府化。"③美国公立教育是在一个分权的制度中兴起的,市民社会的自发力量比任何政权的指导更有作用。

教育家贺拉斯·曼在公立学校运动中作出过重大贡献,他因此被誉为"美国公立教育之父"。这个时期,北方大多数州都已经形成了公立教育体系,接受公共资金,接受州和县教育委员会的管理。在这一时期,公立学校已经对捐助学校和慈善学校形成包围之势,到1850年为

---

① 滕大春著:《美国教育史》,人民教育出版社1994年版,第478~484页。
② 顾明远主编:《教育大辞典》(11卷),上海教育出版社1991年版,第364页。
③ [英]安迪·格林著:《教育与国家形成:英、法、美教育体系起源之比较》,教育科学出版社2004年版,第184页。

止,90%的学校和学院的学生来自那些接受公共资金的学校。到1860年为止,北方许多城镇已经确立了分年级的教育体系。

随着公立教育委员会的建立,北方各州的公立教育体系逐渐规范起来。公立教育委员会负责任命教师,详细规定教学用书,规范学期并落实义务教育法。到19世纪60年代为止,美国大多数州都取消了学费。1850年,公共资金占全部教育支出的47%,剩余部分的来源包括捐赠、学费以及一些家长的赞助。到1870年为止,2/3的教育支出来自公共资金。美国教育体系的管理显然没有像欧洲那样集中化,但美国北部各州典型的教育结构却具备公立教育体系的全部特征。至少就城市而言,公立教育处于绝对支配地位,有很高的入学率,结构上呈高度一体化状态,主要资金来自本州,教师实现了初步的专业化。①

2. 中等教育的发展

美国中等教育在殖民地时期盛行的是拉丁文法学校,建国初期盛行的是文实中学,南北战争以后盛行公立中学。文实中学带有从拉丁文法学校向公立中学过渡的性质。另外,美国中学是与英国公学、法国国立中学、德国文科中学并称于世的四种重要的中等学校类型之一。② 19世纪的美国中等教育经历了从文实中学的兴盛发达到公立中学产生的发展历程。

(1) 文实中学的发展

富兰克林于1751年在费城首创了文实学校之后,各地纷纷仿效。文实中学(academy)与传统文科中学最大的不同点在于不是为升入大学做准备,而是为青年人就业做准备。生产与经济的发展为青年升学准备了物质条件和就业机会,尤其是有关商业、工业方面的知识更受重视,人们对中等教育需求增加了,文实中学因能提供多方面的教育而适应了这种社会潮流。另一方面,公立小学的增加导致小学教师严重缺乏,许多文实中学培养师资的传统受到地方当局的重视。19世纪内战前美国中等教育的主要特征便是文实中学的迅速增多。1751～1800年,美国仅有100多所文实中学,而到1830年全国已有950所,1850年更达到6 000多所,在中等教育领域占据了绝对优势。

文实中学通常分为英语科、自然科学科和升学准备科三种类型,以后又增加了师范科。19世纪以后,文实中学已是自由竞争的企业之一,必须紧跟形势,尽力满足学生的就业要求。

19世纪以来,文实中学虽接受政府资助,但在学校制度和课程设置等重要方面都有自主权和灵活性,紧密联系所在地区的实际需要,把培养青少年的就业本领作为重要目标来安排各种课程。它还在中等教育领域首开男女同校之风,实施班级教学。文实中学继承了拉丁文法学校私立收费及为青年升学服务的传统,又为学生就业做准备,为后来公立中学的发展积累了经验,成为美国中等教育史上从古典中学向实科中学过渡的重要桥梁。

(2) 公立中学的产生

公立中学(public high school)是19世纪后期美国实施普通中等教育的主要机构。"high

---

① [英]安迪·格林著,王春华等译,朱旭东校:《教育与国家形成:英、法、美教育体系起源之比较》,教育科学出版社2004年版,第12～13页。

② 滕大春著:《美国教育史》,人民教育出版社1994年版,第202页。

school"是相对"common school"(公立小学)而言的,由学区征税设立,并得到联邦政府、州当局及其他方面的支持。男女同校或分校。面向各阶层、各教派的儿童,学生免费入学。公立中学的诞生意味着在美国中等教育领域民主化和世俗化的发展,促进了与欧洲迥然不同的美国式公共教育阶梯的形成。

美国公立中学以1821年波士顿市议会拨款兴办的英语古典学校为最早,旨在为青年的就业服务,学制3年,在课程计划中摒弃了拉丁语和希腊语等学科,不设立任何宗教课程。在实际教学工作中还许可灵活变化以适应不同的要求。公立中学又常被称为美国的实科中学。

1827年,马萨诸塞州学校法首次以州的名义规定,住户达500以上的市镇或区,至少设置1所公立中学,并对课程及教员的安排提出具体要求;还要求居民达4 000人以上的市镇或区的中学须加设拉丁语、希腊语、历史、雄辩术、逻辑学等升学预备课程。此后学校的目标变为兼顾升学与就业两方面,大多改为4年制,入学年龄从9~13岁不等,一般为12岁。

1860年,全国公立中学已达300多所。但因传统势力的影响、南北战争及经济危机等原因,在南北战争之前,公立中学的发展与文实中学相比一直处于落后地位。1874年密歇安州判决卡拉马祖诉讼案以后,公立中学进入迅速发展时期,课程日渐复杂,并采用课程分科和选修制度。20世纪初出现初级中学和高级中学两级分段学制,尤以三·三分段最为流行。其宗旨受1918年的"中等教育七大原则"影响,强调为社会服务。20世纪60年代起,城市中流行4年制综合中学,其加强了基础学科,大量采用现代教学手段,注意天才教育和培养一般学生的就业能力。学校在作为普及义务教育的最高阶段的同时,与高等教育的联系日益密切。

3. 高等教育

自南北战争以后,美国高等教育朝着三个方向发展:一是农工学院的出现和发展,二是学术型大学的创立和发展,三是初级学院的出现。

农工学院的诞生是美国高等教育发展中的重要事件。因第二次抗英战争,1802年建立了西点军校(West Point Military),以培养军事领导人和军工技术人员。战争结束后,一些军事工程师退役,投身建筑铁路以及其他民用工程,又有一些青年军工人员到学院或大学任教,传授工程科目。1820年捐款设立的加丁纳职业学校和1825年设立的闰斯利尔学校是美国两所成功的农科学校。1861年,国会议员毛利(Justin Morrill)提出赠地学院的提案,要求联邦政府根据各州在国会议员的多寡,每名拨给2万英亩土地,由州设置传授农工科目的学院。1862年和1890年,毛利法案两度通过。

在德国柏林大学的影响下,1876年,百万富翁约翰斯·霍普金斯(Johns Hopkins)创办了面向学术的约翰斯·霍普金斯大学(Johns Hopkins University)。该大学是主要从事高深学术研究和以提供高级学位课程为主的私立大学。

初级学院(junior college)是美国的一种2年制高等学校,于19世纪90年代出现。19世纪后半叶,美国许多大学校长提出改革大学体制的建议。1892年,芝加哥大学首任校长哈珀将大学分成"学术学院"和"大学学院"两部分。前者包括大学一、二年级,后者包括大学三、四年级。1896年又将这两部分分别称为"初级学院"和"高级学院"。这是美国教育史上首次使用

"初级学院"名称。另有一些经费困难的四年制学院改为二年制学院,中学附设初级学院部,以及师范学校和其他职业、技术学校也会改办和创办私立与公立的初级学院。伊利诺斯州1901年建立美国第一所公立初级学院——乔利埃特初级学院。20世纪上半期,初级学院迅速发展。第二次世界大战后,公立初级学院改称社区学院。

4. 师范教育

南北战争以前,师范学校和中学师范科负责培养初等学校教师,培养中等学校师资的工作由大学负责。大学仅注意培养教师所需要的学科知识,并不注意教育和教学所需要的专业能力的养成。南北战争以后,始由大学设置教育讲座,以满足形势发展的需要。衣阿华州于1873年最先设置教育学讲座。此后,密歇安州(1879)、威斯康星州(1881)、北卡罗来纳州(1884)、印第安纳州(1886)和纽约州(1887)相继由大学设立了教育学讲座。1890年,纽约州阿尔邦尼师范学校升格为师范学院。纽约州还另外设立了一所师范学校,1898年并入哥伦比亚大学成为该大学的师范学院,成为美国师范学院的样板。

在哥伦比亚大学师范学院之后,许多新的师范学院相继诞生,原有的师范学校陆续升格为师范学院,招收中学毕业者,修业4年,兼施学业和专业训练。教育专业科目包括教育原理、教育心理学、儿童心理学、教学法、教育史、比较教育、教育行政管理、见习和实习等。

(三) 贺拉斯·曼论教育

19世纪30年代的美国公立学校运动的主要领袖人物是贺拉斯·曼(Horace Mallil,1796～1859)。1837年,贺拉斯·曼被任命为马萨诸塞州教育委员会秘书,他在这个岗位上兢兢业业工作了11年(1837～1848),为推进公共教育制度的发展克服了重重困难,以大量的精力从事教育实际工作。他没有留下专门的教育理论著作,其教育思想主要体现在他写的12份年度报告及其他文章、讲演稿、信件及日记中。

首先,贺拉斯·曼论述了普及教育的思想。他继承了美国著名开国元勋们的教育思想,把优秀的美国公民作为普及教育的培养目标,为宣传普及免费教育做了大量的社会宣传工作,从多方面论述了普及免费教育的必要性,认为要建立强大的共和国,理想的公民不能只是少数人,必须使广大人民掌握足够的知识,通过普及教育可以使人们以平等的机会去谋生,将给人类带来最大的幸福。而要做到这一点,又必须建立免费的公共教育制度。

其次,贺拉斯·曼论述了公立免费学校的性质。贺拉斯·曼要求把全州4～16岁儿童都作为公立学校的招收对象,不论其经济、宗教、社会政治背景及性别如何;学校必须是免费的,不应当是宗教教派或政治派别的工具;学校必须由公众共同管理和支持,应当建立州教育委员会作为全州公立学校的最高管理机关;在市和镇也应当设有市镇的教育委员会,州和市镇都应有完整的视导制度,视导人员的职责是了解情况、分配有关资金、审定教科书和评价教师等;应由专门的教育工作者主持学校,由一个具有广泛代表性的学校委员会负责;学校应以公共教育税收作为主要财政来源。

再次,贺拉斯·曼论述了公立免费学校的建设与完善问题。一是提高师资质量。教育当局应当善于选择教师,应经常组织教师讨论教育和教学以提高其水平。二是改进教学制度。

应改进教学内容以适应社会生活需要;应对教材进行统一审定以改变课本五花八门的情况;应改进教学方式和方法,大力推行裴斯泰洛齐的教学经验等;提倡按年龄分班,延长教学时间等。三是改善物质基础条件。校舍的好坏不仅关系到普及教育的成效,也关系到儿童的身体健康;应扩大学区或由相邻学区合办学校,以使资金不致过于分散;向公众募集捐款和要求州当局增加教育经费。

贺拉斯·曼的主要教育思想和教育活动是以推广公立免费学校、扩大普及教育为中心展开的。他善于根据当地的社会实际及时吸收和创造性地运用各种有用的思想和经验,不断批评保守的教育观念,并以忘我奋斗的作风赢得了人们的信赖和尊敬,无愧于"美国公共教育之父"的荣誉称号。

第三节 近代日本教育

2世纪末至3世纪初,日本出现了奴隶制国家。3世纪后期,中国儒学传入日本,对其文化教育的发展产生深远影响。646年的"大化改新"标志着日本社会向封建社会的过渡。[①] 19世纪后半叶的日本"明治维新"运动倡导"脱亚入欧"、"富国强兵"与"和魂洋才"的发展理念和国策,逐渐形成了一种特殊的混合文化(或称"中西亚文化"、"混血文化"和"合金文化"等)。在这种民族文化和教育自觉性的前提下,日本避免了全盘西化的困境,学习西方并根据本国情况不断加以改进,逐渐形成了具有日本特色的近代教育制度。

一、明治维新以前的日本教育

日本原处于亚洲大陆的东部边缘,旧石器时代就有人居住。后来由于地壳变动,几经升降,大约在距今一万多年以前才最终离开大陆,形成由北海道、本州、九州、四国4个大岛和数百个小岛组成的日本列岛,一段时间与世隔绝,逐渐发展成与中国和朝鲜等民族不同的"倭人"。2世纪末,日本列岛上的100多个小国发生了长期的战争,到3世纪初合并为30余国。北九州的邪马台国逐渐强大起来,建立初期的奴隶制国家。3世纪中叶以后,在本州中部出现了较强大的奴隶制国家——大和国,5世纪初完全统一了日本。

日本在两汉三国时代就与中国有了直接交往。中国的儒学大约于公元3世纪传入日本,并在宫廷里开办了学问所,学习中国经典。日本的文字由汉字脱胎而来。522年,佛教和佛教经典通过朝鲜传入日本。圣德太子(593~622年摄政)大兴文化教育,同时废除氏族制度,建立以皇室为中心的中央集权制国家,并试图把政治和教育、王法和佛法结合起来,建立一个法治和人伦的国家。圣德摄政期间向中国派遣留学生,在国内鼓励开办私塾。

"人们普遍认为,日本教育发展始于1868年明治维新以后,作为国家现代化总体战略框架的一部分。不过,这并不符合事实。早在明治维新之前的时代,从17世纪到19世纪中期,由

---

① 关于明治维新前的日本教育状况可参见王桂编著:《日本教育史》,吉林教育出版社1987年版,第1~84页;滕大春主编:《外国教育通史》(第二卷),山东教育出版社1989年版,第369~412页。

于政府实行闭关锁国政策,日本人民享有一段和平时期。在这一阶段,日本人民在社会和文化的诸多方面,提出了许多具有日本特色的思想、事物和制度。"①

(一)"大化改新"与贵族学校制度的建立

圣德太子死后,经过一段时间的动乱,孝德天皇(597~654)于645年即位,宣布年号大化,通过日本历史上著名的"大化改新"向封建社会过渡。大化改新以后,日本王朝首都从飞鸟地区迁到平城京(即奈良),进入奈良时代(710~794)。这个时期,日本全面吸收唐代文化,仿照唐代教育制度建立了自己的贵族学校教育制度。根据701年的《大宝律令》中的"学令"中有关学制的种种规定,在京城设大学寮(简称大学),在地方设"国"设"学",使日本教育制度化和法令化。此外,奈良时代的私塾和家庭教育也很发达。

(二)平安时代的国风文化

794年,日本京城从平城京迁到平安京(即京都),开始了平安时代(794~1192)。这是日本封建制度发展的重要阶段。9世纪以后,日本在吸收、消化中国文化的基础上,结合本民族的文化传统,开始形成了独特的日本民族文化,在日本文化史上称为唐式文化向国风文化的演变。平安时代佛教发达,寺院是文化教育的中心。

(三)镰仓至室町时代的教育

12世纪末,源赖朝在镰仓开设幕府,摆脱朝廷控制,开始了武家掌握政权的封建统治时期。朝廷虽然存在,公家(天皇、皇族、中央权贵和寺院僧侣)虽然还有一些权力,但实权却掌握在幕府将军手中。日本中世纪的历史被称为武家统治的时期。幕府的统治经历了"镰仓时期"(1192~1333)、"室町幕府时期"(1336~1573)和"江户幕府时期"(1603~1867)。前两个时期是封建主割据的动荡年代。江户时期从封建割据走向统一,加强了幕府集权统治。

镰仓至室町时代(1192~1573)贵族教育衰落,代之而起的是武士教育和寺院教育;享受文化教育的阶层比以前更加宽泛,文化教育的普及面比从前有所进步。镰仓时代,公家设立的官办学校不复存在,家庭和寺院成了武士教育的主要场所。武士阶层偏重武艺,文化教养水平较低,因而僧侣掌握了文化大权。比较著名的文化教育机构有金泽文库和足利学校。

(四)江户时代的教育

1598年,德川家康(1542~1616)征服各方势力成为全国的统治者,在江户建立幕府,直到明治维新为止。德川家康重视以朱子学为主的儒学,积极复兴儒家学说。以往,儒学只是作为日本统治阶级必备的文化教养而存在,到14世纪中期,日本才开始进入了儒学研究时期,出现了儒学各学派如朱子学派、古学派和阳明学派。

影响江户时代文化教育的因素除儒学各派以外,还有国学和洋学。国学是以神代史、古代皇朝史、古代典章制度和古代文学作为研究对象的一门学问,从1688年开始,其发展经历了四个阶段,到明治维新以后国学派逐渐瓦解。洋学又称兰学,因西方文化通过荷兰传入日本而得名。16世纪40年代,欧洲文化传入日本。初期的兰学主要翻译荷兰语言和西方的医学,后来

---

① 吕达、周满生主编:《当代外国教育改革著名文献》(日本、澳大利亚卷),人民教育出版社2004年版,第231页。

扩展到自然科学领域,再注意到军事技术,再发展到介绍西方哲学和政治学说。各地相继出现一些著名的兰学家,其中有著名教育家福泽谕吉(1835～1901)。洋学的传播对日本文化教育的发展有很大的影响,为明治维新后移植西洋的政治和文化教育制度打下了基础。幕府设立了一些洋学校,以开成所最为著名。

江户时代的教育机构有幕府直辖学校、藩学、寺子屋、乡校和私塾等。(1)幕府直辖学校以幕臣子弟为对象,培养辅佐幕政的官吏和实务人才。除开成所、医学所以外还有昌平坂学问所,它是幕府时代儒学的最高学府。(2)藩学早期主要培养武士,在明治维新以前已开始向近代学校方向发展,明治维新以后,藩学是近代化中学的基础,改为中学校或专科学校。(3)寺子屋是江户时代为平民子弟开设的初等教育机关。明治维新以后,寺子屋成为日本普及小学教育的基础。(4)乡校是以公费在乡村设立的平民初等教育机关,明治维新以后,寺子屋逐年减少而乡校却增多,这是因为乡校比较符合明治政府的意图,在行政、教育宗旨和教学内容上比较接近近代学校的发展方向,而寺子屋逐渐改为近代小学校,不再新设。

综上所述,第一,明治维新以前,日本的学校教育已经比较发达。1853年之后日本被迫开放,受聘于日本的西方学者接踵而至。到1868年,全国有"藩学"、"洋学塾"、"乡校"、"寺子屋"等。据统计,幕府末期大约有20%的平民粗通文字。京都、大阪、江户三大城市的市民文化水准和"洋学"知识走在全国前列。这是明治政府成立后能够较快地发展近代教育、实行一系列教育改革的前提条件。第二,日本在江户时代对西方的文化、科学技术等发生兴趣,上层统治阶级着重吸取中国宋朝和明朝的封建主义文化,而下级武士和开明藩主却对西方资本主义文化大力摄取,因此形成儒学、国学和洋学的各种流派之争,并在竞争中创办传授各种学说和文化知识的教育机关。这就为明治维新作了思想准备,培养了维新志士,也为近代教育打下基础。

二、明治维新与近代教育制度的建立

"明治维新"指日本19世纪后半叶明治天皇在位时期的资产阶级改革运动,标志着日本由封建社会转向资本主义社会。明治维新领导人从一开始就认识到教育对国家建设和现代化所起的主导作用,以西方国家为模式,以"殖产兴业、富国强兵和文明开化"为基本国策,有意识地开始创建一种公共教育制度,以帮助日本赶上西方。一些代表团被派往主要的西方国家考察教育制度。不久,西方顾问应邀帮助日本设计日本教育的新方法。1871年设立文部省,1872年颁布《学制》,成为其现代教育的开端。经过明治维新时期的教育改革,日本建立起现代教育制度。一般将明治维新时期的教育分为三个阶段:明治初期的教育(1868～1884)、明治中期的教育(1885～1894)和明治后期的教育(1895～1912)。明治初期,日本效法西方国家的教育,颁布《学制令》,近代学制初步创立;明治中期,确立了国家主义教育体制;明治后期,国家主义教育进一步扩充和加强。(明治后期的教育将在第十五章介绍)

(一)明治初期近代教育制度的初创

明治初期指从1868年明治政府建立时起到1884年自由民权运动基本结束为止的历史时

期。这是日本近代历史的起点,也是明治维新的关键性历史时期。日本教育在"富国强兵"、"殖产兴业"、"文明开化"三大方针的指引下,伴随政治、经济、军事和文化领域的改革,也进行了种种教育改革实验,广泛吸收了欧美国家的教育思想和教育制度,为建立近代日本教育制度奠定了基础。① 新政府采取了两项根本措施引进西方文化教育:一是聘用外国专家、技师和技工,派遣留学生;二是改革传统的封建教育制度、教育内容和教育方法,发展国民教育事业。尤以后者为根本,以启迪民智。

1. 文部省的设置

1868年6月公布的《政体书》是明治初年的中央政府组织法,此后新政府多次更改官制,逐步加强了中央集权制度。1869年6月,新政府实行"奉还版籍",取消了藩主的领有权和实际统治权,由中央政府直接统治全国,这就完成了中央集权的第一步。同年7月再次改革中央官制,集权于中央。1871年彻底剥夺了封建领主的权力,文武官僚在天皇的名义下实行专制政治。与上述政治体制的改革相一致,1871年7月18日,新政府增设文部省,取消大学校兼管教育行政的制度。文部省作为全国的教育行政机关负责统辖全国各府县的学校和一切教育事业。文部省首先整顿和设立一些学校,更重要的是积极准备改革学制。

2.《学制令》与法国式教育

新政府成立之初,面临的首要任务是如何引进欧美教育制度,制定全国统一学制。1871年12月组建了由12人组成的学制调查委员会,主要以法国教育制度为依据来起草"学制",同时也参照了英国、荷兰、德国和美国的教育制度。除洋学派以外,也吸收了两名国学、汉学家做委员,这是为了在"兼容并包"广泛引进西方文化的同时,听取国学家和儒学家的意见,把日本古代的制度充实到新学制中来。

1872年的《学制令》是一个庞大而完整的国民教育计划:(1)仿照法国规定了学区:全国分为8大学区,每大学区设一所大学,每大学区设32个中学区,全国共设256个中学区,各区设一所中学;每一中学区分成210个小学区,全国设立53 760所小学。(2)各级学校:小学:6岁入学,分为上下两等,各为4年。中学:分为上下两级,修业年限各为3年。大学:教授各种高深学问,分理、化、法、医、数5个学科。(3)小学教员不论男女,年龄在20岁以上并取得师范学校毕业证书或中学毕业证书;中学教员年龄在25岁以上并取得大学毕业证书;大学教员必须是获得学士称号者。(4)学校经费来源有:学生缴纳的学费;设置者(民间)负担的捐赠款、学区内筹集款和诸项存款利息;国库补助的委托款。(5)在文部省统辖下设督学局,各大学区设督学,各中学区设学区监督。督学有权与地方官协议督办区内的学校。学区监督负责管理和监督小学区的学务。

日本以法国为样板设计了中央集权的教育制度。《学制令》的基本精神是功利主义的学校目的论、实用主义的学问观、教育上的平等精神和学费由人民负担。关于学费由人民负担方面在后来得到了改进。

---

① 王桂编著:《日本教育史》,吉林教育出版社1987年版,第98页。

为了落实《学制令》确立的目标,文部省提出首先要建立小学和师资培训制度。《学制令》颁布的同年,文部省开办了东京师范学校,而后的 3 年中,设立了 6 所省立师范学校,地方政府设立了 82 个师资训练中心,并责成地方政府解决发展教育的经费问题。在中等和高等教育方面,1872 年,政府下令停办藩学。新的中学多数是私立的,或是由以往的私塾改建的。有 3 所幕府学校几经改革成为东京大学,雄踞日本学校教育的顶端,是日本培养高级政府官吏和进行现代学术研究的最高机构。

3.《教育令》与美国式教育

《学制令》实施后出现就学率低和中途退学者多等问题,主要原因是民众无送子女上学的经济能力;教学制度和教学计划脱离各地区实际和学生的发展水平。因此,在《学制令》颁布不久,明治政府对教育政策做了修改,学校教育制度也变来变去。从 1872 年建立近代学校教育制度时起到 1890 年颁布《教育敕语》为止,在 18 年时间里,在教育政策和教育制度方面都进行了反复的实验。

根据 1879 年 9 月颁布的《教育令》,大学区制的教育管理体制被废除,改行美国式的地方分权制,以自由主义为基础,尊重地方自治,初等教育缩短为 4 年。这项改革带来教育民主化运动的兴起,同时也带来对中央集权的损害,造成教育发展的停顿和入学率的下降。实践证明,《教育令》过于自由化的倾向并不适合日本国情。为纠正这种倾向,明治政府于 1880 年底修改《教育令》,重新强调中央政府对各级各类学校的控制,恢复实施大学区制,把小学四·四分段改为初等科 3 年、中等科 3 年、高等科 2 年的三级制,初等科为义务教育。1885 年又进一步修改《教育令》,采纳了普鲁士的中央集权的教育制度。经过改革,明治初期日本形成了由欧洲的集权主义、美国的自由主义以及东方儒家的家族与国家的观念混合而成的教育思想及其体系。

(二) 明治中期国家主义教育制度的确立

明治中期(1885~1894),日本教育由改革实验阶段进入确立国家主义教育体制阶段。这个时期确立教育的指导思想是国家至上主义。国家主义教育体制的确立不是孤立的现象,它是和当时日本资本主义政治、经济、文化制度的状况密切相关的,是日本资本主义经济发展和君主立宪制的产物。

1. 国民教育制度的确立

明治政府 1872 年颁布的《学制令》对于创建日本近代学校制度起了重要作用,但是这个计划未能实现。此后,从 1879 年到 1885 年又有过三次改革试验,即"教育令"、"修改教育令"和"第二次修改教育令"。在这段时间里,全国各地进行过各种改革,以求消化西方教育的影响和吸收江户时代后期的教育遗产,并把二者融合起来;各种学派尤其是国学派、儒学派和洋学派展开过论争,表面上看似乎是一个混乱时期,其实它为确立国民教育制度作了思想准备。到了明治中期,已经具备确立国民教育制度的条件,其中森有礼(1847~1889)起了推进作用。

1885 年,明治政府建立了内阁制度。首任文部大臣森有礼把德国的国家主义与日本天皇制"国体"结合起来,推行"国体教育主义",于 1886 年制定《帝国大学令》,将东京大学改为帝国大学,同时制定了《师范学校令》、《小学校令》、《中学校令》和《学位令》,以立法的形式规范了日本学教育制度。这些法令被统称为《学校令》。教育立法在法制上奠定了战前日本教育制度的基础。根据《学校令》,日本建立起以小学为基础的连贯的学校系统。小学、中学和师范学校均分为普通和高等两级,并形成以高等小学——普通中学——高等中学——帝国大学为直系的和以高等小学——普通师范学校——高等师范学校为旁系的两大系统。

2.《教育敕语》及其影响

日本近代教育以国家主义为基础。森有礼强调教育不是为了个人而是为了国家。1890年,由日本政府编撰的《教育敕语》以天皇诏书的形式,再次确认了教育的国家主义方向,宣布了日本教育的基本方针。它体现了明治政府"西方技术与东方道德"相分离的政策,强调了国家的荣誉和儒家忠君思想。国家主义及其《教育敕语》对战前日本的教育产生了极大的影响,直到战后实施教育改革时才被逐渐消除。

3. 职业教育法的制定与实施

根据产业经济的发展和国家对中高级人才的需求,19世纪80年代后期,日本加强了职业教育的发展。1890年和1894年先后制定了《实业补习学校规程》、《徒弟学校规程》、《实业教育国库补助办法》及《简易学校规程》等各种法令,以推动职业教育的改革。1899年颁布了《实业学校令》,建立了中等职业教育制度;1903年颁布了《专业学校令》,建立了高等专科学校制度。

三、福泽谕吉论教育

福泽谕吉(1835~1901)是日本近代杰出的启蒙思想家、教育家。他毕生从事著述和教育活动,批判日本的封建意识形态,宣传天赋人权思想,传播西方资本主义文明,对日本资本主义发展起了很大推动作用,故有"日本的伏尔泰"之称。他在明治初期的作品《劝学篇》(1872~1876)和《文明论概略》的发表使他的名字在日本家喻户晓。

福泽谕吉的教育思想是其启蒙思想的重要组成部分,与他的社会政治观密切联系。他的社会政治观点的突出特点是提倡个人独立和国家独立,并把文明开化当作手段。《劝学篇》一再强调个人独立的重要性。后来他的学生把他的思想归结为"独立自尊"四个字。"所谓独立,就是没有依赖他人的心理,能够自己支配自己。"[①]它包括由自己辨明事理,处置事情,不依赖他人的智慧和钱财而建立一种独立的生活。在福泽谕吉看来,个人独立是国家独立的基础。国与国之间是平等的,人如果没有独立精神就不能伸张国家独立的权利。

(一)福泽谕吉的教育思想

1. 提倡学习西方文明

福泽谕吉从明治维新以后日本的实际情况出发,指出日本徒具文明的外形而缺乏内在精神,说明落后就要挨打的道理。但他并没有对西洋文明顶礼膜拜,而是分析了日本发展文明的

[①] 福泽谕吉著:北京编译社译,《文明论概略》,商务印书馆1959年版,第192页。

有利条件,鼓励日本人发扬独立自尊的精神,吸取西方文明,取彼之长,补我之短。

在如何学习西方文明的问题上,福泽谕吉主张择其善者而从之,弃其糟粕而决不盲目照搬。落后国家在学习和吸收外国先进文明时一定要结合本国具体情况,切不可全盘效法,更不应单纯仿效文明的外形,关键是要使日本人掌握"有形的自然科学和无形的独立精神"。

福泽谕吉特别重视学习实际有用的科学,主张儒学和国学让位于实学,专心致志学习对人生日常生活有用的实际学问,如练习写信记账、学会打算盘和使用天平等,还可学习地理学、物理学、历史、经济学和修身学等。在洋学中,他非常推崇物理学,认为物理学能够根据实验的结果和事实探索研究事物的真实性和规律性,具有科学性、真实性和实用性。

2. 论教育作用

福泽谕吉对遗传、环境与教育的关系和作用均有论述。他根据进化论的原理观察人的成长过程,把人的成长与植物的发育作了类比,同时估价了教育的作用。他指出:"人的能力中,天赋遗传的因素是有限度的,绝不能超过其限度","人,学则智,不学则愚,人的智慧取决于教育如何"。[①]

福泽谕吉把教育喻为花匠的工作。如果花匠对庭院里的松树和牡丹置之不理,任其自然成长,它们就会逐渐枝枯叶落。如果花匠经常剪枝培土,一年四季精心侍弄,它们就会枝繁叶茂,花色鲜艳。人的教育也是这样。如果任其自然发育而不注意施以体育、智育,就会受周围风气的感染,失掉健康的身心和品格,成为粗野下等的平庸之辈。他认为,教育特别是学校教育不是以单纯灌输知识为目的,而是以开发人的天赋能力为目标。因此,把教育改称为"发育"更为恰当。

3. 论普及教育

福泽谕吉站在"四民平等"和教育机会均等立场上非常重视普及学校教育,认为无论是发展人的天赋能力,还是使日本达到文明开化的地步,普及学校教育是必不可少的前提条件。他在明治初期就积极提倡实施强迫义务教育,在日本颁布《学制令》前后,福泽谕吉是"强迫教育"的赞成者。但明治初期由于财政上的困难,使日本不具备实施强迫义务教育的经济条件,《学制令》所规定的强迫义务教育目标并没有实现。此后,1879～1886年,日本4次修改义务教育制度,说明当时要普及义务教育有很大难度,强迫推行义务教育制是行不通的。所以1886年以后,福泽谕吉由赞成强迫义务教育改变为反对强迫教育,认为国民的教育是衣食足之后的事情。普及学校教育不能操之过急,每个儿童可根据家庭经济条件来决定是否受教育。在日本产业革命兴起后资本主义经济的飞跃发展给普及义务教育提供了经济保障,在这种情况下,福泽谕吉则赞成应该为教育事业大量投资,以求学术知识的发展与普及。他认为,日本教育只停留在初级阶段,距文明的大门还十分遥远,与欧美文明国家的国民相比还有相当大的差距,并不存在所谓"教育过度"。

4. 论智育和德育

福泽谕吉主张德才兼备。他首先对道德和智慧的涵义作了解释:道德是指一个人内心真

[①] 赵祥林主编:《外国教育家评传》(第二卷),上海教育出版社1992年版,第423页。

诚，智慧就是指思考事物、分析事物和理解事物的能力。他把道德分为私德与公德，把智慧分为私智（也叫做机灵的小智）和公智（也可以叫做聪明的大智），认为智慧和道德就像人的思想的两部分，各有各的作用，应该两者兼备才是完人。他认为儒学家只提倡道德而轻视智慧的论点是最令人忧虑的弊端。但在讨论这个弊端时也不应贬低道德的价值。为了社会的文明进步，为了人的发展，智德两者都是不可缺少的，犹如人身之需要营养，粮食蔬菜和肉鱼都是必不可少的。福泽谕吉反对封建时代的"空理虚谈"和脱离现实生活的儒学教育，提倡以西方文明为目标，向学生传授实际有用的知识。

福泽谕吉认为道德观念和道德习惯的形成受先代遗传因素、家庭环境、家庭风气、社会环境和社会舆论等多方面的影响，不能完全归结为教育本身的力量。道德教育只靠学校教育是不够的，还必须由家庭、社会、学校各方面共同努力才能完成。最重要的是教育者自身的道德修养，只有教育者躬身实践给孩子做出榜样，使受教育者在潜移默化中自然而然地受到教育，这样才能形成孩子良好的道德习惯。

（二）福泽谕吉在日本教育史上的地位

福泽谕吉是一位百科全书式的启蒙思想家，他在世时就已有了许多弟子和追随者，影响波及人民和政府两方面。他的著作是一个包罗万象的体系，无论在政治、经济领域，还是在社会文化、思想、教育领域，都曾产生过重大影响。他逝世之后，还有人继续传播他的思想。在明治维新时期，福泽谕吉的名著成为当时轰动全国的畅销书。他的思想对日本社会各阶级、各阶层影响的广度和深度是前所未有的。他的思想对自由民权思想的勃兴和自由民权运动的发展产生了深刻影响。他的影响还广泛渗透到政府的各个部门。在日本明治维新时期，福泽谕吉作为新兴资产阶级的代言人，以革新进取精神，积极从事思想启蒙运动，批判封建主义意识形态，输入西方资本主义文明，号召日本走西方资本主义道路，在日本近代史上起到了启蒙思想领袖的作用。[①]

近代各国教育小结

一、近代教育的国家化和世俗化趋势

1760～1840年是欧洲大陆国家形成教育体系的经典时期。欧洲大陆的正规学校教育起源于教会和宗教团体，它们是早期教育得以扩展的工具，是系统教学形式的首创者。但使宗教教育转变为正规的学校教育体系以满足世俗社会和民族的需要，却是国家的功劳。这一过程开始得比较早，在很多国家都可以追溯到16世纪。国民教育作为一种工具的价值第一次在有关强制入学、政府资助和学校审核的法律方面得到了决定性预示。教育的控制权也逐渐归为国家。随着公立学校逐渐取得领导地位（相对于各种私立学校、自愿捐助学校而言），政府不可避免地加强了对教育的影响。无论是通过中央还是地方当局，国家都通过分配资金，给学校颁布许可证书并对学校进行审核，招聘、培训和认证教师——有些国家还实行国家级证书制度

---

① 赵祥林主编：《外国教育家评传》（第二卷），上海教育出版社1992年版，第421～431页。

和标准课程,逐渐加强对教育的不同程度的控制。

二、近代国民教育体系的建立

首先,各国全国性的小学教育网络因为有了国家的帮助而得到巩固,并且随着对小学教育的免费性和强制性的立法规定,儿童接受教育成为一种普遍的现象;中等教育从其原来范围狭小的精英式教育中走出来,逐渐整合为更现代的课程和教学;职业和技术教育获得发展,以满足工业发展的新需要,但其发展不是很平衡。其次,各国教育体制变得更为规范,其组织也逐渐更加系统化。不同的机构被整合在一个结构里,逐渐发展成为一个由整合的教育科层进行管理、由受过培训的人员担任教师的系统,这是一个按年级划分的等级系统,其内部各成分之间相互联系且互相补充。这是一个教育阶梯,由不同的课程和入学要求所规定。

上述这些变化标志着近代国民教育体系和教育体制与历史上的自愿捐助学校及其他各种颇有特色的教育形式的截然分裂,以前的教育是由教会、家庭和行会等为了满足自己的需要而举办的。专门的教育体制的建立和正规教育及职业培训的垄断地位的确立,标志着教育概念和形式的一次变革,也意味着学校教育、社会和国家三者关系的一次变革。教育不仅变得大众化了,还成为社会组织的一个核心特征。

随着学校教育体制的建立,教育开始受到普遍的、全国性的关注。这种关注涉及社会的每一个人而没有阶级之分。教育以不可逆转之势被认为是正规的、系统的学校教育的同义词,而学校教育本身也成为国家的一个基本特征。国民教育体系成为了教育发展史上的一个分水岭。它标志着大众教育时代的到来和扫盲事业的发展,同时也成为"国家办学"的源头,这一体系逐渐在20世纪各个现代国家教育发展中取得主导地位。

三、近代各国教育发展的不平衡性

第八、九两章对近代各国教育的发展做了一个最粗略的勾画,事实上各国教育的发展是不平衡的,形式也是多种多样的。经典的公立教育体系——接受国家资助和管理,管理体系分工明确——最早出现在欧洲大陆,尤其是在德、法、荷兰和瑞士,所有这些国家到1830年为止都已经建立基本的公立教育体系,虽然其中法国初等教育的普及一直到之后50年才实现。美国北部各州在1830年到内战期间,也按照自己较为地方化的模式建立起了公立教育体系。而英国、欧洲南部国家及美国南部各州在这方面却相当滞后,英格兰甚至到20世纪才建立一个完整的一体化的公立教育体系。高入学率、高教学水平和高扫盲程度与公立教育体系的发展密切相关,这一点尽管有些国家很晚才意识到,但却是一个不争的事实,因为旧的捐助学校体系没有国家的帮助是绝对不可能普及教育的。因此,在英国这样的国家(确切地说在英格兰和威尔士,因为苏格兰和爱尔兰的教育结构比较特殊),其公立教育体系的发展非常慢,教育水平也非常低。

通过上面对各国教育发展历史的比较研究可以发现,各国在公共或国民教育体系建立上存在不平衡性,尤其是在英国和其他先进的欧洲大陆国家之间存在很大差异,这无疑影响了英国的教育质量。一般说来,哪个国家建立了比较系统的学校体系并进行统一管理,培训教师并对教师的工作进行监控,优先发展教育事业,哪个国家的人们受教育的机会就越多,其教育的水平也就越高。但这并不意味着该国人们所受的教育就必然是理想的教育。事实上,由最有效的体制——尤以普鲁士为代表——所传授的知识和态度,常常表现得最狭隘,灌输国家意志的目的也最为强烈,因此招来了较为民主的教育体系的质疑。但是,不论它教了什么,它总是非常有效,总能够在那些参与其中的人们身上打下烙印。

四、对近代国民教育评价的不同理论视角

国民教育体系的社会起源是什么?这是历史上的思想家和当代学者共同关心的理论课题。围绕这个话题,人们有不同的观点,包括自由主义理论、马克思和恩格斯的理论、功能主义理论和新马克思主义的理论等等。

第一,英国辉格党派对历史的经典阐述把政治的逐渐民主化和关于自由的自由主义理论相联系,带有极强的新教取向。它把历史看作是一个逐渐进化的过程,并尝试使之与进步这个概念相联系。在这一派人士看来,在国民教育体系的形成中,有三个重要的因素:宗教尤其是新教、18世纪的启蒙思想和民主精神。这方面的代表作是美国著名教育史家卡伯莱(Ellwood P. Cubberley)的一本颇有影响的著作《美国公立教育》。①

第二,以涂尔干为代表的结构功能主义观点认为,国民教育的社会起源应归结于教育与工业革命、社会整合及技能准备。比起任何其他经典的社会学奠基人,涂尔干对教育有更为深入的探讨。他认为,教育主要有两大功能:第一,是为工业经济输送技术工人;第二,也是最基本的,是通过文化传递的方式,成为社会整合的工具。② 在他的影响下,美国功能主义集中关注的是教育和劳动的关系。人力资本理论是功能主义的又一变种。许多历史记载都以功能主义为理论前提,这类研究隐含了一个假设:教育发展是工业发展的产物,它源于技术发展的需要,并通过提供这些技术而促进了经济的发展。

第三,马克思主义社会学注重的是教育结构和资本主义生产关系之间的相关性和同质性。涂尔干理论的不足是不能充分解释甚至回避了近代社会存在阶级冲突的事实。马克思主义经典作家阐明了教育是如何根据阶级、种族和性别差异来筛选和分流的。

第四,战后西方教育"修正派"史学中的激进派从广义上考察教育和工业化带来的社会变化之间的联系,这一方法总体上来看更符合马克思主义对资本主义工业过程的分析。他们的观点强调城市化、无产阶级和家庭结构的变迁对近代西方教育的影响。主要代表人物是美国的凯茨(Michael B. Katz)③、鲍尔斯(Samuel Bowles)和金蒂斯(Herbert Gintis)④等。

第五,西方早期的马克思主义者葛兰西(Antonio Gramsci,1891～1937)在马克思历史著作的指导下,深刻阐述了不同历史时期各级社会的形成、国家、意识形态和政治上层建筑之间的关系。他的国家理论和霸权理论则重点关注在国家为确保统治阶级的霸权中所起的广泛

---

① 周采著:《美国教育史学:嬗变与超越》,人民教育出版社2006年版,第52～64页。
② 本书第八章第二节涂尔干的教育思想。
③ 周采著:《美国教育史学:嬗变与超越》,人民教育出版社2006年版,第236～249页。
④ [美]S·鲍尔斯、H·金蒂斯著,王佩雄等译:《美国:经济生活与教育改革》,上海人民出版社1009年版。

意义上的"教育"和教化职能,并高度关注民族、宗教和文化体制的历史特性。①

不同教育体系的相对优势和弱势常常成为近代讨论的焦点,因为到处游历的教育家们提供了丰富的第一手资料。当时的许多比较研究注意到不同学校教育体系的不同教育内容,在考察教育的内容及其组织时带有一定的政治意识。那些称赞法国和普鲁士教育体制的人和英国众多中产阶级激进党成员一样都是出于对国家干预这一观念的推崇。那些较为民主的人们则对普鲁士体系的权力主义表示怀疑,而主张英国的学校教育体系要把普鲁士的效率和美国管理的民主性结合起来。另一方面,虔诚的自由放任主义者主张完全摒弃普鲁士的教育体系,不仅是因为这种体系意在实行专制,而且在其组织上也具有国家主义的特征。

五、近代欧美教育特色的形成

1. 欧洲大陆的教育和中央集权制

学者常把德国教育和专制主义联系在一起。普鲁士教育的特色显然在18世纪专制政治时期就已经奠定了基础。国家有权强迫百姓接受义务教育。但普鲁士被称为学校教育的典范,受到了普遍的尊崇,即使那些在政治上与之极其对立的国家也非常推崇普鲁士小学教育时间之长及教师效率之高。普鲁士的校长致力于"为生活而教",因为他知道如果是为生活而教就能获得充分的支持。政府授予他这一职位,同时对他的行为也提出了要求。这个职位给他提供了房子和花园,鼓励他享受周围生活中的一切舒适,保证他准时拿到工资,规定每一个孩子所要接受的教育,要求所有适龄儿童都定期上学,还有一个严格的视察和监督体系。学校与教堂的关系如此密切,法律和实际生活又赋予学校如此高的地位,因此教师被认为是一个仅仅次于牧师的职位,最后,在他已经在那个位高职重的位置耗尽他最美好的时光后,还能保证他不会被解职,不会被遗忘,反而会被那些曾经接受他的教育的人长久地记在心间,退休时还能够获得政府的养老金。很少还有其他国家的教师地位能够比得上普鲁士。

能够给所有儿童提供小学教育的国家不止普鲁士一个,还有荷兰,德国的其他各邦如萨克森、奥地利等,法国,瑞士,丹麦,瑞典和挪威。虽然存在着带有明显不同的政治倾向的争论,但人们对教育的效率或者有效性的看法还是存在一定的一致性。这承认了一个看似荒谬的事实:公立教育在一些大陆国家获得了更进一步发展,而且是在那些还没有摆脱专制主义、未曾开始工业化的国家。在欧洲最为专制的政府(如普鲁士)的统治下,所有儿童,即使是联合王国最卑微阶级的儿童,都正在他们的村庄和教区学校接受更为多样、可靠、在各方面看来都更有价值的教育,而英国的学校(academy)却习惯或者擅长于装饰。②

西方许多人士盛赞法国国立中学在学术上的优越性,盛赞普鲁士、瑞士和法国在高等职业教育上的优异,并把这种优越性归功于国家干预的功效以及法国人民对这一干预的接受。显然,每一个国家都有其独特的长处和短处,比如法国有优秀的综合工科学校,但其小学教育

---

① 衣俊卿、丁立群、李小娟、王晓东著:《20世纪的新马克思主义》,中央编译出版社2001年版,第114~118页。
② [英]安迪·格林著,王春华等译,朱旭东校:《教育与国家形成:英、法、美教育体系起源之比较》,教育科学出版社2004年版,第15~16页。

存在明显的局限性。

2. 美国的经验：教育、民族性和地方分权

美国的教育制度显然受到了分权政治的重要影响。在公立教育制度建立的早期，美国中央政权的参与程度比起欧洲各国来明显地少多了。在很大程度上，美国早期的学校是社会私人办学的产物，有私人也有团体合作举办。这些自我决策的个人与团体创办学校的经验非常重要，不仅仅作为一个神话，在实际社会中也是。然而所有这些深深地根植于美国地方主义的意识形态。

人们已经普遍认识到教育在美利坚民族国家形成过程中的重要性。特别对这样一个由讲不同语言、有着不同文化背景的移民组成的国家，这片土地上从来没有建立过国家机构，因此教育对于建立这个国家的民族感来说就更为重要了。尽管这一代的部分政治家或社会领袖通过自己的努力也产生了一定的政治影响，但由于人们更重视的是当地的自治活动，因此他们的努力并没有引起大的反响。像其他地方一样，美国在形成其占主导地位的意识形态的过程中，教育扮演了一个重要的角色。美国的意识形态实际上并不像有些人所传的那样，是一种神话般的、无阶级的"美国主义"意识形态，其社会秩序也并没有完全实现其共和的理想，在这个国度中，各种族、各阶级的权力和地位之间的关系同样错综复杂。这也就决定了美国的教育不可能是社会中平等的个体之间的自发活动。尽管教育的要求和活动是来自于基层的，但也必须有一个上层机构来组织，当然这个上层组织不一定就是联邦政府自身。

3. 英国教育和自由国家

在19世纪的大部分时间里，英国政府一直抵制欧洲大陆借助国家发展教育的策略。英国的主流教育传统仍然是自愿捐助制，一种基于个人的自愿捐助并且拥有独立控制权的学校组织形式。这种对国家集中控制的抵制与美国北方诸州在某些方面上很相似，但它却缺乏后者由地方各界的主动性而激发出来的发展活力。英国的教育改革根本没能像美国那样，在目标和方法上达成广泛的一致。因此，在很长时间里，英国的教育一直处于僵持状态，许多重要改革一直到许多教育界人士认识到其重要性之后很久才得以实施。

在19世纪的主要国家中，英国是最后建立全国性教育体系、并且是最不情愿让其受控于公众的一个。国家形式缓慢和不均衡的发展会表现在教育的许多相关方面，比如：迟迟没有建立有关学生入学以及对学校和教师进行认证的法律，也没有建立起全国性的教师培训和考试体系；在很长一段时期内公众对教育的资助和控制都处于较低水平，导致教学督导和课程管理都软弱无力；教育集中管理的确立经历了一个非常漫长的过程。

这种缺乏统一指导和支持的状况导致了英国小学教育的低入学率和参差不齐的教育标准，技术教育发展滞后，中等教育改革缓慢。总之，教育机构的多样性和各教育部门间长期缺乏整合构成了英国教育体系的主要特征。这种普遍的教育发展的相对不足是自愿捐助教育体系的产物，该体系在各方面条件都具备的情况下没完成向一个完备的全国性教育体系的演变，而是继续存在了很长时间。直到1870年，英国才建立起全国性的教育体系，并且即便到了那个时候，英国的教育体系也还是与自愿捐助制传统妥协的产物，直到1899年才建立起单

一的教育管理机构。而国立中等学校则直到1902年才建立起来。

思考题

1. 彼得一世教育改革述评。
2. 简述《1786年俄罗斯国民学校章程》的主要内容和意义。
3. 简述俄国1803年《国民教育暂行章程》的主要内容和意义。
4. 19世纪中叶俄国公共教育运动述评。
5. 简述乌申斯基论教育的民族性原则。
6. 简述乌申斯基的教学论思想。
7. 简述乌申斯基在俄国教育史上的地位。
8. 简述美国联邦政府的《1785年土地法令》和《1787年土地法令》对教育的影响。
9. 简述富兰克林的教育观。
10. 杰斐逊教育思想述评。
11. 简述美国教育的学区制。
12. 简述美国地方分权教育领导体制的建立。
13. 美国19世纪上半期公立学校运动述评。
14. 简述美国的文实中学。
15. 简述贺拉斯·曼的公共教育思想。
16. 日本明治维新时期教育改革述评。
17. 简述日本《教育敕语》的主要内容及其影响。
18. 福泽谕吉教育思想述评。
19. 可以从哪些理论视角研究近代欧美国民教育体系的形成?
20. 简述近代国民教育发展的一般特征及其成因。
21. 试比较各国教育体系起源的差异并分析其成因。
22. 简述近代各国教育领导体制的主要类型及其特征。

第十章 近代教育理论(上)

近代教育理论(包括第十章和第十一章)介绍了17～19世纪世界著名教育思想家夸美纽斯、洛克、卢梭、裴斯泰洛齐、赫尔巴特、福禄倍尔和马克思、恩格斯的教育理论。在从封建时代过渡到资本主义时代的历史时期,上述教育家继承了前人的有关思想,并从自己的世界观和教育实践经验出发,提出了自己的教育哲学观点,探讨了家庭教育或学校教育的制度、教育的内容与方法。夸美纽斯关于学校教育制度的设想和教学经验的总结、洛克关于绅士教育的理论、卢梭关于教育适应自然的理论、裴斯泰洛齐普及近代小学教育的思想和方法、赫尔巴特的教育性教学思想和教学形式阶段的理论、福禄倍尔的学前教育理论以及马克思、恩格斯的教育理论,都是人类教育思想的宝贵财富。由于这些教育思想家所处的时代、国度和社会地位等方面的不同,他们的世界观、所关注的教育主题以及论证教育问题的方式等也存在差异。

第一节 夸 美 纽 斯

文艺复兴和宗教改革以后,近代自然科学兴起,学校教育发展,教育理论和教学法研究在17世纪日趋繁荣。在推动这个高潮的一批先觉中,贡献最大者是捷克教育家夸美纽斯。他的著作有256种之多,其中《大教学论》奠定了现代教育学的基本框架,是教育学从综合性的知识领域分化出来成为一门独立学科的起点,夸美纽斯本人则被教育史家誉为"教育科学的真正奠基人"和"教育史上的哥白尼"。

一、生平、著作与思想特点

夸美纽斯(Johann Amos Comenius,1592～1670)是17世纪捷克教育家,生于新教分支"捷克兄弟会"(或称"摩拉维亚兄弟会")会员家庭。当时捷克隶属于德意志神圣罗马帝国,并饱受德国天主教贵族的压迫。"捷克兄弟会"继承捷克人民爱国和民主的传统,反对异族统治及教派压迫,并在教派内奉行平等互助及原始共产主义原则。夸美纽斯12岁时成为孤儿,1604～1605年就读于兄弟会学校,1608年入读拉丁语学校,大学毕业后担任兄弟会牧师并兼任兄弟会学校校长。1618～1648年的"三十年战争"使他背井离乡,战争所造成的瘟疫夺去其妻儿生命。在极其艰苦的流亡生涯中,夸美纽斯继续从事教育理论研究和教育实践活动,应邀到过英国、匈牙利和瑞典等国从事教育改革,最后客逝于荷兰。

夸美纽斯的教育代表作有:《母育学校》(1630),是西方教育史上第一部学前教育专著,详细论述了在家庭中进行幼儿教育的各个方面;《大教学论》(1632),是夸美纽斯的教育代表作,论述了教育的目的和任务、教育适应自然的原则、学校制度及各阶段的教育任务、班级授课制、教学原则和教学方法等,成为近代教育理论的奠基之作;《世界图解》(1654),是西方历史上第一部依据直观原则编写的对幼儿进行启蒙教育的看图识字课本。

夸美纽斯生活于欧洲从封建制度向资本主义制度过渡的时代。一方面,资本主义生产方式在各国有不同程度的发展,近代自然科学体系正在形成,人文主义思想广泛流传;另一方面,封建制度在多数国家仍占统治地位,宗教神学世界观依然禁锢着人们的头脑。受这种过渡时代的历史特征的影响,夸美纽斯的世界观充满了新与旧的矛盾。

夸美纽斯从青年时代起就受到人文主义思想的深刻影响,关心人的现实生活,对人所具有的智慧和创造力充满信心,主张通过教育使人和谐发展;谴责人世间的不公,希望通过教育改良社会,实现教派和民族的平等,这使他的教育思想具有民主的精神,尤其反映在其普及教育的思想中。夸美纽斯相信上帝是万物的创造者和主宰者,但受时代和自然科学的影响,也重视大自然的存在及其威力,力图探索自然发展的法则并运用于教育。夸美纽斯的认识论一方面受到英国培根的影响,认为感觉是认识的起点和源泉,另一方面仍相信天启论,认为《圣经》是认识的重要源泉。

夸美纽斯世界观中的进步因素集中体现在"泛智论"中。所谓泛智论就是将一切有用的知识教给一切人,并使其智慧得到普遍发展的理论。夸美纽斯的泛智论反映了文艺复兴以来新兴资产阶级反对宗教蒙昧主义、提倡发展科学的时代精神,以及普及教育的民主要求。泛智论是夸美纽斯教育思想的核心,也是他从事教育活动的宗旨。

夸美纽斯善于吸收前人的思想和经验。他几乎研究了古代、文艺复兴时代以及当时的所有重要教育著作。17世纪的德国教育家们聚焦于教学法研究,拉特克(Wolfgang Von Ratke,1571~1635)的《新方法》(1617)对夸美纽斯有直接影响,但他并没有停留在教学法探讨上,而是对教育中的各种问题都进行深入研究,从而建构起一个教育理论体系。

二、论教育的目的和作用

受古罗马学者昆体良及人文主义教育家伊拉斯谟等人的影响,夸美纽斯高度评价了教育在社会生活和人的发展中的重要作用。首先,他将教育视为改良社会的手段,声称"教会和国家的改革包含在年轻人的正确教导中"[①]。他希望通过教育改变社会道德普遍堕落的现象,坚信受到良好教育的民族将善于利用地下宝藏,扫除愚昧、贫困,过上富足和幸福的生活。其次,他高度评价了教育在人的发展中的作用,认为人生而具有学问、道德和信仰的种子,这是人可接受教育的基础。他还从唯物主义感觉论的角度提出人心可"比作一张白纸"或"一块蜡",人脑能接受万物的映像。但人们与生俱来的"种子"及领悟事物的能力只是"潜伏地存在着",需要通过教育的手段加以发展。"如果要造就一个人,就必须由教育去完成。""只有通过恰当的教育,人才能成为人。"[②]只要教师像高明的画家和辛勤的园丁那样肯于努力,又讲究工作艺

---

① [捷]夸美纽斯著,任钟印译:《大教学论·教学法解析》,人民教育出版社2006年版,第270页。
② 同上书,第51页。

术,那么人的智慧可以得到无限的发展。夸美纽斯同意昆体良的意见,认为人人都可以接受教育,智力极低的人犹如生来便没有手脚的人一样极其少见。他告诫教师不要对儿童的发展失去信心,更不要轻易地给儿童下一个"难于教育"的结论而放弃自己应有的努力。

夸美纽斯关于教育目的的论述既以传统的神学目的论为依据,又接受了文艺复兴以来人文主义者和新教教派对于人生的积极乐观态度。首先,他从基督教神学的观点出发,认为古希腊阿波罗神庙上的"认识你自己"不全面,作为上帝的完善创造物的人不仅要认识自己还要认识上帝,上帝是永生、智慧和幸福的根源。"今世只是为永生做准备。"① 其次,夸美纽斯站在人文主义和新教的立场认为人是上帝的创造物中最崇高、最完善和最美好的。上帝给人以生存、活力、感觉与理性。人要成为理性的动物、一切造物中的主宰和造物主的形象及爱物。他从这里引申出教育的目的:一是必须博学,二是具有德行或恰当的道德,三是宗教或虔信。

夸美纽斯提出了"周全的教育"的理想。所谓"周全的教育"是指所有的人不论穷富都应在智力、德行和信仰方面得到培养,包括智育、德育和宗教教育,这三种教育能够得到恰当而周密的实施就是一种周全的教育。除了这三种教育外,也还要顾及身体是否健康,因为身体是灵魂的住所和工具,离开了身体,灵魂既不能看也不能听。

三、论教育适应自然的原则

"教育适应自然"或称自然适应性是夸美纽斯提出的教育主导原则。早在古代希腊,亚里士多德就曾提出过教育要适应儿童自然即适应儿童本性的思想。17世纪的西方,受生产技术和自然科学发展的影响,一些先进人士一反过去动辄从《圣经》中寻找立论依据的惯例,转而采用引证自然的方法。夸美纽斯显然受到这种时代风尚的影响。

17世纪数学和力学的发展为各种工艺的发明和创造奠定了理论基础,时钟、印刷术、抽水机和起重机等各种机器不断被发明出来,也使形而上学的机械唯物主义观点成为这个时代总的观点。人们把世界看成一架"巨大的机器",像时钟一样,人类的一切方面都应受机械法则的支配。夸美纽斯把这个机械的原则叫做"秩序"(order)。"真正维系我们这个世界的结构以至它的细微末节的原则不是别的,只是秩序而已,就是按照地点、时间、数目、大小和重量把先来的和后来的,高级的和低级的,大的和小的,相同的和相异的种种事物加以合适的区分,使每件事物都能好好地实践它的功用。所以秩序就叫做事物的灵魂。"②

按照夸美纽斯的解释,所谓教育适应自然主要指的是遵循自然界的"秩序",它是在自然界中起支配作用的普遍法则(law),对动植物生活或人的活动都发生作用。夸美纽斯将人看作整个自然界的一部分,因此人的发展以及对人进行的教育也应服从这一普遍法则。比如:鸟儿在春天繁殖,园丁在春天种植,人类的教育也应加以仿效,从"人生的春天"即儿童时期开始,只有这样才合理且有效。根据"秩序"的原则,夸美纽斯批评旧学校最大的弊病就是违背自然,强迫学生死记硬背,用无用的知识填满学生头脑,造成儿童时间及精力的极大浪费。因此,要想改

---

① [捷]夸美纽斯著,任钟印译:《大教学论·教学法解析》,人民教育出版社2006年版,第32页。
② [捷]夸美纽斯著,傅任敢译:《大教学论》,人民教育出版社1984年版,第75页。

革旧教育就必须贯彻教育适应自然的原则。如果能把学校组织得像一座钟一样就能产生良好的效果。

在夸美纽斯的适应自然的思想中,也包含有依据人的天性和身心发展规律进行教育的含义。他所理解的"天性"(nature)是指人的初始的、原本的状态。① 他根据性格的不同把儿童分成6类,试图从人脑的不同来解释性格的不同,从生理机制上找心理的原因,并要求一切教学都应考虑到学生的天性倾向和兴趣爱好。他说:"知识如果不合于这个或那个学生的心灵,它就是不合适的。"②学校、教师和家长都有责任帮助青少年选择与他的兴趣、天然倾向相符合的学科,使其智力得到顺利的发展。

由于当时科学发展水平的限制,夸美纽斯并不理解教育作为一种社会现象的特殊规律,也不可能全面揭示大自然界和人类社会发展的普遍法则。当他采用与自然和社会现象类比的方法论述教育问题时,虽然包含了许多真知灼见,但也不可避免地出现许多片面、机械和牵强附会的地方。实际上,夸美纽斯的教育思想中许多有益的主张与合理的因素并不是模仿自然秩序得出的结论,而是他对本人和前人长期教育经验的总结。夸美纽斯在对这些教育经验进行理论论证时,不是依据《圣经》和神学教条而是引证自然,试图以自己的教育改革主张,即合乎自然秩序来论证其合理性,不仅在方法论上符合当时的时尚,也反映了他力图改革陈规陋习并将学校教育组织得更为合理和有效的良好愿望。

四、论学校制度

夸美纽斯认为在各种教育形式中学校教育具有特别重要的意义。学校的产生乃是人类社会进步的结果。此外,在子女教育问题上,父母往往既没有时间也缺乏能力,因此应充分利用以教育青少年为己任的教师及学校。但他批评了当时学校普遍存在的管理、结构、教学等方面的不合理和效率低下等弊病,提出系统的学制以及学校改革的构想。

(一)关于学制的设想

1.《大教学论》中的四级学制

夸美纽斯依据自然适应性原则及泛智与民主的思想,在《大教学论》中提出了一个统一的单轨学制,分为婴幼儿期、儿童期、少年期和青年期4个发展阶段,各6年,共24年。与之相应的是母育学校、国语学校、拉丁语学校和大学四级学制。

(1) 母育学校。从儿童出生至6岁为第一阶段。夸美纽斯认为,教育从儿童出生即可开始,母亲是儿童的第一位教师,家庭是儿童的第一所学校,他称之为"母育学校"。他认为,这一阶段教育的主要任务是为儿童奠定体力、智慧和道德发展的基础。

(2) 国语学校。儿童满6岁后应进入国语学校接受初等教育。在每个城市及大小村庄都应建立国语学校招收所有儿童而不问其社会地位或性别,通过混合编班使所有儿童接受同样的教育,以国语作为教学用语,学习读、写、算、音乐、宗教、通史、天文、地理、自然经济学、政治

---

① [捷]夸美纽斯著,任钟印译:《大教学论·教学法解析》,人民教育出版社2006年版,第39页。
② [捷]夸美纽斯著,傅任敢译:《大教学论》,人民教育出版社1984年版,第154页。

学及技艺等,并训练感觉器官、想象力和记忆力。

(3) 拉丁语学校。在每一个城市应设立一所中等教育性质的拉丁语学校,分为6个年级,每年以一种学科为主,如文法班、自然哲学班、数学班、伦理学班、辩证术班和修辞学班。学校应为学生提供百科全书式的知识,为以后接受更高等的教育做好准备。

(4) 大学。在每个王国或省应设立一所大学,通过公开考试的方式挑选适于进一步深造的青年,旨在培养牧师、律师、医生、教师以及国家领导人。大学的课程应该是普遍的,学习人类知识的每一部门。大学还应是研究机构,通过提供"人类知识的每一分支"供学生学习研究之用。根据当时西方的惯例,应以长途旅行来结束大学生活。这种旅行可以使青年获得直接经验,了解民情风俗,开阔眼界。

总之,夸美纽斯在《大教学论》中提出了一个前后衔接的单轨学制。首先,他认为每一个发展阶段及相应教育机构都有自己专门的教育任务。同时,它们之间又存在着联系,每前一阶段都是为后一阶段打基础的,每后一阶段又是前一阶段的合乎逻辑的发展,最终实现教育所要达到的目的。皮亚杰认为:"在方法上尽管存在差异,但毫无疑问的是,我们仍可以认为夸美纽斯是发展心理学中遗传学思想的先驱之一,是适合学生发展阶段的渐进教学体系的创始人。"① 其次,他论述了普及初等教育的思想,并主张中等教育为一切人开放。

2.《泛教论》中提出的七级终生教育制度

在20世纪30年代发现的夸美纽斯晚年著作《人类改进通论》七卷本之一的《泛教论》(Pampaedia)手稿中,夸美纽斯进一步发展了上述学制,将人的教育划分为7个阶段:胎儿期、幼儿期、童年期、少年期、青年期、成年期、老年期,并规定了各阶段相应的教育机构和教育任务。第2~5阶段与《大教学论》中的四级学制大体相同,下面只介绍第1、6、7阶段的教育安排。

(1) 胎儿学校。在人生的第一个阶段应设立胎儿学校,实行优生优育,设立"婚姻指导委员会"及"产前诊所"来对准备结婚的青年男女及孕妇提供咨询,以便养育健康的婴儿。

(2) 成人学校。在人生的第6个阶段设立"成人学校",实行继续教育,但成人以自我教育为主;依据泛智原则开列涉及完善身心和认识世界的大纲和书目;加强道德修养和技术学习,以使人更好地从事其本职工作。

(3) 老年学校。在人生的第7个阶段设立"老年学校"。老人不应无所事事,而应继续学习和工作,总结自己丰富的人生阅历,并以安详态度对待死亡,使人生有一个完满终结。

夸美纽斯在阐述上述人生阶段及相应教育机构时还提出,与人生第1~2阶段相应的教育机构是"私立学校";与第3~5阶段相应的是"公立学校";与第6~7阶段相应的是"个体学校"。不论哪类学校,都应由国家、教会或社团提供必要书籍、教具及合格教师。夸美纽斯声称其倡导的教育体系的目的在于改造人类,使所有人都变成"真正理性的、真正道德的、真正虔诚的"人,使人类社会成为开放的幸福天堂。②

---

① 扎古尔·摩西主编,梅祖培、龙冶芳等译:《世界著名教育思想家》(第一卷),中国对外翻译出版公司1994年版,第143页。

② 吴式颖、任钟印主编:《外国教育思想通史》(第五卷),湖南教育出版社2002年版,第268~270页。

(二) 论学校管理

中世纪欧洲各国学校组织松散,实行个别教学制度,缺乏统一的教学计划和严格的教学组织管理形式。在宗教改革时期,由于学校规模的扩大,在耶稣会派和路德派等教派学校的教育实践中,已经出现了新的教学组织形式,即分班、分级教学制度,并按年、月、周规定教学进程。夸美纽斯以前人的经验为基础,在《大教学论》中第一次从理论高度详细论述了教学组织形式——班级授课制和学年制等学校管理问题,后来又在《泛智学校》和《创建纪律严明的学校的准则》等著作中进行了更为深入的探讨。

1. 班级授课制

古代教育一般采用个别教学,但自宗教改革以来,班级授课制逐渐发展起来。夸美纽斯从理论上论述了班级授课制。他用太阳以它的"光亮和温暖给予万物"而"不单独对付任何单个事物、动物或树木"为依据,论证了班级授课制的必要性和可行性;班级授课是对师生产生激励作用、提高教学效率的有力手段;班级授课的具体办法应是根据儿童年龄特点和知识水平将其分成不同班级,每个班级有一个专用教室,每个班级有一位教师,他同时面对全班所有学生进行教学,或者说全班学生在教师指导下学习同样的功课。但是夸美纽斯夸大了班级授课制的可能性,坚持认为"一个教师同时教几百个学生不仅是可能的,而且也是很重要的"。①

2. 学年制和学日制

中世纪学校工作无计划,学生可以随时入学,为改变这种混乱无序的状况,夸美纽斯制定了统一的学年制和学日制。除特殊情况外,各年级应在每年秋季开始和结束学年课程,其他时间不应接收任何儿童入校,以使全班的学习进度一致,都能在学年底结束相同课程的学习,经过考试升入更高年级。他将学年划分为月、周、日、时,每日有4个小时用于上课;在学习一小时后要休息半小时,每天保证8小时睡眠,每周三、六下午是学生的自由活动时间。每年有4次较长的休假日,每次8天。宗教节日(如圣诞节、复活节等)的前后一周、葡萄收获季节的一个月也是学生休息的时间。

3. 考查和考试制度

夸美纽斯还制定了一套与班级授课制和学年制相配套的考查和考试制度,包括学时考查、学日考查、学周考查、学月考查、学季考试和学年考试。学年考试是学校最隆重的考试,通常在学年结束时举行,将全校学生集中在操场上,通过抽签进行口试,合格者均可升级,不合格者则须重修或被勒令退学。

4. 督学制度

夸美纽斯是西方教育史上倡导国家设置督学的先驱。他认为,任命督学是国王和当权者的权力,他们应将那些受人尊敬的、贤明的、信教的和积极的,同时具有丰富教学经验、自愿从事该项工作的明达之士推举到督学的工作岗位上去。督学的职责包括对未来的管理者进行培训,对各类学校人员进行管理,对学校的各项教学工作进行检查,监督学校规章制度的执行等。

---

① [捷]夸美纽斯著,任钟印译:《大教学论·教学法解析》,人民教育出版社2006年版,第152页。

五、论教学

夸美纽斯的教学论思想有实践和哲学的依据,并总结了前辈、同辈和他自己的丰富教学经验。从思想来源方面说,在知识论和认识论上主要受到弗兰西斯·培根的影响。1605年,培根在《学术的进展》中提出一个百科全书式的知识体系,夸美纽斯的泛智论思想受到其深刻影响;培根的唯物主义感觉论是夸美纽斯教学理论的哲学、心理学基础。在教学法方面,夸美纽斯主要受到昆体良和拉特克等人的影响。

(一)"泛智论"与课程论思想

夸美纽斯试图以"泛智论"(Pansophism)为基础来建立他的无所不包的哲学体系。他在《泛智论》一书中以百科全书的形式概括关于上帝、自然和社会的普遍知识,形成一个"泛智体系"。1639年,他在英国发表《泛智的先声》一文。1641年,他应邀赴英国伦敦领导一个学术委员会,继续研究和编纂《泛智论》,并力求实现该书中的主张,设想建立一个研究人和神的学院。他在自己的另一本书《泛智学校》中希望设立一种对儿童进行广博教育的新式"泛智学校",设立7个年级,学习将来所需要的一切学科。他曾在匈牙利进行相关实验,但只办成前3个年级,实验计划未完全实现。

"泛智论"的核心是泛智教育。所谓"泛智教育"包括:(1)学习广泛的知识,即把一切知识领域中的精粹的总和灌输给人们,使其知道一切必须熟悉的东西,理解一切事物的原因并会运用;(2)强调所学的东西一定要对生活有用,"为生活而学习";(3)基于学习有用事物这一原则,把对自然科学的学习提到重要地位;(4)训练学生的行动能力,为其将来的生活做准备,应把青年培养成有活力、精练而又勤奋的人,能胜任任何委托给他的事情;(5)强调各种语言的学习,如本民族语、拉丁语、希腊语和希伯来语等,目的是使学生的语言达到完善程度,并使这些语言成为学习相关知识的工具和各民族交际的手段。

夸美纽斯的"泛智论"和"泛智教育"思想具有重要的历史意义。首先,它反映了文艺复兴以后人们对百科全书式的知识的追求与向往,已大大超出了中世纪经院哲学的思想范畴,在很大程度上带有近代思想的特征;其次,它强调教育与生活相联系,继承了文艺复兴时期法国人文主义教育思想家蒙田等人的思想精华;再次,它具有丰富的、科学的和民主的含义。他在《大教学论》开篇就声称"它阐明把一切知识教给一切人的全部艺术",[①]并试图通过教育实验来实现"泛智教育"和"泛智学校"的理想。

(二)论教学原则

夸美纽斯在《大教学论》中提出了许多教学原则,在阐述教学原则时也论证了与之适应的教学方法。

1. 直观性原则

在文艺复兴时期许多人文主义教育家如莫尔、拉伯雷和蒙田等人提倡过直观教学,夸美纽斯从唯物主义感觉论角度对直观教学原则作了进一步的发挥。

夸美纽斯深信知识来源于感觉,在感觉中没有的,在理智中也不会有。在教学中摆在学生

---

① [捷]夸美纽斯著,傅任敢译:《大教学论》,人民教育出版社1984年版,第1页。

的智力面前的事物必须是真实的事物。"由此可引导出一条教师的金科玉律。一切事物都应当尽可能放在感官面前。"① 这是因为：知识的开端必定永远来自感觉；科学的真实性和确定性有赖于感觉的证明胜于任何其他证明；感觉是记忆力的最可靠的仆人。② 如果对象本身不能得到，则可以使用它们的替代物，如编制复制品和模型以供教学之用。同样的原则也可用于植物学、几何学、动物学和地理学的教学之中。

夸美纽斯关于直观教学的论述以唯物主义感觉论为基础，将文艺复兴以来的有关思想和经验系统化，适应了近代科学发展对教育的要求，有助于使教学活动走出经院哲学的迷宫。但他过于夸大了直观的意义和作用，没有认识到感性知识只是认识的初级阶段，只有上升到理性知识才能认识事物的本质。

2. 启发诱导原则

夸美纽斯受到亚里士多德"内发论"思想的影响，将儿童的心理比作"种子"或者"谷米"，认为儿童具有发展的极大可能性，儿童的发展是由内向外发展的，我们不必从外面拿什么东西给一个人，只需要把那暗藏在身内的固有的东西揭开和揭露出来。儿童的教育应当以他的自然素质为起点，让儿童得到发展的机会与动力，并循循善诱。

从上述思想出发，夸美纽斯批评了经院式教学方式，主张让学生接触实际，独立思考，教他们用自己的眼睛去看，用自己的脑筋去思考，而不要由别人越俎代庖。这就必须调动儿童学习的自觉性和积极性，启发他们学习的热情和兴趣。由此，他对教师提出了很高的要求，探讨了吸引儿童爱好学习的具体方法，如提出问题，说明所学内容的重要性和课程的轮廓、目标、界限和结构，采用直观教具、表扬、奖励等。他一再强调：教学如果不成功，只能归咎于教师无能；假如学生不愿学习，那是教师的过错。

3. 量力性原则

夸美纽斯要求教学应适合儿童的年龄特征，"要学习的一切学科要这样安排，使之适应学生的年龄。凡是他们不能理解的，都不要给他们学习"。③ 学生不应当因不适合他们的年龄、理解力和现状的问题而负担过重。如果强迫学生每天接受6~8个小时的班级授课外加作业，使学生负担过重，会使他们恶心，有时甚至精神错乱，这对年轻人是一种折磨。

夸美纽斯曾借用昆体良的紧口瓶子的例子来说明量力性原则："如果我们取一个紧口瓶子（我们可以将它比做孩子的智力），企图猛烈地将大量的水灌进去，而不允许一滴一滴地慢慢流进去，结果将如何呢？无疑，大量的水将倒在瓶子外面，最后，瓶中的水将比慢慢地灌进去的水更少。有些人教学生时，不是学生能吸收多少就教多少，而是他们自己愿意教多少就教多少，这种行为是十足的愚蠢，因为才能需要支持而不能负担过重。教师也如同医生，他是自然的仆役而不是自然的主人。"④

---

① [捷]夸美纽斯著，任钟印译：《大教学论·教学法解析》，人民教育出版社2006年版，第168页。
② 同上书，第169页。
③ 同上书，第106页。
④ 同上书，第127页。

4. 循序渐进原则

夸美纽斯根据"在一切自然运转中,发展来自内部"、"自然在形成的过程中从一般开始,结束于特殊"和"自然不跳跃,而是循序渐进"的法则以及幼鸟慢慢学飞的事例,引出教学要循序渐进的原则。学科怎样才能循序渐进地划分阶段呢?他指出:"各个年级的全部科目都应当精心地划分阶段,使先行的为随后的铺平道路,并使之更加明白。时间应精心地加以划分,使每年、每月、每日、每时都有指定的功课;时间和学科的划分应得到严格坚持,不遗漏、不颠倒任何事情。"①学生在日常学习中,首先必须学会理解事物,然后记住它们。

5. 巩固性原则

夸美纽斯指出,人们普遍抱怨学生在学校很少受到彻底的教育,而造成这种情况的原因有两个方面:一是学校忙于没有意义的和不重要的学业,而忽视了更重要的学业;二是由于学生忘记了所学的东西,其结果犹如往不断漏水的筛子上倒水。补救的办法有以下几条:(1)只学真正有用的学科,教授这些东西时不会离题和干扰;(2)在教细节以前,先彻底地把基础训练做好;(3)各部分尽可能衔接起来;(4)一切后教的东西都要以先教的东西为基础;(5)将重点放在同类学科之间的相似点上;(6)一切学业的安排都应照顾到学生的智力、记忆力和语言的性质;(7)用经常的联系来巩固知识。②

6. 因材施教原则

夸美纽斯继承和发展了昆体良关于因材施教的思想,在强调人的自然的平等及可受教性的同时,也注意到人的个别特征,并提醒教师在教学过程中注意研究这些特征,然后有针对性地施教。他在长期的教育实践中观察到儿童存在着个体差异。"当知识与这个或那个学生的头脑不相宜时,它就是不适宜的。因为人与人的头脑之间的差异就像存在于各种不同的植物或动物之间的差异一样大。"③同样的方法不能同样用于一切人。有一些人智力很强,能充分理解每一种学科,但也有很多人连掌握某些事物的基本知识也觉得很困难;有些人在抽象科学方面显得很有能力,但对实用学问却显得很无能;有些人除了音乐以外什么都能学会,有些人不能够精通数学、诗词或逻辑学。因此,教师违背学生天性的努力是徒劳的,教师的使命是培养而不是改造学生。应鼓励每个人在他的天然倾向方面得到发展。

六、学前教育思想

夸美纽斯在《大教学论》和《母育学校》中有丰富的学前教育思想,包括儿童观及母育学校的性质、意义和任务,母育学校的教育内容及用书,幼儿的游戏及玩具,幼儿的劳动教育和语言发展,幼儿的集体教育以及进入公共学校的准备等。④

---

① [捷]夸美纽斯著,任钟印译:《大教学论·教学法解析》,人民教育出版社2006年版,第111~115页。
② 同上书,第132~133页。
③ 同上书,第165页。
④ 周采、杨汉麟主编:《外国学前教育史》,北京师范大学出版社1999年版,第69~86页。

(一) 儿童观

在西欧中世纪,儿童被看成与生俱有"原罪"的生灵。文艺复兴时期人文主义者将儿童当作未来新社会的开拓者而寄以殷切期望。受人文主义精神的影响,夸美纽斯把儿童比作"上帝的种子",认为儿童是比金银珠宝还要珍贵的"无价之宝",并警告那些欺侮儿童的人,要他们像尊敬基督那样去尊敬儿童,要严厉谴责、惩处那些虐待儿童的人。① 夸美纽斯认为:"任何人在幼年时代播下什么样的种子,那他老年就要收获那样的果实。"② 人比其他动物更高贵,父母只注意子女身体的养护和外表的装饰是远远不够的,更要注意他的灵魂。在他看来,每一个家庭都可成为一所学校,孩子的父母亲(特别是母亲)便是教师。

(二) 母育学校的教育

根据夸美纽斯的主张,母育学校的教育内容主要包括保育、德育和智育。夸美纽斯引用一位作家的忠告:"健康的精神寓于健康的身体",提醒父母们首先应关注的事情是保持其子女的健康,从胎儿时期就应给予注意,因为孕妇的心理状态会对胎儿产生影响。夸美纽斯十分重视幼儿德育,认为儿童生下来不是要做一头小牛或一匹小驴,而是要成为一个有理性的人。应让儿童学习有关德行的初步知识,如节制、整洁、礼节、尊敬长辈、诚实、不损害他人、不嫉妒、落落大方和爱劳动等。夸美纽斯将"泛智"思想贯彻到学前教育中。在西方教育史上,他第一次为学前儿童拟订了一个广泛而详细的智育大纲。按照他的想法,幼儿智育的主要任务是训练其外部感觉、观察力及获得各类知识,同时发展语言、思维,为进入学校做好准备。夸美纽斯为母育学校制定的智育计划包括:自然、光学、天文学、地理学、年代学、历史学、家务、政治学、辩证法、算术、几何学、音乐、语言等学科。他强调:"应当把一个人在人生的旅途中所应当具备的一切知识的种子播植到儿童身上。"③ 夸美纽斯相信,通过这种启蒙性质的教育,就可以为儿童奠定各门科学知识的最初步的基础。根据感觉是知识的主要源泉的观点,他主张通过观察自然来培养儿童的观察力。夸美纽斯讨论了幼儿父母教育指导书和儿童读物的问题,认为必须考虑为父母编写一部手册作为家庭教育的指南。他也考虑到要为儿童编写图画书。后来,他的有关思想反映在《母育学校》和《世界图解》之中。

(三) 论幼儿游戏

夸美纽斯高度评价了游戏在儿童早年教育中的重要性,认为游戏是对儿童进行全面教育的手段。儿童血气旺盛、天性好动,应让他们有事可做,像蚂蚁一样不停忙碌,并通过玩而得到满足。儿童不活动比起不得闲对身心两方面的损害更多。给儿童以活动的自由的好处是可以锻炼身体、增进健康、运用和磨炼思想,以及练习四肢五官,使之趋于灵活。

游戏乃是最适合幼儿活动的方式。儿童在游戏的时候精神专注于某种事物,自然本身在激发他们去做事情,用游戏的手段可以使其受到一种积极的生活锻炼而没有任何困难。父母要积极行动起来帮助、指导甚至直接参加儿童游戏。真的工具常会给孩子带来危险,必须找些

---

① 任钟印选编:《夸美纽斯教育论著选》,人民教育出版社1991年版,第12页。
② 同上书,第22页。
③ [捷]夸美纽斯著,傅任敢译:《大教学论》,人民教育出版社1984年版,第218页。

替代品、如木剑、锄头、小车、滑板等。儿童也可以用自己所喜欢的泥土、木片、木块或石头搭盖小房子,以表现他们的初步建筑术。

（四）论进入公共学校的准备

夸美纽斯在《母育学校》一书中详细论述了儿童在何时入小学以及入学前应做些什么准备的问题。夸美纽斯认为,父母没有准备就将其子女送往学校是不智之举,"这如同小牛奔往市场,或羊群闯入牛群一样",学校教师将会为这样的孩子所困扰。更为糟糕的是一些父母所做的错误准备。这些父母用儿童对教师和学校的恐惧来惊吓、刺激儿童,其结果使儿童情绪沮丧,对学校和教师持有更加憎恶和奴隶般恐惧的情绪。他指出,正确的准备应当是:第一,在儿童接近入学的时候,父母、家庭教师和监护人应当以快乐的心情尽力鼓舞儿童,好像节日和收获葡萄季节快到时那样,要告诉儿童入学获得学问是何等美好的事情;第二,应当用各种方法努力激发儿童对于未来教师的信心和爱戴。

七、历史地位和影响

夸美纽斯善于吸收前人教育理论和实践经验中有益的东西,并结合自己的思想和丰富的教育实践经验,为人类创立了不朽的教育学说。(1)他受到文艺复兴以来的人文主义精神的影响,热爱儿童,重视教育在现世生活中的作用。(2)在他提出的"把一切知识教给一切人"的泛智教育理想中蕴涵着丰富的民主和科学思想,他关于普及教育和科学文化的主张预示了近代教育的方向。(3)他拟定了西方教育史上第一个从学前教育到大学教育的单轨学制,后来更发展为一个系统的终身教育体系,成为近现代单轨学制及终身教育的先驱者。他还通过教育实验来努力实现自己的设想。(4)他系统地论述了班级授课制和学年制,在学校管理制度方面也提出了许多设想。(5)他努力探讨教学工作的规律,提出了改革旧教育的课程体系及教学工作的原则和方法,奠定了近代教学理论的基础。由于夸美纽斯的卓越贡献,教育史家称他是"教育科学的真正奠基人"和"教育史上的哥白尼",几乎所有18及19世纪教育理论的萌芽均可在他的著作中发现。

作为新旧交替时代的一位历史人物,夸美纽斯的思想受到过渡时代的局限,主要表现为其世界观和教育观的浓厚宗教神学色彩。因此,有学者认为夸美纽斯的思想是保守的,甚至指责他在理性主义不断上升的年代仍将捍卫基督徒的信仰放在首位。与此同时,他的许多思想又具有超前的特征,在当时不仅不能为一般人所理解,也不具备实现的历史条件。随着夸美纽斯的去世,他的教育学说几乎为人所遗忘。直至19世纪中叶以后,随着近代民族国家担负起国民教育的责任,在各国普及教育迅速发展的历史时期,尤其是通过德国教育家的宣传,夸美纽斯的教育思想才重新引起人们的重视,并得到高度评价,从而确立了他在西方教育史上的重要地位。

第二节 洛 克

约翰·洛克(John Locke,1632～1704)是17世纪英国的哲学家和教育思想家。在哲学上,他被看成"不但是认识论中经验主义的奠基者,同样也是哲学上的自由主义的始祖"。① 洛克的教育思想是近代西方教育理论的先导。在由中世纪宗教教育转向近代世俗教育的历史时期,他继承并发展了前人的有关思想,系统阐述了绅士教育理论,不仅集中反映了这一时期英国教育发展的主要趋势,推动了17世纪英国学校教育的发展,也对18世纪法国启蒙思想家及后世西方教育思想的发展产生了深刻影响。②

一、生平和理论成就

在16世纪后半期至17世纪前半期的英国,教育问题如同宗教和政治问题一样,在社会上被热烈而持久地讨论和争论,新观念和新思想通过传单和小册子等工具迅速在英格兰传播。所有改革家都把社会有用性和贴切性作为教育改革的目标,希望教育能更好地为实际生活需要服务,更少一点学究气和形式主义。从17世纪中期开始,贵族和绅士的教育与训练受到广泛注意。家庭教师和学园教育成为适应绅士特定教育需求的教育形式。洛克的教育主张正是在上述背景下提出来的。

(一)生平活动和著作

洛克是1688年英国"光荣革命"精神的忠实表达者,他的大部分理论著作都是在这次革命后几年内问世的。"洛克是哲学家里面最幸运的人。他本国的政权落入了和他抱同样政见的人的手中,恰在这时候他完成了自己的理论著作。在实践和理论两方面,他主张的意见在这以后许多年间是最有魄力威望的政治家和哲学家们所奉从的。"③

洛克出生于英国一个小地主和乡村律师家庭。先后在威斯敏斯特公学和牛津大学学习,1666年结识辉格党领袖库柏勋爵(Anthony Ashley Cooper,1672年起称莎夫茨伯利伯爵),此后多年任伯爵的私人医生、家庭教师和秘书。1668年,他被选为英国皇家学会会员,与波义耳和牛顿交往甚密,并长期坚持医学实验,终于在1674年获得医学学士学位。1682年,莎夫茨伯利伯爵因反对约克公爵(即詹姆士二世)继承王位的活动败露而逃亡荷兰,洛克也被迫去荷兰避难,1689年回英国。在"光荣革命"成功的鼓舞下,他相继发表《政府论》、《人类理解论》、《论宗教宽容》和《教育漫话》。在洛克逝世2年之后,他的《理解能力指导散论》一书出版。反映其教育思想的作品还有《漫谈绅士的阅读与学习》和《自然哲学要素》等。

《教育漫话》是英国教育家洛克的名著,1693年出版,系统阐述了绅士教育理论:认为人之好坏、有用或无用,十分之九由教育决定,国家的幸福与繁荣有赖于儿童良好的教育;反对经院主义教育,提出一套为绅士现实生活服务的新教育理论;主张将青年绅士培养成身体健康、精神健全、能以理性克制欲望、谙悉人情世故、娴于礼仪、能在生活中精明处理各种事务的能干的创业型、开拓型人才。此书出版后成为英国新型中等学校的"大宪章",书中许多见解为18、19世纪新教育理论所吸收。

洛克理论的基本特征是经验主义和自由主义。他是西方近代早期古典自由主义的重要

---

① [英]罗素著,马元德译:《西方哲学史》(下卷),商务印书馆1986年版,第134页。
② 吴式颖、任钟印主编:《外国教育思想通史》(第五卷),湖南教育出版社2002年版,第304~358页。
③ [英]罗素著,马元德译:《西方哲学史》(下卷),商务印书馆1986年版,第134页。

代表,该学说的主要特征是维护宗教宽容、尊重人身安全和财产权、限制世袭主义。在教育方面则认为人生而平等,以后的不平等是环境的产物,因此十分强调教育的重要性。洛克通过自己的理论著述活动最早详尽地表达了上述自由主义主张,在当时具有进步意义。

(二) 理论工作的主要成就

1. 以唯物主义经验论为主体的认识论

由本体论转向认识论是西方近代哲学的一般特征。洛克明确提出,其哲学目的在于研究人类知识的起源、可靠性和范围。在《人类理解论》中,洛克批判了天赋观念论,系统考察了人的认识能力,详尽论证了培根和霍布斯提出的知识和观念起源于感性世界的基本原则,建立了欧洲哲学史上前所未有的庞大的唯物经验主义理论体系。

洛克继霍布斯、伽桑狄之后对"天赋观念论"进行了更为深刻的批判。当时的天赋观念论虽有不同学派和各种理论形式(如古代柏拉图和中世纪经院派以来的传统天赋理论、笛卡尔及其唯心主义信徒的天赋观念论、英国的传统宗教思想和道德思想、剑桥柏拉图学派的天赋理论),①但其共同特点是把某些观念和原则的普遍必然性和对它们的大致同意作为天赋性的证明。洛克举出大量事例来证明"一切人类并没有公共承认的原则",又驳斥了所谓"理性发现"论,认为人们并非一开始运用理性就能知道和同意所谓天赋原则的,人们的观念最初都起源于特殊的感觉。儿童必须经过长期教育才能逐渐懂得一些抽象命题的意义。

洛克详尽论证了培根和霍布斯提出的关于知识和观念起源于感性世界的原则,使经验主义认识论成为一个体系,在认识论史上作出了卓越贡献。首先,洛克提出心灵一开始是"白板"的假定,并认为心灵后来掌握的知识和观念都来自经验。经验的形成有两个来源:感觉和反省。前者来自对外界事物的直接感觉本身,后者则是人的心灵对自己内心作用的感觉,它的对象是我们自身内部的心理活动。其次,洛克提出了关于简单观念和复杂观念的学说。前者是指通过感觉人们所获得的诸如红与黄、软与硬、甜与苦等观念,它们是认识的基础和材料;后者则是对前者进行概括,使之上升为"抽象观念"。再次,依据那个时代的"物质微粒学说",洛克认为外界可被感知的物体具有两类性质,即"第一性质"与"第二性质"。前者指广延、形式、运动、静止、数量等;后者则指当物体的"微细部分作用于人的感官",人产生颜色、声音、滋味等方面的观念时,物体所具有的各种有关"能力"。由前者就产生了"第一性质的观念",由后者则产生了"第二性质的观念"。最后,洛克论证了知识的等级、确定性和范围。根据知识的不同来源和不同的确定性程度,可把知识划分为几个等级:直觉的、论证的和感觉的知识。

综上所述,洛克详尽论证了基于感觉经验之上的人类认识的发展过程。他的经验主义从总体上说是唯物主义,但是他的认识学说具有明显的二元论倾向,主要表现在"二重经验"说上。洛克把感觉和反省,即外界的物质的东西和自己的心理活动看作是人的知识和观念的两个来源,并认为反省经验与外物完全无关。

2. 自由主义政治学说

洛克的政治思想是为1688年英国"光荣革命"确立的君主立宪制国家辩护的,在此意义上

---

① 吕大吉著:《关于洛克与天赋观念论的论战》,载《外国哲学史研究集刊》(经验论与唯理论研究),上海人民出版社1982年版,第146页。

可以说洛克是1688年英国封建贵族同资产阶级和新贵族妥协的产儿。在《政府论》中,他和霍布斯一样以自然法和社会契约论为基础来解释国家权力的起源、性质和作用,但他没有像霍布斯那样把自然状态描绘成一个弱肉强食的不安定状态,而认为自然状态是一种"完备无缺的自由状态"。在这种状态中,自然法即人类理性教导着全人类,任何人都不得侵犯他人的生命、自由和财产这些基本权利。通过契约所建立的政府正是财产权的保护者。洛克要求施以法治,极力反对君主专制制度,提出了立法权、执行权和对外权三权分立学说;为防止出现政府专制的问题,洛克又提出了政府解体和革命的思想。

洛克的政治学说在西方政治思想史上具有重要的意义:他第一次使社会契约论成为完整的资产阶级的理论;他所论证的"天赋人权"原则成为其后一切资产阶级反封建斗争的有力武器;他所确立的公民享有不可剥夺、不可转让的生命、自由和财产的权利,经过美国的《独立宣言》和法国的《人权宣言》等以法律形式确立下来,成了资产阶级法律的原则;他的分权理论第一次为资产阶级用民主形式组织国家提供了理论论证,并成为西方资本主义国家制度的一项主要原则。

3. 宗教宽容学说

洛克生活在一个由传统的天启宗教观念向理性主义的自然宗教观念转变的时代。17世纪的英国,新兴资产阶级要求改良宗教,以结束宗教改革以来遍及英国及全欧的残酷而持久的宗教战争,达到社会安定,促进资本主义发展。总之,主张宗教宽容是17世纪欧洲历史发展中的一种进步现象。而"洛克为信仰问题上的宽容所作的辩护,已经成了经典"。①

洛克在《论宗教宽容》中深刻揭露了盛行于世的宗教纷争和宗教迫害的内在本质,这"只不过是人们互相争夺统治他人的权力和最高权威的标记罢了"。② 而纯正教会基本特征的标志应当是宽容。洛克明确主张政教分离,认为政府为行使自己的权利可使用强制手段,而宗教涉及人们内在的心灵时的信念是不能使用法律和刑罚的威力的。西方多数思想史家都认为洛克是最重要的自然神论者,但也有学者认为洛克的哲学思想为自然神论的发展提供了某些理论原则,而他本人并非标准的自然神论者。

二、论教育作用与绅士培养目标

(一) 论教育的作用

洛克从唯物主义经验论立场出发充分肯定了教育的作用。他考察了儿童初入世时的状态后认为:"儿童的观念是渐渐学得的。"③他承认有所谓"天才",这些人用不着别人多少帮助,凭着天赋的才力,自幼就能向着最好的境界去发展,做出伟大的事业,但在他看来,这样的人是很少的。"我敢说我们日常所见的人中,他们之所以或好或坏,或有用或无用,十分之九都是他们的教育所决定的。人类之所以千差万别,便是由于教育之故。"④"人们的态度能力之所以千

---

① [英]索利著,段德智译:《英国哲学史》,山东人民出版社1992年版,第129页。
② [英]洛克著,吴云贵译:《论宗教宽容》,商务印书馆1982年版,第1~2页。
③ [英]洛克著,关文运译:《人类理解论》(上册),商务印书馆1959年版,第70页。
④ [英]洛克著,傅任敢译:《教育漫话》,人民教育出版社1985年版,第25页。

差万别,教育的力量比别的事情的影响都大。"①

洛克受"白板说"的局限尚不能完全合理解释教育在人的发展中的作用。"白板说"是一种消极被动的反映论,其本身包含着许多无法解决的矛盾。洛克关于"反省"的说法实际上已肯定了心灵有自己活动的能力,而有这种能力,心灵就不再像他原先强调的是消极被动的感受器,即不是一无所有的白板了。洛克认为:"我们天生就有几乎能做任何事情的诸多官能和诸多能力。"②这种说法与"白板说"有什么矛盾?他似乎没有想到。

洛克之所以在唯物主义一元论与二元论之间徘徊,将一些自相矛盾的观点兼收并蓄,其中的一个重要原因是对霍布斯机械唯物主义物质观的反思。因为如果依照霍布斯的物质观,所谓物质只是一种具有"长、宽、高"和不同质量的"有机体",它在自身中是连运动也不能产生的,那它又如何能作用于感官和心灵,使人产生出感觉和思想呢? 为了解决这个矛盾,洛克采取了他所特有的"健全理智"的认识方法,在经验主义基础上改造和吸收了理性主义的因素,重视经验的同时亦提倡理性思维。

洛克思想的个人主义和自由主义特征使他更多地从教育对于个人发展的角度去论证教育的作用,但他也强调使儿童受到良好的教育不只是父母的责任,因为"国家的幸福与繁荣也靠儿童具有良好的教育"。③ 洛克强调了教育对于英国保持世界领先地位的重要性,认为英国在世界上是一个有地位的国家,原因是英国人有德行、本领和学问。要想使下代人信心不减退,德行不堕落,知识不退步,就必须"从青年们的教育与原则性上去打好基础"。④

(二) 论绅士培养目标

洛克主张不同地位和职业的人所受教育应有所区别,一个王子、一个贵族和一个普通绅士的儿子的教养方法应当有所区别。"最应注意的还是绅士的职业。因为一旦绅士受到教育,走上了正轨,其他的人自然很快就都能走上正轨了。"⑤他在《教育漫话》中就以青年绅士的培养作为教育的主要目标。

洛克所要培养的绅士不是教士,不是学究,也不是朝臣,而是事业家。《教育漫话》通篇都围绕这个基本点展开讨论。"绅士需要的是事业家的知识,合乎他的地位的举止,同时要能按照自己的身份,使自己成为国内著名的和有益于国家的一个人物。"⑥年轻绅士必须有强健身体,具备德行、智慧、礼仪和学问;他要能用理性克制自己不合理的欲望,使自己更明智,更能深谋远虑;他持重,有良好的教养;他懂得人情世故,能使自己聪敏地与别人相处;他具备一个事业家所需要的各种知识,能干又精明,能处理好自己的事务。

受文艺复兴后期以满足普通生活权利要求为目的的新教育运动的深刻影响,洛克继蒙田等人之后进一步呼吁将教育重心逐渐从学术成就转移到绅士风度培养上来。绅士不是博学的人,因而没有必要熟悉一切科学的对象。而正确地判断人,使自己与别人聪敏相处,较之说

---

① [英]洛克著,傅任敢译:《教育漫话》,人民教育出版社1985年版,第42页。
② [英]洛克著,吴棠译:《理解能力指导散论》,人民教育出版社1993年版,第11页。
③ [英]洛克著,傅任敢译:《教育漫话》,人民教育出版社1985年版,第23页。
④ 同上书,第71页。
⑤ 同上书,第223页。
⑥ 同上书,第97页。

说希腊文与拉丁文重要得多,也较之把儿童的脑袋充满物理学与玄学的深奥理论要有用得多。总之,洛克把性格训练而不是把知识作为绅士教育的首要目的。

出于培养事业家的考虑,洛克对当时的学校教育持不信任态度,而主张家庭教育。他承认家庭教育和学校教育都有缺点,但两相比较,他觉得家庭教育更有利于绅士所需德行的培养,更能保持绅士的纯洁和谦逊。此外,家庭教育比学校教育更有助于个别教导,学生的心理和礼仪的形成需要不断注意并针对儿童的个性特点采取相应措施,而这在大群学生中间是无法办到的。

三、论绅士教育的内容与方法

(一) 论体育

洛克继承了人文主义教育家重视体育的传统,把健康的身体看作绅士事业成功、生活幸福的首要条件。他在《教育漫话》中详尽讨论了儿童健康教育以及骑马、击剑等活动对增进健康的意义。

洛克指出:"健康之精神寓于健康之身体,这是对于人世幸福的一种简短而充分的描绘。"①"我们要能工作,要有幸福,必然先有健康;我们要能忍耐劳苦,要能出人头地,也必须先有强健的身体;这种种道理都很明显,用不着任何证明。"②

洛克强调健康教育的对象是身体健康或至少没有疾病的儿童体格,而不是讨论医生对于有病的、身体脆弱的儿童该怎么办。在他看来,这个问题其实只要短短的一条规则就可以说清楚,即绅士们对待儿女应该像诚笃的小康农民对待子女的办法一样。首先,不能娇生惯养,应通过循序渐进的锻炼使儿童逐步养成忍受酷暑严寒的习惯。例如不戴帽子,用冷水洗脚,多过露天生活等。其次,应建立起合理的生活制度。他反对用紧身衣服束缚儿童,主张儿童饮食简单、清淡,但可以充分享受睡眠,药物应少用或最好不用。再次,强调培养节制精神和良好生活习惯。

游泳、骑马、击剑等原属中世纪"骑士七技"的内容,后逐渐成为贵族和绅士教育传统中的重要内容之一,击剑与骑马被看成教养的必要部分。洛克意识到不提它们会被认为是重大的遗漏,他把骑马看成是一件最有益于健康的运动。骑马能使人在马上习得镇静与优雅,这对于一个绅士在平时与战时都是有用的。洛克也承认击剑对于健康来说是一种很好的运动,但容易使青年以决斗的方式一展自己的技能与勇敢。相对而言,扑击的运动方式则既具有实用性又没有太大危险。

洛克发展了蒙田关于"锻炼"的主张以及培根注重身体保健的思想,也接受了沿自骑士军事体育传统的做法,把游泳、骑马、击剑等看作有益于身体健康的运动。洛克更以一位职业医生的眼光,结合当时的医学保健知识,对年轻绅士的健康教育问题提出了许多切实可行的建议。

---

① [英]洛克著,傅任敢译:《教育漫话》,人民教育出版社1985年版,第24页。
② 同上书,第25页。

（二）论德育

洛克是培根和霍布斯开启的近代经验主义伦理学传统的继承者。其一，洛克不像理性主义伦理学那样热衷于建构纯粹的道德形而上学体系，而是通过经验、观念、归纳和推演等实证的方法来阐述道德理论；其二，洛克进一步使道德学从宗教中分离出来，主张从感觉经验中寻找人类道德的起源、内容和标准，带有鲜明的个人主义、现实主义和功利主义色彩；其三，洛克亦确信正确的思维是道德、高尚行为的前提，认识能力是人的道德本性的组成部分，没有理性的自律，道德根本就不可能存在。

1. 经验主义伦理学原理

洛克运用经验主义方法研究伦理问题，重视道德的经验事实和具体行为的评价。他批判了天赋道德观念论，认为善恶等道德观念都是人们在后天经验的基础上通过理性发现的。事物所以有善恶之分，只是由于我们有苦、乐之感。所谓善就是能引起（或增加）快乐或减少痛苦的东西，所谓恶就是能产生（或增加）痛苦或能减少快乐的东西。① 道德行为受到属于外在力量的官长和属于内在力量的良心两个"法庭"的管辖，后者更重要。洛克相信每个人都有足够的经验和智慧去内化道德规范。这就要求教育者制定和说明规范，然后借助于各种措施和方法灌输给个人。洛克试图调解普遍意志和利己主义主体之间的矛盾，力图把个人行为纳入既有利于个人本身又有利于社会的轨道。

洛克的伦理思想以经验主义和功利主义为其特征，反映了当时新兴资产阶级的利益和愿望，有利于资本主义的发展。他批判了封建旧道德传统，教导人们要从宗教狂热中解脱出来，重视道德原则和现实生活的密切联系，并明确肯定了环境和教育在形成人们的道德观念和道德原则过程中的作用。

2. 论年轻绅士应具备的品德

经验主义、功利主义和自由主义是洛克在《教育漫话》中讨论年轻绅士所应具备品德的主要理论依据，而绅士应具备三种品德：有远虑，富有同情之心或仁爱之心，有良好的教养或礼仪。洛克的德育目标就是要造就能按这些道德规范行事的、有绅士风度的人。

（1）人有远虑就是有德

洛克提出"人有远虑就是有德"的著名命题。他指出人具有利己本性以及目光易短浅的弱点。人都只关心自己并只注重当前的现实利益，往往由于一时快乐而导致将来更大的痛苦，必须通过教育使人成为有理性的生物，人应当以长远利益为人生指针，只顾当前利益而不考虑长远利益就是失德。洛克提出："一切德行与价值的重要原则及基础在于：一个人要能克制自己的欲望，要能不顾自己的倾向而纯粹顺从理性所认为最好的指导，虽则欲望是在指向另外一个方面。"② 人类在各个年龄阶段有各种不同的欲望并不是错处。问题不在于有没有欲望，而在于有没有管束欲望的能力。因此，一切德行与美善的原则在于克制理智所不容许的欲望的能力。大凡不能克制嗜欲、不知听从理智指导而摆脱目前快乐或痛苦纠缠的人，就有流于一

---

① ［英］洛克著，关文运译：《人类理解论》（上册），商务印书馆1959年版，第199页。
② ［英］洛克著，傅任敢译：《教育漫话》，人民教育出版社1985年版，第43页。

无所能的危险。

(2) 培养同情心或仁爱心

近代伦理思想的一个重要特征是从一开始就注重个人利益与社会公共利益关系的研究。洛克要求人们在追求私利时不要去损害他人和公共的利益,应在长远利益的基础上把公私利益结合起来。为此,洛克强调培养儿童的同情心或仁爱之心,教导儿童不去摧残或毁灭任何生物,除非是为了保存其他更高贵的事物,或者是为了它们自身的利益。他要求年轻绅士养成仁爱的心情,礼遇下人,对于地位较低、财产较少的同胞更要同情和温和。"仁爱"本属于传统的基督教伦理学的一个重要概念,洛克在这个旧概念里装进了资产阶级博爱思想的新内容。

(3) 礼仪是绅士的美德

洛克将良好教养或礼仪(civility,或译"礼貌")视为"绅士的第二种美德。""礼仪"或"礼貌"在洛克生活的时代不是什么新概念,中世纪曾为人们留下了大量关于社交行为的记载。14世纪以后,在大的封建宫廷中形成的属于世俗上层社会中的行为方式,逐渐成为在市民阶层和其他阶层中广为流行的行为准则和戒律。① 洛克关于绅士礼仪问题的讨论反映了这种时代需要。

与伊拉斯谟一样,洛克强调绅士教养风度的培养有赖于教育,但他反对过分拘泥于礼仪,认为礼仪太繁琐也是一种过失。礼仪是在人的一切美德之上加的一层装饰,目的是获得别人的尊重与好感。美德是精神上的一种宝藏,而使它们生出光彩的则是良好的礼仪。这样,他将礼仪教育问题深化为一种德行理论。洛克指出,良好的礼仪的核心问题是对自己和他人都要有一个正确的认识。不要自视甚低,以避免忸怩羞怯;也不要目中无人,以避免行为不检点和轻慢。

3. 论品德培养的方法

(1) 教育方法应适合儿童的天性

洛克继承并发展了人文主义者关于教育遵循自然的思想,强调研究儿童的一般心理特征和个性特征对教育方法的重要意义。"上帝在人类的精神上面印上了各种特性,这些特性正同他们的体态一样,稍微改变一点点是可以的,但是很难把他们完全改成一个相反的样子。"② 由于"不可改移的本性",儿童表现出或强悍或懦弱,或有自信力或很谦虚,或温驯或顽强,或好奇或粗心,或敏捷或迟钝,因此我们对待他们的方法也应有所不同。教育者应在儿童年幼还不会装模作样掩饰自己的时候去观察和研究他们的天性和才能,然后看他们的天性怎样才能改良,看他们所缺乏的东西是否能通过努力去获得或由练习去巩固。

(2) 自由与管理

洛克花了许多气力研究自由与意志、自由与放纵和自由与管理的问题。在他看来,"自我"、"人格者"只能属于有理智的主体,是能受法律支配并能感受苦乐的主体,表达了他关于人格独立、自主和尊严的思想,否定了神学人格论和君主绝对人格论,体现了他一贯坚持的个性

---

① [德]诺贝特·埃利亚斯著,王佩莉译:《文明的进程》第1卷,三联书店1998年版,第155~156页。
② [英]洛克著,傅任敢译:《教育漫话》,人民教育出版社1985年版,第61页。

原则。但洛克认为，自由与放纵对于儿童是没有什么好处的。他们遇事没有判断的能力，所以非得有人管束不可。相反，成人行事，一切有自己的理智可以凭靠，专制与严厉对他们来说是一种不好的方法。因此，"无论需要何种严格的管理，总是儿童愈小愈须多用；一旦施用适度，获得效果之后，便应放松，改用比较温和的管教方法"。① 父母应当首先凭借畏惧取得支配儿童的精神的力量，而待他们年岁稍长以后就要用友爱去维系。

（3）奖励与惩罚

洛克认为应该采取奖励与惩罚的方法作为支配儿童的重要手段。但他反对人们通常选择身体上的痛苦或快乐作为奖惩的方法，认为这只能助长那些本应被扑灭的嗜欲，助长心里面的一切罪恶源泉，一有机会它便会变本加厉，来势更加凶猛。洛克指责鞭笞儿童是"奴隶式的管教"，这种方法有可能治好儿童任性的毛病，但接踵而至的却是更恶劣、更危险的心情颓丧的毛病，这种儿童终生对自己和别人都没有用处。用儿童心爱的事物奖励儿童以讨取其欢心的方法同样应小心加以避免。

洛克主张另一类的奖励与惩罚，即尊重与羞辱。"儿童一旦懂得了尊重与羞辱的意义之后，尊重与羞辱对于他的心理便是最有力量的一种刺激。如果你能使儿童爱好名誉，惧怕羞辱，你就使他们具备了一个真正的原则，这个原则就会永远发生作用，使他们走上正轨。"②洛克主张隐恶扬善，即斥责应在私下进行，不应当众宣布儿童的过失，使其无地自容。相反，对儿童的赞扬应公开进行，以使其奖励的意义更大。

（4）通过练习及早培养各种良好习惯

洛克认为："习惯有很大的魔力，凡我们所习惯做的事情都觉得顺利并且高兴，因此，它就有很强的吸引力。"③儿童不是用规则可以教得好的，规则总是会被他们忘掉。克制不合理欲望的能力的获得和增进靠习惯，而使这种能力容易地、熟练地发挥则靠及早练习。习惯的力量比理智更加有恒、更加简便。习惯一旦培养成功就会很容易、很自然地发生作用。在习惯的培养方法上，洛克提醒两件事：第一，最好是和颜悦色地去劝导，不可疾言厉色地责备儿童。第二，同时培养的习惯不可太多，否则会把儿童弄得头昏眼花，反而一种习惯都培养不成。应由导师监督儿童反复练习某项行为以养成习惯，而不要让儿童去死记规则。

（5）说理和榜样

洛克认为，儿童在很小的时候就希望被人看作具有理性的动物。他们这种自负的态度应当得到鼓励，应在可能的范围内尽量利用这种态度，把它当作支配儿童的最好工具。洛克所倡导的说理是以适合儿童的能力与理解力为限的。一个3岁或7岁的孩子，不能把他们当作成人一样去和他辩论。长篇大论的说教和富有哲学意味的辩论充其量不过使儿童感到惊奇与迷惑，而不能给他们以教导。如果要用道理打动儿童，那么道理必须明白晓畅，适合他们的思想水平，而且应该能够被接触到和被感觉到才行。

洛克重视榜样的教育力量。他指出，人类是一种模仿性很强的动物，是染于青则青、染于

---

① ［英］洛克著，傅任敢译：《教育漫话》，人民教育出版社1985年版，第50~51页。
② 同上书，第55页。
③ ［英］洛克著，关文运译：《人类理解论》（上册），商务印书馆1959年版，第250页。

黄则黄的。伴侣的影响比一切教训、规则和教导都要大。所以,学习的方法与其依从规则,不如根据榜样。父亲与导师都应以身作则,决不可以食言,除非是存心使儿童变坏。还应把儿童应该做的或是应该避免的事情的榜样放在他们的眼前。

(三) 论智育

洛克认为,教育必须使人适合于生活、适合于世界,而不只是适合于学校,因而反对把一两种文字(拉丁文和希腊文)当作教育的全部任务;教育在本质上是一种性格的训练,知识教育并没有穷尽它。"学问是应该有的,但是它应该居第二位,只能作为辅助更重要的品质之用。"① 一个有德行或有智慧的人比一个大学者更为可贵。对心地良好的人来说,学问有助于德行与智慧;而对那些心地不是那么良好的人来说,文字、科学以及教育上的其他一切成就都没有用处,或只会徒然地使其变得更坏、更愚蠢和更危险。因此,导师的主要任务在于小心形成年轻绅士的品德,有了这一点,学问则极容易用适当的方法去获得。

1. 知识观

洛克的知识观以其经验论原则为基础。他把知识分为直觉的、论证的和感觉的三个等级,认为数学以外的包括物理学和其他各门自然科学方面的知识都属于感觉的知识,不具有普遍性和必然性,是一种最不可靠、最不确定的知识。他的观点虽有实体不可知论倾向,并对当时尚不甚发达的自然科学持怀疑态度,但他反独断的批判精神和对于观察、实验等方法的强调对科学研究的发展有积极作用。

与对自然科学的怀疑态度相比,洛克对数学、工艺之学和人事之学的重视显得十分突出。首先,他认为,没有比数学更能培养推理能力的了,因而凡是有时间和机会的人都应该学习数学。② 其次,重视工艺之学在那个时代的英国是一种风尚,洛克强调工艺之学对绅士事业的意义,认为首先发明印刷术、罗盘、金鸡纳霜的人比设立学院、工场和医院的人更有实际用处。再次,绅士的正当职业是为他的国家服务,因而关心道德的和政治的知识才是正当的。总之,从功利主义立场出发,洛克认为道德学、政治学和各种工艺之学对人类最有功用。

洛克强调培养理解力、思考力和判断力对于扩大知识的重要意义,教育的目的在于教会人们生活,阅读只能为心智提供知识材料,只有思考才能把这些材料变为我们自己的知识。洛克否定经院主义方法是知识的源泉,认为经院中的规则或公理不能帮助人们推进科学或发现未知的真理。在洛克看来,获得知识确实而唯一的办法是在我们的心智之中形成关于事物的清晰的、稳定的意念,而不应当根据人们的意见来判断事物。

2. 学习计划

洛克在《教育漫话》和《漫谈绅士的阅读与学习》中提出了内容广泛的学习计划,其特点是新观念与旧传统并存,反映了当时英国新贵族和新兴资产阶级对教育的实际需要。"功用"是洛克选择学习科目的主要标准,他主张把现代实用科目与古典科目结合起来,兼顾装饰与实用。他为年轻绅士开列的学习科目包括阅读、写字、图画、速记、法文、拉丁文(作文、写诗)、地

---

① [英]洛克著,傅任敢译:《教育漫话》,人民教育出版社1985年版,第151页。
② 同上书,第100页。

理、算术、天文、年代学、历史、伦理学、民法、法律、修辞学、逻辑、自然哲学、希腊文、跳舞、音乐、击剑、游泳、骑马、扑击、旅行、园艺、细木工、商业算学等。"这是一个既广又窄的课程表。说它广,是因为它囊括了当时盛行的宫廷教育中所有的能够使青年绅士适应宫廷生活和公共事务所需要的科目;说它窄,是因为摒弃了从文化的标准来要求的文学以及其他广泛的美学兴趣。这是由于他的功利主义局限性使某些科目突出,然而,它却填补了先前教育家们所忽略了的科目。"①

洛克重视语言学习,认为正确写作与正确说话可以使人显得优雅并被人注意。但洛克不主张学希腊文,他也承认不懂希腊文的人不能算学者,但这里所说的是绅士教育。洛克主张绅士学法文和拉丁文。法文作为一种活文字有实用价值。拉丁文主要起装饰作用,但没有必要花太多时间或强迫儿童去学习。洛克提倡学习先前的教育家们所忽略的英文,他强调彻底掌握英语的呼吁给人留下深刻印象。

洛克的课程表中另一个引人注目的内容是对手工技艺的热情倡导。他希望绅士要学习一种手工技艺,最好是学习两三种并擅长其中的一种。他论证了学习手工技艺的种种好处:其一,从练习得来的技巧本身就是值得获得的。他所说的"技巧"不仅指文字以及学者所学的科学中的技能,还包括图画、车工、园艺、淬火与铁工等有用的技能。其二,练习技能技巧对于绅士的健康也是必需的和有益的。其三,技巧工作对于年轻绅士来说是一种合适而又健康的娱乐。其四,学习技艺还将有助于绅士管理和教导他的工匠、园丁等。洛克提倡的技艺活动有园艺、木工、车工、薰香、油饰、雕刻、铁工、铜工、银工、刻板、琢磨、安配宝石或琢磨光学玻璃等。此外,他认为商业算术也是绅士应该学习的一门有用的技艺,它有助于绅士保持其原有的财富。

洛克继承了当时上流社会的一种习俗,即主张通过游学来结束绅士的教育。他对游学教育提出了自己的看法,认为旅行的主要好处一是学习语言,二是能与各种人打交道,以便在智慧与持重上面获得长进。当时绅士子弟出国旅游的年龄一般在16~21岁之间。洛克主张游学年龄要么早一点即7~14岁或16岁,以便更好地学习外国文字;要么年长一些,可无需导师约束。

3. 论教学方法

洛克指责文法学校所教的内容和方法不适应儿童的年龄特点,使得儿童非有鞭笞不肯学习,而且即使在鞭策之下学得也极为勉强。在大学里则盛行以争辩的方法来求学,以口角的艺术来教人,无助于探求真理和知识。他以经验论和儿童心理学为基础探讨了教学方法。

(1) 教学法的心理学依据

首先,洛克把联想论心理学运用于教育。他用带有机械主义倾向的方法来处理心理现象,即先把心理现象分析为简单成分,然后再把这些成分合成复杂的观念,这就是后来的所谓"联想主义"。从"联想"思想出发,洛克重视在学习过程中新旧知识的联系。"就是说,尽量和他已经知道的东西连接起来;要和他已知的东西有所区分,但紧密连接。"②"应该从心理所已具有

---

① [英]博伊德、金合著,任宝祥、吴元训主译:《西方教育史》,人民教育出版社1985年版,第275页。
② [英]洛克著,吴棠译:《理解能力指导散论》,人民教育出版社1993年版,第73页。

的知识入手,进而探求那些与它相邻相关的知识。"①

其次,洛克认真研究了儿童的心理特点,认为"儿童究竟是儿童",他们活泼好动,憎恶懒惰,喜爱忙忙碌碌;爱好快乐,喜欢自由,因而喜欢游戏;有好奇心,因而有求知欲望;心理仄狭脆弱,通常只能容纳一种思想;喜欢变换和见异思迁。此外,做事疏忽,漫不经心,思想混乱,缺乏判断力,也都是儿童时期自然的过失。只要他们不是存心如此,都应温和地加以提醒,并逐渐地予以克服。

再次,洛克把数学解证方法运用于人的理性发展一般过程的研究,提出"理性发展四阶段说":"第一个最高的阶段就是发现出证明来;第二就是有规则地配置起各种证明来,以明白的秩序,使它们的联系和力量为人迅速明白看见;第三就是察知和它们的联系;第四就是形成一个正确的结论"。② 这样,他借用自然科学方法的语言表述了对一般人类认识规律的总看法,并认为学了数学的人能把这种推理方法迁移到知识的其他部分中去。

(2) 论儿童的教学方法

洛克要求尊重儿童的人格,尊重儿童的权利,坚持认为教学方法必须考虑儿童的特殊需要、兴趣和能力,并根据自己对儿童年龄特征和心理特点的观察精辟论述了教育儿童的具体方法,丰富和发展了文艺复兴以来人文主义教育家"教育遵循自然"的方法。

第一,"我们教导儿童的主要技巧是把儿童应做的事也都变成一种游戏似的"。我们不应该把书本和其他我们要儿童去学的事物当作一种任务强加给他们,而应设法使儿童在自以为只是游戏的时候学习阅读。第二,"教师的重大作用和技巧就在于尽力使得一切事情变得容易"。③ 在大多数情形下,不可把困难交给儿童自己去解决,这会使他们愈发感到迷惘。相反,应使他们感到一切事情都容易而且令人快乐。第三,鼓励儿童的好奇心。不应讥笑儿童提出的任何问题,而要给予认真的答复。在解释儿童想要了解的事物时应按照他的年龄与知识的能量,而不应超过他的悟性所能理解的程度。第四,"教师的巨大技巧在于集中学生的注意"。④ 粗暴的方法只会阻碍儿童的专心。第五,应使儿童的身心轮番做有益的练习。"把身体上与精神上的训练相互变成一种娱乐,说不定就是教育上的最大秘诀之一。"⑤一个人读书读倦了并不需要立刻就去睡,而是需要另外做点别的可以消遣和得到快乐的事情。这样,儿童的生活与进步将在一连串的消遣中变得快快乐乐。

四、历史地位

洛克是17世纪英国卓有建树的思想家。他以其唯物主义经验论哲学、自由主义政治学说、信仰自由和宗教宽容学说、功利主义伦理学说和绅士教育学说,在西方思想史上建立起自己崇高的学术地位。作为一切形式的新兴资产阶级的代表,洛克的学说不仅在当时为资产阶

---

① [英]洛克著,傅任敢译:《教育漫话》,人民教育出版社1985年版,第196页。
② [英]洛克著,关文运译:《人类理解论》(下册),商务印书馆1959年版,第676页。
③ [英]洛克著,傅任敢译:《教育漫话》,人民教育出版社1985年版,第164页。
④ 同上书,第166页。
⑤ 同上书,第197页。

级革命运动和反封建的革命思潮提供了直接的思想武器,而且作为一种系统的世界观,长期影响了整个西方的精神和制度。

(一) 主要历史贡献

"少独断精神为洛克的特质,由他传给了整个自由主义运动"①,这在每一派别都认为自己是绝对真理的唯一代表的时代里大可证明洛克的创见。洛克的主要贡献应当说是他的哲学著作《人类理解论》。他进一步发挥了培根的思想,系统表述了整个经验主义思维方式。黑格尔认为,这种形而上学化的经验主义一般在英国甚至整个欧洲都认为是最好的认识方式,科学尤其是经验科学源于这种方式。②

洛克的哲学为他的教育学说奠定了理论基础。他的思想方法深受当时自然科学所建立起来的数学—力学的世界图景的影响。一方面,他强调当时自然科学中所用的观察、实验的方法和物理学因素而形成了经验主义理论;另一方面,他也重视逻辑推理和数学因素,受到笛卡尔几何学方法的深刻影响。虽然洛克哲学杂有二元论成分,但运用在教育方面却得出积极结论:其一,从"白板论"出发,洛克十分重视教育作用,认定在人的形成方面教育的力量比别的事情影响都要大,他的观点后来被爱尔维修发展为"教育万能"论。其二,洛克认为我们天生就有几乎能做任何事情的诸多官能和诸多能力,这种说法与"白板"说之间存在的矛盾他似乎没有意识到,但他据此却提出了必须培养人的理解力、判断力和思考力的积极主张。洛克是近世重视形式教育、重视智力发展思想的先驱。

洛克对教育的第二个贡献是系统阐述了绅士教育理论。西方学者一般认为他的教育思想属于贵族教育传统,突出表现在他把教育视为一种在本质上是性格陶冶、性格训练的活动,并把德行培养放在首位,礼貌和人情世故教育也受到较多关注。但是,洛克又超越了贵族教育传统,十分重视科学和各种工艺技术。洛克对贵族教育传统的激进背离突出反映在学习计划方面:传统的贵族教育是古典文学和骑士制度的混合物,而洛克的学习计划的最大特点是强调"实用性",使教育进一步摆脱了古典主义和习俗的束缚,发展了为绅士现实生活服务的新教育,并因此被誉为"穿着贵族外衣的新兴中产阶级"的教育思想的代表。

洛克对于教育的第三个重要贡献是发展了人文主义教育家关于教育适应自然的思想,将教育的方法建立在心理学的基础之上。自然主义人性论和唯物主义经验论是洛克心理学思想的两个主要理论依据。洛克认定本性"不可改移",并强调这种本性在不同的儿童身上存在着极大的个性差异。因此,他认为有必要细心观察、深入研究各个儿童的个性特征,然后因势利导,使其向善。如果说在德育方法上洛克注重研究儿童的个性差异,其智育方法则更多基于对儿童一般的年龄特征的研究。

(二) 对后世的影响

英国哲学家罗素指出:"从洛克时代以来到现代,在欧洲一向有两大类哲学,一类学说与方法都是从洛克得来的,另一类先来自笛卡尔,后来自康德。"③由于洛克哲学存在着内在矛盾,

---

① [英]罗素著,马元德译:《西方哲学史》(下卷),商务印书馆1986年版,第136页。
② [德]黑格尔著,贺麟、王太庆译:《哲学史讲演录》第4卷,商务印书馆1978年版,第137页。
③ [英]罗素著,马元德译:《西方哲学史》(下卷),商务印书馆1986年版,第174页。

动摇于唯物主义一元论与二元论之间,因而他所留下的哲学遗产既是以狄德罗等为代表的18世纪法国唯物主义的思想渊源,又成为以贝克莱为代表的主观唯心主义哲学的思想渊源。

在整个18世纪,洛克被视为教育方面的权威,其思想不断地被援引。《教育漫话》一书被誉为"标志着西方哲学、社会和教育思想的主要转折点"[①]和17世纪学校教育的"大宪章"。"通过这本书,大部分教育哲学的精髓就能够带到即将来临的新时期。"[②]17世纪末洛克著作最早的法文翻译者认为,尽管洛克关心的只是一部分社会精英的教育,但他的所有原则几乎都是普遍适用的。

洛克的教育思想对18世纪英国的家庭教师教育和学园教育产生了重要影响。17世纪后期,文法学校仍强调古典语言的教学,与社会的发展要求不相适应。在这种情况下,家庭教师和学园应运而生,将埃利奥特、培根、弥尔顿以及欧洲其他国家的进步教育思想付诸实践,提供工商业发展所需要的各种实用课程。洛克以"功用"作为选择学习科目的主要标准,主张文实结合。他的教育思想成为这种新教育的理论支柱。洛克在《教育漫话》中对文法学校的批评和对绅士私人教育的倡导,引发了18世纪英国关于"公学教育和私人导师的教育,何者更可取"的热烈讨论。

18世纪的法国唯物主义者在不同程度上都受到洛克的影响。拉·夏洛泰、孔狄亚克和爱尔维修等人都受到洛克唯物主义经验论的影响,认为个人的状况在很大程度上决定于他所受的教育,并根据这种观点推论出国家的性质依靠于其公民所受教育的性质,教育对国家的支持是社会改革的基本条件,因而倡导国民教育。他们的主张为西方国民教育理论与实践的发展奠定了重要的思想基础。

卢梭的教育思想受到洛克的深刻影响。他对教育问题的讨论大多基于洛克提出的问题,或是提出异议,或是修正和发展。如关于锻炼、关于养成良好习惯以及培养感觉等主张是对洛克有关思想的详尽发挥。卢梭关于教育适应自然的思想在某种意义上亦与洛克关于儿童的本性"不可改移"的观念相联系。卢梭对"事物"及其效用的重视更是受到洛克的很大影响。因此,尽管卢梭的教育体系与洛克的教育体系有很大区别,即洛克的教育思想总体上是建立在"白板说"基础之上的,由此而倾向外铄论或形成说,而卢梭的教育思想则倾向内发论或发展论,但二者思想中不乏相通之处。洛克教育思想中的不少观点在卢梭那里得到发展,成为西方现代教育派的重要思想渊源之一。

第三节 卢 梭

让-雅克·卢梭(Jean-Jacques Rousseau,1712～1778)是18世纪法国的启蒙思想家、哲学家和教育思想家。卢梭虽是启蒙运动的一员,但当其他启蒙思想家为理性、文明和进步高唱赞歌之时,他却敏锐意识到自然与文明之间、自然状态与社会状态之间、道德与理性之间的深

---

① James Bowen. *A History of Western Education*. Methuen & Co. Ltd, 1981, Vol. 3, p. 176.
② [英]博伊德、金合著,任宝祥、吴元训主译:《西方教育史》,人民教育出版社1985年版,第271页。

刻矛盾,从更深层次对自然、社会和人生进行了冷峻沉思。他意识到,当哲学家们把科学理性贯穿于人类知识的所有领域的时候,不仅自由而且人本身的价值和尊严都成了问题。结果,启蒙主义的两大支柱——理性与自由,就发生了尖锐的矛盾。卢梭对启蒙运动的反思启发了康德,使他认识到科学知识的局限和自由问题的重要意义,即理性与自由之间的冲突,从而更加自觉和深入地开始了对启蒙主义的反思,至今仍有重要的理论意义和现实意义。

一、生平、主要著作和思想特色

"卢梭是一个古怪的天才,只有极少几个人能像他那样影响现代世界。"[①]他生于瑞士日内瓦一个流亡的法国新教徒家庭,母亲在他出生几天后就去世了,父亲是一位钟表匠,据说有点神经错乱。卢梭没有进过什么学校,靠自学成才。他熟悉法国蒙田和英国洛克的作品,从他们那里融合了英法两国的气质而成为自己才华的特色。1740年,他曾任家庭教师,激发了他对教育的浓厚兴趣。卢梭最初的教育思想是满足于追随洛克和前一个世纪法国的比较进步的教育家。1742年,卢梭结识了启蒙学者狄德罗、伏尔泰等人,参加《百科全书》的撰写活动。在一段时间里,他和他们的观点是一致的,认为人类的不平等在很大程度上是由于环境和教育,提倡国民教育是培养良好公民的必要手段。37岁前的卢梭显得很迟钝,没有显出他的才华。据说37岁那年他被雷电击倒之后一下子变得耳聪目明,此后神气十足地过了12年。1749年因撰写《论科学与艺术的复兴是否有助于敦风化俗》(简称《论科学和艺术》)一文获得第戎科学院征文奖而声名鹊起。以后他相继发表《论人类不平等的起源和基础》(1753)、《新爱洛绮丝》(1761)、《社会契约论》(1762)和《爱弥儿》(1762)。此后又重新回到单调和醉生梦死的生活。法国大革命前11年,1778年7月2日卢梭逝世。他以语言的力量帮助大革命的发端是任何人所不能及的。

西方学界一般认为,卢梭的两篇论文即《论科学和艺术》和《论人类不平等的起源和基础》是"解构"性的。另外两篇完成于同一年(即1762年)的作品《社会契约论》和《爱弥儿》是血肉相连的,都具有"重建"的性质,分别从法律和教育这两个西方思想史的传统领域入手,向人们描述了他的"理想国"的概貌。这是卢梭写下的两部最勇敢和最有成就的著作,是用18世纪革命前的精神孕育出来的,差不多一出现在书市就立即被宣判烧毁。

《爱弥儿》(Emile)是卢梭的教育哲理小说。卢梭自己曾说过,这本书构思花了20年,写作花了3年。卢梭总结了个人自学成才的经验以及他在马布里家做家庭教师的经验。这本小说通过论述主人公爱弥儿及其未婚妻苏菲的教育过程,批判了经院主义教育,提倡自然主义教育;认为人生来具有自由、理性和良心的秉赋,顺乎天性发展就可成为善良的人并实现善良社会,故教育应受天性指引,以培养"自然人"为目的;论述了儿童身心发展的四个时期的特点、教育内容和方法;论述了女子教育。卢梭的教育方式带有西方绅士教育的特征,即侧重培养品格而非提高智力。该书反映了新兴资产阶级改革教育的要求,是与柏拉图的《理想国》和杜威的《民主主义与教育》齐名的世界三大教育名著之一。

---

① [美]S·E·佛罗斯特著,吴元训等译:《西方教育的历史和哲学基础》,华夏出版社1987年版,第341页。

卢梭的《忏悔录》被视为浪漫主义运动的典范。在自传中,他力图以真诚的方式实录自己一生的优缺点,而不是像奥古斯丁的《忏悔录》那样用自己的生平来验证上帝这位造物主。他采用的这种审视自我的方式,有助于建立起浪漫主义艺术的下述准则:凸现个人的经历,在童年时期探寻解释成年品格特征的途径。[1] 浪漫主义运动的特征总的说来是用审美的标准代替功利的标准。在认识论方面,卢梭偏爱经验胜过理智的做法,也预示着浪漫主义运动。作为浪漫主义运动之父,他是从人的情感来推断人类范围以外的事实那派思想体系的创始人。"孤独本能对社会束缚的反抗,不仅是了解一般所谓的浪漫主义运动的哲学、政治和情操的关键,也是了解一直到如今这运动的后裔的哲学、政治和情操的关键。"[2]

卢梭基本上是一位自然神论者。他把上帝作为宇宙运动变化的始因,但认为上帝并不能随意创造或消灭物质。卢梭承认感觉是认识的来源;认为由于上帝的恩赐,人生而秉有自由、理性和良心,构成了人的善良天性。人本善良,但社会通过种种虚伪的做法使人腐化堕落。社会以繁文缛节取代道德,以无用的知识与游手好闲取代真理与美德。"人是生而自由的,但却无往不在枷锁之中。"[3]他把私有制看作社会罪恶的根源,并提出社会契约论作为以暴力推翻封建专制的理论依据。卢梭希望建立以劳动和小私有制为基础的社会,以确保广大小资产阶级的利益。他的社会政治学说对法国革命的历史进程以及西方资产阶级政治制度的建立都产生了很大影响。

卢梭在哲学上的主要贡献是他的社会政治学说,自由和平等是其社会政治哲学的最高目的。《论人类不平等的起源和基础》探讨了不平等的起源和基础,《社会契约论》所关注的则是如何实现社会平等的问题,他围绕着"社会不平等的起源和基础"与"克服社会不平等的途径"这两个主题阐发了独具特色的思想。在某种意义上说,卢梭开始了启蒙运动的自我反思和批判。卢梭的社会政治学说以自然法理论为基础,揭示了"自然状态"与"社会状态"之间的矛盾。在《论人类不平等的起源和基础》中,卢梭激烈批判了现存社会状态,表现出一种回归自然的倾向。但他也意识到人类实际上是不可能再回到自然状态之中去的。于是他在《社会契约论》中寻找一种在进入社会状态的时候不至于丧失自由和平等的社会契约,他自认为找到了,这就是人民主权的民主共和国。他的自由、平等和人民主权的思想成为法国大革命中雅各宾派的直接思想武器和战斗旗帜。但在这个问题上,康德似乎比卢梭清醒,认为卢梭幻想将立法与守法统一起来从而实现真正自由的政治理想是不可能成为现实的,最好把它当作一种道德理想。

二、自然主义教育观

(一) 自然教育的涵义

"回归自然"既是卢梭政治、宗教和伦理思想的基本原则,也是其教育思想的主要根据。从性善的观点出发,卢梭提出自然教育的原则作为批判旧教育和建树新教育的理论依据。他认为,人类的教育来源于三个方面:自然、人和事物。他说:"我们的才能和器官的内在发展,是自

---

[1] [美]萨利·肖尔茨著,李中泽、贾安伦译:《卢梭》,中华书局2002年版,第5页。
[2] [英]罗素著,马元德译:《西方哲学史》(下卷),商务印书馆1976年版,第222页。
[3] [法]卢梭著,何兆武译:《社会契约论》,商务印书馆2003年版,第4页。

然的教育,别人教我们如何利用这种发展,是人的教育,我们对影响我们的事物获得良好的经验,是事物的教育。"①只有使这三种不同的教育保持一致,才能使学生受到良好的教育。但是,自然的教育完全是不能由我们决定的,事物的教育只是在有些方面才能由我们决定,只有人的教育才是我们真正能加以控制的,所以就要设法使其他两种教育配合我们无法控制的那种教育。卢梭把"自然"又称为"原始的倾向"或"内在的自然"。他要求教育适应人的内在自然发展的要求,促进人的身心的自然发展。卢梭也因此而被认为是"主观自然主义"的典型代表。

旧教育把儿童看作小大人或各种原始罪恶的体现者,而卢梭要求以新的观点看待儿童。在他看来,成人对儿童一点也不理解。他们总是把小孩子当大人看待,而不考虑孩子们按其能力可以学到些什么。由于对儿童的观念错了,所以愈走愈误入歧途。卢梭要求尊重和研究儿童,把孩子看作孩子:"大自然希望儿童在成人以前就要像儿童的样子。如果我们打乱了这个秩序,我们就会造成一些年纪轻轻的博士和老态龙钟的儿童。"②他呼吁让天真烂漫的儿童享受那稍纵即逝的时光,强调充分度过儿童时代的重要意义,并要求教育者考虑儿童的年龄特征、个别差异以及性别特征,尊重并研究儿童,在此基础上决定教育的程序、内容与方法。这就是卢梭教育思想的主线,也是他对于教育发展的主要贡献。

(二)自然教育的培养目标

卢梭在《爱弥儿》中提出了通过家庭教育或自然教育培养"自然人"的设想。他所要培养的"自然人"不是封建国家的公民或国民,不是局限于某个阶级和某种职业的人,也不是脱离社会的孤独的野蛮人,而是一个"有见识、有性格、身体和头脑都健康的人"。③自然人是生活在城市的野蛮人,他必须知道怎样在城市谋生。自然人需要被教育成为社会成员,并能够尽到社会成员的职责。自然人更不是无以为业或依靠家产为生的懒汉。他要能够独立生活,养成从事劳动的能力。

卢梭的教育目的论充满了反封建的民主主义精神。他反对封建的等级教育制度,反对培养封建贵族及依附于封建权贵的各种专业人员。"自然人"是自食其力的人。他能迎接命运的挑战,适应各种客观形势发展变化的要求。卢梭理想中的"自然人"实质上是资产阶级新人的形象。

(三)自然教育的基本要求

1. 自由教育

卢梭认为人具有自由的天性。他所说的自由是指由人的意志产生的自动的动。在偏见和人类的习俗没有改变人的自然倾向以前,人之所以幸福,完全在于他们能够运用自己的自由。既然自由是人的天性,那么自然教育的首要要求就是自由教育。自由教育能使人保持自己善良的天性而免于罪恶;有助于教师了解学生;能适应儿童活泼的性情,使他们快乐。他强调:"这就是我的第一个基本原理。只要把这个原理应用于儿童,就可源源得出各种教育的法则。"④卢梭反对把自由与放纵混为一谈,而主张"有节制的自由"。

---

① [法]卢梭著,李平沤译:《爱弥儿》(上卷),商务印书馆1983年版,第7页。
② 同上书,第91页。
③ 同上书,第128页。
④ 同上书,第81页。

2. 消极教育

卢梭把从出生到12岁称作"人生当中最危险的一段时间",如不采取摧毁种种错误和恶习的手段,它们就会发芽滋长,扎下深根,永远也拔不掉了。同时,在儿童心灵还没有具备种种能力之前,不应当让他们运用他们的心灵;当它还处在蒙昧状态时,你给它一个火炬它也是看不见的。所以,最初几年的教育应当纯粹是消极的。它不在于教学生以道德和真理,而在于防止他的心沾染罪恶,防止他的思想产生谬见。卢梭要求教育者或采取自己不教也不让别人教的方针,或只锻炼学生的身体、器官、感觉和体力,而尽可能让他的心闲着不用,能闲多久就闲多久。要放任无为方可一切有为。不仅不应当争取时间,而且还必须把时间白白地放过去。

3. 身心协调发展

卢梭认为,教育的最大秘诀是使身体锻炼和思想锻炼互相调剂。因为多病的身体会损害精神的陶冶;身体太舒服了,精神就会败坏。所以,如果你想要培养你的学生的智慧,就应当先培养他的智慧所支配的体力。卢梭强调指出,人类真正的理解力并不是脱离身体而独立形成的,而是有了良好的体格才能使人的思想敏锐和正确。

4. 活动教育

卢梭指出,人不只是一个消极被动的有感觉的生物,而是一个主动的有智慧的生物。生活就是活动,就是要用我们的感觉、我们的才能以及一切使我们感到我们的存在的本身的各部分。他强调教育者必须为儿童提供活动的机会和自由。只要他想做什么就应该让他做什么,必须让儿童使用大自然赋予他们的一切力量。皮亚杰高度评价了卢梭关于活动教育的主张:"儿童具有他自己的真实活动,而且不真正利用这种活动并扩展它,教育就不能成功。的确,这个公式使卢梭成为教育界的哥白尼。"①

5. 行动多于口训

卢梭认为:"真正的教育不在于口训而在于实行。"②孩子们是容易忘记他们自己说的和别人对他们说的话的,但是对他们做的和别人替他们做的事情就不容易忘记了。在他看来,凭一些空洞的格言和不合理的清规并不能约束孩子的心灵,反而会使他们产生极其危险的偏见。正是由于孩子所学的第一个词、所学的第一件事物全是照别人的话去了解,而自己根本就不明白它的用途,所以才丧失了他的判断能力。

卢梭的自然教育思想有明显的社会动机,反映了新兴资产阶级对教育的要求。他力图使年轻一代摆脱封建制度的束缚,免受封建权威、习俗和偏见的毒害。从这种意义上说,他的自由教育和消极教育的主张有其进步性。但卢梭似乎夸大了社会环境对人的消极影响,看轻了社会对儿童的积极教育作用。卢梭强调尊重儿童和研究儿童,考虑儿童身心发展的需要,确立了儿童在教育中的主体地位,揭示了儿童身心发展规律对教育的内在制约性。但受当时科学发展水平的影响,卢梭对儿童早期发展的可能性和必要性是估计不足的,具有一定的保守倾

---

① 任钟印主编:《世界教育名著通览》,湖北教育出版社1994年版,第1519页。
② [法]卢梭著,李平沤译:《爱弥儿》(下卷),商务印书馆1983年版,第401页。

向。卢梭一方面主张身心锻炼应相互调剂、相互促进,但另一方面又认为可以只锻炼身体和器官,而让心闲着不用,在某种意义上陷入了自相矛盾。上述种种情况的出现是与卢梭政治上的激进与保守共存,哲学上的唯物主义与唯心主义并行,以及理论与实践相脱离和追求浪漫而不考虑逻辑等特点的一个必然结果。

三、各阶段教育的内容和方法

卢梭指出,每一个年龄阶段,人生的每一个阶段,都有其适当的完善的程度,都有其特有的成熟时期。他要求教育者要按照学生的年龄去对待他。他说:"我的方法……它是根据一个人在不同的年龄时的能力,根据我们按他的能力所选择的学习内容而进行的。"①如果教育方法不太适合学生的个性、年龄和性别,要想取得成功是令人怀疑的。他在《爱弥儿》的前4卷中把受教育者划分为4个年龄阶段,并提出了各个阶段身心发展的特征及相应的教育任务与方法。婴儿期(出生~2岁)以身体的养护为主;儿童期(2~12岁)以体育锻炼和感官训练为主;青年期(12~16岁)以智育为主;青春期(16~20岁)以道德教育为主。"在教育上考虑年龄的作用是《爱弥儿》的中心课题;尽管它有很多缺点,但卢梭对于这个问题的议论,对于促进教育思想的发展是一项最有价值的贡献。"②

(一) 婴儿期的教育(出生~2岁)

1. 儿童不应只跟从一个向导

卢梭认为,为了要受到良好的教育,儿童是不应该只跟从一个向导的。儿童的向导包括保姆、父母和教师。卢梭强调父母的责任,要求母亲亲自哺育自己的孩子,这不仅有利于儿童的身心健康,也能使社会风气自行好转。由明理有识的父亲培养,也许比世界上最能干的教师的培养还好些。卢梭强调父母之间的亲热感情在儿童教育中的重要性,认为家庭生活的乐趣是抵抗坏风气的毒害的良方。卢梭主张一个孩子的教师应该是年轻的,他能成为学生的伙伴,在分享学生的欢乐中赢得学生对他的信任。"我宁愿把有这种知识的老师称为导师而不称教师,因为问题不在于他拿什么东西去教孩子,而是要他指导孩子怎样做人。他的责任不是教给孩子们以行为的准绳,他的责任是促使他们去发现这些准绳。"③

2. 儿童身体的养护与锻炼

卢梭十分重视婴儿时期身体的养护。因为在婴儿时期,他们差不多都是在疾病和危险中度过的。出生的孩子有一半不到8岁就死了。他主张在乡村中养育孩子,认为空气对儿童的体格健康作用很大,尤其在生命开始的头几年更为显著。卢梭把城市称作"坑陷人类的深渊",认为乡村能更新人类。他反对把新生婴儿捆绑在襁褓之中,认为这会阻碍血液和体液的流通,妨害孩子的成长。卢梭反对给孩子请医生、用药。他反对溺爱和娇惯孩子,主张锻炼儿童的体格,使其能够忍受各种艰难困苦。在锻炼儿童的具体方法上,他受到洛克等人的深刻影响,并认为自己在这些方面所说的理由和方法都不如洛克的书中所说的理由好,不如洛克所说的方

---

① [法]卢梭著,李平沤译:《爱弥儿》(上卷),商务印书馆1983年版,第257页。
② [英]博伊德、金合著,任宝祥、吴元训主译:《西方教育史》,人民教育出版社1985年版,第295页。
③ [法]卢梭著,李平沤译:《爱弥儿》(上卷),商务印书馆1983年版,第23页。

法更切实际。

(二) 儿童期的教育(2～12岁)

1. 论感觉教育

卢梭把人的认识过程分为感觉和判断两个阶段,人的智力无非就是比较和判断的能力。人的感觉力无可争辩地先于智力发展,人们先有感觉而后有观念。有感性的理解做基础,理智的理解才得以形成。"我们最初的哲学老师是我们的脚、我们的手和我们的眼睛。"①因此,我们必须锻炼我们的感官,通过它们学习正确的判断。

卢梭把感觉教育分为5个方面:触觉、视觉、听觉、味觉和嗅觉。他很重视触觉,认为它发达较早,并且有较多的正确性,所以它的判断是最可靠的。训练触觉的方法一是试用触觉代替视觉,二是试用触觉代替听觉。此外,应经常保持和增进皮肤的敏感,避免由于不断接触粗糙坚硬的物体而迟钝。卢梭注意到,视觉容易发生错误,这是因为它延伸的地方太远,并且总比其他的感觉先接触物体。所以,训练视觉的方法主要是用触觉来辅助视觉的发展,用触觉来鉴定视觉所获得的印象。此外,学习绘画、几何等能培养和发展儿童敏锐的观察能力。卢梭也谈到"第六感觉"的问题,认为它是由各种感觉很好地配合使用产生的,它能通过事物的种种外形的综合而使我们知道事物的性质。

"卢梭论证的感觉教育的重要意义和实施方法,在教育史上是空前的。"②他认识到感觉在人的认识发展过程中的重要价值,把感觉教育视为儿童时期主要的教育任务,这是继培根和夸美纽斯之后对于崇尚理论灌输的传统教育的又一次改造。但卢梭的感觉训练与知识学习相脱离,并且从时间上来说也过于漫长,一直到12岁以后才进入知识教育阶段,显然有失偏颇。

2. 童年时期的德育奠基工作

(1) 良心与理性

卢梭认为,在人的灵魂深处生来就有一种正义和道德的原则,它能使我们不差不错地判断善恶。他把这个原则称作"良心"。它的内容是对自己的爱、对痛苦的忧虑、对死亡的恐惧和对幸福的向往。"良心之所以能激励人,正是因为存在着这样一种根据对自己和对同类的双重关系而形成的一系列的道德。"③卢梭虽然把良心解释为天性的结果,是独立于理智的,但他又认为:"只有理性才能指导我们认识善和恶。使我们喜善恨恶的良心,尽管它不依存于理性,但没有理性,良心就不能得到发展。"④既然人人都有良心这种天赋的道德本能,罪恶又是如何产生的呢?卢梭认为这是后天毒害所致,或出于个人的原因,或由于社会的缘故,尤其是腐朽邪恶的社会对于天性的戕害造成的。错误的教育使自爱心变成自私心。

(2) 德育的奠基工作

在卢梭看来,童年时期是理性睡眠时期。在达到理智的年龄以前,我们为善和为恶都不是

---

① [法]卢梭著,李平沤译:《爱弥儿》(上卷),商务印书馆1983年版,第149页。
② 滕大春著:《卢梭教育思想述评》,人民教育出版社1984年版,第95页。
③ [法]卢梭著,李平沤译:《爱弥儿》(下卷),商务印书馆1983年版,第417页。
④ [法]卢梭著,李平沤译:《爱弥儿》(上卷),商务印书馆1983年版,第56页。

出于认识,在这个阶段进行德育是超越自然的安排。真正的道德教育是青春期的工作,在童年时期只能进行一些德育的奠基工作,其基本精神是:少让他们养成驾驭人的习惯。如果让儿童尽早养成自己多动手和少要别人替他们做事的习惯,使能力与欲望保持平衡,就可以把他们的欲念导向为善,防止自爱心变成自私心。

(3) 儿童的德育方法

卢梭根据自己所理解的童年期的特点提出一整套德育方法,内容包括:反对向儿童说理,主张用榜样的力量激励儿童去模仿善行,用"自然后果"的方法去遏止和纠正儿童的恶行;利用游戏和其他活动的方式教育儿童;在研究和了解儿童个性的基础上因材施教;利用教师的榜样作用。

卢梭认为,上帝在使人自由的同时对人的力量也施加了极其严格的限制,以致即使人滥用给予的自由也不能扰乱总的程序,即人做了坏事,就自受它的恶果。尤其在理性处于睡眠的童年时期,儿童是不懂道理的,对其说理无异于对牛弹琴。正确的方法是应当尽量用可以感觉得到的事物去影响他们。如果儿童有冒失的行为,你只需让他碰到一些有形的障碍或受到由他行为本身产生的惩罚,就可以禁止他。如他打坏他所用的家具,你别忙着给他另外的家具,而应让他感觉到没有家具的不方便;他打破他房间的窗子,你就让他昼夜都受风吹,别怕他受风寒。总之,不能为了惩罚孩子而惩罚孩子,应当使他们觉得这些惩罚正是他们不良行为的自然后果。

卢梭反对儿童学习寓言,反对儿童读书,认为这样做只能教儿童谈论他们实际上不知道的东西。他把读书称作孩子们在童年时期遇到的"灾难"。卢梭认为,无论怎样努力把寓言写得很简单,但由于你想通过它去进行教育,就不能不在其中加上一些小孩子无法理解的思想。"只要你长期同曾经学过寓言的孩子在一起,你就可以发现,当他们有机会把所学的寓言拿来应用时,他们的所作所为差不多同寓言作者的意图完全是相反的;对于你想纠正或防止的缺点,他们不仅满不在乎,而且还偏偏喜欢为非作恶。"①

卢梭的儿童德育理论以性善论为基础,以博爱和自食其力为内容,而以事物的影响为其方法。他把道德品质的形成视为天性与环境共同作用的结果。卢梭重视教师示范和人格感化以及儿童的善行,但在关于说理的问题上则存在偏激并自相矛盾。一方面,他认为儿童不懂道理,因而反对向儿童说理;另一方面,他在反对儿童学习寓言时又说应对孩子直截了当地"讲真理"。

(三) 青年期的教育(12~16岁)

《爱弥儿》第3卷论述了12~16岁的教育。卢梭认为,由于爱弥儿通过前一阶段身体和感官的发展以及感觉经验的积累,此时应该对他进行智育和劳动教育了。按卢梭的话说,根据自然的秩序,爱弥儿现在是到了工作、教育和学习的时期了。

1. 有用的知识

卢梭认为,这个年龄的人还不能很好理解人与人的相互关系,不能充分掌握道德概念,应

---

① [法]卢梭著,李平沤译:《爱弥儿》(上卷),商务印书馆1983年版,第133页。

主要引导他学习自然界的知识。他提出了有用即价值尺度的思想,强烈反对经院主义脱离实际的文字说教。卢梭所谓"有用"的知识主要是指切合儿童现实需要的知识,指能够被儿童所理解和掌握的知识,还指有助于儿童形成正确的观念的知识。按照这种"有用"的知识的标准,卢梭反对强制儿童记诵古典文、寓言故事以及某些学科的术语,主张凡是能够从经验中学习的事物就不要从书本中去学习,甚至要求"以世界为唯一的书本,以事实为唯一的教材"。① 卢梭举出许多事例以说明爱弥儿是如何从事实中学习天文、地理、物理和化学等方面的知识的。

卢梭指出,教儿童学习知识应与培养其独立精神及发展智力结合起来。如果孩子只懂得读书而不运用思想,那不是在受教育,而是在学文句。他强调说:"不要教他这样那样的学问,而要由他自己去发现那些学问。你一旦在他心中用权威代替了理智,他就不再运用他的理智了,他将为别人的见解所左右。"②"问题不在于教他各种学问,而在于培养他爱好学问的兴趣,而且在这种兴趣充分增长起来的时候,教他研究学问的方法。毫无疑问,这是所有一切良好的教育的一个基本原则。"③教师还应该很好地激发学生的学习兴趣和好奇心,这能成为这个年龄的孩子寻求知识的动力。

2. 劳动教育

卢梭将劳动视为社会的人不可避免的责任。任何一个公民,无论是贫或是富,是强或弱,只要他不劳动,就是一个流氓。因此,在发展爱弥儿的智力的同时,应该教他有关职业和劳动的技能。这不仅关系到他日后的幸福,也关系到他的做人。

在卢梭看来,在人类所有一切可以谋生的职业中,最能使人接近自然状态的职业是手工劳动。手工业者所依靠的是他的手艺,他是自由的。而农业劳动是最诚实、最有益于人的,因而也是人类所能从事的最高尚职业。爱弥儿应既懂农活也要学习手工艺劳动。由于农业劳动被束缚于土地并受土地权制约,因此对一个真正的自由人来说最理想的职业乃是手工艺劳动。而在众多的手工艺劳动中,最适合的是做木工。这种手工艺将使人能够适应环境的任何变迁,获得真正的独立和自由,并尽到自己对社会的义务。卢梭还强调要在劳动中懂得尊重劳动和劳动人民。

3. 青春期的教育(16~20岁)

卢梭认为,青春期有两个特点,一是情欲发动的时期,二是人们开始意识到社会关系的时期。这两个特征决定了青春期应以道德教育为主,包括品德教育、信仰教育和性教育。

1. 人有欲念与理性两个本原

卢梭的整个自然教育是建立在人性善的基础上的。但在论述伦理学时,他提出了人有两个本原的假设:一个本原促使人去研究永恒的真理,去爱正义和美德,进入智者怡然沉思的知识的领域;另一个本原则使人固步自封,受自己感官和欲念的奴役。换句话说,人的理性趋向善良,而人的欲念却可能驱使人去作恶,理性与欲念之间在本原上存在着冲突。特别是进入青春期以后,由于欲念的增多更使这种冲突加剧。然而人是能动的,真正的人是有自由意志的,

---

① [法]卢梭著,李平沤译:《爱弥儿》(上卷),商务印书馆1983年版,第217页。
② 同上书,第217页。
③ 同上书,第223页。

他可以通过努力使欲念受理性指导而不滥用自由,能去恶从善。

2. 品德教育

品德教育的主要任务是培养善良的情感、正确的判断和良好的习惯。善良情感的基础是人与生俱来的良心,就个人来说首先是自爱。自爱是原始的、内在的、先于一切其他欲念的,一切其他的欲念只不过是它的演变。自爱的目的在于保持人的生存。自爱始终是好的,是符合自然秩序的。但一个人的生存和幸福又始终和别人联系在一起,只有把自爱加以扩大和升华,使人不仅仅自爱而且也爱他人,进而爱全人类,才能有每个人的生存和幸福。教师必须教育学生对人友好、同情、仁慈、宽厚。有了这种善良的情感,就可阻止妒忌、贪婪、仇恨、虚荣等情感的滋长。这样,卢梭和洛克一样把利己和利他协调起来。

善良的情感引导人"趋善避恶",对善恶做出正确判断则依赖理智上的道德观念。卢梭认为,人的道德观念是对社会认识的产物,道德判断则决定于他自身。在我们的灵魂深处生来就有一种正义和道德的原则即"良心"。人类之所以有共同的道德观念和道德原则,正是因为人类的本性是善良的,都具有天赋的良心。这也就是人的道德判断能力的基础。卢梭又认为,必须通过人去研究社会,并通过社会去研究人,才能树立正确的道德观。而理解人和社会较好的途径是研究历史,因为通过学习历史和伟大人物的传记可以教导人们客观评判人的言行,培养判断是非善恶的能力。卢梭也重视道德行为的实践,以培养良好的道德行为习惯。做了好事,人才能变成好人。道德教育是一项长期、耐心的工作,说教是没有用的,必须针对各个人的特点对症下药。

3. 信仰教育

卢梭认为没有信仰就没有真正的道德,信仰教育是这个时期另一个重要的教育内容。卢梭在关于《萨瓦省牧师的信仰自白》中阐述了自己的自然神论,认为世界是由一个有力量和有智慧的意志统治着的。"这个有思想和能力的存在,这个能自行活动的存在,这个推动宇宙和安排万物的存在,不管它是谁,我都称它为'上帝'。"① 卢梭所说的上帝虽然无处不在,但不是正统基督教义所指的人格神。这个上帝虽安排了万物及其和谐的秩序,但它并不干预人世。基于这种自然神论的观点,卢梭反对传统的宗教教育,认为向儿童灌输宗教教条是无益的。只有到青春期后,在感知经验和理性思维的基础上去认识和理解宇宙的奥妙,找出其中可以用来指导行为的准则,才能随之自然地树立对上帝的信仰。对上帝的信仰应该是对上帝的力量、善良、公正等美德的信仰;是出自内心的崇奉,而不是形式地记诵教义和拘泥于礼拜仪式。正是因为《萨瓦省牧师的信仰自白》与传统基督教教义的冲突,它同时受到天主教和新教的反对,使《爱弥儿》被判当众焚毁。

4. 性教育

情欲发动是青春期的特征,因此对这一发展阶段的青少年必须进行性教育,应该顺从自然发展,既不盲目抑制,也不妄加激励;应该使青少年远离不正当的诱惑,避免刺激早熟。教师要用适宜的工作和活动来吸引青少年的注意,使他们的精力有发泄的出路。

---

① [法]卢梭著,李平沤译:《爱弥儿》(下卷),商务印书馆1983年版,第394~395页。

四、论女子教育

《爱弥儿》第5卷主要论述了女子教育。卢梭通过对爱弥儿的未婚妻苏菲的教育，表达了他对女人的天性和职能的理解。卢梭列举了许多男女两性的差异，并认为这些差异来自大自然的安排。根据教育应该顺乎自然的道理，男女的教育也必须有所不同。

男女两性的差异体现在身体、性格和智力各个方面。在身体和性格上，男子积极主动和身强力壮，女子消极被动和身体柔弱。在智力上，女子同样赶不上男子，她不能像男子一样担任艰深的理论探索和学术研究工作。就自然和社会的要求来看，男女也是有别的，因为女人被自然赋予了生儿育女的职责，她必须充当贤良内助，善于操持家务，不能像男子那样去参加社会、政治和学术工作。卢梭根据他对妇女天性和天职的理解，提出以培养贤妻良母作为女子教育的目标或方向。他说女人是为男人而生的，因而女子必须针对男子的需要而受教育。他认为，在女人身上去培养男人的品质，把女人造就成一个好男子是违反自然的。

如何实施女子教育呢？卢梭认为，女子教育首先应当养成妇女强健的体魄。有了强健的体魄，才能促进心智的发展，才能生育健壮的子女，才能使妇女有健康的精神和容颜。其次，女子教育应当养成妇女柔顺的品德。再次，女子教育应当养成妇女治家的能力。最后，女子教育应当养成妇女优美的风格。这些风格包括优良文雅的风度，美好而不妖艳的容貌，高尚的智慧和清晰的头脑。卢梭所说的智慧主要指妇女掌握实际问题的能力，观察、分析和判断事物的能力，艺术欣赏和表现的能力，语言能力以及审美能力等，这些是女子的真正财富。

五、论国家教育和公民教育

卢梭在《爱弥儿》中实际上谈到的都是私人的家庭教育而非学校教育，尤其不是由国家设置和管理的公共学校教育。在这个方面，他继承了西方贵族家庭教育的传统思想。但在其他地方，他曾谈到公民教育问题。早在写作《爱弥儿》之前的1755年，他在为《百科全书》撰写的《论政治经济学》条文里就曾提到培养公民的必要，并指出人们从小就应接受这项训练。在1772年写的《关于波兰政府机构的几点设想》有关教育的一章中，卢梭表明了自己关于国家教育和公民教育的观点：反对天主教会控制教育；由国家制定教育制度，领导管理公立教育，考核校长和教师的工作；公民应享有平等的教育权利；实施免费教育，或尽量降低收费标准，以保障贫苦家庭子女的受教育权；共和国的教育目的是将儿童培养成为爱国者，而培养波兰爱国者的教育须由波兰人担任教师；教育内容须由国家以法律形式予以确定，等等。卢梭并不否认教育是社会的职责，应该按照社会需要培养公民，绝不能把个人与社会对立起来，听任个人天性泛滥。

出现在卢梭教育思想中的上述矛盾是可以理解的。一方面，卢梭反对现实社会中的封建国家及其教育，认为国家和公民这两个名词应从现代语言中取消。另一方面，卢梭和柏拉图等人一样有自己的理想国，并相信由国家兴学培养公民可以实现理想的社会和国家。总之，卢梭前后的矛盾是因他针对的问题不同所致的。

六、对卢梭的评价

（一）历史地位与影响

卢梭的教育学说包含着相当激进的思想，充满了新兴资产阶级自由、平等和博爱的精神。

他抨击封建制度，对于封建教育给予沉重的打击。在法国大革命的前夜，其具有解放人们思想的重要意义。相形之下，更为激进的则是他的政治哲学思想，论人性和信仰的思想。

"卢梭在教育界发动了一场哥白尼式的大革命。他把儿童放在教育过程的中心，认为儿童有一种潜在的发展可能，而教育就是为儿童提供优良的环境，使其充分地实现这种可能性。"① 他的教育主张被视为新旧教育的分水岭。"变抑制天性的教育为尊重天性的教育，是教育上的巨大变革。在这个历史转折点上，卢梭是关键性的人物。"② 卢梭首先提出了研究儿童的原始状态的主张，给教育找到了出发点，他本人则被视为"新教育方法"的一个光辉先导。杜威说："卢梭所说的和所做的一样，有许多是傻的。但是，他的关于教育根据受教育者的能力和根据研究儿童的需要以便发现什么是天赋的能力的主张，听起来是现代一切为教育进步所做的努力的基调。他的意思是，教育不是从外部强加给儿童和年轻人某些东西，而是人类天赋能力的生长。从卢梭那时以来教育改革家们所最强调的种种主张，都源于这个概念。"③

卢梭同时奠定了实用主义哲学和进步教育的理论基础，对欧美教育产生了深远的影响。从哲学方面说，康德所做的一项重要工作就是通过批判为理性的诸功能"划界"，他以限制科学知识的方式为自由、道德和形而上学留地盘，以此来解决人类理性如何在严格服从必然的自由法则的同时，仍然能够保持其自由的问题。从教育方面说，卢梭关于生来具有学习能力的婴幼儿不是通过语言和文字，而是通过经验并利用自己尚未成熟的器官进行学习的主张，被认为是近代教育思想的萌芽，并在以后的许多教育家如裴斯泰洛齐、福禄倍尔、杜威和蒙台梭利等人的教育理论中得到进一步发展。

卢梭也是一位有争议的思想家。他在《社会契约论》中提出的"国家全体成员的经常意志就是公意"的思想被认为有压制个人意志的嫌疑；他的"人民主权"不可分割的思想也被认为与当时的英法政治思想主流（如三权分立）相偏离。④ 有人将他视为反对启蒙运动的"浪漫主义运动之父"和"伪民主独裁的政治哲学的发明人"。⑤ 人们批评他的思想过多地围于小生产者的狭隘眼界，以小国寡民、自然淳朴的田园生活和小共和国为最高理想的历史局限性和保守性。他在某些地方对自由的模棱两可、自相矛盾、原则肯定而实际否定（比如以社会自由代替个人自由）的论述，他以人民主权对抗政治分权，他对现代科学技术和艺术的贬斥和偏见，对理性的贬低和对人的天生情感与非理性成分的推崇，他思想内容上的某些前后矛盾和论述方法上的似是而非、含义不明或随意变化，特别是他的政治浪漫主义，不喜欢踏踏实实的逐步改良的具体制度建设，只崇尚毕其功于一役的一揽子计划，所有这些对当时和后世的人们（包括康德和黑格尔在内）也产生了某些不良的影响。但总的来看，卢梭仍然代表了西方自由主义的一个重要的支脉。⑥

---

① ［美］S·E·佛罗斯特著，吴元训等译：《西方教育的历史和哲学基础》，华夏出版社1987年版，第345页。
② 赵祥麟主编：《外国教育家评传》（第一卷），上海教育出版社1992年版，第600页。
③ ［美］约翰·杜威著，赵祥麟、任钟印、吴志宏译：《学校与社会·明日之学校》，人民教育出版社1994年版，第221页。
④ 顾肃著：《自由主义的基本理念》，中央编译出版社2003年版，第280~281页。
⑤ ［英］罗素著，马元德译：《西方哲学史》（下卷），商务印书馆1986年版，第225页。
⑥ 顾肃著：《自由主义基本理念》，中央编译出版社2003年版，第283页。

在卢梭的教育思想中,正确性、深刻性与偏激性、片面性共存。他的理论往往缺少实践基础,存在空想成分,因而在许多问题上漏洞百出,矛盾重重。在成功地构成一门教育科学方面,卢梭主义所缺少的就是一种关于儿童心理发展的学问。虽然卢梭经常反复地强调儿童不同于成人,而每一年龄阶段都有其本身的特征和恒常不变的心理发展的法则,但受科学发展水平的局限,以及他本人世界观和教育经验的限制,他无法科学地阐明或揭示这些特征和法则。历史事实证明:对于卢梭的教育理论,我们只能从精神实质上领会和把握,而不能在具体方法上盲目照搬。

(二)对卢梭的种种误解

为了传播自己的思想体系,卢梭写了大量的散文、论文、文学作品和信札,但他同时又认为知音寥寥,只有极少数具有天分的人才能理解他的思想。在他看来,读者要想欣赏他的东西,既需要情感,也需要理性;既需要德性和追求真理的热情,也需要自然本能。① 由于不能理解卢梭思想的浪漫主义和非理性主义的特质,人们往往容易对他的思想产生误解。"草率的读者、教育家很少想到去钻研卢梭的哲学思想以便更好地掌握他的教育理论,因为他们无法领会他的思想的精确对称性质。《爱弥儿》甚至在18世纪就受到误解,而且今天它仍然没有得到正确的理解。"② 人们对卢梭的误解主要表现在以下几个方面:

第一,有些人认为《爱弥儿》是一部关于教育的实践性著作,然而这是一部小说,其中教育思想是通过人物体现或实例阐述出来的,包括性格模糊不清的爱弥儿和一个既没有姓名也没有个人背景的管教者,作者对他们的经历的描述只是为了阐明一种特殊的方法而虚构的。"尽管那两篇论文③实现了对人类世界的彻底解构,但《爱弥儿》试图重建它,即使是以'教育形而上学'的方式,正如卢梭在他的序言中告诫的那样,这种方式仅仅是为了确定原则,毫无可能的应用价值。将《爱弥儿》中的规诫原原本本、不折不扣地付诸实践,会把教育者引向灾难,这并非危言耸听。裴斯泰洛齐在教育他的儿子雅各布的过程中痛苦地证明了这一点。"④

第二,人们通常把《爱弥儿》奉为一部要求解放和不干涉儿童发展的"自由教育学"的圣经。的确,卢梭谨慎地让其立论建立在自由原则的基础之上,任何使爱弥儿的意志屈从于他人意志的做法都被有计划地加以否决。然而,他的意志仍然是通过持续、有力地反对"自恋"来得到教育的。而且按卢梭的意图,爱弥儿应当保证遵守法律,法律不可能从天上掉下来,更不可能仅仅是他自己利益的反映。他在与同伴冲突迭起的接触过程中制定了法律。

第三,卢梭提出的观察和了解儿童的请求也常常被用来归纳他所设计的一种移植应用于教育的心理学方法。这种观点忽略了这样一个事实:他的心理学非常近似但决不是现代实验者所理解的那种意义上的科学。他使用的概念(激情、私利、欲望等等)始终处于模棱两可的状态,心理学家和心理分析学家会以任何理由嘲笑他如此外行。他确实指出重要的问题是教育者应当深入了解教育的对象即儿童,新兴的人类科学能够为这项研究作出有益的贡献。但他

---

① [美]萨利·肖尔茨著,李中泽、贾安伦译:《卢梭》,中华书局2002年版,第1页。
② 扎古尔·摩西主编:《世界著名教育思想家》(第4卷),中国对外翻译出版公司1996年版,第24页。
③ 指《论科学和艺术》与《论人类不平等的起源》——作者按。
④ 扎古尔·摩西主编:《世界著名教育思想家》(第4卷),中国对外翻译出版公司1996年版,第21页。

又认为教育的对象始终是一个主体,即一个自由的存在,他抵制任何从原则上确定他是什么和他能够成为什么的企图。

第四,教育家常常误把卢梭在《爱弥儿》中用小说笔调描绘的行为原则当作训导加以应用。例如,卢梭攻击书本并把爱弥儿的阅读进程拖得极慢,但这决不意味着卢梭拒绝书本;同样,《论科学与艺术》的目的也不是破坏文化。卢梭在此真正想要表明的是,过早地引导儿童去"预先消化"那些对他们来说无关紧要的文章、公认的判断及抽象概念,会把他们禁锢在一个预先造好的世界中,使他们完全并且始终要借助别人来思考。概念、完整的句子、印刷的文本一直是最适宜于保证人类理智对世界统治的工具,然而关键在于应当赋予儿童手段,让他们自己进入那个世界。这是阅读教学法的唯一目的。阅读本身不是目的,目的在于儿童有自己的学习兴趣,并在阅读中学会思考。

第五,关于苏菲的教育也存在误读的情况。《爱弥儿》第5卷中的某些见解其实是故意想让女权主义者气得口吐白沫:"女人是特意为愉悦男人而创造的",必须按照她的性别义务来教育她,她不得去寻求关于抽象、思辨性质的真理,她必须把自己限制在管理家庭和操持家务上。如果卢梭的思想在这里还不十分唐突,那么在很大程度上要归功于他对一个女人(华伦夫人)所作的病理研究,这个女人对他来说是已经彻底异化了的世界中的避难所。卢梭在第5卷中的另一些段落中谴责了平等主义为要求分享权力的妇女所设置的陷阱。妇女有着极其敏感、务实的天性,她们确实具有一种置她们于与同伴平等地位的禀赋:女人本身的强大在于她的魅力。这种为女性所特有的灵巧恰好弥补其力量上的不足;没有它,女人不会成为男人的伴侣,只会成为他的奴隶。她坚持要与他平等,并且通过服从他来统治他,这要归功于她的这种天才的优势。

第六,在把对卢梭冠以"共和国教育"之父前反复思量一下是十分重要的。甚至在法国大革命时期,那些负责制定公共教学规划的人一旦把颂词强加给卢梭就会遇到极大的困难,因为《爱弥儿》讨论的是一种私人教育形式。此时恰逢卢梭生前遗稿《关于治理波兰的思考》出版,在这部手稿中,卢梭主张建立国家教育制度;这部遗著的问世为社会中心论的阐释提供了证明。

第七,卢梭在同一年(1762)完成的《爱弥儿》和《社会契约论》之间重新建立起一种适当的平衡,正如他在一封信中所言,这两者共同构成一个完备的体系。但他更看重的是他的《爱弥儿》而不是他的政治学短文,并认为《社会契约论》应当被看作是《爱弥儿》的"一种附录"。事实上,卢梭在《爱弥儿》第5卷中对《社会契约论》的要旨做了扼要的复述,根植于教育领域的政治基础便昭然若揭了。①

思考题

1. 简述夸美纽斯《大教学论》的主要内容。

---

① [法]米歇尔·索埃塔尔的《让-雅克·卢梭》,载扎古尔·摩西主编:《世界著名教育思想家》(第4卷),中国对外翻译出版公司1996年版,第21~24页。

2. 简述夸美纽斯教育适应自然的原则。
3. 简述夸美纽斯的泛智教育思想。
4. 简述夸美纽斯的教学原则。
5. 夸美纽斯学前教育思想述评。
6. 简述夸美纽斯在教育史上的地位。
7. 简述洛克《教育漫话》的主要内容。
8. 洛克绅士教育思想述评。
9. 简述洛克在西方教育史上的地位。
10. 简述卢梭《爱弥儿》的主要内容。
11. 卢梭教育适应自然理论述评。
12. 简述卢梭在西方教育思想史上的地位。
13. 试比较夸美纽斯与卢梭教育适应自然原则的异同。

第十一章　近代教育理论(下)

第一节　裴斯泰洛齐

约翰·亨利赫·裴斯泰洛齐(Johann Hernrich Pestalozzi,1746~1827)是瑞士教育家,他的全部教育活动和理论贯穿着"拯救农村"和"教育救民"的改良思想。他提出了人的能力和谐发展的思想,重视家庭教育,实施教育与生产劳动相结合的新思想。他扩大了初等教育课程,提出"教育心理化"口号,探索简化教学方法的途径,提出了要素教育论,奠定了小学各科教学法的基础。他的《葛笃德怎样教育她的孩子》是新教学论的经典著作,对西方近代国民教育的发展有过广泛的影响,曾对赫尔巴特和福禄倍尔产生直接影响。

一、生平与教育著作

裴斯泰洛齐生于苏黎世的一个医生家庭,中学毕业后,进入加洛林学院学习法律,在此期间受到卢梭的深刻影响。1768 年,裴斯泰洛齐在家乡开办了名为"新庄"的示范性农庄,进行新的耕作方法的实验,试图帮助农民摆脱贫困但未能成功,此后转向教育活动。1774~1780 年,他在新庄创办了孤儿院。1780~1798 年主要从事写作,其中《隐士的黄昏》(1780)被视为其教育信条;社会政治和教育小说《林哈德与葛笃德》(1781~1787)是他的成名作;《我对人类发展中自然进程的追踪考察》(1791)被裴斯泰洛齐自称为"我的观点的哲学基础"。此后,他逐渐进入教育研究与实验的全盛时期,先后在斯坦斯(1798)、布格多夫(1799~1805)和伊佛东(1805~1825)从事初等教育新方法的改革与探索。这一时期他的主要教育著作有:《斯坦斯通信》(1799)、《葛笃德怎样教育她的孩子》(1801)、《母子篇》(1818)和《天鹅之歌》(1826)。1827年,裴斯泰洛齐在故乡涅伊霍夫与世长辞。

《林哈德与葛笃德》是裴斯泰洛齐所著的教育小说,通过农民林哈德夫妇及其子女的生活故事,阐明以教育改良社会的社会观和教育观。该小说在 1781~1787 年陆续发表。小说主张通过适应现代生活的新教育实现全社会的改革;强调进行与大自然相结合的教育训练以发展人的内在力量;阐明新教育要求生产劳动过程与教学过程相结合,功课与劳作合一的教育才能满足人生的真正需要。该小说使裴斯泰洛齐在欧洲一举成名。

《葛笃德如何教育她的孩子》是裴斯泰洛齐写给其友人格斯纳的书信集,共有 14 封书信,1801 年出版,是其教育和教学理论的代表作,主要探讨了符合儿童身心自然发展规律并简易到使每个母亲都能掌握的初等教育方法。要素教学法是该书的核心内容,着重阐明初等学校教学中关于形状、数目和语言三大重要内容的要素教育原理,以及语言文字、图画、写字、测量、地理、算术诸学科的具体教学方法等。该书使裴斯泰洛齐作为国民学校伟大的教育家和革新家而出名,在国际教育界获得声誉。

二、人性论与教育目的

关于人的观念是裴斯泰洛齐教育学说的基础。在《我对人类发展中自然进程的追踪考察》中,他提出人的二重本性及人生存的三种状态的学说,认为人兼有动物性与崇高性。前者指个人保存自己的本能,是一种低级天性;后者追求自我完善,能懂得和实现真善美的更高价值。这两种天性既有区别也有联系。所有高级天性都是以低级天性为前提、为基础的;高级天性是从低级天性中产生和发展而来的。教育的目的就是尽可能把低级天性往高级天性阶段培养和造就。

裴斯泰洛齐把人理解为原则上是生存在或能够生存在三种状态中的生物。这三种状态是自然状态、社会状态和道德状态。在人的进化过程中,这三种状态是依时间顺序展开的。每个人毫无例外地有前两个状态,而作为个体的他或她都能够而且应该使自己具有最后一个状态,即道德状态。在自然状态中,人与动物类似,关心自己的利益;在社会状态中,人的所作所为受到权利和义务的制约,以法律方式追求同样的利益;在道德状态中,人战胜了自身的矛盾,达到了和谐。裴斯泰洛齐强调指出,道德化应该是个人的生活目标,因此也就是教育的目标。但他又认为,道德状态属于个人自由,强迫实施的善就丧失了道德性。同时,道德化不是个人的私事,相反地,它影响着他人与社会。只有教育才能使人产生摆脱自私的愿望,过上一种以对他人、对社会负责以及献身真理为特征的生活。①

裴斯泰洛齐阐明了政治与教育的关系。他认为,教育关心每个人,而政治则调节群体运行机制,两者不可缺少。但政治从来不应以政治本身为目标,而仅仅当它把关心个人幸福与个人道德作为最终目标时,才能证实它是合乎人类尊严与合理的。如果不是这样,就不会出现真正的国家生活。"对道德、精神与社会受到损害的欧洲来说,除了通过教育,通过人类教育这种方法之外,不可能有别的拯救办法!"②

裴斯泰洛齐从卢梭那里认识到贯穿于18世纪欧洲思想界的三种状态的学说。卢梭虽然提到人的两种本原即欲念和理性的问题,但他更倾向于认为人在自然状态中是善的,人的恶的根源和道德的完善都在于社会。与卢梭的看法不同,裴斯泰洛齐认为人的矛盾倾向在自然状态时就已存在,并把道德状态当作人的本性中独立存在的现象。他的认识论的核心是:大自然造就的人是不完善的,因此人必须实现他自身的人性化。在裴斯泰洛齐的学说中反映出康德关于必须通过教育使人完善的观点。他认为,教育的重要意义就在于通过和谐发展人的能力,通过完善人的德行,进而影响到社会与人类。在这种意义上可以认为,裴斯泰洛齐的教育学说是政治性的。

---

① [瑞士]阿·布律迈尔主编,尹德新组译,杜文棠审校:《裴斯泰洛齐选集》(第二卷),教育科学出版社 1996 年版,第 116~119 页。

② [瑞士]阿·布律迈尔主编,尹德新组译,杜文棠审校:《裴斯泰洛齐选集》(第一卷),教育科学出版社 1994 年版,第 75~76 页。

三、论普及教育与人的和谐发展

（一）论普及教育

裴斯泰洛齐受18世纪启蒙运动思潮的影响，深信教育是社会改革的重要手段，认为社会的腐败和道德堕落是不合理和不平等的教育制度所造成的；劳苦大众的贫困和悲惨生活境遇是他们缺乏教育和文化科学知识的结果。他批评当时的教育制度头脚倒置，少数特权阶级的子女可以一直从小学读到大学，而占人口绝大多数的工农劳动大众的子女则被拒之于学校大门之外。这种学校教育制度加深和扩大了社会和阶级之间的差别，并会使这种差别和矛盾永久化。

裴斯泰洛齐对当时为宗教目的而设立的为数极少的初等学校的状况极为不满：除教义问答外别的课程则可有可无；学校的教师多半是鞋匠和理发师，他们把教书当作副业，既缺乏教养又缺乏责任心，贫苦人家的孩子不仅学不到生活必需的知识，甚至连最基本的读、写、算技能也学不到，个性也受到极大摧残。裴斯泰洛齐批评欧洲公共教育制度犯了错误或迷失了方向：一方面，它已上升到科学与艺术的顶峰；另一方面，它丧失了大多数人正常教养的整个基础。

裴斯泰洛齐要求彻底改变这种不合理的教育制度，主张建立一种民主的教育制度，使社会各个阶级的儿童都受到一种合理的、符合他们实际需要的教育。裴斯泰洛齐更关心的是贫民子女的初等教育，希望提高劳动者阶级的文化知识水平，改变他们的贫困处境。这是裴斯泰洛齐为之奋斗一生的崇高理想。

（二）论人的能力的和谐发展

裴斯泰洛齐受到卢梭的"自然主义"和莱布尼兹"单子论"哲学的影响，认为每一个人都具有一些自然所赋予的潜在的力量和才能，并且这些力量和才能都具有渴求发展的倾向。比如，眼睛要看，耳朵要听，脚要走路，心要信仰和爱，理智要思维。换句话说，每个人在身体和精神方面生来就具有一些要求活动和发展的力量与才能。教育的目的就在于全面和谐地发展人的一切天赋力量和才能。教育者必须多方面研究儿童的自然发展，使教育与其自然发展相一致，才能达到预期的目的。因此，他与夸美纽斯、卢梭一样，将教育适应自然作为最根本的教育原则。但裴斯泰洛齐认为，人就其本性来说是不完善的，在人的本性中不只具有一些人的优良的素质，同时也具有低级的动物的本能。如果没有教育的帮助，人从动物的本能状态中解放出来是很缓慢的；同时，人的一切天赋力量和才能也只是一种萌芽状态的存在，它只有发展的倾向和可能性，还有赖于合理的教育把它引向正确发展的道路，并消除妨碍这些力量发展的有害因素。

为了构想使人道德化的教育，裴斯泰洛齐进行了长期的研究与实验，并为后人留下了他的发现。他指出："教育就是如何严肃对待一个人的本性和如何和谐发展每个人的才能。"① 最值得我们关注的是心灵的发展，也就是爱、信任、感激和责任等，智力的发展应该与训练动手能力及勤劳作风联系起来，心、脑、手——紧密联系的三者应平衡发展。在裴斯泰洛齐看来，心、

---

① 卓晴君、方晓东主编：《教育与人的发展》，教育科学出版社1995年版，第7页。

脑、手并不是一个人的三个部位,甚至也不是三种"能力"的问题,而是对同一个人的三种不同的观察方法。他所用的"大脑"一词指人的理性,即人借助于思维活动提出概念和思想,以摆脱对世界的混乱的感觉印象,或说推理才能;"心"指人在控制自然的斗争中与其同胞更紧密地团结起来,即指人与人之间的情感沟通这一心灵范畴的问题,实际上是指人的感情关系,包括感觉、情绪和激情等非理性的东西;"手"指生产活动,手的作用在于让人通过与外界的相互作用来塑造人自身。① 以这种方式受教育的人,就能够在生活中负起社会责任,并能从内心正确看待责任。这样,他们就能为世界发展得更诚实、更公正、富有更多的爱而作出贡献。关于育心、育脑、育手的观念实际上来自卢梭,②裴斯泰洛齐将这些观念发展为人的能力和谐发展的思想。

四、教学心理学化和要素教育论

(一) 教学心理学化

教学心理化是裴斯泰洛齐新式教学的总的原则。在1800年发表的《方法》一文中,他明确指出:"我试图将人类的教学过程心理化。"③他认为,只有使教学过程本身与儿童的心理的自然发展相一致,才能使儿童的天性及能力得到和谐的发展。裴斯泰洛齐反对机械灌输的旧式教学,不断在教育实验中探索儿童心理发展的规律及与之相适应的正确的教学方法。他说:"半个世纪以来我孜孜不倦地探索简化大众教育的手段,特别是初级阶段的教育手段,我想阐明学校教育应遵循发展和培养人性各种能力的自然进程。"④

在卢梭的影响下,裴斯泰洛齐认定合理的教育方法的基础是对心理发展过程的认识,并强调教学如果不和儿童自己对事物的亲身经验有机地联系起来是没有任何价值的。按照这个原则检查任何课程是否适当,就在于它能否唤起学生自我活动的能力。而教学如能遵循儿童心理发展的顺序,就能使儿童认识自己的能力,激发他们学习的兴趣。裴斯泰洛齐所提出的使"教学心理化"的设想及其实验,揭示了近代教育发展和人类教育认识发展的客观趋势,并激励着后人不断沿着他所开创的道路前进。

(二) 要素教育

要素教育(elementary education)是裴斯泰洛齐提出的有关初等教育、教学心理化的理论,是其简化大众教育手段的一个显著成果。他坚信,通过这种简化了的教学方法,使最无经验、最无知的人也能教育自己的孩子。要素教育论是裴斯泰洛齐基于教学心理化理论对初等教育内容和方法的重要论述,也是他为初等教育革新所做的开创性实践的结晶。这种教学方法体现了发展思维能力、直观教学、循序渐进和注重练习等教学法思想,对初等学校的教学改革影响深远。

裴斯泰洛齐认为,在一切知识中都存在着一些最简单的"要素",它们指儿童自然能力的最

---

① 扎古尔·摩西主编,梅祖培、龙治芳等译:《世界著名教育思想家》(第3卷),中国对外翻译出版公司1995年版,第248页。
② 扎古尔·摩西主编,梅祖培、龙治芳等译:《世界著名教育思想家》(第4卷),中国对外翻译出版公司1996年版,第26页。
③ 夏之莲等译:《裴斯泰洛齐教育论著选》,人民教育出版社1992年版,第189页。
④ [瑞士]阿·布律迈尔主编:《裴斯泰洛齐选集》(第二卷),教育科学出版社1996版,第341页。

简单的萌芽。教育过程应从一些最简单的、能为儿童所理解和接受的要素开始,逐步过渡到更加复杂的要素,以促使儿童各种天赋能力的和谐发展。人的全部能力可分为意愿、智慧和实践能力三种,因而必须将教育分为德育、智育和体育。

要素教育的主要内容包括:(1)德育的要素是儿童对母亲的爱,道德的要素教育便应从在家庭中培养亲子之爱的感情开始,逐步扩展为爱兄弟、爱邻人、爱全人类及至爱上帝。(2)体育的要素是儿童身体各关节的活动,因而体育便应从锻炼关节活动开始,逐渐发展站、行、跑、跳、掷、摇、角力等各种活动能力,使儿童不仅获得整个身体的健康,亦获得初步劳动能力的训练。(3)智力的要素教育是整个要素教育的核心。儿童智力的最初萌芽是对事物的感觉与观察能力,这种能力的最初萌芽又与眼前事物的最基本、最简单的外部特征相统一,这就是事物的数目、形状和名称。认识这三个要素的相应能力是计算、测量和表达,培养这三种能力的学科是算术、几何与语文。各门学科的教学亦须从最简单的要素开始,由简到繁,循序发展。如算术教学可从简单的数"1"开始,逐渐发展到加、减、乘、除;语文教学可从读音开始,由音节到单字,再到简单句子,然后逐渐扩充简单句为复杂句,以培养观察、描述、表达能力;几何教学可从最简单的点、线开始,然后发展到复杂的几何图形。

总之,裴斯泰洛齐在教育实践中经过不断研究与探索,根据对智育、德育和体育等方面最基本要素的分析,提出了要素教育理论,从而奠定了初等学校各科教学法的基础,对初等教育的发展与普及作出了很大的贡献。

五、初等学校的各科教学法

裴斯泰洛齐根据他提出和信奉的教育原理以及他的一般教学理论创立了初等教育各科教学法。

(一) 国语教学法

裴斯泰洛齐根据儿童语言发展的基础,把国语教学分为 3 个部分:首先学习发音,其次扩大语汇,最后进行文法研究。在发音方面可采用"拼音识字教学法",即儿童先学发音,再学拼音节,然后学单词。在扩大语汇方面采取直观教学法,使之与周围环境,与地理、自然等基础知识相结合,以此来丰富儿童的语汇,扩大儿童的知识范围。文法学习是在学习语汇的基础上进行的,如先教"粉笔"这个词,然后在这个词上加上形容词"白",即"白粉笔",再加上动词而成为"我用这支白粉笔写字"。同时,他主张用定义和练习的方法,发展儿童的观察力,确定物体和现象的特征,培养儿童明确而系统地描述事物的技能。关于书法与绘画,裴斯泰洛齐建议绘画的教学应该先于写字的教学,且在儿童写字之前应进行画直线和曲线的练习。

(二) 算术教学法

裴斯泰洛齐认为算术的基本要素是"1",如 1 加 1 为 2,2 减 1 余 1,亦即用对 1 和由 1 构成的个位数的演算达到儿童对多位数的关系的了解与计算。裴斯泰洛齐在《林哈德与葛笃德》中介绍了算术教学方法。[①] 他主张一切算术教学都必须用实物如棍子、豆子和小石子等进行,反

---

① [瑞士]裴斯泰洛齐著,北京编译社译:《林哈德与葛笃德》(下卷),人民教育出版社 1984 年版,第 180~183 页。

对让儿童在不明白数字概念的情况下背诵算术口诀。为了使儿童便于学习小数(分数),他曾把 10 个或 100 个小正方体堆砌构成大正方体,把这个正方形变成为一个整数 1,以此来说明部分与整体、小数与整数、分数与整数的关系。这是以后算术教学中常用的直观教具"算术箱"的基础,并启发德国幼儿教育家福禄倍尔发明了幼儿园使用的教具"恩物"。

(三) 测量教学法

裴斯泰洛齐认为直线是测量教学的基本要素。在测量教学中,他先教儿童学习横线、垂直线和斜线,然后学习平行线以及由直线构成的角,再学习四边形和三角形等,最后再教曲线以及由曲线构成的图形。他强调在进行测量教学时应充分运用各种实物和图形,使之与算术、绘画及语言的研究紧密地联系起来,并结合实地测量来学习。

(四) 地理教学法

裴斯泰洛齐主张由近及远地进行地理教学,必须先引导儿童实地观察和认识学校和本村的地形、山、谷、溪涧、河流等,再用土塑造地理模型,然后绘制地图,接着过渡到认识地理挂图,并逐步扩大儿童地理知识的范围,直到认识整个地球和人类的关系,并使这种认识与自然史、农林、牧渔、气候、交通运输、城市、人口等联系起来,激发儿童对地理学习的兴趣。徒步旅行是裴斯泰洛齐学校生活的重要组成部分。他经常带儿童到阿尔卑斯山去,到邻国去,这成为自然科学和地理学课程的组成部分。每次旅行前都要阅读旅行游记,查阅地图。上课期间,裴斯泰洛齐也经常带儿童到户外观察,描绘或画出植物、地形、动物或岩石等。① 徒步旅行的方法后来成为西方幼儿园和初等学校"自然研究"课程的主要方法。

六、论家庭教育

家庭教育思想在裴斯泰洛齐的教育体系中占有重要地位,几乎贯穿在他一生之中的大部分教育作品里。他反复强调家庭在教育尤其在早期教育中的重要意义,并详细研究了家庭教育的内容与方法,以及家庭教育与学校教育之间的关系等问题。这些都是他留给人类文化宝库的重要遗产。

(一) 起居室是"人类教育的圣地"

从青年时代起,裴斯泰洛齐就对孩子所受的家庭教育影响怀有一种类似崇拜的看法。这与他早年的经历以及与卢梭的影响有关。他把家庭关系看作最起码、最重要的自然关系,并认为,如果说儿童健康成长的内在源泉在其自身,那么外在源泉则是父母的教育。在裴斯泰洛齐看来,家庭生活以爱为依托,而正义是以爱为根基的。父母的心可燃起孩子们的信仰与爱。家庭生活是进行真正良好教育的天然基础。"在起居室这块圣地,人的各种力量在发展过程中仿佛自然地建立起平衡,并保持平衡。"②裴斯泰洛齐断定,家庭是教育的起点。家庭应当成为任何自然教育方案的基础,它是培养人品和公民品德的大学校。

(二) 教育父母是教师的最重要的任务

裴斯泰洛齐憎恶封建制度,指责它使人民丧失了自己原来的家庭力量和坚强的荣誉心。

---

① [瑞士]阿·布律迈尔主编:《裴斯泰洛齐选集》(第一卷),教育科学出版社 1996 版,第 66 页。
② [瑞士]阿·布律迈尔主编:《裴斯泰洛齐选集》(第二卷),教育科学出版社 1996 版,第 218 页。

他强调国民教育的首要目标是要恢复家庭教育的力量,并把这种教育提高到更高的水平。为改善全民的教育,首先要激发父母的自觉性。裴斯泰洛齐要求通过提高父母的道德水准来普遍地改善每个家庭的生活。与此相关联的是裴斯泰洛齐已酝酿了几十年的美好想法,即利用合适的书籍来改善每个家庭的教育。他一直认为,当有足够多的人认识到正确的教学和教育方法时,就可以在起居室进行初等教育,并由母亲们进行这种教育。裴斯泰洛齐在1803年出版的献给母亲们的《孩子直观和说话培养指南》就是这方面的有益的尝试。他试图用通俗的教育读物影响广大民众,尤其关心对母亲们的教育,并始终如一地把教育母亲看成教师的最重要的任务。

(三)必须从家庭教育中寻找教育科学的出发点

裴斯泰洛齐是如此重视家庭教育的意义,以至于花了许多年来设想是否能慢慢地在社会上做到整个地取消学校,把孩子的教育权完全交到父母尤其是母亲手中。但后来的实际教育经验使他认识到学校的必要性。他不得不承认:"即使在家庭生活的优越条件下和料理得最好的家务中,教育的成果也是片面的,都缺乏整体发展一切天性的那部分知识。社会状况使父母们缺少必要的时间把自己确定了解和掌握的东西教给自己的孩子。"①但他同时意识到,学校不可能包括对人的教育的全部内容,不能替代父母、起居室和家庭生活的地位。学校永远无法代替家庭教育。学校只能作为家庭教育的辅助手段而为世界服务。学校教育必须与家庭生活相一致。裴斯泰洛齐力主根据家庭教育的原理改造初等学校。他指出:"正是在家庭圣洁的感情中,自然本身为人类能力发展的和谐性和方向性做好了充分的准备,我们必须在家庭中寻找我们教育科学的出发点,而后教育科学才能成为一种全国性的力量。"②裴斯泰洛齐指出,重要的问题是应该力求在学校教育和家庭教育之间建立起密切的联系。为此,他设想要建立试验性的学校。在这种学校中,孩子们可以掌握智力和实践教育的要素,使他们每个人在离开学校后又能够去训练他的兄弟姐妹。

裴斯泰洛齐从自然教育、国民教育、和谐教育和生活教育等角度多方位地揭示了家庭生活在人的发展过程中的教育作用。他深刻地认识到学校教育与家庭教育各自的利弊,指出了完善教育的首要条件是使两者配合一致,互相弥补,并提出了达到这一目的的种种方法的设想,强调国家最迫切的义务之一是为保持健康的家庭生活创造一切条件。虽然裴斯泰洛齐有把家庭生活和家庭教育理想化的倾向,但他提出了至今仍富有启发意义和现实价值的许多问题,促使人们去探索、去寻求解决的办法。

七、地位和影响

在世界教育史上,裴斯泰洛齐是一位给人以极其深刻印象的、鞠躬尽瘁于贫民儿童教育和国民教育事业的教育家。他希望通过教育使人完善,进而改良社会。这个信念激励他为贫苦儿童的教育和国民教育事业献出了自己毕生的心血。他在教育史上第一次明确提出了教

---

① [瑞士]阿·布律迈尔主编:《裴斯泰洛齐选集》(第二卷),教育科学出版社1996版,第176页。
② 夏之莲等译:《裴斯泰洛齐教育论著选》,人民教育出版社1992版,第336页。

育心理化的口号,开启了19世纪欧洲教育心理化运动。他提出要素教育思想并在此基础上建立了初等教育分科教学法体系,极大地推动了近代国民教育的普及与发展,被誉为"国民教育之父"。由于《林哈德和葛笃德》的出版,1792年法国立法会议授予裴斯泰洛齐"法兰西共和国公民"的称号,这在当时是极大的荣誉。

裴斯泰洛齐在伊弗东的20年是他教育生涯中的全盛时期。他得到了很高的荣誉,受到广泛的敬仰。意大利、西班牙、丹麦、德国、法国等国都有专家和青年去学习和参观、访问。伊弗东成为一所著名的国际性学院。世界的眼睛注视着伊弗东,人们像游览阿尔卑斯山冰川那样,争相前去学习和参加讨论会。在布格多夫和伊弗东的学校里就学的青年,回国后大力宣传和推行裴斯泰洛齐的办学精神和方法。

当时德国的国民教育就实行了裴斯泰洛齐的学校制度。德国著名的教育家赫尔巴特于1799年参观了裴斯泰洛齐的学校,对裴斯泰洛齐的新方法很赞赏。德国幼儿教育家福禄倍尔于1808～1810年曾在伊弗东任教和工作,他称伊弗东是"教育圣地",并接受了裴斯泰洛齐关于母亲和家庭在儿童教育中具有重要作用的看法以及数、形、语言的基本要素思想。这对他以后从事幼儿教育起了决定性作用。德国教育家第斯多惠继承和发展了裴斯泰洛齐的教学思想,被称为"德国的裴斯泰洛齐"。可以说,裴斯泰洛齐的教育思想对德国国民教育的发展和德意志民族的复兴起了重大作用。德国哲学家、教育家费希特在《对德意志民族的演讲》中,把裴斯泰洛齐和马丁·路德并列为他们民族的救星,宣称教育是拯救德意志民族的唯一手段,公共教育的一切健康的改革必须建立在裴斯泰洛齐的原则的基础上。

美国在19世纪40～50年代开展的国民教育运动中也借鉴了裴斯泰洛齐的教育理论,如通过建立师范学校来培养新的师资。1860年,美国掀起宣传和普及裴斯泰洛齐教学方法的"奥斯维戈运动",鼓励采用他的直观教学法。在英国,欧文和倍尔(Andrew Bell)也先后访问过伊弗东。思想家格里夫斯(Jarues Greaves)在1817～1822年访问伊弗东期间与裴斯泰洛齐建立了深厚友谊。格里夫斯曾在伦敦创办了一所学校,采用了伊弗东的教学方法。在法国,曾经在伊弗东担任法语教师达14年之久(1803～1817)的波尼法斯(Boniface)于1822年在巴黎创办了裴斯泰洛齐学校。1868年,日本明治维新时期接受了美国式的裴斯泰洛齐直观教学法,并与日本的教育实际相结合,发展为启迪教学法并在日本得到推广,成为日本教学法历史发展的转折点。

1909年,瑞士为纪念裴斯泰洛齐,在涅伊霍夫设立裴斯泰洛齐学院,对学生进行农业和手工业技能的训练。虽然他的时代已过了一个多世纪,但是他的光辉仍照耀在他的故乡苏黎世和他从事教育活动的地方。苏黎世和布格多夫,耸立着他的纪念雕像。苏黎世博物馆珍藏着他留下的文化教育遗产。①

裴斯泰洛齐的教育学说从清末传入中国,对我国的初等教育也有相当的影响。1994年10月10～14日,中央教育科学研究所和瑞士苏黎世裴斯泰洛齐教育研究中心在北京共同举办了"裴斯泰洛齐教育思想国际研讨会",这次会议的成果反映在由卓晴君和方晓东主编的《教育与

---

① 赵祥麟主编:《外国教育家评传》(第2卷),上海教育出版社1992年版,第64～66页。

人的发展》中。①

第二节 赫尔巴特

约翰·弗里德里希·赫尔巴特(Johann Friedrich Herbert，1776～1841)是19世纪德国著名的教育家和心理学家。他被视为"科学教育学之父"、"教育性教学"的倡导者以及教学形式阶段的发明者。他主张建立独立的教育科学，并明确指出："教育学作为一门科学，是以实践哲学和心理学为基础的。前者说明教育的目的；后者说明教育的途径、手段和障碍。"②"在很长时间里，人们把'赫尔巴特教育理论'和'科学教育理论'作为同义语。"③

一、生平、著作与教育研究的基本路径

作为一位法官的独生子，赫尔巴特幼年在母亲的关注下接受家庭教师的严格教育，培养其多方面的兴趣。他在家庭教师、拉丁语学校和耶拿大学接受过良好的哲学教育，熟悉沃尔夫、康德和费希特的哲学及席勒和歌德的诗作。从他后来的作品中，人们不难看出其教育思想与德国古典哲学（主要是伦理学、心理学和美学）的密切关联。1797～1800年，他在瑞士从事家庭教师工作。其间，1799年去瑞士布格多夫拜访了裴斯泰洛齐，在与其切磋教育问题的过程中颇受启发，后来成为德国第一个用文字传播裴斯泰洛齐教育思想的人。1802年，他开始利用自己宝贵的教育经验尝试从哲学角度说明教育的目的。这一年他发表的两篇论文《裴斯泰洛齐的直观教学ABC思想》和《论对世界之审美描述是教育的首要工作》已反映出其教育思想的基本倾向。1806～1808年，赫尔巴特基本完成了他在哲学与教育学方面的思辨性研究，主要成果是《形而上学要点》(1806)、《普通教育学》(1806)及《一般实践哲学》(1808)。1828～1829年，他发表了《一般形而上学及哲学的自然学说开端》（两卷集）。"在结束了我撰写思辨论著的工作以后转回到教育学研究上，投入大部分时间于教育的研究，并带着纯粹的实践的兴趣尝试，使已取得的经验结果体现在文字作品中。"④作为这些文字作品之一，他于1835年发表了《教育学讲授纲要》。

德国学者诺尔贝特·希根海格(Norbert Hilgenheger)认为，赫尔巴特教育思想模式的发展是沿着两条有鲜明区别的路线展开的，一条是分析性路线，另一条是以实现综合为目标的思辨。前一条路线从赫尔巴特本人的经验和实验开始，首先导致经验主义教育学，然后形成教育的哲学理论，这条教育思想路线使哲学或多或少地依赖于教育学。后一条路线从已有哲学体系的原则出发，从中发展出一套有关教学的理论与实践学说。这条路线使教育学依赖于哲学，特别是心理学和伦理学。"青年赫尔巴特的教育著作多采取分析式的教育思想模式，极少例外。而在他中年形成了自己的哲学思想体系并作了全面阐述之后，他便一直优先遵循以确

---

① 卓晴君、方晓东主编：《教育与人的发展》，教育科学出版社1995年版。
② 《赫尔巴特文集》(3)(教育学卷一)，浙江教育出版社2002年版，第187页。
③ [德]弗·鲍尔生著，滕大春、滕大生译：《德国教育史》，人民教育出版社1986年版，第165页。
④ 李其龙主编：《赫尔巴特文集》(教育学卷二)，浙江教育出版社2002年版，第161页。

立综合为目标的思辨方式。"①

二、教育学的理论依据

赫尔巴特在教育研究中一直关注哲学与教育学、教育理论与教育实践的关系问题。他明确地说,哲学,主要是心理学和伦理学,是他建立教育理论的基础,认为教育的真正完成者是哲学,"教育学对我来说只不过是哲学的一种应用"。②在赫尔巴特看来,"凡没有哲学思维的人去从事教育,很容易自以为自己已经做过广泛改革,其实只是对方式、方法稍稍作了些改进而已。在这里,比任何别的方面都更需要用哲学的眼光来检验那些流行的思想,因为在这里,日常的工作和受到形形色色的思想影响的个人经验如此严重地使人的视野变得狭隘"。③

1802年,赫尔巴特在《关于教育学的两个讲座》中主张将"作为科学的教育学"与"教育艺术"加以区分,认为一门"科学"是一系列原理的综合,而"艺术"是一系列能相互统一起来以实现某一目的的技能的综合。他认为纯粹的理论和纯粹的实践都存在问题。理论因其所具有的普遍性往往只涉及每个人实践的极小一部分,也正因为如此,所有实践者都很不愿意参与到这种研究中来。但另一方面,经过分析和验证已经证明,纯粹的实践毕竟总是墨守成规,局限性极大,得不出任何决定性的经验。赫尔巴特看到了教育理论与教育实践之间的裂痕,并试图解决两者之间的联结问题。

(一)伦理学与教育目的

1804年,赫尔巴特在《论对世界之审美描述是教育的首要工作》一文中指出:"我们可以将教育唯一的任务和全部的任务概括为这样一个概念:道德。""道德普遍地被认为是人类的最高目标,因此也是教育的最高目标。"④1808年,他在《一般实践哲学》中系统阐述了自己的伦理学思想。赫尔巴特实践哲学的基本特点在于把道德判断解释为一种特殊形式的审美判断,认为美学判断与伦理判断具有相似性;实践哲学是要解决为生活提供何种支持的问题,它应该具有处世学说的基本特征,否则人们会在实际生活中发生义务冲突;他还主张从人的感觉经验中寻找道德评价的标准。⑤

赫尔巴特认为,日常生活的道德判断可以按照内心自由、完美性、友善、正义和公正这五种道德观念加以修正。1808年,赫尔巴特在《一般实践哲学》中系统阐述了上述五种实践观念。在1836年的《教育学讲授纲要》中,他从教育学的视角对上述五种实践观念进行了简明扼要的论述,将培养五种道德观念视为教育的目的,也是学生应遵守的道德规范。赫尔巴特认为,这五种道德观念是人类普遍应具备的美德和巩固世界秩序的永恒真理,并认为培养人具备上述"五种道德观念"(five moral ideas,简称"五道念")是教育的最高目的。

五种道德观念包括:(1)"内心自由"的观念,指认识与意志的统一。人际关系依赖于人们

---

① 扎古尔·摩西主编,梅祖培、龙冶芳等译:《世界著名教育思想家》(第2卷),中国对外翻译出版公司1995年版,第185~186页。
② 李其龙主编:《赫尔巴特文集》(教育学卷二),浙江教育出版社2002年版,第161页。
③ 同上书,第198页。
④ 同上书,第177页。
⑤ 周采:《赫尔巴特的教育学与伦理学》,《教育学报》2006年第5期。

已经认识到的东西,而借助于服从,内在自由的观念才能真正是实践的,才能成为决断的指导。(2)"完美"的观念,要求人具有完美的理想和实现志向的坚强毅力。完美性的观念是实践的,是按照人与人的量的对比关系而定的。一个使自己的文化知识日益丰富的人,如果不愿躲避社会的诸种对比,他是不会甘愿放弃他已经达到的以及还要达到的下一个更高的阶段的。于是,他始终陪伴着自己的憧憬而不断前进。每前进一步,他都会获得完美,但在完美中又失去完美。(3)"友善"的观念,指善行的决心。善举之所以是善举,是因为善举对异己意志的善是直接的和无动因的。人间一切关系中最丑恶的东西是恶意、嫉妒和幸灾乐祸,因为这些丑恶现象至少会强烈地、以直接的暴力伤害人的情感。(4)"正义"(或"法")的观念,指人们之间可能发生冲突时应以"正义"去调节。"法"是众多意志的和谐,"守法"是预防争斗的规则。(5)"公平"的观念,指对人们的行为应实行善者赏、恶者罚,赏罚分明,公平合理。在教育实践中,公平的观念要求在给学生以应有的惩罚时必须严格把握尺度,并使受惩罚者对所受的惩罚视为正确而愿意接受。

(二)教育学的心理学基础

赫尔巴特指出,教育者的首要科学就是心理学,并第一次把心理学作为基础理论来阐明教育学问题。他是最早宣称心理学是一门科学的人,最先将心理学与哲学、生理学分开,认为心理学作为一门科学,应建立在形而上学、数学和经验的基础上。他的主要心理学著作有《心理学教科书》(1816)和《作为根据经验、形而上学和数学的科学之心理学》(1824~1825)。[①]

赫尔巴特在哲学上企图调和唯理论与经验论之间的矛盾,认为仅凭感觉或仅凭理性都不能真正认识事物。人的认识活动就是通过经验获得材料,再通过心智活动从经验中产生观念,并不断地依靠旧的观念来同化新的观念形成观念团的"统觉"过程。为了说明新观念被旧观念同化和吸收的"统觉"过程,赫尔巴特提出了"意识阈"的概念,认为占意识中心的观念只容许与它自己可以调和的观念出现于意识上,而将与它不调和的观念抑制下去。假如条件变化,在"意识阈"之下的观念就可能出现于意识阈之上,将原在意识阈之上的某部分的观念排挤到意识阈之下。另外,假如抑制一个观念的其他观念减弱了,那一个观念就会进入意识。观念发生之后永远不会消灭,所以没有真正的遗忘。赫尔巴特一生主要的工作就在于给予这一概念及其在教育上的应用以理论的说明。

赫尔巴特最早宣称心理学是一门科学,并在心理学方面有不少建树。他完全摒弃了官能的概念,帮助摧毁了直到当时一直占统治地位的官能心理学;他主张对心理现象作定量分析,第一个尝试将数学应用于心理学研究,为实验心理学的形成开辟了道路;在他的心理学思想中有辩证法的因素,如观念的对立与融合的思想、意识阈限转化的思想等;他的无意识说和意识阈概念,对心理活动研究的数量分析等,对费希纳心理物理学和弗洛伊德的精神分析都有直接的贡献,因此心理学界对他的评价很高。他把从心理学研究中得出并加以发展的各种理论运用到教育科学中,强调教师不仅要学习心理学,还应随时观察和分析研究儿童的个性。而

[①] 关于赫尔巴特教育心理学化的思想可参见贺国庆、刘向荣:《赫尔巴特教育心理学化的理性分析》,载《教育学报》,2006年第5期。

这一点,心理学是不能代替的。这种意见无疑也是十分正确的,可以作为每一个教师的座右铭。但与冯特之前的其他心理学一样,赫尔巴特的心理学主要以哲学为基础,所以也属于所谓"哲学心理学"的范畴。

三、教育学的三个组成部分

赫尔巴特试图使教育学成为一门独立的科学,并努力建立完整的教育学理论体系,该体系在1806年的《普通教育学》中已经定型,在此后的漫长实践中得到充实和完善。赫尔巴特将教育过程分为相互联系、前后衔接的三个部分:管理、教学和训育。管理的目的和中心任务是要克服儿童"不服从的烈性",以便为教学和训育创造秩序;教学是实现教育目的的基本手段,通过激发学生多方面的兴趣,使学生具有能正确地决定意志的思想范围;训育即道德教育,在赫尔巴特的教育体系中,德育问题既是贯穿一切、贯穿始终的纲,又是专门的组成部分。

(一) 儿童管理

赫尔巴特试图从理论上阐述当时德国学校教育实践中的一般做法,即认为儿童管理的目的和中心任务是要克服儿童"不服从的烈性",以便为教学和训育创造秩序。他把对儿童进行必要的管理作为实施教育工作的必不可少的条件,把儿童管理论作为教育科学的首要组成部分。赫尔巴特认为,教育与管理本身就是密切结合的。如果"只教不管"会徒劳无益;如果"只管不教"则会导致对心智的压迫。在他看来,管理是教育的一根缰绳,教师必须"坚强而温和地"抓住它,才可以使存在于儿童身上的"不驯服的烈性"、"盲目冲动的种子"以及"率真的欲望"得到约束。这样做可以使儿童在冲动与欲望中长成的意志不至于是反社会的,还可以造成一种守秩序的精神。特别在教育活动开始的阶段,更不可能做到以教育代替管理。这时期对学生采取"惩罚性威胁"和"监督"等措施完全是必要的。而想要学生从理性上出于自己的意志服从教师,这只有在教育的较高阶段才能达到。

赫尔巴特提到的管理方法包括当时德国学校中的通常做法:(1)监督。这是儿童管理的不可缺少的部分,但一定要适当,否则会造成危险。(2)威胁。"惩罚性威胁"是必要的,但单纯采用威胁的办法经常不能收到预期的效果,它必须与其他方法结合进行。(3)惩罚。如果儿童出现恶劣行为,就必须加以惩罚、包括体罚、剥夺自由、禁止用餐、关禁闭室和立壁角等。

但赫尔巴特在泛泛地列举了儿童管理的一般措施以后,又以更多的篇幅否定了这些方法。例如,他指出了"监督"的种种危害,包括拘泥于细节的监督对双方都是一种负担;监督妨碍了儿童自己控制自己;性格是由本人意志产生的,而监督显然不利于这种良好的性格的形成。"假如要把监督作为常规工作的话,那么就不可能要求那些在监督压制下成长的人们机智敏捷,具有创造能力,具有果敢精神和自信行为;我们也许只能期待产生这样的人,他们始终只是单调刻板,并习惯于墨守成规,不思改变,而对于高尚与奇特的事件则畏缩不前;他们把自己葬送于庸庸碌碌与安逸之中。"①

赫尔巴特提出了一些更为积极的管理办法,包括权威、爱和给儿童以活动的机会。在给儿

---

① [德]赫尔巴特著,李其龙译:《普通教育学》,人民教育出版社1989年版,第25~26页。

童以父亲的威严和母亲的慈爱方面,他的观点又与其他教育家相接近了。此外他认为,要想使儿童管理安排得容易一些,必须考虑根据儿童好动的天性安排适当的活动。在这个方面,乡村由于活动范围宽广,相对城市学校来说要容易一些。城市的孩子被看管在狭小的范围内,由于他们的精力无处发泄,往往造成极大的破坏。"教育者们完全有理由及早考虑到向儿童提供大量受欢迎而无害的活动,以消除他们那种十分难以阻止住的不安稳。""凡是在那些环境能使儿童的活动本身找到有益轨道,并能让这些活动在其中完全发挥出来的地方,管理将取得最出色的效果。"①

(二) 教学

在赫尔巴特的教育学思想体系中,教育的目的即培养"性格的道德力量"处于核心地位,教育的内容和方法都是由此决定的。教养与教育之间,教学与管理、训育之间存在着密切的联系。1802~1809 年间,赫尔巴特发表了一系列著述阐述了他的教育性教学思想。他继承和发展了西方"美德可教"的理性主义传统,对于教育如何能够通过"第三者"的介入在学生身上产生"自治"的行动这个教育的根本问题,他的回答是:情感起源于思想,而原则和行为方式则产生于这些情感。只有对头脑进行训练,教育才可能实现。而头脑就其本性而言是能够通过适当的教学而加以训练的。

1. 教育性教学

早在 1797~1798 年《给冯·施泰格尔先生的几份报告》中,赫尔巴特就细致地报告了自己在家庭教师的教育实践中如何对冯·施泰格尔的三个孩子进行教育性教学的经历与体会。1802 年,赫尔巴特在《裴斯泰洛齐的直观教学 ABC 思想》中论证了基于直观的数学教学能培养学生的想象力和注意力,而这些都是教育的前提。1804 年,赫尔巴特在《论对世界之审美描述是教育的首要工作》中表明,脱离了教学,教育一般不会取得成功。教育性教学据以进行的基础是儿童天生的活泼性格,即儿童对世界和他人的兴趣。② 在 1806 年的《普通教育学》中,赫尔巴特更加明确地论述了教育性教学的必要性和可能性,认为不存在"无教学的教育"和"无教育的教学"。

赫尔巴特一直坚持这样一个信念:情感和意志受知识的影响,思想影响情感,情感影响行为。一个青年人纯粹出于得到好处的目的向某一位教师学习什么本领和学识,这对于教育者来说是无关紧要的。但是他的思想范围如何形成,这对于教育者来说就是一切,因为从思维中将产生感受,从感受中又会产生行动的原则与方式。我们只有知道如何在青年人的心灵中培植起一种广阔的、其中各部分都紧密地联系在一起的思想范围,这一思想范围具有克服环境不利方面的能力,具有吸收环境有利方面并使之与其本身同一起来的能力,那么我们才能发挥教育的巨大威力。

1818 年,赫尔巴特在《根据行政专区参议格拉夫先生的构想对学校年级及其改革的教育学鉴定》中比较了教育性教学与传统教学在目的和手段上的差异:传统教学的目的在于尽可

---

① [德]赫尔巴特著,李其龙译:《普通教育学》,人民教育出版社 1989 年版,第 28~29 页。
② 李其龙主编:《赫尔巴特文集》(教育学卷二),浙江教育出版社 2002 年版。

能多地向学生传授有用的知识和技能,关心学生的实践和技能;教育性教学则侧重兴趣,而兴趣在以前充其量只是被当作学习的动力加以考察的。赫尔巴特始终强调,兴趣不仅是学习某些技能和本领的基础,更是为了强化"道德人格",这才是教育的最终目标。

赫尔巴特针对学生的理性思考能力而进行的教育性教学的主要内容包括两条主线:一条是美学和文学,另一条是数学和自然科学。有时他也将之简称为"诗歌和数学",强调培养学生"诗化的伟大性格"。其中,文学教学的目的是激发对他人情感的切身关注,尤其是对幼年儿童的教学,必须用诗来让他们认识到单纯的人际关系,必须使思想、情感、原则和行为方式互相联系在一起。数学不仅具有实用的价值和技术上的重要性,而且主要应当把数学当作训练思想集中的一种手段,帮助学生培养性格。总之,数学的教学为从理论上了解世界创造条件,而文学、艺术与历史的教学则旨在传授对世界的审美把握。

2. 多方面兴趣与课程

赫尔巴特认为,教学的主要优势在于教师的兴趣保持在教学的每个内容上,而学生的体验在教育性教学过程中发挥中心的作用。兴趣既然是学生自身独立的智力活动,它不仅是目的,也是教育性教学的主要手段。不过,虽然教育性教学把兴趣看作目的,但它仍然保持了作为手段的功能。

学生的兴趣是教育性教学得以顺利进行的一条主线。兴趣对于教育性教学具有两方面的关键意义。首先,"多方面兴趣"是教育性教学的一个至关重要的中间目标。只有多方面兴趣能够给予意志以必要的内在自由,没有这种内在自由,受教育者就不能正确地采取行动。其次,兴趣不仅仅只有目的的功能,它还具有手段的功能,它是教育性教学容许的唯一动因。只有持续的兴趣才能不断地、轻松地开阔思维,接触世界并鼓励个人真诚地与自己的同胞共命运。因此,"教学中最严重的罪过"就是枯燥乏味。

赫尔巴特提出经验的、思辨的、审美的、同情的、社会的和宗教的6种兴趣,并在此基础上拟定了广泛的课程体系。第一类属于来自对事物认知方面的兴趣和课程,包括经验的兴趣,如各种自然学科,思辨的兴趣,如数学,审美的兴趣,如工艺学科。第二类属于来自社会交际和人类关系方面的兴趣和课程,包括同情的兴趣,如历史等学科,社会的兴趣,如语言、文学等学科,宗教的兴趣,如宗教学科。前一类课程属于自然学科,后一类课程属于社会学科,两者包括着非常广泛而又相互联系的许多学科。

3. 形式教学阶段

赫尔巴特依据其统觉心理学提出了形式教学阶段理论,认为教学过程是学生观念体系形成的过程,并将教学过程分为清楚、联想、系统和方法四个阶段。其中的每一阶段都明确提出教师"教"的具体任务和活动方式,也清楚地规定学生"学"的具体要求和活动范围。尤其是每个教学阶段都围绕着观念心理学的论点,详细划定学生心理活动的范围和内容,使各个教学环节与各种必要的心理活动巧妙、有机地配合,使整个教学形成严密的科学外壳。

"清楚"指清楚、明确地感知新教材。教师讲授新教材时要清楚、明白,学生要尽可能保持较高的学习兴趣,集中注意于新教材的讲述和新知识的分析。这时学生的心理活动处于静态的钻研状态。这个阶段的教学方法是提示教学和分析教学。教师应在事先仔细考察学生的

"思想仓库",然后才能决定提供何种新观念;新观念确定以后,还必须尽力引导学生寻找有关的旧观念去感知它。

"联想"指学生通过深入思考在旧有经验的基础上形成新的知识和经验。由于学生尚不清楚究竟要形成什么样的新知识和新经验,这时学生处于期待的动态的钻研进程中。教师要不失时机地通过与学生无拘无束的谈话,帮助学生深入思考,使新旧知识能很好地结合起来。要使这个阶段的教学进行得较为顺利,重视培养和利用良好的记忆力和想象力是十分重要的。

"系统"指通过教师的谈话指导和学生对教材的深入思考和理解,特别是通过新旧知识的联系,使学生头脑中形成并概括出各种概念、定义、原则和规则等系统性的经验。这时学生的心理活动处于静态的理解状态,兴趣集中在对问题的探求上。这一阶段的教学是更高级的综合教学,主要目的是使相关的新旧观念重新联合形成普遍性的概念。

"方法"指让学生通过一定形式的练习与作业把系统化了的知识运用于实际,以检查是否正确理解了主题思想,这实际上也是观念系统化的延续。这时学生的心理活动完全处于动态的理解状态,兴趣已转入到行动阶段。通过练习和作业等方法将所学知识运用于实际是教学的最后阶段,标志着教学过程的终结。

赫尔巴特认为,尽管因教材构成部分的大小不一,简繁程度不同,教学所经历的时间有长有短,但都可辨别出上述4个教学阶段,它们是普遍适用于教学活动的形式,故名形式教学阶段。

赫尔巴特主要依据心理学论点来论述教学阶段理论,有其一定的合理性。这四个教学阶段都细致地考虑到学生学习时的心理状态,揭示了学生在教学过程中认识事物的规律。这个理论在当时相当有助于教师教课和学生掌握知识,有利于教学质量的提高。赫尔巴特在他的教育学著作中告诫教育工作者,不要把某一种教学方法绝对化,要博采各种方法之长,结合具体情况加以运用。他认为学生的智力是有差别的,个性也是有差别的,教育应从学生的个性出发,尽可能安排多样化的教学活动,以适应学生的个别差异。

(三) 训育

在赫尔巴特的教育体系中,德育问题既是贯穿一切、贯穿始终的纲,又是专门的组成部分。"对青少年的心灵产生直接影响,即有目的地进行培养,就是训育。这就是说,不考虑思想范围,仅仅通过对感觉的作用进行培养,似乎是有可能性的!"[①]在德语中,教育(Erziehung)这个词是从训育(Zucht)与牵引(Ziehen)这两词来的。因此,人们常根据这个名词把它的主要部分看作训育。人们通常把教育本身与教学作对照,而赫尔巴特却把它和儿童管理作对比,他认为训育"与儿童管理有共同的特征;它是直接对儿童的心灵发生影响;它与教学共同的地方在于它们的目的都是培养"[②]。训育又不同于儿童管理,它应具有陶冶性;训育建立在道德观念的基础上,使受训者在心悦诚服中形成道德性格的力量。

赫尔巴特认为,"训育应当起维持、决定和调节的作用;应当在整体上考虑使心灵能够平静与清晰;应当部分地通过赞许与责备使心灵受触动,应当及时地提醒它和纠正它的错误"[③]。

---

① [德]赫尔巴特著,李其龙译:《普通教育学》,人民教育出版社1989年版,第147~148页。
② 同上书,第147页。
③ 同上书,第278页。

一般的训育措施包括维持的训育、起决定作用的训育、调节的训育、抑制的训育、道德的训育与提醒的训育共6种。"维持的训育"旨在巩固管理所取得的成果,特别是巩固儿童服从的意愿;"起决定作用的训育"旨在加强儿童决定自己行为的能力,使他们对自己应该做什么做出正确的决定;"调节的训育"旨在通过说服使儿童回忆往事,预见未来,剖析自己的内心世界,从中找到自己行为的根源,最终在行为中保持一贯性;"抑制的训育"旨在使儿童保持情绪的平静与头脑的清晰,克制狂热的冲动,从而培养审美判断力,建立道德;"道德的训育"旨在以上述4种训育为基础,向儿童说明真理,让他们通过模仿高尚行为等,树立起道德观念;"提醒的训育"旨在以儿童做出的道德决心及时提醒儿童纠正失误。[①]

赫尔巴特认为,训育可以同管理与教学结合起来进行。由于训育在彬彬有礼、促进快乐和谐的自然气氛中进行,可以对严厉的管理与气氛紧张的教学起到缓解的作用。此外,训育可以有"激发"和"抑制"两大类措施,包括压制和惩罚、赞许与奖励。有些措施在形式上似乎与管理相同,但在运用中却有区别。管理主要着眼于当前的作用,而训育注意儿童的未来。训育中采用的压制与惩罚旨在使儿童吸取教训,赞许与奖励旨在使儿童学有榜样。总之,训育是一种延续的、不断的、慢慢的、持续的诱导工作,要对儿童的性格进行直接与间接的陶冶。

四、地位与影响

(一) 赫尔巴特对教育的贡献

赫尔巴特是西方近代教育史上有重要影响的教育家。首先,他提出要以伦理学决定教育的目的,以心理学决定教育的方法,试图在伦理学和心理学的基础上建立系统的教育理论,他是近代教育家中试图使教育学成为一门科学的开山之祖。其次,他在历史上首次提出了心理学是一门科学并将其作为教学论的基础。直到19世纪初,心理学尚未成为一门科学,康德否认心理学是科学的观点影响着德国乃至欧洲。夸美纽斯、卢梭和裴斯泰洛齐等人虽然提出教育适应自然即适应儿童天性的原则和思想,但都缺乏心理学的依据。赫尔巴特试图使心理学成为科学的努力,以及将心理学运用于教育和教学的努力,在当时显然具有积极的意义。再次,赫尔巴特最重要的贡献是"教育性教学"的理论与实践。"教育性教学"在他的教育理论中占有中心地位。"在赫尔巴特以前,与教育和教学有关的问题本来都是分开研究的。只是在后来才试图确定教学和教育二者之间如何才能相互支持。赫尔巴特与此截然不同,他迈出大胆的一步,在他的教育理论中将'教学'概念置于从属'教育'概念的地位。在他看来,惩罚和羞辱学生之类的外部影响并不是最重要的教育手段。与此相反,教学得法乃是改善教育的不二法门,必然行之有效。"[②]

由于时代和阶级的局限,赫尔巴特的教育思想存在一定的局限性。例如,他的教育理论受到其社会政治观点的影响,带有明显的保守色彩;他的哲学观点也使其教育思想带有思辨特征;他主要关注文科中学的教育和教学,把性格的形成作为教育的目的,带有明显的旧时代的

---

① 赵祥麟主编:《外国教育家评传》(第二卷),上海教育出版社1992年版,第109页。
② 扎古尔·摩西主编,梅祖培、龙冶芳等译:《世界著名教育思想家》(第2卷),中国对外翻译出版公司1995年版,第184~185页。

贵族教育色彩;尽管在儿童管理方面提出了一些积极的建议,但其儿童管理思想主要反映了普鲁士集权教育压制儿童的特征;他的心理学虽有创新,但仍属于科学心理学诞生之前的哲学心理学范畴,建立在这种心理学基础之上的教育理论的合理性与先进性也令人怀疑,等等。但所有这些并不妨碍他成为世界教育史上杰出的教育思想家。

(二)赫尔巴特的影响

赫尔巴特的教育学说在其生前没有得到充分重视,在他去世20年以后才被奉为教育理论的权威。通过其门徒的努力,赫尔巴特的教育理论才被付诸实践并加以发展,进而传播到德国和世界其他国家,深刻影响了近代教育科学的形成与各国教育事业的发展。

1. 赫尔巴特思想的传播

赫尔巴特去世后,他的好友德罗比施(M. W. Drobisch)等人在莱比锡大学建立了"赫尔巴特主义"中心。1844年,在该中心受过2年教育的斯托伊(K. von Stoy)在耶拿大学按照赫尔巴特的模式开设了师范习明纳(研讨班)。1861年,曾听过赫尔巴特课的齐勒尔(Tuiskon Ziller)首次提出"赫尔巴特学派"的名称。1862年,齐勒尔负责主持莱比锡大学师范习明纳,成了赫尔巴特学派的首领。1868年,他又创建了科学教育学会,出版了《科学教育学会年鉴》。这样,就使赫尔巴特教育思想得到迅速推广,并在德国教育领域取得了统治地位。1885年,齐勒尔的学生莱因(W. Rein)继斯托伊之后任耶拿大学教育学讲座与师范习明纳的领导工作。在他的努力下,耶拿大学成为赫尔巴特研究的国际性中心。到这里来学习并研究的有美国、英国、俄罗斯、罗马尼亚、芬兰、瑞典、希腊、日本、澳大利亚、南非、智利和墨西哥等许多国家的学者,正是通过他们,赫尔巴特教育思想得以迅速传播到世界各国。[①] 特别值得一提的是,赫尔巴特教育思想在美国得到广泛传播,形成了赫尔巴特学派运动,对美国的学校教育产生了巨大影响。[②] 20世纪初,赫尔巴特学说传入中国。时值废科举、兴学堂之际,一批力图从西方寻找真理、学习西方经验的有识之士,通过文章、书刊介绍了赫尔巴特学派的思想。赫尔巴特的教育思想曾对我国解放前的中小学课堂教学产生过一定影响。

2. 赫尔巴特学派对赫尔巴特教育思想的发展

以齐勒尔、斯托伊、莱因等人为首的赫尔巴特学派不仅在使赫尔巴特教育理论通俗化、简明化与具体化方面做出了努力,还在某些方面发展了赫尔巴特思想。首先,他们在赫尔巴特四个教学阶段的基础上提出了"五步教学法",即把"清楚、联想、系统和方法"改成"准备、提示、联想、概括和运用",为广大教师提供了一个更加容易理解、掌握和运用的模式。但他们进一步将五步教学法形式化和机械化了,以致后来终被抛弃。其次,他们根据教学内容需要"一致"与"关联"的思想,提出了"集中中心说",把人文学科作为各科教学中心,使其他学科教学围绕着人文学科进行。后来进步教育派中也有一些人赞成这种做法,发展了所谓"综合课程"和"核心课程"等。这种课程设置形式在中小学中可以体现不同学科知识方面往往有所联系的特点,因此,有些国家的中小学至今还采用这种课程设置形式。再次,按照赫尔巴特应当引起儿童学习

---

① 赵祥麟主编:《外国教育家评传》(第二卷),上海教育出版社1992年版,第111页。
② 张斌贤、陈露茜:《赫尔巴特在美国》,载《教育学报》2006年第5期。

的准备状态,使教学材料接近儿童发展阶段的思想,他们提出了"文化阶段说",把儿童成长过程视为同人类历史发展阶段相类似,并为此选编了适合各年级的教科书。

赫尔巴特学派的影响在第一次世界大战后逐步衰落,代之而起的是进步教育派、新教育派。但是,直至 20 世纪 50 年代,还有教师采用赫尔巴特的教学方法,他的有些教学论思想还被教学论专家吸收到教学论的论著中去。①

第三节 福禄倍尔

弗里德里希·威廉·奥古斯特·福禄倍尔(Friedrich Wilhelm August Froebel, 1782～1852)是 19 世纪德国著名的教育家。他热爱儿童,把自己毕生的心血献给了幼儿教育事业;他创办了世界上第一所幼儿园,大力提倡幼儿园教育,并重视幼儿园教育与家庭教育的联系;他撰写了许多有关学前教育的作品,成为近代学前教育理论的奠基人;他积极组织了幼儿园教师培训。福禄倍尔创立的幼儿园及其幼儿园教育理论不仅对 19 世纪后半期乃至 20 世纪初期的世界幼儿教育的发展有着广泛而深刻的影响,也影响到小学教育方法的改进。作为"幼儿园之父",福禄倍尔在世界教育史上占有非常重要的地位。

一、生平与教育活动

福禄倍尔出生于德国中部图林根的一个牧师家庭,不到 1 岁时母亲病逝。父亲终日忙于教区事务几乎无暇照顾孩子。早年的不幸对于他以后从事幼儿教育工作有一定影响。1799～1801 年,他在耶拿大学学习数学和自然哲学,受到德国古典哲学的很大影响。

1805 年,福禄倍尔受到裴斯泰洛齐的学生、法兰克福模范学校校长格吕纳(G. A. Gruner)的影响,开始从事教育工作。同年他步行去瑞士伊弗东裴斯泰洛齐的学校参观学习 14 天。1806～1811 年,他在法兰克福贵族冯·霍尔茨豪森(Von Holzhausen)家担任其三个儿子的家庭教师。其间,1808～1810 年再次到瑞士跟随裴斯泰洛齐学习。1816 年,福禄倍尔在格利斯海姆创办了"德国普通教养院"。1826 年,发表《人的教育》。1834～1835 年,福禄倍尔在瑞士任布格多夫孤儿院院长。其间,他对早期教育的重要性有了更深刻的认识,并着手研究、创制幼儿教育材料。

1837 年,福禄倍尔完全转向学前教育。他在卡伊尔霍开办了一所教育机构,专门招收 3～7 岁儿童,并在以往研究成果的基础上创制出一套称作"恩物"的教学用品。1838 年,他创办了《星期日报》,撰写论文积极宣传幼儿教育的重要性和介绍幼儿教育方法。1840 年,他把这所幼儿教育机构命名为"幼儿园"(Kindergarten)。1843 年,他出版了《母亲与儿歌》。1849 年举办了幼儿园教师训练所。1850 年创办了《教育周刊》。1851 年,由于宗教和政治的原因,普鲁士政府下令禁止设立福禄倍尔式的幼儿园,他因此而遭受沉重的打击。他曾打算去美国继续发展幼儿园事业,终因年迈体弱未遂。1852 年,福禄倍尔逝世于马林塔尔。1860 年,普鲁士政

---

① 赵祥麟主编:《外国教育家评传》(第二卷),上海教育出版社 1992 年版,第 11～113 页。

府取消设立幼儿园的禁令。1861年,福禄倍尔的生前好友将他在1838～1840年写的幼儿教育论文编辑出版,命名为《幼儿园教育学》。

《人的教育》是福禄倍尔的教育代表作,1826年出版,共7章,包括基本理论、各时期的教育、各门教学科目、学校与家庭以及结论。作者在书中阐述了教育理论的哲学基础是永恒的统一的法则,即上帝;教育是引导人增长自觉,达到纯洁无瑕,能有意识地、自由地表现神的统一的内在法则,并采用适当的方法和工具,使受教育者成为有思想的、有智慧的人;教育的目的在于实现忠诚的、纯洁的、宁静的亦即神圣的人生;教育需遵循自然的法则,即适应儿童的本性,适应儿童的自然环境,在自然界中对儿童进行教育等基本观点。

二、论教育的基本原理

各种资料表明,影响福禄倍尔教育思想形成的因素是多方面的。早年生活中家庭的宗教气氛及其与自然的密切接触,养成其宗教精神及对探索自然发展规律的兴趣。在哲学观方面,主要受德国古典哲学,尤其是费希特的"行动哲学"、谢林(F. W. Schelling)的自然哲学和克劳泽(K. C. F. Krause)万物在神论的深刻影响。早期进化思想及自然科学也被福禄倍尔用做寻求自然及人的发展规律的依据。此外,他还研究过席勒(F. Schiller)、歌德(J. W. von Goethe)、威兰德(Wieland)和温克曼(Winckelmann)的浪漫主义文学和美学观点,尤其是席勒的《审美教育书简》对其游戏和作业的思想有深刻影响。从教育思想的渊源来说,他把裴斯泰洛齐的方法作为其基础,尔后运用自己的哲学观点及教育经验加以改进、发展与扩充。

(一)统一的原则

在福禄倍尔生活的年代,欧洲自然科学有了很大发展。新科学以新的事实证明宇宙是发展的,事物之间是互相联系的。与这种自然科学向深广方面的发展相联系,人们形成了整体的观念,认识到人类与人周围的世界是统一的,它们都服从相同的规律。这就使哲学有可能形成统一的与整体的观念,并在世界观与方法论的统一上有了进一步的认识。这种时代风尚反映在《人的教育》中:"有一条永恒的法则在一切事物中存在着、作用着、主宰着。这条法则无论在外部,即在自然中,或在内部,即在精神中,或在两者的结合中,即在生活中,都始终同样地明晰和确定……这个统一体就是上帝……一切事物只有通过上帝的精神在其中发生作用才能存在。在每一事物中发生作用的上帝的精神就是每一事物的本质。"[1]

福禄倍尔认为,一切事物的命运和使命就在于展现它们的本质,即展现它们的上帝的精神。人亦不例外。不同的是,人是有自觉和自决意识的最高贵的生灵,他能够感受、理解和认识存在于自身的上帝的精神。人类首先须认识自然,进而认识人性,最终认识上帝的统一。教育的实质正在于使人能自由和自觉地表现他的本质,即上帝的精神。帮助人类逐步认识自然、人性和上帝的统一,这就是教育的任务。

(二)顺应自然的原则

在福禄倍尔看来,既然神性是人性的本质或根源,人性肯定是善的。按上帝精神的作用和

---

[1] [德]福禄倍尔著,孙祖复译:《人的教育》,人民教育出版社1991年版,第1～2页。

从人的完美性和本来的健全性来看,教育、教学和训练的最初的基本标志**必然是容忍的、顺应的,仅仅是保护性的、防御性的**。"一切专断的、指示性的、绝对的和干预性的训练、教育和教学必然地起着毁灭的、阻碍的、破坏的作用。"①其危害就在于,会使存在于人身上的上帝的精神(自由与自决)丧失掉,而自由与自决正是全部教育和全部生活的目的与追求。

既然人性本善,又如何解释儿童生活中的不良现象呢?福禄倍尔认为其原因有二:人的本质的各个方面的发展被完全忽略;发展过程遭到不良干预。人身上的缺点的一切表现,是由于他的善良的品性和良好的追求遭到压制或扭曲,被误解或往错误方向引导。因此,克服和清除一切缺点、恶习和不良现象的唯一切实可行的方法,在于努力寻求和发现人固有的善良的源泉,即人的本质方面,然后加以培养、保护、确立和正确引导。只有在发现人的原始的健全性确实已遭到破坏的情况下,才须采取直接的强制性的教育措施。

(三) 发展的原则

福禄倍尔在教育史上第一次把自然哲学中"进化"的概念完全而充分地运用于人的发展和人的教育。他把人性看成一种不断发展和成长的东西。人的发展过程也和自然界的进化过程一样,经历了从不完善到完善、从低级到高级和由简单到复杂的前进序列。发展不仅是分阶段的,更是连续的和联系的。那种希望儿童可以跳跃少年期和青年期,在各方面表现得像一个成年人的想法,会给后面的教育带来不可克服的困难。

福禄倍尔试图从自然发展的规律中寻求人的发展规律。他在研究了矿物结晶发展的规律之后认为:"产生于自然本身的结晶发展的整个自然过程与人的精神和心情的发展,有着十分奇特的一致性。"②如同万物生长一样,人的成长也必须服从两条互相补充的原则:对立与调和。对立调和法则是一切运动的原因,亦是人的发展的原因。儿童一方面接受外界刺激,了解外界,另一方面又把自己对事物的认识通过活动表现出来。教育总是从内因和外因的矛盾入手,在两者之间发现调和的东西,克服差异,最终使二者达到统一。

(四) 创造的原则

在福禄倍尔看来,上帝是富有创造精神的。"上帝创造了人,即创造了他自己的摹本,他按照自己的形象创造了人,因而人应当像上帝一样进行创造和发生作用。"③人进行创造原本仅仅是为了使存在于他身上的上帝的本质以一定的形式表现出来,而以这种方式获得面包、衣服是第二位的派生物。福禄倍尔批评当时的学校教育脱离生活。"学生被排除出一切家庭业务之外,排除出一切以制造外部产品为目的的业务之外,乃是我们当今存在的学校,特别是所谓的拉丁学校和高级中学的最大缺点之一。"④实际上,通过生活和从生活中学习,要比任何方式的学习更深入和更容易理解。在生活中和行动中接受和理解事物,比之单纯地通过言语和概念吸收和感受事物,对于人的发展、形成和加强远为有力。

---

① [德]福禄倍尔著,孙祖复译:《人的教育》,人民教育出版社1991年版,第6页。
② 同上书,第117页。
③ 同上书,第22页。
④ 同上书,第178页。

三、教育的分期与各时期的任务

在福禄倍尔的发展学说中,有着明显的复演说的倾向:"在个人内部生活的发展中复现着人类精神发展的历史,整个人类就其总体上说可以看作一个人,并且在他身上可以看到个人所必然经历的各个发展阶段……"①他也把人类的发展分成若干阶段,但并不硬性划定精确的年龄分段。在他看来,每一阶段并不是由年龄限度而定的,而是由某些显著的特征决定的,即每一阶段的基本倾向支配一切其他的发展,并为每一阶段确定教育的目标。在《人的教育》中,福禄倍尔把人类初期的发展分为四个阶段:婴儿期、幼儿期、少年期和青年期,但只具体讨论了前三个时期的教育。

(一) 婴儿期

福禄倍尔把婴儿时期看作"吸收"的时期。这一时期人类从外界吸进富有多样性的事物。所以,这一时期的活动应以感官的发展为主。婴儿的听觉器官首先得到发展,然后视觉也得到发展,使父母和周围的人有可能引导婴儿去观察和进一步认识事物。随着感觉的向前发展,婴儿同时有规律地发展对身体和四肢的运用。这一时期的人仅仅为了运用、应用和练习他的身体、他的感官、他的四肢,而不是为了从这种活动中产生结果。在发展了的感官、身体和四肢活动,到了儿童开始自动地向外表现内在本质的程度时,人的发展的婴儿期也告终止,并开始了幼儿期。

(二) 幼儿期

随着幼儿时期的到来,真正的人的教育便开始了。这时,虽然身体的保育减少了,但智力的培育和保护却加强了。游戏和说话是这时儿童生活的要素。借助语言和游戏的方式,儿童开始把他的内在本质向外表现。假如儿童在这个年龄阶段遭到损害,他必须付出最大的艰辛和最大的努力才能成长为强健的人。

在这一时期,人及其教育还是完全被托付给母亲、父亲和家庭的,尤其是"无所不包的母性的爱"十分重要。母亲始终如一地把言语同行动结合起来对幼儿进行教育,包括激发孩子的身体和四肢的活动;激发幼儿与父亲和兄弟姐妹之间的共同感情;通过有节拍、有韵律的动作,使幼儿习惯于自制、节度和协调,并为今后形成对自然和艺术、音乐和诗歌的深刻的鉴赏力奠定基础;循序渐进地引导幼儿从走路到观察事物,再引向对图画和数目的认识。幼儿的父亲,则通过自己的每一种手艺、每一种职业,引导孩子掌握人类的一切知识,使儿童及早学会思考,养成劳动和做事的习惯。

(三) 少年期

按照福禄倍尔的想法,少年期主要是使外部的东西成为内部的东西的时期,即学习的时期。这一时期"主要是让儿童懂得事物的特殊关系和个别事物,以便他们以后能够引出它们内在的统一性"②,通过激发和养成坚强的、经久不渝的意志,使纯洁的人性得以实现和表现,乃是指导少年儿童、教学和学校的主要目的和关键所在。借助实例和言语进行的教学是达到这

---

① [德]福禄倍尔著,孙祖复译:《人的教育》,人民教育出版社1991年版,第108页。
② 同上书,第61页。

一目的的途径和手段。

在少年时期，游戏与家庭生活仍是教育过程中的要素。幼儿的活动本能到这时发展为塑造的冲动，他们为了创造物和成果而活动。父母应让孩子有机会分担自己的工作，即使做出一些牺牲和克制也在所不惜，否则会使孩子的内在力量遭到削弱。当季节和环境不容许儿童在户外游戏时，应在室内开展作业活动，如纸工、模型制作等。此外，寓言、童话和故事对于这一阶段的儿童来说，也是迫切需要的。这一年龄阶段的儿童也喜欢唱歌。这些都是儿童借以表达自己内心活动的重要方式。

四、幼儿园教育理论

（一）幼儿园工作的意义与任务

受夸美纽斯和裴斯泰洛齐的影响，福禄倍尔重视家庭尤其是母亲在早期教育中的作用。在他看来，母亲出于天性，在没有任何指导、未经过任何学习的情况下本能地、自发地教育自己的孩子，然而这样是不够的。早在1829年，福禄倍尔就明确表示必须为3~7岁的儿童建立专门的教育机构，以便协助家庭更好地教育孩子。他把幼儿园教育作为家庭教育的"补充"而非"代替"，强调幼儿园是家庭生活的继续和扩展。两者的一致性，乃是完善教育的首要的不可缺少的条件。福禄倍尔的幼儿园采取半日制，正是这一思想的体现。

福禄倍尔指出，幼儿园工作的任务是通过各种游戏和活动，培养儿童的社会态度和民族美德，使他们认识自然与人类，发展他们的智力与体力以及做事或生产的技能和技巧，尤其是运用知识与实践的能力，从而为下一个阶段的发展做好准备。此外，幼儿园还应担负起训练幼儿园教师，推广幼儿教育经验的任务。

（二）幼儿园教育方法

福禄倍尔关于幼儿园教育方法的基本原理是自我活动或自动性（self-activity）。他认为，自我活动是一切生命的最基本的特性，也是人类生长的基本法则。通过自我活动，个体自动地向外表现存在于自身的上帝的精神。正是自我活动，帮助个体认识自然，认识人类，最终认识上帝的统一。因此，福禄倍尔在继承裴斯泰洛齐的直观性教学原则的同时，又提出自我表现作为补充和发展。他认识到，"人逐渐地发展和形成直到实现自己的使命和天职，不仅需要通过从早期起，甚至从孩童时期起，从外界接受和吸收的东西，而且，如果从程度上衡量的话，更多的是通过他所发挥出来和表现出来的东西以及发展和形成的术语本身所表明的东西"。① 此外，自我活动能表现出儿童的发展程度，激发他们对新知识的兴趣和注意，鼓励自信与自尊，并引导儿童了解各种知识之间的关系。

依据上述原理，福禄倍尔重视儿童的亲身观察。他说："我的教育方法是从一开始就向学生提供在事物中收集自己的经验的机会，让他们用自己的眼睛观察，使其学会从自己的经验，从事物和事物之间的关系，从人类社会的真正生活中去认识。"② 他要求教育工作者有意识地

---

① ［德］福禄倍尔著，孙祖复译：《人的教育》，人民教育出版社1991年版，第230页。
② ［德］别劳夫人著：《福禄倍尔回忆录》，波士顿1905年英文版，第226页。

把有关联性的事物呈现在儿童面前,使儿童能容易而正确地知觉这些事物,并形成观念。

福禄倍尔高度评价游戏的教育价值,把游戏看作儿童内在本质向外的自发表现,是人在这一阶段上最纯洁的精神产物。游戏不等于儿童的外部活动,而更多地是指儿童的心理态度。它是一切善的根源和整个未来生活的胚芽。它给儿童以欢乐、自由和满足,又能培养儿童的意志力和自我牺牲的精神。"在这些游戏中得到充足滋养的绝不仅仅是身体的,或者说肉体的力量,而且也在不断增长地、肯定地、可靠地显示出精神和道德的力量。"①"游戏是创造性的自我活动和本能的自我教育。"②福禄倍尔指出:"每一个村镇应当具备一个自己的、供儿童世界使用的公共游戏场所。这对整个社区的生活将会产生卓越的成效……它将为社会培养共同的意识和感情,发展社会共同的法则和要求……激发和培育了许多公民的和道德的品质。"③"它帮助发展社会的民族的美德。"④

杜威曾高度评价福禄倍尔的游戏思想。他说:"游戏是如此出自自然的和不可避免的,以致很少有教育著作家从理论上赋予它在实际中所占的地位,或者试图弄明白,儿童自发的游戏活动能否提出一些可供学校采纳的启示。只有古代的柏拉图和近代的福禄倍尔算是两个重大的例外。"⑤

福禄倍尔深切感受到儿童之间社交关系的重要性,认为由自我活动所导致的个性自我实现,必须经由"社会化"的历程始能达到。儿童本身虽是一个整体,而同时又是社会这个大整体的有机组成部分。只有通过与他人的交往,才能认识自己与他人的关系,进而认识人性。在未发表的"赫尔巴计划"(Helba-Plan)中,福禄倍尔就曾主张儿童应在团体的活动中来接受教育。在后来的幼儿园教育实践中,他也把"社会参与"作为重要的幼儿园教育方法,要求教育儿童使之充分适应小组生活,并重视家庭和邻里生活之复演。西方教育史学者普遍认为,福禄倍尔为儿童个性的发展开辟了新的领域。社会合作、互助和参与是福禄倍尔的重要教育原理和他对教育的不朽贡献。他的有关主张成为后来美国进步主义幼儿园运动的一个重要思想渊源。

(三) 幼儿园课程

福禄倍尔倾其后半生的全部精力于幼儿园课程的发展上。他确信,并非所有的活动和游戏都具有教育上的价值,必须对儿童活动与游戏的内容和材料加以选择,并善加指导。依据感性直观、自我活动与社会参与的思想,福禄倍尔建立起一个以活动与游戏为主要特征的幼儿园课程体系,包括游戏与歌谣、恩物游戏、手工作业、运动游戏、自然研究,以及唱歌、表演和讲故事等。

1. 游戏与歌谣

1841 年,福禄倍尔出版了小册子《儿歌》。1843 年,他又将这本小册子扩充为《母亲与儿

---

① [德]福禄倍尔著,孙祖复译:《人的教育》,人民教育出版社 1991 年版,第 72 页。
② [德]福禄倍尔著:《幼儿园教育学》,转引自 J. W. 希尔希姆和 G. D. 梅里尔合著:《美国教育史的理论与实践》(阅读材料),美国大学出版社 1980 年版,第 66 页。
③ [德]福禄倍尔著,孙祖复译:《人的教育》,人民教育出版社 1991 年版,第 73～74 页。
④ [德]福禄倍尔著:《幼儿园教育学》,转引自《美国教育史的理论与实践》,第 66～67 页。
⑤ [美]杜威著,赵祥麟等译:《学校与社会·明日之学校》,人民教育出版社 1994 年版,第 277 页。

歌》。他在给侄女施米特(Schmidt)小姐的信中,说明他编写该书的目的在于帮助儿童运用他的身体、四肢,发展他的感觉,帮助母亲以及其他代替母亲的人意识到自己对孩子的责任。他认为这本书奠定了他的教育原则的基本思想,诸如母亲和家庭教育的重要意义、自然教育、活动与游戏教育、博爱情感的激发以及自我意识之唤起,都得到比较全面的反映。他坚持认为,指导母亲及保姆的方法,应同样用来作为激励和指导幼儿园孩子的手段。因此,这本书后来也是福禄倍尔用来训练幼儿教师的主要教材。

《母亲与儿歌》选了7首"母亲的歌",反映母亲对孩子的情感。接下来是50首"游戏的歌",每一首歌由4部分组成:(1)指导母亲的格言;(2)儿歌;(3)与这首儿歌的内容相联系的图画;(4)每首儿歌的下面附有适合儿童身心发展的运动方式的说明。

2. 福禄倍尔恩物(Froebel's Gifts)

恩物是福禄倍尔创制的一套供儿童使用的教学用品。他认为,恩物的教育价值就在于它是帮助儿童认识自然及其内在规律的重要工具。自然界的万物虽统一于上帝的精神,但在发展中又显出外在的差异性、多样性。恩物作为自然的象征,能帮助儿童由易到难、由简及繁循序渐进地认识自然。

福禄倍尔于1835年开始研究球戏,次年,创制出1~5种恩物。1850年他在《教育周刊》上正式公布恩物与作业体系时,明确地提到8种恩物,其余只是笼统叙述,对于恩物的种类与数目并未做出明确的规定,尤其对于恩物与作业两者之间的区别没有作清楚的解释,因而后来人们根据自己的想象,演绎出各种体系,其实并不一定符合福禄倍尔的原意。

福禄倍尔的第一种恩物是一个盒子里装有6个绒毛做的小球,分为红、黄、蓝、绿、紫和白六种颜色,每个小球上系有两条线。福禄倍尔认为球是一切玩具中最有价值的:它是万物统一体的象征和孩子天性统一的象征;它能帮助儿童辨别颜色;能锻炼肌肉,训练感觉和四肢,培养注意和独立活动能力;持球和丢球的过程可使孩子获得存在、占有、空间和时间等概念的感性认识,还有助于发展儿童的语言。福禄倍尔认为,这些球戏可分成等级,供不同发展阶段的儿童使用。

第二种恩物是硬木制作的3件一套的玩具:球体、立方体和圆柱体(后两个有穿孔)。① 借助第二种恩物,可使儿童认识物体的各种形状和几种几何形体。此外,儿童可以发挥自己的想象力,想出种种办法来玩它们。

第三种恩物是一个沿各方向对开一下,可分成8块小立方体的大立方体。通过教师的解释,可唤起儿童对于整体和部分、部分与部分之间关系的注意。儿童也可以把这些立方体想象为"砖块",以唤起他们建造的本能。

第四种恩物是一个沿纵向切成许多平板的立方体,它能帮助儿童明了算术的基本道理。他们因此不仅能掌握加、减、乘、除的基本规则,并能很容易地写出算术数字和符号。

第五种恩物是一个可分割成27个体积相等的小立方体的大立方体。其中3个小立方体

---

① 1836年福禄倍尔创制最初的5种恩物时,第2种恩物尚缺少圆柱体。它是在1844年才被加进去的,被福禄倍尔视为球体和立方体之间的所谓"调和物"。

再沿对角线二分,另三块则沿对角线四分。利用此种恩物,能进行大量的几何教学。

第六种恩物是 27 个砖形木块,其中 3 个纵向二分,6 个横向平分,也可组成一个大立方体。第七种恩物是一个大立方体,可分成 64 个小立方体。第八种恩物是一个大立方体,可分成 64 个小长方体。这些恩物给建造工作以更广泛的练习机会,能发展儿童的创造力和想象力,并可进一步发展"整体"和"部分"的概念,了解"一中有多"和"多归于一"。

福禄倍尔认为,真正的恩物应满足三个条件:(1)能使儿童理解周围世界,又能表达他对于这个客观世界的认识;(2)每种恩物应包含一切前面的恩物,并应预示后继的恩物;(3)每种恩物本身应表现为完整的、有秩序的统一观念——整体由部分组成,部分可形成有秩序的整体。

3. 作业(occupations)

作业与恩物的关系十分密切,它主要体现福禄倍尔关于创造的原则。但创造不是臆造或滥造,它必须以对客观世界的认识为其前提,否则可能不具有什么教育的价值。实际上,作业是要求将恩物的知识运用于实践。

作业的材料包括:大小和色彩不同的纸和纸板,可用来剪或折成各种不同的形态;供绘画、雕塑、编织一类工作的材料;沙、黏土和泥土等。做这些工作需要较高的技巧,必须在学会摆弄恩物后才能进行。与恩物中的立体相对应的有泥塑、纸板、折纸及木雕;与恩物中的平面相对应的有折纸、织席、编条、缝纫、穿珠及图画等。

作业与恩物的明显区别在于:其一,从安排的顺序说,恩物在先,作业继后;其二,恩物的作用主要在于接受或吸收,作业则主要在于发表和表现;其三,恩物游戏不改变物体的形态,作业则要改变材料的形态。

4. 运动游戏(movement of games)

福禄倍尔认为,幼儿园必须拥有一个供游戏用的宽敞而明亮的大房间,并与一个花园相连。只要天气许可,孩子们可随时转移到花园里去开展运动游戏活动。福禄倍尔指出了运动游戏的基本特点是:圆圈游戏、团体游戏和伴以诗歌的游戏。运动游戏的根本原理是"部分—整体",有助于儿童了解个体与团体的关系。运动游戏是建立在儿童摹仿自然界和日常生活中所观察到的各种动作的基础上的。如"小河"、"蜗牛"、"磨坊"和"旅行"等。

5. 自然研究(nature study)

受裴斯泰洛齐的影响,福禄倍尔幼儿园的课程中设有"自然研究"。福禄倍尔认为,虽说这主要是学校的任务,但幼儿园开展诸如研究自然的旅行、园艺与饲养等活动,不但可使儿童养成爱护花木禽兽之品性,还有助于满足儿童的好奇心,培养自制力和牺牲精神,促进知识的学习与智力的发展,培养对自然科学研究的兴趣。

(四)从幼儿园到学校的过渡

早在创办幼儿园之前,福禄倍尔就已注意到从幼儿期过渡到少年期的问题,1816 年建立的学校,实际上招收了幼儿后期至学龄初期的儿童,在《人的教育》中也强调两者之间的连续性。只是后来他专注于幼儿园事业的发展,暂时无暇顾及此项研究。

1847 年,福禄倍尔在给友人的一封信中提及,儿童在离开幼儿园进入普通学校之前,必须有所准备。否则,从幼儿园的直观方法突然转变为学校的抽象方法,会使儿童难以适应,从而造成对其心灵的损害,同时也使学校对这些新生感到不满和困惑。

1852年5月25日,即福禄倍尔逝世前4周,他写了一封长信给学生埃玛·伯瑟曼(Emma Bothmann),信中讨论的唯一问题是所谓"中间学校"(intermediate school)。福禄倍尔认为,介于幼儿园和普通学校之间的"中间学校"的任务,实质上是帮助儿童顺利地实现从感觉直观到抽象思维的转折。一方面,它继续采用幼儿园的某些方法,如游戏、唱歌、园艺、饲养和图画等;另一方面在此基础上逐步引导儿童进行抽象思维活动,由具体事物的认识发展到关于这些事物的一般原则和概念,最大限度地减少从幼儿园到普通学校之间的非连续性。①

五、论学校教育

什么是学校?福禄倍尔认为,学校既不能被理解为校舍,也不能被理解为学校的经营,而是为一定的目的和按自觉的内在联系有意识地传授知识。如果说,幼儿时期儿童认识的任务是对事物的外部特性的观察,到了少年期,认识的对象应由对事物的外部特性的观察转向了对事物内部本质的思考。教学的目的是使学生彻底了解一切事物的统一性。

学校应当教什么?福禄倍尔认为这取决于人在少年时期发展的性质和要求。在他看来,心灵、外部世界(首先是自然)以及作为媒介物连结两者的语言,构成了少年期儿童生活的核心。因此,学校相应地必须设置三方面的课程:(1)认识心灵的科目(宗教);(2)认识外在世界的科目(自然科学与数学);(3)统一外在世界与内在世界的科目(语言)。除这三大主题之外,福禄倍尔还增加了表现人的内心的科目,即艺术。

根据上述思想,福禄倍尔提出16个教学科目,即宗教教育、体育卫生、自然科学的常识、诗的记诵、歌唱、说话、手工、图画、颜色辨别、游戏、故事和童话以及小说的叙述、散步和短距离的旅行、算术、几何、文法、写字、阅读。

福禄倍尔强调学校教育与家庭教育的密切联系。在上述16个科目之中,前10项应是"那种统一的家庭与学校生活的内容"。②这些内容都分散在家庭和学校的事务之中。保持两者的一致,将有助于使教育面向实际,富有生气,并有助于建立德意志民族的知识体系。福禄倍尔指出,应当督促学生做一定的、不繁重的家务,甚至可以特地安排到手工业者和农人那里去接受正式的教导。

福禄倍尔呼吁重视艺术教育,要求尽早地把唱歌、图画、绘画和雕塑作为正规学校的正式教学对象。他认为,艺术工作是上帝赋予人类的创造本能的表现形式,应给予其发展机会。艺术教育并非意味着儿童必须专门学艺术并成为艺术家,其目的在于培养儿童的艺术欣赏能力和艺术修养,以便使他们达到充分而全面的发展。

福禄倍尔在教育史上第一次把手工训练作为学校的正式科目,认为它兼具内容与手段的双重性质,从中既能学到各方面的丰富知识,又有助于文化知识的吸收,所以应使其成为知识与文化的基础。虽然他在当时没有条件实施这个主张,但他的有关思想引起了许多教育家的

---

① H. C. 鲍恩:《福禄倍尔和自动的教育》,查尔斯·斯克里伯勒后裔公司,纽约1903年版,第155~159页。
② [德]福禄倍尔著,孙祖复译:《人的教育》,人民教育出版社1991年版,第179页。

注意。1866年,被誉为"芬兰初等学校之父"的安洛·辛格劳斯(Uno Cygnaus)将手工教育引入芬兰学校。芬兰的成功又推动了丹麦、瑞典和奥匈帝国等国手工教育的发展。

福禄倍尔还主张把身体训练作为学校的一种正当的教学对象,"身体同精神一样必须经过真正学校的训练"。① 依据他的想法,应当把身体训练作为训育的基础。那种机械式的训练用语如"坐直"、"把手放正"等,不仅使教师和学生同样感到受罪,且收效甚微。体力活动与精神活动相互联系,体力活动就会对精神活动产生有利影响。身体训练还能够促使少年儿童生动地认识自己身体的内部构造,重视身体及其保护。

六、地位与影响

福禄倍尔在幼儿教育领域作出了突出贡献。他首创了"没有书本的学校"——幼儿园,并在长期的幼儿教育实践中摸索、总结出一套教育幼儿的新方法,建立起近代学前教育的理论体系。他在积极宣传公共的学前教育思想,广泛扩展幼儿园,以及培训幼教师资方面,也做出了不懈的努力。19世纪后半期乃至20世纪初期,他的幼儿教育方法一直深刻地影响了欧美各国、日本和其他国家的幼儿教育。1851年,幼儿园首先传入英国,1855年传入美国,1876年传入日本,后又于1903年传入中国。福禄倍尔因此被誉为"幼儿园之父"。

福禄倍尔的影响超出了学前教育的范围。他对儿童积极主动的活动的重视,对游戏的教育意义的强调,对手工教育的推崇以及对于家庭、社区和儿童集体在儿童教育过程中的重要作用的评价,不仅为后来许多教育思想家所肯定和接受,而且逐渐影响到小学乃至中学课程的设置。人们称赞"福禄倍尔不愧是一位真正的预言家",甚至认为"现代教育思想的所有的最好的倾向,都在福禄倍尔的言行中达到了顶点"。②

在福禄倍尔生前,已有人要求他进一步简化幼儿园教育方法,要求从哲学和数学的理论以及象征主义的解释中解脱出来。在他逝世之后,又有人批评他过多地肯定了游戏的意义,而对知识的意义说得太少;批评他过分强调有组织的游戏、内发与外烁的矛盾,忽视对儿童个体的研究等。作为特定时代的教育家,福禄倍尔必定受到诸种因素的限制。其一,其世界观的唯心主义倾向使其教育学说有着浓厚的神秘主义色彩。他把宇宙万物包括人在内说成是上帝精神的象征和揭示。其二,他的教育理论受到当时自然科学,尤其是与儿童发展相关的生理学和心理学的发展水平的限制,使他不得不企图从自然发展的规律(如结晶规律)中寻求人及其教育发展的规律,并对儿童身心发展的特点以及游戏的价值等做出牵强附会的甚至有些矫揉造作的哲理上的解说。其三,他的活动和思想在很大程度上受到当时德国一般政治、社会条件的限制。正如杜威所指出的:"福禄倍尔的哲学和德国的政治理想之间的鸿沟使德国当局怀疑幼儿园,并毫无疑义地迫使福禄倍尔对幼儿园的简单明了的社会意义作复杂难解的机智的阐释。"③

---

① [德]福禄倍尔著,孙祖复译:《人的教育》,人民教育出版社1991年版,第190页。
② V. R. 塔尼加、S. 塔尼加合著:《教育思想家》,大西洋出版发行公司,新德里1980年英文版,第45页。
③ 杜威著,赵祥麟、任钟印、吴志宏译:《学校与社会·明日之学校》,人民教育出版社1994年版,第89页。

第四节 马克思和恩格斯

卡尔马·克思(Karl Marx,1818~1883)和弗里德里希·恩格斯(Friedrich Engels,1820~1895)是马克思主义经典作家。在19世纪40~90年代形成的马克思主义教育思想是马克思主义的重要组成部分。他们虽不是教育专家,但他们创立了辩证唯物主义和历史唯物主义,论述了无产阶级革命和解放的学说,从崭新的世界观角度考察和审视了教育问题;论述了阶级社会教育的阶级性,批判了资本主义社会的教育;对未来社会的教育进行了展望,提出了关于人的全面发展学说,以及教育与生产劳动相结合的学说。马克思主义教育学说的创立是世界教育史上的革命,不仅为无产阶级教育观提供了理论基础,还对社会主义国家的教育实践产生了广泛而深刻的影响。此外,西方新马克思主义者努力运用马克思主义研究教育问题,在教育理论和教育史研究方面出现了大量相关作品,[①]成为当代西方教育思想研究中的一个重要教育流派。

一、马克思和恩格斯的教育学说的历史基础

马克思和恩格斯的教育学说是马克思主义的重要组成部分,与工业革命后工人阶级的状况以及工人阶级争取受教育权利斗争的需要密切相关。工业革命后工人生活状况日趋恶化;在工业革命中诞生的近代工人阶级,在从自在阶级变为自为阶级过程中形成了"阶级意识",并自觉参与教育领域的斗争。19世纪初,在西方发达国家出现的许多工人组织和社会主义组织,都把工人及其子女受教育的权利列入斗争纲领,尤其是空想共产主义者的教育主张深刻地批判了资本主义的罪恶,提出了未来社会教育的设想。正是在这种背景下,马克思和恩格斯积极参与教育领域的论争,自觉表现了无产阶级的教育意识。

如果说空想共产主义者的教育主张局限于对工人受教育权利的关注,那么马克思和恩格斯则从马克思主义的立场更加全面和深入地阐述了对教育本质问题的基本立场,包括关于工业革命后工人身心发展状况和教育状况的考察,对资本主义教育的评论,对工人运动内部教育思想倾向的评论,以及关于未来教育的预想,在此基础上形成了马克思主义教育思想。

马克思和恩格斯科学地总结了当时无产阶级革命斗争的经验,批判地改造和利用了在他们以前的人类智慧所创造出来的优秀成果。他们站在无产阶级的立场,对当时的教育制度和近代教育思想进行了多方面的考察,并在许多著作中提出了自己的看法,成为他们教育学说的主要来源之一和重要组成部分。

在对19世纪40~80年代欧美各国如英国、美国、法国和德国的教育进行了考察后,马克思和恩格斯批判了法国封建复辟势力和教会对教育的集权统治,揭示了英国自由教育体制的资产阶级性质,比较赞成美国教育的地方分权、社区管理、教学自治的体制,赞扬法国70年代

---

① 例如[英]安迪·格林著,王春华等译,朱旭东校:《教育与国家形成:英、法、美教育体系起源之比较》,教育科学出版社2004年版。

开始的国家与教会分离、学校与宗教分离的举措,并从巴黎公社实践中发现了对教育实行社会管理的新形式。马克思和恩格斯肯定普遍实施义务的、免费的和世俗的教育的方向,即对法兰西第二共和国和第三共和国在这方面的创议与实际成就予以赞扬,对普鲁士自1819年开始实施的义务教育也给予了肯定,尤其是高度评价了巴黎公社教育改革的意义。①

马克思和恩格斯对近代教育思想也提出了自己的看法,认为培根、霍布斯和洛克是法国唯物主义者的先辈;卢梭的社会契约论并非建立在自然主义基础之上,而是表达了16世纪开始、18世纪大踏步走向成熟的"市民社会"的预感;18世纪法国唯物主义者、教育家爱尔维修的学说以洛克学说为出发点,把他的唯物主义运用到社会生活方面,人类智力的天然平等、理性的进步和工业的进步的一致、人的天性的善良和教育的万能,这就是他的体系中的几个主要因素。关于经验、习惯、教育的万能,关于外部环境对人的影响,关于工业的重大意义,关于享乐的合理性等等的唯物主义学说,同共产主义和社会主义之间有着必然的联系。

马克思和恩格斯批判继承了19世纪空想社会主义者的教育思想。马克思指出:"只要看过罗伯特·欧文的著作,就会确信,从工厂制度中萌发出了未来教育的幼芽,未来教育对所有已满一定年龄的儿童来说,就是生产劳动同智育和体育相结合,它不仅是提高社会生产的一种方法,而且是造就全面发展的人的唯一方法。"②恩格斯也指出:"新拉纳克的人口逐渐增加到二千五百人,这些人的成分原来是极其复杂的,而且多半是极其堕落的分子,可是欧文把这个地方变成了一个完善的模范移民区,在这里,酗酒、警察、刑事法庭、诉讼、贫困救济、慈善事业都绝迹了。而他之所以做到这点,只是由于他使人生活在比较合乎人的尊严的环境中,特别是关心成长中的一代的教育。他发明了并且第一次在这里创办了幼儿园。孩子们从两岁起,就进幼儿园;他们在那里生活得非常愉快,父母简直很难把他们领回去。"③

马克思和恩格斯认为傅立叶的教育观点包含着最天才的观测。恩格斯指出,根据欧文和傅立叶这两个空想主义者的意见,都要求消灭城市和乡村之间的对立,作为消灭整个旧的分工的第一个基本条件。每个社会成员都既从事农业,又从事工业。不同的是,在傅立叶看来,手艺和工场手工业在工业中起着最主要的作用,而在欧文看来,大工业已经起着最主要的作用,而且认为在家务劳动中也应该应用蒸汽力和机器。但是他们两人都要求每个人在农业上和工业上也尽可能多地调换工种,并且相应地训练青年从事尽可能全面的技术活动。在他们两人看来,人应当通过全面的实践活动获得全面的发展;劳动应当重新获得它由于分工而丧失的那种吸引人的力量。④

二、论教育的本质

马克思和恩格斯创立的辩证唯物主义和历史唯物主义为研究教育现象提供了崭新的理

---

① 吴式颖、任钟印主编:《外国教育思想通史》(第八卷:19世纪的教育思想),湖南教育出版社2002年版,第314~319页。
② 《马克思恩格斯论教育》,人民教育出版社1986年版,第229~230页。
③ 同上书,第288页。
④ 吴式颖、任钟印主编:《外国教育思想通史》(第八卷:19世纪的教育思想),湖南教育出版社2002年版,第321~322页。

论视角和方法论,他们明确指出:我们不应在人的思想和理论中去寻找产生社会思想和社会理论的源泉,而应从社会的物质条件中去寻找;社会存在决定社会意识,经济基础决定上层建筑;教育具有历史性,不存在抽象的人性,在阶级社会教育具有阶级性。

(一) 论教育的社会本质

在恩格斯看来,马克思对人类最主要的贡献之一是提出了社会存在决定社会意识的理论。马克思在《政治经济学批判导言》中指出:"人们在自己生活的社会生产中发生一定的、必然的、不以他们的意志为转移的关系,即同他们的物质生产力的一定发展阶段相适合的生产关系。这些生产关系的总和构成社会的经济结构,即有法律的和政治的上层建筑竖立其上并有一定的社会意识形式与之相适应的现实基础。物质生活的生产方式制约着社会生活、政治生活和精神生活的过程。不是人们的意识决定人们的存在,相反,是人们的社会存在决定人们的意识。"①这是马克思和恩格斯考察教育过程及其性质的基本观点。

根据这个观点,教育是社会历史发展的产物,受社会历史条件的制约。当社会发展到阶级社会时,教育则受着占统治地位的阶级所支配。这是因为统治阶级的思想在每一个时代都是占统治地位的思想。一个阶级是社会上占统治地位的物质力量,同时也是社会上占统治地位的精神力量。支配着物质生产资料的阶级,同时也支配着精神生产的资料。所以,在阶级社会中教育必然是阶级的教育。

恩格斯在《英国工人阶级状况》一书中列举了大量事实说明,英国工人阶级受到的教育数量之少、质量之低达到令人吃惊的程度。英国资产阶级之所以不重视甚至有意忽视工人的教育,是因为对资产阶级好处少,而可能带来的工人的自觉意识却是可怕的。至于教会所办的学校则充满了宗教精神。结果是孩子们的脑子里塞满了不能理解的教条,从童年时期起就培养了教派的仇恨和狂热的偏执,而一切智力的、精神的和道德的发展却被可耻地忽视了。工人只有仇恨资产阶级和反抗资产阶级才能获得做人的尊严。马克思、恩格斯在《共产党宣言》里批判了资产阶级教育把人训练成机器,提出要消灭教育的资产阶级性质,并指出共产党人的目的是要改变社会对教育作用的性质,要使教育摆脱统治阶级的影响,唯一办法就是无产阶级必须取得政治统治,然后利用手中的政权消灭资本主义的私有制,建立社会主义公有制。

(二) 论人的本质与教育

马克思和恩格斯批评以往人们总是抽象、直观地看待人性,把人性孤立于历史进程之外,看成与社会生活无关的东西。18世纪的法国唯物论者爱尔维修首次提出了人类智力天然平等的学说,并肯定了人是环境和教育的产物。但法国唯物主义者仅仅把人视为环境的消极产物,并得出教育万能的结论。而马克思认为,环境的改变和人的活动的一致只能被看作是并合理地理解为革命的实践。马克思所说的环境是指一切社会关系之中的物质经济基础。而社会关系对人的影响要通过人的社会实践,要改变不良环境也要通过社会实践。教育也不是万能的,人不是环境的消极产物,人和环境之间的关系是辩证统一的关系。

---

① 《马克思恩格斯选集》(第2卷),人民出版社1972年版,第82~83页。

马克思主义经典作家认为,"人的本质并不是单个人所固有的抽象物。在其现实性上,它是一切社会关系的总和"。① 个人是现实中的个人,即从事活动的、进行物质生产的、因而生活在不以其意志为转移的一定物质生活条件下的个人。在阶级社会中,人性主要就表现为阶级性,人的阶级性是人的社会性的具体表现。离开人的社会经济基础,离开人的社会实践,在阶级社会中想找出纯粹的、抽象的人性是违反辩证唯物主义和历史唯物主义的。当然,这不等于说教育工作只讲人的社会性,在阶级社会中只讲人的阶级性就够了,还必须考虑人身上的一些比如物理的、化学的、生物的定律所起的作用,教育科学应利用许多自然规律比如神经系统方面的规律和生理学方面的规律等。人在实践中怎样能更有效地接受社会主义社会环境正面的影响,又如何才能更有效地促进社会主义社会的发展,这都有赖于社会科学和自然科学为教育学和心理学提供更充分的科学根据。

马克思和恩格斯对人的个性形成中遗传、环境、社会实践和教育的作用的科学分析,构成了马克思和恩格斯关于人的个性形成的学说。从马克思主义的观点看来,遗传是客观存在的,遗传上的差异是社会劳动和分工的历史造成的。马克思和恩格斯也肯定天才是存在的,天才是指遗传素质而言。但任何天才的发展都要受到历史条件的限制,受到科学技术发展水平和社会分工的制约,也取决于他们所受的教育。良好的遗传素质提供了个性发展的可能性和优越性,但它能否顺利发展还决定于社会条件,即环境、教育和个人的社会实践等多方面因素,而最终还是取决于社会生活的需要。

三、论人的全面发展

在马克思和恩格斯之前,许多教育思想家都曾谈到人的和谐发展或多方面发展的问题。与他们不同,马克思和恩格斯首先是在大工业发展的条件下考察人的片面发展的社会根源,并指出了以普遍的个人的全面发展代替片面发展的历史必然性。马克思和恩格斯无意代替在特定社会—文化条件下参与教育实践的人们确立的具体"教育目的",而是把人的全面发展理论作为一般价值观,对具体的教育实践起着重要的指导作用。

马克思和恩格斯研究了近代社会生产的发展,认为随着劳动的分工,人的本身发生了肢解,这在工场手工业时代达到了最高峰。恩格斯说,为了训练某种单一的活动,其他一切肉体的和精神的能力就成了牺牲品。人的这种畸形发展和分工齐头并进,分工在工场手工业中达到了最高的发展。马克思也认为,工场手工业把工人变成畸形物,它压抑工人全面的生产志趣和才能,人为地培植工人片面的技巧,个体的本身也被分解开来,成为某种局部劳动的自动的工具。工人在手工业工场里被迫完成某一部分的操作,制造某一部分的零件,而无法顾及生产的整个计划,因而不可避免地变成了片面发展的人,变成某种局部劳动的自动的工具。

大机器工业生产出现以后情况发生了很大的变化。由于大工业生产采用了机器和化学工程带来了技术上不断的变革,引起工人职能方面的变动,要求工人具备多方面的才能,不只是完成某一部分操作的人,而是通晓机器工业特性,了解物理学、力学、化学等一般规律的人。

---

① 《马克思恩格斯论教育》,人民教育出版社 1986 年版,第 56 页。

马克思指出:在大工业生产过程中,"用一种全面发展,把不同社会职能当作交替活动方式来做的人,去代替那种片面发展,只担任社会一个局部职能的人"。①

但马克思主义创始人揭露了资本主义生产制度下存在的深刻矛盾:一方面大机器工业生产要求人们全面发展其才能,另一方面资产阶级为了自身的利益,却把工人"变成了一个部分机器的有意识的附属物"。这个矛盾在资本主义社会是不可能克服的,只有到了社会主义社会才可得到解决。因为在社会主义社会,生产是由全体成员为着全社会利益按一定的计划来进行的。那时人的全面发展才可得到实现,教育才可摆脱以前的片面性。

恩格斯指出:"由整个社会共同地和有计划地来经营的工业,就更加需要各方面都有能力的人,即能通晓整个生产系统的人。……教育可使年轻人很快就能够熟悉整个生产系统,它可使他们根据社会的需要或他们自己的爱好,轮流从一个生产部门,转到另一个生产部门。因此,教育就会使他们摆脱现代这种分工为每个人造成的片面性。这样一来,根据共产主义原则组织起来的社会,将使自己的成员能够全面地发挥他们各方面的才能,而同时各个不同的阶级也就必然消失。"②为了提高生产以满足社会全体人员的需要,就必须发展科学和技术,就必须施行全面发展的教育。恩格斯认为,要把工业和农业生产提高,单靠机械的和化学的辅助工具是不够的,还必须相应地发展运用这些工具的人的能力。在这个社会能造就全面发展的一代生产者,他们懂得整个工业生产的科学基础,而且其中每一个人都从头到尾地实际阅历过整整一系列生产部门,这样的社会将创造新的生产力。

人的发展为社会经济基础所决定。人的全面发展以生产力高度发展和私有制的消灭为条件。另一方面,个人的发展和他人的发展也是互为条件的。而要做到这些,没有集体是不可能实现的。只有在集体中个人才能获得全面发展其才能的手段。但是在阶级社会中没有也不可能有真正的集体。在控制了自己的生存条件和社会全体成员的生存条件的革命无产者的集体中,情况就完全不同了。在这个集体中个人是作为个人参加的。它是个人的这样一种联合(自然是以高度发达的生产力为基础的),这种联合把个人自由发展和运动的条件置于他们的控制之下。

马克思和恩格斯预测:到了共产主义社会,由社会全体人员组成的共同联合体来共同而有计划地利用生产力;把生产发展到能够满足全体成员需要的规模,消灭牺牲一些人的利益来满足另一些人的需要的情况,彻底消灭阶级和阶级对立;通过消除旧的分工,进行生产教育,变换工种,共同享受大家创造出来的福利以及城乡的融合,使社会全体成员的才能得到全面的发展。到了共产主义社会,人的全面发展就可以完全实现了。

四、论教育与生产劳动相结合

人类历史上曾经历过一个教育和生产劳动脱节的漫长阶段(这个阶段到现在也还没有完全结束)。到了近代,教育和生产劳动的关系问题逐步引起注意,越来越受到重视。但人们对教育和生产劳动结合的探索有一个从空想到科学的认识转变过程。

---

① 马克思著,郭大力等译:《资本论》(第一卷),人民出版社1973年版,第526页。
② 《马克思恩格斯全集》(第4卷),人民出版社1958年版,第370~371页。

马克思主义创始人着重指出：教育与生产劳动相结合是培养全面发展的人的唯一方法。马克思早在评价欧文的教育经验时，就曾指出，"这种教育使每一个已达一定年龄的儿童都把生产劳动和智育、体育结合起来，这不仅是增加社会生产的一种方法，而且是培养全面发展的人的唯一方法。"[①] 按照马克思主义，在资本主义社会，教育与生产劳动的结合已有可能而且是必要的。马克思认为，生产劳动与教育的早期结合，是改造现代社会最强有力的手段之一。他深信如将有报酬的生产劳动、智育、体育和技术教育结合起来，就能够使工人阶级大大超过中、上等阶级的水平。而到了社会主义社会以后，就可彻底实行教育与生产劳动相结合，培养全面发展的新人了。马克思和恩格斯在《共产党宣言》中曾经提出取消现在这种形式的儿童的工厂劳动，把教育同物质生产结合起来。恩格斯还曾向人们表明：在无产阶级掌握政权以后，所有的儿童，从能够离开母亲照顾的时候起，由国家机关公费教育把教育和工厂劳动结合起来。而在共产主义制度下，生产劳动给每一个人提供全面发展和表现自己全部的即体力的和脑力的能力的机会。这样，生产劳动就不再是奴役人的手段，而成了解放人的手段。因此，生产劳动就从一种负担变成一种快乐了。

综上所述，马克思主义认为，教育与生产劳动相结合，不仅是增加社会生产的一种方法，而且是培养全面发展的人的唯一方法。它又是改造现代社会的一种最强有力的手段。在社会主义社会，通过系统的合理的教育，通过教育与生产劳动相结合，就可以培养全面发展的新人。这种新人既能从事体力劳动又能从事脑力劳动。

五、马克思和恩格斯教育思想的历史地位

马克思和恩格斯以资本主义教育为主要考察对象，在批判资本主义教育的过程中揭示了未来教育的发展方向。但是，在马克思和恩格斯生活与活动的年代，相对于政治领域的斗争与经济思想领域的争议，教育领域的阶级斗争刚刚提上日程，在整个社会生活中并不突出，所以马克思主义教育思想影响的范围相当有限，重要的是它奠定了无产阶级教育观的理论基础，堪称人类教育思想上的丰碑。

进入20世纪以后，随着无产阶级革命的进展和工人运动以及民族独立运动的蓬勃发展，马克思主义的影响迅速扩大。如果说马克思和恩格斯把社会主义教育思想从空想变成科学，那么在20世纪，随着无产阶级政权在一批国家诞生，也就有条件实现社会主义从理论到实践的转化，并在社会主义教育实践中发展与丰富马克思主义教育思想。在当代，马克思和恩格斯的教育思想不仅在社会主义国家理所当然地受到重视，即使在资本主义国家也成为教育哲学、教育社会学考察的对象。

近代教育理论小结

（一）近代教育理论发展的两条路线

近代是教育理论发展的重要历史时期。文艺复兴以后，西欧各国经济、政治和文化在17

---

① 《马克思恩格斯论教育》，人民教育出版社1986年版，第214页。

世纪中得到了很大的发展。随着西欧自然科学、哲学和社会科学的发展,新的教育思想也得到发展。英国哲学家弗兰西斯·培根的"知识就是力量"、百科全书式的知识体系以及实验归纳法的提出,在知识论和方法论上为改革经院主义教育和近代科学教育的兴起作出了贡献。捷克教育家夸美纽斯、英国哲学家和教育思想家洛克是这个时期的主要代表人物。夸美纽斯总结了前人和自己的教育经验,全面阐述了学校教育理论。他以"泛智论"为改革教育的出发点,以教育的自然适应性为指导原则,第一次提出了一个完整的学制系统,第一次系统探讨和阐述了教学原则,第一次从理论上论证了班级授课制,为近代学校教育的普及和发展提供了理论依据。

  从西方教育思想的历史发展来看,在洛克以后有两条明显不同的传承路线:一条从洛克到卢梭,从卢梭到裴斯泰洛齐,再从裴斯泰洛齐到赫尔巴特和福禄倍尔的明显传承关系;另一条路线同样从洛克开始,然后到18世纪法国唯物主义者,再到19世纪空想社会主义者,他们的思想成为马克思和恩格斯教育学说的思想来源之一。

  洛克经验主义认识论、自由主义、宗教宽容学说和绅士教育理论反映了17世纪的时代精神,更影响了18世纪的教育思想。18世纪是启蒙运动和资产阶级革命的时代。启蒙思想家高举自由和平等的旗帜批判封建专制制度,充分肯定人类理性和教育的作用,提出了人的智力天然平等和教育万能的主张,论述了国民教育和普及教育的思想,探讨了国民教育的具体组织与实施,为正在兴起的近代民族国家的教育发展提供了理论依据。

  在18世纪的教育思想家中,卢梭占有重要的地位。当其他启蒙思想家为理性、文明和进步高唱赞歌之时,他却敏锐意识到自然与文明之间、自然状态与社会状态之间、道德与理性之间的深刻矛盾,从更深层次对自然、社会和人生进行了冷峻沉思。以人性善和社会恶为出发点,卢梭沿袭和发展了自洛克以来的西方绅士教育传统,但更关注教育与儿童天性、社会与儿童教育之间的关系。尽管他的思想充满矛盾,思维方式有着非理性主义特征,但他为儿童的权利而呼吁,强调充分度过儿童时代的意义,引起世人对儿童的关注,现代意义上的儿童研究由此发端。而他挑起的儿童本位或社会本位的争端,成为教育哲学界经久不衰的话题。

  裴斯泰洛齐是生活于18~19世纪的跨世纪的教育思想家和实践家,他的社会责任感和人道主义精神使他成为西方教育史上少有的充满人格魅力的教育家。虽然受到卢梭的很大影响,但他不同于洛克和卢梭的贵族家庭教育传统,更关注如何通过普及贫苦儿童的初等学校教育来改良人性进而改良社会;他在仔细考察人性、社会与教育的关系的基础上,提出了发展人的崇高理性的教育目标,主张人的心、脑、手协调发展;为了普及初等学校教育,他明确提出了"教育心理学化"的口号,以要素教育论为基本理论依据,努力简化教学方法,提出了初等学校的分科教学法,并试图将他所理想的家庭教育方法引入学校教育。他的教育实践活动和教育思想对19世纪西方国民教育的普及和西方教育思想的发展有着深刻的影响。

  人们通常认为,19世纪是德国教育家的世纪,确切的说是赫尔巴特和福禄倍尔的世纪。继裴斯泰洛齐提出"教育心理学化"的口号之后,赫尔巴特在伦理学和心理学的基础上,构建起以管理、教学和训育为主要内容的教育理论体系;他从实践和理论方面深入探讨了"教育性教学"的必要性和可能性,从多方面兴趣的培养入手进行性格的陶冶,并拓宽了文科中学的课程范围;他提出了教学形式阶段理论,规范了教师的课堂教学活动,并成为西方"传统教育理论"的主要标志和代表。

裴斯泰洛齐的另一位著名传人是福禄倍尔。他在裴斯泰洛齐的影响下创建了世界上第一所幼儿园,并通过自己的著述活动为近代幼儿园教育学奠定了基础。由此兴起的福禄倍尔主义幼儿园运动在各国传播了他的幼儿园和学前教育方法,对19世纪末、20世纪初西方各国学前教育的发展产生了深刻的影响。

形成于19世纪40~80年代的马克思和恩格斯教育学说作为马克思主义或科学共产主义的重要组成部分,反映了大工业发展的历史条件下无产阶级的教育要求,是世界教育史上的一个划时代的革命。从辩证唯物主义和历史唯物主义出发,马克思和恩格斯历史地考察了当时资本主义各国的教育制度和教育思想,论述了教育的社会本质,批判了抽象的人性论,揭示了阶级社会中教育的阶级本质和资本家剥削带来的人的片面发展,展望了未来社会人的全面发展,以及教育和生产劳动相结合的教育,对社会主义国家教育理论和实践的发展产生了极为深刻的影响。

(二) 近代教育理论发展的一般趋势

近代教育思想的发展具有一些明显的趋势,如国民教育和公共教育思想的发展;教育内容上的文实并重趋向和科学教育思想的发展;教学方法上的心理学化趋势以及教育研究的科学化趋势等。

首先,近代是民族国家形成的重要历史时期。随着近代民族国家的形成,国家逐步担负起发展学校教育的责任,教育的国家化和世俗化进程也反映在教育思想的发展上。继宗教改革时期路德提出普及教育的主张之后,英国的亚当·斯密的《国富论》、18世纪的法国启蒙思想家的思想、法国大革命时期的各种教育方案,都论证了建立国民教育制度的必要性和可能性,提出了国民教育制度的各种设想,不仅预示了近代教育的发展方向,也为各国教育制度的建立提供了理论依据。与上述思想家不同的是,夸美纽斯从规范学校教育的视角提出了统一学校制度,论证了班级授课制和学年制,论述了教学原则和教育方法,为学校教育制度的正规化和教师职业的专业化提供了重要的理论支撑。

其次,近代科学对近代教育理论发展有重要影响。一方面,科学的发展为近代教育理论的发展提供了知识论和方法论。弗兰西斯·培根提出了"知识就是力量"的口号,并提出了百科全书式知识体系,以及实验归纳的科学方法,对近代课程论的发展和教学方法的革新提供了重要的思想来源。夸美纽斯的泛智论思想,百科全书式的课程体系,基于唯物主义感觉论的教学方法等,都来自培根的重要影响。在英国弥尔顿的学园教育思想、洛克的绅士教育计划和卢梭为爱弥尔安排的学习计划中,我们都能看到文实并重的课程主张,和对"有用"知识的强调。而斯宾塞和赫胥黎对古典主义教育的批判,对科学教育的必要性和合理性的论证,以及以科学知识为核心的课程体系和教学方法的提出,则代表着近代科学教育理论发展的精华和方向。

再次,教育心理学化是近代教育理论发展的另一个重要趋势。早在古代希腊时期,亚里士多德就提出教育适应自然的思想,在昆体良的《雄辩术原理》中,我们也看到了关于教育与天性关系的讨论,以及因材施教经验的介绍。进入近代以后,夸美纽斯把教育适应自然作为改革旧教育、发展新教育的主导性原则。他受到当时机械力学发展和引证自然时尚的影响,试图从大自然的发展规律中寻找教育发展的规律。继后的卢梭则试图从儿童天性的发展规律中寻找教育方法的依据。他措辞尖锐地反对把儿童当小大人的做法,呼吁让儿童充分度过儿童时代。有学者将夸美纽斯的教育适应自然称作"客观的自然",而把卢梭的教育适应自然称作"主观的自然",这多少能反映两人的思想差异。受卢梭思想的启发,裴斯泰洛齐提出了"教育心理学化"的主张并力行之,提出了要素教育的思想,并简化了教学方法。继后的赫尔巴特试图把教育的方法建立在心理学基础之上。第斯多惠更提出了文化适应性原则,作为自然适应性原则的补充。总的说来,在冯特建立心理学实验室之前,受心理科学发展水平的局限,近代教育思想家所依据的主要是哲学心理学,并更多依赖于教育经验而非教育实验,所以他们没能实现自己的教育心理学化的伟大抱负。只是在19世纪后期才开始出现的儿童研究运动中,人们倡导用实验的方法研究教育和教学问题,采用问卷法、观察法和测验法等方法对儿童的生理和心理进行研究。(本书的第十二章将详细介绍这方面的情况。)

最后是教育研究的科学化趋势。应该说,上面所说的教育心理学化趋势是教育研究科学化的一种表现形式。而试图使教育学成为一门科学的人是赫尔巴特。近代是科学的各个门类从哲学母体中脱颖而出的时期。受到科学发展趋势的激励,赫尔巴特努力建立一种科学的教育学体系。他提出要以实践哲学(伦理学)决定教育的目的,以心理学决定教育的方法的思路,并试图在自己教育研究的实践中努力实现这种理想。他注意到在教育中不重视理论和轻视经验的两种偏见,力图通过加强教师的理论培训来改变教育理论和教育实践相脱节的现象。由于他的努力,教育学终于有了科学的形式,在很长时间内,人们就把赫尔巴特视为"科学教育学"的同义语,而他本人也被誉为"科学的教育学的奠基人"。

需要说明的是,19世纪的教育思想与20世纪的教育思想的划分只是相对意义上的,两者存在着密切的联系。19世纪的教育思想是20世纪教育思想的前奏,并对20世纪的教育思想产生了重要的影响。下一章将要介绍的开始于19世纪末20世纪初的欧美教育革新运动就是一场跨世纪的运动。对19世纪教育理论的研究无疑有助于我们理解20世纪的教育思想。

思考题

1. 简述《林哈德与葛笃德》和《葛笃德如何教育她的孩子》的主要内容。
2. 简述裴斯泰洛齐关于人的能力的和谐发展的观点。
3. 简述裴斯泰洛齐对近代初等教育的主要贡献。
4. 简述裴斯泰洛齐的"要素教育"思想。
5. 简述赫尔巴特的教育代表作《普通教育学》的主要内容。
6. 赫尔巴特"教育性教学"思想述评。
7. 赫尔巴特教学形式阶段理论述评。
8. 简述赫尔巴特在教育史上地位与影响。
9. 简述福禄倍尔教育代表作《人的教育》的主要内容。

10. 简述福禄倍尔恩物。
11. 福禄倍尔幼儿园教育理论述评。
12. 简述福禄倍尔在教育史上的地位。
13. 简述马克思和恩格斯教育学说的主要内容。
14. 简述马克思和恩格斯教育学说在世界教育史上的地位。

第三编　现代教育史

19世纪末欧美国家工业和经济迅速发展,人们试图通过教育的改进来解决各种社会矛盾,实现社会重建。实验科学尤其是实验心理学的诞生和发展,为教育革新提供了科学依据和方法论的基础。19世纪末和20世纪初的欧美教育革新运动对现代欧美教育产生了深远影响,杜威和蒙台梭利是在这个运动中最具有代表性的西方著名教育家。

到1900年,中等教育成为发达国家关键的教育领域。战后初期,欧美各国都不同程度地致力于消除学校教育体系中的双轨制,中等教育逐步得到相当程度的普及。1957年苏联人造地球卫星的上天,以及接踵而至的"知识爆炸"时代的到来,曾经极大地刺激了西方各国的课程改革。人们急不可待地要将最新的科研成果充实到各级学校课程中去。20世纪70年代以后,随着新的经济危机的到来,新自由主义和所谓"第三条道路"深刻影响了西方各国教育改革的取向。在小政府大市场理念的主导下,市场机制被广泛地引进教育改革。在有着地方分权传统的国家,在削弱地方当局教育领导权力的同时,加强了中央一级对教育的控制;为了鼓励竞争,给家长以更多的选择权利和机会;为提高基础教育质量,大力推行标准化运动,国家课程和国家考试得到发展,"不让一个学生掉队"成为发达国家新一轮教育改革的口号。高等教育大众化时代的精英教育问题引发了新一轮论争,公平与效率的矛盾依然存在。

在20世纪世界教育思想史上,苏联教育思想占有重要地位。十月革命胜利以后,苏维埃政府遵照列宁的教育学说进行了教育改革和教育建设,不仅建立了独特和完整的苏维埃教育体系,也发展起不同于西方的教育理论。苏联教育理论以列宁的教育学说和马克思主义的方法论为思想基础,反映了不同时期苏联党和国家的教育方针,总结了苏联各个时期的教育经验。

随着20世纪社会政治、经济和科学文化的发展,在欧美国家各种哲学流派异彩纷呈,并先后出现与其相关的各种新的教育思想流派,力图从不同角度对教育的理论或实际问题提出各自的观点。这些教育思潮包括改造主义教育、新传统教育(包括要素主义、永恒主义和新托马斯主义)、存在主义教育、结构主义教育、分析教育哲学、新行为主义教育、终身教育和现代人文主义教育。虽然战后各种教育思潮和教育流派使人眼花缭乱，但由于它们大多以现代西方哲学或心理学的某些流派作为自己的主要理论依据，我们可以依据现代西方哲学的做法，按照它们如何看待哲学和各种特殊科学的关系，大致可以区分为三种主要思潮，即科学主义教育思潮、人本主义教育思潮和思辨唯心主义和宗教哲学教育思潮。

第十二章　欧美教育革新运动

19世纪末和20世纪初,在欧美一些国家开始出现各种新的教育思潮,并逐步汇集成一场范围广泛的教育革新运动,对现代欧美教育产生了深远的影响。这种情况的出现有着复杂的历史背景,总的说来是当时欧美国家经济、政治以及科学文化等方面发展和变化的一个综合反映。它首先是欧美社会改革运动的重要组成部分。19世纪末欧美国家工业和经济迅速发展,新的科学技术广泛使用,促使整个社会生活发生重大变化。人们以乐观主义态度寄希望于教育,试图通过教育的改进来解决各种社会矛盾,实现社会重建。其次,随着初等义务教育的普及,人们日益关注教育质量的提高,为此而重视研究儿童的特性。实验科学尤其是实验心理学的诞生和发展,为教育革新提供了科学依据和方法论的基础。人们热心地开展各种教育研究与实验,力图建立"科学的教育学"。卢梭及其追随者们的教育主张成为教育革新运动的主要思想渊源。他们抨击旧教育的不切实际,主张一种与社会生活与儿童生活紧密联系的新教育。这些都成为教育改革家们的重要思想养料。

19世纪末和20世纪前期,欧美教育思潮和教育实验所包括的内容十分广泛:有欧洲的"新教育"思潮和美国的"进步主义教育"运动;实验教育学、凯兴斯泰纳的公民教育和劳作学校的理论,蒙台梭利的教育方法也属于新教育的范畴。也有人把上述各种教育思潮统称为教育"进步运动"。

第一节　欧洲的新教育运动

"新教育运动"(new educational movement)亦称"新学校运动",是指19世纪末20世纪初在欧洲兴起的教育改革运动,初期以建立不同于传统学校的新学校作为新教育的"实验室"为其特征。第一次世界大战以后,在教育实践中不断推广的基础上,新教育理论进一步发展。第二次世界大战以后,新教育运动逐步走向衰落。新教育开始于19世纪80年代末的英国,以后扩展到欧洲其他国家如德国、法国、瑞士、比利时、荷兰和奥地利等国。初期的代表人物有英国教育家雷迪、德国教育家利茨和法国教育家德莫林等人。进入20世纪,新教育的著名代表人物有爱伦·凯、德可乐利、罗素、怀特海和沛西·能等人。

一、新教育的由来及发展

1889年,英国教育家雷迪(C. Reddie,1858~1932)在英格兰的德比郡创办阿博茨霍尔姆(Abbotsholme)乡村寄宿学校,标志着新教育运动的开端。这所学校被视为欧洲"新学校"的典范。雷迪重视英国公学在文明重建中的巨大潜力,但认为现行的公学不能适应科学时代的要求,于是决定建立一所新型公学,招收11~18岁的男孩,以把他们造就成新型的英国各种领导阶层人士为目的。这所学校的课程包括体力和手工活动、艺术和想象力课程、文学和智力课程以及社会教育和宗教、道德教育课程。学校作息时间分成三个部分:上午主要学习功课,下午从事体育锻炼和户外实践,晚上则是娱乐和艺术活动。

1893年,雷迪学校的一位教师巴德利(J. H. Badley)在英国南部苏塞克斯郡建立了贝达尔斯(Bedales)学校。与阿博茨霍尔姆学校不同的是,巴德利的学校实行男女合校,较少关心培养领导阶层,更多地倾向于培养创造者,更关心教学过程,学校管理亦更加民主,因此受到更广泛的欢迎。

德国的利茨(H. Lietz,1868~1919)在思想上受到卢梭和裴斯泰洛齐等人教育思想的影响。在参观了雷迪的学校之后,他于1898年在德国哈尔茨山区的伊尔森堡创办了德国第一所乡村教育之家,招收12~16岁的学生。以后,他又创办了另外两所乡村教育之家。在利茨的影响下,德国先后出现了以他的学校为模式的许多新学校,形成"乡村之家运动"。利茨作为这个运动的奠基人而享有盛誉。

1899年,法国的社会学家和教育家德莫林(E. Demolins,1852~1907)创办了法国的第一所新学校——罗歇斯学校。该校重视"小家庭"式的师生之间的亲密关系;在开设各种正规课程的同时,还从事体力劳动和小组游戏,尤其重视体育运动,因此这所学校又有"运动学校"之称。

上述先驱性的乡村寄宿学校存在着明显的局限性:费用昂贵,主要以具有激进思想的上层社会和高收入阶层的少数学龄儿童为对象,因而规模一般很小,并且独立于国家教育制度之外。但是,它们确实成功地引起世人对新教育的关注和对传统教育的反思,并由于建立起各国新学校之间的紧密联系而使新教育赢得了国际声誉,为国际交流开辟了道路。

1899年,德莫林的追随者、瑞士教育家费利耶尔(A. Ferriere)在日内瓦建立"国际新学校局",作为欧洲各国新学校的联络中心。1921年,在费利耶尔的发起下,在法国加来成立"新教育联谊会"(New Education Fellowship,简称 NEF),并出版杂志《新时期的教育》(*Education for the New Era*),每个订阅杂志的人即为会员。1922年,新教育联谊会仿效美国进步教育协会的做法也提出了"七项原则",强调活动以及儿童个人自由而完善的发展。整个20年代,新教育联谊会推行儿童中心的教育目标。1929年经济大萧条以后,意大利法西斯和德国纳粹逐渐猖獗,世界局势动荡不安。在这种情况下,新教育联谊会修改了自己的目标。1932年的法国尼斯会议强调要关心"我们时代的复杂性",使教育为社会变革服务。新教育联谊会在整个欧洲、亚洲和非洲的一些国家以及英语世界的大部分地区建立了分会。1942年,新教育联谊会通过《儿童宪章》,强调教育机会均等,以符合世界性普及教育的要求。1966年,新教育联谊会改名为"世界教育联谊会"(World Education Fellowship,简称 WEF),标志着新教育运动作为一场运动的终结。

二、欧洲新教育的代表人物

(一) 爱伦·凯

爱伦·凯(Ellen Key,1849~1926)是瑞典的作家、妇女运动活动家和教育家。她出生于一个国会议员家庭,受到父母激进思想的影响。23岁时随父漫游欧洲。曾广泛阅读有关进化论、优生学、哲学和心理学的著作,深受卢梭、达尔文、尼采和斯宾塞等人思想的影响。后来在妇女学校、工人学校和平民大学任教。1889年结束教师生涯后,更加积极地投身于捍卫妇女和儿童权力的妇女运动之中,被誉为"瑞典的智慧女神"。她的著作《儿童的世纪》(1900)被视为新教育的经典作品。

爱伦·凯呼吁保护母亲和儿童。她提出,为提高后代的素质,首先应保障作为未来母亲的妇女的权益,包括择偶权和选举权等。同时,妇女作为母亲应担负起抚养和教育儿女的责任,并为此而提高自我发展的能力。爱伦·凯重视家庭教育,认为在家庭中存在的和谐诚挚的气氛、父母高尚的情操及其以身作则,对儿童是最好的教育。她因此设想:不仅婴幼儿教育应由母亲负责,甚至未来的小学教育也应由家庭承担,由母亲夺回教育的权力,以此作为实现女性解放的目标。

作为新教育的倡导者,爱伦·凯尖锐地批判家庭和学校教育中对儿童的摧残。她指责旧教育的结果是使儿童"脑力消耗,神经衰弱,独创力受到限制……对于周围事实之观察力迟钝"。[①] 旧教育虽然使儿童获得一点知识,却使其失去了个性。爱伦·凯主张依据卢梭的自然教育原则改革旧教育,以造就身心健全、自由独立和富于创造精神的新人。为此,她竭力倡导自由教育,主张建立以儿童为中心的理想学校。在这种学校里,教师不是严格的管制者和教训者,而是儿童的伴侣。他们热心地研究儿童,在教育中充分考虑儿童的年龄特征和个性差异;废除班级制度、教科书、考试及体罚制度,代之以宽松自由的环境,使儿童在独立自主的活动中获得经验,发展自我。爱伦·凯主张将儿童按照不同的性格和兴趣组成小组,自选图书进行自学。教师则以谈话的方式测验学生平时的学习成绩。学校还应设立手工工场、开展美化校园活动,以发展儿童的能力和进行审美教育。为了给理想的学校提供新式教师,爱伦·凯还主张建立新的师范学校。

爱伦·凯在《儿童的世纪》中预言"20世纪将成为儿童的世纪",强调教育者应了解儿童,保护儿童纯朴天真的个性。这一思想在世纪之交产生很大影响。这本书被译成多种文字出版,在推动20世纪欧美的教育改革中发挥了重要作用。

(二) 德可乐利

德可乐利(O. Decroly,1871~1932)是比利时的教育家、心理学家和医生,新教育的代表人物。他曾从事神经系统疾病的研究工作,由此对变态儿童产生兴趣;1901年在布鲁塞尔创办特殊儿童学校,研究低能儿童的心理和教育问题。1903年,德可乐利担任布鲁塞尔市特殊教育督学,一些热心人士敦促他将其教育方法试用于正常儿童。1907年,德可乐利在布鲁塞尔市郊创办"生活学校"(或称"隐修学校")。他积极赞助欧洲新教育联谊会的创立,出席了它

[①] 任钟印主编:《世界教育名著通览》,湖北教育出版社1994年版,第1025页。

的1921年和1923年的大会,并作有关其教学法的讲演。主要著作有《论个性心理学与实验心理学》(1908)、《语言的发展》(1930)和《新教学法》等。

德可乐利受到卢梭的教育思想和自然科学(尤其是生物学)以及格式塔心理学和机能主义心理学的影响,重视儿童的本能与兴趣,将它们视为教育的基础。同时,他也重视环境的作用,强调两者的融合,认为儿童的认知具有整体化的特点。德可乐利批评当时的学校教育具有过多的学术性,所教的科目各不相关,违背儿童的认识特点,不能很好适应儿童的年龄、能力和兴趣;儿童被动吸收得太多,主动表达得太少。他主张学校应循着两条路线进行改革:加强教育与生活的联系;为儿童的发展提供适宜的、有刺激的环境。其基本设想是将班级分解为能力小组,施行主动的、个别化的、适合儿童需要和兴趣的学校课程。他的教学计划在教育史上以"德可乐利教学法"著称。

在教育环境的安排方面,德可乐利认为应为学生智力的、体力的、社会的和审美的生活服务,他把学校设在一个便于儿童和自然接触、便于充分自由地活动的环境之中。那里风景秀丽、场所开阔,到处有美丽的花草和可爱的动物。教室犹如画室,教师是细心的观察者和富有智慧的激励者,儿童则按自己的兴趣从事使身心受益的作业活动。

德可乐利的课程论思想以"兴趣中心"为其主要特征。与杜威相似,他将兴趣视为儿童成长方向的指示器。在他看来,儿童的生命冲动在由他们的基本需要所唤起的兴趣中表现得最为明显。因此,教育家应该利用这种冲动,以儿童的需要为中心来进行教育。德可乐利认为人有四种原始的需要:供养自己、保护自己免遭自然力的伤害、对抗危险和各种敌人以及活动的需要。与这些需要相联系,有四种主要的兴趣中心:食物、躲避自然灾害、防御敌人以及劳动和相互依赖。根据这种观点,他打破传统的分科体系,把课程分为关于个人的知识和关于环境的知识两大类,以个人生活中的需要为中心,再与属于环境的知识如家庭、学校、社会、动物、植物、矿物、天时和气象等联系起来,组成教学单元,逐年学习。

教学方法也根据单元学习分为三段:观察、联想和表达。观察练习在于收集第一手资料并予以理解。为此,要使儿童直接感知事物,并应根据格式塔心理学的观点,遵循从整体到部分的原则。联想即对已充分理解的第一手资料进行综合、分类和比较,并为概括打好基础。表达的目的在于帮助巩固前两个阶段所习得的东西,并帮助扩大学生的兴趣范围。表达可分为具体和抽象两种。前者如泥工、裁剪、油漆、绘画等手工活动,后者则包括书写、作文和讨论等。

德可乐利虽然改变了旧的教学方法,但仍保持读、写、算的教学及传统小学的大部分教材。在保证教学质量的同时,还增加了许多有用的知识与技能,以激发学生对学习和生活的极大热情。此外,他的方法同样适用于富裕阶层和普通学生。由于上述种种优越性,他的实验得到政府的重视,被引入国立学校,并对西方教育产生深远影响。

(三)罗素

罗素(B. A. w. Russell,1872~1970)是英国的哲学家、数学家、逻辑学家和教育家,1890年考入剑桥大学三一学院,毕业后获该院研究员职位。1927~1934年,与妻子朵拉开办皮肯希尔(Beconhill)学校,其办学思想受到麦克米伦姐妹和蒙台梭利的影响。学校招收2~10岁的儿童,并按不同年龄分组进行教育,强调"自由教育"、"爱的教育"和更多地发展个人主义。

罗素学识渊博,著述甚多,获得过许多殊荣,包括当选为英国科学院荣誉院士和获得诺贝尔文学奖(1949)等。他一生积极致力于维护世界和平的正义活动。主要教育著作有《教育与美好生活》(又译《教育论》,1926)和《教育与社会秩序》(1932)。

第一次世界大战期间,罗素开始注意教育问题。他认为,战争的起因是工业化国家的公立学校培养了人们盲目的错误信仰,于是产生了战争冲动,故主张改革教育以阻止或消灭战争。后来又进一步认为教育上的罪恶是工业文明导致的其他罪恶的直接后果,只有改变经济制度,才能从根本上医治这种罪恶。

罗素认为,现代教育有四大发展趋势。首先是教育制度的民主化。罗素提出教育机会均等的理想。他说:"我们所应追求的未来的教育制度乃是一种能使每个儿童都获得最优机会的制度。理想的教育制度必定是民主的,虽然这种制度不会很快实现。"① 其次是教育内容的实用化。罗素主张把数学和自然科学摆在重要位置,认为它们不仅具有极大的实用价值,也具有极大的内在价值。至于那些没有直接实际用途的知识,除专门人才的教育外,一般人不应花费过多的时间去学习。再次是教育方法的自由化。罗素高度赞扬推崇自由原理的蒙台梭利教学法。他指出,旧的观念视儿童为撒旦的爪牙,以为除了采用恐吓和强迫的方式,否则儿童绝不可能情愿学习。但蒙台梭利方法的发明,说明使用强迫的方法完全是由于缺少教学艺术。他甚至认为蒙台梭利方法适合于各个阶段的教育。最后是给幼儿期以更多的注意。罗素认为这种趋势的出现与精神分析学家的深刻影响有关。精神分析学家在从事精神分析或治疗时,往往要追溯到孩提时代,并强调幼儿期在人格、品性发展中的重要性。罗素关于现代教育趋势的思想是在大半个世纪以前提出的,但其正确性基本上为历史发展进程所证实。

罗素明确提出了个人本位的教育目的。他反对现代世界列强把国家的强大作为教育的最高目的,把学生当作实现其目的的工具。他主张教育的目的是培养四种理想的品性:活力、勇气、敏感和理智。他并不认为具有这四种品性就已足够,但认为它们确实可使人趋于完善。他坚信:"一个由因教育而拥有高度活力、勇气、敏感和智慧的男女所组成的社会,将与过去存在的一切社会截然不同……教育是打开新世界的钥匙。"②

罗素研究了6岁前儿童的品性教育问题,认为在儿童出生后,成人的首要事情是树立正确的儿童观,尊重儿童的人格,及早开始培养其良好的习惯。他把通过良好的习惯产生成绩视为现代道德教育的秘诀;主张培养儿童诚实的品性,认为这对一个伟人来说,比财富和荣誉更为重要。谈到品性教育的方法时,罗素承认夸奖和责备对于幼儿的教育来说是需要的,但在具体运用时须谨慎从事。他反对向幼儿讲空洞的道德原则,认为道德教育应具体和直接,起于自然形成的情境。

6岁以后的学校教育最好把精力主要放在纯属智力的进步上,并借此促成所需品性的进一步发展。罗素强调在教学中培养"智力美德",包括好奇心、虚心、有志者事竟成的信念、耐心、勤奋、专心和一丝不苟。作为新教育的代言人,罗素认为,教育的动力应当是学生的求知

---

① 罗素著,靳建国译:《教育论》,东方出版社1990年版,第4页。
② 同上书,第43~44页。

欲,而不是教师的威严。他主张鼓励儿童将一切问题都看成是悬而未决的,认为主动和独立的学习能使学生获得发现的机会。"要尽可能让学生变被动为主动。这就是使教育变苦事为乐事的秘诀之一。"① 罗素也看到,真正完善的教育并不自始至终都是有趣的。无论人们如何渴望了解一门学科,其中某些部分肯定是枯燥乏味的。但是教师必须向学生讲明这些枯燥部分的重要性,以培养学生发现真理的强烈愿望和科学精神。

罗素的教育思想以其民主与科学的精神为基本特征,充满了怀疑精神与向旧观念挑战的勇气。作为新教育的代表人物之一,他的主张与当时的儿童中心主义思潮相吻合,并带有模糊的乌托邦色彩。

新教育思潮促使人们对西方教育传统进行全面反思,推动了人们对教育现象的重新认识。新教育家们创办的一系列新学校为现代教育的改革提供了新的模式。在新教育运动中形成的思想和开展的实践,对20世纪欧美国家的教育发展产生了广泛而深刻的影响,构成20世纪西方教育发展的重要起点。但也应看到,新教育家们思想的重点在儿童个人的发展,所注重的主要是精英教育而非大众教育,并且始终未能解决好教育过程中的一些基本矛盾,如儿童主动性与教师工作的矛盾、活动与系统知识的矛盾、自由与纪律的矛盾以及发展个性与社会合作的矛盾等。

第二节 美国的进步教育运动

"进步教育"(progressive education)是指产生于19世纪末并持续到20世纪50年代的美国的一种教育革新思潮,亦称"进步主义教育运动"。其性质虽然与欧洲新教育思潮相似,但由于产生于不同的地域,其发生的背景及发展的过程存在诸多差异。进步教育是作为进步主义运动的一部分发端的。进步主义运动是19世纪末在美国兴起的广泛的社会改良运动,旨在反对工业社会的政治经济弊病。进步主义者们力求同时改革教育和社会事务。他们揭露了公立学校中存在的各种严重问题,试图通过改革使学校教育适应美国社会的新需要。进步教育理论源自卢梭、裴斯泰洛齐和福禄倍尔等人的教育思想,并深受现代科学,尤其是生物科学和进化论的影响。以后,杜威的教育理论对进步教育运动产生了很大的影响。进步教育理论的"实验室"主要是美国的公立学校。相对欧洲的"新学校"来说,进步学校更关心普通民众的教育,更强调教育与社会生活的联系,更重视"从做中学",更注意学校的民主化问题。

一、进步教育运动始末

美国进步教育运动的发展大致经历了四个阶段:兴起(19世纪末～1918)、成型(1918～1929)、转折(1929～1943)和衰落(1944～1957)。

19世纪末,帕克(F. W. Parker,1837～1902)先后在马萨诸塞州昆西市和芝加哥库克师范学校进行教育革新实验,创造了"昆西教学法",被杜威称为"进步教育之父"。赖斯(J. Rice)

---

① 罗素著,靳建国译:《教育论》,东方出版社1990年版,第161页。

则在揭露美国学校教育的弊端,引起人们关心教育的变革方面作出了贡献。他早年是一位儿科医生。1889~1890年,他到德国耶拿和莱比锡研究教育理论。1892年回国后,他接受了《论坛》杂志的委托,撰写有关美国教育的文章。为此,他访问了36个城市,与1 200位教师进行过交谈,发现了美国学校教育中存在的各种弊端并予以揭露,引发了全国性的对传统教育的批评。1896年,杜威创办了芝加哥实验学校。在他的影响下,许多进步教育实验以各种形式展开。早期的进步教育家们都关心通过学校改变社会,但由于受到不同的教育理论的影响,他们的方法不尽相同。其中一些人如"有机教育学校"的创办者约翰逊和"道尔顿计划"的创立者帕克赫斯特等人,受到卢梭和蒙台梭利的深刻影响,强调个性发展,重视儿童的兴趣和能力。另一些人如"葛雷计划"的创立人沃特等则受到杜威的影响,试图把学习和劳动、抽象的和实用的以及个性的和社会的等因素结合起来。

  第一次世界大战以后,美国的公立教育已成为世界教育改革的先锋。美国的许多社区和学校当局表示愿意实验新方法,普及进步教育思想的时机已经成熟。1919年,安那波利斯海军学院的一位教师科布(S. Cobb)发起建立进步教育发展协会。该协会后来改称美国进步教育协会(American Progressive Education Association,简称PEA)。1920年,协会提出了改进初等教育的七点目标,实为进步教育的七项原则或纲领。1924年,协会创办《进步教育》杂志,向读者介绍欧洲的教育革新和美国的进步教育实验。在这个时期,进步教育运动本身日益专业化。哥伦比亚大学师范学院成为美国进步教育运动的中心。1905年,杜威来到该校。那里聚集了许多著名学者,有历史学家孟禄(P. Monroe)、心理学家桑代克、社会学家拉格(H. Rugg)和课程理论家克伯屈。到20世纪20年代末,进步教育协会几乎成为哥伦比亚大学师范学院的代言人。杜威担任协会的名誉主席,协会的秘书处也移到该院。由于运动的这种专业化倾向,失去了公众的理解和支持。与此同时,进步教育运动内部也出现分化。以拉格为代表的一派强调"儿童中心"的教育;以康茨(G. Counts)为代表的一派主张"社会中心"的教育。

  1929年的大萧条严重影响了美国进步教育运动的发展。一方面它使进步教育运动发生转向。此前强调儿童中心和个人的自由发展,此后则更加意识到学校的社会职能。此外,从20世纪30年代初期开始,进步教育运动的重心逐步从初等教育转向中等教育。这种转变集中反映在"八年研究"(亦称"30校实验",1933~1940)上。另一方面,大萧条加剧了进步教育运动内部的分裂,"改造主义"正是这种分化的产物。进步教育还受到新保守主义教育思潮的攻击。1940年,美国在欧洲卷入战争,进步教育也进入它的尾声,仅限于空谈理论,失去其原有的感召力。

  1944年,美国的进步教育运动进入其衰落阶段。这一年,美国进步教育协会更名为"美国教育联谊会",成为欧洲新教育联谊会的一个分会,尽管在1953年恢复了原来的名称,但已没有实际意义。1955年,协会解散。1957年,《进步教育》杂志停办,标志着美国教育史上一个时代的结束。

  进步主义教育运动衰落的原因是多方面的。首先,进步教育运动不能与美国社会的不断变化始终保持同步。该运动存在期间,美国社会发展迅速,变化剧烈,对美国教育不断提出新的要求。美国在完成了工业化和城市化以后,基本实现了现代化,社会结构亦更为复杂,不同集团的利益日趋多元化,使进步主义教育家们无所适从。尤其是战后冷战局面的出现、与朝鲜的战争以及美国国内麦卡锡主义的盛行,美国社会的状况已经使进步主义教育运动失去了赖以生存的客观基础。1957年苏联人造卫星的上天,使进步主义教育遭到更为广泛、激烈的批评。其次,进步主义教育理论和实践本身也存在许多矛盾和局限,如过分强调儿童个人的自由,忽视社会和文化对个人发展的决定作用;过分否定学校工作的一些基本规律,导致教学质量的下降。此外,进步教育运动在指导思想和理论基础的多元化与运动的相对统一性之间,以及教育理论和教育实践之间也存在着矛盾,导致了运动内部的分裂。进步主义者所建议的做法,在时间和能力上对教师提出了过高的要求。最后,改造主义和各种保守主义的抨击,在很大程度上击中了进步主义教育的要害,从而加速了其衰落的进程。

长期以来,人们对进步主义教育思想以及进步主义教育运动的看法褒贬不一,对进步主义教育思潮对美国学校教育的影响的评价也存在着很大分歧。但是,进步主义教育运动无疑在西方教育史尤其是美国现代教育史上构成了重要的一章。进步主义教育在反对落后的传统教育方面发挥了积极作用,它给学校带来了许多方面的变革。在教育上它提出了一些基本问题,如什么是教育的目的,学校计划应该建立在什么基础上,学校应该教什么等。"进步教育"作为一个运动已划上了句号,但作为一种思想,它仍然和当今美国教育中的许多问题联系在一起。

二、几种重要的教育制度和教育方法

(一) 帕克的昆西教学法(Quincy plan)

帕克是美国进步主义教育运动的先驱者,1875～1880年任马萨诸塞州昆西市教育局长,领导和主持了昆西学校实验。1883～1899年,任芝加哥库克师范学校校长,继续领导昆西的教育改革实验。1901年,任芝加哥大学教育学院第一任院长。主要教育著作是《关于教育学的谈话》(1894)。

帕克的教育革新措施以"昆西教学法"或"昆西制度"著称,其主要特征是:(1)强调儿童应处于学校教育的中心。帕克受卢梭等人浪漫自然主义的影响,认为儿童具有内在的能力,能自发地从事学习和工作。教师必须了解儿童和他的本性,提供相应的条件,以满足其要求和需要。(2)重视学校的社会功能,强调学校应成为理想的家庭、完善的社区和雏形的民主政治,在促进民主制度的发展方面发挥巨大作用。(3)主张学校课程应尽可能与实践活动相联系。认为这样做不仅可以唤起儿童学习的意愿,使他专心致志,而且能摒弃以往的抽象的、无意义的形式训练,并把各门学科统一起来,使学生获得整体的知识。因此,他将学习的内容与儿童的日常生活相联系,并围绕一个核心安排相互联系的科目。(4)强调培养儿童自我探索和创造的精神。帕克认为,教师的伟大工作是指导学生发现真理,使学生养成探究、发现和使用真理的习惯。[①]

在19世纪90年代,帕克发展了与杜威的友谊,并向他传播新教育的哲学思想。在帕克去世以后,他的主要弟子之一库克(F. J. Cooke)将他的思想与杜威的思想融为一体并付诸实践,

---

① 任钟印主编:《世界教育名著通览》,湖北教育出版社1994年版,第981页。

从而进一步发展了"昆西教学法"。

(二) 约翰逊的有机教育学校(Organic School)

约翰逊(Marietta Johnson,1864～1938)是美国教育家,进步教育协会的创始人之一。1907年,她在亚拉巴马州的费尔霍普创办了费尔霍普学校(Fairhope School),该校被称为"有机教育学校"。之所以称作"有机教育学校",是因为约翰逊借用了一位名叫亨德森(C. H. Henderson)的教师在1902年写的一本书中的术语。亨德森提出需要"有机教育",其目标在于发展人的整个机体,包括培养感觉、体力、智力和社会生活能力,以改善生活和文化。约翰逊称她的教育方法是"有机的",因为它们遵循学生的自然生长。学校的目的在于为儿童提供每个发展阶段所必需的作业和活动。因此,她主张以一般的发展而不是以获得知识的多少来调整学生的分班。她根据学生的年龄来分组,称作"生活班"(life class),而不叫年级。开始只有两个生活班(6～11岁),后发展为六个班,学生年龄放宽至18岁。

约翰逊的有机教育学校的整个课程计划以活动为主。活动扩大了儿童的视野,成为他们的知识的源泉。这种活动必须继续在家庭里开始的自然进程。儿童由于需要和兴趣主动地从事探索。循着这种自然生长的途径,凭着儿童自己求知的愿望,再把他引导到读、写、算、地理等正规课程的学习。强迫的作业、指定的课文和通常的考试都被取消。约翰逊设计出以下活动代替一般课程:体育活动、自然研究、音乐、手工、野外地理、讲故事、感觉教育、数的基本概念、戏剧表演、体育比赛以及画地图和地形等。

约翰逊重视社会意识的培养。她认为,人是社会的人,发展合适的社会关系应是学校最重要的任务之一。应培养学生无私、坦率、合作等品质,以及能提出建设性建议的能力。约翰逊反对放纵儿童。在她看来,为使儿童以最有利的方式成长,纪律是必要的。她主张应以一种平衡而有纪律的方式发展整个人的机体。

(三) 沃特的葛雷制(Gary System, Gary plan)

沃特(W. A. Wirt,1874～1938)是美国教育家,葛雷制的创始人。1907年,他被印第安纳州葛雷市教育委员会聘为公立学校的督学。他把握良机,推行了一种进步主义性质的教学制度,以"葛雷制"著称,亦称"双校制"、"二部制"(two platoon plan)或"分团学制"。

沃特以杜威的基本思想如"教育即生活"、"学校即社会"和"做中学"为依据,以具有社会性质的作业为学校的课程。他把学校分为四个部分:体育运动场、教室、工厂和商店、礼堂。课程也分成四个方面:学术工作和科学、工艺和家政、团体活动以及体育和游戏。沃特把葛雷学校称作"工读游戏学校"。

葛雷学校以其独特的教学制度而闻名。为了减少学校经费开支,充分利用现有的设施以提高办学效率,沃特在教学中采用二重编制法,即将全校学生一分为二,一部分在教室上课,另一部分则在体育场、图书馆、工厂、商店以及其他场所活动,上下午对调;废除寒暑假和星期日,昼夜开放,从而为更多的学生提供了入学受教育的机会,解决了葛雷地区学校少、供不应求的矛盾。相对当时一般公立学校组织中的惊人浪费来说,沃特的措施具有积极意义。把儿童从早到晚留在学校,也可避免他们在街头巷尾的玩耍中沾染不利于健康和道德的不良习气。同时,节省下来的钱被用于装备学校的工厂,聘请更多的教师开设正课以外的科目,以及支付特别增设的班级的费用。葛雷学校还利用学校设备为成年人提供夜校专门课程。

沃特的葛雷制曾被认为是美国进步教育思想的最卓越的例子。它的课程设置能保持儿童的天然兴趣和热情,它的管理方式经济而有较高的效率。到1929年,美国已有41个州两百多座城市的学校采用这一制度,成为进步学校流行最广的一种形式。

(四)帕克赫斯特的道尔顿制(Dalton Plan)

帕克赫斯特(H. Parkhurst,1887~1973)是美国教育家,道尔顿制的创始人。1911年在华盛顿州塔科马的爱迪生学校任教时,她曾拟定了一个实验室计划,1915年在加利福尼亚州将该计划第一次付诸实验。1920年,她应邀去马萨诸塞州道尔顿市的道尔顿中学实施这个计划,不到一年,成绩显著。帕克赫斯特遂将其教育方法以"道尔顿实验室计划"命名,一般简称"道尔顿制"或"道尔顿计划"。

道尔顿制是一种个别教学制度。帕克赫斯特批评班级授课制使学生处于被动地位,学生的个别差异得不到应有的照顾。她于是提出以下主张:(1)在学校里废除课堂教学,废除课程表和年级制,代之以"公约"或合同式的学习,即把各科一年的课程划分为分月的作业大纲,学生以公约的形式确定自己应完成的各项学习任务,然后学生根据自己的需要自学。学习进度快的学生可提前更换公约,能力差的学生不必强求一律。(2)将各教室改为各科作业室或实验室,按学科的性质陈列参考用书和实验仪器,供学生学习之用。各作业室配有该科教师一人负责指导学生。(3)用"表格法"来了解学生的学习进度,既可增强学生学习的动力,亦可使学生管理简单化。

道尔顿制的两个重要原则是自由与合作。为使儿童自由学习,允许他们根据自己的需要安排学习,以养成独立工作的能力。它还强调师生之间、学生之间的合作,以培养学生的社会意识。

20世纪20年代,道尔顿制在许多国家如英国、苏联流行一时,产生过较大影响。帕克赫斯特还亲自于1924年和1925年分别到日本和中国介绍其方法。道尔顿制存在的主要问题是过于强调个别差异,对教师要求过高,以及在实施时易导致放任自流;同时,将教室完全改为实验室也不太实际。

(五)华虚朋的文纳特卡计划(Winnetka Plan)

华虚朋(C. W. Washburne,1889~1968)是美国教育家,帕克的学生。1919~1945年,任伊利诺斯州文纳特卡的地方教育官员。一上任他就从事教育实验。1939~1943年,他担任美国进步教育协会的主席。主要著作有《使学校适应儿童》(1926)和《什么是进步教育》(1952)。

华虚朋的教育实验以"文纳特卡计划"著称。和帕克赫斯特一样,他重视使学校的功课适应儿童的个别差异。但他认为道尔顿制缺乏科学的课程结构和教材,缺乏创造性的活动技巧。华虚朋提出的解决办法是将个别学习和小组学习结合起来,使个性发展与社会意识的培养相联系。具体做法是将课程分为两个部分:共同知识或技能(包括读、写、算等工具性学科)和创造性的、社会性的作业(如木工、金工、织布、绘画、雕刻等)。前者主要按学科进行,并以学生自学为主,教师适当进行个别辅导。学习按计划进行,平时有进度记录,最后以考试来检验学习结果。后者则以小组为单位展开活动或施教,无确定的程序,也不考试。这样做可以加强不同年龄的儿童之间的联系,培养合作精神。

文纳特卡计划在20世纪三四十年代的美国得到迅速而广泛的传播,对世界不少国家的教育也产生了重要影响。但有人指责它影响学科的深入学习,并且实施起来也很困难。20世纪50年代起该模式逐渐衰落。

(六) 克伯屈的设计教学法(Project Method)

克伯屈(W. H. Kilpatrick,1871~1965)是美国教育家,杜威教育哲学的诠释者。他的主要兴趣是研究学习理论。1918年,因发表《设计教学法》一文而在国内外赢得很大声誉,被称为"设计教学法之父"。

克伯屈看到了随着工业化而来的社会道德水准的普遍下降。为了改变这种状况,他寄希望于教育,强调教育制度应适应现实生活的变化,教育应积极地帮助改造生活。

培养品格被克伯屈视为教育的最终目的。他所说的品格不仅包括道德品质,还包括人的一切思想方法、情绪以及参照自我、他人及世界而产生的行动。根据这种教育目的,克伯屈反对主智主义教育,强调发展完整的人格,主张建立一种以生活和实际经验为中心的新学校。

克伯屈阐述了进步教育的学习理论。他认为,有机体是通过行动来学习的,学习的结果是获得一种新的行为方式。克伯屈的学习理论的理论基础是桑代克的联结主义心理学。他把学习理解为一种行为活动,强调在学习过程中人与环境的相互作用。由于环境是复杂的,所以人对环境的反应也是复杂的,学习也必然是多方面的。克伯屈提出了"广义的方法"和"狭义的方法"的概念。他指出:"广义的方法与儿童们活动时做出的反应有关。它所关心的是帮助儿童把全部反应尽可能完善地建成一个整体。狭义的方法关心儿童们如何能富有成效地学好这个或那个具体事物。"①他认为,广义的方法很有伦理道德或哲学的意味,是生活问题;狭义的方法则首先是一个心理学的问题。克伯屈批评旧式教育将自身局限于狭义的方法,而新式教育则强调广义的方法又不忽视狭义的方法。

在克伯屈之前,人们就已开始使用"设计"一词,并将设计的方法运用于教育。克伯屈系统地归纳和阐述了设计教学法,并被认为是此种教学法的代表人物。他强调有目的的活动是设计教学法的核心,儿童自动的、自发的且有目的学习是设计教学法的本质。他将"设计教学法"定义为在社会环境中进行有目的的活动,重视教学活动的社会的和道德的因素。

克伯屈主张放弃固定的课程体制,取消分科教学,取消现有的教科书,把学生有目的的活动作为设计的学习单元。根据不同的目的,他将设计教学法分成四种类型。第一,生产者的设计,也称建造设计,以生产某物为目的,用物质的形式去体现一个思想或观念。第二,消费者的设计,以消费为目的。他认为儿童应该"非常活跃地消费、吸收与享用别人所生产的东西"②,如欣赏别人的画、演出或文学作品等,所以又称"欣赏设计"。第三,问题的设计,目的在于解决一个问题,澄清某种理性的困难,如阳光对植物的影响,鸟儿为什么会飞,等等。第四,练习的设计,或称"具体学习设计",它的目的在于获得某一种或某一程度的技能或知识,如学习读、

---

① 任钟印主编:《世界教育名著通览》,湖北教育出版社1994年版,第1245页。
② 同上书,第1260页。

写、算等。在上述四种设计中,以第一类即生产者的设计为重点,它最能体现教育的社会化。同时,这四种设计的分类并不是固定的。一个具体的学习单元经常可以包含两个或两个以上的设计。设计不仅是个人的,也可以是集体的。

根据杜威的"思维五步法",克伯屈提出了设计教学法的四个步骤:决定目的、制定计划、实施计划和评判结果。在这个过程中,他强调教师的指导和决定作用,必须使目的具有教育的价值。而四个步骤的实行则以学生为主,由他们自己找材料,自己研究。并且这四个步骤只是逻辑上的而非次序上的。

设计教学法当时在美国得到迅速传播。到 20 世纪 30 年代,对英语国家的学校产生了广泛的影响。它不仅在西欧和苏联被采用,对中国、印度和埃及等国的教育也有较大影响。设计教学法充分发挥了儿童的主动性和积极性,使儿童成为学习的主人;并力求使教学符合儿童心理发展规律,以提高学习效率;注重培养儿童的合作精神,加强了教学与儿童实际生活的联系。但设计教学法的四个步骤主要是针对生产者设计而言的,克伯屈本人也承认没有为学习知识的设计教学确定明确的步骤。由于强调根据儿童的经验组织教学,设计教学法的实施必然导致系统知识学习的削弱。

第三节 实验教育学

实验教育学(Experimental Pedagogy)是 19 世纪末 20 世纪初产生于德国,随后在欧美一些国家发展的以教育实验为标志的教育思想流派。它的主要代表人物有德国的梅伊曼和拉伊、法国的比纳、美国的霍尔和桑代克。实验教育学的产生和形成受到实验心理学的直接影响,实验心理学为实验教育学提供了科学的基础和实验方法。此外,实验教育学也从实验生理学以及其他自然科学的研究成果中吸取养料。实验教育学也是作为传统教育的对立物而出现的,它试图解决旧教育中存在的问题和弊端。

重视研究儿童发展与教育的关系,重视实验,并强调从实验的结果中寻找教育的途径和方法,是实验教育学的基本特征。实验教育学者批判旧教育注重逻辑推理和抽象思辨的方法,认为其结果必然导致与教育实践和教育对象的脱离。他们通过观察、调查、计算、测量和统计等方法进行研究,努力将教育学建立在自然科学的基础上,使教育学成为一门真正的科学。

实验教育学为新教育提供了重要的理论依据,促进了教育理论的科学化,使教育学从哲学的桎梏中解放出来,并给实际教育工作者以有益的启迪,对当时和后世的教育都产生深远的影响。它与 20 世纪初出现的儿童研究运动和学校调查运动相关联,成为教育科学的开端。其存在的主要问题是片面强调儿童的生物性,因而过分考虑教育的自然科学化,忽视了社会性因素;并且把实验方法推崇到极端,视之为教育研究的唯一方法,忽视了社会科学与自然科学之间的差异,以致简单地照搬自然科学的方法。

一、实验教育学的代表人物

(一) 梅伊曼

梅伊曼(E. Meumann,1862~1915)是德国的教育学家和心理学家,实验教育学的创始人之一。他在青年时期曾跟随冯特学习实验心理学，1901年在《德意志学校》杂志上发表一系列文章，首次提出"实验教育学"的名称，并论述了实验教育学这一新领域的研究内容和目的。1905年，他与拉伊共同创办《实验教育学》杂志。主要著作是《实验教育学讲义》(1908)。

梅伊曼批评传统教育学体系存在的弊端，主要表现为它所提出的规章和准则或是思辨的产物，或是直观思维的结果，都缺乏以科学实验方法所作的严密论证；同时，没有说明规章、原则的由来，使教育实际工作者不知道所采用的教育方法的根据，而只是把这些规章奉为权威，盲目照搬。其结果是阻碍了教育科学的发展，降低了教育工作者的独立性和职业兴趣。梅伊曼主张利用当时与儿童发展有关的各方面的科学研究成果及研究方法，来推动教育的科学化。他强调以观察和实验为主的科学方法，来探求教育和教学的方法和途径。在这种意义上，梅伊曼把实验教育学的建立看作是一种方法革命，其特点是通过科学实验的验证来发现和陈述事实。

在梅伊曼看来，实验教育学起源于众多研究领域的汇合，是汇集有关教育的各种实验的一门科学。他详细地论述了实验教育学的研究范围，大致包括：儿童身心发展的规律、儿童的智力发展问题、儿童的个体差异及天才儿童的特点、儿童心理的各组成部分的发展情况、教学方法问题、教师工作及学校制度的合理性问题。梅伊曼最重要的研究是与智力发展有关的问题，尤其是与学习过程中的心理疲劳和记忆有关的问题。

梅伊曼主张实验教育学的研究人员应该主要是受过训练的实验心理学家，研究的主要场所是心理学实验室。与实验心理学家不同的是，实验教育学研究的是包含在教育过程中的项目。他不赞成课堂教学实验法，认为只有在心理实验室获得的研究成果才是最有价值、最可靠的。

在教育史上，梅伊曼首次系统地论述了实验教育学的性质、方法、研究范围和任务。他看到了教育学的实践性，指出了以思辨和逻辑推理方式研究教育的局限性，要求把教育学建立在科学实验的基础上，对于传统教育的改革起了很大的推动作用。但是他反对建立教育学的完整体系，并把实验研究方法强调到极端。

(二) 拉伊

拉伊(W. A. Lay，1862~1926)是德国教育家，实验教育学的创始人之一，1893年到其母校卡尔斯鲁厄第二师范学校任教，后任校长。他的研究成果都来自于该校及该校附小的教育实验。主要著作有《实验教育学》(1907)、《行动学校》(1911)和《新教育科学大纲》(1921)。

作为实验教育学的开创者的拉伊与梅伊曼在一些基本问题上有许多共识。他们都认为，用思辨方法建立起来的旧教育学缺乏科学性，与实际严重脱节，不能很好地解决教育实践中的问题；都强调实验教育学是以实验方法为基础的新的独立科学；都认为实验教育学必须借助于相关科学。

但在一些重要问题上，拉伊与梅伊曼存在着意见分歧。拉伊批评了梅伊曼把实验教育学与"系统教育学"对立起来的做法。他一直把实验教育学当作普通教育学，并认为教育科学应包括相互联系的三大领域：教育史、辅助科学和实验研究。他认为在重视实验研究新方法的同时，不应忽略旧教育的教育史和辅助学科(包括自然科学和人文科学)的方法。因为任何实验研究或课题的选择,都需要对有关问题先作历史考察,并利用辅助科学进行价值定向的选择;同时,需运用实验的方法对前两者的研究成果进行鉴定。拉伊把实验教育学看作旧教育学的扩充与严密化,是一种完整的教育学。

拉伊指出,教育实验中假定的成立、事实的发现和系统的建立,受到自然科学和文化研究的重要影响。"人类大部分是环境的产物。"① 环境影响儿童,儿童也对环境的各方面发生反应。反应的形式是印象、印象的类化和表现。教育就是按照规范的科学对于人类的身体和心理的发展的引导和控制。

根据上述思想,拉伊把教育学分为"个体教育学"、"自然教育学"和"社会教育学"。但又认为,三者没有明显的分界,因为个人和他的自然与社会生活构成一个相互关联的整体,只是在分析影响教育产生的原因时,才从三个方面去考虑。同时,拉伊强调"表现"(即行动)在教育过程中的价值,甚至认为应把"表现"的原则当作整个教育和教学的基本原则。因此,他的实验教育学也被称为"行动教育学"。

拉伊把教育实验分为假设、实验和应用三个阶段,始终强调实验与教育实际的密切联系:作为最终假设的规则和原则来自教育经验;教育实验的情境必须简化,应符合教室的情景和特点;应在实际中运用从实验获得的知识与结论。这种观点反映了他与梅伊曼的不同。拉伊主张将教育实验与心理实验区分开来,并在正常的学校环境(教室)中进行;重视学校、教师在教育实验研究中的作用和意义,主张教师参与心理学家、医生和人类学家的共同研究。

(三) 霍尔

霍尔(G. S. Hall,1844~1924)是美国儿童心理学的创始人,美国教育心理学的开拓者。霍尔学术生涯的特点是兴趣多样化,但他最主要的兴趣是将发生心理学与教育联系起来。他对儿童心理和教育问题所进行的广泛调查,引起社会对于儿童研究的很高热情,形成儿童研究运动,他则被誉为"儿童研究之父"。其教育代表作是《青年期的心理与教育》(1904)。

霍尔曾被说成是"心理学的达尔文"。他把生物学上的进化论和复演思想扩展到心理学上,提出进化不仅表现在肌体上也表现在心理上,论述了个体心理发展是种族进化历史复演的理论。霍尔认为,儿童期反映人类的远古时代,少年期是中世纪的复演,青年期是比较新近的祖先的特性的反映。他指出教育必须遵循复演的顺序,适应儿童在不同阶段的不同需要,允许儿童将在发展过程中依次出现的各种活动本能充分展现出来。

根据复演说,霍尔提出了自己的教育主张。他重视肌肉运动。在他看来,肌肉是意志、品性甚至思想的器官,肌肉的发达最能促进脑髓的发展。因此,他反对把儿童关在屋内静坐或死读书,主张遵循个体发展的特点,对儿童进行自然教育。对于儿童多少带有一些野蛮性的本能,应在一定范围内让其自由表现,设法给予满足。应使儿童在自然环境中狩猎、争斗和嬉戏,使其通过本能的发泄达到"净化"。

霍尔的复演说作为一种儿童发展理论,现在已基本上被理论界所否定。其主要错误是将个体发展史和种族发展史完全等同起来,从而引向生物决定论。但霍尔由复演说中发展出来

---

① 拉伊著,金澍荣、黄觉民译:《实验教育学》,商务印书馆1938年版,第168页。

的教育主张却为业已到来的欧美教育革新运动提供了理论依据。他的理论重新强调了夸美纽斯提出的适合儿童学习年龄阶段的主张,支持了卢梭教育顺应自然的观点。他是美国第一个试图把发展心理学运用到教育方面的人。

霍尔在儿童研究中广泛使用他从德国学来的问卷法。到1915年,霍尔同他的学生已发展和使用过194种涉及多种课题的问卷。虽然在他之前,英国的高尔顿早已用过这个方法,但由于他广泛地使用问卷法,并对此法有所改进,所以在美国一度把这个方法同霍尔的名字联系起来。

霍尔使用问卷法的具体方法包括两个方面:(1)直接让被试回答问卷;(2)通过教师和父母收集资料。他的《关于儿童说谎》(1882)和《儿童心理的内容》(1883)等论文反映了这种研究的结果。在他的影响下,1890～1915年,问卷法在儿童研究中盛行一时,国内外纷纷成立用问卷法研究儿童的团体和协会,引发了儿童研究运动。

(四) 桑代克

桑代克(E. L. Thorndike,1874～1949)是美国的心理学家和教育家。他早年在詹姆士指导下从事动物学习的研究,后来将动物研究技术应用于儿童,并把大部分时间花在人类学习、教育及心理测验诸领域。桑代克是一位多产作家,他的著作中比较著名的有《教育心理学》(1903)、《智力测验》(1926)、《成人的学习》(1931)、《人类的学习》(1931)以及与其学生盖茨(A. I. Gates)合著的《教育之基本原理》(1932)。他在美国被认为是教育心理学的奠基人。

"联结"是桑代克教育心理学的核心概念。起初,桑代克用小鸡做实验,训练它们走用书隔起来的迷津。以后,他又用猫和狗作被试者,并使用自己设计的迷箱,进行动物学习的研究。根据这些实验,桑代克认为,动物的学习就是刺激和反应之间形成的联结,并把这种看法照搬到人类的学习。英国的联想心理学早已提出过关于联结的概念(最早见于洛克的《人类理解论》)。桑代克在实验的基础上,根据机能主义的观点,以刺激与反应的联结,代替了观念的联合。

桑代克根据自己对学习的实验研究,并总结以往有关教育心理学的探索,开始确立教育心理学的名称及其体系,使教育心理学成为一门独立的学科。他把教育心理学的对象确定为研究人的本性及其改变的规律,它由人的本性、学习心理学和个别差异三部分组成。桑代克把行为分为先天的反应趋势(本能)和习得的反应趋势(习惯)两类。他重视本能,视之为一切行为的基石。本能的特点是不学而能,是先天的联结,而习惯是后天的联结。桑代克指出,人性只是为教育提供了出发点,教育的真正任务是根据人的需要来逐渐改变人性。因此,他重视研究人的学习的规律。

学习心理学是桑代克教育心理学最重要的部分。他把学习过程看作形成后天习得的联结的过程,并提出了他的尝试错误的学习理论和学习的三个定律。他用猫进行的实验研究最为出名。他把饿猫放在迷箱里,食物放在箱子外面作为逃脱的奖赏。猫为了打开门闩就必须去拉一根杠杆或一条链子。在饥饿的驱使下,猫不断地进行试误学习,表现出正确的行为。桑代克总结出的三个学习定律是:准备律、效果律和练习律。准备律强调有效的学习必须有良好的心理准备,即具有一定的学习兴趣与欲望,因为学习不是消极地接受知识。桑代克主要依靠效果律来解释学习，认为反应的"满意"效果将加强联结，"不满"或"烦恼"效果将削弱联结。练习律是指反应重复的次数愈多，联结愈牢固。后来桑代克研究了人类的学习，对上述学习定律进行了修改和补充，提出了所谓"相属原则"，认为"相属的"容易造成联结，"不相属的"不容易造成联结。1901年，桑代克和伍德沃思(R. S. Woodworth)共同发表了关于学习迁移的著名论文。在此基础上他提出了学习迁移的"相同元素说"，认为当两种机能有了相同的因素时，这一机能的变化才使另一机能也有变化。这种学说对摧毁官能心理学和形式训练说起了巨大的作用。

桑代克对成人的学习也做了大量研究，结果表明人在25岁以后到45岁的学习能力并不衰退。他的研究成果增强了人们对发展能力的信心，对开展成人教育工作有积极意义。

桑代克的学习理论对现代心理学产生了深远的影响。他的工作被认为是联想主义的基石。他进行研究工作的那种客观精神构成了行为主义的重要前提。桑代克对行为研究的重视，摆脱了心理学只研究意识的束缚，重视把心理学运用于教育领域。但是，他只注意外显的行为，而极少参照意识或心理过程，忽视人的认知的因素，发展了一种客观的和机械的学习理论。他在把其动物学习理论搬用到人类的学习时，抹煞了人类学习的本质特点。他夸大了遗传的作用，忽视了教育和环境在形成个别差异中的作用。

二、儿童学

儿童学(Pedology)是产生于19世纪末、普遍发展于20世纪初的一门研究儿童的学科。其代表人物有美国的霍尔和德国的克里斯曼(O. Chrisman)。它是在实验心理学、实验教育学以及其他自然科学发展的基础上产生的。

1896年，克里斯曼在其博士论文中提出"儿童学"这个名词，并提出他要以历史上人们关于儿童研究的各种学说为基础，努力使儿童研究科学化，并使之成为一门独立的科学。他给儿童学下的定义是："儿童学是一种纯粹的科学，其职能在研究儿童的生活、发达、观念及其本体。儿童学之对于儿童和植物学之对于植物，矿物学之对于矿物没有两样；儿童学不是教育学，因为教育学是应用科学，儿童学却不能作为应用科学看待的。"[①]后来，人们对他的这个定义作了修正，认为儿童学和教育学还是有紧密联系的。

1911年，在德可乐利的推动下，在布鲁塞尔召开了儿童学第一届国际会议。以后，儿童学在欧美各国广为流传。

儿童学研究的主要内容有：(1)儿童个体的发生及遗传对儿童个体的制约作用；(2)儿童身体的发育过程；(3)儿童常见疾病；(4)儿童的心理，如本能、感知觉、想象、思维、语言、情感和意志等；(5)异常儿童。在儿童学的研究中，采用了传记法、谈话法、问卷调查法、诊断法和智力测验法等。

儿童学以与儿童发展相关的众多学科为自己的对象，采用了当时先进的科学方法，重视遗传、早期环境以及教育对儿童发展的影响，是当时儿童研究运动的重要产物，又在一定程度上推动了人们对儿童的身心特点及其发展规律的研究。但是，很多儿童学者过分强调了遗传

---

① 关宽子著，朱孟迁、邵人模译述：《儿童学》，商务印书馆1922年版，第11~12页。

和早期环境的作用,表现出遗传决定论或环境决定论的倾向。他们认为,容貌特征、心理特征和精神能力都可遗传;并认为儿童在早期受到一定的社会环境影响后,这种影响终生不可改变。由此得出一种非民主的结论,阶级出身不同和种族不同的儿童之间的差异注定是不能改变的,从而贬低了教育的作用。儿童学的这种倾向对20世纪二三十年代的苏联教育产生了一定的消极影响,主要是干扰了对流浪儿童和违法儿童的再教育工作。马卡连柯曾与儿童学的错误倾向进行了坚决斗争。1936年苏联政府斥之为"伪科学",并宣布予以取缔,但又导致在苏联人们长期不敢研究儿童的身心特点,从而阻碍了教育科学的发展。

三、智力测验

智力测验作为儿童研究运动的表现形式之一,产生于20世纪初的法国,20世纪二三十年代盛行于美国,以后在意大利、德国、英国乃至日本和中国等国得到迅速传播和发展,并流行至今。

(一) 比纳的智力测验

比纳(A. Binet,1857~1911)是智力测验方法的首创者,当时法国最伟大的心理学家。1889年,他和博尼(H. Beaunis)在巴黎大学创办了法国第一个心理实验室。1895年,他俩创办了法国第一种心理学刊物《心理学年报》。1905年,比纳与西蒙(T. Simon)发表了第一份智力量表。其主要著作有《推理心理学》(1886)、《个性的变化》(1891)、《智慧的疲劳》(与亨利合著,1898)、《智力的实验研究》(1902)和《关于儿童的新观念》(1909)。

比纳重视个性差异的研究。他批评传统教育忽视教育现象,根本不注意儿童的个性差异。比纳要求把新教育建立在个性心理学的基础上。他广泛研究人的各种差异,尤其关心人的思维方式的差异,从不同角度区分出三组思维类型:(1)分析逻辑的思维方式和直觉灵感的思维方式;(2)客观的思维方式和主观的思维方式;(3)实际的思维方式和思辨的思维方式。比纳主张,无论是教育方法还是教育内容,均应根据人的思维方式的差异来"因人施教"。

比纳编制智力量表是当时法国实施义务教育的需要。1904年,法国政府要求运用各种方法来鉴别低能儿童,以便为他们开设特殊学校或特别班,避免他们的不断留级带来的麻烦。根据政府要求,比纳和西蒙编制了智力测验表。其基本指导思想是:人具有一般的智力,智力是一种综合,由四种功能即思维定向、意义理解、发现和判断组成。其中判断最为重要,是智力的基本功能。比纳认为,正常人的智力会随年龄的增长而得到相应的提高。因此,1905年的《比纳—西蒙智力测验量表》是根据测验项目难度的递增来排列的。通过对被试者从易到难的各项测验的测定,就可以测定他们的思维判断是否敏捷。这份量表以3~13岁的儿童为对象。

1905年的这份量表问世后受到普遍好评,但也暴露出一些局限,主要是不能明确简便地从年龄角度来说明被试的智力超前或落后的程度。为此,1908年,比纳和西蒙发表第二份量表,按年龄分组来进行测试,并引入"智龄"这个智力测验的重要术语,增加了测试题的数量。这份量表因此又被称为"年龄量表",它能迅速判断一个人智力落后或超前的程度。1911年,比纳在去世前和西蒙一起对量表又作过一次修改,使其更规范化,成为比较科学、系统的儿童智力发展的测验工具。比纳和西蒙制定的量表被迅速译成多种文字在世界上流行。

(二) 智力测验的发展

1916 年,美国斯坦福大学教授特曼(Terman,又译推孟)制定了适合于 3～18 岁儿童与青少年的《斯坦福—比纳量表》。它以比纳和西蒙的量表为蓝本,把它延长到成人水平,在测试上有较高的信度和效度,并采用"智商"(intelligence quotient)来衡量儿童的智力发展水平。智商为 90～110 者为正常智力,高于 110 为优秀智力,低于 90 为弱智。

美国教育心理学家桑代克在智力测验的基础上,提出测定儿童学业成绩的公式。按照此公式,判断儿童的学业成绩的优劣不能只看各科分数,还要看是否达到智力与学习能力的一般标准。桑代克还从事成就、能力倾向和人格方面的测验。在成就测验方面,他在 1901 年编制了书法量表,1914 年编订了阅读能力测验。他还领导其他学者进行算术、作文、拼音和语文等方面的测验。在能力测验方面,桑代克在 1915 年提出职业训练的理论,列举了模拟、样本、类比和经验四种类型的职业测验。在人格测验方面,他在 1912 年编制了兴趣测验。

对于比纳创造的智力测验在国际心理学界褒贬不一。但由于尚未找到比智力测验更有效的衡量手段,智力测验仍广泛流行。

第四节　凯兴斯泰纳的"公民教育"与"劳作学校"理论

德国教育家凯兴斯泰纳(G. Kerschensteiner,1854～1932),是 19 世纪后期开始在欧美流行的劳作教育思潮的主要代表人物和推动者。他的教育改革和教育理论对德国乃至世界许多国家的教育产生了重要影响。

一、生平与教育活动

凯兴斯泰纳于 1881 年毕业于慕尼黑大学,获哲学博士学位。1883～1895 年,他先后在许多中学任教,积累了丰富的教育经验,为日后从事教育行政管理和教育理论研究奠定了基础。1895～1919 年,凯兴斯泰纳任慕尼黑市教育局长,任职期间,对该市的国民学校和补习学校进行了改革,同时从事教育理论研究,通过著述和讲演的方式广泛宣传自己的教育观点。退休后,任慕尼黑大学名誉教授,主讲教育原理和学校组织等课程。生前他曾多次出国讲学和考察欧美各国的教育。凯兴斯泰纳的主要教育著作有《德国青年的公民教育》(1901)、《公民教育要义》(1910)、《劳作学校要义》(1911)、《性格与性格教育》(1912)、《陶冶过程的基本原理》(1917)和《教育原理》(1926)。

二、公民教育理论

关于国家职能的思想是凯兴斯泰纳公民教育理论的政治基础。他的政治理想是要建立一个"文化法治的国家"。为实现这个理想,现有国家有着双重任务:维护国家内在与外在的安全及其公民的身心健康;向伦理化社会发展,逐步实现人道国家的理想。凯兴斯泰纳关注当时国家间的对峙关系,把"自我保存"看作国家的重要职能,把"自我完善"看作自我保存职能的重要内容。在他看来,仅仅维持平衡是不够的,还必须使国家日趋完善。只有当国家能够不断发展时,自我保存的概念才有实际意义。凯兴斯泰纳所说的人道主义国家在当时只能是资产阶级的人道主义国家;他所谓要维护的国家内在与外在的安全,其实质是维护资产阶级的利益和统治。

现有国家怎样才能实现其自我保存和增进福利的职能呢?凯兴斯泰纳的答案是:通过给予每个人以最广泛的教育,使他们大体上懂得国家的职能,并有能力也乐意尽最大努力担负起他们在国家组织中的职责。他指出,教育有用的国家公民是国家公立学校的目的,也是一切教育的目的。公民教育的中心内容是通过个人的完善来实现为国家服务的目的。凯兴斯泰纳强调说:"国民教育的问题,即国家信念的教育,培养人们将个人利益置于集体利益之中的教育,是一切教育问题中最最艰巨的问题。"①在他看来,所谓"有用的国家公民"应具备三项品质:其一,具有关于国家的任务的知识;其二,具有为国家服务的能力;其三,还要具有热爱祖国、愿意效力于国家的品质。

在论述公民教育的目标时,凯兴斯泰纳也提及"世界的好公民"的概念,认为教育出了国家的好公民,也就是在教育世界的好公民。因为社会团体越大,不同利益的差异越大,就越有必要在培养国家观念的同时培养人类的观念。但是他又认为,在目前国家之间为生存展开斗争的情况下,要求国家为人类的利益而漠视自己的安全,并要求它干预一切非正义的现象,未免为时过早,缺乏现实性。因此,他所说的好公民只能是"国家的好公民"。

关于公民教育的对象,凯兴斯泰纳的思想前后有些变化。他在1901年的《德国青年的公民教育》中明确地说:"公民教育的对象是制造业中14~20岁的人口。"②但在该书的第四版序言中他作了修正,强调"所有阶级都需要这样一种(公民)教育——不仅是劳动群众,而且也包括我们称之为富有的和有教养的阶级"。③ 他认为,只有富有的和有教养的阶级受到"国家的好公民"的教育,才能担负起管理国家的职责。凯兴斯泰纳还特别强调对农民和女子的公民教育,认为忽视对他们的教育是现代教育制度的缺点。他主张设立农业补习学校以进行技术、政治和艺术的教育,并要求对14岁以后的女孩子的教育必须与男孩子的教育一视同仁。在他看来,如果所有女孩为她们以后尽妻子的责任受到了训练,则我们对男孩的整个公民教育就可少担心。

三、劳作学校理论

在凯兴斯泰纳的教育理论体系中,劳作学校理论既是公民教育理论的有机组成部分,又是一个相对独立的部分。早在1901年出版的《德国青年的公民教育》中,他就把职业工作视为"公民训练的一种极好方式",认为人的品格不是通过读书或倾听说教形成的,而是在连续不断和扎实的实际工作中形成的。1905年,凯兴斯泰纳在汉堡所作的题为"小学校的改造"的讲演中,首次使用"劳作学校"这一名称,主张为实现公民教育的目的,必须将德国的国民学校由"书

---

① 郑惠卿译:《凯兴斯泰纳教育论著选》,人民教育出版社1993年版,第219~220页。
② 任钟印主编:《世界教育名著通览》,湖北教育出版社1994年版,第1048页。
③ 赵祥麟主编:《外国教育家评传》第2卷,上海教育出版社1992年版,第628页。

本学校"改造成"劳作学校",并强调公民教育、职业教育和劳作学校的关系是目的、手段和机构的关系,它们是"三位一体"的。

凯兴斯泰纳并不认为自己是"新的革命家",他不过是要把旧的和很古的教育要求"妥当实行罢了"。他指出,以职业教育为人的教育的途径,这是大教育家裴斯泰洛齐发现的人类教育真理,应该将其发扬光大。劳作学校是一种最理想的学校组织形式,是为国家培养有用公民的重要教育机构。凯兴斯泰纳从公民教育的目标出发,赋予劳作教育以新的意义和内容。因此,他的劳作教育理论被称作"国家主义的劳作教育"论或"公民教育的劳作学校"论。他强调的是要造就对国家社会有用的人,而不仅仅是注重个人的发展。与当时一般的新教育和进步教育者相比,凯兴斯泰纳更为重视的是教育的社会功效。

凯兴斯泰纳阐明了"劳作"在教育学上的定义。第一,"劳作"不只是体力上的,而且是一种身心并用的活动。第二,"劳作"与游戏、运动与活动不同。"劳作"既有客观目的,又须经受艰辛,所以富有教育意义。第三,"劳作"应能唤起个人的客观兴趣,使学生有内心要求,照自己的计划想方设法去完成,并检验自己的劳动成果。

凯兴斯泰纳确定了劳作学校的三项任务。首先,要帮助学生将来能在国家的组织团体中担任一种工作或一种职务,即"职业陶冶的预备",这是劳作学校的基本任务。在他看来,每个时代国内大多数人的职务,纯系身手工作,并且一般人的喜好和天赋也是多偏于身手工作。因此,体力工作是各样真艺术的基础,是各样真科学的基础。从儿童的发育来看,是身体先于精神。总之,必须以体力工作做"先锋",借以唤起精神力量。劳作学校的第二项任务是"职业陶冶的伦理化",要求把所任的职务看作郑重的公事,不只是专为个人去做,而是要把个人的工作与社会的进步联系在一起,把职业陶冶与性格陶冶结合起来。劳作学校的第三项任务是"团体的伦理化",要求在学生个人伦理化的基础上,把学生组成工作团体,以培养其互助互爱、团结工作的精神。

在凯兴斯泰纳看来,上述三项任务仅指出了性格陶冶应取的方向和国民学校应走的路。为保证这些任务的完成,还必须具体研究劳作学校的方法,包括教学的内容和方法,以及教育与教学的管理。其基本精神是:让学生在自动的、创造性的劳动活动中得到性格的陶冶。他从性格陶冶的角度阐述了活动教学的意义,认为作为未来公民所应具备的性格特点,如意志力、判断力、精细性和自奋性等,只能通过热情而持久的活动才能发展。但现在一般学校的被动性与死板性,不仅不能培养这些性格,甚至会使性格发展误入歧途,成为伦理化的阻碍。那些大堆的死知识,远不如精神的发展、伦理的适应力和工作的本领要紧。

凯兴斯泰纳要求围绕性格陶冶这个中心从三个方面开展训育和教学:(1)必须把"劳作教学"列为独立科目,并聘请专门的技术教员。(2)改革传统科目的教学,摒除旧式的知识灌输,在讲清学科基本概念的基础上着重培养学生的逻辑思维能力。必须精简教材,让他们随自己的兴趣去独立地研究一切科学。(3)要发展学生的公民和社会技能。各种学科的组织都必须以团体工作为基本原则,发展利他主义,努力把学生的注意力引向社会的利益。

凯兴斯泰纳的公民教育理论是当时德国的"国家主义教育"政策的产物,是为德国资产阶级统治服务的。他生活在一个紧张的民族主义时代,国家之间的敌意对教育产生了两个重要结果:增强了培养爱国主义的趋势;导致了对改善社会和增进国家效力的关注,从而产生了改进国家教育结构的迫切感。凯兴斯泰纳的教育主张正是19世纪末在欧美各国出现的民族主义教育趋势的反映,为当时德国统治集团提供了精神武器。但我们也应看到,为实现国家主义教育政策,凯兴斯泰纳将新的教育方法引进公立学校体系,改革了国民学校的教育和工人的进修教育;重视学校的社会功能,努力培养学生的合作精神和创造性的劳动能力;"他看到了日益增长的技术革命和与之俱来的知识爆炸,从而促进了科学、技术训练的事业和才智的专门化,以适应上述的发展"①。

作为劳作教育思潮的主要代表,凯兴斯泰纳的教育理论不仅在德国,而且对世界许多国家的学校教育产生了较大影响。1919年,魏玛共和国制定的德国新宪法,将公民教育和劳作教育定为初等学校的必修科目。1920年召开的德国教育大会强调新学校必须是劳作学校,并制定了具体实施办法。在凯兴斯泰纳的影响下,欧洲许多国家如瑞士、英国、法国和俄国也采取"劳作学校"的做法。他的《劳作学校要义》被译成多种文字在世界上广为流传。1935年该书被译成中文出版。

本章小结

19世纪末至20世纪前期,欧美新教育思潮的代表人物在继承西方教育传统中的某些思想要素的同时,批判了这种传统中不适应现代社会要求的内容,根据现代生物学、心理学等学科的最新研究成果,提出了一系列新的教育主张,并努力把这些见解付诸教育实践。上述各种教育思潮之间存在着相互影响和相互促进的关系。其共同特点是:重视儿童自身在教育过程中的主体地位,认为儿童先天具有善性和自我发展的能力,因而不再把儿童视为强制行为的对象;重视儿童研究和教育调查,并运用定性研究和定量研究结合、思辨与经验结合,以及比较和测量等新方法,力图使教育研究科学化;重视儿童的创造性活动、社会合作活动和劳动在儿童身心发展中的作用。这些思想在很大程度上构成了西方现代教育理论的最初形态,并对20世纪欧美国家的教育发展产生了广泛而深刻的影响。

这一时期的欧美教育思潮存在一些片面性、局限性或不成熟性,留下了许多尚未解决的矛盾,如在儿童研究中有着严重的生物化倾向;极端的个人主义性质,过高地估计了儿童自由、个性和创造性的意义;片面强调实用、适应,只顾眼前利益而忽视长远利益,忽视基本知识的传授和一般智力的发展,降低了教育质量,因而引起了传统派思想的回潮。

思考题

1. 19世纪末至20世纪上半期欧美教育革新运动述评。
2. 简述爱伦·凯《儿童的世纪》的主要内容和意义。
3. 简述德可乐利教学法。

---

① W·F·康纳尔著,张法琨等译:《二十世纪世界教育史》,人民教育出版社1990年版,第247页。

4. 简述帕克的昆西教学法。
5. 简述约翰逊的有机教育学校。
6. 简述沃特的葛雷制。
7. 简述帕克赫斯特的道尔顿制。
8. 简述华虚朋的文纳特卡计划。
9. 简述克伯屈的设计教学法。
10. 试比较德可乐利教学法、葛雷制、道尔顿制、文纳特卡制和设计教学法的异同。
11. 实验教育学述评。
12. 简述霍尔对儿童研究运动的影响。
13. 简述桑代克对教育心理学的贡献。
14. 简述儿童学。
15. 简述《比纳—西蒙智力测验量表》。
16. 凯兴斯泰纳的公民教育与劳作学校理论述评。

第十三章　现代西方教育理论

美国的约翰·杜威（John Dewey，1859～1952）和意大利的玛利拉·蒙台梭利（Maria Montessori，1870～1952）是现代西方著名的教育家。在19世纪末至20世纪上半期的欧美教育革新运动中，他们批判了脱离社会实际和儿童现实生活的旧教育，强调教育要促进有机体与环境的相互作用，注重儿童的自我活动和自我教育，使年轻一代更好地适应社会生活。

杜威的教育理论与其实用主义哲学相联系，因而具有其他教育理论所没有的复杂性。以实用主义经验论、社会改良主义与民主主义以及机能主义心理学为主要依据，杜威提出了"教育即生长"、"教育即生活"、"学校即社会"和"教育即经验的改组和改造"等口号，从不同侧面探讨了教育、社会与受教育个体发展三者之间的相互关系，提出"从做中学"的教学原则，根据科学思维方式提出了教学五步骤，探讨了道德教育问题等，从而构建起庞大的教育理论体系。

蒙台梭利教育方法源于西方一些学者关于低能或弱智儿童的研究。她受到生物进化论思想的影响，经过长期的观察与实验，制作了一套专门的教具教育低能儿童，有效地提高了他们的读、写、算能力，并得以进入正常儿童学校学习。此后，蒙台梭利改进了相关方法并推广到正常儿童中间，同样获得成功。直到今天，蒙台梭利教育方法仍对世界各国的学前教育和早期儿童教育有着广泛的影响。

第一节　杜　　威

杜威是美国著名的哲学家和教育家。南北战争以后，美国由农业国迅速发展为世界工业大国，对普及教育提出了新的要求。但美国的学校教育依然故我，不能适应工业化和民主化的要求。在美国社会发生重大变化的历史时期，杜威以实用主义哲学、民主主义政治理想和机能心理学为基础，通过批判地继承前人的思想，构建起庞大的教育哲学体系。他的教育理论对当时美国的进步主义教育运动有重要影响。他曾到过一些国家如中国、日本、苏联和土耳其等，通过自己的讲演活动曾对这几个国家的教育产生重要影响。直到今天，博大精深的杜威教育理论对研究教育问题的人们依然有着重要的启迪作用。

一、生平、著作和教育思想的理论基础

（一）生平和教育著作

杜威出生于美国佛蒙特州柏灵顿市一个零售商人的家庭，1879年毕业于佛蒙特大学，此后担任过中学和小学教师。1882年，他入约翰·霍布金斯大学研究哲学，1884年获得哲学博

士学位后在密歇安大学和明尼苏达大学任教。1894年,杜威始任芝加哥大学哲学、心理学和教育学系主任。1896年,杜威建立芝加哥实验学校并因此而出名。1904年,杜威辞去芝加哥大学的职务。在芝加哥大学的10年是杜威教育思想形成和发展的关键时期,发表了《我的教育信条》(1897)、《学校与社会》(1899)和《儿童与课程》(1902)。1904年,杜威任哥伦比亚大学教授。在美国进步主义教育运动迅速发展并达到鼎盛的时期,杜威发表的教育论著有:《我们怎样思维》(1910)、《明日之学校》(1915)、《民主主义与教育》(1916)和《进步教育与教育科学》(1928)。1930年,杜威从哥伦比亚大学退休,改任该校名誉教授,至1939年为止。直到逝世之前他一直坚持写作,除修订《我们怎样思维》(1933)以外,又发表了《芝加哥实验的理论》(1936)、《经验与教育》(1938)、《人的问题》(1946)和《〈教育资源的使用〉一书引言》(1952)等。

杜威一生勤勉,著有40本著作和700多篇论文,形成一个极其复杂的实用主义思想体系,其内容涉及形而上学、认识论、逻辑学、伦理学、美学、科学哲学和教育哲学等方面。但他的主要影响是在教育理论方面。杜威的全部著作已由美国南伊利诺斯大学出版社于1969~1990年先后出版,共计37卷,按时间顺序分为三辑:《约翰·杜威早期著作集,1882~1898》(5卷本,1969~1972年出版)、《约翰·杜威中期著作集,1899~1924》(15卷本,1976~1983年出版)与《约翰·杜威晚期著作集,1925~1953》(17卷本,1981~1990年出版)。这套丛书具有很高的权威性。①

《民主主义与教育》(*Democracy and Education*)是杜威的教育代表作,1916年出版。依杜威自己的划分,该书约含3个部分:(1)论述了教育的社会职能,指出了当时学校教育的严重缺陷及改革方向;(2)阐述了民主社会的教育性质,明确教育即生长、生活和经验改造的意义,并通过对过去各种教育理论的批判来反证民主教育的正确性和优越性;(3)以实用主义教育哲学来调和教育理论中长期存在的各种二元论问题,如兴趣和努力、经验和思想、劳动和休闲、个人和自然、教育和职业等,并阐述了对于课程、教材和教法的新观点。最后,杜威论述了实用主义的真理观和道德论。

(二)教育思想的理论基础

杜威早年对德国哲学尤其是黑格尔客观唯心主义哲学很感兴趣,后来又受到达尔文的进化论、霍尔的发展心理学和皮尔士、詹姆斯的实用主义哲学的影响。在上述因素的综合影响下,杜威形成了自己研究教育问题的特殊方式:第一,他反对传统哲学中的二元论,注重以辩证的眼光看待教育过程中的各种二元论问题并试图加以调和,如"内发论"和"外烁论"、儿童本位和社会本位、自然科目与社会科目等;第二,在心理学方面,他以生物进化的观点看待儿童本能和能力的发展,提出"教育即生长"的命题,带有浓厚的进化哲学的色彩;第三,他把经验的意义归为有机体与环境的相互作用,强调"从做中学"的教学原则,重视儿童的直接经验在教育中的意义;第四,他重视工业革命带来的变化,推崇科学实验的方法并运用于教学法研究,提出"教学五步骤";第五,他提出民主主义的社会政治理想,而带有上述特征的教育是实现他的"理想国"的工具和途径。

---

① [美]罗伯特·B.塔利斯著,彭国华译:《杜威》,中华书局2002年版,第94~95页。

从总体上看,杜威教育理论的主要特点是从最广泛的意义上,把教育问题同它的整个历史背景以及实用主义思想体系的方方面面联系起来进行考察。由于其教育理论同他的哲学、社会政治理论、心理学和伦理学等方面的观点交织在一起,使杜威的教育理论具有其他教育思想所没有的复杂性。又由于杜威是一位多产和高寿的作家,其思想本身也经历了一个前后变化的历程。此外,由于杜威本人语言表述的晦涩,使对于他的许多观点的理解和诠释成为学术研究中的难题。因此,在理解杜威的教育理论之前,我们有必要先了解其教育思想的主要理论依据。

1. 实用主义经验论

杜威把哲学看作"教育的一般理论",而"教育乃是使哲学上的分歧具体化并受到检验的实验室"。① "哲学乃是作为审慎进行的实践的教育理论。"② 关于"经验"的学说是杜威实用主义哲学的核心内容。他把自己的哲学称作"经验的自然主义"或"自然主义的经验论"。在他看来,所谓"经验"是一个具有"两套意义"的字眼,是主体和客体、物质与精神的统一体,包括经验的事物和能经验的过程。与传统的经验主义不同,杜威引进了生物学的概念,认为经验是有机体与环境相互作用的结果,强调经验的能动性与连续性,尤其是行动、操作在认识过程中的重要性,并把这种思想广泛地运用于学校工作的理论与实践。杜威企图避免哲学上的"二元论",他没有把主观经验与自然界相等同。但他认为经验的对象是由经验的过程本身所创造的,从而否定了对象是客观的、独立的存在,最终走向唯心主义。

2. 社会改良主义与民主主义

社会改良主义思想贯穿于杜威教育理论之中。他指责美国现实的制度在各个方面都很不符合民主,还远远没有使民主的理想变为现实。但是,杜威反对通过革命去变革整个社会,而认为只能进行一点一滴的改良使之渐趋于完善,并坚信"教育是社会进步及社会改革的基本方法","坚持学校是社会进步和改革的最基本的和最有效的工具"。③ 他看到"个人至上"或"社会至上"各自的片面性,强调社会和个人是相互关联的有机体。

杜威有自己的"理想国",那就是建立一个民主主义的理想社会。在他看来,衡量一个社会是不是民主主义的社会有两个标准:第一,从国内来说,应以社会成员共享利益的多寡为尺度。在专制国家,少数人占有特殊利益,人们共享的利益不平等,其结果是双方都陷入畸形发展。"对于一个社会来说,划分成许多阶级将是致命的。一个社会必须给全体成员以平等和宽厚的条件求得知识的机会,一个划分成阶级的社会,只须特别注意统治者的教育。一个流动的社会,有许多渠道把任何地方发生的变化分布出去,这样的社会,必须教育成员发展个人的首创精神和适应能力。"④ 第二,从国与国的关系说,优良的社会应当便于和善于与其他社会沟通,是开放型而非封闭型的社会,是人类相互依存、互利互惠的社会。总之,民主社会既要冲破阶级和种族的界限,也要冲出国界,使人类出现与日俱增的接触点和互惠点。在杜威那里,民主

---

① [美]约翰·杜威著,王承绪译:《民主主义与教育》,人民教育出版社2001年版,第348页。
② 同上书,第351页。
③ 赵祥麟、王承绪编译:《杜威教育论著选》,华东师范大学出版社1981年版,第11~12页。
④ [美]约翰·杜威著,王承绪译:《民主主义与教育》,人民教育出版社2001年版,第98~99页。

主义既是社会政治理想,也是教育的理想;民主社会与教育的发展互为条件:教育是实现民主主义社会的基本工具,民主社会又是教育发展的沃土。

3. 机能主义心理学

一般把杜威在1896年发表的短文《心理学中的反射弧概念》看作芝加哥机能主义心理学派正式建立的最重要的里程碑。杜威反对把心理分析为各个元素或分解为各个部分,而认为心理活动是一个连续的整体,主张心理学研究动作的机能,研究整个有机体对环境的适应活动。在他看来,心理活动的实质就是有机体采取一定的行动来适应环境和满足自己的需要。与此相联系,他重视本能的作用,认为儿童的能力、兴趣、需要及习惯都建立在他的原始本能之上。儿童心理活动的实质即在其本能的发展过程,而教育者的任务就在于发现本能生长的规律,并按本能生长的不同阶段供给适当的材料,使儿童得到不断的生长与发展。

二、论教育的本质

什么是教育?杜威认为,教育是通过个人参与人类的社会意识进行的。他认为,人是社会性动物,具有赖以相互维系的精神因素,必须养成共同的心理因素,而教育是有效联系和沟通的渠道。他把教育看作社会的功能,看作社会生活延续的工具,而一切教育都是通过个人参与人类的社会意识而进行的。这个过程从人出生时就开始了,由于这种不知不觉的教育,个人便渐渐分享人类积累下来的智慧和道德的财富。

"个人因素和社会因素的协调或平衡"是杜威对于教育过程本质的基本观点。在他看来,教育过程包括有机联系的两个方面:一个是心理学的,一个是社会学的。它们是平列并重的,哪一个也不能偏废。在这两者中,心理学方面是基础的。儿童自己的本能和能力为一切教育提供了素材并指出了起点;而为了正确地说明儿童的能力,我们必须具有关于社会状况和文明状况的知识。杜威说:"我相信受教育的个人是社会的个人,而社会便是许多个人的有机结合。如果从儿童身上舍去社会的因素,我们便只剩下一个抽象的东西;如果我们从社会方面舍去个人的因素,我们便只剩下一个死板的、没有生命力的集体。因此,教育必须从心理学上探索儿童的能量、兴趣和习惯开始。"[①]此外,我们还必须用它们能在社会事务中做些什么来加以解释。总之,儿童是教育的出发点,社会是教育的归宿点,正像两点之间形成的一条直线,"教育是一种过程"。[②]

杜威深切意识到,由于教育在"本质上是一个使个人特性与社会目的和价值协调起来的问题",这使得"教育是一个困难的过程",[③]并且这是一个需要依据时代变化与个性差异而不断重新解决和重新处理的问题。从"个人因素和社会因素的协调或平衡这个公式"出发,杜威阐述了关于教育本质的三个命题,即"教育即生长"、"教育即生活"和"教育即经验的改造"。

---

① 赵祥麟、王承绪编译:《杜威教育论著选》,华东师范大学出版社1981年版,第4页。
② [美]约翰·杜威著,王承绪译:《民主主义与教育》,人民教育出版社2001年版,第351页。
③ 赵祥麟、王承绪编译:《杜威教育论著选》,华东师范大学出版社1981年版,第320页。

(一) 教育即生长

"教育即生长"(education as growth)是杜威的基本教育观点之一。他明确指出:"教育就是各种自然倾向和能力的正常生长。"① 该命题的基本涵义是:教育是儿童本能和能力不断生长的过程,教育者必须为儿童的生长提供必要的条件。杜威受到卢梭教育适应自然思想的影响,并运用生物学的"生长"概念加以发挥,赋予更加丰富的教育内涵。

杜威认为,儿童具有很大的"依赖性"和"可塑性",因而具有从经验学习的能力。但儿童的成熟要经过一定的时间,不能操之过急。教育者应尊重儿童生长的需要和时机,重视生长的过程。他批评人们往往不是无视儿童自然的本能,就是把它们看作讨厌的东西;把发展看作对固定环境的静止适应,把习惯视为通过训练而形成的某种僵硬的东西。这样的观点在教育上的错误一是不考虑儿童本能的或先天的能力;二是不发展儿童应付新情景的首创精神;三是过分强调训练和其他方法,牺牲儿童个人的理解力,以养成机械的技能。这三件事都是把成人的环境作为儿童的标准,教育要做的事情就是使儿童成长到这个"标准"。

杜威并不认为儿童的生长仅仅是一个从内部将潜能展开的过程,也不是从外部进行塑造的工作。比如,儿童社交、制作、探究和艺术这四种本能的积极生长,仰赖于对它们的运用,仰赖于对社会生活的参与。因此,要想使儿童正常生长,需要认真研究儿童的特点,正视他们的需要,并提供相应的环境,以便使两者相互作用。总之,"现在我们的教育中正在发生的一种变革是重心的转移。这是一种变革,一场革命,一场和哥白尼把天体的中心从地球转到太阳那样的革命。在这种情况下,儿童变成了太阳,教育的各种措施围绕着这个中心旋转,儿童是中心,教育的各种措施围绕着他们而组织起来"。②

杜威还将"教育即生长"与民主主义理想联系在一起,认为儿童个体的充分生长不仅是达到社会目的的一个手段和工具,其本身就是民主主义的要求。政府、实业、艺术、宗教和一切社会制度都有一个目的,那就是解放和发展个人的能力,而不问其种族、性别、阶级或经济状况如何。

(二) 教育即生活

"教育即生活"(education as life)是杜威的基本教育观点之一,其基本涵义是:教育不是生活的预备,而是儿童现在生活的过程;学校课程不应是借助于文字符号向儿童灌输文学、历史和地理等学科,而应着眼于儿童现有的生活经验;教学应从儿童现有的直接经验开始,经过经验的不断改组、改造,使儿童获得适应社会环境的能力。

首先,"教育即生活"的观点与杜威对"教育"概念的理解有关。他把广义的教育过程分为"正规的教育"(学校教育或直接的教导)与"偶然的教育"(环境教育或间接教育)两个方面,认为"教育哲学必须解决的一个最重要的问题就是要在非正规的和正规的、偶然的和有意识的教育形式之间保持恰当的平衡"。③ 杜威并不认为"教育"(education)与"学校教育"(schooling)

---

① [美]约翰·杜威著,赵祥麟、任钟印、吴志宏译:《学校与社会·明日之学校》,人民教育出版社1994年版,第223页。
② 同上书,第44页。
③ [美]约翰·杜威著,王承绪译:《民主主义与教育》,人民教育出版社2001年版,第14页。

是同义词,而肯定社会的其他部分也具有教育潜力,并认为两者各有利弊。他的设想是通过改革去挖掘学校的潜力,使其同时担负起正规教育与非正规教育的双重任务。

其次,"教育即生活"的观点还与杜威对"学校"的理解有关。什么是学校?杜威认为,学校主要是一种社会组织,是社会生活的一种形式,是生活的过程,而非将来生活的预备。他批评美国的学校教育与社会生活、儿童生活相脱离,造成教育中的巨大浪费。他提出"教育即生活"的主要目的在于试图消除上述双重的"隔离"状态,而实现这一目的的主要途径是使学校社会化,因而他又提出"学校即社会"的口号。杜威强调,应使学校成为社会生活的一种形式。学校必须呈现、净化和简化现实的社会生活。教育是促进社会进步及社会改革的基本方法,理想的学校应起到调节个人和社会因素的作用。

再次,要使教育成为儿童眼下的现实生活的重要途径就必须改革教材和教法。杜威强调教材和教法的统一,认为使儿童认识社会遗产的唯一方法是亲身实践。他批评"传统教育"消极对待儿童,机械地使儿童集合在一起,课程和教法单一,造成了学校与生活的隔离,使儿童在学校中不能完全自由地运用在校外所得的经验,不能将学校所学的知识应用于日常生活,从而导致学校最大的浪费。在杜威看来,学校科目相互联系的中心不是学科而是儿童本身的社会活动。其方法是提供过去由家庭负责的那些教育因素,把各种不同形式的主动作业如烹调、缝纫、木工等引进学校,"使人们乐于从生活本身学习,并乐于把生活条件造成一种境界,使人人在生活过程中学习,这就是学校教育的最好产物"。①

(三) 教育即经验的继续不断的改组或改造

"教育即经验的继续不断的改组或改造"(education is a constant reorganizing or reconstruction of experience)是杜威的基本教育观点之一。他指出:"生长的理想归结为这样的观点,即教育是经验的继续不断的改组或改造。"②从实用主义经验论来看,教育的过程是个人的亲身经验不断改造和重组的过程;通过新的经验和原有的经验的结合,达到对经验的改组和改造,就增加了经验的意义;一切教育存在于这种经验之中,经验的改组和改造有助于人们更好地适应环境。

杜威强调"这种经验往往是一些个人的实际生活经验"③,但并非所有的经验都具有教育的价值。衡量一个经验是否有教育的意义和价值的两个基本标准是:"连续性"和"交互作用"。"连续性"原则的意思是:经验作为一个活动过程,后面的结果揭露前面的结果的意义,形成一种倾向性或习惯,进而影响到后来的经验的性质。同时,每一种经验在一定程度上都影响到获得更多经验的客观条件。比如,儿童在一种情境中学到的知识和技能,成为有效地了解和处理后来情境的工具。所有这种继续不断的经验或活动是有教育作用的,一切教育存在于这种经验之中。"交互作用"的原则赋予经验的两个因素,即客观的和内在的条件以同等的权利。为此,杜威认为,教育者应关心有机体与环境相互作用的种种情境,包括个人的内在因素以及和个人交互作用的各种资料,最主要的是个人所参与的情境中的整个社会背景。

---

① [美]约翰·杜威著,王承绪译:《民主主义与教育》,人民教育出版社2001年版,第59页。
② 同上书,第86页。
③ [美]约翰·杜威著,姜文闵译:《我们怎样思维·经验与教育》,人民教育出版社1981年版,第304页。

综上所述,杜威关于教育本质的三个论点具有重要意义。

首先,这些观点是杜威改革旧教育的纲领。他抨击当时的学校教育与社会生活及儿童生活相脱离的弊端,并试图予以克服,使学校教育能积极适应社会工业化、民主化和科学化的新要求,成为实现民主社会理想的重要杠杆。杜威的意图是要使教育为缓和社会矛盾、完善美国社会制度服务,对于推动当时的教育改革有积极意义。

其次,杜威关于教育本质的观点是他的教育哲学的三个主要命题,内涵丰富并具有启发意义。它们从不同的侧面探讨了教育、社会与受教育个体发展之间的相互关系。杜威力图克服社会本位观和个体本位观各自的片面性,强调社会与个体之间的相互依存性。他深刻地意识到,教育的社会功能的实现离不开受教育者个性品质的形成与发展。在使个体不断社会化的过程中,必须认真研究个体发展的特点,考虑他们的兴趣,正视他们的需要。只有这样,才能使教育工作富有成效。

再次,杜威力图把教育的社会功能与个体发展功能统一起来,并把社会活动视为使两者得以协调的重要手段或中介。他认为,鼓励儿童积极参与社会生活不仅适合他们身心发展的特点,提高了他们参与教育活动的主动性,而且也与社会对个体的要求相适应,有助于消除学校教育与儿童生活、社会生活相隔离的状况。

不过,我们也应看到,杜威对于教育本质的表述不够科学。例如"教育即生长"给人以重视个体的生物性而回避社会性的印象,并且生长有方向、方式之异,有好坏优劣之别,所以仅说"教育即生长"是不严谨的。又如"教育即生活"的口号表述过于简要,也易使人不得要领,从而在理解上产生歧义。"学校即社会"的提法也存在着片面性,它忽视了社会与个体发展的各自的相对独立性,进而导致抹煞学校与社会的本质区别。

三、教育目的论

由于语言的晦涩和思想的复杂等原因,杜威的教育目的论(aims in education)成为长久以来困惑研究者的难题之一,人们甚至认为他是"教育无目的"论者。杜威关于教育目的的典型表述有:"因为生长是生活的特征,所以教育就是不断生长;在它自身以外,没有别的目的。"他区分了"教育过程内部的目的"和"从教育过程以外提出的目的"。"教育本身并无目的。只是人,即家长和教师等才有目的。"[1]实际上,杜威的教育无目的论乃是对脱离儿童而由成人决定教育目的的旧教育的纠正,并非根本放弃教育目的。在他的心目中,教育是有目的的。

(一) 教育无目的论

杜威认为,生长、生活和经验改造绝非放任自流,而是循序渐进的积极发展过程,教育目的就存在于这种过程之中。在他看来,第一,真正的目的乃是儿童所能预见的奋斗目标,它能使他们主动地、专心致志地学习;第二,真正的目的是含有理性因素的,它不是武断决定的,而是善于适应环境变化的,因而具有实验的性质。生长和生活永无止境,因而也没有最后的目的。

杜威批评了当时流行的各种教育目的论,借以反衬出教育无目的论的正确性。(1)批评卢

---

[1] [美]约翰·杜威著,王承绪译:《民主主义与教育》,人民教育出版社2001年版,第61~62、107~108、111、118页。

梭以发展天性作为教育目的,认为像卢梭那样不顾社会而率性发展是片面的;(2)批评了把实现社会效能作为教育目的的教育家,或使受教育者胜任职业的要求,或使受教育者成为公民或士兵;(3)批评将文化或精神修养作为教育目的,认为这是特殊阶级脱离生产而崇尚心灵享受的产物,带有贵族偏见。

杜威充分肯定了卢梭将自然发展作为教育目的的合理性:使人特别注意儿童的身体器官和健康的需要;尊重身体活动;关心儿童的个别差异。而卢梭的错误是把儿童发展的条件当作发展的目的。在他看来,"人类原始冲动本身既不是善的,也不是恶的,原始冲动或善或恶,就看我们怎样使用它们"。① 杜威也肯定了将社会效能作为教育目的有其可取性,但一般人在理解上往往出现偏颇。在他看来,上述缺点只有在民主社会才能解决。因为在民主社会,人民是自由民主的,这使得从教育历程内部制定教育目的成为可能。

杜威的教育无目的论在美国曾引起多次争议,如祁尔德(J. L. Child)认为杜威的教育无目的论是"难解的谜团"。霍恩(H. H. Horne))认为困难在于儿童有错谬的成长和正确的成长,有正常的成长和不正常的成长,不能笼统地认为生长就是良善的。杜威在答辩中进一步发展了相关理论,第一,认为生长不只是心理的,也是理性的和道德的;第二,提出了所谓"一般的生长和总的生长"、"最高限度的生长"和"远期的结果"等来替自己解围。但在此过程中,杜威实际上也否定了教育无目的论。

(二) 杜威心目中的教育目的

什么是杜威心目中的教育目的? 那就是"民主的生活方式"和"科学的思想方法"。如前所述,杜威将社会需要作为教育的归宿点,并没有片面尊重儿童而抹杀社会。在《民主主义与教育》中,杜威所论证的就是教育应朝着民主社会的要求,引导儿童生活、生长和经验的改造,从而使新生一代符合和满足民主社会的希望。他希望"解放儿童能力朝着社会目的向前生长"。

杜威在各种教育论著中论述了教育所要培养的人的品质,包括具有良好的公民素质,具有民主理想和参与民主政治生活的能力;掌握科学思维的方法,具有解决实际问题的能力,能适应变化迅速的现代社会;具有良好的道德品质,有合作意识,能处理好个人与社会的关系;具有一定的职业素养,能通过从事某种职业发展个人才能并为社会尽力。杜威的培养目标反映了美国社会民主化、工业化对教育的客观要求,也是他的社会政治理想——民主主义社会的逻辑结果。

四、教学论

(一) 做中学(learning by doing)

杜威从他的经验论和心理学的观点出发,认为"人们最初的知识,最根深蒂固地保持的知识,是关于怎样做的知识"。② 原始的或最初的教材总是一种主动的行动,包括身体的运用和

---

① [美]约翰·杜威著,王承绪译:《民主主义与教育》,人民教育出版社2001年版,第126~127页。
② 同上书,第201页。

材料的处理。他强调,教育的最根本的基础在于儿童的活动能力。使儿童认识到他的社会遗产的唯一方法是使他去实践,使他从事那些使文明成其为文明的主要的典型的活动。如果承认教材的自然的发展进程,就总是从包含着做中学的那些情境开始。杜威认为,儿童在没有进学校以前所学的东西,没有一样不是与他的生活有直接的联系的。他怎样获得这种知识,这个问题为自然的学校教育方法提供了线索。这个答案就是,不是通过阅读书本或倾听关于火或食物性质的说明,而是自己烧了一下或自己吃东西,那就是做些事情。杜威相信,如果我们采用与儿童获得最初经验尽可能相类似的方法来扩大儿童的经验,就可以大大提高我们的教学效果。并且他认为,"做中学"的教学原则对于儿童或成人、在实验室和幼儿园都同样适用。

应当注意的是,杜威的做中学方法只适合 4~8 岁的儿童。他在《民主主义与教育》中曾将儿童和青少年的学习分为三个层次:4~8 岁通过活动和工作来学习,方法是做中学;8~12 岁为自由注意学习阶段,可以学习间接知识,但仍需要融合在直接知识之中;12 岁以后属于反省注意学习阶段,学生从此开始掌握系统性和理论性的科学知识或事物的规律,并且学习科学思维的方法。

(二) 课程与教材

杜威对传统的教学主要提出了这样几点批评意见:其一,从课堂组织形式来说,是"静听"的教学,使儿童处于被动的、吸收的状态,很少给儿童进行活动的余地。其二,课程与教材的内容缺乏整体性和社会性。分门别类的学科只考虑本身的逻辑体系,而没有顾及儿童的生活和经验的连续性和统一性,也没有与社会生活相联系。

为了消除上述弊端,杜威提出,应该把儿童本身的社会活动,而不是把科学、文学、历史、地理等,作为学校科目相互联系的真正的中心。应将烹饪、缝纫、手工等引进学校。他明确指出:"从做中学并不是指用手工来代替课本的学习。"① 这些科目并不是附加在其他许多科目如文学、历史等以外,作为一种娱乐、休息的手段,或者作为次要的技能的特殊科目而提出的。杜威的意图是希望把这些手工活动作为一种媒介,把儿童引入更正式的课程中。他认为,这样做就可以抓住儿童的注意力和兴趣。并且,教材成为学生的向导,靠着它,就可以节省时间,少犯错误。教师和教材不再是唯一的导师;手、眼睛、耳朵、实际上整个身体都成了知识的源泉,而教师和教材分别成为发起者和检验者。

杜威意识到,以"做中学"为原则的课程与教材的关键问题是有必要把经验的逻辑方面和心理方面区别开来并相互联系起来,亦即使教材心理化。一方面,要把逻辑性的、间接经验性的书本知识直接经验化;另一方面,又要把儿童的直接经验加以组织,使其系统化、抽象化。杜威认为:"要解决这个问题是非常困难的,我们并没有解决好;这个问题现在还没有解决,而且永远不可能彻底解决。"②

(三) 教学五步骤

"好的教学必须唤起思维"是杜威关于教学方法的一个根本性指导思想。他认为,虽然在

---

① [美]约翰·杜威著,赵祥麟、任钟印、吴志宏译:《学校与社会·明日之学校》,人民教育出版社 1994 年版,第 261 页。

② 赵祥麟、王承绪编译:《杜威教育论著选》,华东师范大学出版社 1981 年版,第 323 页。

理论上没有人怀疑学校中培养学生优良思维习惯的重要性,但在实践上不如在理论上那么被真正承认和认识。在各个不同的教学目的之间,整个教学被割裂为技能的获得、知识的掌握和思维的训练。结果是三个目的都不能有效达到。

"思维"的实质和意义是什么？杜威认为,"持久地改进教学方法和学习方法的唯一直接途径,在于把注意集中在严格要求思维、促进思维和检验思维的种种条件上。思维就是明智的学习方法,这种学习要使用心智,也使心智获得酬报。我们说思维的方法,这话固然不错,但是关于方法重要的是要牢记,思维也就是方法,就是在思维的过程中明智的经验的方法"。① 传统的观念往往把经验局限于感官、欲望或纯粹物质世界,而把思维看作高级的官能（理智）,是属于精神或至少属于书本方面的东西,从而割裂了两者之间的内在联系。杜威主张,要激发学生的思维,不能只单纯学习一些文字,而必须提供引起学生思维的情境,即返回到校外日常生活中去,有更多的实际材料和更多的做事情的机会。总之,"思维就是有教育意义的经验的方法。因此,教学法的要素和思维的要素是相同的"。②

根据上述观点,杜威认为,教学的步骤必须依据思维的步骤。他把思维的过程分为五个步骤：疑难的境地；指出疑难点所在的位置；提出解决问题的假设；推断哪一种假设能解决问题；在行动中检验假设。根据思维的五个步骤,杜威提出了教学的五个步骤或五个要素："第一,学生要有一个真实的经验的情境——要有一个对活动本身感到兴趣的连续的活动；第二,在这个情境内部产生一个真实的问题,作为思维的刺激物；第三,他要占有知识资料,从事必要的观察,对付这个问题；第四,他必须负责有条不紊地展开他所想出的解决问题的方法；第五,他要有机会和需要通过应用来检验他的观念,使这些观念意义明确,并且让他自己发现它们是否有效。"③杜威提出的教学五步骤也被称为"五步教学法"或"杜威教学法"。

（四）对杜威教学论的评价

杜威的教学论思想在教育史上有重要的意义。他以"做中学"为原则的教学论体系对于传统的教学观念是一个强有力的挑战和冲击。他继承了洛克、卢梭、裴斯泰洛齐和福禄倍尔等人重视劳动教育、手工教育、直观教学和儿童亲身经验的思想,否定了科目本位式的传统课程,设计了以学生直接经验为主的活动课程。他的主张反映了当时社会条件的变化对学校教学活动的要求,尤其适用于早期儿童教育或小学低年级的教育。

杜威在教学论问题的研究中提出了一些富有启发意义的问题。在课程与教材方面,他批评传统的课程与教材只是一种知识体系,脱离学生的实际。他认识到学生身心发展和社会发展对学校课程的制约,要求满足学生获取直接经验的需要,并反映社会生活的需要；他注意到学生心理发展的顺序对教材内容的逻辑顺序的制约,并试图把两者辩证地统一起来；在教学方法上,杜威认为教学过程应反映人类获得知识的过程,强调自主的学习活动的重要性,反对强迫学生记忆前人所作的科学结论；他还重视教学过程中的一些非智力因素,如兴趣和爱好等。这些都有一定的合理因素。

---

① ［美］约翰·杜威著,王承绪译：《民主主义与教育》,人民教育出版社2001年版,第167～168页。
② 同上书,第179页。
③ 同上书,第179页。

但是，杜威受其世界观尤其是关于经验的学说以及历史条件的限制，没有处理好教学过程中的一些基本矛盾，如传授系统的科学文化知识与丰富儿童的感性知识的关系，传授知识与发展智力的关系，以及间接经验与直接经验的关系。问题的症结在于，杜威忽视了教学过程中学生认识过程的自身特点，而把学生的学习过程与科学家的研究过程相等同，以学生的直接的感性经验作为教学的基础和出发点，其结果必然对教学质量的提高产生一些消极的影响。

五、论道德教育

（一）道德教育观

在伦理学中，杜威认为有用就是善。一般的、永恒的、普遍的、超越经验的道德和神学是没有意义的。他引用古话说："一个人光做好人还不够，他还必须做一个有用的好人。所谓做一个有用的好人，就是他能生活得像一个有用的社会成员，在和别人的共同生活中，他对社会的贡献和他所得到的好处能保持平衡。"①在杜威看来，道德是民主社会最基本和最宝贵的柱石；道德过程和教育过程是同一的。广义地说，道德教育就是教育。

杜威批评了一些流行的道德观念的二元论倾向：一是把活动的过程划分为两个对立的因素，即"内部因素"和"外部因素"，或精神因素和身体因素。杜威认为这是二元论的极点，将行为的动机和后果截然分开，性格和行为截然分开。他用机能心理学的观点解释说，实际上，并不是首先有一个纯粹的心理过程，后来突然来一个根本不同的身体过程。二是将义务和兴趣对立起来。在有关道德的讨论中，人们惯常的做法是将按"原则"行动和按"兴趣"行动对立起来。前者就是无私的行动，后者就是只顾个人私利的行动。如果学校能够向学生提供有兴趣的作业，就能将义务和兴趣统一起来。三是智力和性格的对立。一方面，有人把道德和理性等同起来，认为理性是一种官能，最终的道德直觉就是从理性出发的。但另一方面，他们常常低估具体的通常的智慧，认为道德和平常的知识无关。"如果我们把发展性格作为最高的目的，同时又把必然占学校主要时间的获得知识和发展理解力看作和性格无关，那么学校的道德教育就是没有希望的。"②

杜威一再强调，学校缺乏养成渗透一切的社会精神的条件，是有效的道德训练的大敌。衡量学校行政、课程和教学方法的价值的标准就是它们被社会精神鼓舞的程度。首先，学校本身必须是一种社会生活，使学生在和别人的共同工作和游戏中受到道德教育。其次，校内学习应与校外学习连接起来，在两者之间应有相互影响，避免隔阂式的退隐生活。学校与社会隔离，学校里的知识就不能应用于生活，因此也无益于品德。

（二）德育的实施

在德育的实施方面，杜威认为，学校孤立地通过修身课或公民课向学生灌输道德格言和训诫是迂腐可笑的。其结果是"道德教育不可避免地成为一种教义问答的教学，或者成为'关于道德'的课"，即别人有关德行和义务的想法的课。③

---

① ［美］约翰·杜威著，王承绪译：《民主主义与教育》，人民教育出版社2001年版，第378页。
② 同上书，第372页。
③ 同上书，第372页。

杜威主张：第一，学校要布置活生生的社会环境，使儿童通过在这种环境中的生活来理解与人相处之道，形成善良的习惯和态度，即从自己做一个好公民的实践中学习公民学。第二，杜威也重视"教育性教学"。在《德育原理》中，他反复提到，道德的目的是各科教学的共同的和首要的目的。知道如何把表现道德价值的社会标准加到教材上是十分重要的。地理、历史、数学等学科的教材，都应当与生活紧密联系，否则教学虽有学术价值，但不能对德育发生作用。教师所传授的知识只能是死知识，而无助于学生性格的形成。教学必须联系社会生活，才能使学生从中受到启发。理解人与人的关系才能理解人对社会应有的责任。第三，杜威把学校的现实生活、教材和教法称为学校德育的"三位一体"。在方法方面，最主要的是抓住学生的感情反应，培养学生乐善好施的精神力量。儿童有着行善的本能冲动，教育者要因势利导，使儿童从内心就喜欢做善人，行善事，而不是为了得到教师的表扬或猎取奖品等外在动机才行善。①

六、地位与影响

"尽管有争议，约翰·杜威仍然可以被认为是最伟大的美国哲学家。说杜威是一位美国哲学家并不仅仅是在陈述一个地理上的事实，杜威的哲学确实具有一些鲜明的'美国性'。杜威被尊为'美国民主主义的哲学家'，'美国人民的领路人、导师和良心'。整整一代人都是因杜威而得以启蒙的。因为他的存在，数百万美国儿童的生活才更加丰富、更加幸福。而对每一个成年人来说，他则提供了一种经过深思熟虑的、合理的生活信仰。"②但批评家们认为，在杜威的哲学中存在着对科学技术的危险的沉迷以及对绝对民主的激进幻想。在冷战时代的 1955 年，有人批评他"试图摧毁所有的哲学。杜威使美国丧失了前途，并极大地削弱了美国在国内外的领导潜力"。③ 虽然杜威生前在美国知识界与政界都占据核心地位，但令人吃惊的是，今天在学术圈之外已经很少有人知道他了。这才真正可悲，因为他的思想至今仍然对美国生活产生重大的影响。

杜威的教育理论产生于美国社会发生重大变化的历史时期。他从社会改良主义的立场出发，试图通过教育的改革，改革传统教育存在的脱离社会实际和儿童生活的状况，使教育积极适应美国社会经济、政治和科学文化发展的需要，为完善资本主义制度服务。杜威对于教育发展的主要贡献是全面深入地探讨了与教育相关联的一系列问题，创立起现代西方最庞大、最完整的教育理论体系。尤其是他力图用辩证的观点看待古今教育中所面临的各种"两难"问题，尽可能地把对立的双方统一起来。在诸如个人本位与社会本位、教师中心与儿童中心、活动课程与学科课程、正式教育与偶然教育、自由与纪律、兴趣与努力、个人经验与种族经验、科学逻辑与心理逻辑、游戏与工作、学生主动性与教师主动性以及目前需要与长远目标等问题上，杜威摆脱了非此即彼的形而上学的思维模式，论证了二元论问题的内在联系。虽然受其世界观的局限，杜威不可能对所有这些问题都给予完全正确的答复，并且许多争论实际上是人类教育发展中的永恒主题，是教育研究者和教育实践工作需要不断予以探讨和解决的，但他

---

① ［美］约翰·杜威著，王承绪译：《民主主义与教育》，人民教育出版社 2001 年版，第 32 页。
② ［美］罗伯特·B.塔利斯著，彭国华译：《杜威》，中华书局 2002 年版，第 1 页。
③ 同上书，第 2 页。

担负起了教育发展的历史重任,试图平息各种教育争论,并在很大程度上揭示了教育发展的一些重要规律,从而具有持久的生命力,给后人以有益的启发、思考和借鉴。

杜威的教育理论在20世纪的东西方社会都具有深远的影响。他去过日本、中国、土耳其、墨西哥和苏联访问,他的不少教育著作被译成多种文字广为流传。杜威教育思想的影响是世界性的。

第二节 蒙台梭利

玛丽亚·蒙台梭利是继福禄倍尔之后的意大利的一位世界著名的幼儿教育家。她毕生致力于探索"科学的教育学",创办了"儿童之家",创立了独特的幼儿教育方法,并通过撰写教育理论著作和开办国际训练班等方式,传播了自己的教育方法,促进了现代幼儿教育的改革和发展。她的教育方法对今天世界各国的学前教育仍然发挥着重要影响。

一、生平和教育活动

蒙台梭利出生于意大利安科纳省基亚拉瓦镇一位军人的家庭。中学毕业后,她不顾社会舆论和父亲的反对,入罗马大学医学院学习,1896年毕业,成为意大利历史上第一位女医学博士。不久,她任罗马大学附属精神病诊所的医生。因治疗白痴儿童工作的需要,蒙台梭利认真研究了法国心理学家伊塔(J. M. G. Itard)和塞贡(E. Seguin)的教育思想和方法。1898年,她在都灵召开的教育会议上发表演讲,认为儿童智力低下主要是教育问题而不是医学问题。同年,她被任命为设在罗马的国立精神治疗学院的院长(1898~1900)。她继承并发展了伊塔和塞贡的有关方法,制作了许多教具,并在教育白痴儿童方面获得很大成功。

当人们赞扬蒙台梭利教育白痴儿童所取得的进步时,她却在研究公立学校中儿童智力水平低下的原因。她发现,智力缺陷儿童的心理水平低于一般同龄正常儿童,但与年龄更小的正常儿童有某些相似之处。因此,她决心致力于正常儿童教育问题的研究。1901年,蒙台梭利离开精神治疗学院,再次到罗马大学深造。她在哲学系专修了当时一些大学刚开设的实验心理学课程。与此同时,她还在小学进行教育人类学的研究,考察当时的学校教育方法。这项研究使她后来能在罗马大学讲授教育人类学。

蒙台梭利很早就想在小学低年级正常儿童中实验缺陷儿童的教育方法,但并未想到利用照料幼儿的场所来进行这种实验。1906年,"罗马住宅改善协会"在圣罗佐区为穷人修建了两栋平民公寓。为教育因父母外出工作而无人照管的幼儿,该协会聘请蒙台梭利负责公寓幼儿教育机构的组织工作。借此良机,她于1907年在公寓内创办"儿童之家",把教育缺陷儿童的方法加以适当修改以后,用于幼儿园的正常儿童,并再次获得成功,引起了世人的关注。

1909年,蒙台梭利在《适用于儿童之家的幼儿教育的科学教育方法》(英译本将书名简化为《蒙台梭利方法》)一书中,全面介绍了她的教育方法。书中总结了她1907年开设的"儿童之家"的教育经验,共23章。第一章阐述新教育学与现代科学的关系;第二章回顾低常儿童教育方法的历史;自第三章至最后,全面介绍"儿童之家"的活动情况及原则、方法,包括纪律问题、授课方法、儿童饮食、音乐教育、农业劳动、手工劳动、感官教育、智育、读写算的教授法、宗教教育、教师的任务等。该书出版后很快被译成 20 多种文字在世界上广为流传。慕名前往罗马参观者络绎不绝。

1911 年,蒙台梭利离开"儿童之家"。为传播自己的思想和方法,促进世界各国幼儿教育方法的改革,她先后在意大利、美、英、法、荷兰、西班牙、奥地利、斯里兰卡、巴基斯坦和印度等国开办国际训练班。1929 年,蒙台梭利任在丹麦成立的"国际蒙台梭利协会"的会长,并在此后连任 9 届大会主席。她还进一步拓宽自己的研究领域,努力把"科学的教育方法"应用于教育的各个阶段,在新生儿和青春期研究方面取得许多成果。

蒙台梭利深受两次世界大战之害。战后,她不顾年迈,奔波于各国作巡回演讲,指导教育工作,并呼吁通过教育改造世界,促进世界和平。最后,她客逝于荷兰。除《蒙台梭利方法》外,蒙台梭利的主要教育著作有:《教育人类学》(1908)、《蒙台梭利手册》(1914)、《高级蒙台梭利方法》(1917)、《童年的秘密》(1933)、《新世界的教育》(1946)、《儿童的发现》(1948)和《有吸收力的心理》(1949)等。

蒙台梭利 1936 年出版的《童年的秘密》考察了人类社会从远古到 20 世纪初对儿童的生长与教育所负的责任,认为人类社会的文明虽已向前发展,但在对待儿童的问题上仍蒙昧无知。家庭仅给予孩子以生命,学校教育是以成人为模范来改造儿童的,"教育"一词几乎成为惩罚的同义语,使儿童身心备受摧残。她呼吁全社会了解儿童和关心儿童,承认儿童的社会权利,为儿童建设世界;家长必须接受正确保护婴幼儿健康所必需的教导;学校必须根据儿童的天性活动采用教育方法等。

二、儿童发展与教育

作为欧洲新教育的重要代表,蒙台梭利尖锐地批评旧教育对儿童的摧残。她指责传统教育不了解儿童的本性,尤其忽视儿童的精神需要,使教育成为灌输和惩罚的同义语。蒙台梭利强调,任何教育改革都必须依据人的天性,人本身必须成为教育的中心。为此,必须认真地研究儿童,了解儿童身心发展的规律。蒙台梭利的儿童发展观受到伊塔和塞贡的深刻影响。她还利用当时生物学(尤其是胚胎学)、心理学和生命哲学等方面的研究成果,结合她本人通过长期亲身观察和实验所获得的第一手资料,力图科学地阐明儿童发展的特征,并揭示其在教育上的意义。

(一) 论遗传和环境对儿童心理发展的影响

蒙台梭利关于遗传和环境对于儿童心理发展的影响的思想有一个发展变化的过程。在早期,她倾向于强调遗传的作用,认为"儿童成长是由于内部潜在的生命的发展","是由于生命的胚胎按照遗传决定的生物学规律发育"。内部因素是物种变异和个体变异的基本力量。相对而言,"环境是生命现象的第二因素,它可以促进和阻碍生命的发展,但决不能创造生命"。①但到后期,蒙台梭利依据心理学研究的新成果,修正或完善了自己的观点,她倾向于强调环境

---

① 任代文主译校:《蒙台梭利幼儿教育科学方法》,人民教育出版社 1993 年版,第 120 页。

的主导作用以及有机体与环境之间的相互作用。蒙台梭利指出:"除遗传因子的作用外,还有它们对之起作用的环境的影响。环境在成熟的过程中起着主导作用。"心理变化只有通过有机体与环境之间的相互作用才能产生,"并只有通过对环境进行的自由活动所得的经验才能完成"。①

蒙台梭利不同意格塞尔(A. Gesell)关于"由于儿童的发展进程,他的智力水平与身体发展成正比"的观点,称之为"一元论学说"。她指出,儿童的成长虽然受到自然法则的影响,但伊塔教育"阿维龙野孩"的事例说明,"我们若在一个远离人烟、与世隔绝的地方将孩子养大成人,只给他们物质食粮,别的什么也不给,那么孩子的身体发育会是正常的,而大脑的发育却受到严重损伤"。②

(二) 儿童心理发展的特征与教育

1. "心理胚胎期"与外界环境

蒙台梭利认为,人似乎有两个胚胎期,一个是生理胚胎期,是在出生之前,这种情况与动物相同;另一个是心理胚胎期,是人所特有的,是在出生以后至3岁这段时间。在她看来,从心理学上讲,婴儿在出生时空空如也,他所获得的任何能力都非遗传所得。经过吸取外界刺激和信息,积累材料,儿童形成许多感受点和心理所需要的器官,然后才产生心理。

2. "吸收心理"与教育方式

蒙台梭利认为,在各个物种中甚至在昆虫中,都存在着一种无意识心理。它驱使生物主动地吸收外界的养料,以满足自己生长的需要。儿童亦不例外。受生命潜能的驱使,所有儿童天生具有一种"吸收"文化的心理,他们因此能自己教自己。

在蒙台梭利看来,"这一发现给教育界带来了一场革命"。其一,我们不应再把儿童视为一种弱小的生物,而应赋予儿童一种巨大的创造能力。他们正在进行着创造人的活动。其二,这种能力属于无意识心理,而只有通过活动、通过生活经验才能变为意识。因此,我们应意识到幼年心理不同于成人。我们不能通过文字教学来达到目的,也不能直接干涉儿童所经历的从无意识到有意识的过程。蒙台梭利据此认定:"教育并非教师教的过程,而是人的本能发展的一种自然过程。不是通过听,而是依靠儿童作用于环境获得的经验。教师的任务不是讲解,而是在为儿童设置的特殊环境中预备和安排一系列有目的的文化活动主题。"③"儿童教育所要求的第一件事就是为儿童提供一个能够发挥大自然赋予的力量的环境。"④

3. 发展的敏感期与教育时机

受荷兰生物学家弗雷斯(Hugo de Vries)的影响,蒙台梭利认为儿童与各类生物一样,在发展的过程中对特殊的环境刺激都有一定的敏感时期。这种情况和生长现象密切相关,并和一定的生长阶段相适应。当某种敏感期出现时,儿童就表现出对一定目标和操练的特殊兴趣,并表现为一种"精神饥渴",它驱使儿童长时间地重复某种练习,并最终能自如地对付和学习其特

---

① 任代文主译校:《蒙台梭利幼儿教育科学方法》,人民教育出版社1993年版,第410~411页。
② 同上书,第409页。
③ 同上书,第327页。
④ 同上书,第405页。

殊敏感性所及的事物。

根据自己对儿童的观察与实验,蒙台梭利试图区分儿童发展过程中的不同敏感期,如儿童从出生到5岁是感觉发展的敏感期;1至4岁左右是秩序的敏感期;出生后2个月到8岁是语言的敏感期;出生到5岁是动作的敏感期。儿童通过各个敏感期及不同活动的交替进行,逐渐形成自己的个性。

蒙台梭利关于敏感期的定义和描述是模糊的、不具体的,但却有重要的意义。首先,她的有关思想充分肯定了幼年期在人的发展过程中的价值,为早期教育的重要性找到了科学的依据。其次,她提出了教育和学习的最佳时机问题,预见并激起了研究儿童学习准备状态的兴趣。这些问题后来成为教育心理学家研究的主要课题,并成为教学法的重要基础。

4. 发展的阶段性与教育重点

以当时心理学研究成果为依据,蒙台梭利研究了儿童发展的阶段性及其特征,并指出了与此相联系的各阶段教育的重点。第一个时期(出生～6岁)是儿童个性形成的最重要时期。头3年是心理的胚胎期,儿童不能接受成人的任何直接影响。后3年才是儿童个性的形成期。儿童仍然保持相同的心理类型,但开始在某些方面能够接受成人的影响。第二个时期(6～12岁)儿童成长的特点是稳定性,开始具有抽象思维的能力,产生道德意识和社会感。这是儿童增长学识和艺术才能的时期。教育的重点由感觉练习转向抽象的智力活动。第三个时期(12～18岁)是青春期。这一时期变化之大使人回想起第一个时期。它又可分成两段:12～15岁和15～18岁。这一时期的人不仅在生理上有许多变化,身体达到完全成熟,而且有理想,产生爱国心和荣誉感,能根据自己的兴趣探索事物。因此,可以对他们进行像成人那样的宣传教育。

综上所述,蒙台梭利把儿童的发展解释为在先天的因素与环境相互作用的过程中生命潜力的不断展现,揭示了这种发展过程的动态性、节律性和阶段性的特征,强调了主体的能动性在发展过程中的作用,并主张根据儿童发展的阶段性特征采取相应的教育方式。这些思想不仅在当时具有革新的意义,至今仍有其合理性。但蒙台梭利受其宗教世界观和当时的科学发展水平的限制,有把儿童生命本能的作用夸大和神秘化的倾向,过高估计了儿童的自塑能力,并把这种能力视为某种先天的东西。

三、论教育的功能与目的

(一) 论教育的功能

与同时代的许多改革者一样,蒙台梭利承认教育具有影响社会发展的功能。她把教育视为促进人类文明的一条重要途径,看作实现社会重建和拯救人类的最佳手段。但她意识到,教育的这种社会功能主要是通过影响个体的发展来实现的。她指出:"要想帮助和拯救世界只能依靠儿童,因为儿童是人类的创造者。儿童被赋予各种未知的能力,这些能力能够引导我们走向一个光辉灿烂的未来。如果我们确实渴望一个新世界,那么教育就必须把发展这些潜在的可能性作为它的目标。"①

---

① 任代文主译校:《蒙台梭利幼儿教育科学方法》,人民教育出版社1993年版,第324页。

以上述观点为出发点,蒙台梭利认为社会必须关心儿童,承认其权利,满足其需要。父母必须担负起他们的责任,而社会要给其以必要的指导。社会必须给予教育以物质上和精神上的帮助,尤其是应给教育投入更高比例的资金。同时,教育也同样应该通过其自身进步所取得的利益慷慨地报偿社会。

(二) 论教育的目的

蒙台梭利指出了教育的双重目的:"一是生物学的目的,二是社会学方面的目的。从生物学上讲,我们希望教育能够帮助个体自然地发展;从社会学上看,我们教育的目的是培养个人适应环境"。① 在她看来,在儿童个性形成的时期(婴幼儿时期),主要应帮助儿童身心的自然发展;而在急速发展时期过后,应更多地注意社会学的目的,即使人能适应环境。

蒙台梭利希望用自己的新方法培养品质优异的人。她没有详细地描述这种新式教育将带来的理想境界,但至少她把自己的希望与同时代的改革者的希望联系在一起,相信通过他们的努力可以出现一个新的、更美好的世界。她将新式教育视为一场"和平革命",一场非暴力的、不流一滴血的、最终将暴力完全排除在外的革命。这是人类新的光明和希望之所在。

(三) 设立"儿童之家"的意义

蒙台梭利赋予儿童最初几年的生活以极其重要的意义。她认为,最重要的生活时期不是大学学习阶段,而是自出生至6岁这个性格形成的重要时期。所有的社会和道德习惯都在幼儿期形成,并且不可能全部根除掉。

对于当时学前教育的落后状况,蒙台梭利深感不满,认为无论是为学前儿童建立的机构还是家庭,都未能建立真正能够帮助儿童发展的制度,并且有关提供这种帮助的教育概念在社会组织中仍然没有地位。她强调指出,当今教育的一个重要原则就是要求学校教育和家庭教育的目标一致,但现实的情况却与此原则相悖。因此,"儿童之家"的设立就具有重要的意义。它的社会意义是通过"楼内学校"的特点表现出来的。教师既是学生的邻居,又是周围人群的"道德女神";"儿童之家"的设立有助于密切学校与家长的联系,有助于妇女外出工作,使家庭教育向社会化方向迈出第一步;"儿童之家"的设立还有"纯教育意义",它根据儿童的年龄特点进行教育,为儿童的自然发展提供了适宜的环境,促进其身心协调发展。

蒙台梭利把儿童的发展同社会的发展紧密联系起来,希望通过人的生理和心理的完善使新世界从旧世界中缓慢地产生出来,通过革新教育的方法防止革命和战争,实现世界和平。虽然从阶级本质上说,她的教育理论是为当时的资本主义社会服务的,但也反映了她热爱世界和平的、人道主义的精神。她重视学前儿童的教育,深刻地揭示了"儿童之家"在社会发展和儿童发展中的重要意义,在引起社会对学前儿童及其教育改革的关注和促进学前社会教育的发展方面,都有着积极的作用。

四、论自由、纪律与工作

自由活动是蒙台梭利教育学说的最基本的特征之一。她指出:"科学的教育学的基本原则

---

① 任代文主译校:《蒙台梭利幼儿教育科学方法》,人民教育出版社1993年版,第200页。

应该是学生自由的原则——这一原则允许个性发展,允许儿童天性的自发表现。如果新的教育科学产生于个性研究,那么这种研究就必须从事于对自由儿童的观察。"①"这种'自由'是我所提倡的教育体系的不可动摇的基础。"②

（一）论教育学上的自由概念

蒙台梭利认为,在卢梭那个时代,人们曾为儿童的自由而呼吁,但他们往往把社会自由的概念与教育自由的概念相等同。在她看来,为教育学上的自由概念奠定科学基础的是19世纪的生物学。她说:"从生物学观点看,幼儿早期教育的自由概念必须理解为:他们的环境必须适合幼儿个性的最有利的发展。"③蒙台梭利指出,为照顾儿童的个别差异必须个别施教,其前提是观察了解儿童。但如果不给儿童以活动的自由,他们就无法表现自己的个性。在生命的最初几年,儿童有一种内在的敏感性为精神发展所必需。而错误的引导或压抑的教育会使之消失。因此,我们必须耐心等待,使儿童的精神自由发展和表现出它的力量,而不要干涉儿童的努力。"自由的本能"会引导儿童克服一切障碍,不断从胜利走向胜利。

对于当时学校中压抑儿童的种种做法,蒙台梭利提出了尖锐的批评。她把固定的桌椅、物质奖励和惩罚等控制学生的方法称作"损害肉体和精神的工具"。它们所激起的努力是被迫的而非自然的,因而决不会给儿童带来自然的发展。

蒙台梭利把"活动"看作实现儿童自由的关键。"自由就是活动。"心理的发展总是借助于在环境经验的过程中进行各种活动。尤其是幼儿,他们是通过某些含有动作的活动来吸收知识的。他们只有凭借自发的行为活动才能进行学习。因此,提供儿童自由活动的场所是形成一个人的重要条件,将有助于儿童自我训练和自我发展。为使儿童能充分自由地活动,蒙台梭利在"儿童之家"精心创造了一个特殊的世界。在那里,每一样东西的大小都与幼儿的身材相称,并都轻巧、美观和富有吸引力。儿童可以自由走动,随意取用,进行各种真实的活动。人们称她的做法是"教育观念的惊人革新"。

（二）协调自由与纪律的"工作"

在人们的想象中,实施自由教育的儿童之家里肯定是乱哄哄的。但当他们带着这个疑虑前往罗马参观时,所看到的却是每个孩子在认真地从事自己所选择的活动,到处秩序井然。这使得参观者为之感动得热泪盈眶。那么,蒙台梭利究竟是怎样成功地使自由与纪律协调起来的呢?

对于自由与纪律的关系问题蒙台梭利有自己独到的见解。她指出:"自由与纪律如同一枚徽章的两个面,因为科学的自由会导致纪律。"④自由不等于放任或为所欲为。尤其当儿童尚未发展起控制能力时,"让儿童想干什么就干什么"是与自由观念相违背的,无助于儿童的发展。所以,儿童之家毫无疑问是需要纪律的。但这是一种积极的、工作的纪律,而非静止不动的、被动的和屈从的纪律。并且这种纪律决不是靠命令、说教以及常为人们所称道的惩戒性措施所得到的,而是通过间接的方法,即通过自发工作以及开展活动的方式建立起来的。蒙台梭

---

① 任代文主译校:《蒙台梭利幼儿教育科学方法》,人民教育出版社1993年版,第68页。
② 同上书,第597页。
③ 同上书,第12页。
④ 同上书,第584页。

利指出,没有人是通过听别人说教来学会自觉遵守纪律的。良好的纪律的形成需要经过一系列成套的动作准备。根据她的经验,有三个重要步骤。第一,使孩子们在思想上分清好坏,不要混淆"好"与"不动",也不要将"坏"与"活动"相等同。而旧式纪律常将它们混为一谈。第二,自由选择的有趣工作是形成纪律的关键环节。第三,用"肃静课"来巩固所取得的纪律。

蒙台梭利指出:"真正纪律的第一道曙光来自工作。"①什么是"工作"? 她说:"儿童只有靠环境经验才能得到充分的发育。我们称这种经验为'工作'。"②在蒙台梭利看来,成长源于环境经验是大自然的规律。儿童的"工作欲"是生命本能的表现。正常化是儿童"全神贯注"于某件工作的结果。自由选择的有趣工作能满足儿童的内在需要,为儿童提供"活动动机"。"当儿童将其注意集中于他感兴趣的、不仅为他提供有益的练习而且提供错误的控制的某种物体时,纪律也就产生了。"③这样,合理组织儿童工作的自由的原则代替了教师的批评和说教,使儿童的精力在工作中得到发挥,"自我"得到自由发展,独立性得到培养,意志力和社会性亦有了发展。这不仅有助于纪律的形成,更使儿童的发展趋向完善。

正如澳大利亚学者康纳尔所指出的那样:"自由、工作和秩序是蒙台梭利为儿童所构房屋的三根主要支柱。"④蒙台梭利以"工作"为中介,将自由与纪律协调起来的思想是富有创见性的。儿童的纪律与自由并行成长、相互依赖。蒙台梭利的纪律观与卢梭的"控制良好的自由"观是异曲同工的。

五、论儿童之家的教学

如前所述,蒙台梭利教育方法的基础是儿童在准备好的环境中的自由活动。她努力将儿童置于成人干涉最少而自我教育机会最多的环境之中。蒙台梭利根据下面这些观点来安排儿童之家的教学活动。第一,必须有效地发展儿童的三种功能:运动功能、感觉功能和身体适应功能。儿童生性活跃,对劳动感兴趣,对他们的基础教育就应通过细心组织的活动和劳动来发展这三种功能。第二,蒙台梭利受到塞贡的有关影响,并结合自己多年探索的经验,认为儿童的教育应遵循这样的发展路线:从肌肉系统到神经和感觉系统;从感觉训练到一般概念;从一般概念到抽象思维;从抽象思维到道德。第三,关于儿童发展的整体性思想。蒙台梭利认为,儿童发展的各个方面并不是孤立地进行的。"事实上,人的性格、智力、情感与成长是同步进行的。"⑤各认识过程的发展之间,认识过程与情感意志过程的发展之间,以及认识过程和个性形成与发展之间,都有着不可分的联系。她设计的所有练习不仅训练技能、开发智力,也锻炼意志力和培养纪律性。

根据上述思想,蒙台梭利在儿童之家推行的教学内容包括实际生活练习、肌肉训练、自然教育和体力劳动、感觉训练,以及读、写、算练习等。根据"人的各方面发展是同步进行的"观

---

① 任代文主译校:《蒙台梭利幼儿教育科学方法》,人民教育出版社1993年版,第295页。
② 同上书,第404页。
③ 同上书,第564页。
④ [澳大利亚]W. F. 康纳尔著,孟湘砥,胡若愚主译:《二十世纪世界教育史》,湖南教育出版社1991年版,第235页。
⑤ 任代文主译校:《蒙台梭利幼儿教育科学方法》,人民教育出版社1993年版,第600页。

点,她对于课程的编排采取了齐头并进的方式,各种不同练习大部分都同时开始。并且这些练习都是审慎地分级推进的,可以自我矫正,儿童只需成人的最低限度的指导就能从事。蒙台梭利为学前教育所做的努力是20世纪早期程序教学的雏形。下面分别介绍儿童之家的教学内容与方法。

(一) 实际生活练习

儿童之家作为培育3~6岁儿童的园地,以一系列实际生活的练习作为一天的开始。蒙台梭利指出:"从整个方法考虑,工作必须以为孩子适应社会生活方式做准备开始,必须吸引他们对这些生活方式的注意。"①并且她认为这些练习是教学大纲中仅有的已被证明完全稳定的部分,已经获得了成功,以致所有的儿童之家每天均以实际生活练习作为开始。

儿童之家的实际生活练习包括四项内容:清洁、秩序、安静和会话。清洁练习包括个人卫生和环境卫生。清洁活动结束之后,儿童走向各自的座位,由教师讲解正确的坐姿,如何保持安静和沉着,如何小心地拿起东西及有礼貌地互相授受物品等。以此为起点进行自由教学。教师不再评论和指导儿童,而只限于纠正不规矩的举动。会话活动是指教师请某个孩子与她谈话,主要内容是儿童头一天都干了些什么。蒙台梭利认为,这种谈话能促进儿童语言能力的发展,并且防止儿童不去唠叨家里或邻居发生的事情,而主动选择适合的愉快的话题,还能以这种方式教孩子知道那些想让他们知道的事情。

(二) 肌肉训练

1. 肌肉训练的意义

儿童之家的肌肉训练具有促进儿童身心两方面发展的作用。首先,肌肉训练具有保健作用。蒙台梭利认为,婴幼儿体形发育的特点是躯干比下肢发达,整个骨骼尚未完全骨化,易造成畸形。因此,我们应用体操来帮助儿童发育。既做所需要的运动,又不致使下肢疲劳而变形。其次,肌肉训练还能促进儿童心理的发展。蒙台梭利批评当时最大的错误是孤立地考虑运动问题,而忽视了运动与心理发展的密切联系。根据生理学和心理学的研究成果,蒙台梭利指出了肌肉与中枢神经系统的关系,认为大脑、感官和肌肉构成了神经系统的主要部分。肌肉整体的协调活动将人和周围环境联系起来。她认识到:"心理发展必须与运动相结合,而且有赖于运动。这一观念对于教育理论与实践是非常重要的。"②儿童往往利用活动增强其理解力。再次,蒙台梭利还指出了运动的社会性,认为社会秩序真正存在于具有建设性目的的运动中。

2. 肌肉训练的内容与方法

蒙台梭利把在儿童之家实行的帮助儿童发展肌肉的训练方法称为"体操"。她的"体操"概念是广义的,包括的内容比较多样化,有四类活动:锻炼下肢的各种运动、自由体操、教育体操和呼吸体操。(1)锻炼下肢的各种运动包括两类:在日常生活中的自然运动,如行走、掷物、上下楼梯、起立、跳跃等动作的协调;利用各种器械如栅栏、螺旋梯等,以使儿童的动作达到灵活的程度。(2)自由体操也分为两类。一类是有指导的、在口令下做的体操,如齐步行进操和类

---

① 任代文主译校:《蒙台梭利幼儿教育科学方法》,人民教育出版社1993年版,第181页。
② 同上书,第452页。

似福禄倍尔的运动游戏的体操。另一类是自由的游戏活动,如玩皮球、铁环、装有豆子的小包和风筝等。(3)教育体操实际上与自然教育和实际生活练习联系在一起。如栽种植物和饲养动物中的锄地、搬运物品等都是有益的体育锻炼活动。另一类是增强手指协调动作的练习,如穿衣、脱衣、解扣子等。为此,蒙台梭利设计了专门的教材供儿童练习。① (4)呼吸体操的目的是调节呼吸运动,并有助于养成孩子正确说话的习惯。

(三) 自然教育与体力劳动

蒙台梭利在罗马的第一个"儿童之家"为儿童开辟了一块种植园地。她受到伊塔教育阿维龙野孩经验和英国莱特(Latter)夫人园艺学教育方法等方面的启发,把自然教育视为道德教育的重要手段之一。蒙台梭利指出:"农作物和动物的培育本身就包含着道德教育的宝贵手段。"② 自然教育引导儿童增长关心生物的热忱,进而会感激教师和妈妈对他们的爱护;自然教育引导儿童通过自我教育而具有预见和责任感,引导他们学会耐心和信心;自然教育还能培养儿童对大自然的感情,并使他们沿着人类发展的自然道路前进。

蒙台梭利将体力劳动与体力锻炼加以区别:后者是为了锻炼双手,增强体质,完善个人;前者则为了完成特定的任务,生产出对社会有用的产品,增加世界的物质财富。但两者亦有相互联系。一般说,只有双手完善的人,才能生产出有关的产品。蒙台梭利非常重视手的发展,认为双手是人的心灵的伙伴。有了手的帮助,儿童的智力可以发展到更高的水平,获得更健全的品格。经过短期试验,蒙台梭利认为最好是完全取消福禄倍尔在纸板上教儿童编织和缝纫的练习,认为这很不适合儿童视觉的发展。但她十分推崇泥塑,认为这是福禄倍尔练习中最合理的部分,应予以保留,并让儿童用黏土按照自己的意愿去塑造。蒙台梭利还在儿童之家教儿童制作陶器,用小砖砌墙,认为这样做可使他们在童年就大致了解人类从游牧生活转变为定居生活的主要劳动。

(四) 感觉教育

感觉教育在蒙台梭利的教育体系中占有重要的地位,是她的教育实验的主要部分。对于感觉训练以及与此相联系的运动训练、智力发展和知识教育等问题的探讨,不仅在《蒙台梭利方法》一书中占有大量篇幅,在其他许多作品中也常论及。感觉教育在她所提出的运动、感觉、语言和智力操练这一程序教学结构中处于十分重要的地位。

1. 感觉教育的目的和意义

蒙台梭利认为感觉教育具有较大的教育学的意义,其主要目的是通过训练儿童的注意、比较和判断的能力,使儿童的感受性更加敏捷、准确和精练。她从以下几个方面具体阐述了感觉教育的意义。

首先,感觉练习有助于儿童智力的发展。何谓"智力"?蒙台梭利受贝恩(A. Bain)有关理论的影响,认为"能区分"是智力的特征。她把对"差异"的感知看作每一个智力运动的开端,通过感觉收集材料,然后将其加以区别,这是形成智力的最初过程。通过感觉练习,儿童学会了

---

① 任代文主译校:《蒙台梭利幼儿教育科学方法》,人民教育出版社1993年版,第146页。
② 同上书,第154页。

有条不紊地分门别类,就奠定了智力发展的基础。

其次,3至7岁的儿童正处在感觉器官活动的形成期或发展感官能力的敏感时期,我们应借此时机系统地给予儿童的感觉以直接刺激,以帮助感官的合理发展。同时,感觉训练还能及早地发现并纠正感官缺陷,并及时采取相应的矫正和改善措施。

最后,感觉训练能把人培养成为一个观察者,为适应现代文明时代的工作和实际生活做准备。此外,感觉训练还与美育和德育密切相关。

2. 感觉训练的基本要求

蒙台梭利认为,感觉训练主要是一个儿童依靠教具进行自我教育的过程,因此,教具的合理设计成为至关重要的事情。教具的设计应有系统性,有合理的刺激等级,即从少数对比强烈的刺激开始,逐渐发展到更多的差别细微的刺激,以帮助儿童适应自己的心理要求。另外,教具要有助于儿童发现并纠正自己的错误。教具的刺激不仅应唤起行为,还应指导行为,以保持活动过程中的正确性。在感觉训练中应始终坚持自由的原则,让儿童自己选择教具,通过反复练习,以解"心理饥渴"。

"感觉隔离"是蒙台梭利感觉训练的一个重要的技术特点,也是引起人们争议的问题。她的目的是要借此方法有效地保持儿童的注意,以增强儿童对物体特殊性的感受力。在蒙台梭利看来,注意力的不稳定性是三四岁幼儿的特征。因此,有必要通过隔离的方法把他们的注意力固定在某一刺激上。蒙台梭利采取两种方法来实行"隔离":一是蒙眼,二是暗室。据她的经验,这些做法能大大地提高正常儿童的兴趣,但不宜在缺陷儿童身上使用。

为把儿童"从感觉训练引向概念",蒙台梭利要求教授准确的名称术语,并研究了适用于正常儿童的三个教学阶段。第一阶段是把感觉和名称联系起来;第二阶段是认识相应名称的物名;第三阶段是记忆相应物品。

3. 感觉教育的类别及其教材

蒙台梭利把感觉教育主要分成触觉、温觉、压觉、听觉、视觉、味觉、嗅觉和色觉等方面。她非常重视触觉,认为幼儿常以触觉来代替视觉或听觉,即常通过触觉来认识周围事物。蒙台梭利把教具称作"教材"。在《蒙台梭利方法》中,她较为详细地介绍了感觉训练的教学材料。感觉练习可以通过这些教具材料单个地或多种组合地进行,蒙台梭利称之为"真正的智力体操"。这些感觉练习还为儿童学习文化知识做好直接的准备。

4. 感觉教育与想象力的发展

蒙台梭利主张在感知的基础上发展想象。她批评福禄倍尔的一些游戏不过是将成人的想象成果强加给儿童。如给孩子一块积木,说"这是一匹马",然后又将积木按一定次序摆好,说"这是马厩",这样做并未发展儿童的想象,他们只是相信或轻信。蒙台梭利强调"想象的真正基础是现实,而且其直觉与观察的精确度相联"。因此,使儿童获取想象所必需的材料,培养儿童准确地感知周围的事物就显得十分重要。"进行事物之间的区别的智力训练为富于想象的建筑奠定了坚实的基础。"①

---

① 任代文主译校:《蒙台梭利幼儿教育科学方法》,人民教育出版社1993年版,第779页。

5. 对蒙台梭利感觉教育的评价

在蒙台梭利之前,实验心理学一直把注意力集中在感觉测量的精密仪器上,而没有尝试对个人感觉进行系统的培训。蒙台梭利高度评价了感觉教育在幼儿认知活动中所占有的重要地位,认为幼儿是借助于形状、颜色和声音,而不是借助于依靠语言所获得的知识来认识世界的。她进一步主张把幼儿从感觉引向概念,使感知的发展成为思维发展的基础。此外,蒙台梭利设计的感官教具以及训练感觉的方法也有一定的独创性和科学依据。她采用分解的方法,把复杂的整体分解为简易的几个部分进行练习,并使幼儿根据自己的意愿和进度,选择按顺序排列的刺激物来认识事物,有利于儿童通过摆弄物体来进行自我教育,有利于照顾儿童的个别差异。蒙台梭利的上述思想是符合幼儿的年龄特征和人的认识发展规律的。

对于蒙台梭利感觉教育方法的批评或疑虑主要有以下三个方面。其一,认为她的感官教育带有明显的形式训练的痕迹。蒙台梭利认为感觉练习的目的并非要使儿童知道颜色、形状及其不同性质,而在于通过注意、对比和判断的练习使感觉精练化。她似乎在假定普遍迁移训练的有效性,但缺乏科学的依据,也未能努力从实验上确证她的普遍迁移说的有效性。其二,认为蒙台梭利所进行的孤立的感觉训练,即"感觉隔离"和单纯利用感官教具的做法,不利于儿童智力的发展。因为她只注重儿童对物体个别属性的反映,忽视对整体的认识,并且脱离儿童的实际生活。其三,认为蒙台梭利的感官教具的操作方法机械、呆板,千篇一律。儿童只有选择教具和使用时间上的自由,而没有改变使用教具的方法的自由,因而不利于儿童想象力和创造力的培养。

正如蒙台梭利所说的那样,她并不认为自己的幼儿感觉训练的方法已达到了完善的程度,但她确信,它为心理学的研究开辟了一个新的领域,带来了丰富而有价值的结果。

(五) 读、写、算练习

蒙台梭利不同意当时一般人的看法,即认为学习读、写、算是枯燥的工作,不适合幼儿。她认为3至6岁的儿童天生就具备学习文化的能力,并正处在学习读、写、算的敏感期。因此,我们应当利用这种情况,为其准备适当的材料,提供正确的途径,以帮助幼儿获得现代的复杂文化。蒙台梭利把感觉教育与读、写、算的教学有机地联系起来,使儿童手脑并用,调动各种感官的配合与协调作用,使他们在没有心理压力的情况下,按自己的发展进度自然地、不知不觉地"爆发式"地学会读、写、算。

1. 幼儿语言学习

蒙台梭利非常重视幼儿语言的发展,并研究了儿童语言发展的特点和规律。她认为,语言同社会生活有密切的联系。语言不仅使人类形成各种群体和民族,也是人类与他类区别的重要标志、文明的根源和集体思想的工具。在她看来,儿童的语言是发展而来的,而不是教出来的。儿童的语言的自然发展有如自发的创造,并遵循着适宜于所有儿童的固定法则:由简单的音节发展到较为复杂的词,最后才能掌握整个句子和文法。并且儿童的语言的发展并不是逐字地、均衡地、缓慢地进行的,而是存在着心理学家所说的爆发性现象。成人必须提供儿童所需要的帮助,随时辅助他们,使他们不至于独自摸索、盲目前进。同时,幼儿时期是儿童语言发展的重要时期。合理地帮助儿童语言的发展,能从根本上防止永久性的语言缺陷的产生。

早在罗马国立精神治疗学院任职期间,蒙台梭利就开始用各种教学手段进行阅读和书写的教学实验。她认为,经验说明应清楚地区分书写和阅读,这两种活动并不是同时进行的。与一般想法相反,蒙台梭利认为书写先于阅读。前者是低级的语言阶段,主要是心理运动机制起作用,而后者即阅读则是纯粹的智力活动。书写方法能为阅读做准备,使阅读几乎毫无困难。

书写练习的步骤是:掌握和运用书写工具的肌肉运动机制的练习;建立字母符号的视觉——肌肉感觉印象和建立书写的肌肉运动记忆的练习;拼写的练习。主要的书写教材包括图画教材、贴有砂纸剪成的单个字母的硬纸卡和字母表。

阅读教材由清晰书写的单词和短语的纸片和卡片组成。此外,还备有大量的各种玩具。蒙台梭利完全抛弃了旧的识字课本,精心研究出许多有助于发展幼儿阅读能力的各种游戏方法。①

2. 算术入门

蒙台梭利利用儿童日常生活中遇到的数字问题和游戏活动等方式进行算术教学,并将其与感觉教育联系起来,为儿童提供了多种练习计数的机会和方法。② 蒙台梭利在儿童之家进行算术入门教学的程序和内容是:计数、用书写符号表示数、数的记忆练习、从 1 到 20 的加减乘除法、十进位数。

六、论教师的准备

(一) 教师训练的必要性

蒙台梭利一直坚持认为,要成为蒙台梭利式的教师,就必须准备自己,至少需要参加关于"儿童之家"方法的训练班,以便掌握方法的基本原则。她"需要学会沉默的能力以取代表达的技能,她必须用观察取代灌输式教学,必须以谦恭取代那种自诩为一贯正确的骄傲感"。③ 这些也就是传统学校教师与蒙台梭利式的教师的主要区别。蒙台梭利式的教师必须意识到在儿童内心深处隐藏着神秘的力量,它是儿童发展的源泉。这种力量的呈现和发展靠的是聚精会神的"工作"。儿童将通过工作显示自己。蒙台梭利试图通过教师培训对学校进行改革,以发展一种科学教育学体系。

(二) 教师的准备工作

蒙台梭利要求教师必须注意儿童即将出现的"聚精会神"。她通常要做三个阶段的准备工作。第一阶段,教师应成为环境的保护者和管理者。所有教具都小心依次放置,永远保持美丽、光泽与完美,对儿童富有吸引力,并便于他们取用。教师的仪表有助于赢得幼儿信任和尊重,也是儿童生活环境的一部分。轻盈和文雅是对于教师仪表的基本要求。第二阶段,"关键是要激发儿童的兴趣,使他的整个人格都参与活动。"④为此,教师必须像火焰一样用自己的温

---

① 任代文主译校:《蒙台梭利幼儿教育科学方法》,人民教育出版社 1993 年版,第 295 页。
② 读者如想了解书写和阅读教学的详情,可参阅《蒙台梭利幼儿教育科学方法》的第 239～264 页。由于篇幅所限,这里只能作简要介绍。
③ 任代文主译校:《蒙台梭利幼儿教育科学方法》,人民教育出版社 1993 年版,第 690 页。
④ 同上书,第 511 页。

暖去振奋、活跃和鼓舞所有的儿童。她能讲故事、做游戏、哼摇篮曲、朗诵诗歌,吸引儿童做各种练习。第三阶段,当儿童获得专心于某件事的能力之后,教师才可在实际生活的练习中向儿童呈现教具。一旦儿童表现出对某种教具发生了兴趣,教师就一定不要打断他。在蒙台梭利看来,儿童的兴趣不只是集中于操作本身,而通常是以克服困难的愿望为基础的。如果教师试图帮助他,他常会让教师去做,自己却跑开了。这种不必要的帮助实际上成为儿童天然能力发展的障碍。

(三) 怎样进行个别授课

儿童之家的授课以个别方式进行,其特点是简洁、明白和客观。所谓"简洁",就是少说废话,这是个别教学的主要特征。因此,要求教师在备课时要考虑衡量每句话的价值。所谓"明白",就是指教师要删除一切不明确的内容,不讲含糊不清的话。所谓"客观",是要求授课仅仅突出教师想要孩子注意的客观对象,解释客观对象并教儿童怎样使用,而不要表现教师自己的个性。

教师授课的基本指导方法是观察法。蒙台梭利强调教师必须具备科学家的精神。教师每上一次课,就相当于做一次实验。为此,教师首先应当热爱儿童,和被观察的儿童个体之间建立内在的亲密关系。其次,必须通过实践培养观察的习惯,这是走向科学的必由之路。教师应观察孩子是否对对象感兴趣,怎样感兴趣,兴趣持续的长短,甚至应注意孩子的面部表情。再次,教师必须特别谨慎,避免违反自由原则,不要勉强孩子做出努力。如果教师是严格按照简洁、明白、准确的要求备课和讲课,儿童却不懂,说明儿童尚未达到这一发展水平,就不要再上这样的课。此外,也不要让孩子感觉他自己犯了错误,或他不懂。因为这会使儿童故意努力去理解,这就会改变教师进行心理观察所要利用的自然状态。

蒙台梭利在世界各国举办的教师训练班,除学习必要课程之外,还要求每个学员在蒙台梭利学校至少用 50 个小时观察蒙台梭利方法的实际运用。在 6 个月训练班结束时,学员要经过书面考试和口试,并写出一份关于蒙台梭利教学材料的报告,最后才获得一张有蒙台梭利亲自签名的文凭,证明她可以开办一所蒙台梭利学校,并作为学校的指导员。

综上所述,在蒙台梭利的教育体系中,传统幼儿教育中的师生关系得到根本的改变。在自由教育和自我教育原则的支配下,师生关系由直接交往而变成教师——教具——儿童的关系。儿童为教育活动的中心和主体。教师因人施教,成为儿童活动的观察者和指导者。相对传统学校的教师来说,蒙台梭利式的教师必须具有更多的奉献精神和更高的素质。研究蒙台梭利的著名学者斯坦丁(E. M. Standing)指出:"蒙台梭利教学体系中教师的教学艺术关键在既信奉不干预原则,又知道在何时必须干预,在什么情况下干预到何种程度。"[①]他一句道破了蒙台梭利教学方法的重点和难点。

对于蒙台梭利的教师论也有人提出批评意见,认为她将教师的职责局限于建立常规和排除儿童自然发展的障碍,局限于观察儿童的表现和了解儿童的需要,甚至把教师的帮助看作"侵犯儿童的自由",这就降低了教师在儿童个性形成中应起的重要作用。这些问题也是值得

---

① 赵祥麟主编:《外国教育家评传》(第二卷),上海教育出版社 1992 年版,第 582 页。

进一步探讨的。

七、地位与影响

(一) 蒙台梭利与福禄倍尔幼儿教育体系的比较

福禄倍尔是近代古典幼儿教育体系的创始人,蒙台梭利则是国际公认的进步幼儿教育的先驱。通过比较可以了解两者的异同,进而更好地吸取其精华,总结幼儿教育工作的一些带有规律性的经验,探讨一些重要的理论问题。

蒙台梭利和福禄倍尔在教育理论上有许多相似或相同点。他们都把教育看作一个潜在能力不断向外展现和发展的过程;都特别强调儿童活动的价值,反对迫使儿童静止地、被动地接受知识;都强调在活动中给儿童更多的自由;都主张通过具体物件进行活动,诱发和发展儿童的活动本能。蒙台梭利也采取了福禄倍尔幼儿园的某些游戏和活动的方式。他们的这些共识在某种程度上反映了幼儿教育的一些规律。

但是,蒙台梭利和福禄倍尔的教育体系产生于不同的时代,建立在不同的理论基础之上,个人的经验也存在很大差异。福禄倍尔主要以德国古典哲学为其教育的理论依据,蒙台梭利则以现代实验心理学、生物学和生理学等为其主要的理论基础。蒙台梭利的体系更彻底地贯彻了自由教育和自我教育的原则,并设计了更详尽、更直接的感觉训练计划,强调个别教学和全神贯注的反复练习,教具具有矫正的性质。福禄倍尔的体系则更重视儿童想象力和创造力的发展,教学以小组为基本单位,更重视儿童社会参与精神的培养。

此外,由于蒙台梭利和福禄倍尔的教育体系存在许多相同点,并各有利弊,所以早在1912年就有人提出了将两种体系加以结合的设想。

(二) 蒙台梭利的影响

"蒙台梭利影响广泛,几乎遍及世界上每一个国家及其幼儿教育。"[①]她的影响也是持久的,从20世纪20年代开始一直持续到现在,但经历了由兴而衰,再复兴的过程。蒙台梭利创办"儿童之家"、出版《蒙台梭利方法》以后,她的不同于传统教育的崭新方法曾在世界学前教育界引起不小的轰动。欧美各国的一些教师、心理学家、社会学者和政府工作人员都前往罗马参观学习。他们回国后积极传播和推广"儿童之家"的教育方法,出现一股"蒙台梭利热"。但后来,蒙台梭利的教育体系受到不少批评,尤其在美国,很快跌入低谷。主要由于蒙台梭利的一些观点和美国当时影响较大的教育理论存在重要分歧。20世纪50年代末期以后,蒙台梭利重视儿童早期教育、智力发展和感官训练的主张重新引起人们的注意并得到肯定。1960年,"美国蒙台梭利协会"重新成立。1972年,美国的蒙台梭利学校达762所。进入20世纪80年代以后,在美国蒙台梭利教学法由私立学校向公立学校波及,更加深入人心,被誉为"公共教育的文艺复兴"。至1989年,在美国被冠以"蒙台梭利"字眼的学校更达到4 000多所。与此同时,在欧洲国家也开设了越来越多的蒙台梭利式的幼教机构。她的方法受到了更广泛的欢迎

[①] [澳大利亚]W.F.康纳尔著,孟湘砥,胡若愚主译:《二十世纪世界教育史》,湖南教育出版社1991年版,第237页。

和响应。

早在1913年,蒙台梭利教育方法即由日本传入中国。20世纪70年代以后,大陆及台湾地区都有一些学者继续对蒙台梭利进行研究。20世纪90年代,中国大陆与台湾地区和美国的一些研究蒙台梭利的团体和专家之间展开访问、讲学和交流,蒙台梭利教育方法对中国学前教育的影响正在日益发展。

(三)蒙台梭利在世界教育史上的地位

蒙台梭利的教学法具有简单明了、材料具体、范围明确和效果显著等特点,因而对于从事实际工作的教师有很大的吸引力。正如康纳尔所指出的那样:"蒙台梭利对20世纪教育潮流的主要贡献并不在于其建议的方便可行,而在于其思想对教师如何看待儿童和教育过程的巨大影响。"[①]她是曾经宣告20世纪是儿童的世纪的爱伦·凯的可敬的继承者。在蒙台梭利的影响下,教师们更多地注意对他们所教的儿童进行观察和研究,将教学法的重心由教师转向儿童。

本章小结

1952年,两位世界著名的伟大教育家与世长辞,他们就是本章所介绍的美国教育家杜威和意大利教育家蒙台梭利。他们通过自己富有创造性的教育实践活动和教育著述工作,不仅对当时的世界教育以巨大的影响,直到今天仍然是世界教育宝库的珍贵财富。

作为生活在同一个时代的教育家,杜威和蒙台梭利的思想有一些明显的共同特征:首先,他们的教育思想是适应时代发展的产物。杜威和蒙台梭利都措辞尖锐地批评了传统教育脱离儿童生活和社会生活的弊端,试图通过教育方法的改进使学校教育更加贴近儿童的生活,更加贴近社会民主化、工业化和科学化的需求。其次,他们都以生物学以及进化哲学为自己理论的重要依据,强调教育的目的和作用在于通过促进有机体与环境的相互作用,使年轻一代不仅更好地适应社会生活,并进一步发展其首创精神,促进社会的更好发展。再次,他们都根据自己的理解对儿童的发展进行了年龄分段,主张在不同的阶段应有不同的教育任务和教育方式,并都进行了卓有成效的教育实验。最后,他们都反对教师通过文字符号向儿童灌输知识,而强调通过安排适宜的环境,使儿童通过自己的亲身活动所产生的直接经验来进行自我教育。

由于杜威和蒙台梭利教育思想的理论依据和个人经验等方面的不同,他们的教育思想以及对于世界教育的影响也有所不同。杜威是一位富有美国精神和美国气质的哲学家,他的民主主义社会理想虽然和当年的柏拉图的理想国一样带有空想的成分,但他对民主教育的向往和追求仍然给人留下深刻印象。杜威教育思想的特征是与其哲学思想密切联系的。他把哲学看作"教育的一般理论",而教育是使哲学上的分歧具体化并受到检验的"实验室"。与其庞大的实用主义哲学体系相联系,杜威的教育理论体系博大精深。他对教育史上许多长期争论不休

---

① [澳大利亚]W. F. 康纳尔著,孟湘砥,胡若思主译:《二十世纪世界教育史》,湖南教育出版社1991年版,第240页。

的二元论问题进行了富有启发的探讨,从而深化了教育哲学研究。相比之下,蒙台梭利的长处不在理论的阐述,而在其特殊的教育方法对儿童教育实践所产生的持久影响。正如她的儿子所指出的那样,她在教育理论的建构方面是心有余而力不足的,但她通过自己对儿童的长期观察和实验所发明的富有成效的儿童教育方法,使她比杜威更加持久地影响了世界各国的儿童教育实践。

思考题

1. 简述杜威《民主主义与教育》的主要内容。
2. 简述杜威"教育即生长"的基本涵义。
3. 简述杜威"教育即生活"的基本涵义。
4. 简述杜威"教育即经验的继续不断的改组或改造"的基本涵义。
5. 简述杜威关于教育的本质的观点。
6. 如何理解杜威的教育无目的论?杜威的教育目的是什么?
7. 简述杜威的"从做中学"。
8. 简述杜威的教学五步骤。
9. 杜威道德教育思想述评。
10. 简述杜威在教育史上的地位与影响。
11. 试比较赫尔巴特的形式教学阶段理论和杜威的教学五步骤理论的异同。
12. 蒙台梭利儿童发展观述评。
13. 蒙台梭利感觉教育方法述评。
14. 简述蒙台梭利教育方法的主要内容和基本特征。
15. 试比较蒙台梭利和福禄倍尔幼儿教育体系的异同。
16. 简述蒙台梭利在世界教育史上的地位。

第十四章 现代各国教育(上)

第一节 英　　国

英国虽然主要是一个一元国家,但在英格兰与威尔士(在教育领域通常当作一个单元)、苏格兰和北爱尔兰之间,学校教育制度还是有相当的差异。此外,英国教育发展与两党执政有密切关系。历史上,工党与北方的工会、实业界和劳工阶层联合在一起,而保守党则与商界、中高层结盟,主要扎根南方。

1902年《巴尔福教育法》颁布以后,英国形成国会、教育委员会和地方教育当局相结合并以地方教育当局为主的教育行政管理体制。1918年《费舍法案》的颁布进一步完善了英国公共教育制度。《哈多报告》和《斯宾斯报告》的提出促进了英国20世纪三四十年代中等教育的改革。1944年的《巴特勒法案》奠定了英国现代教育制度的基础。

20世纪60~70年代是英国中等教育大变革的时期,在工党执政期间,大力推行综合中学。20世纪70年代以后,在经济滞胀的影响下,英国和其他西方国家都奉行小政府大市场的新自由主义政策。1979~1997年保守党执政,撒切尔夫人担任首相期间颁布的《1988年教育改革法》强调市场导向的教育改革,彻底削弱了地方当局的权力;首次提出国家课程和国家考试,力求提高基础教育质量。1997年工党执政以来,强调以大多数学生为对象,继续提高基础教育质量。以《2002年英国教育法》的颁布为契机,英国全方位教育改革正在展开。

一、20世纪上半期的英国教育

1902年,英国颁布了《巴尔福教育法》,形成了以地方教育局为主体的教育行政领导体制;1918年的《费舍教育法》促进了英国公共教育制度的完善;1926年的《哈多报告》扩展了中等教育概念;1938年的《斯宾斯报告》提出设立多科性中学的设想,为20世纪60~70年代综合中学的发展奠定了政策基础。

(一)《巴尔福教育法》与英国教育领导体制的变化

1902年,英国巴尔福首相提交给国会的议案获得通过,在英国教育史上,它以《巴尔福教育法》(*Balfour Education Act*)著称。

《巴尔福教育法》的主要内容有:(1)废除原来独立于地方政府的地方教育委员会和督促就学委员会,由郡议会和郡级市设立地方教育局管理学校教育;(2)地方教育局有兴办和资助中等学校、中等专科学校和职业学校并提供地方税款的职权;(3)地方教育局有否决学校管理委员会选任的不合格校长和教师的权力;(4)地方教育局对私立和几乎所有的教会学校进行资助以便进一步加强控制;(5)地方教育局需要调查本地区的教育需要,制定扩大和协调不同类型教育的计划,并考虑本地区初等教育与中等教育的关系。

《巴尔福教育法》的重要特点是扩大了地方当局办教育的权力,结束了英国教育长期混乱的局面,并形成以地方教育局为主体,议会、教育委员会和地方教育局相结合的教育行政领导体制,有利于英国中等教育的发展。

(二)《费舍教育法》与公共教育制度的完善

为建立面向所有人的国家公共教育制度,英国时任首相乔治(L. George)任命著名历史学家、谢菲尔德大学副校长费舍(H. A. L. Fisher)为教育委员会主席,主持起草了一项议案提交给国会,并于1918年被通过,在英国教育史上,它以《费舍教育法》(*Fisher Education Act*)著称。

《费舍教育法》的主要内容是:(1)地方当局为2~5岁儿童开办幼儿学校;(2)义务教育年限延长至14岁,初等学校分为5~7岁和7~11岁两个阶段;(3)小学一律实行免费;(4)为超龄青少年(14~16岁)设立继续教育学校;(5)改革考试制度,精简后的校外考试分学校证书考试(16岁)和高级学校证书考试(18岁);(6)禁止雇用不满12岁的儿童做工。

《费舍教育法》第一次在英国教育史上初步确立了一个包括幼儿学校、初等学校、中等学校和各种职业学校在内的公共学校系统,为在英国建立一个真正的国民教育体系奠定了基础;进一步简化了地方教育当局的财政资助。

(三)《哈多报告》和《斯宾斯报告》与中等教育改革

1.《哈多报告》与中等教育概念的扩展

1924年工党上台,明确宣布"人人受中等教育"作为该党教育政策的基础。1926年秋保守党上台,继续推行该项政策。1922~1938年间,英国教育委员会的咨询委员会共提出7份报告,其中对一战后英国教育发展影响较大的是1926年由咨询委员会主席哈多(W. H. Hadow)爵士主持和发表的《关于青少年教育的报告》(*The Education of the Adolescent*,1926),亦称《哈多报告》。后来的补充报告有《初等学校》(1931)和《幼儿学校与保育学校》(1933)。

1926年的《哈多报告》建议:(1)将11岁以下儿童的各种形式教育定名为"初等教育",11岁以上儿童各种形式的教育为中等教育;(2)中等教育应成为所有11~14岁儿童的权利;(3)中等教育主要有文法中学和现代中学两类,前者为升入高等学校做准备,后者偏重实用或实践教育;(4)义务教育年限延长至15周岁。

《哈多报告》被视为现代英国教育发展的里程碑之一。它极大地扩展了中等教育概念,为英国中等教育发展制定了明确目标,是20世纪30年代英格兰和威尔士中等学校改革的基础。其基本原则在1944年的《巴特勒教育法》中得到了确认。

2.《斯宾斯报告》与设立多科性中学设想的提出

1934年,剑桥大学基督圣体学院院长斯宾斯(W. Spens)爵士接替哈多担任英国教育委员会咨询委员会主席,于1938年提出《关于文法中学和技术中学的中等教育报告》,在英国教育史上以《斯宾斯报告》(*Spens Report*)著称。

《斯宾斯报告》的主要建议是:(1)确定将技术教育作为中等教育一部分的原则,建议保留初等技术学校,设置2~3年的课程,招收11~13岁的学生;开办普通技术中学,设置4年课程,招收11~15岁的学生。(2)强调以下层青少年为主要对象的现代中学是中等教育制度的组成部分。(3)重申各种类型的中等学校享有平等地位,但以智力水平为依据决定青少年11岁起进入何种类型中学。(4)中等学校课程除普通学科外还应包括具有直接职业价值的训练,并给学生选择学科的最大自由。(5)建议设立多科性中学,使其兼有文法中学、现代中学和技术中学的特点。

《斯宾斯报告》是对《哈多报告》的补充和发展,更强调社会需要和学校的社会职能以适应一战以后英国对中等技术人才的需求,推动了英国中等教育的发展,并为1944年《巴特勒教育法》的制定奠定了基础,"多科性中学"的设想是二战后发展起来的"综合中学"(Comprehensive School)的最初模型。

(四)《巴特勒教育法》与英国现行教育制度基础的奠定

1944年,以巴特勒(R. A. Butler)为主席的教育委员会提出的教育改革议案被国会通过,称为《1944年教育法》。在英国教育史上它以《巴特勒教育法》(Butler Education Act)著称。

《巴特勒教育法》的主要内容是:(1)废除1899年建立的中央教育署,设立教育部,作为全国教育行政领导机构。(2)将法定公共教育体系分为初等教育(5~11岁)、中等教育(11~18岁)和继续教育三个阶段。(3)将义务教育年限延长到15岁。(4)公立学校实行免费,并根据学生的年龄、能力和性向提供不同类型的教育。(5)教会学校纳入国家教育体制,并规定所有公、私立学校进行宗教教育。(6)独立学校须在教育部注册、备案并接受检查。(7)详细规定了地方教育当局的职责,包括为学生提供免费医疗、牛奶和午餐等;为缺陷儿童提供特殊教育;为考入收费学校的少数学生支付学费;为接受继续教育和高等教育的学生提供奖学金;为2~5岁的幼儿提供学前教育;设立郡学院,为未满18岁的离校青少年提供非全日制教育等。

《巴特勒教育法》继承了英国自19世纪以来历次重要教育法案中所提出的要求,从根本上结束了英国公立学校制度的混乱状况,使《1870年教育法》颁布后开始的教育国家化进程得以完成;在减少地方教育当局数量的同时赋予其更多的权力;形成了初等教育、中等教育和继续教育互相衔接的现代英国国民教育制度,扩大了教育机会,尤其是实现了"人人受中等教育"的目标。该法案是《1988年教育法》颁布以前英国教育发展的主要法律依据。

二、战后的英国教育

(一) 20世纪60~70年代的教育改革

《1944年教育法》的实施指明了战后英国教育发展的方向,但在改革的过程中出现许多新的问题需要继续调整。20世纪60~70年代,英国在中等教育、高等教育和师范教育继续进行新的改革。

1. 综合中学的发展

战后英国仍实行11岁考试作为进入文法、技术、现代中学"三分制"学校的选拔依据。进入20世纪60年代以后,以英才教育思想为基础的"三分制"中等教育结构受到教育民主化和教育机会均等的社会思潮的挑战。此外,战后英国以自动化为特征的工业革命改变了社会就业结构,"三分制"带来的中等教育结构僵化和接受完整中等教育人数不足的状况无法满足现实需要。在工党的推动下,综合中学在战后的英国得到很大发展。

1942年,英国工党提出中学一体化主张,提倡取消"三分制",实现中学综合化。1955年,工党在竞选中重申了这一主张。20世纪50~60年代初,英国一些地区逐步开始综合化改组,但由于保守党政府的反对,综合中学发展缓慢。1964年4月,英国教育部改为教育和科学部。同年10月工党组成新政府,加快了中等教育综合化的进程。

1965年,英国教育国务大臣克罗斯兰(A. Crosland)向各地方当局发布了题为"中等教育的组织"的第10号通告,提出综合中学的6种形式供各地方教育当局选择,包括一贯综合制(11~18岁)、各种两段制综合中学和两级制中等教育等。从后来的发展看,一贯制综合中学占绝大多数。虽受党派政治影响,但综合中学的发展是大势所趋,保守党的阻挠和抵制未能改变这一历史进程。到1980年,综合中学的学生数已占全部公立中学学生数的88%,综合中学已成为英国中学的主要类型,"三分制"基本瓦解。但私立中学依然存在,"公学"在这一时期依然保留。在1964~1979年的"公学革命"中,公学体面地埋葬了"公学"名称,和其他私立中学一起称"独立学校"(independent schools)。[①]

2. 罗宾斯原则与英国高等教育的发展

20世纪60年代被认为是英国高等教育发展史上的分水岭。1963年发表的《罗宾斯报告》,探讨了英国高等教育如何为社会服务这一重大问题。在多达178条的建议中,最为著名的是被称为"罗宾斯原则"的建议,即应为所有在能力和成绩方面合格的、并愿意接受高等教育的人提供高等教育课程。这一原则为当时的英国政府和各派政治力量所接受,成为20世纪60年代英国高等教育大发展的政策依据。

1966年,工党政府发表题为"关于多科技术学院和其他学院的计划"的白皮书,正式提出双重制(binary system)构想,即把高等教育分为"自治"部分(即大学)和"公共"部分(即除大学以外的各种学院)。1973年,通过合并现有学院,30所新型多科技术学院宣告成立,以培养具有实用性和应用性知识和技能的高等人才。

1969年,在英国诞生了颇具革新意义的开放大学。开放大学于1969年6月1日获得皇家特许状,1971年1月正式开学。它以成年人为主要教育对象,以现代化的教学手段和灵活的教学方式进行教学,为英国高等教育的发展注入了活力,也为许多国家所效仿。

3. 英国师范教育的改革

为提高中小学教学质量,英国师范教育在提高质量方面进行了新尝试,主要措施是:从1960年起将地方训练学院的学制由2年延长到3年;设置4年制教育学士学位课程;扩充教育学院研究生水平的师资培训课程;从20世纪70年代初期起,政府禁止未受过教育专业训练的大学毕业生从事中小学教学工作。

1967年的《普洛登报告》建议对英国师范教育体制进行全面调查研究。1972年1月发表的《詹姆斯报告》提出一个全新的职前教育和在职培训计划,即著名的"师资培训三段法",把师

---

① 王承绪、徐辉主编:《战后英国教育研究》,江西教育出版社1992年版,第123页。

资培训分成由个人高等教育、职前教育专业训练和在职进修三阶段构成的统一体。

1972年12月,政府发表题为"教育:一项扩展的规划"的白皮书,提出了未来10年英国师范教育的改革方向。其内容包括对《詹姆斯报告》建议的评价和英国政府改革师范教育的具体设想,涉及师范教育的性质、管理、规模等方面。1973年初,政府又发表了题为"非大学部分高等教育的发展"的第7号公报,也提出对师范教育体制进行改革。

英国的师范教育体系在20世纪70年代出现了以下两个方面的显著变化:第一,1975年撤消地区培训组织,师范教育的规划和经费分配等由教育和科学部、全国师范教育与培训委员会、地区委员会三重体制负责。第二,从20世纪70年代中期起,师范教育由定向与非定向相结合的体制朝着非定向型体制转变。至20世纪80年代初,英国基本上不存在独立培养师资的专门机构,师范教育作为一个专业合并于大学教育院系、多科技术学院和高等教育学院之中。

(二) 20世纪80年代以来的英国教育改革

1.《雷沃休姆报告》与英国高等教育改革

20世纪70年代,世界范围的经济危机首先从英国开始,高等教育的发展也陷入困境。英国政府大量削减教育经费以紧缩公共开支;英国的人口出生率从20世纪60年代中期起逐年下降,大学适龄青年人数减少;在高等教育的性质、经费、结构、专业设置和招生等方面还存在问题。1981年,英国高等教育研究会在雷沃休姆基金会的赞助下对英国高等教育进行长达2年的调查研究,1981~1983年汇编成11份专题报告,即《雷沃休姆报告》。

《雷沃休姆报告》的主要内容是:(1)采取灵活多样的方式扩大高等院校的入学途径。(2)调整高等教育课程的内容和结构,以适应知识的综合性和未来职业的多变性的需要。(3)进一步改进高等教育的管理。与双重制界限日趋模糊相对应,多样性应成为英国高等教育的重要特征;提出调整政府与高等院校的关系的建议。(4)加强高校内部的专业化管理,提高教学和科研水平。(5)提出对高校学生资助的多种方式。

《雷沃休姆报告》是民间团体调查研究的文件,但对英国高等教育的改革和发展有重大影响,被称为英国高等教育史上的重要里程碑。该报告成为后来一系列有关高等教育的报告和政府文件的序曲,其中不少内容为《1988年教育改革法》所吸收。

2. 撒切尔主义与《1988年教育改革法》

1979年,以撒切尔夫人为首的保守党执政。她在担任首相期间,几乎给每个公共部门的每一个方面都带来了变化。她非常强烈地信奉新自由主义关于私有化的观点,重视市场力量,同样也信奉新保守主义关于回到质量和排他性的老标准的观点。她决定离开在她看来是过度集体主义的政府理念,走向强调市场服务的小政府大市场执政理念;与此同时,她注重培养精英人才,并大力推行全国统一的课程计划和全国成绩评定制度。

英国学校教育体系的各级教育在历史上都是精英主义的,学校数量很少,其中很多是私立的,关注金字塔的顶层,教育那些可堪造就的孩子以促使其向上升迁。在撒切尔主义的影响下,英国教育界大力推行"市场理论",在教育政策上强调教育的选拔性,教育目标上注重培养精英人才。1986~1993年间,保守党政府颁布了一系列法案,其中最为重要的一部单行本立法是1988年7月29日颁布的《1988年教育法》。

《1988年教育法》的主要内容有：(1)实施全国统一的课程计划和成绩评定制度。确定义务教育阶段所有学生的10门必修课程，包括3门核心学科：英语、数学和科学，7门基础学科：历史、地理、技术、音乐、美术、体育和现代外语；实施全国成绩评定制度：为各学科制定明确的教学目标，每目标分为与年级相对应的10个水平，分别在7岁、11岁、14岁和16岁进行评估。(2)提出"入学开放"新政策，规定每所中小学每年招生数的最高限额，以确保家长为子女选择学校时不会因招生名额有限而落空。(3)设立新型中等教育机构，即城市技术学校和城市艺术技术学校以加强科学技术教育。(4)废除高等教育"双重制"，属于"公共"部分的学院脱离地方教育当局管辖，取得与大学同等的法人地位。

《1988年教育改革法》标志着英国保守党政府拉开了以小政府大市场为原则的新一轮教育改革的序幕。保守党政府涤荡了社会民主主义的影响，把加强中央控制与自由竞争的市场机制结合起来，通过"直接拨款学校"政策来削弱地方教育当局权限，同时适当扩大中小学权限；通过建立全国性课程标准和鼓励学校之间的竞争等措施以提高教育质量，打破了英国中小学课程设置由地方教育当局和各个学校与教师自行决定的传统；采取多种措施试图加强科学技术教育以推动英国经济发展。但英国社会上也出现了许多批评意见，如认为市场机制是一把双刃剑，在增强教育制度的灵活性、多样性和自主性的同时，也给教育发展带来很多负面影响，如竞争导致的合作精神缺乏和加重了教育中的不平等等。①

3. "第三条道路"与《2002年教育法》

进入20世纪90年代以后，西方"第三条道路"思潮兴起。1998年，当时的英国首相布莱尔发表《第三条道路：新世纪的新政治》的施政报告，详细阐述了工党的执政思想。所谓"第三条道路"是指在知识经济时代一套适应当代科技、经济、社会、阶级、环境等全球性变化的"中间偏左"的社会民主主义政治哲学，它超越了传统右翼政党信守的自由竞争思想和传统左翼政党主张的国家干预主义，倡导建立一种既强调市场机制又强调政府作用的"混合型经济"模式，试图在国家与市场、个人与政府、竞争与合作、权利与义务、公平与效率、人类与自然等之间寻求新的平衡点，以建设强大和充满活力的新英国。②"第三条道路"的主张对英国的教育改革产生了重大影响。布莱尔政府将教育置于优先地位，把增加教育投入、改革教育体制和提高教育质量作为政府立法的首要目标。

新工党政府在教育改革上对以往的"撒切尔主义"所强调的通过提高教育标准来择优汰劣，将高贵文化传递给少数精英，差学校最终会被淘汰等做法进行了严厉批评和彻底改造。在此基础上，提出了一系列旨在消弭教育差异、实现教育公平、有利于均衡发展的教育主张，如坚持教育机会均等；关注薄弱学校和处于不利地位的学生，帮助他们摆脱困境来提高整个教育标准；强调所有学校、所有学生的成功；倡导教育中的包容以消除排斥现象等，力求使英国基础教育走向均衡发展的轨道。

---

① 易红郡著：《从冲突到融合：20世纪英国中等教育政策研究》，湖南教育出版社2005年版，第492页。
② 同上书，第494页。

在上述指导思想下，新工党政府出台了一系列教育报告、教育计划和教育立法。1997年，英国工党政府发表教育白皮书《追求卓越的学校教育》，明确要求改变精英教育模式，改变教育中的两极分化状况，把提高一般学生的成绩放在首位。1998年，颁布了《学校标准和组织法》。1998年，工党政府批准成立了第一批"教育行动区"（Education Action Zone）。教育行动区计划旨在积极引进校外力量，以公立私营、学校和社会共建等方式改造薄弱学校。至2001年，已经成立了73个教育行动区。①2001年6月，工党再次在大选中获胜，强调制定国家教育标准并建立相关机制予以保证；鼓励中小学和大学有更大的自由培养学生的创新能力；解决教师严重短缺的问题，对教师实行奖优政策。同年，英国新工党政府将"教育与就业部"（原教育和科学部于1995年改为教育与就业部）更名为"教育与技能部"。2002年，教育与技能部发表的《传递结果：到2006年的战略》全面勾画出2002～2006年的英国国家教育政策框架。

2002年6月24日，英国颁布《2002年教育法》，对《1988年教育法》和《1998年学校标准和组织法》的一些规定进行了修改：(1)强调建立起能够促进学生精神、道德、文化、智力和身体各方面发展的均衡的、宽基础的课程体系，并提高学生的教育达标率；(2)详细规定了如何对教育和儿童保健实行财政补助；(3)公立学校的管理必须置于董事会领导之下，董事会对公立学校的管理必须着眼于教育质量和绩效的提高；(4)进一步详细规定了在何种情况下地方教育当局和国务大臣可以干预学校，要求国务大臣确保地方教育当局的职能得到恰当履行的权力；(5)规定了教师的工资和待遇、学校教师评估和学校教师资格，等等。②

《2002年教育法》继续了保守党执政时期的《1988年教育法》的一些做法，如通过"国家课程"和"国家考试"以提高基础教育质量，但将教育目标指向教育机会平等和大多数学生的发展，而不只是少数精英；通过管理权的招标，吸引教育以外的社会力量参与教育薄弱地区学校的管理和运作，从而为薄弱学校带来新的管理思路、经验和资金，迅速提高这类学校的教育质量，以达到全面提高教育质量的目的，实现均衡发展。

第二节 法 国

大革命和第一帝国时期的教育改革初步奠定了法国现代教育的基础。进入20世纪以后，法国教育继续朝着现代化和民主化的方向发展。第一次世界大战以后，为了恢复和发展经济，法国从德国的职业技术教育中得到启发，首先着手发展技术教育和职业培训。1919年制定的《阿斯蒂埃法案》（一译《阿斯杰法》）是法国关于职业教育的第一个宪章。其次，教育民主化始终是20世纪法国教育改革的主旋律，是20世纪上半叶的重要思想和下半叶的奋斗目标。1947年由郎之万和瓦隆负责制定的《教育改革方案》强调教育民主化的概念是全民族素质的提高。初等教育和中等教育先后由双轨制过渡到单轨制，战后50年间高等教育入学人数增长10倍。再次，戴高乐执政时期（1959～1969）颁布的《教育改革法令》、《国家和私立学校关系

---

① 杨军：《英国促进基础教育均衡发展政策综述》，《外国教育研究》2005年第12期。
② 吕达、周满生主编：《当代外国教育改革著名文献》（英国卷第二册），人民教育出版社2004年版，第239～301页。

法》和《高等教育方向指导法》奠定了20世纪60年代以后法国教育制度的基础。最后,20世纪80年代以来法国围绕着如何实现真正的民主、应对知识经济的挑战、解决失业率居高不下和使法国在统一的欧洲占有重要一席等问题进行了教育改革。但传统观念对技术教育的轻视、经济的不景气、政局的错综复杂和官僚主义这个"法国病"等使法国教育改革举步维艰。

一、20世纪上半期的法国教育

20世纪上半期,法国的教育改革在三个领域展开。一是通过开展统一学校运动对带有明显等级色彩的双轨教育制度进行了改造,将原来双轨制的初等教育和中等教育前期连接起来,让所有儿童接受相同的教育,希望通过教育的普及和发展来缩小和消除社会的不平等。同时在初中阶段的第一年设立方向指导班,根据的是学生兴趣倾向而不是家庭出身和社会地位,这就要求教师深入了解学生,并在教学中采用新的精神和方法。二是通过《阿斯蒂埃法案》的颁布发展了技术教育和职业培训。三是中等教育中的文实之争和《莱格法案》的颁布。

(一) 统一学校运动与方向指导班实验

到19世纪末,法国已经建立起近代国民教育制度。法国教育管理高度集权,教育内容实现了标准化和统一化,教育目标由国家来规定;依据义务、世俗和免费的原则建立起小学教育网;法国是第一个建立国立中学体系的国家。法国的学校因为教儿童哲学而与其他大多数欧洲学校形成显著差异。正是对修辞和哲学的关注形成了法国国立中学生的独特风格。

但19世纪末的法国学校系统是充满等级色彩的双轨制:一轨是母育学校——初等学校——高等小学或职业学校,学生多为下层家庭子弟,毕业后成为劳动阶级的后备军;另一轨是家庭教育或中学预备班——中等学校(国立或市立中学)——大学或高等技术学校,受教育者多为富家子弟,毕业后成为法国中上层统治人才或技术精英。

要求改革法国教育体制的运动是在1919年由"新大学同志会"[①]的教师发起的。他们呼吁全面改革法国教育制度,并把主要矛头指向双轨制,认为它是产生阶级差别的土壤,影响了政治和公民平等的真正实现。他们的方案要求建立一种"统一学校",这种统一学校具有初等和中等教育的共同基础,它根据学生的能力与倾向向所有儿童开放。

实现上述理想的第一步是1923年政府决定在初等教育阶段实行统一学校制,即所有初等学校,不论是公立小学还是中学预备班都必须遵循同样的教学大纲,开设同样的课程。所有6~13(以后延长至14)岁的儿童,不管在什么学校原则上都能接受同样的教育。第二步是1930~1933年在国立中学与市立中学逐步实行免费教育。第三步始于1937年,当时国民教育部长让·蔡伊(J. Zay,一译雅依)将教育部的两个司的名称改为"初等教育司"和"中等教育司",分别负责初等教育与中等教育。这两个阶段是互相衔接的,而不是两种类型的教育。

蔡伊还负责在实验的基础上倡导在国立中学与市立中学内建立指导班,在由教师、家长与医生组成的小组的持续观察的基础上,建议学生选修最合适其才能的课程。1937年5月22

---

① 应该注意到,这一团体的名称在英语中应该是"新教育体制的倡导者"。参见[美]艾萨克·康德尔著,王承绪等译:《教育的新时代——比较研究》,人民教育出版社2001年版,第238页。

日,蔡伊以教育部规则的形式命令在全国建起50个试验点,正式在中学的第一年设立方向指导班,以便根据儿童的兴趣和能力进行教育。根据这项命令,对学生的指导要根据学生的兴趣、倾向而不是其家庭出身、社会地位,这就要求教师深入了解学生,并在教学中采用新的精神和方法,包括兴趣中心、活动方法、小组活动和师生在教学中的合作等。1938年,教育部两次组织各试验点的教师开会,讨论方向指导班的工作,对实验结果进行评估。会议还对如何改进指导班的工作进行了讨论,并定出一些新措施以推动中等教育,特别是教学方法上的改革。但不久第二次世界大战爆发,指导班的实验被迫中止。

统一学校运动所提出的教育改革计划有很多并未能实际执行,因为更充分实现"新大学同志会"的理想尚有待于制定出能体现改革规划的教育法令。但它推动了法国教育民主化的进程。法国中小学教育双轨制真正转向统一学校结构是在战后制定了种种改革规划后才逐步实现的。

(二)中等教育中的文实之争

在19世纪末的法国,古典教育和专门教育的争论一直持续着。费里曾大力解决这个难题,1880年和1882年两次要求减少古典教育,加强现代法语和理科的教学。1890年,教育部长布尔乔亚(L. V. A. Bourgeois)也曾试图改革古典中等教育。按照1899年里博(A. Ribot)报告书的基调,法国政府于1902年颁布了《莱格法案》(也称《莱格中等教育改革法》),规定法国中等教育与4年的初等教育相衔接;中等教育分为两个阶段,第一阶段4年,第二阶段3年,每个阶段都通过适当分组以实现文实并重。1902年的改革使注重讲授法语和自然科学课程的现代学科与以拉丁语为必修课、希腊语为选修课的古典课程平等并列,学生可以自由选择。

1923年,保守的贝哈赫(L. Berard)任教育部长时反对1902年改革。他的观点得到许多国会议员的赞同,终于使法国总统米勒兰(E. A. Millerand)于1923年5月3日正式颁布法令,规定在中学前4年中所有学生都学习同样的课程,包括4年的拉丁文、2年的希腊文和其他科目。

法国中等教育课程中的文实之争的结果,是使中学课程中的古典课程和现代课程得到兼顾,但大大加重了学生的学习负担。总的说来,法国的教育以理性主义为目标,历来重理论、轻实践,重文科教育和数学等基础理论、轻实用学科。如何改变这种状况以适应形势发展的需要,一直是二战以后法国教育改革的重要任务之一。

(三)《阿斯蒂埃法案》与职业技术教育的发展

大革命时期建立起来的巴黎理工学校等,使法国高等技术教育在19世纪前半期居世界领先地位。但由于法国重文轻理、重古典学科轻实用学科的传统观念根深蒂固,19世纪后半期法国的职业技术教育相对落后于欧美很多国家。一战后为了恢复和发展经济,1919年,由阿登省议员阿斯蒂埃(P. Astier)提出的职业技术教育法案被议院正式通过,史称《阿斯蒂埃法案》。

《阿斯蒂埃法案》规定:由国家全面负责职业技术教育;职业技术教育机构可以有公立与私立之分。由市镇为工商部门的艺徒、成年工人和职工举办职业补习班,其经费由国家和雇主各负担一半。私立职业技术学校可以得到国家的承认并得到国家颁发的补助金;18岁以下的青年男女有接受免费职业技术教育的义务,而雇用他们的工厂主、商人等必须保证他们每周有4

小时的时间接受职业技术教育,年学时累计不少于 100 小时;职业技术教育的内容包括普通教育、职业基础课程和获得实际技能的实习。

《阿斯蒂埃法案》被称为法国历史上的"技术教育的宪章",它建构了法国职业技术教育的基本框架。以后法国政府多次颁布补充法令进一步完善了职业教育体制。如 1925 年的法令规定设"学徒税",即所有企业每年必须将本单位工资总额的 2‰ 用于职业培训;1930 年,法国通过法律承认并资助各省早已开办的职业方向指导中心。

二、战后的法国教育

二战结束后,第四共和国立即着手恢复与重建教育事业,以适应社会发展的需要。法国政府提出:教育的任务就是要让每个年轻人都受到双重的培训,既使他们具有理解、判断以及改变周围世界的能力,又要使他们掌握将来积极参加国家社会经济生活的特殊本领。根据这个指导方针进行的重要改革有:1947 年的郎之万—瓦隆改革、1959 年的中等教育改革、1968 年的高等教育改革、1975 年的普通教育改革和 20 世纪 80 年代的综合性教育改革。

(一) 郎之万—瓦隆的《教育改革方案》

在法国近现代教育史上,对教育发展影响最大的有三件事:大革命时期 1792 年的孔多塞方案、1881 年的《费里法案》和 1947 年的郎之万—瓦隆《教育改革方案》。大部分中法教育史学者认为,费里的"共和国学校"实行双轨制,带有明显的精英主义色彩和阶级性;郎之万—瓦隆的思想在很大程度上与孔多塞如出一辙,强调民主化。①

1944 年德国法西斯战败投降,法国议会通过决议组织"教育改革委员会",任命法国著名物理学家郎之万(P. Langevin,1870~1946)为主席,儿童心理学家瓦隆(H. Wallon,1870~1962)为副主席,负责制定长远的教育改革规划。他们于 1947 年向议会提交了《教育改革方案》。

郎之万—瓦隆《教育改革方案》(*Plan Langevin - Wallon*)的主要内容有:(1)批评了法国教育与现实生活和科学现状脱节等弊病,提出培养现代生产者与公民的教育目标。(2)提出六条教育改革原则:人人都有受教育的权利;社会上一切工作的价值平等;尊重儿童性格,发展个人才能;对学生先进行一般方向的指导再给以职业方向指导;各级学校教育实行免费;加强师资培养,提高教师地位等。(3)实行 6~18 岁的义务教育制:6~11 岁为基础教育阶段,12~15 岁为方向指导阶段,16~18 岁为分别教育阶段。(4)规定高等教育分为 2 年预科、2 年硕士和最后的国家学位阶段。(5)在课程设置上加强自然科学和技术学科的比重,增设经济科目,等等。

该方案在当时未作为正式法令公布实施,但提出的基本原则成为法国战后历次教育改革的重要指导思想。20 世纪 40 年代末和 50 年代所提出的各种教育改革计划,以及第五共和国时期的一系列教育改革,实际上都是郎之万—瓦隆《教育改革方案》的继续和发展。

(二) 戴高乐执政时期的教育改革

戴高乐任法兰西第五共和国总统时期(1959~1969),奉行独立自主的外交政策,为谋求社

---

① 邢克超:《失学校者失天下——2002 年法国大选引发的对教育的思考》,《比较教育研究》2004 年第 9 期。

会稳定与增强经济和军事实力而重视教育改革。戴高乐政府在1959年和1968年先后颁布三项教育法令:《教育改革法令》、《国家和私立学校关系法》和《高等教育方向指导法》,奠定了20世纪60年代以来法国教育制度的基础。

1.《教育改革法令》

1959年1月6日颁布的《教育改革法令》亦称《德勃勒法案》,规定将义务教育年限由6~14岁延长至16岁并分为3段:(1)6~11岁为小学教育,所有儿童学习相同的基础知识与技能;(2)11~13岁为中学"观察期",对每个儿童的能力与性向进行观察以判断其升学或就业的方向;(3)13~16岁为中学"方向指导期",根据学生的能力、学业成绩及性向等对学生的升学、就业加以具体指导,以确定其升入什么类型的高中。该法令为大多数学生提供了7年的普通教育,向统一学校方向迈进了一步。

2.《国家和私立学校关系法案》

1959年12月通过的《国家和私立学校关系法案》规定:国家采取"简单契约"或"协作契约"的形式分别给予私立学校以财政资助。自愿签订"简单契约"的私立学校一方面可以接受国家补助,如只要在学制、教师资历、班级人数和卫生条件等方面符合国家规定,其教师工资与公立学校同级同类教师工资相同,并提供教学设备、基建和维修费用。另一方面,这类私立学校必须采用公立学校的生活规则和教学大纲并接受国家监督。这项法令加强了国家对私立学校的控制,同时也有利于天主教势力在法国的巩固与发展。

3.《高等教育方向指导法》

1968年11月通过的《高等教育方向指导法》又称《富尔法案》,成为战后法国高等教育改革的总纲领。该法案提出高等教育应按照自主自治、民主参与和多科性结构三项原则进行改革。它规定:大学是享有教学、行政和财政自理权的国家机构;在教育部长及大学区总长的领导下,各大学及"教学与科研单位"设立各级委员会负责管理学校;打破以往学科的阻隔及互不联系的传统,发展各学科之间的联系,重新组合各种相邻的学科创立新型课程。该法案旨在改进政府对大学的控制,使高等教育的专业设置更符合经济和科技发展及国际竞争需要。

(三) 20世纪70年代的职业技术教育和中小学教育改革

法国在20世纪70年代已经进入世界先进国家行列。第六个教育规划(1971~1975)进一步要求教育与经济、社会发展相协调,优先考虑加强职业技术教育,使人力资源的开发、利用与就业教育训练之间相协调。进一步改革中小学教育内容和方法,以使其现代化。

1. 职业技术教育改革

1971年7月,法国议会通过了《职业教育方向法》、《艺徒训练改革法》、《工艺教学方向指导法》、《企业主承担初等阶段职业技术教育经费法》等四个相同类型的法案,强调终生职业培养是国民义务教育的组成部分,由国家、地方集团、公私立学校、职业团体、家庭和企业部门共同负责;艺徒制是教育的方式之一,应向义务教育期满后的青年工人授以一般的理论和实际知识技能;规定人人都可受工艺的和经济生活的入门教育;企业主交纳学徒税5%,用于工艺和初等阶段的职业技术教育。

上述法案从1972年开始实施,对于提高职业技术教育地位,推动第一阶段中学结构改革,扩大教育机会均等都有重要作用。但由于传统观念的影响,法国职业技术教育的社会地位和师生素质始终难以提高。此外,法国职业技术教育主要依赖政府的提倡,无法解决劳资双方的矛盾;职业教育没有建立严格的考试制度,其培训训练效果远不如德国。

2. 哈比改革

1975年7月,法国议会通过并颁布了当时教育部长哈比(R. Haby)提出的一项教育改革法案——《法国学校体制现代化建议》(简称"哈比改革"),试图对中小学教育体制、课程设置、教学大纲、教学方法和教学手段进行现代化改革,尤其试图加强中小学技术教育,以适应现代化生产对各种劳动力的需要。

"哈比改革"的主要内容有:(1)中小学教育应重视学生个性差异和运用个别化教学。学生入学与升级应根据个人智力发展和接受知识能力而不是年龄而定。(2)推动教学内容和教学方法的现代化。加强实验科学、技术教育和劳动教育,减少公民课,增加经济课,强调各门学科间的关系及其与实际生活的联系;加速教学手段的现代化。(3)重视职业教育。在初中三、四年级开设职业教育选修课;在高中设置高度专门化的技术选修课。(4)学校教育管理应更加开放灵活。中学校长由教育部长任命,学校内成立各种组织参与行政管理;应调动教学人员和学生家长的积极性,更多地吸收社会各方面力量参加教育教学工作。

上述法令从1977年正式实行。"哈比改革"旨在改变法国停滞、僵化的中小学教育,实现教育内容和教育方法的现代化,以及教育管理的多样化,以满足现代化生产对劳动力的需求,降低失业率。但法令实施后引起如学生负担过重和某些课程因时数减少降低了教学质量等新矛盾。随着第七个教育规划(1976~1980)的实施,"哈比改革"法案得到修正和补充,在使职业教育与普通教育结合、改善师资培训、扩大学校现代化设备等方面取得了一定成就。

(四) 20 世纪 80 年代以来的教育改革

20世纪80年代以来,面对知识经济的挑战、欧洲统一步伐的加快、国内失业率居高不下和学校淘汰率高等问题,法国政府进一步加大了教育改革的力度。

(1) 在中小学教育方面,1981年法国社会党上台后,以实现教育的民主化和现代化为指导思想对教育进行大规模全面改革。法国新政府首先组成了以著名教育家路易·勒格郎为首的全国工作委员会,对最敏感的环节——初中教育进行改革探索。该委员于1982年12月向政府提交了题为"为建立民主的初中而斗争"的长篇报告,认为法国初中面临的严重问题是质量下降,改革措施是:建立新的教学组织——教学体,由78~104名水平各异的学生和1个教师小组来负责;重新调整教学内容,应更重视启蒙学科;保证每个学生都接受相同的教育;建立教师监护制度等。[①] 政府以此为蓝本制定了初中改革方案。1984年,通过了法佛雷关于小学教育的报告。1989年,颁布《教育指导法》,要求在2000年使80%的适龄青年达到高中毕业水平;成立国家教学大纲委员会,负责指导、审查、修订教学计划和教学内容,使其适应不断变化的社会需要。[②] 1995年,法国政府重新修订颁布了中小学课程方案,加入公民教育、实用技术

---

① 吕达、周满生主编:《当代外国教育改革著名文献》(德国、法国卷),人民教育出版社2004年版,第253~276页。
② 同上书,第317~324页。

和学习方法指导的内容。1998年,召开全国高中教育会议,提出高中课程应该从重数量转向重质量,强调知识的综合、实用,并加快高新技术进入课堂的步伐。

(2) 在高等教育方面,1983年,法国政府根据普洛斯特《关于高等教育改革》报告,强调高等教育要实现"现代化、职业化和民主化",对高等教育进行了自1968年以来最大的一次改革。1983年12月20日经国民议会投票通过,1984年1月26日由共和国总统颁布执行的《高等教育法》界定了"公共高等教育事业"的概念;规定了由国民教育部负责的高等教育的实施原则;规定了科学、文化和职业公立高等学校的组织与管理原则;规定了科学、文化和职业公立高等学校的受教育者和教育人员的资格;对高等教育的省、地区和全国性的机构做了规定。[①] 1990年举行"2000年大学"讨论后制定了《全国高等教育发展规划》,要求发展高新技术,加快科研,调动地方办大学的积极性,鼓励和促进欧共体国家的高校和学生之间的联系与交流,将使法国在未来世界和统一的欧洲中占有重要一席作为高等教育的优先发展目标。

(3) 在职业技术教育方面,1981年9月,贝特郎·施瓦兹教授向政府提出《提高青年人的职业水平和社会地位》报告,分析了青年面临的三大问题:失业率高、就业位置越来越差和犯罪率高,提出了解决这些问题的三大重点:保证所有16~18岁青年的职业资格和社会地位;便于18~21岁青年进入职业社会;把青年吸收到城市及国家生活中来。[②] 1985年,法国教育部制定了一项鼓励中小学和经济企业界加强合作的政策,旨在使教育体制更加接近经济现实,让企业了解教育制度,以提高青年人的素质,帮助其更好地进入社会经济生活。1986年,法国就加强和改善中等职业技术教育,并对利用现代化技术设备武装学生采取了新的措施。1993年,在关于劳动、就业和职业培训的《五年计划法》中,法国政府再次强调教育在青年的职业融入方面的特殊作用,强调按照终身教育思想构建新的教育体系。

(4) 在艺术教育方面,1987年,法国国民议会投票通过《艺术教育法》,并成立由教育部和文化部成员组成的艺术教育委员会,为以后10年发展艺术教育投资20亿法郎做出安排。

2003年9月组建的由法国教育部原评估与预测司司长克劳德-德洛为主席的"学校未来的全国讨论委员会"组织了全国性的讨论,于2004年向教育部提交了题为"为了全体学生成功"的最终报告,提出了未来教育的宏伟目标:为了全体学生成功,即要使全体学生在义务教育完成之后,都能够具有就业所必需的知识、能力和行为准则,并为终身学习奠定基础。同年,议会通过了《学校未来的导向与纲要法》,并于2005年4月23日由共和国总统正式颁发。其主要精神有两个方面:构建"共同基础"和促进教育平等。在共同基础方面,强调两大支柱:语言和数学;两大能力:英语和信息技术。在教育平等方面,要求改变学校质量不平等和由于考试、评估、分流、定向等加剧的不平等。[③]

综上所述,20世纪80年代以来的法国教育改革的重点一是试图通过教育内容和方法的改革,不断把新的科学成果充实到教材中去,并实现教学手段的现代化;二是加强职业技术教育,努力使教育与现代生产和实际生活相联系,解决青年就业和经济快速发展问题;三是通过

---

① 吕达、周满生主编:《当代外国教育改革著名文献》(德国、法国卷),人民教育出版社2004年版,第277~299页。
② 同上书,第268~276页。
③ 王晓辉:《法国新世纪教育改革目标:为了全体学生成功》,《比较教育研究》2006年第5期。

对学生的个别指导解决学校的高淘汰率问题。

(五) 法国当代教育改革的难题

虽然经过了多次改革,法国教育仍存在许多难以解决的问题,如淘汰率很高,学校的教学内容和方法不能适应新形势的要求,教育民主化问题有增无减,以及职业技术教育始终难以发展等问题。

第一,法国学校的淘汰率很高。从小学到大学,每个阶段都要淘汰一批学生,能通过高中毕业会考的只占同龄人的1/3。在普通教育阶段,每年有20~30万青少年没有任何文凭和资格就两手空空地离开学校。高等教育第一阶段淘汰率通常在50%。这个问题严重降低了学校声誉,不利于国民素质的提高,增加了社会不稳定因素。

第二,学校的教学内容和方法不能适应新形势的要求。虽然历次改革都做了很大努力,但法国教育中偏爱哲学和数学的精英教育传统积重难返,导致对职业技术教育的轻视,进而影响法国经济和科技的发展。

第三,教育民主化问题有增无减。当代法国教育体制的特点之一是双轨制上升到高等教育阶段。在高等教育阶段存在着两类截然不同的机构——大学和大学校,它们分别代表大众(普及型)和精英(高选择型)两个方向,无论在招生方法、专业设置、教学组织、学校管理和师生待遇,还是在结业形式和毕业出路等方面,都不可同日而语。综合性大学向所有的高中业士文凭持有者开放,带有普及色彩;大学校则实行严格的选拔和淘汰制度,含有培养精英的态势。虽然大学校的文凭不是国家学位,却可以使人受益终身,几乎注定出人头地。另外,大学校预备班和大部分大学校本科实行免费甚至津贴制度,这种"积极歧视"的实质是少数人享用公共资源。

第四,历届法国政府虽然不断颁布各种教育改革的法案和文件,改革的举动都不小,但具体成效并不大。例如2002年,法国政府公布了初等教育新教学大纲,是法国历史上首次由专家而不是教育工作者编制的大纲,其核心思想是要增加难度。但由于大纲过难和不适用,使小学生难以适应,更增加了淘汰率。再加上左派在大选中失败,"改革"便不了了之。又如高中阶段在20世纪90年代有两项大的改革措施:一是提倡全面发展和基础宽厚,调整了过细的分科,但由于传统的惯性,后来又陆续增加了"科中之科";二是开设"有指导的个人研究活动",但因为缺乏经费,最后也流于形式。①

(六) 法国的文化传统与教育改革

法国教育的很多问题根源于其特殊的文化传统,尤其是从笛卡尔以来重视哲学和数学的教育传统,以及自拿破仑以来的中央集权领导体制的管理传统等。"中央集权制、一致性和唯理智论,是法国几个世纪以来特别是大革命以来的主要工具。"②在1808年以后的发展过程中,拿破仑制度的主要原则经过多次政治动乱和教育抱负的反复依然保存下来。对法国而言,要改变这些传统的东西特别困难。在20世纪的历次改革中,为使法国能够成为技术强国而进行的无数次革新,都无法从根本上改变具有法国特色的精神。

---

① 邢克超:《失学校者失天下——2002年法国大选引发的对教育的思考》,《比较教育研究》2004年第9期。
② [英]埃德蒙·金著,王承绪、邵珊、李克兴、徐顺松译,王承绪校:《别国的学校和我们的学校——今日比较教育》,人民教育出版社2001年版,第172页。

首先，法国的教育传统历来重理论、轻实践，重文科教育和数学等基础理论、轻实用学科。"以比较强调实验的国家如美国和英国的现代标准来看，法国制度还是过分拘泥于形式和过分强调书本知识。"①法国人认为，这种教育是培养政界、政府部门以及知识界等各种杰出人才的最佳途径，并认为它是促使法国文学在世界文坛上占有卓越地位的根本力量。正是由于这些原因，改革中等学校（包括国立中学和市立中学）课程的提议始终遭到强烈反对。虽然二战以后，鉴于科学技术的不断发展，法国的历次改革不断试图抛弃传统，追求教育内容的现代化，提倡和加强职业技术培训，但古典课程始终是最受欢迎的。这种情况无疑会对法国的经济发展产生负面影响，反过来造成的经费不足又制约了教育改革。

其次，由于法国社会定期发生危机，中央集权制的原则更为人们所坚持。虽然人们倾向于认为法国的中央集权制度和极权下的中央集权有本质差别，但法国的教育领导体制也染上了和其他部门一样的官僚主义的"法国病"。对这种体制的改革，无疑是要求整个国家机构内有更大的灵活性、创造性和多样性。

再次，法国政局复杂，社会动荡，也影响了教育改革的成效。法国有150多个政党和政治性组织。其中影响较大的左翼党有社会党和法国共产党，右翼政党有保卫共和联盟和法国民主同盟。总统和总理经常分属不同党派，常导致政见不一、分庭抗礼，影响了施政方针的一贯性和统一性。由于教育部长变动频繁，无法进行有关根本性改革的讨论。"1945年以来，也没有一个执政的联合政府能保证学制的大改组不会在将来某一个时期被抛弃。"②此外，法国教育工会派系复杂，以左派为主，政治力量巨大，甚至有与教育部"共管"学校之说。政府和教育部如果不重视其作用，常会导致教育改革的失败。

最后，移民问题也影响着法国教育的发展。2005年的城市骚乱就是一个例证。③

第三节 德 国

在20世纪德国的教育发展史上，魏玛共和国时期（1919～1933）的教育具有重要的意义，奠定了此后德国教育发展的基础。1933年，希特勒在德国建立了法西斯专政。在纳粹统治时期（1933～1945），德国的学校教育被纳入法西斯轨道，成为了实行法西斯专政的工具。战后的西德恢复了魏玛共和国时期的教育制度，东德则实行社会主义教育，形成了两种制度和两种文化的对峙。20世纪90年代初，德国再次由分裂走向统一以后，德国又面临着文化融合与再造的艰巨任务。在原东德地方建立了新州，按照西德教育模式对原东德教育进行重建。

一、魏玛共和国时期的教育

1918年，德国在第一次世界大战中战败，德意志帝国随之灭亡。之后进行的11月革命推

---

① [英]埃德蒙·金著，王承绪、邵珊、李克兴、徐顺松译，王承绪校：《别国的学校和我们的学校——今日比较教育》，人民教育出版社2001年版，第114～115页。
② [美]艾萨克·康德尔著，王承绪等译：《教育的新时代——比较研究》，人民教育出版社2001年版，第187页。
③ 邢克超：《社会问题、教育问题、抑或种族问题？——法国2005年城市骚乱简析》，《比较教育研究》2006年第3期。

翻了君主立宪制,建立了资产阶级民主议会制共和国。1919年2月,德国国民会议在魏玛召开,选举出新政权,并制定了以民主和共和为基本特征的德国宪法,确立了共和的国家体制。魏玛共和国时期的"自由化"和"民主化"改革在德国历史的发展进程中具有重要的意义。虽然魏玛共和国只存在了14年,但二战结束以后,德国人首先想到的就是恢复魏玛精神,并按照这种精神重新开始德国的民主化进程。魏玛精神成为20世纪德国文化转变的最重要标志。①

(一)魏玛共和国时期学校教育体系的建立及其意义

1800~1920年前后,德国学校教育的结构类型具有明显的阶级特征,并表现为两种完全不相干的学校类型,即所谓"初级学校"和"学者学校",分别招收不同学生,完成不同的教育任务。前者招收下层子弟,后者招收上层子弟,体现了原始意义上的"分轨"思想。魏玛共和国时期,分轨思想的内涵发生了变化,其标准从单纯的阶级出身逐步转向了学生的个人性向,平等和选择的思想占据了主导地位,于是形成了所谓"三轨制"的学校制度。与以往相比,该制度最大的转变是引入了普通的、义务的和对所有人都相同的四年制小学。

1919年的《魏玛宪法》专门列出一章对教育和学校进行了阐述:(1)授权联邦政府确定整个共和国教育的基本原则,教育的权力应归属于各邦。(2)规定"实行普及义务教育。普及义务教育原则上由至少8学年的国民学校和与此相衔接的直至18周岁的进修学校实施。国民学校和进修学校的教学用品均为免费提供"。②国民学校招收学生应根据其能力和志向如何而定,不得因其父母的经济和社会地位或宗教信仰的派别而有所歧视。(3)规定贫困家庭的儿童进入中等和高等学校应提供奖学金等。(4)对18岁以下未进中等学校和职业学校的青少年实施强迫的业余继续教育。(5)规定全国统一协调师范教育,所有学校教师,包括国民学校教师,都必须统一接受高等教育。

1920年,魏玛政府专门颁布了《关于基础学校和撤消预备学校的法令》(简称《基础教育法》),该法令规定:"设立国民学校。国民学校的最初四年为对所有儿童的共同的基础学校,在此基础学校上设中间学校和高级中学。"③该教育法规定,废除帝国时期所有附属于中学的贵族化预备学校;基础学校(国民学校的初级阶段)由各邦管理,招收所有6~10岁的儿童;儿童读完基础学校后经过考试,少数成绩优异者升入中学,大多数则进入四年制高等国民学校(国民学校的高级阶段)学习,完成义务教育的任务;14~18岁的青少年在完成8年义务教育之后还须在补习学校里接受业余的继续教育。

上述法令颁布以后,私立的学前班被强行停办,所有未成年人就读于公立学校并完成相同的义务教育。之后,确立了初中的基本范围,并由国民学校高级班和4~6年制的实科中学具体实施。在初中之上,则将传统的文科中学作为完全中学与之相连,从而完成了从小学经初中到高中的学校教育体系的建构。这种新型的学校制度是德国教育现代化的开端,也成为主宰整个20世纪德国学校教育结构传统的基础。

魏玛共和国成立不久召开了全国教育会议。来自全国各地的约700名教育工作者参加了

---

① 胡劲松:《20世纪德国的文化特质及其教育特征》,《比较教育研究》2004年第3期。
② 李其龙、孙祖复著:《战后德国教育研究》,江西教育出版社1995年版,第6页。
③ 同上书,第6~7页。

历时9天的会议,就学校教育应如何改革的问题展开热烈讨论并达成一些共识。会议建议各邦根据自己的情况有计划地进行实验;强调活动和工作在学校教育中的作用;提出应设立专门师资训练机构,教师应具有与国家公务员同等的权利和义务;主张学校与教会分离。全国教育会议广泛讨论了德国学校教育改革中的一些基本问题,明确了共和国教育未来的发展方向,在德国现代教育史上具有极其重要的意义。

(二) 各级学校的发展

1. 德意志中学与上层文科中学

在中等教育方面,帝国时期的中间学校以及文科中学、文实中学和实科中学在魏玛共和国时期依然存在。由于被称为"普鲁士学校改革之父"的里希特(Hans Richert)极力倡导"德意志化",1922年创设了九年制的德意志中学,与其他三类九年制中学一起被称为完全中学,与国民学校相衔接。德意志中学课程以"德意志学科"为主,如德语、德国文学、德国历史、德国地理等。由于德意志中学具有浓厚的民族沙文主义色彩,在办学方针和课程内容上突出日耳曼主义和德意志化,因此在纳粹时期备受重视,成为中等学校的主要类型。

这一时期还增设了六年制的上层文科中学,被称为非完全中学。它与国民学校第六、七年级相衔接,为国民学校高年级的优秀学生,特别是为农村地区的国民学校学生,提供接受完全中学教育的机会,使他们今后有可能升入大学。德意志中学和上层文科中学为有才能的年轻人接受完全的中等教育提供了机会。

2. 高等教育和师范教育

魏玛共和国时期,各种类型的高等技术学校得到发展。魏玛共和国教育部长贝克尔(Carl H. Becker,1919~1930在任)强调,德国大学要成为讲授科学和研究学术的场所并实行大学自治。二战后联邦德国高等教育的发展实际上是按照贝克尔的改革设想进行的。在大学中,开始提倡合作和自治的精神,注重培养思考力和创造力。国家对大学机构也给予支持,保证其教学和研究的自由。

魏玛共和国时期关闭了所有原来建立在8年国民学校之上的教师讲习班和预备班。从1924年起,初等学校教师由师范学院来培养,通过严格的选拔考试招收中学毕业生,修业4年,分为学习和实习两个阶段,各占2年。中等学校教师由4年制大学培养。此外,对教师资格也有严格规定,想要担任中学教师者经学业考试合格才能获得见习教师资格,见习2年以后经专业考试合格者担任助理教师,再经正式任命才能成为任期终身的中学教师。

3. 继续教育

魏玛共和国保留了帝国时期的继续学校形式,但规定包括所有14~18岁没有进入中学和职业学校的青少年必须接受业余的继续教育并取消了学费。在课程中增设现代史、公民学、家庭卫生学、烹饪、缝纫等。劳工部还打算与市和州的职业指导机构进行合作,对初等和中等学校的学生进行职业指导,通过职业指导讲座和心理测验,使他们尽可能选择最适合自己的职业。

总的来说,魏玛共和国虽然力图建立从幼儿园到大学的统一学校制度,但由于学校是由各邦管理的,加上共同的基础学校的设备条件和教学质量很差,因此,图林根和巴伐利亚等一些地区又重新开办了预备学校。另外,中等学校学费昂贵,绝大多数学生仍是资产阶级的富家子弟。所以,魏玛共和国时期的教育结构仍然带有明显的双轨制性质。

(三) 改革教育学运动

魏玛共和国时期正处于欧洲新教育运动发展的兴盛时期。许多教育家在教学方法、课程设置等方面提出了改革主张,形成了"改革教育学运动"。这一运动特别强调劳动教育、艺术教育,主张"从儿童出发",反对学校强制性的教育手段。一些提倡新教育的学校,如乡村寄宿学校、自由瓦尔多夫学校,都在这个时期应运而生。"徒步旅行"成为魏玛共和国时期学校制度的一个重要组成部分,通过每月一次的教师与儿童一起的徒步旅行,有益于身体健康和自然学习,增进了师生间的相互了解。

"活动学校原则"对这个时期的德国学校的教学与管理产生了影响,促使学校教学和管理工作发生了一些变革。1924年和1925年,魏玛共和国教育部分别颁发关于小学和中学教育与教学的规定,在教学内容和教学方法上给教师以更多的自由。自由、自治与合作活动的精神在众多学校得到体现,如学校当局规定学生可选"演讲者"代表他们向教师和校长表达相关要求。在教师的指导下,学生还成立了各种兴趣学习小组。

根据国家与教会分离的原则,魏玛共和国在德国教育史上第一次取消了教会对公共教育进行干预的权利,禁止牧师对学校的管理。为了消除帝国时期学校与家庭分离的隔阂,学校当局还规定成立"家长委员会",定期召开会议,与校长和教师进行合作。在魏玛共和国时期,女子也获得了接受各级教育的机会。受过大学教育的女子可以担任中学教师,担任学校管理者和学校督学的职务。

二、纳粹统治时期的法西斯教育

1933年1月30日起,阿道夫·希特勒(Adolf Hitler)领导的国家社会主义工人党开始执掌政权,并在德国垄断资本家和大地主的支持下,实行法西斯专政,德国陷入纳粹统治时期。纳粹政府把学校教育作为实行法西斯专政的工具,将教育纳入侵略战争的轨道。学校的首要任务是训练为法西斯卖命的士兵;学校的课程、教学内容均须贯彻日耳曼主义和军国主义。

首先,纳粹政府在教育行政方面取消了地方分权的做法,进行所谓"划一革新",建立了中央集权的学校管理体制,于1934年设立了"帝国科学、教育和国民教育部"。由这个部来规定从教科书直至教学程序安排等一切教育事宜,排斥了一切民主权力,取缔了一切群众性组织,关闭了一切实验学校和私立学校。

其次,被称为"纳粹党圣经"的是希特勒的《我的奋斗》,它集国家主义、军国主义、反犹太主义和反民主主义于一体,是纳粹统治时期德国教育的指导思想。在各类学校进行"种族教育",把宣扬日耳曼民族为主宰世界的最优秀民族的种族学和遗传学列为基础学科,在各种教科书中狂热宣扬对法西斯暴力的崇拜和对希特勒的盲从。

再次,纳粹时期虽然没有破坏魏玛共和国时期的教育模式,但中等学校的学习年限普遍缩短了,原来的九年制的高级中学缩短了一年,六年制的中间学校缩短了两年,并改称为"主要学校"。国民学校教师改由水平较低的五年制师范教育机构来培养。原来强调"德意志学科"

的德意志中学此时受到了格外重视,成了高级中学的主要类型,而传统的文科中学只有少数被保留下来。中等学校与高等学校入学人数大大减少了。

最后,为了培养"忠实的、有能力的领袖",纳粹当局设立三种所谓"优秀分子"的学校,即"阿道夫·希特勒学校"、"国家政治学院"和"骑士城堡"。同时把"乡村生活年"和"劳动服役"等引入学校教育之中。此外,还建立了各种法西斯青少年组织,如少男团、少女团和希特勒青年团等。

在法西斯统治下,许多教师和科学家遭到迫害,有的被撤职,有的被驱逐出境、流亡异国他乡,有的被投入集中营。这时期,整个教育事业受到严重破坏,学生知识水平也大大下降了。

三、战后德意志联邦共和国教育的重建与发展

1945年5月7日,法西斯德国无条件投降。德国被分为四个占领区。东区归苏联占领,西南区归美国占领,西北区和西区分别由英国和法国占领。这四个国家在本国占领区强制推行各自政府制定的一套政策。在苏联占领的东区实行社会主义改造;在美、英、法三国占领区贯彻西方资本主义的主张。最后导致了德意志民主共和国和德意志联邦共和国的相继建立,并在教育上各自走上了不同的重建道路。

下面主要介绍德意志联邦共和国(西德)的教育发展概况。战后联邦德国的教育发展大致经历了三个阶段,即战后教育重建期(20世纪40年代末)、教育巩固和发展时期(20世纪50～60年代)、教育改革时期(20世纪70～80年代末)。1990年10月,德国重新走向统一。

(一)战后联邦德国教育的重建

在联邦德国,经历了艰难的医治战争创伤与非纳粹化的"再教育"运动的过程。1947年7月,盟国管制委员会综合了各占领当局对德国教育的政策,发布了题为"德国教育民主化的基本方针"的第54号指令,要求德国进行学校结构的改革,但实际上遭到了德国人的抵抗。自宗教改革以来,德国的文科中学以其教育质量而闻名于西方各国。自19世纪洪堡改革以来,德国大学成为世界各国效法的榜样。要想要求德国人放弃自己的教育传统实在是困难的事情。

随着联邦德国1949年《基本法》的制定与各州学校法规的先后颁布,德国教育的重建工作基本完成。《基本法》规定教育立法权属于各州的权力范围,各州教育部是各州教育事务的最高权力机关。重建后的联邦各州教育行政机构一般分为三级:州、专区和市县。为了协调各州教育事宜,1949年,联邦德国建立了"德意志联邦共和国各州文化教育部长常务会议"。重建后的联邦德国学制虽因各州实行教育自治而不统一,但儿童一般都是先接受共同的基础学校教育,然后分流进教育性质不同的三轨学校,即国民学校高级阶段、中间学校和高级中学。[①]

(二)20世纪50～60年代各州教育的协调发展

在历经了困难的战后教育重建之后,20世纪50～60年代,联邦德国的教育进入了巩固和发展的时期。各州召开过多次会议,颁布过不少协定和计划。其目的一方面是为了使各州教育制度相对统一,另一方面也是试图调整联邦德国的学校教育制度,使其能够跟上时代发展

---

① 李其龙、孙祖父著:《战后德国教育研究》,江西教育出版社1995年版,第15～16页。

的步伐。其中较为重要的是1964年的《汉堡协定》,它以此前的《总纲计划》和《不莱梅计划》为基础,是联邦德国战后教育巩固和发展时期的总纲,也是20世纪70～80年代教育改革时期的起点。

1. 《杜塞多夫协定》(1955)

由于各州在教育统一问题上争论很大,1955年2月17日在北莱茵—威斯特法伦首府杜塞多夫正式由各州州长们签署并发表了《联邦各州关于教育领域统一的协定》,史称《杜塞多夫协定》。它规定:(1)所有学校学年从每年4月1日开始,于次年3月31日结束;每学年总假期为85天。(2)规定了中小学考试为六分制,分别为优、良、中、可、差、劣。(3)对"中间学校"和"完全中学"做了界定。(3)各州相互承认各州所签发的毕业证书与某些重要学科的考试成绩,相互承认教师职务考试。(4)协定的有效期为10年。此协定的内容只局限于中间学校和完全中学而没有涉及其他种类的学校。

2. 《总纲计划》(1959)

在1957年苏联人造卫星上天的冲击下,1959年2月14日,德国教育委员会公布了《改组和统一公立普通学校教育的总纲计划》,简称《总纲计划》。该计划建议:(1)取代原国民学校高级班,建立达九学级的"主要学校";(2)把中间学校改称为"实科学校";(3)原来的完全中学保持原状,但为基础学校优秀毕业生设立"学术中学"。《总纲计划》试图使联邦德国的教育更好地适应社会和国家的发展变化,充分发掘学生的天赋才能,促进学生的爱好及专长的发展。该计划的部分建议被1964年的《汉堡协定》所接受,另一些建议为后来在某些州进行的教育改革实验提供了依据。但该计划只涉及普通教育领域,而未提出高等教育和职业教育方面的改革。

3. 《不莱梅计划》(1960)

1960年,德国教师联合会发表了比《总纲计划》较为激进的《不莱梅计划》,建议:(1)在基础学校之上建立中间阶段,2/3课程为必修的"核心课",1/3的课程实行分组教学;(2)在中间阶段后设十年制劳动中学,从第九学级起1/3课程为面向劳动界的课程;(3)将"实科学校"延到第十一学级。

4. 《汉堡协定》(1964)

1964年,各州文化教育部长在第100次全体会议上拟订的《柏林声明》中承认联邦德国教育在国际上比较落后,认为有必要确定教育目标的新理念,在更大规模上进行教育改革实验,呼吁联邦、州、地方以及各界团体加强在教育发展方面的合作。在这种背景下,1964年10月28日,各州州长制定了《联邦德国就教育领域中的统一问题的协定》,史称《汉堡协定》,代替10年有效期已满的《杜塞多夫协定》。

《汉堡协定》在很大程度上采纳了《总纲计划》和《不莱梅计划》的一些建议,规定:(1)普通义务教育延长到9年;(2)在基础学校之上设主要学校、实科学校和完全中学;(3)所有学生在完成基础学校的学习之后一律进入共同的促进阶段或观察阶段;(4)年级的排列自下而上,从基础学校阶段的第一年级连贯上升到高级中学阶段的第13年级等。

《汉堡协定》为突破性的学制改革实验创造了条件,它是从传统学校恢复时期向教育改革时期过渡的转折点;形成了联邦德国学制:基础学校之上的中等教育主要通过三种类型的学校,即完全中学、初级中学(主要学校)和中间学校(实科学校)来实施。《汉堡协定》既是联邦德国战后教育巩固和发展时期的总纲,也是教育改革时期的起点。

(三) 20 世纪 70～80 年代的教育改革

到 20 世纪 60 年代末,联邦德国基本上结束了战后教育重建和巩固发展时期,进入了教育改革时期。20 世纪 60 年代中期,联邦德国的经济下降趋势明显,与此同时,世界科技发展突飞猛进,联邦德国一些有识之士深深感到不改革发展教育将要出现落伍的危险。从 20 世纪 60 年代中期起,联邦德国在全国范围内开展了关于教育改革的大讨论。一些学者进行了国际比较研究,认为联邦德国的教育由于一成不变地固守在传统的三轨制结构上,使高级中学毕业生和大学毕业生占同龄青年比重落后于许多工业国家。一些专家和学者对智力的遗传与环境影响问题的研究结果也支持对学校教育的改革,认为综合中学是解决"三轨制"学校结构问题的最适合的学校类型。

上述这一切在联邦德国各政党内引起很大反响,他们纷纷在自己的竞选纲领中提出了教育改革的主张。社会民主党、自由民主党和基督教社会同盟等党派都提出了相互接近的教育改革主张。但在他们执政的各州实行教育改革后逐渐产生了差别。

在上述背景下,1966 年 3 月 17 日,联邦各州签订协定,成立"德国教育咨询委员会"。其任务是提出德国教育事业计划,提出教育结构的建议和计算经费需要,提出教育事业发展各阶段的长期计划等。联邦德国各州文化教育部长常务委员会从 1966 年开始制定一系列教育改革协定。其中最重要的、体现了改革总思想的是 1971 年由德国教育咨询委员会提出的《教育结构计划》和 1973 年"联邦与州教育审议会"提出的《教育总计划》。后者是使前者可操作化的详细规定,特别是对教育改革的步骤与财政经费做了明确的规定。①

1.《教育结构计划》(1970)

1970 年 2 月 13 日,德国教育咨询委员会总结各方面的讨论意见,以建议的形式提出了《教育结构计划》。其主要内容为:(1)将学前教育列入学校教育系统,称为"初步教育领域"。(2)基础学校称为"初等教育领域",入学年龄由 6 岁提前到 5 岁。(3)中等教育统称为"中等教育领域",第一阶段包括第 5～10 年级,毕业者获"中学毕业证书Ⅰ";第二阶段包括第 11～13 年级,毕业者获"中学毕业证书Ⅱ"。(4)初步教育领域、初等教育领域、中等教育领域、高等教育领域和继续教育领域形成统一的学校系统。(5)在完全中学的高年级实行必修课和选修课的制度。(6)在中等教育第一阶段的第 10 年级,向学生提供基础职业知识和基本技能。(7)按各教育领域的不同要求组织和实施师范教育。

1975 年以后出现的新趋势是:把初级中学、中间中学和完全中学三种类型的中学合并成为综合中学。联邦德国的高等教育及师范教育也有较大的发展。

2. 联邦政府教育权限的扩大

1969 年以前,西德并无联邦一级的教育行政机关。1969 年 5 月 12 日,联邦政府修改了《基本法》,扩大了联邦政府的教育权限。同年 10 月,成立了联邦教育和科学部。1970 年 6 月

---

① 李其龙、孙祖复著:《战后德国教育研究》,江西教育出版社 1995 年版,第 26～32 页。

25日,又建立了联邦与州教育计划委员会。这两个机构使联邦有可能在统一规划下实行比较深入的教育改革。1973年,教育计划委员会提出了《综合教育计划》,并得到联邦与各州政府的批准。这是一个包括从初步教育领域直到继续教育领域的整个教育事业的总计划。1980年以后,西德的教育事业基本上是照此实施的。

这一时期,联邦政府对各州的教育权限明显加大,不仅参与了各州教育改革计划的制定,还颁布了许多重要的教育政策方面的法律,如《职业教育法》(1969)、《高等教育基本建设促进法》(1969)、《联邦培训促进法》(1971)和经过数年奋斗出台的《高等教育总法》(1976)。[①]

联邦德国作为联邦制国家,各州拥有相对独立的教育主权和独立性,而且学校教育结构层次多样化,使得学校教育的督导制度较为复杂。在联邦一级,设联邦教育和科学部以及相应的专业机构,与各州政府协调管理、资助学校教育;在联邦以下的各级政府中均设学校教育管理机构,负责各级各类学校的行政与教学。中小学教师绝大部分由国家聘用,属国家官员,其工资直接由州政府发放。据称,联邦德国的中小学教师待遇是世界上最好的。但对教师的要求也非常严格。[②]

四、统一以后的德国教育

德国教育领域的巨大挑战是自1990年德国重新统一以来,德国再一次开始了至今仍未结束的清理历史的痛苦阶段。在1989年"转变"和1990年10月重新统一期间,基础教育和高等教育事业发生了初步的变化。"中小学校和高等院校自发自愿地开始了改革。改革首先涉及政治气候。迄今具有重大影响的意识形态约束被取消。过去从未有过的自治端倪显露出来。"[③]随着民主德国的终结,大规模的社会主义教育体制也等待处理。民主德国的教育体制有不少因素被认为有保留价值,特别是社会福利成分部分,如密集的幼儿园和托儿所网,大学生的奖学金和学生宿舍床位,对中小学生假期的照顾等。但人们又认为充足的社会福利待遇也对民主德国经济和财政的衰退起到了决定性的作用。

(一) 原民主德国教育的重建

民主德国于1990年6月22日通过了州制法。随着州制的重建,教育政策开始了一个新阶段。1990年10月14日的州议会选举决定了政治力量的对比关系。除对少数地方作了新的安排外,人们把地区的重建与1952年解散(由专区取而代之)的州的结构结合起来。像其他行政管理部门一样,教育行政管理部门也必须全部重建。在这方面,来自西部的大量专业人士提供了帮助。新州也都纳入了联邦和州协调教育政策的全部机制,而这一机制是原联邦德国在过去几十年中发展起来的。

1990年12月,新州所有的文教部长都出席了全德各州文教部长联席会议。这同时也意

[①] [德]克里斯托弗·福尔著,肖辉英、陈德兴、戴继强译,戴继强校:《1945年以来的德国教育:概览与问题》,人民教育出版社2002年版,第23页。

[②] 吕达、周满生主编:《当代外国教育改革著名文献》(德国、法国卷),人民教育出版社2004年版,第3页。

[③] [德]克里斯托弗·福尔著,肖辉英、陈德兴、戴继强译,戴继强校:《1945年以来的德国教育:概览与问题》,人民教育出版社2002年版,第29页。

味着新州加入了联邦—州教育规划和研究促进委员会以及科学委员会。自1949年以来存在的"西德大学校长联席会议",随着新州高校校长的加入而成为了"高等院校校长联席会议"。联邦的《高等教育总法》和《高等教育基本建设促进法》对新州同样具有决定性意义。

这种从基础开始的重建是一项重大的政治和组织工作。曾经实施严格的集中统一领导的民主德国教育体制被"分轨制"教育形式所取代。在科学委员会的参与下,整个高等院校在结构上进行了新的调整。在波茨坦(Potsdam)、奥得河畔的法兰克福(Frankfurt an der Oder)和埃尔富特(Erfurt)建立了新的综合性大学,在科特布斯(Cottbus)和克姆尼茨(Chemnitz)建立了新的综合性技术大学,还建立了30多所专业学院。

(二) 欧盟一体化对德国教育的影响

西方联盟体系对联邦德国长达数十年的外交庇护,使德国人疏远了自己的世界政治责任感,其后果正是一种市侩式的和宁静安逸的自我约束。这一切随着重新统一和收回完全的主权已一去不复返了。欧洲联盟促进了德国的统一。在强化经济和政治一体化进程中,它向中小学校和高等院校提出了新的任务。例如,外语教学对几乎所有的中小学生来说,都成为了一个绝对必要的先决条件;需要对中等学校和高等院校的毕业文凭的一致性进行广泛的协调。"教育事业的等值"这个课题显得更为重要。民族的和欧洲的目标愈来愈相互渗透在一起。

2005年2月18~19日,德国教育科学学会和德国联邦政府教育部门在北莱茵—威斯特法伦(NRW)州联合举办大型教育研讨会,该会议的主题是"未来教育",共有近1 300名代表参加。与会者中有教育科学专家、社会文化行业的人士、政界人士、商界人士、大学校长、教授,也有大量的中小学教师和管理人员。会议的目的是要改善中小学教育和大学教育状况,重点在职业教育和继续教育,并在此基础上促进教育系统的深度改革。

2005年的大型教育研讨会最后发布了备忘录,提出2010年前教育发展要增加教育机会、教育从幼年开始、增加毕业率、创造更多的实习机会、增强研究型学习的比例等。其核心理念是"教育面向所有人"和"能力教育",整体上是为了促进现行社会向"知识型"社会的转变。备忘录也提出这些目标的实现要整合国家、社会、个人三方面的力量,并且强调国家要进行教育体制的改革。

(三) "双元制"职业教育

学者认为,20世纪德国文化背景下的教育基本特质主要包括四个方面:第一,三阶段的公立学校制度;第二,"双元制"的职业教育;第三,各州的文化主权;第四,大学的理想神话。"双元制"职业教育的思想在19世纪之前就已经在当时的德意志各邦流行,但作为一种教育制度则形成于工业化以后,作为一种法律制度更是到了20世纪60年代以后。

德国"双元制"职业教育是一种以私营企业为主、公立职业学校为辅,共同承担培训技术工人的职业教育方式。"双元制"职业教育中的"双元"的含义有以下几种:第一,职业教育的承办者以私营企业为主,州立的部分时间制职业学校为辅。第二,受培训者首先是作为学徒在与之签订了劳动合同的企业里接受岗位培训,其次才是以学生身份在职业学校学习相关的专业理论。第三,企业培训行为在联邦《职业教育法》、《青年劳动保护法》、《劳动促进法》和《手工业条例》等法律内得以规范;而学校职业教育则在各州颁布的《学校法》内进行调整。第四,企业培训与学校职业教育分别在联邦政府和州文教部的主管下开展合作与协调。

总之,"双元制"职业教育是企业与职业学校、联邦与州、经济界与工会等多方面共同参与下进行的一种职业培训活动,而其最基本的框架则是企业的"自主"与政府的"调控"。企业与国家的关系也是"双元制"职业教育制度中最基本的关系。在德国"双元制"职业教育中,企业培训有着举足轻重的地位。[①]

思考题

1. 简述1902年《巴尔福教育法》及其对英国教育领导体制的影响。
2. 简述1918年《费舍教育法》及其对英国公共教育制度的意义。
3. 简述《哈多报告》和《斯宾斯报告》的主要内容及其对英国中等教育改革的影响。
4. 简述1944年《巴特勒法案》及其对战后英国教育体制的影响。
5. 简述1963年罗宾斯原则及其对英国高等教育发展的影响。
6. 如何理解1981～1983年的《雷沃休姆报告》是英国高等教育史上的里程碑?
7. 简述《1988年教育法》的主要内容和意义。
8. 布莱尔的"第三条道路"与《2002年教育法》述评。
9. 简述法国《阿斯蒂埃法案》的主要内容和意义。
10. 20世纪20～30年代法国"统一学校运动"述评。
11. 1947年法国郎之万—瓦隆《教育改革方案》述评。
12. 简述1968年《富尔法案》及其对战后法国高等教育改革的影响。
13. 1975年法国"哈比改革"述评。
14. 试析法国当代教育的主要问题并分析其成因。
15. 简述魏玛共和国时期德国学校教育体系的建立及其意义。
16. 简述德国《汉堡协定》的主要内容和意义。
17. 20世纪70～80年代德国教育改革述评。
18. 20世纪德国教育基本特质述评。
19. 德国"双元制"的职业教育述评。

[①] 周丽华、李守福:《企业自主与国家调控——德国"双元制"职业教育的社会文化及制度基础解析》,《比较教育研究》2004年第10期。

第十五章 现代各国教育(下)

第一节 美　　国

美国1918年的《中等教育基本原则》和1917年的《史密斯—休士法案》对第二次世界大战以前美国中等教育和职业教育的发展有重要的推动作用。这一时期兴起和发展的初级学院运动促进了美国高等教育向大众化方向发展。在"进步主义时期",进步主义教育思想曾对20世纪前半期的美国学校教育产生过重要影响,其中有代表性的是进步教育协会发起和组织的"八年研究"。

战后的美国教育受到1957年苏联发射人造地球卫星的刺激,《国防教育法》成为冷战时期美国课程改革的号角,人们一度热衷于儿童的早期智力开发,大力开展普通学校的课程改革,在各学科专家的主导下,试图将高、新、难的科学知识反映在教材中。但由于课程改革超出了大多数学生的接受能力,教师也缺乏相应的准备而告失败。

20世纪70年代从英国开始的经济危机波及其他西方国家,支持小政府大市场的观点明显增强。为减轻财政压力和提高普通教育质量,美国联邦政府加大了对各州教育的干预,大力开展课程标准化运动,通过家长选择的方式给学校施加压力,大量削减高等教育经费,等等。但这些改革是否真的如其所愿"不让一个儿童掉队",抑或引起新形式的教育不公平,这成为当代美国社会争论不休的话题。

应当注意的是,美国是一个高度分权化的国家。教育是50个州各自的责任,联邦政府在制定总体政策方针,为多种多样的创新计划提供资助,以及促进研究等方面起着有限但重要的作用。虽然教育领域有许多全国性的组织,但它们都偏向于发挥咨询或影响的作用,而不是直接参与管理。与此同时,美国的多数州对教育的控制较少,各州赋予每个学区以很大的权力。各州及州内各学区对教育的投入取决于其富裕的程度。上述这种分权化的延伸,使中央的政令所要求的改革实际上很难实施。美国政策规定的多元化意味着几乎任何有关教育的一般概括都会遇到相反的例证。①

一、20世纪上半期的美国教育

与有着封建等级制传统的欧洲不同,美国政治领袖们在建国初期就将民主和公平的原则作为新的共和国的教育原则。19世纪公立学校运动和公立中学的出现为美国单轨学制的发

---

① Benjamin Levin著,项贤明、洪成文译:《教育改革——从启动到成果》,教育科学出版社2004年版,第62页。

展奠定了基础。进入20世纪，美国人关心如何进一步消除古典主义对美国中学的影响，使其能同时为学生的升学和就业做好准备。这种努力反映在1918年的《中等教育基本原则》中。而第一次世界大战对受过职业训练的劳动力的迫切需求推动了美国职业教育的发展，1917年初通过的《史密斯—休士法案》成为美国职业教育史上的里程碑。

（一）《中等教育基本原则》

19世纪末20世纪初以后，美国的中学(high school)数量迅速增加，14～15岁的青少年中已有50%以上的人在公立的或私立的中学学习。但美国中学总体上尚未摆脱欧洲传统中等学校的特点，中学课程偏重为升入大学做准备，而不是为学生就业做准备。改组中等教育成为亟待解决的问题。1913年，美国全国教育协会成立"中等教育改组委员会"，在重视教育社会效能理念指导下，重新审视美国中等教育的职能和目标。经过几年的调查研究和讨论，中等教育改组委员会于1918年发表了《中等教育基本原则》这一著名报告。

《中等教育基本原则》提出了改组中等教育的主张，要求按照民主社会的教育目的重新组织中学课程：将中学分成初级和高级两个阶段，重视中等教育与初等教育的衔接；中等教育应当根据社会的需要、个人的发展以及教育理论和实践的知识来决定。根据中等教育必须使青少年能够完满地和有价值地生活的指导思想，提出了美国中等教育的七大原则：(1)保持健康；(2)掌握基本知识；(3)成为良好的家庭成员；(4)具有准备就业能力；(5)具备公民资格；(6)善用闲暇；(7)具有道德。这七项目标是相互紧密联系的，家庭成员、职业和公民是三项主要目标。

《中等教育基本原则》强调教材不应拘于纯粹的文化价值标准，而应当具有功利的目的。这主要是受英国教育家斯宾塞的功利主义教育目的论和人类活动分类的影响。20世纪前期美国教育界关于中学目标的论述一直都没有超出上述七大原则的范围。由于它指出了整个美国教育未来发展的方向，因而对其他各级教育也产生了影响。其影响甚至波及其他国家，尤其在英语国家和地区被广泛地阅读和引用。

（二）《史密斯—休士法案》与职业教育的发展

20世纪以后，尤其是第一次世界大战对大批有文化和懂技术的熟练工人的需要，使职业教育在美国受到重视。1917年初，美国国会通过了由史密斯和休士再一次提出的职业教育提案，在美国教育史上以《史密斯—休士法案》(Smith-Hughes Act)著称。

《史密斯—休士法案》的主要内容是：(1)促进各科职业教育发展是联邦政府的职责，应由联邦政府拨款补助各州大力发展大学程度以下的职业教育；(2)联邦政府要与各州合作提供职业科目的师资训练，并对相关机构提供补助；(3)每一个州为职业教育提供的拨款数额应与从联邦政府得到的补助费相等，用以支付职业教育开支；(4)在公立中学设置职业选修课程，使其改组成兼具升学和就业双重目的的综合中学；(5)联邦政府应设立联邦职业教育委员会，各州也应成立州职业教育委员会，负责与职业教育相关的事宜。

《史密斯—休士法案》在美国教育史上是具有历史意义和深远影响的职业教育法令。它实施的综合性的职业教育计划，极大地推动了美国职业教育的发展，使得美国中等职业教育制度化。它不仅推进了各种类型的中等职业学校的建立，而且也促使在公立中学里开设职业课程。

(三)"八年研究"与美国课程研究

"八年研究"(eight-year study)亦称"三十校实验"(thirty schools experiment),是美国进步教育协会在中等教育方面开展的一项调查研究活动,旨在对进步主义学校毕业生和传统学校毕业生在大学的学习情况作对比研究,以了解两种不同类型的课程、教法的优劣,现行的大学入学考试科目对于大学学习是否必不可少,进步主义学校新的课程、教法是否同样能为学生升入大学做准备等问题。

1933~1940年,调查主持人埃金(Wilford M. Aikin,一译艾金)在30所中学和300所大学的合作下,对1 475对大学生(每对包括一个进步主义学校的毕业生和一个传统学校的毕业生)从年龄、性别、种族、学术倾向、职业兴趣、家庭、社会背景,尤其是在大学的学习成绩与进步等方面作详细比较。调查结果显示,29所进步主义学校的毕业生有如下优势:(1)平均总分略高;(2)除外语以外的各科成绩略高;(3)每年的优等生略多;(4)好奇心和内驱力更强,思维更清晰、有条理、客观;(5)应付新情况时更机智;(6)更善于解决适应性问题;(7)除宗教和祈祷活动外,更热衷参加有组织的学生团体;(8)在大学每一学年中获得非学术性奖励的百分比更高;(9)更关心国内外大事。据此结果,有的大学修改了其入学考试的要求,从侧重死的书本知识转而侧重于中学时学生在班上的等第、智商、英语写作能力和校长的推荐信。另一些大学则无变化,仍坚持入学考试。

"八年研究"表明,中学专门为进入学院和大学准备的传统课程并不是唯一可靠和成功的方法。因此,许多学院和大学修改了它们的入学要求,允许中学在制定课程计划时有更大的自主权和灵活性。1942年,进步教育协会出版了总结"八年研究"的5本著作。① 由于第二次世界大战的爆发,"八年研究"开创的实验研究工作没有继续进行下去。由于战后对进步主义教育的全面批判,"八年研究"对中学课程的改革以及学院和大学入学要求的修改也没能产生持久影响。

但是,"八年研究"是美国课程研究方面一次规模最大的研究,其提出的一些课题,如怎样确定中学教育的目标,怎样协调中学与学院和大学的关系等带有普遍意义。评估委员会设计的标准测验、新的量表和评估方法,也在许多没有参加"八年研究"计划的中学得到广泛应用。"八年研究"中首创的追踪研究方法以及教育目标系统分析和教育评估理论,对美国课程研究产生了深远的影响。

泰勒(Ralph W. Tylor,1902~1994)在《课程与教学的基本原理》一书中总结了他在"八年研究"中的研究成果。他把课程编制的主要步骤列成四个问题:(1)学校所要追求的教育目的是什么?(2)为达到这些目的应当提供哪些教育经验?(3)怎样把这些经验有效地组织起来?(4)怎样确定这些教育目的是否实现?概括起来,课程可分为教学目标、学习活动、课程内容的组织以及教学评价四个要素。这就是在现代美国课程研究中产生了广泛影响的"泰

---

① 包括埃金的《八年研究史》、钱伯林(D. Chamberlin)的《他们在学院里成功吗?——三十所学校毕业生的追踪研究》、贾尔斯(H. Giles)的《课程研究》、史密斯(E. R. Smith)的《学生进步的评估》以及《三十所学校实验记述》。

勒原理"。

（四）初级学院运动

在这一时期美国的高等教育发展中，一个最重要和最有意义的进步是19世纪末20世纪初兴起和发展的初级学院运动（junior college movement）。初级学院是美国的一种二年制高等学校，于19世纪90年代出现。19世纪后半叶，美国许多大学的校长提出了改革大学体制的建议。1892年，芝加哥大学首任校长哈珀（William Rainey Harper）将大学分成"学术学院"和"大学学院"两部分。前者包括大学的一、二年级，后者包括大学的三、四年级。1896年又将这两部分分别称为"初级学院"（junior college）和"高级学院"（senior college）。这是美国教育史上首次使用"初级学院"这一名称。由于哈珀对初级学院的兴起和发展的贡献，他被称为"初级学院之父"。

早期的初级学院创办的过程并不相同，但它们都是由私人或教会办理的。1901年，伊利诺斯州建立了美国第一所公立初级学院——乔利埃特初级学院。1920年，在美国联邦教育总署组织召开的第一次全美初级学院会议上成立了"美国初级学院协会"。由于初级学院能够满足激增的希望进入大学学习的人的需求，能够适应美国社会生活的实际需要，因而具有多方面的适应性，不仅在规模、专业设置、课程、师资和设备上不断得到改善和扩充，数量也急剧增加。到1940年，初级学院已在美国确立了自己的地位。

二战后，美国高等教育委员会于1947年建议使用"社区学院"（community college）这一名称，于是"社区学院"与"初级学院"两种名称同时使用。一般说，"社区学院"用于公立的两年制学院，"初级学院"用于私人团体或教会开办的两年制学院。

初级学院运动促进了美国高等教育的普及化和民主化，在美国的社会生活和经济发展中起了重要的作用。特别是由于它能够适应美国社会和经济发展的需要，而成为美国高等教育结构中的一个重要组成部分，使美国高等教育制度发生了深刻的变化。

二、战后的美国教育

二战后美国教育的改革反复多变，大致经历了三次教育改革。第一次教育改革是20世纪60年代的中小学课程改革。冷战时期，为维护西方盟主地位和成为世界霸主，美国以《国防教育法》的颁布为契机，在60年代进行了大规模的课程改革，目的是把高、难、新的科学知识充实到教材中。第二次教育改革是1976年的"回到基础"的教育运动，旨在恢复传统学校的基础学科教学。在基础教育委员会的推动下，当年有50所学校进行了回到基础学科的实践，此后逐渐波及全国，形成回到基础学科教育的运动。第三次教育改革是20世纪80年代以来进行的以小政府大市场为主导理念，为减少财政开支、提高教育质量而进行的新一轮教育改革。

（一）《国防教育法》与战后第一次教育改革

从19世纪下半叶到20世纪初，美国的整个教育系统最终形成起来，并在第一次世界大战以后获得相当大的发展，因此美国教育史家称这个时期为"扩充时期"。进步主义教育在这个时期的美国教育界占有优势地位。但"生活适应教育"受到新传统教育如要素主义教育的反对，该流派主张学校的首要任务是保存和传递人类文化的基本要素。第二次世界大战中，美国专业教育家和公众对进步主义教育的批评一度偃旗息鼓。①

1957年苏联卫星的上天使美国朝野震惊,导致谴责进步主义"生活适应教育"的文章和书籍铺天盖地。美国政府和社会各界人士都认为美国科学技术已经落在苏联的后面,纷纷指责美国学校教育水平的落后,特别是忽视科学和技术训练的状况,主张大力改革美国教育。1958年9月,美国国会通过了《国防教育法》。

1.《国防教育法》

《国防教育法》强调为了国家的安全,需要最充分地开发全国男女青年的脑力资源和技术技能,保证受培训的人的质量和数量足以满足美国国防的需要。该法案规定了联邦政府对教育事业拨款资助的有关事项,其基本精神是要求将生活适应教育转向重视科技的教育,以提高教育水平,加速培养人才。

《国防教育法》提出了以下措施:(1)加强普通学校的自然科学、数学和现代外语(即所谓"新三艺")的教学。为此,要大力更新教学内容,使用现代教学手段,提高师资的质量。(2)加强职业技术教育。要求各地区设立职业技术教育领导机构,有计划地组织职业技术训练以培养懂技术的专门人才或熟练工人。(3)强调"天才教育"。鼓励有才能的学生完成中等教育和报考高等教育机构。(4)增拨教育经费。规定从1959~1962年由联邦政府拨款8亿多美元,用于加强普通学校的"新三艺"教学,资助高等学校提高教学和科研水平以及发放大学生学习贷款和建立"国防奖学金"。

《国防教育法》的颁布和实施对美国教育的发展和改革产生了重要影响。1964年,美国国会又通过《国防教育法修正案》以延长《国防教育法》的有效期,并扩大其适用范围,如把历史、地理、公民、英语等学科也列为需要改进的重要学科,以便对学生加强热爱美国的教育。1967年,美国国会再次通过法令对《国防教育法》的适用时限加以延长,并扩充其内容。

2. 中小学课程改革

随着《国防教育法》的颁布和实施,美国中小学进行了二战后第一次以课程改革为中心的教学改革。1959年9月,美国科学院召开关于改进中小学的自然科学教育问题的会议,对20世纪60年代美国中小学的课程改革有重大影响。会议邀集35位科学家、学者和教育家参加。会议由著名心理学家布鲁纳(J. S. Bruner)担任大会主席,他以在会议上的总结发言为基础,结合会议上学者专家发表的各种意见,于1960年发表《教育过程》一书。该书阐述了结构主义课程改革思想,促成所谓的"学科结构运动"。布鲁纳主张探讨和确定每门主要学科的基本结构要素以设计最佳课程,主张各个主要知识领域的专家全面地参加课程的设计、教科书的编写和教学大纲的拟订工作。

在"学科结构运动"的推动下,从20世纪50年代末开始,"物理科学教学委员会"、"生物科学课程研究会"、"化学教材研究会"、"普通学校数学研究会"和"小学科学规划会"等编写了大量新的教材,其中小学科学常识3套,中学数学2套,高中物理2套,高中化学2套,高中生物1套,高中地理2套。

---

① 马骥雄主编:《战后美国教育研究》,江西教育出版社1991年版,第15~16页。

20世纪60年代的中小学课程改革加强了数学、自然科学和现代外语等学科的教学,新编的教材内容丰富、新颖,注重阐明该学科的基本概念、知识结构和科学系统,有利于开发学生的智力。这次课程改革基本符合教学内容必须适合科学技术和生产力发展状况的要求,最初得到了很高的评价和极大的欢迎。但由于新编的各种教材片面强调现代化和理论化,忽视应用知识和基本技能的训练,大大增加了教材内容的难度,忽视了大多数教师和学生"教"与"学"的实际能力,因而并未达到预期的效果,还导致学生负担过重,大多数学生难以接受和消化所学内容,学业成绩大面积下降。

教学目标以及课程设置和教学内容更新后,自然也要求改进教学制度和教学方法,主要表现为强调启发式教学,加快教学手段的现代化,使用教学机器和重视个别化教学。例如,这一时期新行为主义心理学家斯金纳(B. F. Skinner)的"操作性条件作用"和"强化理论"等观点就受到特别重视。

(二) 20世纪70年代的"生计教育"和"回到基础"的教育运动

20世纪60年代基础教育的普及和高等教育的发展使美国教育经历了一个所谓的"黄金时期"。但进入70年代以后,美国的教育却面临许多新的情况与问题。首先,美国的中小学教育因数量发展过快导致教育质量出现问题;其次,1973年的"石油危机"导致美国经济衰退,劳动力过剩,失业现象严重;再次,70年代初终身教育理论形成后,美国狭隘的职业教育已难以适应社会需要。总之,形势的发展要求美国根据终身教育理论改革包括职业教育在内的整个教育。

1. 生计教育

1971年,美国教育总署署长马兰(S. P. Marland)开始提倡生计教育(career education),认为随着社会的组织性和技术性程度的不断提高,人们不再为了一个终身职业接受职业训练。这就要求彻底改革美国的教育制度,实施一种以职业和劳动为中心的生计教育。20世纪70年代初,生计教育发展较快。美国教育总署曾计划于1973年拨款1.68亿美元用于进行生计教育实验。1974年,美国国会通过《生计教育法》。至20世纪70年代中期,生计教育运动已在全国推行开来。

生计教育计划的对象包括幼儿园、中小学以至大专院校的学生和成人继续教育的对象,其主要观点有:(1)把中小学教育分为三个阶段:在1~6年级使学生了解各种职业;在7~10年级让学生学习其感兴趣的职业;11~12年级是职业抉择阶段,将不同职业归纳为15个职业组,以使学生了解和熟悉广泛的职业基础。(2)强调把普通教育和职业教育结合起来,试图消除职业教育与普通教育及纯学术教育之间的鸿沟。(3)重视学生的实际工作经验,主张把学校教育和"劳动世界"结合起来,让学生一面读书一面参加实际活动或劳动。(4)要求学校、企业和家庭等各方面在对学生进行生计教育时进行合作。主张企业人员到学校讲课,学校也应聘请一些事业成功人士给师生讲课。

1976年11月,在得克萨斯州的休斯敦举行了有学校教师以及有关各界代表8 000多人参加的生计教育讨论会,进一步明确生计教育实际上是一种扩大的职业教育。多数人认为,生计教育有其积极因素,如重视学校教育与校外学习经验的结合,有利于培养学生的劳动态度,获得基本的劳动技能,提高对自己的事业的认识等。但生计教育过分强调职业、劳动和实际经验,不注重教育学生如何提高自身多方面的发展;生计教育也无法从根本上解决失业等社会问题,因而最后并未作为一种教育制度在美国普遍推行。

2. 战后第二次教育改革——"回到基础学科"的教育运动

1976年,美国开始提出"回到基础学科"的要求,这场教育运动被称为美国战后的第二次教育改革。在基础教育委员会的推动下,当年有50所学校进行了回到基础学科的实践,此后逐渐波及全国,形成回到基础学科教育的运动。

"回到基础学科"的教育运动主要内容包括:(1)小学阶段强调阅读、写作和算术学科的基本技能训练,中学阶段集中学习英语、自然科学、数学和历史。(2)强调教师在学校教育的一切阶段起主导作用。(3)成绩卡要用传统的等第评分法或百分制记分法,并定期发给学生。经过考试证明学生确已掌握所要求的基本技能和知识后方可升级或毕业。(4)取消选修课,增加必修课;取消一切点缀性课程,如泥塑、编织、做布娃娃等;取缔"新数学"、"新科学"和电子玩艺教学等;取消学校的"社会服务性项目"。(5)重新强调爱国主义教育等。

"回到基础学科"运动有一定的积极意义,如重视培养学生读、写、算的能力,有利于解决公立学校中纪律松散的问题,强调学校应有核心课程等。但许多人认为这个运动缺乏明确目标、理论基础和组织领导者,过分强调掌握基本技能,过分强调考试及成绩,贬低对学生创造性和其他心理品质的培养,使学习过程"非人道化"等,是保守的、恢复"传统教育"的运动。

(四) 20世纪80年代以来的第三次教育改革

进入20世纪80年代,美国经历了非常迅猛的战后第三次教育改革。这次改革以1983年4月国家教育优异委员会《国家在危急中:教育改革势在必行》这一著名报告的发表为开端,以提高教育质量为主要目的,来应对美国在经济和科技方面的严峻挑战。

1. 教育改革文件

(1)《国家在危急中:教育改革势在必行》(1983)

1983年,美国政府发表了国家优异教育委员会的《国家在危急中:教育改革势在必行》报告。该报告认为,美国教育面临着严峻的困境,国家要想继续有能力进行经济竞争,就必须进行大规模的变革来提高教育质量。美国联邦教育部将该报告推荐给各州作为进行教育改革的依据。在此后几年里,掀起了一个巨大的全国范围内的教育改革浪潮,行政长官和议员都试图对改革的政治需要做出回应。

该报告全面总结了20世纪60年代以来美国教育的发展状况,列举了许多"危险的指标",以说明美国教育正面临严峻危险,教育改革势在必行。例如,美国中学生在大多数国际标准化测验中的平均成绩已低于26年前(1958)的水平;在19项国际性考试中,美国学生有7项列倒数第一;美国所有17岁的人中约有13%是半文盲,少数民族青年中的半文盲可能高达40%;正在接受培养的新一代美国人除少数"英才"外,既是"科学盲"又是"技术盲";少数科技英才与一般公民之间的差距越来越大等。[①]

---

① 吕达、周满生主编:《当代外国教育改革著名文献》(美国卷第一册),人民教育出版社2004年版,第3~4页。

该报告提出了一系列旨在提高教育质量的建议:(1)加强中学"新基础课"(英语、数学、自然科学、社会科学和计算机)的教学;(2)提高各级学校的教育标准,采取更严格、可测量的标准敦促学生全力以赴学习;(3)更有效地利用在校学习时间或延长学习日及学年;(4)提高教师就业前应达到的教育专业训练标准,并提高其社会地位和物质待遇;(5)各级政府官员以及校长和学监都必须负责领导教改的实施,各级政府、学生家长以及全体公民都要为实现教改的目标提供必要的财政资助。

在该报告的影响下,全美围绕提高中小学教育质量展开了广泛讨论和改革实验,恢复和确立了学术性学科在中学课程结构中的核心地位;对所有学生提出了严格的共同要求;增强了公众对教育的信心,重新激发了公众对教育的关注和资助。但也有人认为这次改革会引起一些新问题,如因过分强调标准化和测试成绩导致忽视培养学生的情操;因教学要求过于统一导致缺乏灵活性;因强调提高教育标准和要求导致潜在辍学人数的迅速增加等。

(2)《不让一个儿童掉队》法案(2002)

2001年1月23日,就任总统刚3天的布什就宣布了《不让一个儿童掉队》(*No Child Left Behind*,NCLB)这一教育改革方案。在参议院以绝对多数通过后,2002年1月8日,布什总统签署了该法案。《不让一个儿童掉队》法案被公认为是1965年以来最重要的教育改革方案,它是一部长达1 000多页的文件,分为10章,涉及提高处境不利儿童的学业成绩、阅读先行、培训和招聘高素质的教师和校长、为家长和学生提供更多选择等方面的问题。

该法案的基石是严厉的责任制。布什试图通过强化责任制以实现高标准。责任制的主要内容包括4个方面:(1)各州必须在12年内,即在2014年前使所有学生的阅读、数学和科学成绩达到熟练水平。(2)各州必须为所有中小学学生制定具有挑战性的学术标准。(3)对所有3~8年级学生进行年度数学和阅读考试。(4)实行严厉的奖惩制度。达到年度进度目标或缩小不同学生群体之间成绩差距的学校将得到州学术成就奖,没有达到标准的将受到逐步升级的惩处:如连续2年不达标,将给予所有学生转学的权利;连续3年不达标,除给学生转校权外,还得提供各种补充服务,如课后辅导、假期补课等;连续4年不达标,学校必须更换教员或实施新课程;连续5年不达标,学校就得改为特许学校或由州接管。①

自《不让一个儿童掉队》成为法律以来,各州都着手制定了本州责任制计划。2003年1月,美国联邦教育部首先批准了俄亥俄、马萨诸塞、纽约、科罗拉多和印第安纳5个州的责任制计划,这5个州因此得到联邦奖励拨款。但制定责任制计划遇到一些棘手问题,如对"熟练水平的界定"问题、适当的年度进步目标问题、有效学生群体的最低人数、特殊教育学生问题等。同时,在严厉的责任制下,全美国的学区和所有中小学都处于从未有过的压力之下。压力的根源是美国学生目前的学业水平和《不让一个儿童掉队》法案所要求达到的目标之间存在着巨大差距。不少批评意见认为,责任制会迫使学校和教师进行应试教育;责任制要求太高,惩罚太严,而拨款不足,会使教师疲于奔命,失去创造性和工作热情;有些规定不适合边远地区和农

---

① 吕达、周满生主编:《当代外国教育改革著名文献》(美国卷第四册),人民教育出版社2004年版,第191~209页。

村地区的学校,尤其是在阿拉斯加。

长期以来,尤其是1983年《国家在危急中:教育改革势在必行》发表以来,美国历届政府都力图改变美国中小学教育质量低下,尤其是处境不利儿童成绩低下的局面,但都收效甚微。布什政府发表的《不让一个儿童掉队》的教育改革方案,以其严厉的责任制而被认为是迄今为止最具有影响力的一次尝试。布什政府制定了一个在12年内使每一个中小学生在阅读和数学上都达到熟练水平的雄心勃勃的计划,并通过增加联邦教育拨款提高教师质量,建立一套严格的测量、评价、奖励、惩罚和淘汰的责任制度以保证目标实现。虽然新的责任制问题不少,批评意见也很多,但它正在一步步得到实施,正在改变着美国的每一所中小学校,改变着教育行政、课程和教学的诸多方面,并影响着每一位中小学教师和学生。①

2002年3月7日,美国联邦教育部发布《美国教育部2002～2007年战略规划》,是反映"9·11"以后布什政府对国家教育战略的调整、全面贯彻《不让一个儿童掉队》法案的重要文件。该文件表明了"9·11"以后美国教育战略的新走向:(1)更为凸现教育服务于国家利益;(2)以"平等"服务于"卓越",并扩展"卓越"的内涵;(3)以教育管理体制改革作为追求"卓越"的切入点;(4)将文化、科研、管理作为追求"卓越"的3个保障。②

2. 20世纪90年代以来的教育改革实践

(1) "新美国学校"运动

1989年9月,美国首次教育峰会召开,会议提出建立非营利机构来负责设计21世纪新式基础教育模式。1991年,新美国学校发展公司成立,由一些对学校改革方案有兴趣的商人和基金会领导人负责提出了一种新的学校设计要求:由私营领导发起,不接受任何政府资助;新美国学校只保持5年特权,5年以后学校和学区拥有改革工作的所有权。新美国学校发展公司成立后发布的招标方案强调3条基本原则:(1)新学校必须向所有学生开放;(2)对学生提出了相对高的要求;(3)学校运行费用必须与当时的学校水平相当。1991～1996年进行了三个阶段的实验。1995年进行到第三个阶段,新美国学校发展公司改名为"新美国学校"。

到1996年,共有4 000所学校采用了新美国学校发展公司设计小组的方案。1997年,美国国会通过了全面学校改革运动(CSRD)报告,作为对新美国学校运动成功的支持,并投入90亿美元来支持全面学校改革运动。"新美国学校"作为一个不隶属美国中央政府的民间组织,注重教育改革中民间组织的作用,重视学校改革中传统与现代的关系,重视学校改革中内外部环境的支持和配合,是战后美国第三次教育改革中的新尝试。③

(2) 美国新课程标准运动

为提高基础教育质量,美国新课程标准运动在20世纪90年代如火如荼,各州与此相关的文件不断出台,州政府、企业团体、独立学校改革组织及许多学区都积极投入这场新课程标准的制定运动中。到1998年为止,几乎每个州都启动了自己的标准计划。到20世纪末,美国主要的全国性标准计划达15个,州和地方的标准则不计其数。

---

① 余强:《布什政府的教育责任制及其实施近况》,《外国教育研究》2004年第8期。
② 冯大鸣:《美国国家教育战略的新走向》,《外国教育研究》2004年第1期。
③ 周国华:《"新美国学校"运动及对我国学校改革的启示》,《外国教育研究》2006年第8期。

由于美国教育的分权体制,美国新课程标准运动从来不是一种齐心协力的努力,一直以来都是两种不同学校改革运动的暂时和松散的联合,合作 10 年以后,它们又分道扬镳。一种是绩效改革运动,一种是课程改革运动,它们在教与学的观念上存在很大不同。保守的绩效改革者们包括来自各州的立法委员、州长、教育机构、企业联盟以及一些城市的学区和教师委员会。绩效改革者的标准运动一开始就几乎全被高标准测试和绩效体系所统率,与对学生、教师、学校和学区精确量化的奖惩联系在一起。课程改革者们主要是课程领域的专家、课题教师、学科组织、专业学会以及研究中心,他们在认可组织改善的同时,更主张通过课程改革来实现教育革新。

在美国新课程标准运动的推动下出现了许多教学创新。全美各学科委员会对全科教学的范式达成了一定程度的共识,鲜明地提出新课程标准推动下的 12 条相互联系的教学原则:(1)学校教育应当以学生为中心,学校教育的最佳起点是学生的兴趣、关注的焦点和存在的问题;(2)学校要反复强调体验性的学习;(3)所有学科的学习都必须是整体性的;(4)学生的学习活动必须是真实性的;(5)学生需要学会和实践多种表达的形式来深入激活他们的观点;(6)有效的学习在反思的机会和过程中得到强化;(7)教师应当探究社会关系的原动力来促进学习的发生;(8)一些有效的相互学习活动都是合作性的;(9)民主的教学程序使课堂教学变得有效和富有产出性;(10)有力的学习来自认知的经验;(11)学生的学习必须是自发性的;(12)学生的学习要顺利实现意义和系统的建构。①

(3) 美国教育改革中的市场机制

20 世纪 80 年代以来,美国公立学校遭到猛烈批评。公立学校实行就近入学,缺乏选择性,形成僵硬的垄断体制,导致学校丧失自主改进动力,办学效率低下,学生学习成绩普遍下降。在对公立学校进行改革的众多改革措施中,市场本位的教育改革日益成为关注焦点,主要包括自由择校政策(school choice)、供择校用的教育券(educational voucher)、特许学校(charter school)、推动私立学校发展,给学校更大的办学自主权等。其共同本质是把市场机制引入教育领域,让市场作为教育资源与要素配置的主角,最大限度减少政府对教育资源的配置,把反垄断的自由竞争机制、供求机制、顾客策略等能够带来高效率的理念和方法原则引入教育领域,激活由于垄断造成的具有很大惰性的现行教育体制,有效提供多样化、高质量的教育服务。

研究者认为,市场本位的教育改革的好处在于:(1)因实行了顾客战略能更好满足学生和家长的需求;(2)因引入竞争机制而提高了教育资源配置效率;(3)因运用市场的非中心化和自主决策的原则而解放了学校的生产力;(4)拥有清晰、完善的教育产权制度,因而能建立起有效的成本核算机制与激励机制。

但批评者认为美国市场本位的教育改革会带来公平问题。一是家长在择校过程中由于条件限制产生的公平问题。如有些家长无力"增补"教育券之外的学费;教育程度较低、经济状况差的家庭可能无法获得全面或真实的市场信息。二是学校挑选学生带来的公平问题。学校倾向于挑选那些有能力、聪明、有较强动机和责任心以及有社会强势家庭背景的孩子,他们由

---

① 胡庆芳:《美国新课程标准运动及其推动下的教学创新研究》,《外国教育研究》2004 年第 4 期。

于具备提高考试成绩的潜能而被学校视为特殊资本。学校最不欢迎的主顾包括那些"缺乏能力"或有特殊教育需要的学生,特别是有情绪或行为障碍的人;学校也不欢迎工人阶级背景的孩子。三是学校选择家长带来的公平问题。学校倾向于清除那些"难以相处的"家长。四是教育券的面额以公立学校中的平均支出为标准甚至低于这个标准。经济能力有限的家庭难以利用教育券来择校。

公平与效率一直是贯穿美国教育的一对矛盾。但20世纪80年代以来,美国已不像以前那样关注公平问题,更关心教育质量与效率问题,即能否在激烈的世界经济和科技竞争中继续保持领先地位。社会对于提高教育质量寄予了极高的期望。[①]

第二节 日 本

日本教育史上经历了三次教育改革。第一次是1868年开始的明治维新时期的教育改革,使日本建立起近代教育制度;第二次是战后在美国占领当局干预下的教育民主化教育改革,通过了《教育基本法》和《学校教育法》,建立起日本现代教育制度;第三次是20世纪80年代开始的教育改革,旨在振兴教育,激发民众的信任,适应时代的变化,将国际主义和信息时代重新引进日本,解决教育管理和经费等问题。

1868~1945年,日本教育发展战略主要体现在四个方面:为普及教育采取了极端平均主义的方式;同其他各级教育相比,重点放在小学;用实践和实用主义方式设计和组织教育体系和教育内容;教育强调献身于国家和社会的态度。战后,日本人改变了维护国家利益的基本战略,开始使用和平手段谋求生存,重新追赶其他国家。很多日本人都对战前的价值观表示失望,失去政治、道德和文化特性,处于混乱状态。使日本人唯一感到欣慰的是他们没有失去对教育的信念。按照新的民主宪法建立的新的日本政府重新强调通过教育使社会民主化,重新开发人力资源,改革教育制度。

二战后日本教育得到进一步发展,其主要特征是:第一,保留了平均主义方针。为了保证教育质量方面的机会均等,还推行了全国统一的课程标准,小学和初中阶段一视同仁。第二,继续把重点放在基础教育上。公共当局将每年5%的国民收入投入初等和中等教育。这一百分比远远超过许多国家。第三,教育的实践性和实用主义性质在继续。在中小学,《科学教育促进法》使科学教育受到特别重视,日本中学生在国际数理竞赛中总是名列前茅。在高等教育方面,工程是发展最快的学科。现在,日本本科学生的20%入工程学科。第四,继续强调对团体和社会的献身精神,注重培养中小学生与同伴合作共事、保持团体和睦的能力。"对学生的经济形势教育也在继续,告诉学生日本经常面临的一个事实:日本几乎毫无自然资源,经济上易于受制于人,从而使学生懂得,他们必须努力为社会作出贡献,使日本能够生存下去。"[②]

除上述总体战略和方针以外,日本文部省还采取了一系列措施,以促进教育的数量和质

---

① 马健生、张艳挹:《美国教育改革中的市场机制及其公平问题》,《比较教育研究》2004年第5期。
② 吕达、周满生主编:《当代外国教育改革著名文献》(日本、澳大利亚卷),人民教育出版社2004年版,第233页。

量的提高,如文部省向都道府拨款,承担教师工资的50%的财政补贴;补助学校基建的各种计划;免费提供义务阶段的教科书;对教师的特殊的行政优待,如工资高于其他公务人员;各种培训教师的计划,等等。

一、二战前的日本教育

(一) 明治后期学校教育制度的完善

明治后期(1895~1912),日本教育的显著特点是扩充和加强国家主义教育,以适应资本主义发展和对外扩张的需要。这个时期,明治政府以国家主义为指导思想,整顿了学校体系,改革了中等教育结构,加强了职业技术教育,延长了义务教育年限,加强了国家对教科书和教师的控制。经过中日甲午战争和日俄战争,日本在国际上提高了地位,以战胜国资格跨入世界列强的行列。

日本在明治后期重新全面改革学校教育制度和结构。(1)延长初等义务教育年限,提高初等教育的普及率。1900年8月,日本政府发布《改正小学校令》,废除征收小学学费的制度,实施免费的初等义务教育。(2)大力改革中等教育结构,使中等教育适应经济发展的需要。1899年在修改《中学校令》的同时,颁布了《高等学校令》和《实业学校令》,将中等教育结构改为男子高等普通教育、女子高等普通教育和实业教育三个系统。(3)高中改为大学预科性质的"高等学校"。1894年颁布《高等学校令》,把从前的高等中学校改称为"高等学校",并明文规定它属于专门教育的教育机构,任务是为了升入帝国大学做准备而设置的大学预科。此后,日本的"高等学校"不再属于中等教育范畴,而列入高等教育范围中。(4)增设帝国大学。1897年以前,日本只有一所国立的帝国大学,它垄断了培养国家统治人才的专利。1897年开设了京都帝国大学,同时把原先的帝国大学改称东京帝国大学。(5)1905年,第一次公布《专科学校令》,将专科学校制度化和法制化,并在组织机构、教学内容等方面进行了整顿。[①]

(二) 大正时代的教育

1912年(明治四十五年)7月,明治天皇(睦仁)逝世,皇太子嘉仁继位,年号定为大正,从此开始了大正时期(1912~1926)。大正时期国内外矛盾都很激烈,内阁首相像走马灯一样频繁更换,政局动荡不安。大正时期的三件事,即1914年(大正三年)爆发的第一次世界大战、1918年(大正七年)爆发的米骚动、1923年(大正十二年)日本关东地区的强烈地震,对日本社会有深刻影响。

大正时期,日本政府为适应其侵略扩张政策和经济发展需要,对明治时期确立的教育制度进行了一系列改革。除大力加强普通义务教育外,还进一步发展中等职业教育和实业教育,重点改革和发展高等教育,重视理工科教育,以谋求培养军事工业所需要的熟练工人和军事科技人才,并全面审查和修订明治时期确立的教育制度和教育内容。

1917年9月,取消了教育调查会,设置临时教育会议作为日本内阁的教育改革咨询机关,其任务是重新审查教育制度。临时教育会议于1919年召开会议,全面审查和修改小学教育、

---

① 王桂编著:《日本教育史》,吉林教育出版社1987年版,第184~188页。

男子高等普通教育、实业教育、大学教育、师范教育和女子教育等方案并提出各种建议,在教育实际中逐步加以实施。它对大正和昭和前期教育体制的形成起了重要作用。

20世纪20年代,在欧美教育革新运动的影响下,大正时代出现了许多教育思潮,如公民教育思想、实用主义教育思想、自由主义教育思想、人格主义教育思想和日本的新教育学派等。①

(三) 昭和前期的教育

1926年12月25日,大正天皇嘉仁逝世,早已摄政的皇太子裕仁继承皇位,年号改为昭和,开始了昭和时期。昭和元年到昭和二十年(1926～1945)是日本军国主义法西斯势力猖獗的时期,也是日本军国主义走向灭亡的时期。

从20世纪30年代到1941年太平洋战争爆发,是日本军国主义教育的鼎盛时期,在教育上推行军国主义教育政策,将教育作为侵略战争的工具,确立了军国主义教育体制。所谓军国主义教育,是指日本政府和军部为加紧向外发动侵略战争,把国家置于军事控制之下,实行法西斯独裁统治,在教育上大力灌输军国主义思想。为培养"忠臣良民"将全部教育从培养目标到教育内容以及教育方法,皆纳入战争的轨道,建立为侵略战争服务的教育体制。

20世纪30年代初,日本政府和军部极力推行军国主义教育政策和教育内容,在学校教育中大力灌输军国主义教育思想。1933年,文部省设立临时教育调查部,为推行军国主义教育政策和内容出谋划策,制定章程方案。为培养"尽忠天皇"的"皇国臣民",加强了对各级各类学校教育和教学思想的审查。1935年成立"教学刷新评议会"。随着国内外形势的发展,为加强学校的军国主义教育思想统治,于1937年撤销文教审议会,设立教育审议会。这样,使学校教育完全纳入军国主义道路。

日本军国主义教育的特征主要表现在:(1)建立了适应"天皇制"的以培养"忠良国民"为教育目标的军国主义教育体制,即皇国主义教育制度。它是明治后期逐步形成起来的"天皇制"的军国主义教育体制,在昭和前期得到巩固和发展。(2)使各级各类学校教育的教学内容、课程设置和教育方法全面皇国主义化,即各学科课程都贯穿皇国主义精神。对青少年实行"劳役式"的"职业教育"。(3)在教育方法上实行绝对服从的教育方法。②

二、二战后初期的教育改革

二战后初期的教育改革是整个社会改革的组成部分,包括清除军国主义教育,提出新日本建设的教育方针。美国教育使节团报告书曾为战后日本教育改革指明了方向。对战后日本民主教育体制的建立起决定作用的是《日本国宪法》《教育基本法》《学校教育法》和《社会教育法》等。根据这些法令,日本政府从1947年3月至1950年6月进行了全面教育改革,建立了新教育体制。

1.《教育基本法》与教育民主化

1890年颁发的《教育敕语》一直起着教育基本法的作用。1946年11月颁布的新宪法改变

---

① 王桂编著:《日本教育史》,吉林教育出版社1987年版,第214～228页。
② 同上书,第250～251页。

了天皇专制的国家体制。按照新宪法的规定,教育上的重大原则问题应通过议会用立法的形式来裁决。为制定教育基本法,1946年8月,日本政府设立教育刷新委员会作为教育改革的调查审议机关,归日本内阁总理大臣直接领导。由教育刷新委员会草拟的《教育基本法》和《学校教育法》经日本国会审议通过,于1947年3月31日公布,并从即日起开始实施。

《教育基本法》的内容包括:(1)强调教育在建设民主文化国家和为世界和平与人类福利事业作贡献的重要作用,指出为造就追求真理、期求和平的人和创造具有普遍性和丰富个性的文化必须彻底普及教育;(2)强调教育必须以陶冶人格为目标,培养和平国家及社会的建设者,培养爱好真理和正义、尊重个人的价值、注重劳动与责任、充满独立自主精神的身心健康的国民;(3)全体国民接受9年普通义务教育;(4)除国家或地方公共团体外,只有法律所规定的法人才能办学校;(5)奖励社会教育;(6)国家及地方公共团体开办的学校不允许为特定宗教从事宗教教育和其他宗教活动等。

《教育基本法》的公布与实施在日本教育史上具有划时代的意义。它首次以立法形式确定了日本教育和平与民主的性质,以法律主义取代敕令主义。1948年6月1日,日本众议院做出"关于排除教育敕语的决议",不久参议院做出"关于确认教育敕语失效的决议"。议会还以《教育基本法》为准则,制定了《学校教育法》、《教育委员会法》、《教育职员免许法》和《社会教育法》等,对确立战后资产阶级民主教育体制、促进战后日本教育事业的发展起了重要作用。

2.《学校教育法》与新学制的确立

战前日本的学校教育制度具有明显的等级性和不平等性。其学校系统是"双轨制"的:一轨是在小学的上面设立实业学校或青年学校,实施职业技术教育,培养效忠天皇的劳动力和"顺民";另一轨是在小学的基础上设立中学、高等学校、帝国大学,实施中等、高等普通教育和高等专门教育,培养国家的管理干部和高级科技人才。后一条轨道是为少数特权阶级子弟服务的。二战后,日本通过颁布《学校教育法》,建立了各级新学制。

(1)《学校教育法》

日本议会于1947年3月31日公布《学校教育法》,该法于同年4月1日开始实施。《学校教育法》的主要内容有:(1)规定了关于学校的一般事项,包括学校的范围、设置标准、学校的管理与经费、学费、校长与教员的任免、学生的惩戒、健康检查与卫生保健设施等;(2)对各级各类学校的教育目的、编制、教育内容、修业年限和教职员等有关事项分别作了规定;(3)对违反关闭学校的命令、不履行保护人的就学义务以及乱用学校名称等违法行为的处罚作了规定。

《学校教育法》的意义在于:使学制单轨化,实行"六、三、三、四"制,即小学6年、初中3年、高中3年、大学4年;延长了义务教育年限,由原来的6年制义务教育延长为9年;消除了男女教育机会的不平等,各级各类学校一律实行男女同校制度。

(2)各级新学制的建立

1947年建立的新制小学校和中学校(初中)实行9年义务教育,即将旧制寻常小学改为小学校,将旧制高等小学改为3年制的初中。新制小学校改革侧重于教育内容改革,增设了社会科、家政、自由研究等新课程。

新制初中称"中学校",大多数学校由旧制高等小学和青年学校合并而成,还有一部分是新建的。新制初中是在小学教育基础上实施中等普通教育,属于义务教育阶段。1947年计划开设的课程有必修课:国语、社会、数学、理科、音乐、图画、手工、家政、体育、自由研究;选修课:外国语、习字和职业课程。新制小学和初中由市、镇、村教育委员会设立和管辖。

1948年开始建立新制高级中学,称"高等学校"。它以战前旧制中学为主体,把旧制高等女子学校、实业学校合并起来而建立的。经过结构改革,把旧制的多种类型中等教育机构统一为单一类型的3年制高级中学,实行学区制、男女同校制和综合制。所谓综合制,就是在同一所学校内同时设普通课程和职业课程。后来综合制高中逐渐减少,普通高中、职业高中逐渐增多,形成三者并存的局面。新制高中采取分科制和学分制。

1949年开始建立新制大学,把旧制多种类型的高等教育机构改造为单一类型的4年制大学。绝大多数大学改组为综合性大学。除全日制外,还可设夜间制和函授制。大学实行学年学分制,4年修完124学分方可毕业。高等教育还建立起大众化教育制度。

这一时期日本还以美国师资培养制度为样板改革了师范教育:废除师范教育体系,停办了中师,中小学教师一律由大学培养,另设置少量专门培养师资的学艺大学或教育大学。在一些综合性大学设立教育学部,负责培养教育科研人员和教育学、心理学教师,或者培养幼儿园、小学、初中、特殊教育学校的教师。1949年5月31日颁布《教育职员免许法》,规定教员须持有教员许可证,因此必须具有大学或短期大学的学历。

3.《文部省设置法》与教育行政体制改革

二战后,日本以美国教育使节团报告书为基础,根据《教育委员会法》,对中央集权制教育行政体制进行了改革。《教育委员会法》规定,在都道府县及市町村由选举设立教育委员会;委员会下设教育长和事务局;教育长由委员会任命一位教育专家担任,在委员会的指导和监督下处理应该由委员会处理的日常教育事务;教育委员会所处理的事务包括当地学校和其他教育机关的设置、撤销、经营与管理,教学内容的处置及教科书的选用,校长及教师、职员的任免等。经过选举,1948年11月1日成立了教育委员会。

1949年5月31日公布的《文部省设置法》规定了文部省的任务:(1)对教育委员会、大学、研究机构及其他教育机关予以专门的技术性的指导和建议;(2)为确立民主教育体制而制定教育最低基准的法令;(3)编制教育预算,确定教育经费的分配比例,确保教育物资援助等。实际上是把文部省由领导、监督机关变成了指导性、服务性机关。

但在20世纪50年代以后,日本教育行政体制变化的总趋向是逐步加强了中央集权制。1956年废除《教育委员会法》,制定《关于地方教育行政组织经营法》,教育委员会由公选制改为任命制,对《文部省设置法》进行多次重要修改,从而逐渐形成今天的教育行政体制。

三、经济高速发展时期的教育改革

1956~1972年是日本经济高速发展时期。1967年,日本经济超过英、法,1968年超过西德,跃居世界第二位。日本政府连续推行"经济自立五年计划"(1956~1960)、"国民收入倍增计划"(1961~1970)、"经济社会发展计划"(1967~1971)和"新经济社会发展计划"(1970~1975),并把教育发展计划纳入国民经济发展计划中,通过调整教育结构培养适应经济和社会发展所需要的各种人才和有较高文化水平的劳动力。自1956年起，日本内阁通过其下属的经济审议会经常听取和研究财界的意见。通过咨询报告的形式，日本文部省和中央教育审议会将财界要求反映在教育政策中。根据财界关于教育发展应与经济发展相一致的要求，从1957年开始，日本历届政府都把教育发展纳入国民经济计划之中。1957年12月，岸信介内阁制定的《新长期经济计划》(1958～1962)，首次将教育发展计划和教育政策编入国民经济计划，强调振兴科学技术，加强科学技术教育，增招理工科大学的学生，确保科技人员的数量和提高科技人员的素质。

（一）中小学课程改革

1958年文部省提出《充实基础学力，提高科学技术教育》的教学改革方案，修订了中小学教学大纲，并使教学计划和教学大纲具有法定的约束力，全国统一执行。这次改革强调教学内容现代化，重点改革数学和理科的教学，增加数理科的教学时数。其结果是，由于教学内容太深，大多数学生接受不了，负担过重，使这次改革归于失败。1973年又对中小学教学再次进行了改革。

（二）加强高中职业教育

通过战后教育改革，日本建立起了单轨学制，高中实行"综合制"（多设综合高中）、"共学制"（男女同校）和"学区制"（按小学区划分入学的范围）"三原则"，体现了教育机会均等，促进了高中的发展，但也削弱了职业高中，忽略了综合制高中的职业科，日本产业界对此深表不满，一再要求充实职业高中。

自1951年6月开始，日本文部省采取了一系列措施以解决上述矛盾：1951年6月公布《产业教育振兴法》。1961～1970年调整高中学科结构，削减了普通科，增设职业科、工业科和工业高中；普通高中开设职业课程供学生选修；适应产业结构变化，增设职业高中课程。1968年，日本文部省提出"高中职业教育多样化"方针，着重对职业学科课程进行调整，逐渐降低农业科学生人数比例，不断提高工业科、商业科比例；砍掉已经过时的旧学科，大量增设适应产业结构变化的新兴科，如电子、化工、工业管理、商业贸易、信息处理等；使职业高中的课程门类不断多样化。1973年，职业高中共设置270多门课程；1978年，增至314门。

调整高中结构、增设职业高中及实行高中多样化方针起了一定积极作用。但职业教育专业划分过细很难适应日新月异的科技进步变化。20世纪70年代以后，高中教育又向基础化、普通化方向转变。

（三）调整高等教育结构

1956～1973年，日本高等教育进入大发展时期，主要措施包括：有计划地增招理工科大学生，提高理工科在高等教育结构中的比重；调整大学本科与专科的比例，发展短期大学与高等专门学校；扩大高校规模，兴办"巨型大学"；发挥社会团体和财团办学的积极性，鼓励兴办私立大学；调动社会力量、挖掘学校内部潜力，扩充高等教育。

（四）增加教育投资

在20世纪50～60年代经济高速发展时期，日本教育经费逐年增加。1955年度教育费总额为4 373亿日元，1965年为17 881亿日元，1979年为35 470亿日元，1975年为96 113亿日元。1955~1975年,日本国民收入增加16.99倍,教育费总额增加21.97倍,教育费总额的增长幅度既高于国民收入的增长,也高于国民生产总值的增长。日本教育经费在工业发达国家中名列第二位,教育发展水平仅次于美国。随着国民学历水平的提高和产业结构的变化,毕业生的就业结构也发生变化,各种职业都出现高学历倾向。

四、20 世纪 70 年代以来的第三次教育改革

20 世纪 70 年代以来进行的第三次教育改革,主要集中在高等教育结构多样化、专业设置现代化,中小学课程设置重视身心协调发展等,其重要性不逊于日本教育史上的两个分水岭——明治维新和战后改革。教育与国家需要之间的关系仍是这场改革辩论的主题。

(一) 第三次教育改革的起因和改革的性质

日本第三次教育改革的起因要追溯到 20 世纪 60 年代末一些零碎和集中的批评文章引发的公开辩论。例如中央教育理事会号召取消统一的教育,主张实行教育多样化。1970年,日本政府请经济合作与发展组织(OECD)评估其教育政策。专家们赞扬了日本教育取得的成就,同时也对中央政府控制得太严、教育的标准化、统一性、学校的等级和强调大学入学考试等提出批评意见。以后的各种报告也呼吁教育应具有创造性、多样化和国际主义。

进入 20 世纪 80 年代以来,改革运动的势头越来越猛,教育改革已成为国家的头等大事。政界和工商界领袖们认为,日本正进入一个经济技术发展的复活阶段,要求具有更丰富的个人想象力、创造性和对国际动态的敏感度。为此,这一代和下一代青年应做好准备。许多日本人甚至认为教育应对 70 年代和 80 年代日本社会的堕落负有部分责任。其他担忧也纷至沓来。

1981~1982 年,在国际教育成绩评估协会主持下,在 24 个国家内进行了第二次国际数学成绩调查。在 1964 年进行的第一次调查中,日本 13 岁儿童和高中学生的数学成绩获第一和第二位。但在第二次调查中发现日本 13 岁儿童的成绩已不如以前。此外,学生对单调的考试早已感到乏味,越来越多的小学生和中学生成绩下降,学生淘汰率增长,初中暴力行为增多,高中学生自愿退学,民意测验也表明公众对教育的信任已明显下降。

改革派的意见主要是针对划一的中小学教育和过分强调大学入学考试的作用。他们认为统一的中小学教育会抑制创新、蕴成失败和引起学校混乱;认为大学入学考试阻碍了个性和知识的发展。在 1983 年 12 月大选前夕,中曾根首相制定的教育改革七点计划引起了舆论界的广为关注。他还提出对大学入学考试制度进行改革,重新评估六三三制教育,认为战后教育过分依赖学校,忽略了包括家庭教育、社会教育和其他方式的综合教育的重要性。这种不平衡是诱发学校内骚乱、青少年犯罪和其他现代问题急剧上升的原因。为了迎接 21 世纪,对整个教育体制进行彻底改革的时刻来到了。

(二) 国家教育改革审议会及其审议结果

根据中曾根首相的提议,1984 年 8 月成立了一个由他本人领导的特别审议会。1986 年 4 月,改名为国家教育改革审议会,有 25 名普通委员和 20 名特别委员,有中小学、大学、工人、工业界的代表参加。1985~1987 年间,审议会提交了 4 份审议报告,对日本教育存在的问题进

行了诊断。其中1987年的第4份报告是终结性的。在此基础上提出教育改革建议。①

审议会对教育问题的诊断是：第一，日本过分重视个人学历，特别是名牌大学的学历，以及长期紧张的高考竞争。第二，日本教育存在"荒芜现象"，僵硬的和统一的教育是问题的根源。第三，过分强调死记硬背导致产生许多唯命是从的庸人，使学生缺乏独立地、创造性地思考问题的能力。第四，对高等教育的质量十分担忧。

审议会提出以下建议：(1)中央政权要放松对教育的控制，允许地方有所创新。(2)中小学教育应强调基础知识和技能及道德教育，鼓励学校根据当地情况因地制宜地制定教学计划。(3)多层次发展高等教育。每所学校应有自由发展本校的计划；高等学校招生方式应灵活多样，改变招生条件和入学考试；允许学生较容易地转学或转系科；加强研究生教育，促进科学研究，扩大私人资助，推广工业、政府和学校之间的合作研究。(4)进一步改善师资状况，加强培训道德教育师资。(5)家庭、学校和社会共同努力根除校内打架斗殴现象。(6)使教育更加国际化。接受外国学生要简化手续，外语教学要改进。(7)改革要适应信息技术的发展。(8)强调发展终身教育的重要性，不要过分强调学历，给成人以学习机会。(9)注意在国外的日本儿童教育及其重新进入日本学校学习的问题，保证回到日本读书的儿童在上高中或大学时受到公正待遇。

审议会所提出的建议涉及一些根本性的大事，如教育的多样化、权力下放、道德教育等，还强调在教育体制中增加独创性、机会和灵活性。许多美国观察家认为，日本教育改革最突出的特点是正走向与美国相反的方向。日本教育改革派们寻求某些权力下放、学校多样化、课程设置更少统一和标准化以及使教学具有更多的灵活性和独特性。而美国由于以学生为中心的教学走得太远及选修课太多，美国的改革派们正在寻求措施使课程设置相对统一和对所有高校建立高水平的学术标准。

(三) 各级各类学校改革

自1971年提出《关于今后学校教育的综合扩充、整顿的基本对策》以后，在日本文部省的主持和领导下，立即进行了教育改革。中小学教育注重课程改革，高等教育注重结构的分化和课程的综合化。

1. 新一轮中小学课程改革

初等、中等教育的改革以课程改革为主。国家教育审议会于1975年发表一份《课程改革的中间报告》，提出课程改革的基准：(1)培养身心协调发展、具有丰富情感的人；(2)安排充实而又愉快的学校生活；(3)既要重视作为国民所必备的基本知识和基本技能教育，又要适应学生的个性和能力，实行因人而异的差别教育。文部省根据国家教育审议会的报告，综合几种课程改革的方案，于1977年公布了《关于改善中小学教学计划的标准》，同年6月公布了"小学、初中教学大纲"。1978年8月公布了"高中教学大纲"。

这次课程改革的基本方针是：(1)进一步重视德育和体育，培养智、德、体协调发展的儿童。

---

① 吕达、周满生主编：《当代外国教育改革著名文献》(日本、澳大利亚卷)，人民教育出版社2004年版，第3～73页。

(2)精选教学内容,使儿童能够掌握各学科基本的基础知识,并培养一定的创造力。(3)为了使儿童在学校中能轻松、愉快地学习,削减各学科教学时数,并使各学校尽可能有效地发挥乡土教材的作用。在课程设置上,主要是加强基础课,削减必修课,增加选修课,合并一些课程,减少课时数,避免过早的专门化。

2. 高等教育改革

高等教育改革是日本第三次教育改革的重点。20世纪90年代以来,日本加大了教育改革的力度,改革的目的是培养适应科技发展以及产业结构变化的各类人才。日本文部大臣保利耕辅在1990年度教育白皮书《日本的文教措施》中,指出后中等教育改革是重点。①

根据1971年《关于今后学校教育综合扩充、整顿的基本对策》的设想,实行高等教育结构的分类化和课程内容的综合化。(1)设置新型的学部与学科,使大学向综合化方向发展。如在广岛大学成立综合科学部,设地区文化、社会文化、情报行动科学、环境科学等4个学科。很多学校设置了新兴学科及跨学科的专业,如情报科学、国际关系、情报管理学、海洋开发、社会福利、环境科学、资源开发等领域的学科。(2)创建各种类型的新型大学,满足不同需要。如1976年创建长冈、丰桥技术科学大学培养学生对新技术的应变能力和创造性才能;新建兵库、上越、鸣门3所教育大学以满足教师进修要求;兴办专修学校以满足初中、高中毕业生和成年人提高职业技能或社会文化素质的要求;1979年创建图书情报大学培养适应信息化社会所需的专门人才;1985年由特殊法人主办的广播大学开始招生。

筑波大学的创建集中体现了高等教育结构与体制改革的特点:使其肩负教学与科研双重任务;废除原有大学的学部制或学科制,用新的学群、学类和专攻组成教学科研单位;取消校长选举制和教授治校制,实行由文部大臣任命的校长负责制;实行教学综合化消除普通教育与专业教育的严格界限。

临时教育审议会组织完成其任务后虽已解散,但是改革并未终止。今后相当长一段时间里,日本推进教育改革的政策不会改变,教育改革将继续作为发展科学技术、建设21世纪的日本的重要动力而得到日本政府的重视。

综上所述,经过战后的改革和发展,日本的教育已在世界上树立了地位。日本现代教育的某些成就如同其经济一样是独一无二的。通过九年义务教育,日本培养出来的学生在读、写、算、科学、音乐和艺术等基础教育方面均得到了发展,学生的质量是高的。日本学生的平均水平高于国际标准水平。几乎每一个儿童均能完成九年义务教育,高中的毕业率达90%。但日本教育也不是完美无缺的,如中学教育繁杂,高等教育更是整个教育体系中最薄弱的一个环节。

(四) 21世纪的教育方针

为了解决教育面临的诸多课题,隶属于内阁总理大臣的"教育改革国民会议"于2000年12月22日形成了《最终报告》。2001年,日本政府发布《21世纪教育新生计划》(彩虹计划),以实现"日本的复兴"为目标,提出了今后改革的整体框架,同时明确了当前面临的课题、具体

---

① 吕达、周满生主编:《当代外国教育改革著名文献》(日本、澳大利亚卷),人民教育出版社2004年版,第271页。

的政策措施以及详尽的时间表。为此,日本将2001年即新世纪的第一年作为"教育新生元年",决心依照本计划果断推进各项改革。

《21世纪教育新生计划》指出:"第一,伴随着家庭平均子女的减少和城市化的进展,家庭与社区的教育能力显著弱化,我国教育中欺侮弱小、拒绝上学、校园暴力、班级崩溃、恶性青少年犯罪频发等问题愈加严重。另外,由于过分强调尊重自我,导致轻视公共利益的倾向蔓延,青少年闭锁孤独的现象开始出现。第二,由于过分追求平均化,加之填鸭式的教育模式,导致教育过于整齐划一,适应儿童个性发展和能力的教育受到轻视。第三,科学技术的日新月异,经济的全球化、信息化等,使社会发生了巨大的变化,原有的教育体系已经远远落后于时代和社会的发展。"[①]

因此,21世纪日本教育的战略重点是:(1)通过学生容易理解的课堂教学,提高学生的基础学习能力。(2)通过多样的社会服务和社会体验活动,培育人性丰富的日本人。(3)创造愉快安心的学习环境。(4)创造父母和社区信赖的学校。(5)以培养"教育专家"为目标加强师资培养。(6)推进世界一流大学的建设。(7)确立符合新世纪要求的教育理念,加强教育的基础环境建设。

第三节 苏联与俄罗斯

1917年十月革命初期的教育改革从根本上改变了沙皇时代教育的性质。在《统一劳动学校宣言》精神的指导下,苏维埃进行了20年代的教育改革,建立起统一的学校教育制度。20世纪30年代,苏联以《关于小学和中学的决定》(九·五决定)为方针对学校教育进行了整顿,奠定了苏联学校教育的基础。战后苏联进行了四次教育改革,主要在中学的功能究竟是为学生升学做准备还是为就业做准备之间摇摆不定。1958年教育改革强调为就业做准备,1966年教育改革又强调要为大学输送合格新生;1977年进行了为纠正学生就业准备不足的教育改革;一直到1984年《苏联普通学校和职业学校改革的基本方针》颁布以后,才认识到中等教育具有双重功能,必须同时为学生的升学和就业做好准备。1991年末,苏联解体,俄罗斯迅速走上了私有化的道路,给俄罗斯教育事业带来巨大冲击。1992年7月,俄罗斯出台了教育领域的根本大法《俄罗斯教育法》。但向市场经济的全面过渡和经济体制的全面私有化以及经济危机,都加剧了社会的动荡和混乱,导致教育经费奇缺,教师工作被拖欠,教师素质下降,教育改革举步维艰。但俄罗斯政府非常重视教育,经过不懈的努力,教育发展的环境逐步改善。

一、苏联时期的教育
(一) 20世纪20年代苏联教育制度的初创
1. 十月革命初期的教育改革
十月革命前的沙皇俄国教育落后,充满等级性、宗教性和民族歧视。俄国男子儿乎有

---

① 吕达、周满生主编:《当代外国教育改革著名文献》(日本、澳大利亚卷),人民教育出版社2004年版,第352~354页。

70%是文盲,女子将近90%是文盲。居住在俄国的71个民族有48个没有文字,4/5的儿童是文盲。苏维埃政权建立初期就开始了对学校和整个国民教育制度的革命性改造,以实现教育的民主化和世俗化。根据1917年11月8日苏维埃第二次代表大会通过的《关于成立工农政府的法令》设立了教育人民委员部。11月9日颁布《关于成立国家教育委员会的法令》,规定由国家教育委员会取代过去的国民教育部作为全俄教育领导机关。

1917年12月,人民委员会发布《关于把教育事业从宗教事务院移交给教育人民委员部的决定》,规定撤消沙皇时代各种类型的教会学校。1918年1月,人民委员会发布《关于信仰自由、教会和宗教团体的法令》,规定教会必须与国家分离,学校必须与教会分离;在学校里禁止讲授宗教教义和举行宗教仪式;教会不能干涉学校事务。

1918年1月,国家教育委员会开始取缔沙皇时代的国民教育管理体制——学区制,撤消了学区督学、国民学校校长和学监的职务,各地中小学由当地工农代表苏维埃领导。1918年2月,教育人民委员部通过决议,把高等学校、中等学校、普通学校移交教育人民委员部管理。在中央设教育人民委员部,在地方由省、县、乡工农兵代表苏维埃执行委员会的国民教育领导部门管理。1918年5月31日,教育人民委员部公布了关于在所有学校实行男女同校的决定。

十月革命初期,苏维埃政权机关通过了《俄国各民族权利宣言》,宣布各民族具有平等自决权和自由发展权,承认各民族用本族语接受教育是各民族的权利。苏俄政府十分重视发展民族教育,在教育人民委员部专设少数民族教育司,还为一切没有文字的民族创造文字,培养各民族教育干部。

2.《统一劳动学校宣言》与20年代的教育

1918年3月,在国家教育委员会的领导下成立了统一劳动学校委员会。1918年10月16日,公布《统一劳动学校规程》和《统一劳动学校基本原则》,后者是对前者的说明,苏联教育史学界将它们通称为《统一劳动学校宣言》。

《统一劳动学校宣言》的主要内容有:(1)指出十月革命在教育领域的重要任务是消灭剥削阶级对教育的垄断,使人人享受免费的普及义务教育。(2)强调统一性原则是指保证学制的各个环节间的衔接性。(3)着重阐明新学校必须是劳动学校,对第一、二级学校如何围绕劳动进行教育、教学提出具体设想。(4)强调美育和体育的重要性。(5)强调个性化教学与克服个人主义思想的区别。(6)详细论述学校自治原则,认为师生关系是兄弟般的平等关系,新学校将无任何严厉措施,儿童应享有自治权利。(7)指出国民教育是重要的国家事业,国家要努力解决教育经费和编写教科书、教学参考书的问题,尤其强调培养新的教师队伍的重要性。

《统一劳动学校宣言》提出了尽快实施普及义务初等教育的任务;重视学生的体育和美育;强调学校内部生活应以全体学生和全体学校工作人员组成的学校集体的充分自治为原则;强调教育与生活的联系;注意发挥学生的积极性、主动性和创造性,要求尊重学生的人格,反对烦琐的监督和侮辱性的惩罚。但过于强调了体力劳动对于人的培养作用,否定了传统教学中一切必要的、合理的常规,错误地将生产劳动作为学校生活的基础,忽视了文化科学知识的学习。

限于当时的历史条件,《统一劳动学校宣言》中关于8~17岁儿童全部进入分为两级的统一劳动学校学习,实行义务的免费的教育的设想根本无法实现。1920年12月31日至1921年

1月4日,联共(布)中央委员会召开第一次党的国民教育会议,决定以七年制学校作为普通教育学校的主要类型,在七年制学校基础上建立3~4年制的技术学校,在四年制初等学校的基础上建立职业学校。为适应恢复和发展国民经济的需要,苏联在20年代前期还创办了一些新型学校,如工厂艺徒学校、工厂学校、农村青年学校等,还在高等学校附设工人系(旧译工农速成中学)。

《统一劳动学校宣言》颁布后,改革普通学校的教学内容和教学方法成了苏维埃教育的重要课题。1921年6月,在教育人民委员部国家学术委员会内成立教育科学组,由克鲁普斯卡娅领导,负责编订新的教学计划和教学大纲。1923~1925年拟订并公布小学综合教学大纲,打破学科界限,各学年按照自然、劳动和人类社会三方面选定学习材料,按季节、节日和地区情况组成一些单元,反映了当时欧美教育革新运动对苏联的影响。

20世纪20年代后期,苏联还加强实施综合技术教育,劳动在教育中被提到了重要的地位:学校里开始创设了许多小型的工场或车间(细木工、钳工、镟工等)以及学校生产博物馆之类,组织学生到生产部门参观实习,让学生学会运用简单的生产工具并熟悉最常见的机器,如拖拉机、汽车、电动机等。

(二)20世纪30年代对学校教育的整顿

20世纪30年代,苏联进入经济发展的时期,而苏联中小学教育质量有待提高,高等教育结构也需要调整。"学校消亡论"、设计教学法以及儿童学的传播等给各级各类教育机构造成的混乱也有待消除,以适应苏联政治经济发展对教育事业提出的要求。因此,苏联在30年代对教育进行了改革,重点是整顿普通教育,稳定教学秩序,培养合格的、确实能为经济发展服务的人才。

1."九·五决定"

1931年9月5日,联共(布)中央颁布《关于小学和中学的决定》(史称"九·五决定"),开始了整顿中小学教育的改革。"九·五决定"指出苏维埃学校取得的成就远不能适应社会主义建设的需要;学校的根本缺点在于中小学的教学未能提供学生充分的普通教育知识,学校的综合技术教育流于形式。"九·五决定"提出以下建议:(1)各加盟共和国修订教学大纲,保证在新教学大纲中有范围精确的各种系统知识。(2)改进对学校教学方法的领导;改变科学研究机关与学校实际工作脱节的现象。(3)苏联国家计划委员会和各加盟共和国教育人民委员部尽快制定培养教育干部的计划,保证充分满足各中小学对教师的需要;提高人民教师的地位,制定差等报酬制度。(4)要解决中小学物质基础不足的问题,如将占用的学校房屋交还学校,到1932年提供大多数中小学以最低限度的教学设备。(5)各加盟共和国的教育人民委员部坚决改革各级行政机关的领导工作,学校管理实现一长负责制;着重批判设计教学法和学校消亡论,使一切社会生产劳动服从学校教育和教学目的。

"九·五决定"全面阐述了联共(布)中央的普通教育政策,是苏联彻底整顿普通教育的开始,也是以后各教育决定的主要依据,成为20世纪30年代苏联改革普通教育的指导思想和理论依据。

2. 20世纪30年代对学校教育的整顿

根据"九·五决定"的基本精神,苏联党和政府1932年8月25日颁布《关于中小学教学大纲和教科书的决定》，1933年2月12日颁布《关于中小学教科书的决定》，1934年5月15日，苏联人民委员会和联共（布）中央通过《关于中小学结构的决定》，1936年7月4日通过《关于教育人民委员部系统中的儿童学曲解的决定》。

联共（布）中央通过的上述一系列有关国民教育问题的决定，特别是《关于小学和中学的决定》（九·五决定），在新的历史条件下全面考查和认真总结了十月革命以来教育改革的经验教训，整顿和改革了教学大纲、教科书和教学组织形式、教学方法、中小学的结构以及教师作用的发挥等问题，扭转了学校发展的方向，提高了学校教育的质量。但在改革中也存在着一些问题，如教学大纲内容庞杂，学习负担过重；中学结构单一化；对儿童学批判的简单化，又产生了忽视儿童研究的缺点等。

（三）卫国战争时期的教育

1941年6月22日，德国法西斯突然进攻苏联，苏联的和平生活和社会主义建设被迫中断。在联共党和苏联政府的领导下，教育战线如同其他战线一样按照战时的要求和条件，改组了各级各类学校的教育教学工作。

1. 战时普及义务教育工作

按照1939年联共（布）18大通过的第3个五年计划，苏联本应于1942年在城市普及中等教育，在农村普及七年制义务教育。但战争的爆发破坏了学校网；大批教师和青年响应号召走上前线；大批儿童无家可归；教育经费不得不暂时削减。1941年至1942年初，中小学生数减少了25％。

战时苏联教育部门除坚持正常的教育秩序外，还采取许多措施解决青少年的教育问题。1943年7月，苏联人民委员会做出《关于在企业劳动的少年的学习问题的决议》，责成地方管理机构组织工厂青年学校以使在企业工作的青少年能以不脱产方式继续接受普通教育。同年7月公布《农村青年夜校条例》，使农村青年在不脱产情况下受到小学七年制学校的普通教育。鉴于18大规定的普及义务教育的目标战时无法实现，联共党和苏联政府1943年7月把普及义务教育的目标变为在农村实施普及小学教育，在城市和工人镇实施普及七年制义务教育。即使在战争时期经济条件十分困难的情况下，国家预算中分配给国民教育的经费仍占重要地位。

2. 学校教育教学工作的改革

战争期间，苏联学校重视学生的思想政治教育和爱国主义教育，如在历史和文学的教学中说明自己国家过去的光辉业绩；在地理课中着重介绍苏联的地理状况和富饶的自然资源等；适当地修改了教学大纲和教学计划以使其更适合战时需要。

为鼓励学生在战争时期努力学习，1944年2月29日，苏联教育人民委员会批准了《关于采用五级记分法评定小学、七年制学校和中学学生学业和操行成绩的指示》。同年6月21日，苏联教育人民委员会通过《关于改进学校教学工作质量的措施》，规定自1944～1945学年起实施毕业考试和毕业证书考试制度。该委员会还颁发了《关于加强学生纪律的命令》，要求在集中注意提高学生学习质量的同时，还应努力加强学校的纪律和秩序。

战时苏联普通学校教育的一个重要特点是加强了学生的生产劳动教育和军事体育训练。

从 1943 年初开始,有的学校建立了教学实习生产工场,加强教学同生产的联系,并采取一套军事化的生活和劳动制度,要求师生共同劳动,还组织学生参加一些公益性劳动。

战争期间,苏联高等教育遭到巨大破坏。1941 年,高校的数目也从 817 所减少到 460 所。苏联的党和政府很快采取措施把高等教育纳入为战争服务的轨道,免除部分高等学校学生及所有毕业班学生服兵役的义务,根据战争需要和条件修订教学计划和大纲,增加与军工和国防有直接关系的专业的比重,加强了对学生的思想政治教育,提高了社会科学教学的理论水平。在整个战争期间,高等学校培养了 30 万高级专业人员,许多学校都为解决紧迫的国防课题竭力作出贡献。

(四) 战后教育改革

战后苏联的三次教育改革主要是为了解决中学的教育职能问题,即中等教育究竟是为升学做准备抑或为就业做准备,还是两者兼顾以及如何兼顾的问题。1958 年的教育改革强调为中学生就业做准备,1966 年的教育改革又倒向另外一个方向,强调为大学输送合格新生是中学的主要任务,1977 年又进行了为纠正学生就业准备不足的教育改革,直到 1984 年才吸取了以前教育改革的经验教训,扭转了忽左忽右的做法,使中学同时为学生的升学和就业做好准备。这和美国战后历次教育改革中的"钟摆现象"有着相似之处。

1. 1958 年教育改革

(1) 改革的背景和指导思想

20 世纪 40~50 年代的苏联国民教育制度是在 30 年代整顿时期形成的,强调中小学的任务是为高一级学校培养合格新生,对中等专业学校和高等学校提出的任务是培养工农业所急需的技术人员和专家,对中小学生进行劳动训练和综合技术训练以及让他们做好参加劳动的准备被推到次要地位。1937~1939 年间,甚至都不提劳动教育和综合技术教育。随着七年制义务教育的普及和中等教育的发展,青年升学与就业的矛盾越来越大。中学生的劳动准备问题成了亟待解决的社会问题。进入 20 世纪 50 年代中期以后,苏联工农业生产技术的现代化对工人和工程技术人员的培养的需求也促使中等教育、职业技术教育和高等教育的改革。

在上述历史背景下,苏共中央自上而下发动了 1958 年教育改革。1958 年 4 月 18 日,赫鲁晓夫在苏联共青团第 13 次代表大会上指出苏联教育存在着严重缺点,号召改革教育制度,提出了"在劳动中锻炼新人"的口号。赫鲁晓夫的讲话成了 1958 年教育改革的指导思想。1958 年 9 月 21 日,他在《关于加强学校同生活的联系和进一步发展全国国民教育制度的建议》中提出一套改革苏联教育的具体设想。1958 年 11 月 12 日,苏共中央和苏联部长会议根据赫鲁晓夫的建议发表《关于加强学校同生活的联系和进一步发展全国国民教育制度》的提纲,组织全民性讨论。

(2)《关于加强学校同生活的联系和进一步发展苏联国民教育制度的法律》

1958 年 12 月 24 日,苏联最高苏维埃主席团通过《关于加强学校同生活的联系和进一步发展苏联国民教育制度的法律》(以下简称《法律》)。1958 年教育改革的重点是普通教育特别是完全中等教育。《法律》批判了轻视体力劳动的思想,强调必须从教学的初期开始就教育儿童认识到他在以后应当参加公益劳动,所有青年从 15~16 岁起,必须参加力所能及的公益劳动,并且必须使他们的全部后续教学同国民经济部门的生产劳动结合起来。

《法律》确定了改革苏联普通教育的如下措施:(1)实行8年制普及义务教育以代替7年制普及义务教育。(2)8年制学校是不完全的劳动综合技术普通中学,其任务是授予学生牢固的普通教育性质的和综合技术性质的基础知识,培养儿童热爱劳动和做好从事公益劳动的准备,并对他们进行道德教育、体育和美育。(3)规定从15~16岁起,青年都要参加公益劳动,通过三条途径在教学与生产劳动相结合的基础上完成第二阶段的普通教育,即青年工人学校和农村青年学校、兼施生产教学的劳动综合技术普通中学、中等技术学校和其他中等专业学校。(4)扩大寄宿学校网,增加长日制学校和班级。寄宿学校按8年制学校的类型设立,或按兼施生产教学的劳动综合技术普通中学的类型设立。

(3) 改革的进程与结果

为了解决苏联普通教育中存在的问题,俄罗斯联邦教育部和教育科学院从1957~1958学年度开始,在50所城市和农村的学校中试行一种实验性教学计划,其修业期限为11年,分为两段。学生在前8年接受普通教育和综合技术教育,后3年将普通教育同系统的生产劳动和职业训练结合起来。从这类学校毕业的学生都要学习一定的专业并可成为铣工、车工、磨工、翻砂工、农业机务人员和畜牧工作者等。1960~1961学年度,在俄罗斯联邦已将8 300所7年制学校改组为8年制学校。1961~1962学年度,苏联开始实施8年制义务教育。

2. 1966年教育改革

第二次世界大战以后,科学技术迅猛发展,冷战加剧,许多国家都认识到中小学教育内容陈旧落后不利于科学技术人才的培养。1957年苏联第一颗人造地球卫星上天更促使西方各国发起大规模改革运动,如1958年美国的《国防教育法》强调教育要满足国家基本安全的需要,提出改进数学、科学和现代外语"新三艺"教学的问题。受美国影响,从50年代末期开始,西方各国也相继开展教育改革,其核心是更新教育内容。而苏联1958年的教育改革片面强调普通教育为就业做准备,显然不符合上述国际潮流。为克服1958年改革的消极影响,苏联又进行了1966年教育改革。

(1) 改革的背景

在1958年教育改革中,苏联当局在纠正30年代形成的国民教育体制的缺点时走向了另一极端,只注意到普通教育学校要为学生参加生产劳动与实际生活做准备,忽视甚至根本否定普通中学应担负为高等学校输送合格新生的任务;片面强调生产教学和参加体力劳动,忽视理论知识的教学,割断普通中学与高等学校之间的直接联系,如要求考生必须具有2年的实际工龄等,这与世界科技革命时代对教育提出的要求是背道而驰的。

1964年8月赫鲁晓夫被迫辞去党内外的一切领导职务。苏共中央和苏联政府加紧采取措施消除1958年教育改革的消极影响。苏共第23次代表大会决议指出:劳动人民的普通文化和技术知识的提高与进一步发展高等和中等专业学校有紧密联系。提高培养专家的质量是现阶段头等任务,要大力加速科学技术的发展,尽快把科学研究成果运用到国民经济中去,以保证劳动生产率的迅速提高。这个决议为以后5~10年的教育改革和教育建设定下了基调。

(2) 1966年《关于进一步改进普通中学工作的措施》

苏共中央和苏联部长会议于1966年11月10日通过的《关于进一步改进普通中学工作的措施》体现了为革新中小学的教学内容和提高教学质量而作的努力,主要内容是:(1)学校的主要任务是使学生获得牢固的科学基础知识,具有高度的共产主义觉悟,培养青年面向生活并能自觉地选择职业。(2)中心问题是解决教学内容的结构。教学内容要符合科学、技术和文化发展的要求;1~10年级的科学基础知识学习要有衔接性;要删除教学大纲和教科书中过于繁琐和次要的材料,克服学生负担过重的现象;1~4年级周学时的最高限额为24学时,5~10年级为30学时;从七年级起开设选修课,目的是为了加深数理学科、自然学科和人文学科的知识,发展学生多方面的兴趣与才能。(3)为改善开展教学活动的条件,规定了普通教育学校各班学生的定额:1~8年级每班40人,9~11年级每班35人。(4)为鼓励学生努力掌握科学知识,决定恢复给中学毕业生颁发奖章和奖状的制度。

在随后颁布的1967~1968学年和1968~1969学年的十年制学校教学计划中,大幅度增加了选修课的学时,用于劳动教学的时间在各年级减至每周2学时。通过10年努力,全面修订和重编了中小学的教学计划、教学大纲和教科书。从1974~1975学年开始,苏联所有的中小学均按新教学计划、教学大纲和教科书进行教学工作。

3. 1977年教育改革

通过10多年的努力,苏联实现了中小学教学内容的现代化,学校的教学、教育质量有所提高,普及九年制义务教育的任务也基本上实现了。在1975年,96%以上的八年制学校毕业生都能进入提供完全中等教育的各类学校继续学习。然而,随着10年制义务教育的普及,中学毕业生升学与就业的矛盾重新激化。1977年,为纠正学生就业准备不足,又进行了教育改革。

1977年12月22日,苏共中央和苏联部长会议通过《关于进一步完善普通教育学校学生的教学、教育和劳动训练的决议》,强调中学毕业生在学习期间应当学到深厚的科学基础知识和适合在国民经济部门工作的劳动技巧,并应认真掌握一定的职业知识,学校必须彻底改进青年在物质生产领域中的劳动训练,使他们做好选择职业的准备;必须集中国民教育机关、党、苏维埃、工会和共青团组织以及劳动集体的力量,具体有效地帮助学校从根本上改进学生的劳动教育和准备从事公益劳动与生产劳动的训练。该决议对改进劳动教育、劳动教学和职业指导还提出了一些具体要求。

《决议》颁布后,苏联中等普通教育学校问题委员会、苏联教育部部务委员会和苏联教育科学院主席团召开了联席会议,通过了贯彻执行该决议的计划。20世纪70年代末,苏联普通教育学校高年级(九、十年级)学生的劳动教学时间已增加到每周4学时;对新编的教学大纲和教科书进行了局部修改,删除了一些次要的和过分复杂的内容,目的是使学生更好地掌握主要的科学理论原理与基本概念,并减轻学生的学习负担;普通学校的生产劳动基地(教学车间、校际教学生产联合体)得到了发展。

4. 1984年教育改革

20世纪80年代的教育改革方针反映在1984年4月10日和4月12日分别由苏共中央和苏联最高苏维埃会议通过的《苏联普通学校和职业学校改革的基本方针》这一正式文件上。苏共中央和苏联部长会议还通过了6个贯彻《基本方针》的决议。

《苏联普通学校和职业学校改革的基本方针》的主要内容是：(1)指导思想是"改善教育青年的整个教育事业，改善对青年人进行的政治、劳动和道德教育"。"学校既要保证授予进高校深造所必备的高水平知识，也要引导青年面向国民经济中的公益劳动，并为之作好准备。"①(2)建立普通中等教育和职业教育结构：小学1~4年级；不完全中学5~9年级；完全的中等普通教育和职业教育将通过三个渠道进行：普通学校的10~11年级、中等职业技术学校和中等专业学校等。(3)提高教育教学过程的质量。必须使教学计划、教学大纲、教科书及教学直观教具等，都能符合社会、科学和技术进步的要求及学生的年龄特点；保证在教学过程中广泛使用计算机；改进教学形式、方法和手段，缩减班级人数；加强政治思想教育。(4)劳动教育、劳动教学和职业定向。必须使学生、教师、家长和整个社会都懂得：设置得当的劳动教育、教学和职业定向及学生直接参加公益和生产劳动，对于养成学习的自觉态度、培养公民精神、形成个人的品德和智能以及身体发育，都是无可取代的因素。不论学校毕业生以后出路如何，劳动锻炼在任何活动领域对于他们都是需要的；具体规定了小学和普通中学劳动教育、教学和职业定向教育的主要内容。(5)儿童和少年的社会和家庭教育。要改进学前教育；改进学校课后教育工作；要吸收家长、社会各界、劳动集体来参加教育工作；要关怀残疾儿童；提高家庭对教育下一代的责任感，发展普及家长教育学知识的体系。(6)苏维埃社会中的教师。教育行政部门、师范院校和大学要选拔那些有志于儿童工作的青年来就学；增加师范专业的招生名额；采取措施稳定教师队伍，关心教师劳动和生活条件。(7)加强教育事业的教学物质基础。授予集体单位以拨付资财的权力，以改善学校的基础设施。(8)改进国民教育管理。从中央到地方都要建立跨部门委员会，负责解决各类学校招生和青年的就业等问题。②

1984年的《苏联普通学校和职业学校改革的基本方针》在苏联教育史上具有重要的意义。自十月革命以来，苏联历次教育改革左右摇摆，不能很好解决中学的教育功能问题。而现在，苏联人终于认识到中等教育必须承担起为升学和就业同时做好准备的双重职能，努力促使普通教育和职业教育互相渗透、互相结合、相互接近，使它们朝着综合统一的方向发展。

二、俄罗斯教育

1991年末，苏联解体。俄罗斯联邦独立以来，国家和社会经历了剧烈震荡，给俄罗斯的文化和教育事业带来巨大冲击。在全盘否定苏联时期的意识形态之后，意识形态陷于混乱，教育目的彼此矛盾。③ 苏联解体后，独联体各国最初仍延续苏联自80年代中期以来教育改革的趋势。后来各独联体国家也逐渐开展了一些适应本国特点的教育改革。俄罗斯作为独联体中最大的国家，其教育发生了值得关注的变化。普京总统时期提出振兴教育战略，大俄罗斯主义成为俄罗斯教育变革的精神源流。④ 改革后的俄罗斯教育的明显变化是：引入市场机制以后出

---

① 吕达、周满生主编：《当代外国教育改革著名文献》（苏联—俄罗斯卷），人民教育出版社2004年版，第4页。
② 同上书，第3~20页。
③ 张丹华：《苏联和俄罗斯意识形态教育的变迁与困境》，《外国教育研究》2005年第4期。
④ 张男星：《俄罗斯教育变革的精神源流：大俄罗斯主义》，《比较教育研究》2004年第5期。

现的教育经济化;迅速发展的教育的非国有化;教育的民主化、人道化和非意识形态化和多元化。

(一) 俄罗斯联邦独立初期的教育

1992年7月,俄罗斯出台了教育领域的根本大法《俄罗斯联邦教育法》。1996年1月23日,经过修改的《俄罗斯联邦教育法》生效。此外,还有《关于俄罗斯联邦国家教育管理体制的决议》、《俄罗斯联邦教育发展国家纲要(草案)》,以及关于各级各类教育的法令和条例等。这些法令为俄罗斯教育改革提供了保证。但是,向市场经济的全面过渡,经济体制的全面私有化,加剧了社会的动荡和混乱,导致教育经费奇缺,教师待遇低下,教师素质下降。教育改革举步维艰。

1.《俄罗斯联邦教育法》

1992年7月10日,由俄罗斯联邦总统叶利钦签署的《俄罗斯联邦教育法》奠定了俄罗斯国家教育政策的基础。该法主要内容如下:

第一,国家教育政策以下列原则为基础:(1)教育的人道主义性质,全人类共有价值、人的生命与健康、个性自由发展的优先性。(2)联邦文化、教育的一致性。(3)教育普及性,教育体系对受教育者、培养对象不同发展水平和修养特点的适应性。(4)在国立和市立教育机构中教育的非宗教性。(5)教育的自由和多元化。(6)教育管理的民主性和国家—社会性、教育机构的自主性。

第二,关于俄罗斯联邦教育系统。"俄罗斯联邦教育系统是互相衔接的各层次教育大纲和国家教育标准体系的总和,是实施这些大纲和标准的法定组织形式和类型各异的教育机构网络以及教育管理机构和所属的组织、机构体系的总和。"①个人可以根据自己的需要和可能选择接受教育的形式,既可以脱产或不脱产在机构中学习,也可以通过家庭教育、自我教育和自学考试的形式获得教育;教育机构的创办者可以是国家政权管理机构和地方自治机构,也可以是国内外企业、各种所有制形式的机构及其所属团体和协会、国内外各种社会和个人基金、注册的各种社会宗教组织和国内外公民。

第三,优先发展教育的国家保障。国家依据国家和市教育拨款,保证俄罗斯公民在国家教育标准范围内接受教育。国家每年保证拨给教育的财政经费不少于国民收入的10%;教育机构从事法定的非商业性活动免征任何税收,其中包括土地税;教育机构有权按照俄罗斯法律规定的程序获得附加资金,包括外汇,以及通过法人和自然人自愿捐献的资金和专项经费;为保证公民接受高等教育,可以提供个人国家贷款,分为不偿还、部分偿还和偿还三种。

第四,实现公民受教育权利的社会保障。成年公民有权选择教育机构和受教育的形式;在非国立教育机构,以家庭教育和自修方式接受教育的公民有权获得国家鉴定证书;国立与非国立教育机构的毕业生在升入下一级教育机构时拥有平等的权利;国家为特殊儿童设立教育机构。

2. 叶利钦时期的社会和教育危机

据一项社会调查显示,在俄罗斯,1989年,10%最贫穷的人的收入与10%最富有的人的收

---

① 吕达、周满生主编:《当代外国教育改革著名文献》(苏联—俄罗斯卷),人民教育出版社2004年版,第226页。

人之比是1∶4.7,1999年为1∶60~70。据官方统计,24%的家庭属于贫穷家庭,属于中产阶层的约占20%~25%。自由化改革产生了"两个俄罗斯"——贫穷的和富有的,它们生活在不同的世界,彼此互不理解,拥有不同的价值观念。在缩减财政投入的背景下,财政和物资的分配出现极度不公平,缺乏教学条件的学校在增加,缺少食物和衣服的儿童在增加。

叶利钦时期的俄罗斯缺乏青少年思想教育的国家战略,信息环境缺乏政府监督。20世纪90年代俄罗斯电视、报刊等媒体充斥暴力和色情,俄罗斯电视公开播出的一些节目在西方国家只能通过专门频道收看。20世纪90年代前5年,7~18岁的儿童不去学校学习的比例非常高,约为20~350万。仅莫斯科市无家可归的儿童就达100万。未成年人犯罪比重急剧上升,青少年吸食毒品的人数越来越多,这些不安定因素已威胁到国家安全。

俄罗斯一直实行所谓"剩余原则"的教育拨款政策的结果,使教育经费严重短缺到难以维持的地步,导致人才流失,质量下降,俄罗斯的教育和科技水平元气大伤。在1991~1994年间高等教育机构近25%的讲师放弃教师职业弃教从商。1994年,俄罗斯高等教育机构毕业生人数比美国少50万。据俄罗斯科学院提供的数字,俄罗斯已失去了70%~80%的数学家,物理学家也减少40%。西方国家雇用了俄罗斯20万科学家和专业人士,相当于俄罗斯为他们提供了200亿美元的援助。苏联解体后,就收入、声望和就业机会而言,高等教育教职人员和科学家排在倒数第一位。

(二) 普京总统振兴教育战略

普京是在俄罗斯近300年来首次真正面临沦为世界二流或三流国家的危险时期上任的。2000年新年前夕,他颁布了纲领性文件《千年之交的俄罗斯》,发誓要重振俄罗斯大国雄风。1999年12月,俄罗斯政府成立战略研究中心,制定《2000~2010年俄联邦政府在社会政策和经济现代化方面的行动纲领》和《俄联邦政府长期社会经济政策的基本方针》,在社会政策战略目标中包括创造必要条件发展符合社会和经济需要的教育战略。

普京上任后出台了一系列发展教育的文件,2000年签署《联邦教育发展纲要》、《俄罗斯联邦民族教育方针》和《俄联邦国民教育要义》。与俄罗斯联邦独立初期的教育文件相比,这些文件重新强调国家对教育应负的责任和任务,重申优先发展教育的重大战略意义。在继承20世纪90年代改革中所取得的成果的同时,对过去几年里教育的倒退现象作出了尖锐的批评,如国家对教育投资的减少、教育的私有化、意识形态的"真空"和混乱、教育质量下降等。2001年12月29日,俄联邦政府在广泛征求社会意见并在国家代表大会讨论后,通过了《关于2010年实现教育现代化的构想》,提高国民素质,振兴教育以实现其强国富民,重塑大国地位的目标是普京国家战略的重要组成部分。普京政府采取了以下措施发展教育。

1. 增加教育投入,优先发展教育

普京总统签署的文件规定,教育是国家优先发展的领域,不允许起草和通过降低教育财政拨款水平的法规文件。在2002年政府财政预算草案中,计划用于教育投资的比例大幅度增加,打破了近10年来国家财政预算的常规,其增长速度首次超过了军费预算开支增长速度,这在俄罗斯乃至前苏联的历史上也是前所未有的。

在基础教育方面,2002年12月17日,普京总统向国家杜马提交了《关于普通学校财政的新规定》法律草案,中小学教师的工资和教学费用将从地方水平转向俄联邦主体水平。这是近10年来规模最大的财政拨款,每年约3 000亿卢布。2002年制定授予学校法人地位的相关文件,学校可从毕业生和赞助者那里获得预算外的资金。2003年教育部制定法律草案,要求建立从属于每个学校的监护委员会作为社会管理学校的机构。2003年,国家共投资32亿卢布用于修建468个新的教育设施。俄财政部向俄中小学拨款6亿卢布用于购买体育设备和器材。

在高等教育方面,根据新划分的29组专业,大学录取计划由原来的专业比例划分向培养具有竞争性的专业分配模式过渡。政府出台了国库与教育部之间减免税务的法律草案,并制定了有关大学生助学金贷款等的相关文件。

2. 促进教育现代化,重视信息技术发展

俄罗斯的网络通信情况与发达国家相比十分落后,2001年学校平均每500个学生共同使用一台电脑,而在美国、日本等国家,1999年已达到平均13个学生使用一台电脑。普京把发展信息技术与振兴国家教育、保护民族文化财富和国家安全紧密联系在一起。在2000年的《国情咨文》中,强调无权错过世界蓬勃发展的信息革命。

为改变网络通信情况的落后现状,普京在2001年8月的一次会议上责成俄罗斯国防部为国家教育网络提供卫星信号服务,以使俄罗斯每一所乡村学校的学生都能上互联网。与此同时,普京还指示政府向世界银行贷款1~2亿美元,用于俄罗斯学校的网络化建设。俄罗斯作出决定,把教育投资任务与企业挂钩,政府动员大型企业共同出资,为俄罗斯联邦6 600所中小学配备电脑,建立全国联网的教育互联网。普京责成俄罗斯科学和技术部、教育部、科学院和基础研究基金会建立自己的信息网络。同时,俄罗斯自己的现代化高效超能计算机把海参崴到加里宁格勒的77万名学者和专家联络到这个信息网络里,有助于实现远程教育计划。

3. 文化教育战略的理论基石——"俄罗斯新思想"

苏联解体后,俄罗斯抛弃了原有的意识形态和社会制度,迅速向西方国家倾斜。但西方民主政治制度并不适合俄罗斯国情,俄罗斯很快从超级大国沦为二流国家。国际地位的下降使俄罗斯人的民族自豪感受到严重挫伤。随着政治、精神文化领域矛盾的日益尖锐,社会上涌现出无数的政党派别和社会组织,形成彼此相互对立的行动纲领。受不同社会思潮影响,20世纪90年代教育领域出现多达9种版本的教育目的,如服从权威的教育目的、小资产阶级的教育目的、民族主义的教育目的、资产阶级世界观的教育目的、宗教的教育目的、无政府主义的教育目的、君王帝制的教育目的、浪漫主义的教育目的和新法西斯主义的教育目的。苏联解体后,学校的共青团和少先队组织被解散。当时在俄政界崇尚经济自由化的人士认为市场经济自己会培养人,致使大部分学生不能享用文化中心等校外文化设施。

普京上任后,责成教育部出台了《2000~2010年素质教育计划》,该计划包括教育目的与任务、青少年思想教育的战略、立法、划拨经费等。稍后颁布的《联邦教育发展纲要》也涉及以前没有的思想教育问题,使爱国主义、公民教育成为国家教育政策的主要方面。针对意识形态教育的混乱,普京上台之初就明确指出,在一个四分五裂、一盘散沙的社会,在一个基本阶层和主要政治力量信奉不同的价值观念的国家,实行富有成效的建设性工作是不可能的。

在寻找俄罗斯自我定位的基础上,普京提出了"俄罗斯新思想"作为教育和文化战略的理论基石,包括"爱国主义"、"强国意识"、"国家作用"和"社会团结"4个相辅相成的部分。爱国主义和强国意识是普京政府认定的全民族意识形态,是团结俄罗斯社会和复兴俄罗斯的新精神支柱。普京认定,俄罗斯无需在东方和西方之间摇摆不定,两种文明的融合造就出俄罗斯文明。俄罗斯新思想不同于前苏联时期的意识形态教育,而是把全人类共同的价值观与经过时间考验的俄罗斯传统价值观有机结合的合成体。[①]

(三)俄罗斯国家体制转轨后教育体制的变化

苏联解体后,俄罗斯的教育体制随着国家体制的转轨,在形式上发生了巨大变化,包括从教育目的、立法、投资、管理到教育内容、教学法和教育成果评价等领域。促使教育体制变化的主要原因是国家政治、经济和社会关系的重组,劳动市场的变化,人才培养系统的从内容到结构的变化以及教育预算的大幅度缩减。

1. 基础教育的改制

俄罗斯11年基础教育分为3段:普通教育3~4年,普通基础教育5年,普通完全教育2~3年。但在1998年10月召开了俄罗斯教育科学院主席会议之后,俄罗斯各界热烈讨论普通教育学制是否应改为12年。改制的主要原因包括:(1)教学大纲内容过于沉重;(2)青少年的高发病率;(3)知识质量降低。联合国教科文组织的多年统计结果表明,俄罗斯的普通基础教育在65个发达国家中数学和自然科学教育排名倒数第三;(4)最大的威胁来自官方统计,由于人口出生率下降,2110年俄罗斯学校学生数将减少30%,带来的后果包括缩减40万教师(占现有教师的25%),缩减师范院校入学人数,4.6万所农村学校(占俄罗斯学校总数近70%)中的上千所学校将由于生源不足而关闭。

俄罗斯教育部赞同改制,因为改制不增加联邦政府的预算开支,中等教育预算在地方政府。但俄罗斯地方当局对于中等教育改革学制有不同的意见,认为增加1年学制会增加地方财政预算中对教育的支出。1999~2001年,在各种会议上就实行12年制普通教育的问题进行了广泛的听证和讨论,多数人认为俄罗斯普通学校教育改为12年符合民族教育体系的国际惯例。俄罗斯教育部决定在6年内完成从11年制的普通教育向12年制过渡的改革试点。

2. 学校类型和教学内容的变化

近年俄罗斯出现了各级各类的非国立教育学校,包括教会学校、私立中学、私立职业中学和私立大学。各种国际组织、公司等也可以在俄罗斯自由办学。由于俄罗斯本身教育基础的雄厚,外资办学和合资办学还没有形成规模,主要形式是联合培养,互相承认成绩,并局限在经济、法律等少数专业。

苏联教育强调培养适应苏维埃生活模式和具有共产主义意识形态的年轻一代,教育是国家安全链条中重要的一环,教育内容单一,模式固定。俄罗斯则强调中等教育与市场经济相适应,致力于培养学生的个性。在完成《俄罗斯中等教育国家标准》的前提下,学校可根据学生、

---

① 张丹华:《普京教育治国思想解读》,《外国教育研究》2005年第1期。

家长和教师意见自主选择教材。俄罗斯的高等教育内容已不局限于目前国内人才市场的需求,更以超前意识为俄罗斯市场经济的发展、加入 WTO、俄罗斯的信息化而修改教学内容,引入远程教育模式,开展教育的国际交流与合作。

3. 学校经费的变化

苏联解体后,俄罗斯学校由单一靠国家经费拨款发展到国家拨款(限于国立学校)和学校多渠道筹措经费并重。不稳定的社会、政治和经济环境使俄罗斯教育连续多年投资不足,教师工资拖欠极为严重。进入 1999 年情况稍有好转,普京就任总统以来,俄罗斯联邦教育部加强了硬性开支的拨款力度。与此同时,俄罗斯教育部和联邦实体教育主管部门为稳定局势做了力所能及的工作,力争保证教育工作的最基本工作条件。教育部实施每周财务检查制度,对联邦政府预算、联邦实体下拨给教育部门的工资款进行检查,同时地方政府每周给联邦政府上报工资发放情况报表,从而加强了对教育经费的管理。

俄罗斯国家对教育经费的预算拨款也在不断增长,在 2001 年的预算中,历史性地第一次出现了学生实习费用和大学图书馆维修费用。除国家财政拨款外,俄罗斯的学校(主要是大学)还有以下经费来源:自费学生(包括外国自费留学生)、校办产业(包括中介服务)、有偿办理学习班、科研项目经费、出租校产、慈善捐赠等。

4. 高校分配制度的变化

苏联高等教育是计划经济体制下的高等教育,学生毕业后由国家分配工作。苏联解体后,俄罗斯迅速向市场经济转化,虽然法律规定国家要保障大学毕业学生的工作权利,但对高等院校毕业生来说,完全进入市场经济,需要自己找工作,国家已完全不负责学生的毕业分配。

5. 部分地区试行全国统一大学入学考试

苏联解体前及解体后的俄罗斯的高考制度是:中学毕业考试后再进行大学和中等职业学校的入学考试,各大学自行命题,考生到报考院校参加考试。这种制度的主要弊端是:中学毕业生在有限时间内须参加两次考试,两次考试的内容和要求有很大差别,使中学毕业生学习压力过大;各大学的入学考试中营私舞弊、贪污腐败现象严重;很多边远地区的优秀考生因负担不起到莫斯科的往返交通费用,不能到莫斯科的名牌大学参加考试或接受教育。因此俄罗斯教育部认为,应实行全国统一的大学入学考试,选拔优秀学生到名牌大学学习,并根据考生成绩来确定学生是否享受国家补贴。

2001 年 4 月在马里埃尔共和国、楚瓦什共和国和雅库特共和国试行了全国统一大学入学考试,其主要特点是:(1)试行地区对所属普通教育学校毕业生成绩的最终评定以国家统一考试的形式进行,不再进行中学毕业考试;(2)试行地区所属普通教育院校的教学内容、国家统一考试的科目、考试形式、日期及考试时间由俄罗斯教育部规定;(3)至少要通过 5 门考试:数学、俄语及三门自选科目;(5)在试行地区毕业生可获得两个证书:中等(完全)普通教育学校毕业证书及国家统一考试成绩证书;(6)根据国家统一考试成绩录取学生的标准由大学自行确定。①

---

① 吕文华:《俄罗斯国家体制转轨后教育体制的变化》,《外国教育研究》2004 年第 9 期。

现代各国教育小结

(一) 20世纪各国教育发展的历史分期

第十四章和第十五章分别介绍了20世纪英、法、德、美、日、俄六个国家的教育。我们将20世纪各国教育的发展大致分为战前和战后两个阶段,战后的教育发展又以80年代为界,分为两个时期。

20世纪初至第二次世界大战以前,各国教育发展主要体现在巩固19世纪初步建立起来的国民教育制度,同时,消除双轨学制和普及中等教育也被提上了议事日程。各国通过一些教育改革,初步实现了初等教育阶段的统一化,但中等教育的真正普及则是在第二次世界大战结束以后才逐步实现的。

战后至70年代是西方学校教育发展的"黄金时代"。首先,经济的飞速发展使人们对教育的作用和功能充满了信心与乐观主义精神,在教育民主化、人力资本理论和环境对智力发展的影响等理论的支持下,学校教育被视为魔杖,似乎无所不能。其次,在战后苏美争霸的冷战国际环境的影响下,各国力图通过教学内容和教学手段的更新培养科学技术人才,以增强本国在国际军备竞赛中的实力。于是争先恐后地通过颁布相关法案和中小学课程改革,力图选拔和培养科学精英,并将最新的科学研究成果反映在中小学课程中。

20世纪70年代的"石油危机"导致西方各国经济衰退,劳动力过剩,失业现象严重。前一时期对学校教育的热情此时变为各种不满、怀疑和困惑。与此同时,终身教育理念也要求对整个教育制度的发展问题进行重新定位。在这种背景下,20世纪80年代以来西方各国教育改革出现新的特征,主要表现在先后以新自由主义和"第三条道路"为执政理念,以小政府大市场为指导思想,在教育中引入市场机制,开始了旨在减少财政开支同时提高教育质量的新一轮教育改革。在有地方分权传统的国家,不同程度加强了联邦政府对教育的控制和协调,推行国家课程和国家考试,通过家长选择学校等方式迫使学校提高教育质量,并根据终身教育理论重新建构整个教育体系。在中央集权制国家,则考虑如何通过改革增强教育制度的活力和效率,提高地方当局和社会各界参与教育的积极性。

(二) 战后各国各级各类教育发展的一般趋势

第一,教育行政体制。世界各国主要形成两种不同类型的教育领导体制,即中央集权制和地方分权制。它们各有优缺点。教育行政体制方面的趋势是:教育行政管理的均权化;教育行政体制的民主化和科学化。教育行政管理的均权化一般是指实行教育行政中央集权制的国家如法国等国正在向地方分权的方向发展,以调动地方办教育的积极性,改变脱离学校实际的官僚作风;[①]而实行教育地方分权制的国家如美国等国正在加强中央政府对教育事业的控制,削弱地方教育当局的权力,推行教育标准化、国家课程和国家考试等,出现相对集中的趋势。在学校管理方面,则正向着民主化方向发展,主要体现在扩大学校的办学自主权,以及家长和社会各界人士参与学校的民主管理。

第二,普通教育。战后世界主要发达国家都通过立法保障普及义务教育的实施,延长了义

---

① 吴文侃、杨汉清主编:《比较教育学》(修订本),人民教育出版社1999年版,第588~589页。

务教育的年限,改进了教学内容和教学方法。在中等教育改革方面,各国教育主要关注两个方面的问题:一是调整中等教育结构,使其更加民主和科学。中等学校教育的分类不再以出身、性别和社会地位作为划分的根据,而是考虑他们的天赋能力和性向,因此各国都采取了不同的方式如法国的方向指导班、德国的"促进阶段"和美国的能力分组等,使教育的内容和方法更贴近学生的兴趣和能力。二是试图平衡中等教育的双重功能,即为学生升学和就业做好准备。但如何处理好这个问题是中等教育发展中的一大难题。在推行综合中学的国家如美国,中等教育的发展呈现所谓"钟摆现象",一个时期强调为升学做准备,另一个时期更关注培养科技精英人才;一个时期要以高、新、难为原则改革学校课程,另一个时期又试图提高全体学生的整体水平,"不让一个儿童掉队"。在实行多轨制中等教育的国家如德国,由于实行了分流制度,问题的解决似乎合理一些,但由此可能产生教育公平和如何提高整体教育质量的问题。因此,如何处理好升学与就业、公平与效率、精英教育与大众教育、智力发展和人格陶冶等的关系,始终是中等教育发展中的两难问题。

第三,战后高等教育一方面朝着大众化方向发展,如美国的初级学院,英国的开放大学等,都是这一趋势的典型代表。另一方面,高等教育的改革强调适应科学技术发展的潮流,不断调整课程结构和专业设置;强调大学为社会服务的功能,以及学生的创新能力的培养。各国高等教育面临的主要难题,一是如何在高等教育大众化时代提高教育质量,二是如何筹集高等教育所需经费。伴随着高等教育的大众化,教育质量的滑坡似乎成为不可避免的问题。尽管各国为解决高等教育质量问题使出浑身解数,效果似乎并不明显。经费问题也是制约高等教育发展的瓶颈。以前高校教师习惯于自由传统,现在不得不屈服于经费的压力,放弃个人的爱好和兴趣,去从事服务社会的研究项目以争取相关经费。"publish or perish"(发表或死亡)给高校教师和学者以巨大心理压力,由此滋生了功利主义和浮躁心理,学术造假时有发生。这从根本上影响了教育质量和科研水平的提升。

第四,为了发展经济,促进就业问题的解决,职业技术教育一直是各国政府关心的重要教育领域,这从各国不断颁布的职业教育法案可以看出。普通教育职业化和职业教育普通化,职业技术教育普及化和上移化,职工教育培训的经常化和制度化,是当代职业技术教育发展的三大主要趋势。① 比较成功的范例是德国的"双元制"职业教育,其他有日本的"产学结合"和美国的"生计教育"等。一方面各国试图在中等教育课程中增加职业教育选修课的办法,使学生做好就业准备,另一方面则是通过专门的机构进行职业技术教育。职业技术教育有其特殊性和复杂性。在许多国家如法国,由于传统思想的影响,人们总认为职业教育低人一等,所以无论政府使多大气力,职业教育始终难以发展。又由于职业教育不是一个单纯的书本教育,需要机会从事实践,但在职业教育机构内部如何处理普通教育和专业教育的矛盾,以及职业教育机构与企业的关系,都是一些难题。大家都知道德国的"双元制"职业教育效果很好,但这种基于德国历史上的手工业行会传统的职业教育制度,却并不是其他具有不同文化传统的国家所能学到的。

---

① 吴文侃、杨汉清主编:《比较教育学》(修订本),人民教育出版社1999年版,第477~483页。

第五,战后各国师范教育出现的变化一是师资培养日益成为大学教育的一部分,二是师资培养由封闭走向开放,同时职业化要求更加明显。在师范教育机构的改革方面,美国从20世纪40年代起率先将师范教育由封闭型转变为开放型,即将师范学院归并为综合大学,或由大学设立教育学院,文理学院设立教育专业,使独立师范学院所剩无几。在联邦德国和日本也有类似做法。在英国,20世纪70年代以来,教师需求量减少,政府发表白皮书,允许教育学院设置非师范专业或兼施继续教育。1975年以后,取消地区师资培训组织,对100多所教育学院进行调整,有的并入大学或多科技术学院,有的与别的教育学院合并,有的被迫关闭。总之,战后各国的师资培养普遍坚持学术性和师范性的统一,保证职前培养的规格,严格入学标准,合理安排课程,重视实践环节,加强了在职培训。在终身教育思潮和教师专业化思潮的影响下,各国师资培训又开始向终身化和专业化方向发展。同时,师资培养也与教师资格证书制度和教师待遇的提高密切挂钩。

思考题

1. 简述1918年美国《中等教育基本原则》的主要内容。
2. 简述1917年美国的《史密斯—休士法案》的主要内容。
3. 简述"八年研究"和"泰勒原理"。
4. 简述美国初级学院运动。
5. 简述1958年美国《国防教育法》的主要内容。
6. 简述美国"生计教育"运动和"回到基础"运动。
7. 美国20世纪60年代中小学课程改革述评。
8. 简述美国《不让一个儿童掉队》法案的主要内容。
9. 简述1947年日本《教育基本法》和《学校教育法》的主要内容和意义。
10. 日本第三次教育改革述评。
11. 简述苏联的《统一劳动宣言》和"九·五决定"的主要内容。
12. 简述1958～1984年苏联教育改革的经验教训。
13. 简述1992年《俄罗斯联邦教育法》的主要内容和意义。
14. 俄罗斯国家体制转轨后教育体制有哪些变化?
15. 简述战后世界主要发达国家中等教育改革的一般特征。
16. 二战后世界发达国家高等教育改革述评。
17. 简述20世纪80年代以来西方各国教育改革的新趋势。
18. 简述二战后世界发达国家教育发展的一般趋势。

第十六章 苏联教育思想

在20世纪的世界教育思想史上,苏联教育思想占有重要地位。十月革命胜利以后,苏维埃政府遵照列宁的教育学说进行了教育改革和教育建设,不仅建立了独特和完整的苏维埃教育体系,也发展起不同于西方的教育理论。苏联教育理论以列宁的教育学说和马克思主义的方法论为思想基础,反映了不同时期苏联党和国家的教育方针,总结了苏联各个时期的教育经验。

本章将探讨苏联教育史不同时期具有代表性的四位教育家,即马卡连柯、凯洛夫、赞可夫和苏霍姆林斯基的教育思想。马卡连柯代表了十月革命以后苏联早期的教育思想,尤其总结了流浪和违法少年的教育经验。凯洛夫主编的《教育学》是20世纪40~50年代形成的苏联传统教育理论的主要代表,曾对中国教育学界产生深刻影响。赞可夫的发展性教学理论反映了20世纪60年代苏联新的教育理论的发展。苏霍姆林斯基的全面和谐发展理论深深植根于中小学教育实践,他对儿童的热爱和对教育事业的奉献精神具有很强的感染力,其教育经验成为世界宝贵的教育财富。

第一节 马卡连柯

马卡连柯(1888~1939)是苏联早期的教育家和作家。在20世纪20~30年代,他主要致力于青少年流浪者和违法者的教育,并获得很大成功。在积极投身于教育实践的同时,他勤于著述,撰写了许多文艺作品和教育著作,建立起独具特色的教育思想体系。因病移居莫斯科以后,马卡连柯重点思考青少年违法的社会根源,转向儿童家庭教育的研究。集体教育、劳动教育和家庭教育是构成马卡连柯教育思想体系的三个主要内容。

一、教育活动和教育著作

马卡连柯出生于乌克兰哈尔科夫省一个工人家庭,从市立4年制学校毕业后受过1年师资训练,1905年开始从事教育工作。在俄国第一次革命爆发时期,他开始接受马克思主义,并受到高尔基著作的深刻影响。1914年,马卡连柯进入波尔塔瓦省师范专科学校学习,奠定了良好的文学、哲学、心理学和教育学的知识基础,并受到校长伏尔宁的深刻影响。

1920~1936年是马卡连柯教育活动的全盛时期。十月革命以后,为了收容和改造流浪儿童和少年罪犯,苏联政府在各地设立工学团。1920年,马卡连柯受波尔塔瓦省教育厅的委托,负责波尔塔瓦少年违法者工学团(同年底改名高尔基工学团)的工作。1928年,他到"捷尔任斯基公社"工作。马卡连柯以马列主义为指导,在高尔基革命乐观主义精神和社会主义人道主义精神的激励下,进行了艰苦卓绝的教育实验活动,把数以千计的流浪儿童和少年违法者改造成社会主义新人。

在教育实践中,马卡连柯一直进行文学创作和教育研究活动。1937年,因病迁居莫斯科后,他认真总结30多年的教育实践,更加勤奋地从事著述活动。马卡连柯较为著名的著作有《教育诗》、《塔上旗》、《父母必读》和《儿童教育讲座》等。后两本书奠定了苏联家庭教育理论的基础,并成为家长和儿童教育工作者必读的书籍。

二、教育思想的理论依据

马卡连柯的教育思想体系以马克思主义方法论为指导。他指出,教育学是最辩证的科学。努力用辩证逻辑的观点来认识人类的教育实践,分析教育学的一些基本问题,是马卡连柯教育思想体系的主要特点,也是其思想具有无限生命力的根本原因之所在。

马卡连柯论述了学校教育和社会环境在人的发展中的作用,认为学校是最有力的教育手段,在人的成长过程中发挥着巨大的作用。但他注意到儿童教育机关的工作在时间、数量和深度上都是有限的,因而更重视社会环境对人的影响,指出"人是被整个社会教育着的"。① 社会中的一切事件、人的整个生活与工作都成为教育的重要因素。

在教育、教养和教学之间的相互关系上,马卡连柯认为,教育与教养是相辅相成的。教育过程不仅仅在课堂里进行,教育工作必须指导学生的全部生活。为此,他批评了将教育过程等同于教学过程的主张。这对以后苏联教育理论的发展产生了积极影响。

马卡连柯强调教育的目的与任务必须适应社会政治、经济的需要和时代发展的要求。苏维埃共产主义教育的目的与任务是根据社会主义革命和建设的总任务提出来的。同时,他又要求在教育实践中统一共性与个性,认为对学生的共同要求必须与重视他们的个性相结合,不能抹杀个性。教师只能根据个人的特点把个性发展引向社会需要的方向。

三、论教育的目的

马卡连柯强调教育工作者必须明确教育目的并为实现它而努力。他主张教育适应社会政治、经济的需要和时代的要求,教育必须为社会服务,要对自己正在造就的人负责。在他看来,教育目的应当服从政治目的,必须培养社会所需要的人才,应当从苏联社会的需要、从苏维埃人民的意向、从革命的目的和任务出发考虑教育目的。

基于上述看法,马卡连柯认为教育目的是把学生教育成真正有教养的苏维埃人、劳动者,培养成有用、有技术、有学识、有政治修养和高尚道德的身心健全的公民。马卡连柯告诫教师,永远要清楚地体会到教育过程的种种目的。教育过程的目的应当成为教育工作的主要基础,对广泛的目的没有体会,进行任何教育活动都是不可能的。他强调教育战线如同其他生产战线一样必须保证不出废品,即使有1%的废品也不应该。他指责出"废品"的不负责任的人是"人民的敌人"。

---

① 吴式颖等编:《马卡连柯教育文集》(上卷),人民教育出版社1985年版,第1页。

马卡连柯批判了当时流行的"儿童学",认为这种理论企图不问政治,脱离社会,单纯从生物学中得出教育目的。虽然也注意到教育工作要考虑儿童的个性差异,但由于当时正处于批判儿童学高潮的年代,他对教育工作必须从生理和心理方面研究儿童问题强调得不够,甚至表现出一定程度的片面和偏激。

四、论集体教育

集体教育在马卡连柯的教育思想体系中占有特殊重要的地位。组织、培养和教育集体,通过集体教育社会主义所需要的新人,这就是马卡连柯的主要经验。他的集体教育思想的理论依据是马克思主义关于集体在社会主义社会里可作为教育手段,以及个人只有在集体中才能获得全面发展自己才能的可能性的观点。在马卡连柯看来,苏维埃国家主要是一个由许多大小集体所构成的国家。因此,苏维埃人不能孤独地生活和创造。"我们的教育任务就是要培养集体主义者。"①

马卡连柯深入探讨了"集体"的性质和意义。他认为,许多单个的人集合在一起不能算是集体。集体"是以社会主义的结合原则为基础的人与人互相接触的总体"。② 集体有共同的奋斗目标,有组织性和纪律性。在集体中,个人的目的及个人的利益必须服从集体的目的和利益。社会主义国家的每一个教育机构就是一个集体,它包括学生集体和教师集体。马卡连柯把健全的集体视为最好的教育工具,把建立合理的集体看作取得良好教育成果的首要条件。

在多年的教育实践中,马卡连柯创立了一整套集体教育的原则和方法,具体如下:

(1) 平行教育影响原则。马卡连柯认为,个人对个人的影响是狭隘的,作用是有限的,集体的影响则要大得多。为了教育好个人,就要先影响该成员所属的基层集体,然后再影响该成员,所得的影响效果就会更大。因此,教师必须把整个集体作为教育对象,让个人在集体内受到教育。

(2) 自觉的纪律。马卡连柯把纪律看作苏维埃社会里的一种道德和政治的现象。集体中不可缺少纪律,它既能保证其成员的利益,又能美化集体,是使我们获得政治上和道德上的幸福的一种方式。纪律首先是教育的结果,然后才成为教育的手段。苏维埃的纪律是自觉的纪律,要求儿童自觉地、愉快地、主动地和创造地去做自己不喜欢的事情。获得自觉纪律的方法是整顿生活环境、生活制度和说理。

(3) 尊重与要求结合的原则。这是马卡连柯基于社会主义人道主义思想而确立的一条基本原则。他把尊重和要求看成一回事。我们尊重一个人才对他提出要求。从这个原则出发,他要求教育工作者最大限度地尊重儿童的人格,相信儿童,既不听之任之,也不过分监护,无限地热爱、关怀儿童,善于长善救失。总之,对儿童的要求应建立在对他们关怀和信任的基础上。

(4) 前景教育。马卡连柯认为:"人的生活的真正刺激是明天的快乐。在教育技术中,这种明天的快乐就是最重要的工作对象之一。"③因此,教师必须善于向集体和个人循序渐进地

---

① 吴式颖等编:《马卡连柯教育文集》(上卷),人民教育出版社1985年版,第106页。
② 同上书,第15页。
③ 同上书,第313页。

提出引人入胜和富有兴趣的以及具有现实性的远景，领导儿童集体不断发展和前进。他把前景分为近景、中景和远景，认为应从个人眼前的生活需要入手，然后开展按计划进行的各种集体活动，如节日游行、庆祝革命纪念日等，在此基础上，引导儿童憧憬未来，激励他们立大志，更加努力地工作。

五、论劳动教育

从社会主义社会对人的基本要求出发，马卡连柯十分重视年轻一代的劳动教育。他较为全面地揭示了劳动的教育意义，认为劳动是人类生活的基础。劳动教育能提高人的劳动能力，这对于社会的发展和个人的幸福都是十分必要的；劳动教育还能使儿童了解劳动的必要性，养成努力劳动的牢固习惯，产生对劳动的爱好，把劳动当作表现其人格和才能的主要形式；劳动最大的益处在于促进儿童道德上和精神上的发展，使儿童亲近劳动者，谴责懒惰者；家庭劳动教育还是顺利完成专门教育的基础。

马卡连柯较为详细地论述了劳动教育的原则和方法。第一，要使教学与生产劳动有机地结合，而非机械地结合。第二，要使学生的生产劳动服从于学校的教育目的。第三，劳动教育不能单纯强调体力劳动。他反对"劳动拜物教"思想，因为它使劳动变成"消耗精力的操作"，不能起到任何教育作用，会使学生产生厌恶劳动的情绪。第四，必须让学生创造性地劳动。第五，劳动任务应具有量力性、长期性、复杂性和多样性。教师应当考虑儿童的年龄特征和体力健康状况，不能让他们担负过重的劳动任务。他还很重视定期组织学生参观农村和工厂，坚决反对在劳动过程中滥施奖励和惩罚。

马卡连柯所领导的"高尔基工学团"主要从事农业生产，兼从事牲畜饲养业，也办了手工作坊，经济逐步自给有余。在捷尔任斯基公社，马卡连柯充分发挥学生的积极性和主动精神，让他们主持各种会议，领导生产、值勤等工作，使那些十六七岁的少年能胜任车间长，十八九岁的青年能管理性能复杂的车间生产。捷尔任斯基公社还办起农场和现代化工厂，600多师生逐步做到费用自给有余，并能每年为国家上缴500万卢布的纯利润。到1933年，该公社有存款360万卢布。

马卡连柯不仅是劳动教育的拥护者，也是生产教育的拥护者。从1935年起，公社学员一边要完成10年制学校的学业，一边还要在工厂里每天做4小时的工作，使脑力劳动与体力劳动很好地结合起来。马卡连柯深信，学校、教学在培养和改造人的工作中具有特殊的意义。一般说来，违法者的品质改造和再教育工作，只有在受了完全中等教育的条件下才有可能。

六、论家庭教育

在长期和违法少年打交道的过程中，马卡连柯发现不良的家庭教育是使这些孩子误入歧途的一个重要原因。这促使他在后期致力于儿童家庭教育的研究。从培养共产主义新人的教育目的出发，马卡连柯系统论述了儿童家庭教育。

（一）论家庭教育的意义和父母的职责

马卡连柯指出，儿童将成为什么样的人，主要取决于父母在5岁以前把他造成一种什么样子,认为父母在孩子5岁以前所做的一切,"等于整个教育过程的90%的工作"。① 他和洛克、赫尔巴特和福禄倍尔等西方教育家一样,强调合理地进行早期教育工作是为了避免以强制的手段进行令人痛苦的再教育工作。

马卡连柯把家庭看作社会的一个天然的基层细胞,儿童在这里生活、成长。父母应意识到自己对子女的责任,并把教育子女与国家的未来和前途相联系。马卡连柯和克鲁普斯卡娅一样,重视学校教育与家庭教育的密切联系。他号召学校指导家庭做好教育儿童的工作,同时也要求父母主动争取学校的帮助。

(二) 家庭教育的一般条件与主要原则

马卡连柯把集体教育思想运用于家庭教育,指出:"为了成功地教育儿童,首先家庭应当是苏维埃的集体。"②家庭结构问题十分重要,良好的家庭教育的基本条件之一是保持家庭的完整和团结一致。父母不在一起生活或离异会对儿童教育产生不良影响。父母也不应当在孩子面前争吵。马卡连柯注意到教育独生子女的困难性,认为多子女的家庭更有利于孩子的教育。独生子女往往成为家庭注目的中心,他们习惯于自己所占有的特殊地位,有意无意地被教育成利己主义者。只有在多子女的家庭中,父母对孩子的关注才会正常,并在此基础上使不同年龄的孩子之间互帮互助,以培养集体主义观念。

马卡连柯重视父母的威信在家庭教育中的作用。在他看来,父母是家庭集体中负有责任的长者,他们是否有威信直接影响到教育的成败。他批评了种种虚假的威信,诸如"以高压获得的威信"、"以疏远获得的威信"、"以爱抚获得的威信"和"以馈赠获得的威信"等,并指出了它们的危害性,认为父母的公民感及对儿童生活的了解和帮助才是真正威信的基础。最要紧的是父母的以身作则在家庭教育中有着决定的意义,父母个人的缺点太多,任何方法都是没有用处的。父母对自己家庭的尊重,父母对自己一举一动的检点,这是首要的和最基本的教育方法。

掌握好尺度和分寸是马卡连柯提出的家庭教育方法的主要原则之一。他认为,不管父母采取哪一类的家庭教育方法,都需要注意掌握尺度和分寸,都应永远具备"某种介于严厉和慈爱之间的和谐",学会在非常慈爱的口吻中保持严厉。

(三) 家庭教育的主要内容

首先,马卡连柯认为家庭教育的真正本质在于如何组织家庭生活。他提出,应特别注意小事情,细枝末节是日日夜夜、时时刻刻起作用的,整个生活均由其构成。指导这种生活、组织这种生活乃是父母最重要的任务。马卡连柯重点研究了儿童游戏和家庭劳动教育问题。此外,也探讨了家庭经济的教育作用、性教育和文化习惯的培养等问题。

其次,马卡连柯非常重视儿童的游戏,提出了较为系统的游戏理论。他比较了游戏和工作的异同,充分肯定了游戏的教育价值。他把游戏看作工作的准备,主张通过游戏训练儿童,使其习惯于做工作时所需要的生理上和心理上的努力。因此,游戏不应脱离社会的目的,应吸引

---

① 吴式颖等编:《马卡连柯教育文集》(上卷),人民教育出版社1985年版,第236页。
② 同上书,第263页。

儿童参加劳动,以此来逐渐地代替游戏。

再次,马卡连柯研究了家庭劳动教育,要求让儿童"手脑并用"地劳动而不只是出苦力;应让儿童学会使用某种工具去自由劳动;儿童家庭劳动应从保持玩具整齐、清洁开始,随着年龄的增长而逐渐与游戏区分开来;不应将知识学习特殊化,以致轻视劳动;由于幼儿缺乏经验,判断力差,应多给他们暗示和指点。不要在劳动问题上采取奖惩方法。马卡连柯的这些主张在今天看来仍富有启发意义。

七、地位与影响

马卡连柯是苏维埃杰出的教育理论家和教育实践家,他把自己的一生献给了人民的教育事业,为人类留下了丰富的教育学遗产。他从十月革命以后苏联的实际情况出发,以高度的责任感和创造精神,从事教育新方法的探索与实验。他所独创的集体教育理论对于各个年龄阶段的儿童教育都具有重要的指导意义。

马卡连柯第一个建立了苏联家庭教育理论的完整体系。他强调儿童集体活动的教育意义,重视家庭教育在儿童发展中的重要性,详细研究了游戏和劳动教育等问题,这些思想在苏联学前教育理论中占有重要地位。

马卡连柯的教育理论反映了教育工作的一些客观规律,受到世界各国教育者的重视,曾有214个代表团参观了捷尔任斯基公社。他的"要求与尊重相结合"的教育原则已为世界各国教育界人士所普遍采用。他的著作被译成各种文字出版。尤其在进步主义教育思潮盛行,把教师的指导视为强制而加以全盘否定的风潮中,马卡连柯关于"重视纪律这一全部教育活动的结果"、"确立父母和教师建立在责任感之上的权威"以及"以信赖为基础的要求"等思想使教育工作者耳目一新。

马卡连柯逝世后不久,俄罗斯联邦教育科学院就成立了由他的夫人领导的马卡连柯教育遗产研究室。1946年,该院出版了马卡连柯的《教育论文选》,1948年出版了他的《教育文集》,1950~1952年出版了《马卡连柯文集》(7卷本),1951~1958年出版了它的增补版。此外,还出版了一些关于马卡连柯研究的专著。为纪念马卡连柯诞辰100周年,苏联教育科学院从1983~1986年编辑出版了《马卡连柯教育文集》(8卷本)。

中国的教育工作者对马卡连柯是很熟悉的。人民教育出版社在20世纪50年代就出版了《马卡连柯文集》(7卷本)的中译本(以《马卡连柯全集》为书名),20世纪80年代又出版了分为上下两卷的《马卡连柯教育文集》。马卡连柯用文艺体裁写成的教育名著《教育诗》、《父母必读》和《塔上旗》在20世纪50年代被译成中文出版。根据马卡连柯的《教育诗》改编拍摄的同名电影也被译成中文在全国放映。

第二节 凯洛夫

凯洛夫(1893~1978)是20世纪40~50年代苏联教育学的主要代表。他出身于教师家庭,其主要教育活动在斯大林时代。1946~1967年,他一直担任俄罗斯联邦教育科学院院长职务,并于1949~1956年任俄罗斯联邦教育部长。1948年,由他主编的《教育学》出版。1956年,他在《教育学》中增补了苏共20大精神。这本书是当时苏联高等师范学校的教科书。在70岁生日时,他被赫鲁晓夫政府嘉奖为"社会主义劳动英雄",并授予列宁勋章。

凯洛夫的《教育学》贯彻了20世纪30年代苏联学校教育整顿时期联共党关于教育问题的一系列决定的精神,依据辩证唯物主义及历史唯物主义原理及联共党关于教育问题的决议,总结了苏联的教育理论和教育经验,论述了教育的本质;系统论述了教学理论,提出教学的双重任务是传授知识和发展能力,班级授课制是基本的教学组织形式,教科书是学生获得知识的主要来源,教师在教学过程中起主导作用等观点;探讨了学校的德育工作。20世纪50年代以后,凯洛夫教育思想被赞可夫等当代革新派教育家称为苏联的"传统教育"思想。

一、论教育的本质和任务

凯洛夫的《教育学》力图根据马克思主义论述教育学的基本原理,主要内容包括:教育的起源,教育的阶级性和历史性,教育在促进社会发展中的作用问题,教育在人的形成和发展中的作用问题,关于共产主义教育的目的和任务的问题。

凯洛夫的《教育学》通过对教育的产生和历史发展的社会性质的论述,揭示了教育这一社会现象的本质,论述了"教育起源于劳动"的观点,批评资产阶级教育学关于教育起源于本能模仿的观点,阐述了教育的永恒性与历史性,揭示了阶级社会的教育具有阶级性。

凯洛夫的《教育学》论述了教育的社会作用,阐述了在不同的社会形态中教育的作用,特别论述了教育在苏维埃国家社会主义革命和建设中的重要作用;批判了"教育万能论"和"教育决定论"的思想,认为必须承认人们天性的差异,这种差异主要表现为人们的气质特征和感觉器官的差异,认为人的遗传素质的发展不论是在肯定的趋向上还是在否定的趋向上,都不是自然完成的,而主要是由教育完成的。

凯洛夫的《教育学》认为真正的教育科学只有以马克思主义辩证法为基础才有可能建立起来,应以共产主义教育思想和政治方向来确立苏联共产主义教育的目的和任务,并论述了苏联共产主义教育的目的和任务,要求完整全面地理解共产主义教育的全部内容,即把智育、综合技术教育、德育、体育与美育结合起来统一实施。

二、教学论思想

凯洛夫的《教育学》论述了教学论思想,包括学校教学过程的本质、教学原则、教学内容和教学方法等。教学的任务是指教师在学生自觉与自动参与下以知识、技能和熟练技巧的体系武装学生的过程,同时教师还担负着以科学原理和共产主义世界观充实学生头脑,培养学生具有高尚的道德品质,并训练发展学生的智力的任务。

凯洛夫的《教育学》论述了教学过程的本质,认为教学过程与人类的科学认识过程有着相同之处,因此,应以列宁"从生动的直观到抽象的思维,并从抽象的思维到实践"的这一原理作为组织教学过程的指南。不过,教学与科学认识并不完全一致,教学过程有自己的特殊性,主要表现在:借助于教学过程向学生传授的是前人已经获得的真理(知识);在教学过程中学生是在有经验的教师指导下获得对现实事物的认识的;在教学过程中需强调巩固知识的工作;教学过程中还应有计划地实现发展儿童智力、道德和体力的任务。

凯洛夫的《教育学》将班级授课制视为教学工作的基本组织形式,追溯了班级授课制的历史发展,充分肯定了班级授课制对提高苏联普通学校教育质量的意义,认为通过班级授课制这种基本的教学组织形式可以实现共产主义的教养、教育、教学的目的及任务。凯洛夫的《教育学》注重教师"教"的方法,研究了教师的口头讲授方法的要领。

基于对教学过程的认识,凯洛夫的《教育学》提出了教学环节的6个方面:使学生感知具体的事物并在此基础上形成学生的表象;分清事物的异同、主次,认清它们之间的各种关系;形成概念,认识定律、定理、规则、主导思想、规范等;使学生牢固地掌握事实和概括性的工作;技能和熟练技巧的养成和加强;在实践中检验知识,并把知识应用于包括创造性作业在内的各种学习活动中。

凯洛夫的《教育学》系统论述了教学原则:(1)直观性原则的目的是为了使学生在知觉具体事物的基础上形成观念和概念。教学活动的安排应该适合学生尤其是低年龄儿童的年龄特征。(2)自觉性与积极性原则的意义在于保证儿童通过积极的思维活动,对已感知到的外部具体事物及其特征进行对比、甄别、分析、归纳,并最终得出概念性及规律性的认识。(3)巩固性教学原则的重要性在于把知识保持在记忆中,并能在必要的时候想起这些知识并以它作为凭借。(4)系统性与连贯性教学原则的运用要求按照严格的逻辑编写系统的教学大纲与教材,要求教师系统讲述其任教学科,要求学生进行系统的学习。(5)教学的通俗性与可接受性原则主要指教材所涵盖的知识范围、复杂程度及深度应符合特定年龄段儿童的年龄特征,要照顾到学生的知识水平、领会科学问题所达到的程度及智力水平等。总之,运用上述五条教学原则的目的是为了让学生通过教师系统的讲授及对教材的掌握,牢固掌握系统的知识、技能与技巧。这正是苏联20世纪30年代整顿学校的目的所在。

凯洛夫的《教育学》论述了教学内容,强调教学计划的制定应遵循的基本要求是确保学生依据教学计划所学习的知识应该是从整个科学知识中选取出来的基本知识。该书详细论述了教学计划中21门学科的教育和教养意义,论述了教学大纲及教科书在教学过程中的重要作用,认为教学大纲是教师从事教学活动所必须依托的基本指导文件,教科书是学生获取知识的主要源泉之一。

三、论道德教育

凯洛夫的《教育学》认为,苏联学校担负着双重任务,既要把新一代培养成为有学问的人,还要把他们造就成全心全意为社会主义事业服务的新人。苏联学校在道德教育方面的主要任务是培养儿童具有共产主义道德信念,即具有苏维埃爱国主义精神、社会主义人道主义精神、集体主义精神以及热爱劳动、珍惜公共财物、诚实正直、意志坚强、乐观向上等方面的道德品质。道德教育全过程应渗透共产主义目的性与思想性,这是共产主义道德教育所必须遵循的首要原则。

第一,在爱国主义精神教育方面,要使学生树立热爱苏维埃共和国的信念,确立把自己掌握的全部知识与才能贡献给祖国的决心,以及在祖国处于危难时奋勇保卫祖国的大无畏气概。第二,社会主义人道主义精神的教育内容是培养学生对劳动者的人格的崇敬、尊敬,以及对劳动群众的巨大作用和创造能力的无限信任。第三,在集体主义精神教育方面,要教导青少年团结友爱、彼此互助。正确对待并处理个人与集体的关系,充分认识到个人只有在集体中和社会中才有可能充分发挥多方面的才能。第四,在热爱劳动的教育方面,要使学生认识到劳动是人类社会生存和发展的基础,是人类一切能力和美德的源泉,还要致力于培养儿童对劳动者具有深沉的爱与感激的情感,并引导他们在参与实际劳动的过程中养成坚忍、刻苦、不畏艰难的精神与品格。第五,珍惜公共财物的教育,要求儿童对公共财物的使用与保管时刻表现出高度的主人翁责任感,力争使公共财物发挥最大限度的作用。第六,培养儿童具有诚实正直、意志坚强、乐观向上的道德品质,使他们不屈不挠、不怕艰难险阻、任劳任怨和心地坦荡。

凯洛夫的《教育学》论述了道德教育的原则,如适应儿童的发展水平、连续性、长善救失、了解学生特性和进行个别教育等,其中"对学生的严格要求和尊重学生人格相结合"的原则和"在集体中和通过集体进行教育"的原则反映了马卡连柯的影响。凯洛夫的《教育学》重视"教育性教学",认为青少年一代的德育任务基本上是在教学过程中完成的,强调学生道德品质的形成和培养有赖于教学内容和教学方法,教师在道德教育过程中发挥着至关重要的作用。在道德教育的具体方法上,凯洛夫《教育学》列举了说服法、练习法、儿童集体组织法和奖惩法,并强调完整的道德教育活动是多种道德教育方法综合运用的结果。

四、凯洛夫的《教育学》的地位与影响

凯洛夫的《教育学》集中反映了苏联20世纪30年代整顿学校教育时期的教育改革方针,总结了这一时期苏联学校教育的经验,在规范苏联的学校教育、提高学校的教育质量方面发挥了重要作用。

凯洛夫的《教育学》是苏联传统教育思想的结晶。它以马克思主义关于教育本质的思想为指导,揭示了教育的社会和阶级的本质,论述了共产主义教育的任务,论述了共产主义道德教育的主要内容和方法,建构起较为完整的教学论体系,代表了20世纪50年代苏联教育理论发展的最高水平,对苏联教育理论和实践的发展有重要的指导作用。其影响还跨越了国界,对包括中国在内的其他社会主义国家的教育理论和教育实践产生较大影响。

凯洛夫的《教育学》注重系统知识的传授,注重教学过程中教师的主导作用,后来这种特征被斥责为"传统教育"。该书存在一定程度的机械化特征,缺乏辩证法思想;把智育、综合技术教育、德育、体育和美育等同于马克思主义关于人的全面发展的教育;有着浓厚的教条主义特征,没能根据苏联社会和教育的新的变化提出和解决新的教育理论与实际问题。

第三节 赞科夫

赞科夫(1901~1977)是苏联著名的心理学家、教学论专家和苏联教育科学院院士。在20世纪50~60年代,为适应现代科技发展对教育的要求,他针对以凯洛夫为代表的传统教学体

系的弊端，结合自己在小学的教育实验，提出了"发展性教学"的理论，重点研究和论述了教学与发展的关系，提出了以高难度进行教学、以高速度进行教学、理论知识起指导作用等原则。

赞科夫从17岁开始从事教育工作，20世纪二三十年代师从苏联著名心理学家维果茨基(1896~1934)从事儿童缺陷学研究，担任过俄罗斯联邦教育科学院缺陷学研究所所长，1950年开始专门从事教学论研究。1957年，赞科夫开始领导俄罗斯联邦教育科学院普通教育研究所教育与发展问题实验室(1968年更名为教学与发展问题实验室)，对教学与发展的关系进行了长达20年的大规模教育实验，创立了发展性教学理论体系，发展了苏联的教学理论。赞科夫一生发表了20多部专著和50多篇论文，其中《论小学教学》、《教学论与生活》和《和教师的谈话》曾是苏联教师的必读书，总结性专著《教学与发展》被译成多种文字，享有世界声誉。为了表彰他在教育科学研究方面取得的成就，苏联政府先后授予他一枚列宁勋章和两枚劳动红旗勋章。

一、教学与发展问题的实验

在20世纪50年代中期，科学知识的迅猛发展、知识加速老化的趋势，不仅要求学校的教学内容不断更新，而且要求学生在校学习期间得到充分的发展，形成获取知识的能力。而当时的苏联的教学实践和教学理论普遍存在着重知识教学、轻能力培养的倾向，显然不符合时代的潮流。赞科夫试图通过自己的实验促进学生的一般发展。他把实验心理学和心理分析的方法引入教育学研究，试图揭示教学与发展关系中客观的教育学规律性，并根据这种研究来安排教学与教育工作。通过多年的实验，他建立起新的教学体系。

赞科夫关于教学与发展问题的实验分为4个阶段。第一阶段是实验的摸索阶段(1957~1961)，他在莫斯科第172学校的一个一年级班进行实验，另外选了2个普通班以便进行对照性研究，在实验的基础上提出了关于小学教学新体系的设想，其成果反映在《论小学教学》一书中。第二个阶段是实验的扩大阶段(1961~1965)，实验班增至371个，并扩展到莫斯科以外的其他城市，编写了俄语、数学、劳动教学、歌咏等学科的实验教学大纲的初步方案，确定了自然和地理学科的教学内容，并于1964年建议苏联教育部把小学学制由4年改为3年。第三阶段是实验的推广阶段(1965~1969)，实验班最多时达1 281个，分布在俄罗斯联邦共和国和其他8个加盟共和国的一些地方。第四阶段是实验的总结阶段(1969~1977)。

1975年，赞科夫出版《教学与发展》，全面总结了他20多年来所领导的教育实验，介绍了实验的指导思想、方法和进程，发展性教学的主要思想，以及学生达到的一般发展水平和他们掌握知识、技能、技巧的情况。

二、发展性教学理论体系的基本内容

赞科夫的发展性教学理论受到维果茨基的影响。他在回顾历史上以及当代关于教学与发展问题的各种学说时注意到，维果茨基早在20世纪30年代曾在总结有关教学与发展相互关系的各种学说的基础上提出了关于教学与发展问题的思想，认为只有当教学走在发展前面的时候才是好的教学。赞科夫的发展性教学理论的基本内容，包括实验教学论体系的主导思想和他对"一般发展"概念的界定,实验教学论体系的教学原则、教学计划、教学大纲和教科书、教学方法等内容。

(一)论一般发展

赞科夫从事教育实验的指导思想非常明确,就是"教学要在学生的一般发展上取得尽可能大的效果"。① 他对一般发展的含义作了如下解释:(1)一般发展是指儿童心理的一般发展。一般发展是和单方面的、片面的发展相对立的,指的是个性的所有方面(包括道德感、观察力、思维、记忆、言语、意志)的进步。(2)一般发展不同于特殊发展。一般发展在学习任何学科、任何情境中都会表现出来,特殊发展是指在某门学科或领域表现出的才能的发展。二者既相互区别又相互联系,特殊发展可以促进一般发展。(3)一般发展也不同于全面发展。赞科夫指出,他的一般发展指的是发展的心理学和教育学方面,而一般意义上的全面发展主要是发展的社会和教育方面。(4)一般发展有别于智力发展,不仅发展学生的智力,而且发展情感、意志品质、性格和集体主义思想。(5)一般发展这个概念本应包括身体发展和心理发展,但在赞科夫的实验中,研究的教学与发展问题是有一定局限的,他研究的是教学与儿童心理一般发展的关系。②

赞科夫关于一般发展的理论依据是苏联的教育学和心理学,即认为儿童的心理发展受教育的制约,更确切地说,即认为教育在学龄儿童的心理发展中起决定性作用和主导作用。但赞科夫指出:承认教育在儿童发展中的主导作用,绝不意味着忽视发展的内在规律性。教学只是发展的外部条件,并不是发展的内在源泉。教学和发展之间存在着复杂的依存关系。

(二)实验教学论体系的原则

赞科夫从其建立的实验教学论体系的基本指导思想出发,吸取了苏联以往的教学科研成果,依据维果茨基的教学与发展的关系及最近发展区的理论,提出了用整体性观点安排教学结构和组织教学过程时必须遵循的五条教学论原则,"其目的是为了使教学在最大程度上促进学生的理想的一般发展"。③

1. 以高难度进行教学的原则

赞科夫认为,高难度原则在实验教学论体系中起决定性作用。"难度"的含义是"克服障碍"和"学生的努力"。如果教材和教学方法在学生面前都没有提出他们应克服的困难和问题,他们的精神就会萎靡不振,就得不到应有的发展。高难度的教学原则要求新的教学内容具有结构,即要求增加系统的理论知识的分量。教学内容充实以后,教学方法也要做相应改变,实验教学的方法要求学生学会独立思考和推理,自己得出问题的答案。赞科夫要求对"难度"要掌握分寸,要能使学生理解问题,而不能超过学生的理解能力。

2. 以高速度进行教学的原则

赞科夫认为,高难度原则的贯彻有赖于高速度原则。传统教学的做法是多次单调复习旧

---

① [苏]赞科夫编,杜殿坤、张世臣、俞翔辉、张渭城、丁酉成、叶玉华译:《教学与发展》,人民教育出版社1985年版,第3页。
② 吴式颖、任钟印主编:《外国教育思想通史》(第十卷),湖南教育出版社2002年版,第477~478页。
③ [苏]赞科夫编,杜殿坤、张世臣、俞翔辉、张渭城、丁酉成、叶玉华译:《教学与发展》,人民教育出版社1985年版,第41页。

课,不合理地拖慢教学进度,其结果必然会妨碍高难度原则,甚至使高难度原则难以实行。高速度原则的实质不在于匆忙行事,而是从知识的广度求得知识的深度。增加感性经验、认识现象的本质和解决实际任务是完善知识和技能的三个主要方面。强调要克服教学中的形式主义和单纯的口头传授,用各种不同方式进行教学,如增加课外书籍的阅读、参加各种课外活动、参观和旅行、交谈和讨论等,让学生在劳动和各种活动中学会手脑并用,要利用无意识记忆等。

3. 理论知识起主导作用的原则

高难度和高速度的原则都要求加强知识的系统性和理论知识的分量。理论知识起主导作用的原则要求说明现象的相互依存性及其内在联系。赞科夫强调,科技的发展已经使人的感官延伸到宏观世界和微观世界,因此不能像以往那样强调低年级儿童主要以形象思维为主,把儿童的认识活动局限在用手摸、用眼看的水平,而要使系统知识在小学教育内容中占主导地位,努力帮助儿童形成抽象概念。应把感性认识和理性认识有机地交织在一起,在训练儿童学习正字法技巧和计算技巧的同时,应尽可能使他们深刻理解语言的规律性、数的概念及数的运算概念。

4. 使学生理解学习过程的原则

这条原则与传统教学论的掌握知识的自觉性原则既近似又有很大的区别。就理解的对象和性质而言,自觉性原则着眼于学习活动的外部因素,即把应当掌握的知识、技能和技巧作为理解的对象。实验教学论要求理解的对象是学习过程,它是指向内部的,即着眼于学习活动的内部机制,让学生通过自己的智力活动探索获得知识的方法和途径,掌握学习过程的特点和规律。因此,教师应当引导学生学会学习,发展学生的思维能力,提高他们学习的主动性和创造性。

5. 使全班学生(包括最差的学生)都得到一般发展的原则

这条原则是前四条原则的总结,是大面积提高教学质量的有力保证。赞科夫的实验教学特别注意对差生的帮助。他领导的实验室对差生进行了长期的观察和比较研究,指出:传统教学把补课和布置大量训练性练习看作克服学业落后的必要手段,不能为差生提供真正的智力活动,其结果是加重差生的负担,拉大他们与其他学生的差距。这条原则的本质在于让优、中、差三类学生都以自己现有的智力水平为起点,按照自己最大的可能性得到理想的一般发展。这就要求教师目标明确地工作,发现、培养和发展每个学生的个人爱好和能力,力求将相同的或不同的教学内容,建立在每个学生不同的最近发展区上。

赞科夫关于实验教学论的上述五条原则提出了以下几个要注意的问题:首先,这五条原则既不取代一般教学论著作中所提到的原则,也不与它们相提并论。一般教学论原则是在掌握知识方面取得成功的结果,而实验教学论的五条原则注重学生的一般发展。其次,上述五条原则之间是有机联系和相辅相成关系。"每一条原则都是根据它在教学论体系中的作用,根据它的职能,以及根据它与其他原则的联系的特点而具体地表现出来的。"① 再次,这个原则体系

---

① [苏]赞科夫编,杜殿坤、张世臣、俞翔辉、张渭城、丁酉成、叶玉华译:《教学与发展》,人民教育出版社 1985 年版,第 50 页。

的特点强调培养学生学习的内因,给学生个性以发挥作用的余地,即尊重学生个人的特点和愿望。而传统方法注重通过外部手段给学生施加压力,过于强调集体性而导致整齐划一,压制了学生的个性,阻碍了学生的一般发展。

三、地位与影响

赞科夫注意到当代科技发展对人的发展的要求,批判了传统教育的诸多弊端,把心理实验方法引进教育和教学研究领域。他经过长期大范围的教育实验,逐步创立和完善了实验教学论体系。

赞科夫的发展性教学理论重视学生的一般发展。他提出的五条教学原则的出发点是改进传统教学方法,反对通过外部手段给学生施加压力,反对过于强调集体性而导致整齐划一,压制学生个性。他注重培养学生学习的内部动因,尊重学生个人的特点和愿望,让其个性充分发挥作用。他重视理论学习在促进小学生一般发展中的作用,充分估计了低年纪学生的学习能力,重视在读、写、算技巧训练的基础之上加强对相关理论的理解,以促进学生思维能力的发展。他要求克服教学中的形式主义和单纯的口头传授,用不同的教学丰富学生的知识,使他们认识现象的本质,提高解决实际任务的技能。他要求教师发现和培养每个学生的个人爱好和能力。

赞科夫的发展性教学实验取得了很大的成功,并为苏联1969年把小学由4年制改为3年制提供了依据。他关于教学的双重任务的思想,即教学既要传授知识、技能和技巧又要促进学生的一般发展的观点为苏联教育理论界所接受,并体现在20世纪70年代出版的教育学著作和小学教科书中。他的思想为改变苏联教育学中不注意对儿童的心理进行研究的偏向作出了重要贡献。

赞科夫的发展性教学理论和实验与当时美国和日本正在进行的课程改革有很多相似之处,重视将最新科研成果反映到教科书中,强调小学课程的高、难、新原则,注重发展学生的能力。但是,这种改革可能更适合优秀学生,而不适合一般学生;把他的新体系与"传统教学论和教学法"截然对立起来是欠妥当的;他对五条教学原则的理论论证还不够充分,因而对后来苏联的学校教育实践的影响是有限的。

第四节 苏霍姆林斯基

苏霍姆林斯基(1918~1970)是苏联著名的教育理论家和实践家。贯穿于他一生的教育实践主线是全面和谐发展的教育思想。他认为教育是一个统一整体,德育、智育、体育、劳动教育是教育统一体的有机组成部分,它们相互联系和渗透,不可能单独孤立发展。他的著作生动地反映了那个时代苏联学校教育的真实情况,是对学校工作的高度艺术概括、提高和再现,因此被称为"活的教育学"和"学校生活的百科全书",他本人被誉为"教育思想的泰斗"。

一、生平和主要著作

苏霍姆林斯基出身于乌克兰的一个农民家庭。在师范学校学习了2年之后,年仅17岁的他回到母校担任了一名农村小学教师。在工作期间,通过函授的方式用4年时间完成了高等师范教育,1939年毕业,获得中学教师证书。1939～1941年,他在一所完全中学任语文教师兼任教导主任,为今后从事教育理论研究积累了丰富的经验。

卫国战争胜利后,苏霍姆林斯基重返教育岗位,先后任中学校长、区教育局长,积极投身于战后恢复学校的工作。1947～1970年,他被任命为帕夫雷什中学校长。他在自己的工作岗位上勤奋耕耘,一直工作到病逝。他把自己的一生贡献给了农村学校教育事业。

苏霍姆林斯基有一个坚定的信念:"谁的工作能成为其他教师的榜样,他就应当做学校的校长。他应当比任何人都更好地了解孩子,了解涉及孩子的智力发展、兴趣和爱好的一切,缺少了这些,就谈不上教育。"① 他提出的口号是:到学生中去,到课堂中去,到教师中去。他一面做行政领导工作,一面教书,还兼任一个班的班主任,将学生从一年级一直带到毕业。他热爱学生,关心每一个学生的健康成长。他写过一本书《把整个心灵献给孩子》,书名就足以见证这一点。② "把整个心灵献给孩子"既是他的座右铭,也是他一生的真实写照。在20多年里,经他长时间直接观察的学生达3 700多人。他了解所有学生的家长,一方面从孩子身上了解父母的品德是否纯正,另一方面也希望和家长相互配合做好学生的教育工作。他把全校教师团结成一个优秀的教师集体,并通过不懈的教育改革和实验,使帕夫雷什中学不仅成为苏联的优秀学校,甚至成为当代世界著名的实验学校之一。

在完成好本职工作的同时,苏霍姆林斯基通过了副博士论文答辩,获得副博士学位。他以帕夫雷什中学为实验基地并注意研究其他学校的经验,从理论与实践的结合上研究教育的新问题,提出了使青少年全面和谐发展的理论。

苏霍姆林斯基一生撰写了41本专著,600多篇论文,1 000多篇供儿童阅读的童话、小故事。他的作品被译成30多种文字在世界各国发行。他的主要著作有:《学生的精神世界》(1961)、《给教师的100条建议》和《帕夫雷什中学》(1969)、《和青年校长的谈话》(1965～1966)、《培养集体主义的方法》(1969～1970)等。在他逝世以后,苏联教育部和乌克兰教育部分别编选了5卷本和3卷本的《苏霍姆林斯基教育文集》。

二、论人的全面和谐发展与教育

苏霍姆林斯基的教育思想体系的核心是要使全体学生都得到全面和谐发展。培养全面和谐发展的人是他的教育理想。他指出:"学校教育的理想是培养全面和谐发展的人,社会进步的积极参与者。"③ 全面和谐发展的人是社会物质生产领域和精神领域中的创造者,是物质和精神财富的享用者,是有道德和文化素养的人,是积极的社会活动者和公民,是以崇尚道德为基础的新家庭的建立者。

(一)全面和谐的教育的含义

苏霍姆林斯基的全面和谐的教育包括两层含义:一是要把学生认识和改造世界的活动和

---

① [苏]鲍·塔尔塔科夫斯基著,唐其慈译:《苏霍姆林斯基的一生》,教育科学出版社1986年版,第214页。
② [苏]苏霍姆林斯基著,毕淑芝等译:《育人三部曲》,人民教育出版社1998年版,第1页。
③ [苏]苏霍姆林斯基著,赵玮等译:《帕夫雷什中学》,教育科学出版社1983年版,第8页。

谐地结合起来,二是要把德、智、体、美、劳诸育和谐地结合起来。第一层含义与以往片面强调读书和教师的主导作用不同,全面和谐的教育必然要求学生的体力劳动与智力活动的结合、课堂教学与课外活动的结合、教育与自我教育的结合。第二层含义强调的是智育、体育、德育、劳动教育和审美教育的相互渗透和交织,统一为一个完整的过程。

(二) 相互结合的各育

在苏霍姆林斯基看来,德育在人的全面和谐的发展中占有主导地位,德育贯穿于学校教学、教育工作的各个方面,德育任务的完成有赖于其他各育的实施,学校里所做的一切都应当包含深刻的道德意义。知识、劳动和道德是苏霍姆林斯基教育思想体系的支柱,而这三者又统一在培养合格公民的目标之中。苏霍姆林斯基把德育的任务归纳为四个方面:培养良好的道德习惯、培养高尚的道德情感、树立坚定的道德信念和树立高尚的道德理想。苏霍姆林斯基通过各种方法实施德育,如通过课堂教学和学习把德育渗透到各科教学中去;通过专门的德育课程进行思想政治教育和共产主义道德教育;通过各种劳动和社会公益活动进行德育;重视集体的教育作用;重视教师人格的榜样作用等。

智育是学校的主要任务。苏霍姆林斯基认为,无知的人对于社会来说是危险的。智育不等于知识的积累,而应当包括:获得知识、形成科学世界观、发展认识能力和创造能力、养成脑力劳动的习惯和自我完善能力等。因此,正确理解的智育本身包含兼施德育的职能。智育的目的不只是使人获得谋生的本领,更要培养学生从事智力活动的兴趣和渴望。苏霍姆林斯基强调把智育纳入德、智、体、美、劳全面发展的完整的施教系统中,统筹兼顾地处理智育与其他各育的相互渗透关系,以及智育这个相对独立的子系统中的各种矛盾和关系。

苏霍姆林斯基把体育视为一个人得以全面、和谐发展的最重要因素。他认为体育工作首先要关注人的身体健康,其次要关注体育在培养道德、审美和智育等方面的重要作用,要保证人的身体发育、精神生活以及多方面的活动的协调一致。在苏霍姆林斯基看来,儿童的精神生活在很大程度上取决于他的身体。因此,应该特别关心少年期和青年期学生的身体健康,不容许学校为了赶任务而把学生搞得疲惫不堪。要使体力劳动和脑力劳动相结合,身心和谐发展。他与学生家长一起制定儿童的生活制度,以保证学生精力充沛地投入学习。

苏霍姆林斯基对美育的重视以他对情感在人的个性形成中的重要作用的认识为基础,认为"美是心灵的体操",要通过各种活动潜移默化地培养学生的美感。他认为,大自然的美是使思想变得崇高的源泉之一,应引导他们观察世界以体验环境的美,关心生物和一切美好的事物,培养学生的观察力和对祖国山河的热爱;艺术和音乐是美育的重要手段,要组织学生阅读童话和文艺书籍,组织唱歌和音乐欣赏活动等。

苏霍姆林斯基十分重视劳动教育在人的全面和谐发展中的作用,认为脱离劳动就不可能有教育,应该尽早开始劳动教育。劳动既是学生认识和理解世界的手段,也是他们进行自我认识和自我教育的重要途径。劳动具有经济的价值;劳动能丰富学生的精神生活,提高他们的道德素养,完善审美情操,成为人生乐趣的源泉;创造性劳动是道德修养的源泉和精神文明的基础。因此,学校教育的重要工作是让青少年热爱劳动、善于劳动,养成劳动习惯。在他看来,劳动教育和德育、智育、体育、美育是不可分割的。劳动教育的方式是,应该用新技术代替传统的劳动方式,用机械化代替纯体力劳动,以减轻劳动强度,提高劳动效率;手脑结合的劳动教育能有力地促进学生的全面和谐发展。

三、地位与影响

苏霍姆林斯基在平凡的工作中建立了非凡的业绩。他为苏维埃年轻一代的全面和谐的发展倾注了全部心血。他的教育思想之所以具有强大的生命力,首先在于他对儿童和教育事业的热爱。"他所以能有如此重大的成就与建树,与其主观精神状态有关。这可归结为两点:对教育事业无私的奉献精神和对理论问题无穷尽的探求精神。"①这种奉献精神是他的力量源泉,也是所有教育工作者所应当具备的。正是具有无止境的探求精神,激励他在教育理论阵地勤奋耕耘,不拘泥于教条和陈规,从实际情况出发,赋予教育理论以丰富的内涵。其次,苏霍姆林斯基教育思想的生命力还来源于教育实践,他的教育思想深深地扎根于实践,因而具有无穷的生命力。

苏霍姆林斯基的全面和谐发展教育理论总结了苏维埃学校教育的经验,有明确的政治方向,即培养共产主义新人。他反对以往片面强调读书和教师的主导作用,论述了综合实施德、智、体、美、劳诸育的重要性和可能性,把体力劳动与智力活动的结合、课堂教学与课外活动的结合、教育与自我教育的结合作为实施全面和谐发展教育的基本途径。在他那里,智育、体育、德育、劳动教育和审美教育相互渗透和交织为一个统一的过程。

苏霍姆林斯基的辉煌成就给他带来了很高的声誉。1957年他39岁时被选为俄罗斯联邦教育科学院通讯院士,1959年荣获功勋教师称号。他还荣获两枚列宁勋章,多枚乌申斯基奖章和马卡连柯奖章。不少国家的教育领导机构和有影响的学术团体,纷纷邀请他出国讲学。1968年,他当选为苏联教育科学院通讯院士,同年6月被选为全苏教师代表大会代表并荣获社会主义劳动英雄称号。

本章小结

通过马卡连柯、凯洛夫、赞科夫和苏霍姆林斯基的教育思想,我们可以大致了解苏联不同历史时期的教育思想和教育理论发展的概貌。

马卡连柯是苏联杰出的教育理论家和教育实践家。他以辩证的观点论述了环境、遗传与教育的关系,教育与教学的关系,教育目的与方法的关系,师生关系。他的许多著作在集体教育、劳动教育和家庭教育等方面提出了系统而深刻的见解,对苏联教育的发展起了积极作用。

20世纪30年代,联共(布)中央出于普及义务教育和发展高等教育以培养工业建设人才的需要,颁布了一系列整顿中、小学教育的决定,其中强调普通学校的重要任务是使学生掌握系统的科学基础知识与读、写、算的技能和技巧,以便为中等专业学校和高等学校培养合格新生;要求实行分科教学,编制比较稳定的分科教学大纲和教科书;肯定班级授课制度,强调教师在教学中的主导地位等。这些政策成了凯洛夫主编的《教育学》的教学论部分所论证与发挥的基本观点。

---

① 赵祥林主编:《外国教育家评传》(第3卷),上海教育出版社1992年版,第697页。

二战以后,随着苏联社会政治和经济的变迁、科学技术与文化的发展和教育本身的改革与建设,苏联的教育理论在20世纪50年代中期以后发生了深刻变化:在克服引经据典的教条主义、创造性地运用马克思主义方面取得了进展;加强了教育学与社会学、经济学、心理学、生理学的联系;心理学的实验研究和心理分析方法被引进教育科研过程,开展了多种教育实验,使教育科学研究的范围不断扩大,理论与实践的联系进一步加强。20世纪50年代后期以来,活跃在苏联教育论坛上的著名教育家主要有赞科夫和苏霍姆林斯基。赞科夫的与时俱进的教学理论堪称苏联传统教学理论的革新派,苏霍姆林斯基的全面和谐发展的教育理论蕴含着极为丰富的内涵,他们的教育思想对当时苏联的教育实践和教育理论的发展产生过不同程度的影响。

思考题

1. 简述马卡连柯的集体教育观。
2. 简述马卡连柯的劳动教育观。
3. 简述马卡连柯的儿童家庭教育观。
4. 简述凯洛夫《教育学》的主要内容和意义。
5. 简述赞科夫《教学与发展》的主要内容。
6. 赞科夫发展性教学理论述评。
7. 苏霍姆林斯基全面和谐发展教育理论述评。

第十七章　现代欧美教育思潮(上)

第十七章和第十八章将介绍20世纪尤其是战后以来欧美比较有影响的各种教育思潮。随着20世纪社会政治、经济和科学文化的发展,在欧美国家,各种哲学流派异彩纷呈,并先后出现与其相关的各种新的教育思想流派,力图从不同角度对教育的理论或实际问题提出各自的观点。这些教育思潮包括改造主义教育、新传统教育(包括要素主义、永恒主义和新托马斯主义)、存在主义教育、结构主义教育、分析教育哲学、新行为主义教育、终身教育和现代人文主义教育。由于这些教育思潮的出发点和理论基础各有不同,所以其内涵和外延都存在差异。

在现代欧美各种教育思潮的论争中,所谓"传统教育"和"现代教育"的概念经常被使用。美国教育家杜威在《学校与社会》(1899)一书中第一次使用"传统教育"一词,用来称谓此前以赫尔巴特为代表的主张以教师、课堂和教材为中心的教育理论,而将其自己的教育理论称为"现代教育"。此后,许多教育思潮的论争常围绕"传统教育"和"现代教育"的概念进行。在提出一种新的教育理论时,大都以批评或捍卫"传统教育"为其出发点,来展开对教育问题的讨论。

每一种教育思潮的出现都会有其特定的社会政治、经济和文化等方面的历史背景,都以一定的哲学或心理学的相关理论作为自己的依据。所以,对上述各种教育思潮的介绍一般将围绕以下三个方面展开:教育思潮的历史背景和理论基础、教育思潮的主要观点以及对该教育思潮的评析。

第一节　改造主义教育

改造主义(Reconstructionism)是进步主义教育运动的一个支流,主要探讨教育如何发挥改造社会的作用问题。其实这个问题杜威早已详尽地论述过,但在进步主义教育运动中的许多做法偏离了杜威的初衷,改造主义教育对过于强调儿童中心的做法进行了反思。虽然它从其他一些学说和教育流派中吸取了很多东西,具有折中主义性质,但其主要观点与杜威的主张非常相似。正如其主要代表人物布拉梅尔德(T. Brameld,1904～1987)所宣称的那样,改造主义真诚尊重和借用要素主义、永恒主义和进步主义三种主要哲学,但从进步主义那里学到的东西最多。[①] 强调教育的社会改造功能是改造主义教育思潮的主要特征,它试图改正进步主义,同时补充、统一和加强进步主义的成就。

---

① 王承绪、赵祥林主编:《西方现代教育论著选》,人民教育出版社2001年版,第73页。

一、改造主义教育思潮的兴衰

改造主义教育作为一种教育哲学思潮,产生于20世纪30年代陷入经济大萧条时期的美国,40年代一度沉寂,50年代复兴。早期的代表人物是康茨(G. S. Counts,1889~1974)和拉格(H. O. Rugg,1886~1960),他们的思想与进步主义差别不大。50年代的代表人物是布拉梅尔德。改造主义教育作为一个独立的思想流派是50年代布拉梅尔德发表了一系列著作以后才形成的。

1. 改造主义教育思潮的兴起

1929~1933年的美国经济大萧条使进步主义教育受到多方面批评后产生内部分歧,一部分人如康茨和拉格等开始走上改造主义道路。1932年,康茨发表题为"学校敢于建设一个新的社会秩序吗?"的小册子,批评进步教育过多注重个人发展,忽略对社会的改造,主张学校应成为建设社会文明的中心而不是袖手旁观。这个小册子成为20世纪30年代改造主义教育家的宣言。拉格批评进步主义学校缺少建设性和智力上的严肃性,导致课程缺乏细致计划和连续性,虽然强调学校与社会的联系却没有提供联系的途径。1932年,克伯屈发表《教育与社会危机》支持康茨的观点,指出学校必须与当前的社会生活密切联系,必须积极参与社会改造。1934年创刊的《社会前沿》(*The Social Frontier*)杂志成为改造主义教育家的喉舌。

关于教育与社会改造问题的大辩论,给学校教育带来的最突出变化是1928~1935年间学校课程中社会内容大量增加。但总的说来,在20世纪30年代,改造主义教育与进步主义教育之间的界限还难以划分,改造主义教育思想尚未发展成熟,主要是对进步主义教育理论进行一些修正和补充。与此同时,其他一些教育思潮如要素主义、存在主义、永恒主义等也开始活跃。第二次世界大战的爆发转移了人们的视线,一些教育家感到教育的当务之急是维持社会秩序而不是改造社会,改造主义教育思潮随之沉寂。

2. 改造主义教育思潮的复兴

1957年,苏联成功发射世界上第一颗人造地球卫星,使国际竞争加剧,学校教育又一次成了众矢之的。在美国,人们指责教育过分照顾儿童个人的自由和兴趣,忽视学校纪律和系统知识的传授,导致教育质量下降。如何发挥教育在社会重建中的作用?要素主义、新托马斯主义、永恒主义和改造主义等教育哲学流派做出了不同回答。

1955年进步教育协会解散,1957年《进步教育》杂志停刊,标志着进步主义教育思潮的辉煌时代已经结束。20世纪50年代的改造主义教育思潮融合了新、旧两股势力。一方面,拉格和康茨等人继续奉行自己的改造主义教育观点,另一方面,相继涌现出一些新人,如史密斯(O. Smith)、斯坦利(W. O. Stanly)和布拉梅尔德。布拉梅尔德发表《教育哲学的模式》和《教育哲学的改造》等著作,标志改造主义教育思想日趋成熟并在美国受到较多注意。但改造主义教育的支持者并不多,活跃一段时间以后便不再流行。

二、改造主义教育思潮的主要观点

(一)教育的目的是要改造社会

康茨批评美国教育改革一直未触及社会现实,呼吁必须改革学校教育使其适应工业革命给社会经济和政治带来的变化。他认为,学校是一个社会机构,反映了一定的社会价值、信仰和知识等,并反过来对它们进行改造。经济萧条证明依靠个人力量无法解决社会危机。学校在新、旧社会交替之际面临着挑战。如果学校勇敢地接受这个挑战,投身于社会改造之中,一个崭新的社会秩序就会出现。康茨批评进步主义教育运动脱离社会现实,已经到了不进则退的严峻关头。只有面对经济与工业发展的现实,与社会各界建立有机的联系,成为改造社会的工具,进步主义教育运动才能真正进步;否则,它就是逃避时代赋予教育的重大责任,像"鸵鸟"一样脱离当前的社会危机。

布拉梅尔德把改造主义称为"危机时代的哲学",危机时代的教育目的就是要改造社会。这种改造不是指采取什么政治行动,而是人类心灵上的一场革命,是通过教育使社会成员承担起为建设社会新秩序和实现人们共同生活的理想社会的义务。他提出了改造主义教育的一个重要概念——社会一致。为了消除危机,建设社会新秩序,实现理想社会的目标,教育首先要消除彼此间的分歧,培养人们的群体意识和集体心理,形成人们共同的思想、信念、习惯等,使之在口头上和行动上达到一致,最终实现一个民主、富裕的理想社会。布拉梅尔德的这种理想社会不仅指美国,而且包括全人类,是一种遍及全球的民主文化。按照他的说法,他要实现的也是一个全人类的大同社会。

(二)改造主义教育的理论前提

布拉梅尔德认为,改造主义教育是建立在两个理论前提之上的。第一个前提是时代的需要。我们今天生活在一个人类历史上最大的危机时期的时代中。由于氢弹的使用,人类文明可能在一夜之间毁于一旦,而放射性尘埃更是在不知不觉中破坏着人类的生活,威胁着人类的生命。此外,苏联人造卫星上天也使美国社会面临另一个严重危机。这件事表明,与美国资本主义相对立的苏联共产主义阵营开始崛起,美国作为世界第一强国的霸主地位受到威胁。改造主义教育正是在这样一个危机时代产生的一种"危机哲学",一种适应时代需要的教育理论。

第二个前提是行为科学革命的出现。行为科学使教育和文化新目的的确定成为可能。行为科学革命要求教育重新考察它的整个传统结构,并考虑编排教材的新方法、组织教学过程与学习过程的新途径、确定学校和社会的目的的新方法。行为科学关于人类集体内部的力量和过程的研究,将有助于教学过程的改造,而人类学和心理学在文化与人格领域里的研究则将促进学习过程的改造。他们的研究表明,学习包括外部经验和内部经验两个对立面,学习是有意识的活动,但有些学习是完全无意识的,而这种现象却被课堂教学的正规理论所忽视。行为科学的一切研究成果正在运用于教育实践之中,但这种运用还很不深刻,常常成为赶时髦的标志。①

(三)教师和教学在改造社会中的作用

康茨高度评价了教师在社会发展中的作用,主张教师应引导社会前进而不是当社会的尾巴;教师应当成为学校与社会之间联系的桥梁;教师有责任思考社会未来的发展方向,有义务

---

① 王承绪、赵祥麟主编:《西方现代教育论著选》,人民教育出版社 2001 年版,第 75~76 页。

向学生和社会阐明社会的发展前景,并鼓励学生去实现这种前景。作为领导者,教师应在相互冲突的目标和价值中做出选择,成为政策的制定者。教育家们不仅要关心学校事务,而且要在有争议的政治、经济和道德等问题上做出重要的选择。

康茨主张教学应当与解决社会问题结合起来,教学内容必须突出民主遗产、科学和工艺。在他看来,美国遗产中的民主主义和平等主义具有永久的文化价值,应当在教学中予以重视,但是要对它们进行改造,以便与现代工业社会相结合。此外,教学内容中还应当包括一些重要课题,如贫困与种族歧视、环境污染、战争等,这些问题都与现实社会息息相关。通过对这些问题的分析,可以培养学生关心社会的积极态度和解决社会问题的能力。

布拉梅尔德批评当时中小学和学院的课程"大体上是一个不相连贯的教材的大杂烩,各门教材(包括语文、数学、社会学、自然科学等)之间很少或根本没有联系,每门学科往往又划分为若干不相连贯的单元。布拉梅尔德认为,课程的改造必须建立在行为科学的基础之上。行为科学的研究成果表明,课程中的这种划分和再划分的方法是站不住脚的。有机体是一个相互联系的、不可分割的整体,人类生活在一个相互联系的模式和结构之中,因此,课程结构也必须具有统一性。在他看来,课程不仅应当包含人文学科,也应当包含自然学科。1957年,布拉梅尔德在《新时代的教育》一文中设想建立一种新型初级学院,招收17~20岁的青年。他还为此设计了一套包括政治、经济、科学、艺术、教育以及人际关系等内容的四年课程计划。这套计划以社会改造为中心,对每一学年都提出了不同的要求,与进步主义教育的一些做法相似,如强调以问题为中心而不是以学科知识为中心,重视个人直接经验的获得而不是书本知识的学习。

三、改造主义教育思潮评析

改造主义作为一种"危机哲学",是20世纪30年代经济危机和50年代冷战危机的产物。它强调学校具有社会改造的功能,试图通过教育建设社会新秩序。但是,由于它过分强调教育的社会改造功能,却放弃了教育在文化传递和继承方面的作用。

改造主义是一种折中主义教育哲学。它在夹缝中求生存,尽量吸取和融合其他各派教育哲学的一些内容,如西方教育思想传统、马克思主义、新传统教育(如要素主义和永恒主义)等,但它从进步主义那里学到的东西最多,是进步主义最亲密的盟友。改造主义实质上是进步主义在新形势下的继续和发展。

改造主义作为一种教育思潮对美国教育产生了一定影响。在它的影响下,30年代的美国学校课程中增加了不少社会内容。它也转变了人们的观念,使教育的社会功能问题得到一定程度的关注。但改造主义教育的影响主要集中在教育理论界,很少涉及学校实际工作。尤其是在20世纪50年代,没有提出一套切实可行的教育方案,对教育实践几乎没有产生什么重大影响。①

改造主义教育和进步主义教育一样都夸大了教育的社会功能,通过教育建设新的社会秩

---

① 吴式颖、任钟印主编:《外国教育思想通史》(第九卷),湖南教育出版社2002年版,第402~408页。

序并最终实现人类大同社会无疑带有浓厚的乌托邦色彩。它强调以社会为中心,忽视了学生的系统知识学习,成为新传统主义的众矢之的。它过于看重社会一致的做法也与美国社会多元文化的特征和对自由的崇尚格格不入。它夸大了行为科学的影响,视其为自己的主要理论依据的做法也令人怀疑。

第二节 新传统教育

新传统教育是西方产生于20世纪30年代后半期的一种教育思潮,它力主恢复西方教育传统,由几个既相互区别又密切相关的教育思想流派所构成,包括要素主义、永恒主义和新托马斯主义等,其中以要素主义为主要代表。

新传统教育思潮和改造主义教育一样,是20世纪30年代经济危机的产物和对进步主义教育和新教育运动反思的产物。当时社会上批评进步主义教育在危机面前软弱无力,试图通过对教育的整顿和重建提高教育质量,培养合格人才,捍卫民主政体,拯救社会政治、经济危机。新传统教育思潮应运而生。美国大学和学院中部分具有人文主义倾向的学者撰写文章、发表演说,试图通过恢复西方人文主义传统来解决社会政治经济所面临的严重问题。他们一致宣称自然主义、实用主义和科学的哲学在学校实践中居支配地位是不合适的;学校需要有来源于自然主义哲学和实用主义学说之外的指导价值和标准,这些价值和标准都可在古希腊、希伯来和西方世界的基督教传统中找到。①

要素主义、永恒主义和新托马斯主义作为要求恢复传统教育的思潮,在反对其共同的论敌——进步主义教育和实用主义哲学面前立场是一致的,其教育理论的精神、内容和气质也惊人地相似。但它们批判的角度和重点不尽相同,各自理论的某些侧重点也略有差异,表现出新传统教育各思想流派的不同特点及与进步主义教育运动的微妙关系。

尽管新传统教育思潮中的各种流派的具体主张存在差异,但都认为进步主义教育过于关注儿童个人的经验和适应当前即时的需要,忽略了学校传授系统文化科学知识的基本职能,直接导致美国中小学教育质量的严重下降;都认为要改变美国教育落后的现状,就必须恢复基础课程,突出智力标准,注重心智训练,加强学校的纪律性,以教材、教师为教育的中心取代以儿童的兴趣和活动为中心;都注重对西方民主社会公民的培养。②

一、要素主义教育

要素主义(Essentialism)作为一种教育理论不像永恒主义、新托马斯主义那样以哲学或神学为理论基础,它是来自不同方面的一种共同的教育主张和思想见解,不依据任何一种特定的哲学。要素主义对秩序和结构的偏爱主要是社会的和文化的,而不是哲学、形而上学或神学的。

---

① 罗伯特·梅逊著,陆有铨译,傅统先校:《西方当代教育理论》,文化教育出版社1984年版,第27页。
② 吴式颖、任钟印主编:《外国教育思想通史》(第九卷),湖南教育出版社2002年版,第410页。

(一)要素主义教育的兴衰

1938年在美国成立的"要素主义者促进美国教育委员会"的发起者有巴格莱(W. C. Bageley)、德米阿什克维奇(M. Demiashkevich)、莫里森(H. Morrison)和坎德尔(I. L. Kandel)等。巴格莱1938年4月在《教育行政与辅导》杂志上发表的《要素主义者促进美国教育纲领》(也称《要素主义者的宣言》)阐释了要素主义的基本教育主张、要素主义教育流派的经典论著,标志着要素主义教育流派的产生。第二次世界大战爆发以后,要素主义者的活动转入低潮。

20世纪50年代到60年代上半期,要素主义教育对传统文化、权威、纪律、系统知识等一系列问题的重视和强调,符合这一时期美国政治经济发展的新需要。美国教育家科南特(J. B. Conant,1893~1978)、里科夫(H. G. Rickover,1900~1986)和贝斯特(A. E. Bestor,1908~1994)进一步发展了20世纪30年代要素主义者的教育观点。科南特比较著名的教育著作有《今日美国中学》和《美国师范教育》,他被誉为"20世纪中叶最有影响的美国教育家"。

由于要素主义教育理论的内在缺陷,未能在教育改革中取得预期效果,其影响在20世纪60年代末逐渐衰弱。虽然要素主义作为有组织建构的思想运动已不复存在,但20世纪70年代,要素主义以新的形式开始复活,反映在"回复基础的运动"等教育改革之中。

(二)要素主义教育的主要观点

1. 把人类文化的"共同要素"传给下一代

"要素主义"一词最早由德米阿什克维奇于1935年提出。所谓"要素",是指人类代代传承下来的优秀文化遗产,包括学术、艺术、道德、技术和习惯等。要素主义主张将那些西方历史已证明的代表人类文化遗产中的最宝贵的要素传递下去,认为唯有如此才能拯救美国和西方社会。

巴格莱认为,教育的本质就是传授人类种族遗传下来的共同经验和文化精神,这是人类社会得以存在、繁衍和发展的重要前提。无论人类历史多么悠久,各民族的文化差异如何巨大,就整个人类范畴而言,总存在着所有民族都能接受和欣赏的共同文化和经验,即共同要素。共同要素远比个人独立积累的经验重要,因为它经受了历史的检验和各民族的尝试。共同要素包括共同思想、共同理解、共同准则以及共同精神等方面,它是人类文明的精华,也是人类教育的核心内容。其中,民主的社会理想是最为重要的要素之一。巴格莱指出,对美国这样一个多民族的国家来说,这一共同要素的传授是建立和巩固民主和平等社会的保证,美国教育的首要功能就是保卫并强化美国民主的理想。

2. 教育的最高目的在于心智训练

巴格莱认为,教育的最高目的在于人的心智的训练,这种训练是以人类的共同文化要素为基本素材的。基于教育应传授人类文化发展过程中的共同经验和知识,巴格莱批评进步主义教育的活动课程和设计教学法常把活动本身当作目的,学习者学不到严格而严密的学科知识,只是获得零碎、肤浅的知识,最终的结果必然导致教育质量的下降。这在美国已经得到印证。要克服上述弊端,就要从人类文化的宝贵遗产中精选出具有永久性价值的知识和经验,设计出稳定而系统的课程,如读、写、算、数学、物理、化学、历史、地理、外国语及古典语(拉丁文和希腊文)等。为此,教材的编写要按学科的逻辑顺序循序渐进地编排。巴格莱主张推行全国性的统一课程,认为美国是个移民国家,人口的流动性特别大,没有共同的课程,将使美国人缺乏相互交流、理解的基础。

为加强对学生的心智训练,巴格莱主张不得以任何借口取缔中学课程中的拉丁文、代数学、几何学等精密而又要求严格的学科,因为这些科目被证明在很大程度上对于心智训练是有价值的。他认为,不注重以最基本的公认的基础知识训练学生,就好比把大厦建在流沙上,其结果是注定要失败的。

科南特认为,美国是自由国家与苏联意识形态斗争中的主要捍卫者,通过教育保证造就足够数量的科学家和工程师是美国战后教育的新任务。国家的安全与发展离不开足够数量的科学家和工程师,学校教育特别是中小学教育,只有重视基础学科如数学和自然科学课程的教学才能培养出合格的人才。同时,为了让学生了解美国在世界上的"极其重要的地位",学校应教会学生关心国际事务,为此,学校中的本国历史、社会问题研究、外交政策和外国语课程都应大力加强,而数学、自然科学和外国语作为"新三艺"毫无疑义是最重要的学科。

3. 强调教师的权威地位

巴格莱主张,教学过程是学生受到严格训练和艰苦钻研的过程,不能凭学生自己的兴趣和爱好行事,教师在教学过程中对学生的管束是正当的。教师相对于学生而言,在掌握知识和社会经验方面更为成熟,能更清晰地识别和欣赏人类文化中的价值,因此教师应在教学过程中居主导地位。

巴格莱反驳了进步主义教育指责发挥教师作用就是压抑儿童民主、自由的观点,认为成年人具有管束和教育未成年一代的责任是人类经过漫长的历史逐渐认识到的,这是人类历史发展的进步和必然要求。教师承担历史赋予的责任,在教育和教学活动中居于主导地位,这是责无旁贷的。为了让学生在学习中取得长足进步,教师的个人辅导是必不可少的,学生应完全听从教师的指导。教师在教学过程中应以系统的讲解为主要方法,应通过训练养成学生刻苦学习和遵守纪律的习惯。学生的自由并不是教学的手段,而只是教学过程的目的与结果。

4. 重视学业成绩考核和天才教育

巴格莱批评实用主义教育理论强调儿童的自由和活动,完全放弃了以学业成绩的严格标准作为升级的条件,其结果是导致教学无章可循,学校纪律松弛。要改变这种现状就必须按一定的标准对学生进行考核,如果没有一种鼓励学习者努力学习的措施,对学习者有害无益。考核可以发现尖子学生,允许其跳级学习;学校要建立必要的规章制度,对学生提出纪律要求并加以合理的管束,而不能让学生过于自由。

科南特十分重视天才儿童的培养。在《天才儿童教育》(1950)中,他批评美国教育忽视对在全体学生中占少数的具有天赋才能的儿童的培养,造成了对"有学术才能的人"的培养的失败。他认为英才学生约占学生总数的3%,对这类学生要在其比较年幼时就把他们鉴别出来,最大限度地发展他们的特有才能。学校应创造相互竞争的学习气氛,提倡学生间的竞争精神,同时还应在全国规模上设立必要的有奖竞赛。科南特主张对天才学生应采取特殊措施加以培养,如编成特殊班级进行教学,配备专门的教师,在中学高年级开设大学选修课,开设免费的暑期班等。

（三）要素主义教育理论评析

要素主义是一种把学校的基本职能视为保存和传递人类文化基本要素的教育理论。要素主义教育在立足于社会现实和国际形势的基础上，要求传授人类文化的基本要素，主张系统知识的学习和传授，强调学习内容的逻辑性、连贯性、顺序性，反对放纵儿童，对提高教育质量、培养合格人才具有积极意义，在一定程度上克服了进步主义教育的弊端。要素主义要求大力发展天才教育，为培养美国当时急需的科技人才发挥了作用。

要素主义者的上述观点早期没有受到人们普遍的注意，影响有限。其理论的主要代言人巴格莱于20世纪40年代中期去世，使该流派的领导力量受到削弱。第二次世界大战的爆发进一步抑制了要素主义教育思想的传播。但从20世纪50年代起，要素主义一跃成为支配美国教育发展的主要思潮，为20世纪60年代后美国的中小学课程改革运动提供了理论武器。课程改革运动中很多教育理论家和实践家都是从要素主义教育观点中受到启示而投入改革的。

20世纪五六十年代，科南特、贝斯特和里科夫等要素主义者对美国教育实践的影响较大，他们的许多教育主张，如加强基础知识教学、实行天才教育等已被美国当时的教育改革所采纳。科南特在20世纪50年代末60年代初进行的两次大规模的教育调查的基础上写成的《今日美国中学》和《美国师范教育》，对20世纪60年代美国的公共中等教育和师范教育改革发生了重要影响，是改革的指导性文献之一。

要素主义关于学习人类文化"共同要素"的思想尚缺乏科学依据和哲学基础，对如何科学地界定出学校所需传授的"共同要素"没有提出明确的原则。例如，巴格莱主张开设古典语科目的理由是老套的，没有多少新意。要素主义过于强调教师权威、书本中心和学校纪律，又走到了另一个极端。

二、永恒主义教育

永恒主义（Perennialism）是产生于20世纪30年代的美国的重要教育思想流派，其哲学基础是欧洲古典实在论。这种实在论认为个别的、具体的事物及其变化发展是非本质、不真实的，一般概念才有真实性，共相才是事物的本质。永恒主义就是运用古典实在论的观点来解释教育问题的一种教育哲学思潮。永恒主义学者大都坚持西方自亚里士多德以来的理性主义的人性观和绝对真理论，都把教育理解为是对人之为人的永恒不变的理性、道德和精神力量的培养，并试图从人类历史文化遗产中选择永恒的学科内容，强调教育的永恒原则，因而被称为永恒主义者。他们的教育思想也被概括为"永恒主义教育"。在20世纪三四十年代，持上述主张的著名学者有美国的哈钦斯（R. M. Hutchins, 1899～1977）、阿德勒（M. J. Adler, 1902～2001）、利文斯通（R. W. Livingstones, 1880～1960）和阿兰（Alain, 1868～1951）等。其中哈钦斯的影响最大，声誉也最高。

（一）永恒主义教育的主要观点

1. 发展人的理性是教育永恒不变的原则

永恒主义反对进步主义教育所依据的自然主义和实用主义哲学基础，认为实用主义已经使美国的教育理论与实践发生了巨大偏差,如否认教育的终极目的、过于迁就儿童的兴趣爱好、放弃教育的自身责任等。

永恒主义教育理论的思想渊源可以追溯到西方古希腊时期的自由教育传统。永恒主义者引证最多的是亚里士多德的观点,他把灵魂分为植物的、动物的和理性的三类,认为理性乃人之灵魂的根本特征,正是理性灵魂使人区别并超然于动物和植物。任何灵魂的真谛或目的就是实现其最大的潜在可能性,对人的教育应当尽可能地发展和实现其理性力量。

永恒主义认为,教育的重要原则是永恒不变和普遍适用的。(1)由于人性是不变的,因而立足于人性的教育的性质也应是永恒不变的。阿德勒认为,以人的理智和道德发展为目标的教育是一个发展或完成"人"的过程,这个过程的目标是绝对的和普遍的,在任何时间任何地点对任何人都相同,是永远不变的。(2)理性乃是人将自己从其他动物中区分出来的特性,是人的本质力量之所在,教育的根本目的就在于培养人们运用理智的能力。(3)真理是不变的,放之四海而皆准,教育应该使人掌握真理而不应去适应稍纵即逝的眼前需要,教育并不是生活本身而是对生活的准备。(4)应当让儿童学习能使他们认识精神和物质世界之永恒事物的那些基础科目,经典著作包含着所要学习的永恒真理,应是主要的学习内容。哈钦斯认为教育的目的在于引出人类本性的共同因素,即发展人的理性,而实现这一目的的主要途径就是自由教育。

2. 自由教育应成为课程的主要内容

哈钦斯对自由教育的价值作过充分的估价,认为自由教育是使人的本性得到充分发展的教育;自由教育具有促进思想交流和文化传递的价值;自由教育能够给予人们共同讨论问题的共同的思想、原则和信念,赋予人们进行交流所必需的技能。只有自由教育才能使西方的传统文化延续下去。

哈钦斯主张自由教育的内容应由两大部分组成:一是那些触及有关人性、社会和自然本质,具有永恒价值的永恒课程;二是理解基本问题或进行心智训练所必不可少的思维和学习的技能,即自由艺术。前者包括从古至今的西方经典著作和文献,从荷马史诗到联合国宪章,从古希腊、中世纪的名篇佳作到近现代包括马克思、爱因斯坦的著作在内的西方思想巨著,共80多名作家的140部作品。后者主要包括文法、修辞、逻辑、数学等,这些学科是阅读经典著作、理解西方悠久文化传统的必不可少的手段,自身就具有心智训练的作用。

与西方传统自由教育的精英教育性质不同的是,哈钦斯主张的现代自由教育是全民性的,每个人都应当接受适合于理智地运用闲暇的教育,即自由教育;如果闲暇使得自由教育成为可能,而工业化又给每个人以闲暇,那么,工业化就使得人人接受自由教育成为可能。阿德勒与哈钦斯一样倡导在学校乃至全社会实施自由教育,主张让所有的人都接受这种使人成其为人的训练。他确信理智是将人类从其他动物中区别出来的根本属性。

阿德勒认为,西方名著是最好的学习材料,每一部名著都能以独特的方式提出人所必须面对而且经常发生的基本问题。名著中蕴含着对人类重大问题和原理的积极探索,这些探索所得出的结论都是人类思想最重要的成就。在阿德勒看来,一切伟大著作都是当代著作,名著的学习能使人的心灵获得见解、领悟力及智慧,阅读名著是教育的手段,是优雅生活的手段,这也是自由教育的目的所在。

（二）永恒主义教育的评价

永恒主义教育以欧洲古典实在论为哲学基础，试图从有关宇宙和人类的"共相"方面寻找教育的真谛，强调教育的最高目的在于发展共同的人性，反对学校和教育对社会的一味适应；强调普通教育要坚持基于共同人性基础上的培养目标，大学教育要保持自身在学术和社会发展中引导人类发展的"灯塔"作用；倡导实施全民的自由教育，是对西方传统的只为少数人所享有的自由教育的发展和超越，反映了现代社会的民主要求；将教育看成是一个终身的过程，率先提出建立学习化社会。

永恒主义者言必称希腊，试图以2 000多年前人类对自然和自身的认识结果来解决20世纪的新问题，使永恒主义教育理论存在着浓厚的复古色彩。尽管古典名著不乏教育的意义和价值，但过于强调古典名著的学习是不符合时代发展趋势的。永恒主义注重人的理性发展，相对忽视人的身体和情感教育，同时它把普通教育和职业教育尖锐对立起来也是片面的。

永恒主义的许多有关教育的命题和判断，都是建立在形而上的哲学思辨的基础上的，是对传统哲学命题的直接演绎，未对儿童生理和心理的过程和特点进行认真、系统的考察，在涉及教育事实一类问题上所下的判断和结论往往显得轻率、武断，缺乏事实依据。

永恒主义教育思想最为活跃的时期是20世纪30～50年代，并对这一时期的西方教育理论和实践产生过一定影响。哈钦斯的自由教育主张使西方一些国家转变了一度偏重职业技术教育的倾向，开始注重人文教育或通才教育。20世纪60年代起，永恒主义作为一种教育思潮逐渐衰落，但阿德勒在20世纪80年代发表的《教育宣言——派迪亚建议》被西方学者视为永恒主义的复活。

三、新托马斯主义教育

新托马斯主义（Neo-Thomism）是西方以基督教为基础倡导宗教教育的现代教育思想流派。该流派以新托马斯主义为哲学基础，把宗教教育作为教育的核心和最高目标，要求通过设立以宗教原则为灵魂的课程，进行"道德上的再教育"和"宗教信仰的恢复"，主张各级各类的学校都应进行宗教训练，以培养"真正的基督徒"和"有用的公民"。

永恒主义教育思潮在西方有时被分为世俗派和宗教派，世俗派主要是以哈钦斯为代表，宗教派则以法国宗教教育家马里坦（J. Maritain，1882～1973）为代表。马里坦在《教育处于十字路口》（1943）和《托马斯主义教育观》（1955）中主张全面恢复中世纪神学家圣托马斯·阿奎那的哲学和教育思想，因而被称为"新托马斯主义"。新托马斯主义与永恒主义教育思想最为接近，西方有些学者干脆把新托马斯主义视为永恒主义的宗教派，或把永恒主义视为新托马斯主义的世俗派。

（一）新托马斯主义教育的主要观点

1. 教育的主要目的是发展人的内在精神力量

马里坦的教育学说以古老的灵魂与肉体二元分离论为依据。他从托马斯主义关于人的哲学立场出发，认为人作为有机体是由"个体"与"个性"两部分构成的。"个体"即人的肉体，它以物质为最初实体的根源。"个性"指人的灵魂,以精神为根源,是神性在人身上的体现。不朽的灵魂有理性,能思维,有自由意志,能信仰和爱上帝等,这些品质构成了人所独有的本质特点。

在马里坦看来,教育的主要目的是根据使人成其为人的"个性"特征确定的。这个主要的目的就是使人获得内部和精神的自由,换句话说,就是通过知识、理智、善良意志和爱获得解放。人通过理智探求真理,获得知识,逐渐从学习低级状态的知识发展到高级状态的知识,从最低级的感性认识发展到最高级的智慧阶段。一个人只有获得真理的最高成就——智慧,拥有最高的德行,才能获得内在的和精神的自由与解放,人的精神本性却是永恒不变的,正是这种超越时空的东西才是教育所要致力发展的首要目标。

除教育的主要目的外,马里坦指出教育还有第二目的或称"附加的教育任务",即为适应当代社会对教育的要求,培养富有社会责任感、善于解决问题的优秀公民,这是教育对社会所承担的责任。但这一目的处于从属位置,发展人的内在精神力量这一首要和本质的目的不可放弃。

2. 教育的作用在于唤醒人的自然倾向

马里坦认为教育过程本质上是人的内在精神活动的过程,因为人的内在精神活动的行动力量只能来自内部,不能从外部给予或强加,在某种意义上,也是自我教育和自我解放的过程,不应只局限于家庭和学校,而应贯穿人的一生。但这个过程的真正实现要求有良好的环境和指导,这就要求教育者参与。

在马里坦看来,儿童是有自然和自发活动的"自然倾向"的,这种自然倾向构成了教育活动和过程的动力。教育的作用在于唤醒人的自然倾向,如爱真理、爱善良、爱正义、乐于生存、与他人合作等。教育者只能像医生为病人治病那样,采取与"自然"合作的态度,帮助人的自然倾向的内在发展,而不是从外部强加什么。

依据教育过程的这种性质,马里坦主张,在教育过程中要培养儿童对生活的积极态度,创造以爱和关注为中心的共同生活的环境和气氛。教育工作者最重要的是对儿童的爱和关注。这种爱和关注一是指向儿童的精神深处,二是以鼓励的方式表现出来。这就要求不能把现成的知识从外部灌输给儿童,也不能仅仅通过外在因素达到目标,而是要倾听儿童内在精神的呼声,唤醒并鼓励他们将隐藏在灵魂内部的精神力量充分发展起来。

马里坦竭力倡导"沉思的学习方法",认为儿童很早就有特有的沉思能力,完全可以在没有骚动、只有稳定地集中注意的沉思状态中学习。只有这种学习方法才能真正促成青少年的自觉活动,激发其心智,使他们从掌握真理中获得愉悦,作为对艰苦努力学习的报偿。马里坦将进步教育所提倡的解决问题的学习方法作为辅助方法,以维持个人学习的主动性和兴趣,防止沉思的学习退化为消极、呆板的驯服。

3. 自由教育是人之为人的教育

马里坦将教育视为人的自我教育、自我解放的过程,是终身进行的。学校教育只是对人终身自我教育的准备。马里坦主张对中等教育阶段的学生实施基本的自由教育,其训练的重点主要在哲学上,目的是培养能够自由地对新变化境遇做出正确和独立判断的未来公民,而不是培养未来的专家、教授或特权阶级这类上等人。由于自由教育是人之为人的教育,所以所有公民都有权受大学前的自由教育。

马里坦主张将7年的中学教育划分为两个阶段,并按照自己对人文学科和自由艺术的理解,为这两个阶段拟定了内容广泛的课程计划。第一阶段(13~15岁),设置语法、逻辑和语言、历史(民族史、人类史和文明史、科学史)、地理、天文、植物学、动物学等课程。第二阶段(16~19岁)所设课程主要包括那些直接与理智的创造性和感知直觉有关的知识,如数学与诗歌、自然科学与艺术、哲学、伦理与政治哲学等。中学阶段学习上述学科不在于掌握专门的知识,而是要掌握科学或艺术的意义。学习上述课程的基本方法就是阅读经典著作。在马里坦看来,经典著作是人类精神成就的集中体现,阅读经典著作就是与名著作者直接对话,学习者从对话中可与伟人们一起分享真理与美,从而使自己的心智得以滋养。

4. 进行道德教育最终必定要进行宗教教育

作为一个宗教思想家,马里坦对人的道德和宗教教育非常重视。他认为,在人的道德生活中存在着两种美德或准则:一种是适用于人类生活的道德的美德和准则,另一种是适用于神圣生活的最高级的或神的美德和准则。道德的美德只是教人们注意人类的习惯或与人的利益相关联的生活规则,神学美德则把人的心灵与上帝和最高的善统一起来。神学美德高于道德美德,进行道德教育最终必定要进行宗教教育。

马里坦认为,在道德教育中应当注重对儿童的道德意识,如爱、憎、良心、义务感等的培养,家庭在这方面发挥着十分重要的作用。家庭既是滋润一个人爱的活力和德行的最早场所,又是把人类社会联合起来的爱的基本形式。学校的道德教育可以采取多样化的自然道德的教学方式进行,既可通过道德哲学(伦理学、政治和社会学)的直接教学进行,也可以通过那些能够体现道德美德的人文学科和自由艺术教学中的启示进行,而最重要的还是通过经典著作的启示进行。阅读经典著作这种方式甚至比专门的道德课教学更有效,因为所有经典著作的内容都渗透着道德价值。学校的生活环境也可以滋养学生的道德美德,学校的共同生活、纪律、管理、活动等都是道德教育的手段,也是理解、体验民主生活需要的实际途径。

在马里坦看来,宗教教育是道德教育的最高形式。宗教为道德价值标准提供了确实性的基础。宗教是关于上帝的,而上帝是有关绝对真理和绝对完善的存在的,不承认或不相信上帝,道德法则就没有确实根据。道德生活总是这样或那样、有意或无意地与宗教信仰和经验紧密相联的。现代社会已经证明,宗教与生活割裂正是不道德的根源。宗教教育可以在家庭、学校和教会中进行。宗教教育不应是强迫的,而应当建立在学生和家长自愿的基础上。宗教教育本身也应"多元化",学校应允许宗教教育反映各种不同的信仰。

(二) 新托马斯主义教育理论评价

新托马斯主义教育思想是以托马斯主义者关于实体、人性、知识、真理、价值的理论为基础的。贯穿其教育思想的一条主线就是使人成其为人,即通过理智和意志的充分发展使人获得精神的和社会的自由。这种教育目的论基于人的永恒不变的本性,是对两次世界大战给人类造成的深重灾难的反思,也是为了对抗和缓解西方现代社会日益严重的人的异化现象,防止将人作为工具和手段。这是对西方人文主义或人道主义传统的继承和发展。但新托马斯主义对人的信念是以对神的信仰为前提的,并未揭示出西方当代社会种种危机的真正根源,其人性说带有中世纪禁欲主义的色彩。

新托马斯主义注重受教育者的内部动力因素,强调学习者自身的主体作用,对克服教育中的机械训练、强迫灌输现象具有积极的意义;重视对人的自然倾向和发展条件的认识,强调教师对学生的爱和鼓励是培养健全人格必不可少的条件;考虑并适应了现代社会的新情况,将自由教育扩大至包容自然科学甚至工艺学和手工劳动的范围;强调自由教育对象的全民化,适应了现代社会的民主潮流。

新托马斯主义教育思想具有明显的调和与折中色彩,致力于调和神与人、宗教与科学、信仰与理性、天国与人间的矛盾。它将教育目的表述为发展人之为人的本质力量,又把这种力量看成上帝的恩赐和神性的表现;既把神学看成是至高无上的学科,又在公立学校中淡化神学的宗教意义,允许学生有不选修神学的自由,并容纳一定的科学和技术方面的科目;既力图恢复传统的自由教育的精神,又扩大人文学科的范围,并赋予其一些新的内涵。

新托马斯主义作为以基督教的宗教学说为基础的教育流派,在世俗学校制度和社会中的影响较为有限,但作为天主教公认的哲学学说,在拥有6亿信徒的天主教世界中有着广阔的市场。某些天主教占统治地位的国家(意大利、法国、西班牙、拉丁美洲国家等)也在某种程度上受到这一教会哲学的影响。为传播和鼓吹新托马斯主义的思想,梵蒂冈在世界范围内建立了广泛的教会分支机构及学校,培养严守教规的神职人员和天主教世俗知识分子。在美国和西欧的一些宗教学校以及一小部分世俗大学,新托马斯主义的教育理论已得到传播和实施。新托马斯主义有关道德和宗教教育的思想也对一些学校产生了影响,有些学校进行了宗教训练活动。①

第三节 存在主义教育

存在主义教育是存在主义哲学被引申到教育领域而形成的一种教育思潮。它以人的现实存在、个体的自我实现、个性的自由发展为基调。有些存在主义者尖锐地指责甚至否定现代社会的学校教育,并提出了一系列独特的教育观。存在主义教育思想在二战后曾一度广泛流行于一些西方国家,但20世纪70年代后逐渐走向衰微。

一、存在主义哲学的一般特征

存在主义发端于19世纪的欧洲大陆。一般认为,存在主义的早期先驱是丹麦基督教哲学家克尔凯戈尔(S. A. Kierkegard)。存在主义哲学体系的形成是在第一次世界大战后,主要开创者有德国哲学家胡塞尔(E. Husserl)、海德格尔(M. Heidegger)和雅斯贝尔斯(K. Jaspers)等。二战期间,存在主义的中心从德国移到法国,其主要代表人物有法国哲学家萨特(J. P. Sartre)和梅劳-庞蒂(M. Merlean-penty)等。20世纪60年代,存在主义也在美国风靡一时。

---

① 吴式颖、任钟印主编:《外国教育思想通史》(第九卷),湖南教育出版社2002年版,第480~483页。

在存在主义的阵营内,各种观点林立,对"存在主义"并没有明确的、统一的定义。但存在主义作为一种思潮,在许多问题上还是有其共同性的特征。例如,认为世界是荒诞的,人与世界的关系也是荒诞的,只有人的存在是唯一、可靠的实在,应专注关于人的存在的研究;"存在先于本质",每一个人都必须先存在,然后体现和认识自己的本质,强调自我创造和自我实现;强调人的主体性,认为每一个人都是自在的,必须以人的主体性为出发点;更强调人的感情和主观意志以及个体存在的独特性,知识和理性只是人的存在的工具;人是自由的,但这种自由不是抽象的,它与人的现实存在并存,与人的责任感并进;否认任何道德规范,主张由每个人自己去创造他自己的道德规范。

存在主义也是一种危机哲学,它的产生和发展在不同程度上与以下现象有关:随着资本主义社会的矛盾和危机的不断迭起,人们受到战争、竞争、动荡、恐惧、孤独、绝望等无穷的威胁和磨难,人们遭到的损害日益加剧,人的问题日甚一日地突出出来。它是人们对现实社会发出的抗争。由于存在主义强调重视研究和解决"人"、"主体"、"生存"的问题,因而也被认为是一种"人道主义"。从整体上和实质上看,存在主义具有主观唯心主义、非理性主义和极端个人主义等特征。

二、存在主义教育的主要观点

存在主义作为一种现代教育思潮,它的产生和流传都有特定的社会历史背景和教育实践方面的原因。尽管许多存在主义哲学家和教育家提出了各种各样的教育观点和教育理论,但其中不乏共同之处。

(一) 尖锐批评现行教育制度

在存在主义者看来,学校作为一种社会制度,它在现代生活里的重要职能是把它所服务的社会的信仰、希望、行动、善恶在每一个人身上再创造出来。而这样的学校其实并不只是一种社会制度,它也是一种"个人的"制度,即一种为个人而设立的制度。在这样的学校里,基本上是通过统一化、标准化、机械化的教育和学习过程,向学生传授文化知识,灌输道德规范,或予以职业训练,使他们"埋葬"于"社会化"之中,以适应社会生活,但是却剥夺了学生自我活动的空间和时间,漠视他们的个人独特性,压抑他们个性的自由发展。存在主义者认为这是学校教育的最大缺点和错误。因此,他们不但对这种学校教育给予尖锐抨击,并激烈地要求进行改革。

(二) 教育的主要目的是实现人的本质

首先,存在主义者强调所谓人的生成,甚至认为"教育即生成",主要关注人的本质的实现,帮助人意识到他的环境条件,促进他顺利地投入有重要意义的生存中去,养成他对待生活的正确态度。教育的重要目标首先是发展人的自我意识,包括生存意识、自我独特意识、自我创造意识。人的自我意识对一个人的自我本质的实现具有决定性意义。

其次,教育应培养人做出自我选择的能力。对任何人来说,存在是基本的价值;而对每一个人来说,与他个人的环境密切相关的事物最为重要。如果一个人允许社会或社会的任何机构把各种价值强加于他,那么这个人就失去了真实性和人性。因此,学校教育要告诫学生,一切幸福都来自自己的选择和创造。学校要为学生提供自由、合乎道理的选择机会,要鼓励和帮助每一个人自由地决定自己的选择,鼓励和帮助每一个人自由地成为他自己。

再次,教育应发展自我责任感。存在主义者强调自由,甚至认为"人就是自由",尤其是强调每个人都有自我选择的自由,这是他们基于对无视人的尊严和自由甚至任意绞杀人的自由的抗争。但有些存在主义者也认为,人的"存在"和"生成"离不开世界和社会,每一个人在充分地行使自由时,都必须考虑自己与世界的关系,必须对自己的行动负责,即自由与责任并存。只有这样,个人才能与世界"合为一体",并真正地实现他自己。

(三)注重人文学科的学习和"对话"式教育教学

存在主义重视品格教育。所谓品格是指一个人的行动是出于他的整个品质,他的特点就在于他是按照向他这个积极主动的人进行挑战的每一情境的独特性而做出反应的,是介于一个人的本质与他外表之间的特殊纽带。品格教育实际上也就是品德教育。在某种意义上说,存在主义几乎把品德教育视为教育的唯一内容,因此要求学校修改其对知识的看法。

存在主义教育家一般不赞成以学科为中心的教学,认为各种教材本身没有价值,学生不论学习什么东西,都应将其作为个人借以自我发展和自我实现的手段。他们认为,课程的全部重点必须从事物世界转移到人格世界。在他们看来,人文学科更有助于人们认识人的生活、人的世界和人的本质。同时,他们主张其他专门化课程也"必须尽可能多的人性化"。

存在主义教育认为,团体教学形式抑制和阻碍个人的发展,应该代之以个别的、民主的、"对话"式的教育教学方法。而这些方法的有效运用,必须以师生之间的相互信任和自由、平等为前提,以充分发挥师生的主体性为条件。

三、存在主义教育评析

存在主义教育对西方社会传统教育的制度化、标准化、统一化给予了尖锐抨击,也指出美国进步教育的工具性缺陷,强调学校教育要重视人的生成、人的个性发展、人的自我实现,并以此为基点提出了一系列有关的教育观点和改革教育的意见,要把学生从他在学校里所接受的社会控制的重压下解放出来,具有一定积极因素。

存在主义是西方现代人本主义思潮的派别之一,也是以非理性主义和反社会为特征的极端个人主义哲学。建立在这种哲学基础上的存在主义教育思想,在本质上是一种极端个人主义的教育思想。存在主义教育思想认为人的本质是自由,并过分地强调个人的自我意识、自我选择、自我设计和自我发展,把个人的发展与教育、与人的社会化对立起来。

存在主义教育思想过分低估甚至否定学校教育。一些存在主义者对现有学校教育把培养学生适应社会作为其首要目的,采取教育的制度化、标准化、组织化等手段,强制性地将学生社会化,而忽视学生个体自由发展的做法提出尖锐的批评。但他们由此偏激地否定制度化的学校教育,否定学校教育对社会的积极作用。这是与存在主义的反社会的极端个人主义相联系的。

存在主义教育思想认为,教师的作用是帮助和督促学生对所读、所听到的每一种知识进行独立思考,并从中找到影响个人发展的意义。教师应该是促进学生获得自我实现的人。存在主义者虽不完全否定教师的作用,但他们实际上是过分贬低了教师在教育教学过程中应有的主导作用。此外,存在主义教育思想还表现出过分漠视自然科学的教育和学习,过分漠视人的智能的培养等片面性。正是由于存在主义教育思想的极端个人主义以及它的独特的偏激性和片面性,因而它的实际意义和影响是有限的。①

第四节　新行为主义教育

新行为主义是美国20世纪30年代后出现的一种心理学理论流派,曾一度占据心理学研究的主流地位,60年代达到顶峰,其后走向衰落。新行为主义致力于人类行为特别是学习过程的研究,有些新行为主义者还直接将其理论应用于教育领域,他们为教育、教学思想奠定了行为主义方法论基础,开辟了教育科学研究的新视角。新行为主义教育思想指的就是以新行为主义立场来阐述、解释和解决教育问题的理论体系。

一、新行为主义概述

新行为主义是由早期行为主义发展而来的。早在20世纪早期,美国心理学家华生(J. B. Watson,1879~1958)对传统心理学发起了挑战,在《行为主义者眼光中的心理学》(1913)和《行为:比较心理学导言》(1914)中阐述了行为主义的重要原则,使行为主义从当时构造主义与机能主义学派僵持不下的争论中异军突起,为后来新行为主义的崛起奠定了基础。

华生认为,心理学要成为一门科学就必须放弃对"心理"和"意识"等机体内部状态的研究,代之以对"行为"的研究。因为"行为"是可被观察的。行为主义所要研究的就是可被观察的行为与引起这些行为的外在条件的关系,行为主义就是研究刺激与反应关系(S-R)的科学。这一立场使他得出了环境决定论或教育万能论。他的名言是:"给我一打健全的婴儿和我可用以培养他们的特殊世界,我就可以保证随机选出任何一个,不管他的才能、倾向、本能和他的父母职业及种族如何,我都可以把他训练成我所选定的任何类型的特殊人物,如医生、律师、艺术家、大商人或甚至于乞丐、小偷。"②

以华生为代表的早期行为主义者试图以自然科学的严格标准界定心理学的研究范围和方法,以客观的方法研究可观察的行为,摒弃以内省法研究主观意识,这在西方近代心理学发展史上是一次划时代的转变,但他们完全无视机体内部因素,把复杂的心理现象简单化、机械化和极端化的观点也受到心理学界的批评。

20世纪30年代出现的新行为主义与逻辑实证主义和操作主义的影响是分不开的。逻辑实证主义提出间接证实的方法,即一个不能直接证实的命题,通过对已得到证实的命题的推衍或通过源于观察的事实的推理也是可以接受的。这就从方法论上打破了早期行为主义者的研究禁区,使通过可观察的行为推断有机体内部因素的研究成为可能。早期行为主义的S-

---

① 吴式颖、任钟印主编:《外国教育思想通史》(第九卷),湖南教育出版社2002年版,第212页。
② 刘恩贝、李铮著:《心理学简史》,甘肃人民出版社1985年版,第147页。

R公式被改写为S-O-R。新行为主义的代表人物赫尔(C. L. Hull)和托尔曼(E. C. Tolman)开始对S-R之间的中介变量进行研究。以斯金纳(B. F. Skinner,1904~1990)为代表的操作主义构成了新行为主义的另一支,主张科学的概念必须以可重复的操作来界定,凡是不能由操作定义的概念都是没有意义的。

20世纪60年代后,渐成主流的认知心理学和科学哲学方法论新进展使新行为主义阵营出现急剧分化。一部分新行为主义者开始对自己的立场发生怀疑,有的新行为主义者大胆吸取认知心理学的研究成果,产生了将行为与意识联系起来加以考察的认知行为主义、折中行为主义。20世纪60年代以来,已很难将行为主义视为一个旗帜鲜明的心理学派别了,一般将较为强调研究个体行为及其条件的心理学理论都泛称为新行为主义。

二、新行为主义教育的主要观点

(一) 学校教育应该强化学生行为

斯金纳对美国20世纪50年代的教育和教学提出了批评,认为长期以来,美国学校中儿童的学习只是为了躲避惩罚,进步教育运动也没有使这一状况得到真正的改变。在美国的典型课堂教学中,学习行为得不到及时的强化,表现为行为与强化的间隔太长,反应与强化之间只要有几秒钟的耽搁就会大大地破坏强化的效果,学校往往是在一天之后或一周之后才给学生以反馈。同时,强化次数太少。据斯金纳统计,在小学前4年中,强化出现总共只有几千次,而真正需要的强化次数是25 000~50 000次,因此课堂教学必须改革。学校缺少一个逐步接近所要求的最终复杂行为的一连串的强化链条,即缺少一个连续强化的方案。斯金纳指出,教师若不在每一步上都给予强化,最终复杂行为就不能形成,教学也不可能达到其所期望的目标。

(二) 创造操作性条件反射学习的基本条件

斯金纳认为,教育主要关心的是文化的传递,教育是改变和塑造人的行为的一种努力。教育学应被视为科学技术学的一门最重要的分支,应以行为科学的原则和方法改造教育和教育学。为此,必须考虑在学校中创造操作性条件反射的基本学习条件。首先,要明确学校期望建立什么样的行为,因为教师是学生行为的塑造者,教师必须对于教什么、想要学生形成什么行为等有清楚的认识,才有可能达到有效的教育。其次,要善于安排和利用有效的强化物。此外,教师的亲切、友善、对学生的奖励、学生间的竞争等对学生的学习都具有强化作用,应善于加以利用。再次,必须使强化同所要求的行为联系起来,将教学过程尽可能地分成许多小步子,最大限度地提高强化频率,以逐步形成复杂的行为模式,并在每一阶段上保持这种行为的强度。

(三) 程序教学和机器教学

在斯金纳看来,符合上述操作性条件反射学习条件的教学就是程序教学和机器教学。他认为,教学就是通过控制使学生形成正确的行为反应。在教学领域中,正是通过安排好强化系列并提供强化而塑造有机体的行为,并使行动在一定时间内保持一定的强度水平。程序教学就是应用特殊的强化技术,以取得特殊形式的强化结果。

程序教学具有以下几个特点:(1)适合学生的既有水平。程序应由学者专家预先编定,使程序材料与学生的知识背景相联系,材料所用的语言要能被儿童所理解。(2)有学习程序的目标或目的。要明确学生所应掌握的知识、技能的范围,并且这些目标或目的是用可操作、可观察、可测量的术语加以说明的。(3)学生的积极反应。程序学习要求学生和程序间相互影响,使学生通过填空、解题、书写答案做出反应。(4)小步子的逻辑序列。教学内容按内在联系分成若干小单元,编成程序,难度逐渐递增,使学生容易理解。(5)及时的强化。对学生在学习过程中做出的每一个反应都立即做出肯定或否定的答复,使学习者得到奖赏而增强信心。(6)自定步调。鼓励每一个学生以自己最适宜的速度进行学习。(7)最低的错误率。程序教材的编制是由浅入深、由已知到未知的,保证学生每次都能作出正确的反应,使错误率降到最低的程度。

斯金纳主张程序教学应通过教学机器来进行。他倡导使用"能评价构答式反应的机器",这种教学机器可以通过对其提供的填充、运算和写出答案等活动方式,使学习者在构答问题时能经常处于积极的反应状态。其程序材料以直线式编排,学生学了第一步获得正确反应后再出示第二步,依次类推,学完为止。斯金纳不赞成学生从一组选择材料中选择答案,而极力主张由学生自己做出答案,因为多重选择会使学生凭幸运选对答案,而不是真正掌握知识,似是而非的多重选择答案会造成"塑造行为的障碍"。

三、新行为主义教育评析

斯金纳的学习理论是在心理学实验室的"纯"研究中建立的,他的实验对象是白鼠、鸽子一类的动物,从动物身上归纳总结出来的学习、行为规律,到底在多大程度上适合对人类自身的解释,是有争议的。斯金纳的操作主义理论是对19世纪下半期以来,以自然科学方法论为框架研究人类心理和行为的实证主义传统的继承和发挥。这种以严格的实验为依据的理论,相对此前以思辨为特征的心理学来说是一大进步,大大提高了教育、教学研究的科学性和客观性。但不可否认的是,行为主义存在着把人类行为简单化、机械化的倾向,是一种把人简化为一种"较大的白鼠或较慢的计算机"后而得出的有关学习和教学的理论。它至少是不足以揭示人类复杂学习的全部真谛的。

斯金纳最早发明算术教学机器,以后又研制了其他形式的教学机器,他在哈佛大学讲授心理学时,就是使用改进过的机器进行教学的。20世纪60年代,斯金纳发明的教学机器曾被广泛使用。据统计,仅在1963年这一年中,就约有80%的教学机器的程序是以斯金纳的原理为依据设计的。随着计算机的问世和推广,斯金纳发明的简易直线式程序的教学机器目前已很少使用了,现在它们都被收藏在国立博物馆内。不过,随着计算机在学校教育中的广泛使用,程序教学在计算机辅助教学技术方面已探出了新路子。这方面的研究正不断深入,显示出越来越广阔的前景,但斯金纳在这方面所做工作的作用和意义是不容低估的。

斯金纳所设计的教学机器虽已退出历史舞台,但其倡导的程序教学中所包含的一些重要原则,如教材的循序渐进,个别化的安排组织,教学适合个人特点,让学生按自己的能力、速度学习,以有效的积极强化手段调动学生的学习积极性和主动性等,对西方教育、教学仍在发挥作用。斯金纳的理论不仅推动了教育、教学理论的科学化,而且也推动了教学手段的科学化和现代化,它重新激起了西方对个别化教学的研究和兴趣。①

思考题

1. 简述改造主义教育思潮的主要观点。
2. 新传统教育述评。
3. 存在主义教育述评。
4. 新行为主义教育的主要观点和影响述评。

---

① 参见洪明:《新行为主义的教育思想》,吴式颖、任钟印主编《外国教育思想通史》(第九卷),湖南教育出版社2002年版,第40页。

第十八章 现代欧美教育思潮(下)

第一节 结构主义教育

结构主义教育思想是当代西方的重要教育流派。瑞士心理学家和教育家皮亚杰(P. J. Piaget,1896~1980)是结构主义教育思想的奠基人,他在20世纪30年代研究了儿童心理结构。布鲁纳(J. S. Bruner,1915~　)是20世纪50年代结构主义教育思想的主要代言人,他致力于课程结构的研究,在美国掀起结构主义课程改革运动。与他同时代的结构主义教育家奥苏伯尔(D. P. Ausubel,1918~　)则坚持传统课程和教学理念,以结构的观点考察知识和认知过程,把教学的主要目的归于学生知识结构的形成,对当代西方教学理论和实践同样发挥了重要影响。

一、结构主义的一般特征

结构主义教育思想的哲学基础是结构主义哲学。结构主义(Structuralism)是20世纪五六十年代以后西方盛行的一种哲学思潮,其历史可以追溯到20世纪上半叶瑞士语言学家索绪尔(F. de. Saussure),而其核心概念中的一部分可追溯到康德的"先验论"哲学。但结构主义并不是一个统一的哲学流派,而主要是一种较为系统的方法论,它广泛影响了语言学、人类学、社会学、历史学、文学、心理学和教育学等学科,并在各个领域有各自的理论代言人,如人类学中的列维-施特劳斯(C. Levi-Strauss),心理学中的皮亚杰和拉康(J. Lacan),历史学中的福科(M. Foncault),文艺理论中的巴尔特(R. Batthes)和教育学中的布鲁纳等。

结构主义方法与实证主义和存在主义都不同。实证主义注重对经验现象的"客观"描述和还原主义方法论;存在主义以主体存在为中心来看待世界;结构主义则结合现代自然科学对事物进行整体研究的趋势和成果,将整体性的观点和方法引入社会和人文科学,从结构与要素的关系中去理解现象。结构主义者对结构的解释不尽相同,但一般认为结构是现象中各个部分或要素之间的关系的组合,部分或要素只能在由这种关系的组合而构成的整体中获得它的意义,现象的性质和变化就是由这种结构支配并决定着的,还原论方法下的机械因果关系是无法真正把握事物发展的原因的。①

二、结构主义教育思想概述

在结构主义方法论的影响下产生了结构主义教育思想。20世纪30年代,皮亚杰对儿童

---

① 吴式颖、任钟印主编:《外国教育思想通史》(第十卷),湖南教育出版社2002年版,第47~48页。

认知结构进行了研究并创立发生认识论,为结构主义教育思想奠定了心理学基础。20 世纪 50~60 年代,美国的布鲁纳和施瓦布(J. Sehwab)在皮亚杰认知结构理论的基础上,对知识结构和学科结构进行了研究,并在美国发起了结构主义课程改革运动。

(一) 儿童智力本质上是一种思维结构

皮亚杰的发生认识论为结构主义教育思想奠定了心理学基础。他曾担任国际心理学会主席、"发生认识论国际中心"主任,并长期担任联合国教科文组织的国际教育局局长。他的《儿童的语言和思维》(1923)、《儿童的判断与推理》(1924)、《儿童关于世界的概念》(1926)、《智力心理学》(1947)、《教育科学和儿童心理学》(1970)、《发生认识论》(1955,后更名为《逻辑思维的发展》)和《结构主义》(1968~1971)等著作和论文被广为翻译介绍,在国际上有广泛的影响。

古典心理学把智力或看作先天的心理官能,或视为在外界影响下所形成的联想系统。但皮亚杰认为,儿童智力在本质上是一种思维结构,是主体对客体的协调作用。智力是一种适应过程,适应要使事物同化于主体。儿童正是在这种适应过程中,使认识结构不断重组,从而促使智力由低级不断地向高级发展。

皮亚杰从生物学的角度提出人的认识结构涉及图式、同化、顺应和平衡等阶段。儿童最初的认识结构是一种遗传性的认识图式,随着儿童的成长,与周围环境不断接触,便产生了认识主体与客体的联系。这时,儿童的认识发展便表现为主体认识结构与客体的平衡,这种平衡需同化作用或顺应作用来达到。在这过程中,自我调节起着重要的作用,它是智力发展的最重要的内部因素,体现了主体活动的"内在目的性"。

皮亚杰认为,儿童智力结构的发展既具有连续性又具有阶段性。他根据大量的实验并结合数理逻辑,将儿童由出生到青年期的认识结构的发展按年龄特点分为四个阶段。他论述了发展阶段在教育科学上的意义,证明了儿童的思维随年龄而发生结构转化。"从学校教育的观点看来,这首先意味着:我们一定要承认心理发展过程的存在;一切智力的原材料不一定为大大小小的儿童所同化;我们必须考虑每个阶段儿童的特殊兴趣和需要。其次,这也意味着环境在心理发展中起着决定性的作用;各阶段的思维内容及其出现的年龄不是固定不变的;所以好的教法可以增强学生的效能,甚至加速他们的精神成长而无所损害。"①

(二) 应传授学科知识的基本结构

布鲁纳曾长期主持哈佛大学的认知研究所,并任美国心理学会主席。1959 年,他主持了著名的伍兹霍尔会议,讨论如何改进中小学课程尤其是科学课程的教学以提高教学质量的问题。1960 年,他在《教育过程》中阐明了结构主义课程理论,该书是美国结构主义教育理论的代表作。布鲁纳关于儿童认知发展的研究与皮亚杰一脉相承。他对结构主义教育思想的主要贡献是关于要传授学科知识的基本结构的主张。

与传统派传授系统知识的学科课程和进步教育的以儿童为中心的活动课程不同,结构主义课程改革是要传授学科的基本结构,即学科的基本概念、原理和原则。布鲁纳等人认为,知识是有结构的,所谓"结构"是人们对于客观事物构造的一种主观模式。为什么要传授学科知

---

① 王承绪、赵祥麟编译:《西方现代教育论著选》,人民教育出版社 2001 年版,第 421~422 页。

识的基本结构？布鲁纳认为：(1)理解了基本原理就能更好地理解这门学科；(2)易于记忆；(3)领会基本原理和观察对于学习的迁移必不可少；(4)能缩小"高级知识"与"初级知识"之间的差距。学生掌握了每门学科知识的基本结构后，就能独立地面对并深入到新的知识领域中去。

（三）重视儿童早期认知能力的发展

布鲁纳提出过一个著名假设："任何学科都能够以智育上是诚实的方式，有效地教给任何发展阶段的儿童。"①他坚信，只要把知识结构"翻译"成儿童各年龄的认识结构都能理解的程度，早期教育都能收到应有效果。布鲁纳将教学任务的重点放在发展学生认知能力即智力上，认为智力发展是掌握知识结构的保证。他对教学过程中发展智力的要求超过了对基本知识的要求。

（四）提倡活动教学法、同伴影响法和发现法

皮亚杰提倡"活动教学法"和"同伴影响法"。他根据其智力结构发展理论，将儿童学习中活动是否积极看作儿童学习主动与否的关键，认为教学中的活动法是儿童教育的最重要原则。但他所强调的教育中的个体活动是与集体活动相结合的，认为儿童正从自我中心化趋向于社会化，同伴间的相互交流、相互理解对儿童人格的形成有重要作用。他所提倡的"同伴影响法"是这一思想的体现。皮亚杰重视儿童在教学过程中所处的主体地位，注意发挥儿童主动性和发展儿童智力，具有积极意义，但有忽视教师主导作用的倾向。

布鲁纳也认为，要有效发展学生智力必须采用合理的教学方法。他极力提倡"发现法"，引导学生自己去发现以前未曾认识的观念间的关系和相似规律性，及对其本身能力的自信感。他主张在教学过程中要让学生学会学习，自己去发现，自己得出答案，并认为采用"发现法"有两个好处：一是儿童能把所学知识变为自己的东西；二是能增强儿童的自信心。这是对学习的最好奖励。

三、结构主义教育思想评析

综上所述，结构主义教育思想的主要观点包括：第一，知识是人们赋予经验中的规律性以意义和结构而构造起来的模式；任何一个知识领域内总存在着基本的知识结构，它通常是由一定的概念体系所组成，揭示着这门学科的主要内容，并制约着这门学科的探索活动。第二，教育工作者必须把这门科学的结构和这门科学所特有的探究方法编制成教材，使学习者通过对教材的学习达到对知识结构的把握，从而对所学学科产生深刻理解。第三，学习者的学习不是环境刺激的被动反应，而是主体自身将其纳入自己的认知结构的过程；学习在本质上是发现性质的，教育工作者应当注重发展学生的认知结构，培养学生对知识的自主探求精神，鼓励对学科结构的直觉理解，养成学习者独立解决问题的能力。

结构主义教育思想具有以下基本特征：(1)将教育学理论建立在儿童发展心理学和发生认识论基础之上，以儿童智力结构的发展阶段为心理学依据来探讨教育教学问题。(2)以课程改革作为教育改革的突破口，主张教育应努力使学生掌握每门学科的基本结构，并重视结构的

---

① 王承绪、赵祥麟编译：《西方现代教育论著选》，人民教育出版社2001年版，第446页。

迁移,以促进学生智力的发展。(3)认为教育的最终目标是培养儿童的自主性及发展儿童的智力,并试图改变传统的授课方法,提倡活动教学法、同伴影响法和发现法。

结构主义教育思想及其结构主义课程改革运动对美国教育乃至世界教育都产生了重大影响。20世纪60年代,世界上出现了一种课程改革运动的共同趋势。20世纪70年代,人文主义课程论取而代之。但进入20世纪80年代以后,结构主义课程论又有复活的势头。

第二节 分析教育哲学

分析教育哲学产生于20世纪50年代的英国,60年代进入全盛时期,70年代开始衰落,主要在英国、澳大利亚和斯堪的纳维亚备受推崇。其主要代表人物有:美国的哈迪(C. D. Hardie)、索尔蒂斯(J. F. Soltis)和谢夫勒(I. Scheffler),英国的奥康纳(D. J. O'Connor)和彼得斯(R. S. Peters)等。

分析教育哲学将分析哲学的原则和方法应用于教育领域,将严格的概念和命题分析作为教育哲学的根本任务,认为过去教育问题上的纷争或谬误都由于概念不清所导致,主张通过对教育既有概念和思想进行分析与清理,从而弄清教育基本概念的本质意义及其价值,用以影响和指导教育和教学的改革,提高教育理论科学化水平和教育实践效率。分析教育哲学以其全新的视角和独特的研究方法对西方教育哲学的发展产生了重要影响。

一、分析教育哲学的理论基础

分析教育哲学是在分析哲学的直接影响下形成的。哲学中概念分析方法的使用可追溯到古希腊时期的哲学,真正意义上的分析哲学则产生于19世纪末20世纪初,到20世纪上半叶,成为西方最主要的哲学思潮之一。分析哲学经过长期发展,历经了种种变化,产生了许多派别。实际上,它是一个流传甚广、极为庞杂的哲学思潮,包括逻辑原子主义、逻辑实证主义(后发展为逻辑经验主义)、逻辑语义学、实用主义分析哲学(新实用主义)、批判理性主义、普通语义学和日常语言哲学等分支派别。逻辑实证主义和日常语言学派对教育的影响最大。

逻辑实证主义产生于20世纪20年代,以(前期)维特根斯坦(L. J. J. Wittgenstein)、罗素(B. Russell)和维也纳小组成员为代表,其基本主张有:(1)实证是基本原则。一个论断或陈述只有在它能从经验上被证实时才有意义,不能直接证实的命题须由已被证实的命题的演绎进行间接证实。(2)哲学的任务是逻辑分析。哲学不是一个知识体系而是一种"分析"活动,哲学任务是通过对概念意义和逻辑关系的检验达到"清思"作用的。(3)应建立类似于数理逻辑那样的精确、理想的"符号语言",以消除日常语言的含混歧义。

日常语言学派产生于20世纪30年代后期,五六十年代进入顶峰阶段,主要代表人物是赖尔(G. Ryle)、摩尔(G. E. Moore)、(后期)维特根斯坦以及"剑桥—牛津学派"。日常语言学认为:(1)哲学的根本任务是深入调查和详尽阐述日常语言的各种用法以避免概念混淆。(2)哲学不是一种理论或体系,而是"诊断"或"治疗"语言的活动。(3)必须从人们的社会交际中研究语言的不同作用。(4)不能脱离语言活动和语境来谈语言的意义。(5)意义问题是语言的中心问题,词的意义在于其用法,语言的意义是相对的。

逻辑实证主义和日常语言学派在对哲学的根本态度上是一致的,都要求将哲学作为分析检验概念和命题陈述的工具。只是在判断分析充分与否的标准上,逻辑实证主义强调实证原则和逻辑分析,日常语言学派则注重概念和命题陈述与日常语言使用的符合性。

二、分析教育哲学的基本主张

分析哲学对传统哲学的根本否定和彻底改造所导致的哲学领域的"革命"也深刻影响了教育。分析哲学的两大派别都对教育理论和实践产生了重要影响。逻辑实证主义的影响主要体现在方法论方面,通过其对社会学、心理学、行为科学、程序教学和教育测量的影响,支持了教育的经验科学研究。日常语言学派通过分析教育实践中广泛使用的概念、术语,对教育产生了直接影响。相对于逻辑实证主义,日常语言分析派关注的教育问题更为广泛,持这一立场的教育哲学家也相对较多,对教育的影响也更大一些。[①]

1942年,英国教育家哈迪在《教育理论中的真理与谬误》一书中率先用分析哲学的方法讨论教育问题。当时分析教育哲学还未形成气候,哈迪的先驱性工作没有引起多大反响。1953年,谢夫勒向美国促进科学进步协会提交了题为"建立一种分析的教育哲学"的论文后,分析教育哲学才受到教育哲学界的广泛注意。20世纪50年代,分析教育哲学进入新的发展阶段。由布劳迪(H. S. Broudy)和普赖斯(K. Price)主编的论文集《教育哲学有多少哲学性》拉开了对教育哲学本质问题进行大讨论的序幕。《哈佛教育评论》1956年秋季版专辑讨论了"教育哲学的内容和目的"问题,论者普遍主张教育哲学的任务不是提出实质性的教育准则,而是将分析哲学的方法应用于教育研究,对教育的概念、语言进行分析。分析教育哲学在20世纪60年代进入鼎盛时期,成为这一时期英美等国教育哲学流派中的主流思潮。分析教育哲学的典型主张如下:

(一) 教育哲学要抛弃形而上学和伦理学的命题陈述

分析教育哲学认为,传统教育哲学中大量的命题都属于价值判断,具有先验性假设的特点,是无法用确定的经验或科学实验证实的。教育哲学不应对诸如人性是什么、教育的本质是什么等一类形而上的玄学问题做出任何内容上的判断,也不应对以有关价值判断为基础的教育工作规定行动纲领、发出工作指令。教育哲学应善于将复杂的命题陈述还原为经验和逻辑上可以证实的原子命题,或仅对单个具体的教育概念进行语言形式上的分析,应该将无法证实或由于语言的误用而虚构出来的形而上学和伦理学命题从教育哲学中驱逐出去。

坚持逻辑实证主义立场的教育分析哲学家及"美国派"的分析教育哲学家大多持上述观点。以彼得斯为代表的"伦敦派"对形而上学和伦理学命题的态度和立场较为不同,他们一方面声称要坚持分析方法,一方面预设了先验的前定假设,有意无意地将自己的价值判断渗透到分析方法中。

(二) 教育哲学要对教育概念和命题进行逻辑和语言分析

分析教育哲学认为,教育问题的纷争和混乱是由语言的误解、误用和表达不确切所造成

---

① 吴式颖、任钟印主编:《外国教育思想通史》(第十卷),湖南教育出版社2002年版,第216~217页。

的,教育哲学家不应像传统哲学家那样致力于教育理论体系的建构,而是应用分析的方法对教育理论中的概念和命题进行检验。分析充分与否的验证标准一是逻辑的标准,二是日常语言的标准。前者要求区分命题陈述的不同逻辑类型,考察逻辑陈述的连贯性,后者要求概念的意义要与日常语言的用法保持一致。这两个标准正是逻辑实证主义和日常语言学派的区别所在。

(三)教育哲学应澄清教育观念

分析教育哲学认为,拒绝形而上学和伦理学命题并对教育语言进行逻辑和语言的分析的目的,在于对似是而非、含糊不清的语言予以"澄清",使对教育思想的表述建立在科学的和清晰准确的语言基础上。除对教育理论陈述进行逻辑上的考察外,分析教育哲学对大量来自教育实践的术语、概念、口号和隐喻进行了严格的分析,诸如教育、教学、知识、学习、课程、训练、灌输、发展、需要、兴趣、以儿童为中心、教儿童而不是教教材、人文学科、学术自由、教育阶梯、多轨课程、学习的控制等。

三、分析教育哲学评析

作为一种教育哲学思潮,分析教育哲学一度波澜壮阔、声势浩大,成为20世纪60年代至70年代英、美等国教育哲学的主流。自20世纪70年代初期之后,由于内部的挑战和外部的压力,分析教育哲学走向衰落,作为一种思想运动已成为历史,今天绝少有人旗帜鲜明地宣称自己是纯粹的分析教育哲学家。但分析教育哲学留下的遗产是值得批判与借鉴的。

(一)分析教育哲学的贡献

早期分析教育哲学家如奥康纳等人关心教育理论的科学性问题,试图参照以经典物理学为代表的自然科学的理论模式来清理、改造和确定教育理论,使教育理论成为真正的科学理论。奥康纳有关教育命题陈述逻辑类型的观点已汇入20世纪70年代以来的西方"元教育理论"之中,对西方教育理论的探索将继续发挥有益的作用。

分析教育哲学要求人们对教育概念和思想的表述要严格而清晰,并为澄清教育概念和思想的混乱建立了分析方法和框架,使教育工作者和教育理论研究者更加关心表述教育概念和命题时逻辑的一致性和用词的准确性,对于消除由于逻辑和语言问题而造成的教育争论,使人们在教育交流、争论时保持最低限度的理解上的一致性具有积极意义。

分析教育哲学排斥哲学本体论方面的先验性命题,把哲学当作动词,关心哲学的分析、批判功能。哲学不再是一大堆外在的观念和体系,而是每一个教育工作者应当掌握的思考方法,促使教育工作者对教育理论和实践不断进行反思,注重对来自课堂教学和教育实践中的概念、术语和实例的分析,使教育研究更加贴近教育实践。

(二)对分析教育哲学的批评

人们对分析教育哲学的批评主要有以下几个方面:第一,分析教育哲学放弃了教育中的价值判断。忽视价值教育和道德教育的做法使自己脱离了教育的中心问题。第二,分析方法存在局限。分析法排除了价值论和社会哲学中所讨论的一些哲学问题,对于形成完整的教育哲学来讲远远不够。分析教育哲学扩大了逻辑分析方法的作用,混淆了语言问题与哲学问题之间的差别。第三,脱离教育实践。分析教育哲学对实践的关注仅限于对语言力量的崇拜,以为只要将教育概念和命题加以澄清,教育词语就会自动地影响教育者的目的和行动。由于分析教育哲学满足于在书斋中对教育概念进行分析,对西方教育实践实际上没有产生多大影响。

第三节 终身教育

终身教育思想是当代国际性教育思潮。1965年法国成人教育家保罗·朗格郎(Paul Lengrand,1910~2003)发表《终身教育导论》(An Introduction to Lifelong Education),是该思潮出现的标志。1972年联合国教科文组织发表的《学会生存——教育世界的今天和明天》的报告,1973年联合国经济合作发展组织(OECD)提出的回归教育(Recurrent education)理论,1996年由雅克·德洛尔任主席的国际21世纪教育委员会经过3年研究后向联合国教科文组织提交的报告《教育——财富蕴藏其中》等,都是终身教育思潮的重要文献。

一、终身教育思想产生的背景

科技和生产的发展以及由此带来的社会生活的巨大变化,呼唤着教育改革。高科技的应用对劳动力知识、智力素质的要求愈来愈高,新工艺、新知识、新技术的高度融合和分化,要求科技人员不断地掌握本专业之外学科的新成果和有关知识,产业结构的变化导致的职业结构的变化,迫使大批生产者转向新的生产部门,因而重新回到"课堂"上去成为时代的需要。同时,人们随着参与社会活动机会的增多和社交意识的增强,也必须掌握和了解有关的知识,接受有关的教育和训练,以充分行使自己的权利,履行自己的社会义务。人们还需要学会如何充分利用自己的闲暇时间,丰富和完善自身。老年人保健、生活和知识经验的再开发同样离不开学习和教育。

但传统的学校教育制度的模式是把人生分为学习和工作两个阶段。把接受教的时间限制在青少年时期。学校教育从制度、内容到形式过于僵化,制度划一、内容陈旧、形式呆板、结构单一,根本不能适应社会对多种类、多层次人才培养规格的需要。形势的发展要求从根本上改变各级教育制度的结构、职能、方法和内容。同时,教学手段的现代化为终身教育学习提供了物质条件,使人们可以突破时空限制,超越时空去获取新的知识,并且可以使人们根据个人的需要和学习特点自由地选择教育的内容和形式。

二、终身教育理论的主要内容

(一)终身教育是从幼儿期到死亡的不间断的学校及校外教育

终身教育有其特定的含义,是指人从出生到死亡的教育历程,并不限于在学校进行的教育,是人们在一生中所受到的各种培养的总和。保罗·朗格郎认为,教育不能停止在儿童期和青年期,而应通过人的一生持续进行。1973年8月的"巴黎全国讨论会"给终身教育下了一个明确的定义:是从幼儿期到死亡的不间断的学校及校外教育,不存在青少年、成年之区别,与培养人格和职业生活的训练相结合。

终身教育是个综合概念,它包括人的一生中正规的、不正规的和非正规的多种学习,其目的在于使人的社会和专业生活达到最完满的发展。终身教育把教育看作一个整体,包括家庭、学校、社区和工作场所的各式各样的学习活动,它借助于大众媒介以及其他情境和结构来获取智慧并改进智慧。

(二)终身教育是现代社会的需要

保罗·朗格朗认为,终身教育是从生存的重要意义出发,是为了满足人们生存发展的需要。因此,终身教育要在人们的个体和集体生活中发挥作用,可以帮助人们度过在各年龄阶段的转折时期所遇到的危机和激烈的波动,不断充实自己,促进夫妻之间的和睦,加强代际之间的交流;培养人们的职业素质,丰富人们的余暇生活,提高人们的艺术欣赏和艺术表现能力;帮助人们科学地提高自己的身体素质,进行体育锻炼;还可以培养公民的参与意识和能力。总之,终身教育的最终目标是努力建设更美好的生活,吸取一切有益的因素帮助人们去过一种和谐的、与人性相一致的充实生活。

保罗·朗格朗强调终身教育的目的是培养新人,即"现实的完善的人",一方面,这个人能够适应各种变化,特别是经济和职业方面的变化;另一方面,培养具有丰富个性的人,促进人的全面发展,使人能够过充实、幸福的生活,实现教育民主化和建立学习社会。

(三)终身教育打破了家庭教育、学校教育和成人教育之间的隔绝

终身教育实际上改变了过去家庭教育、学校教育和包括成人教育在内的社会教育等各个领域之间互相隔绝的状态;打破隔绝教育世界与劳动世界的墙壁,使这两个世界相互往来;确保教育的连续性以防知识的老化,综合实现各种教育,努力寻求获得知识的方法;打破了年龄限制,实现个性的教育;改变了过去师者恒为师的偏向性观点;为社会提供了多种多样可供选择的学习机会,使社会学习化。终身教育的另一个基本目标是建立学习社会。所谓学习社会,是指每一个国民为求得自我实现,提高生活质量,获得职业需要的知识和技术,终身自主、主动地学习的社会。

(四)终身教育应该体系化

保罗·朗格朗主张终身教育制度的体系化。他认为,应在如何处理人的整个一生的教育分段和相互依赖的关系上找出努力的方向,学校教育、社会教育还有非正规教育设施等应明确分工负责,并根据这种观点来考虑改革教育的结构。实现终身教育制度的体系化,要求一方面按婴幼儿教育、青少年教育、成人教育和老年教育这样的时间系列谋求教育的有机统一,在培养目标、教育内容上也要有紧密的联系和统一性。另一方面,要从家庭教育、学校教育和社会教育的空间系列上谋求教育的有机统一。这样可以从时间和空间两方面使人生教育有机结合,实现个人教育的连续性,不会因为某一阶段教育的终结而中断受教育的机会。

确立终身教育制度的体系化需要重新树立一种学校观,即学校教育是终身教育的一个环节,学校教育是终身教育的基础,学校不再是最后完成教育的场所,也不是孤立地进行教育的地方。由此必须改革学校教育的指导思想、教学内容、教学计划、教育方法以及考试制度。

三、终身教育思想评析

查尔斯·赫梅尔等在《今日的教育为了明日的世界》一书中指出,可以与哥白尼学说带来

的革命相媲美的终身教育概念的发展是教育史上最惊人的事件之一。终身教育思想的提出是当代教育理论的重大变革。它是从当代社会变革对人类生存的挑战以及人类迎接挑战的需要出发,在充分吸收现代生理学、心理学、社会学、人类学、行为科学及语言学等众多学科最新研究成果的基础上提出的;它突破了传统教育的一般局限性,从更广阔的社会大背景上对传统教育理论及其弊端进行了较为深刻的反思和批判,从一个全新的角度对教育做出了诠释,从而使教育理论产生了一次新的变革。

20世纪六七十年代以来,在联合国教科文组织的大力推行和各国学者的积极提倡下,终身教育在世界范围内得到迅速发展,并逐步成为一种重要的教育思潮,愈来愈被世界许多国家所接受和发展,成为各国教育改革和实践的指导思想及指导原则,并取得了巨大成果。

但终身教育也不断遭到批评。非学校论者如伊里奇(I. Illich)对终身教育持坚决抵制态度。法国学者格拉(A. Gras)认为终身教育是一把双刃剑,在给个人提供再一次机会的同时,也加剧了社会竞争。一些人将终身教育视为远远超出许多国家实际情况而难以实现的乌托邦。例如,英国学者塔尔特(M. Tight)指出,许多发达国家都无法将终身教育真正付诸实践,更何况经济刚刚起步的发展中国家。他认为,终身教育实际上过去是,如今仍是一种乌托邦思想。另外,在一些较早研究终身教育的国家如日本,对终身教育批判的声音也较大。

第四节 现代人文主义教育

现代人文主义教育是20世纪60～70年代在美国盛行的一种教育思潮,其思想渊源可以追溯到古代希腊。现代人文主义教育的主要代表人物有马斯洛(A. H. Maslow,1908～1970)、罗杰斯(C. R. Rogers,1902～1987)、弗洛姆(E. Fromm,1900～1980)和奥尔波特(G. W. Allport,1897～1967)等。其主要理论依据是现代人文主义哲学和现代人文主义心理学,主张教育的目的是人的自我实现,宣称要培养"完整的人",强调人格的整体性以及情感和智力的有机联系,要求课程内容中的思想性和情感性因素的相互渗透。现代人文主义教育思潮对近几十年来的西方教育产生了广泛而深刻的影响。

一、现代人文主义教育的理论基础

第二次世界大战以后,在物质生活日益丰富的同时,人们的精神生活却越来越空虚。高科技的发展反而导致人们内在价值观念的丧失和外部价值标准的崩溃。在教育领域,布鲁纳的结构主义课程改革加重了学习负担,传统教学模式阻碍了学生情感与个性的发展,不断出现厌学和逃学现象。在这种背景下,现代人文主义者对现实教育提出了尖锐批评,并阐明了新的教育观点。

现代人文主义教育思潮几乎从一开始就与风靡西方的人本主义心理学(Humanistic Psychology)有着密切的联系,许多人文主义教育理论家本身就是著名的人本主义心理学家;人文主义教育理论在很大程度上是人本主义心理学在教育中的应用。人本主义心理学是一个标榜以人的价值及人性的探索为使命的重要心理学流派,它与行为主义学派(Behaviorism)

和精神分析学派(Psychoanalysis)一起共同构成了当代西方心理学的"三足鼎立"之势,因此又被称为是"第三股力量"(Third Force)或"第三思潮"。1961年《人本主义心理学杂志》的创刊以及1962年美国人本主义心理学会的成立,是该学派形成的标志,70年代得到很大的发展。

现代人文主义教育思想以人本主义心理学为主要理论基础,吸收了存在主义哲学的一些思想,追求人的存在,把人的存在看成是人的潜能得到实现的一种能动的、贯穿一生的过程。人本主义心理学的主要观点是:(1)心理学的研究对象是人,是"健康人"和具有个人丰富体验的人,研究的使命在于揭示人类的真正本性。(2)主要研究人的创造性、主动性以及人的自我实现。(3)人的尊严和价值的提高应成为心理学研究的主要内容,应格外重视人类潜在能力的挖掘与培养,应强调个体的意愿、情感和价值观。在此基础上,人本主义心理学形成了理论体系,如动机机能自主论、需求层次论和自我实现论等。一些对教育怀有忧患意识的人本主义心理学家积极涉足教育问题,抨击传统教育,提出学校教育新准则。人本主义心理学的一些基本主张很快得到教育界的共鸣,形成一股新的以人为中心的教育思潮。

二、现代人文主义教育思想概述

现代人文主义教育思想家从培养目标、教育的内容和方法等方面,较为系统地论述了现代人文主义教育理想。

(一) 教育目标是培养自我实现的人

马斯洛认为,教育的目标是人的自我实现。通过教育可以形成完美人性,达到人所能及的最高境界。自我实现的人具有的人格特征包括整体的人和创造性的人。(1)"整体的人"不仅指在身体、精神、理智、情感、情绪和感觉诸方面的有机整体性,也指在有机协调的内部世界与外部世界的联系方面达到和谐一致。因此,整体的人格包括人内部的整合和人的内部与外部世界的整合两方面。人的内部整体性表现为思想、智力、情感和感觉等方面的一体化联系。这种完整体还包括人的各种内在潜能的整体一致性。(2)"创造性的人"指人性的转变、性格的改变和整个人的充分发展。自我实现的创造性是指创造性的人格、活动、态度和创造过程,而不是指某些特殊天才的创造性。创造性并非为少数天才所独有,而是每个人生来就存在的特质,一种固有的潜能,因此应该从人的内部去寻找创造性的源泉。

(二) 注重整合的课程观

教育目的决定了教育内容的确定和安排。人格的整体性要求人的学习的整体性。在学习过程中,必须注意学生的情感和智力的有机联系。罗杰斯认为,整体人的学习是认知因素与情感因素的结合,情感因素包括好奇、兴奋、发现的激动、自信和着迷等,教育者必须促成它们的结合。现代人文主义教育课程并非狭义上的学校正规课程,而是把视野扩大和延伸到学生的全部生活经验上。现代人文主义教育家认为,传统学校规定的课程,固定的大纲及课时安排模式,严格的记分标准和单一的考试制度,都忽视学生作为整体人的本性和潜能的不断实现,阻碍了学生的全面发展。

现代人文主义教育的课程观主要包括:第一,在课程内容的选择上,考虑到学习者的兴趣、能力、需要;课程内容中的思想性和情感性因素内在地相互渗透。第二,在课程内容的组织和安排上,重视整合(integration)性和富有弹性。课程整合的方式主要有:从知识的内在逻辑统一性上加以整合;以特殊问题或兴趣为中心;从知识的结构上加以整合。所谓富有弹性,是认为适合所有学生的一成不变的课程程序是不存在的,必须提供广泛多样、幅度不同的课程,以适应学生的个性特征,即由儿童自己根据本身的速率,在单元课程程序中不断获得进步。第三,在课程评价上,侧重过程与教育内容"品质"的分析,而非结果;评价的对象侧重学生的认识、情意及心理动作能力,而不是各种事实的记忆;评价的方法从解释学、精神科学的立场出发,采用个别描述的方式了解整个学习的动态意义。

现代人文主义教育的课程学习程序有六个步骤:(1)设计并创造能引起学习者体验真实课程的教材;(2)提供实现新的思考、行动和感情的完整的经验;(3)协助学习者从体验中了解其意义;(4)促使此体验与学习者的价值、目的、行为及与他人的关系之间产生一种关联;(5)经由实际的练习以建立新的思考、行动与情感;(6)使之内在化而改变学习者的行为。现代人文主义教育的课程把教学内容与学习者的生长过程有机联系起来,课程内容不仅涉及教学的内容(学科、活动等)、进程、时限、大纲和教材,还涉及学校中适于学生成长的一切环境,注重促进学生作为整体的人的成长和潜能的实现。

(三)融洽的师生关系是教学成功的秘诀

现代人文主义教育理论认为,人性内部具有实现潜能的倾向性,学习是自我和自律的,教育的作用及功能在于创造最佳条件使学习者得以塑造自己。最佳学习条件是一种自由的心理气氛。创造这种气氛的关键在于培养能起促进作用的教师,培植真诚融洽的师生关系,进行以学生为中心的教学和评价。

现代人文主义教育对传统的师生观提出尖锐批评,认为传统教师是知识的占有者、传授者,学生只是被动接受知识的容器和服从者,教师往往通过恐吓、威慑,来使学生对其敬畏。现代人文主义教育要求教师注重促进学生整体发展,更多关注学生对所学内容的情感和情绪反应,帮助学生明确学习对个人的意义,善于为学生的学习创造一种自由的心理气氛;教师只能通过鼓励、关怀和提供选择机会等方式,表现对学生的理解和接受,通过满足学生的各种需要促进学生个性的充分发展和潜能的实现。

现代人文主义教育主张在学校应建立一种人与人之间的帮助关系。这种观点得益于在心理咨询治疗中积累的人际关系经验。罗杰斯把在治疗过程中的经验迁移到师生关系上,认为在学校中建立帮助关系有助于创造自由的气氛。他把学生的自我评价看作"以学生为中心"的教学过程中的最佳评价方式,主张让学生自己提问、编制试卷和参与评价,公开讨论每个学生所能达到的水平,师生共同确定分数等级。这样可以克服传统的单一的外部评价所带来的一些弊端。他批评单一的外部评价迫使教师只重视学业成绩而无视整体的人的成长;限制学生去探索学习的个人意义;不考虑学生生长速率的个性特征,窒息学生的创造性,使学生在枯燥乏味中死记硬背标准答案。

三、现代人文主义教育思想评析

现代人文主教育在美国物质文明给人们带来精神危机的背景下,以现代人文主义心理学为基础,提出"自我实现"的教育目标,试图通过教育来实现人的潜能的发展和价值。它针对美国20世纪60年代课程改革只重学科的知识结构而不顾及学生的身心特点的问题,提出课程设置必须考虑使学生的情感发展和认知发展相统一,让学生在适合促进他们成长的气氛中发展认知、创造、审美及人际交往的能力。

从西方心理学的三大思潮来看,精神分析学派只关注心理的消极面,行为主义学派否定人的主观世界,人本主义学派则重视对积极人生的探讨。在人本主义心理学者看来,人的发展的本质是内在潜能在后天环境中的充分实现。强调对"自我"的正确认识并充分实现每个人的潜能,是人本主义对当代教育理论的重要贡献之一。它体现为教育思想对"人性"的复归,教育实践对人类情感世界的复归,以及教育理论对"个体"的复归。正如罗伯特·梅逊指出的那样:"当代社会生活许多方面的集体制度化倾向是有害的。学校必须抵制这种20世纪文化的特色,必须关心并尊重个人需要以及他们之间具有个别差异的权力来抵消这种机械化和非人格的现象。"①

尽管现代人文主义教育理论在发挥人所具有的潜能、促进人的全面发展上有积极意义,但人本主义教育理论由于其所持的认识论与价值观,不可避免地带有许多缺陷。它把立足点放在人性的内部力量上,过分夸大了人的自然素质的作用,简单地把个体的实现与个体的社会价值划等号,无视社会对个体发展的现实性和可能性的必然制约关系,尤其是它对传统教育理论与实践采取全盘否定的态度是不可取的,因此也遭到教育界的种种非难和强烈批评。

现代欧美教育思潮小结

第十七章和第十八章介绍了20世纪尤其是战后欧美各种教育思潮。由于思想渊源、理论基础和出发点等方面的差异,各教育思潮都围绕自己重点关注的教育问题展开研究。例如,改造主义教育理论是对进步主义教育理论的继承和发展,强调教育的社会功能;新传统教育(包括要素主义、永恒主义和新托马斯主义)主要是作为进步主义教育的对立面出现的,主张恢复传统教育,重新强调教师的主导地位和对古典的或现代的知识的系统学习,并主张对学生进行严格考核和纪律的约束;存在主义和新人文主义则着力于批判技术社会对人的尊严与价值的漠视,要求重建人的精神世界;结构主义教育理论和行为主义教育思想注重教育内容与教育技术的革新,集中反映了心理学的研究成果;分析教育哲学主要是分析哲学在教育研究中的应用,它提供了一种新的教育研究方法;终身教育思想则反映了现代社会职业流动性大、知识技术更新率高和人的社会化过程更趋复杂等特征的客观要求。上述一些教育思潮如改造主义教育、新传统教育和行为主义教育等在二战前就已存在,在战后才获得较大发展。有些教育思潮则是战后的产物,如结构主义、终身教育思想和现代人文主义教育思想等。

虽然战后各种教育思潮和教育流派使人眼花缭乱,但由于它们大多以现代西方哲学或心理学的某些流派作为自己的主要理论依据,我们可以"按照它们如何看待哲学和各种特殊科学的关系,大致区分为如下三种主要思潮:第一种是把哲学和特殊科学相提并论,并由此而否

---

① [美]罗伯特·梅逊著,陆有铨译:《当代西方教育理论》,文化教育出版社1984年版,第262页。

定哲学的世界观意义的科学主义思潮;第二种是把哲学和特殊科学完全割裂开来、对立起来,把哲学的出发点归结为人的非理性的生命、本能冲动、情感意志的人本主义思潮;第三种是将哲学超出于特殊科学之上,把超出于具体事物之外的某种精神本质当作哲学研究的基础的思辨唯心主义和宗教哲学思潮。"属于科学教育思潮的主要有以实证主义和逻辑经验主义为主的分析教育哲学、新行为主义教育和结构主义教育等。属于人本主义思潮的教育思想流派主要有存在主义教育和新人文主义教育等。属于思辨唯心主义和宗教哲学思潮的有新托马斯主义教育等。

现代西方哲学中的上述三种思潮,即科学主义思潮、人本主义思潮以及思辨唯心主义和宗教哲学思潮,与西方思想看待人和宇宙的三种不同模式相联系。"一般来说,西方思想分三种不同模式看待人和宇宙。第一种模式是超越自然的,即超越宇宙的模式,集焦点于上帝,把人看成是神的创造的一部分。第二种模式是自然的,即科学的模式,集焦点于自然,把人看成是自然秩序的一部分,像其他有机体一样。第三种模式是人文主义的模式,集焦点于人,以人的经验作为人对自己、对上帝、对自然了解的出发点。"

但我们也应该意识到,教育作为培养人的社会活动有自己的特殊性,西方教育思想的发展和演变有自己的传承。第一,很多西方教育学者将古代希腊教育思想视为自己灵感的来源和思想的渊源,言必称希腊。第二,从杜威开始,在西方现代教育理论的争论中,所谓"传统教育"和"现代教育"往往成为焦点。如新传统教育大都主张回到传统教育的老路。但也存在更为复杂的"传统教育"与"现代教育"交叉和交织的复杂情况。第三,各种教育思潮虽然以某种哲学或科学作为自己的理论依据,但落脚点还是要解决教育理论和教育实践中所特有的各种具体问题。这些专门属于教育的问题并非哲学或科学所能替代的。

思考题

1. 结构主义教育思想述评。
2. 简述分析教育哲学的基本主张。
3. 终身教育思潮述评。
4. 现代人文主义教育思想述评。
5. 试比较现代人文主义教育思想与古典人文主义教育思想的异同。
6. 现代欧美教育思潮主要包括哪些流派?
7. 西方思想看待人和宇宙的主要模式有哪些?它们对西方教育思想有何影响?
8. 依据现代西方哲学可将现代欧美教育思潮大致划分为哪三种主要思潮?

主要参考书目

1. 滕大春主编:《外国教育通史》(6卷本),山东教育出版社1989~1994年版。
2. 吴式颖、任钟印总主编:《外国教育思想通史》(10卷本),湖南教育出版社2003年版。
3. 赵祥麟主编:《外国教育家评传》(4卷本),上海教育出版社1992~2003年版。
4. 张瑞璠、王承绪总主编:《中外教育比较史纲》(古代、近代、现代卷),山东教育出版社1997年版。
5. [苏]米定斯基著:《世界教育史》,三联书店1950年版。
6. [英]博伊德、金合著,任宝祥等译:《西方教育史》,人民教育出版社1985年版。
7. [美]佛罗斯特著,吴元训等译:《西方教育的历史和哲学基础》,华夏出版社1987年版。
8. [美]布鲁柏克著,吴元训主译:《教育问题史》,安徽教育出版社1991年版。
9. [英]伊丽莎白·劳伦斯著,纪晓林译:《现代教育起源和发展》,北京语言学院出版社1992年版。
10. [澳]W.F.康乃尔著,张法琨等译:《二十世纪世界教育史》,人民教育出版社1990年版。
11. [澳]W.F.康纳尔著,孟湘砥、胡若愚主译:《二十世纪世界教育史》,湖南教育出版社1991年版。
12. 张斌贤、褚洪启等著:《西方教育思想史》,四川教育出版社1994年版。
13. 王天一、方晓东等编著:《西方教育思想史》,湖南教育出版社1996年版。
14. 单中惠主编:《西方教育思想史》,山西教育出版社1996年版。
15. [美]克伯雷编,任钟印、任宝祥主译:《外国教育史料》,华中师范大学出版社1991年版。
16. 夏之莲主编:《外国教育发展史料选粹》(上、下卷),北京师范大学出版社1999年版。
17. 李明德、金锵主编:《教育名著评介·外国卷》,福建教育出版社1992年版。
18. 单中惠、杨汉麟主编:《西方教育学名著提要》,江西人民出版社2004年版。
19. 曹孚编:《外国教育史》,人民教育出版社1979年版。
20. 罗炳之编著:《外国教育史》(上、下册),江苏人民出版社1981年版。
21. 戴本博主编,张法琨副主编:《外国教育史》(上、中、下册),人民教育出版社1990年版。
22. 王天一、夏之莲、朱美玉编著:《外国教育史》(上、下册),北京师范大学出版社1993年修订本。

23. 吴式颖主编:《外国教育史教程》,人民教育出版社1999年版。
24. 曹孚、滕大春、吴式颖、姜文闵编:《外国古代教育史》,人民教育出版社1981年版。
25. 滕大春主编、吴式颖副主编:《外国近代教育史》,人民教育出版社1989年版。
26. 赵祥麟主编:《外国现代教育史》,华东师范大学出版社1987年版。
27. 日本世界教育史研究会编,梁忠义译:《世界幼儿教育史》(上、下册),吉林人民出版社1989年版。
28. 杨汉麟、周采著:《外国幼儿教育史》,广西教育出版社1998年修订本。
29. 周采、杨汉麟主编:《外国学前教育史》,北京师范大学出版社1999年版。
30. 单中惠主编:《外国中小学教育问题史》,山东教育出版社2005年版。
31. 单中惠主编:《外国大学教育问题中》,山东教育出版社2006年版。
32. 杨汉麟主编:《外国教育实验史》,人民教育出版社2005年版。
33. 杜学元著:《外国女子教育史》,四川人民出版社2003年版。
34. [德]鲍尔生著,滕大春、滕大生译:《德国教育史》,人民教育出版社1986年版。
35. 王桂编著:《日本教育史》,吉林教育出版社1987年版。
36. 徐辉、郑继伟编著:《英国教育史》,吉林人民出版社1993年版。
37. 滕大春著:《美国教育史》,人民教育出版社1994年版。
38. [美]劳伦斯·克雷明著,周玉军等译:《美国教育》(3卷本),北京师范大学出版社2003年版。
39. 吴式颖著:《俄国教育史》,人民教育出版社2006年版。
40. 贺国庆、王保星等著:《外国高等教育史》,人民教育出版社2003年版。
41. 黄福涛主编:《外国高等教育史》,上海教育出版社2003年版。
42. 杜成宪、邓明言著:《教育史学》,人民教育出版社2005年版。
43. 周采著:《美国教育史学:嬗变与超越》,人民教育出版社2006年版。
44. 张焕庭主编:《西方资产阶级教育论著选》,人民教育出版社1979年版。
45. 许步曾编:《西方思想家论教育》,人民教育出版社1985年版。
46. 任钟印主编:《世界教育名著通览》,湖北教育出版社1994年版。
47. 吴元训编:《中世纪教育文选》,人民教育出版社1989年版。
48. 张法琨选编:《古希腊教育论著选》,人民教育出版社1994年版。
49. 华东师范大学教育系、杭州大学教育系合编:《西方古代教育论著选》,人民教育出版社2001年版。
50. 任钟印主编:《西方近代教育论著选》,人民教育出版社2001年版。
51. 王承绪、赵祥麟编译:《西方现教育论著选》,人民教育出版社2001年版。
52. [古希腊]柏拉图著,郭斌和、张竹明译:《理想国》,商务印书馆1986年版。
53. [古希腊]亚里士多德著,吴寿彭译:《政治学》,商务印书馆1965年版。
54. 任钟印选译:《昆体良教育论著选》,人民教育出版社1989年版。
55. [古罗马]奥古斯丁著,周士良译:《忏悔录》,商务印书馆1963年版。

56. [英]培根著,许宝骙译:《新工具》,商务印书馆1984年版。

57. [捷]夸美纽斯著,傅任敢译:《大教学论》,人民教育出版社1990年版。

58. 任钟印选编:《夸美纽斯教育文选》,人民教育出版社1991年版。

59. [捷]夸美纽斯著,任钟印译:《大教学论·教学法解析》,人民教育出版社2006年版。

60. [英]洛克著,杨汉麟译:《教育漫话》,人民教育出版社2006年版。

61. [英]洛克著,吴棠译:《理解能力指导散论》,人民教育出版社1993年版。

62. [德]伊曼努尔·康德著,赵鹏、何兆武译:《论教育学》,上海世纪出版集团2005年版。

63. [法]卢梭著,李平沤译:《爱弥尔》(上、下卷)人民教育出版社1985年版。

64. [瑞士]裴斯泰洛齐著,北京编译社译:《林哈德和葛笃德》(上、下册),人民教育出版社1984年版。

65. [瑞士]裴斯泰洛齐著,夏之莲等译:《裴斯泰洛齐教育论著选》,人民教育出版社1992年版。

66. [瑞士]阿·布律迈尔主编,尹德新组译,杜文棠审校:《裴斯泰洛齐选集》(第二卷),教育科学出版社1996年版。

67. [瑞士]阿·布律迈尔主编,尹德新组译,杜文棠审校:《裴斯泰洛齐选集》(第一卷),教育科学出版社1994年版。

68. [德]赫尔巴特著,李其龙译:《普通教育学》,人民教育出版社1989年版。

69. 李其龙主编:《赫尔巴特文集》(六卷本),浙江教育出版社2002年版。

70. [德]福禄倍尔著,孙祖复译:《人的教育》,人民教育出版社1991年版。

71. [德]第斯多惠著,袁一安译:《德国教师教育指南》,人民教育出版社1990年版。

72. [英]赫·斯宾塞著,胡毅、王承绪译:《斯宾塞教育论著选》,人民教育出版社1997年版。

73. [英]托·赫胥黎著,单中惠、平波译:《科学与教育》,人民教育出版社1990年版。

74. [俄]乌申斯基著,郑文樾等译:《人是教育的对象》(上、下卷),人民教育出版社1989年版。

75. [法]爱弥尔·涂尔干著,李康译,渠东校:《教育思想的演进》,上海人民出版社2003年版。

76. [法]爱弥尔·涂尔干著,陈光金、沈杰、朱谐汉译,渠东校:《道德教育》,上海人民出版社2001年版。

77. [日]福泽谕吉著,王桂主译,陈榴校:《福泽谕吉教育论著选》,人民教育出版社2005年版。

78. [英]罗素著,杨汉麟译:《教育与美好生活》,河北人民出版社1999年版。

79. [德]拉伊著,金溎荣、黄觉民译:《实验教育学》,商务印书馆1938年版。

80. [德]凯兴斯泰纳著,郑惠卿译:《凯兴斯泰纳教育论著选》,人民教育出版社1993年版。

81. 赵祥麟、王承绪编:《杜威教育论著选》,华东师范大学出版社1981年版。

82. [美]约翰·杜威著,赵祥麟、任钟印等译:《学校与社会·明日之学校》,人民教育出版社 1994 年版。

83. [美]约翰·杜威著,王承诸译:《民主主义与教育》,人民教育出版社 1990 年版。

84. [美]约翰·杜威著,姜文闵译:《我们怎样思维·经验与教育》,人民教育出版社 1981 年版。

85. [意]蒙台梭利著,任代文主译:《蒙台梭利幼儿教育科学方法》,人民教育出版社 1993 年版。

86. 吴式颖等编:《马卡连柯教育文选》(上、下卷),人民教育出版社 1985 年版。

87. 《马克思恩格斯论教育》,人民教育出版社 1986 年版。

88. 上海师范大学(现华东师大)教育系编:《马克思恩格斯论教育》,人民教育出版社 1979 年版。

89. 苏联教育科学院编,华东师范大学教育系辑译:《马克思恩格斯论教育》(上、下卷),人民教育出版社 1985~1986 年版。

90. 华东师范大学教育系编:《列宁论教育》,人民教育出版社 1990 年修订本。

91. [苏]赞科夫编,杜殿坤、张世臣、俞翔辉、张渭城、丁酉成、叶玉华译:《教学与发展》,人民教育出版社 1985 年版。

92. [苏]苏霍姆林斯基著,毕淑芝等译:《育人三部曲》,人民教育出版社 1998 年版。

93. [法]朗格郎著,周南照、陈树清译:《终身教育引论》,中国对外翻译公司 1985 年版。

94. [苏]司徒卢威著,叶文熊等译:《古代的东方》,人民教育出版社 1955 年版。

95. [英]阿伦·布洛克著,董乐山译:《西方人文主义传统》,上海三联出版社 1997 年版。

96. [美]罗伯特·梅逊著,陆有铨译,傅统先校:《西方当代教育理论》,文化教育出版社 1984 年版。

97. 顾明远主编:《教育大辞典》(11 卷),上海教育出版社 1991 年版。

98. 瞿葆奎主编,马骥雄选编:《教育学文集·美国教育改革》,人民教育出版社 1990 年版。

99. 瞿葆奎主编,李其龙选编:《教育学文集·联邦德国教育改革》,人民教育出版社 1990 年版。

100. 瞿葆奎主编,钟启泉选编:《教育学文集·日本教育改革》,人民教育出版社 1991 年版。

101. 瞿葆奎主编,金含芬选编:《教育学文集·英国教育改革》,人民教育出版社 1993 年版。

102. 瞿葆奎主编,张人杰选编:《教育学文集·法国教育改革》,人民教育出版社 1994 年版。

103. 瞿葆奎主编,杜殿琨等选编:《苏联教育改革》,人民教育出版社 1993 年版。

104. 吕达、周满生主编:《当代外国教育改革著名文献》,人民教育出版社 2004 年版。

105. 马骥雄主编:《战后美国教育研究》,江西教育出版社 1991 年版。

106. 梁忠义主编:《战后日本教育研究》,江西教育出版社1992年版。

107. 王承绪、徐辉主编:《战后英国教育研究》,江西教育出版社1992年版。

108. 李其龙、孙祖父著:《战后德国教育研究》,江西教育出版社1995年版。

109. [德]克里斯托弗·福尔著,肖辉英、陈德兴、戴继强译,戴继强校:《1945年以来的德国教育:概览与问题》,人民教育出版社2002年版。

110. [墨西哥]扎古尔·摩西主编,梅祖培、龙冶芳等译:《世界著名教育思想家》(1～4卷),中国对外翻译出版公司1994年版。

111. 滕大春著:《卢梭教育思想述评》,人民教育出版社1984年版。

112. [俄]卡特林娅·萨里莫娃、[美]欧文·约翰宁迈耶主编,方晓东等译:《当代教育史研究与教学的主要趋势》,教育科学出版社2001年版。

113. 张斌贤、王保星主编:《西方教育思想史》,高等教育出版社2007年版。